रज़ा
पुस्तक माला

चतुर्भाणी

गुप्तकालीन श्रृंगारहाट

चार एकनट नाटकों का संग्रह

रज़ा फ़ाउण्डेशन | THE RAZA FOUNDATION

चतुर्भाणी

(अथवा पद्मप्राभृतक, धूर्तविटसंवाद, उभयाभिसारिका, पादताडितक इन चार एकनट नाटकों का संग्रह)

[गुप्तकालीन श्रृंगारहाट]

अनुवादक-सम्पादक

मोतीचन्द्र

वासुदेवशरण अग्रवाल

राजकमल प्रकाशन

रज़ा पुस्तक माला : **नाटक** | **अनुवाद**

प्रधान सम्पादक : अशोक वाजपेयी | सम्पादक : पीयूष दईया

राजकमल प्रकाशन प्रा.लि. और रज़ा फ़ाउण्डेशन का सह-प्रकाशन

ISBN : 978-93-89577-91-4

मूल्य : ₹599

पहला संस्करण : दिसम्बर, 1959
पहला राजकमल संस्करण : 2020
दूसरा संस्करण : 2026

प्रकाशक : राजकमल प्रकाशन प्रा. लि.
1-बी, नेताजी सुभाष मार्ग, दरियागंज
नई दिल्ली-110 002

शाखाएँ : अशोक राजपथ, साइंस कॉलेज के सामने, पटना-800 006
पहली मंजिल, दरबारी बिल्डिंग, महात्मा गांधी मार्ग, प्रयागराज-211 001
1, अनमोल सोराबजी सन्तुक लेन, धोबी तलाव, मरीन लाइंस, मुम्बई-400 002

वेबसाइट : www.rajkamalprakashan.com
ई-मेल : info@rajkamalprakashan.com

मुद्रक : बी.के. ऑफसेट
नवीन शाहदरा, दिल्ली-110 032

CHATURBHANI
(Plays) Edited & Translated by Motichandra & Vasudevasharan Agarwal

आमुख

कलाओं में भारतीय आधुनिकता के एक मूर्धन्य सैयद हैदर रज़ा एक अथक और अनोखे चित्रकार तो थे ही उनकी अन्य कलाओं में भी गहरी दिलचस्पी थी। विशेषत: कविता और विचार में। वे हिन्दी को अपनी मातृभाषा मानते थे और हालाँकि उनका फ्रेंच और अँग्रेज़ी का ज्ञान और उन पर अधिकार गहरा था, वे, फ्रांस में साठ वर्ष बिताने के बाद भी, हिन्दी में रमे रहे। यह आकस्मिक नहीं है कि अपने कला-जीवन के उत्तरार्द्ध में उनके सभी चित्रों के शीर्षक हिन्दी में होते थे। वे संसार के श्रेष्ठ चित्रकारों में, २०-२१वीं सदियों में, शायद अकेले हैं जिन्होंने अपने सौ से अधिक चित्रों में देवनागरी में संस्कृत, हिन्दी और उर्दू कविता में पंक्तियाँ अंकित कीं। बरसों तक मैं जब उनके साथ कुछ समय पेरिस में बिताने जाता था तो उनके इसरार पर अपने साथ नवप्रकाशित हिन्दी कविता की पुस्तकें ले जाता था : उनके पुस्तक-संग्रह में, जो अब दिल्ली स्थित रज़ा अभिलेखागार का एक हिस्सा है, हिन्दी कविता का एक बड़ा संग्रह शामिल था।

रज़ा की एक चिन्ता यह भी थी कि हिन्दी में कई विषयों में अच्छी पुस्तकों की कमी है। विशेषत: कलाओं और विचार आदि को लेकर। वे चाहते थे कि हमें कुछ पहल करनी चाहिये। २०१६ में साढ़े चौरानवे वर्ष की आयु में उनकी मृत्यु के बाद रज़ा फ़ाउण्डेशन ने उनकी इच्छा का सम्मान करते हुए हिन्दी में कुछ नयी क़िस्म की पुस्तकें प्रकाशित करने की पहल *रज़ा पुस्तक माला* के रूप में की है, जिनमें कुछ अप्राप्य पूर्व प्रकाशित पुस्तकों का पुनर्प्रकाशन भी शामिल है। उनमें गाँधी, संस्कृति-चिन्तन, संवाद, भारतीय भाषाओं से विशेषत: कला-चिन्तन के हिन्दी अनुवाद, कविता आदि की पुस्तकें शामिल की जा रही हैं।

'चतुर्भाणी' एक विलक्षण क्लैसिक है : मूल में बोलचाल की संस्कृत और लोक-जीवन की छटाओं का रोचक और नाटकीय इज़हार है और अनुवाद में बनारसी बोली का चटपटा रस-भाव। बरसों पहले ब.व. कारन्त ने उज्जैन के कालिदास समारोह के लिए 'चतुर्भाणी' की रंगप्रस्तुति की थी। डॉ. मोतीचन्द्र द्वारा अनुवादित और डॉ. वासुदेवशरण अग्रवाल द्वारा विस्तार से समझायी गयी इस कृति को नये संस्करण में प्रस्तुत करते हुए हमें गहरा संतोष है। भारतीय परम्परा की दुर्व्याख्या के इस अभागे समय में यह कृति याद दिलाती है कि हमारी परम्परा में कैसी रसिकता और लोक-जीवन का उन्मुक्त रचाव रहा है जो कहीं से भी किसी संकीर्णता में बाँधा नहीं जा सकता।

अशोक वाजपेयी
दिसम्बर २०१९, नयी दिल्ली

क्रम

आमुख : अशोक वाजपेयी

प्राक्कथन

लगभग बारह वर्ष पूर्व नई दिल्ली के संग्रहालय में बैठे हुए मुझे श्री एफ.डब्ल्यू. टामस द्वारा लिखित 'चार-संस्कृत नाटक' (फोर संस्कृत प्लेज़) शीर्षक लेख पढ़ने का अवसर मिला। यह लेख जर्नल ऑफ दी रायल एशियाटिक सोसाइटी लंदन के १९२४ के अतिरिक्त शताब्दी अंक में (पृ. १२३-१३६) प्रकाशित हुआ था। इसका आधार श्री रामकृष्ण कवि द्वारा सम्पादित चतुर्भाणी संज्ञक चार प्राचीन भाणों का संग्रह था जो १९२२ में प्रकाशित हुआ था। इस संग्रह में शूद्रककृत पद्मप्राभृतक, ईश्वरदत्तकृत धूर्तविटसंवाद, वररुचिकृत उभयाभिसारिका और श्यामिलककृत पादताडितक नामक चार भाण थे। त्रिचूर के श्रीनारायण नम्बूदरीपाद की एक मात्र हस्तलिखित प्रति के आधार पर वह संस्करण तैयार किया गया था। उस लेख में श्री टामस ने लिखा था—

> यद्यपि इन भाणों का विषय सामान्यत: नैतिक दृष्टि से उत्कृष्ट नहीं है और कहीं-कहीं अश्लील भी है, फिर भी मेरे विचार से यह माना जा सकेगा कि इनमें वास्तविक साहित्यिक गुण हैं। उनमें सहज परिहास है और ठेठ भारतीय ढंग का हल्का व्यंग्य भी है जिनकी तुलना बेन जानसन या मोलिए से करने में भी डर नहीं। उनकी भाषा तो संस्कृत भाषा का निचोड़ा हुआ अमृत है।...इनमें बढ़िया स्वाभाविक और सरल बोलचाल की संस्कृत का नमूना है जिसमें मामूली बातों और अश्लील गप्पाष्टक का व्यंग्यपूर्ण वर्णन है।*

मुझे बढ़िया भाषा के प्रति सदा ही गहरा आकर्षण रहा है, अत: टामस के इस उल्लेख ने मुझे इस ग्रन्थ के लिए व्याकुल बना दिया। कुछ समय बाद अपने मित्र श्री शिवराममूर्ति (इण्डियन म्यूज़ियम कलकत्ते के तत्कालीन अध्यक्ष) से उस दुष्प्राप्य पुस्तक की एक प्रति मुझे प्राप्त हो गई। तभी कार्यवश मुझे बम्बई जाना पड़ा और वहाँ अपने मित्र श्री मोतीचन्द्र जी से मैंने इस घटना का उल्लेख किया। वे इससे इतने प्रभावित हुए कि जब दूसरी बार

---

* 'It will, I think, be admitted that these compositions, in spite of the unedifying character of their general subject and even in spite of occasional vulgarities, have a real literary quality. They display a natural humour and a polite, intensely Indian, irony which need not fear comparison with that of a Ben Jonson or a Moliere. The Language is the veritable ambrosia of Sanskrit speech.' (Centenary Supplement of J.R.A.S., 1924, p. 135)

मैं बम्बई गया तो उन्होंने चतुर्भाणी का अपना किया हुआ हिन्दी अनुवाद मेरे सामने रखते हुए मुझे आश्चर्य में डाल दिया। उस समय तक मैंने स्वयं वह ग्रन्थ पढ़ा न था, पर अब मोतीचन्द्र जी के अनुरोध से यह आवश्यक हो गया कि उस अनुवाद को मूल ग्रन्थ से मिला कर ठीक कर लिया जाय। उसी यात्रा में पहली बार यह कार्य निपटाया गया। पर चतुर्भाणी ऐसा ग्रन्थ नहीं था जो इतनी सरलता से अपने अर्थ प्रकट कर देता। उसके वाक्य सरल होते हुए भी उनकी व्यंजना गूढ़ है। अतएव हम दोनों ने उसकी चार आवृत्ति करके दुरूह अर्थ तक पहुँचने का प्रयत्न किया और कुछ सफलता भी मिली। इसमें पर्याप्त समय लग गया। अन्तिम आवृत्ति के बाद जब ग्रन्थ छपने के लिये दिया जाने लगा तब भी मेरे मन को पूरा सन्तोष नहीं था और अर्थों की तह में प्रविष्ट होने के लिये एक और प्रयत्न मुझे आवश्यक प्रतीत हुआ। इस बार के प्रयत्न से कुछ बची हुई गुत्थियाँ सुलझीं, जैसे मेखला के लिये 'कार्कश्ययोग्यारणि:' विशेषण का अर्थ (धूर्तविटसंवाद १९-आ) और दो प्राकृत अंशों के अर्थ (पादताडितक, श्लो० ६२, और ६७।७-११)। किन्तु ज्ञात होता है कि इन भाणों की व्यंजनापूर्ण संस्कृत भाषा ने अब भी अपने चोखे अर्थों का कुछ अंश छिपा रक्खा है। गुप्त युग की विदग्ध धूर्त गोष्ठियों में बोल-चाल की चुटीली संस्कृत का नमूना इन भाणों में है। जब मैं विटशब्दावली के लिये (परिशिष्ट ३) शब्द-सूची बनाने लगा तो मेरा ध्यान फिर कई शब्दों पर गया जिनका पूरा अर्थ पहले समझ में नहीं आया था, जैसे तथागत (पा ६५-इ और ६५-२), मृग (पा ६५-इ) पुरुष प्रकृति (पा-३), राधिका (पा ६५-४), निस्संग (पा ६५-आ), भागवत (पा ६४।२), करुणात्मक (पा ६४।२), इत्यादि। इन नयी व्यंजनाओं को यथासम्भव विट शब्दावली के अन्तर्गत सन्निविष्ट कर दिया गया है जो परिशिष्ट सं. ४ की सामान्य सूची के बाद बनाई गई, यद्यपि उससे पहले मुद्रित हुई है। पाठकों से अनुरोध है कि इस सूची को विशेष ध्यान से देखकर जो अर्थ मूल पुस्तक के अनुवाद में रह गए हों उन्हें कृपया सुधार लें। यह भी प्रार्थना है कि जो और नये अर्थ उनके ध्यान में आएँ उनकी सूचना मुझे दें जिससे इस विशिष्ट ग्रन्थ के सभी स्थल यथासम्भव स्पष्ट बन सकें। उदाहरण के लिये धूर्तविटसंवाद ९-३, ४ में नगरघट्टक शब्द का अर्थ और वाक्य की व्यंजना अभी तक स्पष्ट नहीं हुई। कोशों में भी यह शब्द नहीं मिला। चतुर्भाणी में अनेक ऐसे शब्द हैं जो उस समय की बोलचाल की भाषा से लिए गए होंगे और वर्तमान साहित्यिक कोशों में नहीं हैं। अब इनका समावेश भविष्य के वृहत्संस्कृत कोश में हो जाना चाहिए। आशा है विटशब्दावली (परिशिष्ट ३) और सामान्यशब्द सूची (परिशिष्ट ४) इस विषय में सहायक होंगी। चतुर्भाणी की भाषा में ओज भरी हुई अनेक लोकोक्तियाँ भी हैं जिन्हें परिशिष्ट २ में अलग मुद्रित कर दिया गया है। संस्कृत साहित्य का लोकोक्ति कोश अभी तक नहीं बना। आशा है कोई विज्ञ भाषाप्रेमी इस कार्य को कभी पूरा करेंगे।

चतुर्भाणी के हिन्दी अनुवाद की भाषा आरम्भ से ही मोतीचन्द्र जी ने विशेष प्रकार की शैली की चुनी थी। यह बोलचाल की चटपटी हिन्दी है। इसके कितने ही शब्द काशी के वेश में प्रचलित हैं। श्री मोतीचन्द्र जी को बनारसी बोली का जो सहज परिचय है उसके आधार पर

वे शब्द यहाँ प्रयुक्त किए जा सके हैं। नौची, गिरदभंभा, मरदभढ़कनी, (सं. पुरुषद्वेषिणी) आदि शब्द इसी प्रकार के हैं। बनारस गुप्तयुग में संस्कृति का विशिष्ट केन्द्र था। यहाँ की बोलचाल में अनेक शब्द पुरानी परम्परा के बचे रह गए हैं। उन्हें छान कर संगृहीत कर लेने का कार्य समय रहते पूरा कर लेना चाहिए, क्योंकि प्रत्येक नयी पीढ़ी में बोली की शब्दावली छीजती जा रही है।

श्री रामकृष्ण कवि ने जो संस्करण मूलमात्र छापा था, वह अब सर्वथा दुष्प्राप्य है। अतएव आरम्भ से ही मेरी इच्छा थी कि इस विशिष्ट ग्रन्थ को हिन्दी अनुवाद और टिप्पणी आदि के साथ सुलभ बनाया जाय। यद्यपि इन चारों भाणों का विषय गुप्तकालीन वेश या शृंगारहाट का आँखों देखा वर्णन है जिसका नैतिक धरातल विषयानुकूल ही है, पर वेश-संस्कृति का जो सर्वांगपूर्ण चित्र इनमें प्रस्तुत किया गया है और भाषा का जैसा अद्‌भुत नमूना इनमें है, उनकी दृष्टि से ये संस्कृत साहित्य के लिये अनमोल उपलब्धियाँ हैं। गुप्त युग की स्वर्ण संस्कृति का एक अतीव उज्ज्वल पक्ष कला-साहित्य-धर्म के रूप में था। पर उस समय भी हाडचाम के मानव इस लोक में थे जिनके जीवन की निर्बलताओं ने 'मृच्छकटिक' और 'दशकुमारचरित' जैसे ग्रन्थों को ऊपर उछाला। चतुर्भाणी को उसी विट संस्कृति के मन्थन की दहेंड़ी कहना चाहिए। कालिदास और बाण ने वारविलासिनी जीवन का उद्‌दाम वर्णन किया है। वे महाकाल शिव के मन्दिर में मेखला की झंकार के साथ सान्ध्य नृत्य करतीं और राजप्रासादों के विशेष उत्सवों में नूपुरों की ठमक के साथ भाग लेती थीं। उनके हाट में शक, हूण, अपरान्त मालव आदि देशों के रईसज़ादे और उच्च सरकारी कर्मचारी चक्कर लगाते थे। 'गँधरब' जीवन का वह एक विशेष पक्ष था जिसके सम्बन्ध की प्रभूत सामग्री संस्कृत साहित्य से एकत्र की जा सकती है। उसका कुछ नमूना श्री मोतीचन्द्र जी ने अपनी भूमिका में दिया है।

चतुर्भाणी के पद्मप्राभृतक और पादताडितक दो भाणों की पृष्ठभूमि उज्जयिनी एवं धूर्त विटसंवाद तथा उभयाभिसारिका इन दो की पाटलिपुत्र है। इनके वर्णनों में वस्त्र, वेष, शिल्प स्थापत्य, चित्र, खानपान, नृत्य, संगीत, कला, शिष्टाचार आदि के सम्बन्ध की बहुमूल्य रोचक सामग्री पाई जाती है। हिन्दी अनुवाद के नीचे विस्तृत शब्द टिप्पणियाँ दी गई हैं। उनमें इन सभी शब्दों और संस्थाओं पर गुप्तकालीन सांस्कृतिक सामग्री के तुलनात्मक अध्ययन के आधार पर प्रकाश डाला गया है। हमने अपने 'हर्षचरित—एक सांस्कृतिक अध्ययन' और 'कादम्बरी—एक सांस्कृतिक अध्ययन' शीर्षक ग्रन्थों में इसी शैली का अनुसरण किया है। उनमें भी उत्तर गुप्तकालीन संस्कृति का ही वर्णन है। चतुर्भाणी पंचम शती की रचना है, अर्थात् बाण से लगभग दो सौ वर्ष पहले की ठेठ गुप्तयुग की सांस्कृतिक पृष्ठभूमि इन भाणों में है। उदाहरण के लिये, वेश में गणिकाओं के महाप्रासादों का वर्णन स्थापत्य की दृष्टि से बहुत ही भव्य है (पादताडितक ३३।८-१८) जिसमें लगभग पचास पारिभाषिक शब्दों का प्रयोग हुआ है। ऐसे ही वेश के मनोविनोद (पाद० ३६-३९) और शृंगार-चेष्टाओं (पाद. १००।१-२०) के ज्वलन्त चित्र उस युग की सटीक शब्दावली में

उतारे गए हैं। इनमें किसी बाण जैसे चित्रगाही साहित्यिक की लेखनी का चमत्कार छिपा हुआ है।

श्री रामकृष्ण कवि का संस्करण केवल एक प्रति पर आश्रित था, जैसा आरम्भ में कहा गया है। पर १९२२ के बाद खोज करने पर इन भाणों की और भी हस्तलिखित प्रतियाँ प्राप्त हुईं। मेरे मित्र श्री डॉ. वी० राघवन, संस्कृत विभागाध्यक्ष, मद्रास विश्वविद्यालय ने अपने पत्र दिनांक २४ मई, १९५१ में उन सबकी एक सूची भेजी है जो अन्त में परिशिष्ट रूप में मुद्रित की जा रही है। इसी बीच अम्सटर्डम (हॉलैंड) के श्री जे. आर. ए. लोमान का ध्यान चतुर्भाणी की ओर गया। उन्होंने भारतवर्ष आकर इसकी मुक्त प्रतियों की परीक्षा की और पद्मप्राभृतकं नामक प्रथम भाण के मूल संशोधित पाठ का एक संस्करण भी १९५६ में प्रकाशित किया। उसमें पादटिप्पणी में पाठान्तर और अन्त में अंग्रेजी अनुवाद दिया गया है। उन दोनों से हमने इस संस्करण में लाभ उठाया है, पर यह कहना पड़ेगा कि यद्यपि श्री लोमान ने मोतीचन्द्र जी के सम्पर्क में आकर कई अर्थों की खोज की, पर फिर भी उनके अनुवाद में कई स्थल अशुद्ध रह गए हैं। हमारी भी इच्छा थी कि चतुर्भाणी के शेष तीन भाणों का संशोधित संस्करण तैयार किया जाय, पर खेद है कई कारणों से ऐसा न हो सका। श्री टामस ने अपने लेख में स्वीकार किया था कि श्री रामकृष्ण कवि द्वारा मुद्रित पाठ प्रायः करके इन ग्रन्थों को शुद्ध रूप में ही प्रस्तुत करता है। हमारी भी आरम्भ से यही धारणा रही है कि चतुर्भाणी के शुद्ध अर्थ की समस्या पाठ संशोधन पर उतनी निर्भर नहीं करती जितनी शब्दों और वाक्यों की यथार्थ व्यंजना को समझ लेने में है। फिर भी वैज्ञानिक रीति से पाठ संशोधन के महत्त्व को हम पूरी तरह स्वीकार करते हुए आशा करते हैं कि भविष्य के किसी संस्करण में यह कमी पूरी की जा सकेगी। इस संस्करण में इतना अवश्य हुआ है कि जहाँ पाठविषयक सन्देह उत्पन्न हुआ वहाँ हमने श्री राघवन जी से पत्र द्वारा मद्रास विश्वविद्यालय के पुस्तकालय में सुरक्षित प्रतियों से मूल पाठ जानने का प्रयत्न किया। ऐसे स्थलों का उल्लेख टिप्पणियों में यथास्थान कर दिया गया है। अर्थ दृष्ट्या दो-एक स्थानों पर मुद्रित पाठ में संशोधन भी हमें करना पड़ा, पर सर्वत्र उनका उल्लेख कर दिया गया है जिससे पाठकों को स्वयं भी विचार करने का अवसर मिल सके। पाद० १३४-ई. में रामकृष्ण कवि कृत पाठ 'गर्गेषु' था। डॉ. राघवन के अनुसार हस्तलिखित प्रति का पाठ भी यही है। फिर भी हम उसे स्वीकार न कर सके और उस प्रसंग में काशि, कोसल, निषाद नगर के साथ भर्गेषु पाठ ही हमें युक्त जान पड़ा। भर्ग जनपद इसी भौगोलिक क्षेत्र में पड़ता था।

अन्त में हम श्री राघवन जी के प्रति उनकी बहुमूल्य सहायता के लिये आभार प्रकाशित करते हैं। हम श्री लोमान जी के भी अनुगृहीत हैं जिन्होंने पद्मप्राभृतक के अपने लिये तैयार किए हुए संशोधित पाठ की एक टंकित प्रति और पुनः पुस्तक की मुद्रित प्रति श्री मोतीचन्द्र द्वारा हमें सुलभ की। वे धनी व्यापारी हैं और संस्कृत विद्या में उनकी सहज रुचि है जो इस सुन्दर रूप में प्रकट हुई।

श्री डॉ. अनन्तसदाशिव अल्टेकर ने प्राचीन पाटलिपुत्र के कुम्हरार स्थान की खुदाई में प्राप्त एक मृण्मूर्ति का फोटो चित्र भेजकर हमें अनुगृहीत किया। मोतीचन्द्र जी ने उसकी उदंचितकच आकृति के कारण उसकी पहचान विट से की है जो ठीक जान पड़ती है। क्षेमेन्द्र ने विट की साज-सज्जा के इस लक्षण का स्पष्ट उल्लेख किया है—

उदंचितकचे: किञ्चिच्चिबुकश्मश्रुवेष्टने।
दिने देवगृहाधीशवदनं वीक्षते विट:॥ (क्षेमेन्द्रकृत देशोपदेश, ५।१६)

अर्थात् जिसकी ठोड़ी, मूँछ और सिर के बाल उठे हुए हों जो दिन में मन्दिरों के राजकीय अधिकारी का मुँह जोहता रहे, वह विट है। इसी बीच श्री पं० ब्रजमोहन व्यास, प्रयाग को कौशाम्बी से गुप्तकाल का मिट्टी का एक साँचा प्राप्त हुआ। उसकी जब ढार बनाई गई तो वह भी उदंचितकच लक्षण वाली विट की मूर्ति ही निकली। यह साँचा इस समय भारत कलाभवन, काशी विश्वविद्यालय में सुरक्षित है। पाटलिपुत्र के विट की मूर्ति भी गुप्तयुग की ही है और लगभग उसी समय की है जब पाँचवीं शती में उभयाभिसारिका भाण की रचना हुई होगी जिसमें 'भगवान् अप्रतिहत शासन कुसुमपुर पुरन्दर' के भवन में पुरन्दर विजय नामक संगीतक के अभिनीत होने का उल्लेख है। निश्चय ही यह उल्लेख महेन्द्रादित्य कुमारगुप्त के लिये है जिनका एक विरुद 'अप्रतिघ' भी था। इस मूर्ति का रेखाचित्र जो यहाँ मुद्रित किया गया है, हमारे मिश्र प्रसिद्ध चित्राचार्य थी जगन्नाथ जी अहिवासी ने बनाया है जिसके लिए हम उनके आभारी हैं।

हमें श्री नाथूरामजी प्रेमी, अध्यक्ष, हिन्दी ग्रन्थरत्नाकर, बम्बई को धन्यवाद देते हुए प्रसन्नता है जिन्होंने इस प्राचीन ग्रन्थ को मूल पाठ, अनुवाद, टिप्पणी और शब्द सूचियों के साथ प्रकाशित करना स्वीकार किया।

अन्त में हम सन्मति मुद्रणालय, ज्ञानपीठ, वाराणसी के भी उपकृत हैं जिन्होंने इस ग्रन्थ का सुरुचिपूर्ण मुद्रण सम्पन्न किया है।

काशी विश्वविद्यालय —वासुदेवशरण अग्रवाल
१८-१०-५९
कार्तिक कृष्ण २, संवत् २०१६

विट की मृण्मूर्ति
(पटना के निकट कुम्हार से प्राप्त)

भूमिका

संस्कृत-साहित्य में प्राचीन नाटक अपनी सुन्दर भाषा, चरित्र-चित्रण तथा उदात्त शृंगारिक भावों के लिए प्रसिद्ध हैं; पर जहाँ तक जन-जीवन के प्रदर्शन का सम्बन्ध है संस्कृत-नाटकों की सामग्री सीमित है। अधिकतर नाटक राजाओं की प्रेम-कहानियों पर आश्रित हैं और उनके भाव, वर्णन शैली और पात्र रूढ़िगत होते हैं। विट, विदूषक, चेट इत्यादि के चरित्र-चित्रण में तत्कालीन लोक-जीवन पर प्रकाश डाला जा सकता था, पर संस्कृत नाटकों में उनका चित्रण भी प्राय: रूढ़िगत हो गया। शूद्रक का मृच्छकटिक एक ऐसा नाटक है जिसमें हम तत्कालीन लोक-जीवन की कुछ झलक पा सकते हैं। 'मृच्छकटिक' में विट, चेट, जुआड़ी, चोर, वारवनिता, तत्कालीन अदालत इत्यादि का बड़ा ही जीता-जागता चित्र खींचा गया है। उसके जीते-जागते पात्रों को देख कर हम इस निष्कर्ष पर पहुँचते हैं कि संसार में किसी भी उन्नत समाज की तरह भारतीय समाज में भी वे ही बुराइयाँ थीं जिनका नाम सुनते ही हम आज नाक-भौं सिकोड़ने लगते हैं।

ढोंग के सबसे बड़े शत्रु परिहास, आवाजाकशी और तर्क हैं। तर्क में कारण देकर बहस की आवश्यकता पड़ती है पर परिहास तो बुद्धि के तीखेपन की ही देन है। तर्क की मार का तो जवाब हो सकता है पर हँसी की मार तो सीधी बैठती है और चतुर लोग इसका बुरा नहीं मानते। अभाग्यवश संस्कृत में नोक-झोंक की दिल्लगियों और फ़ब्तियों का साहित्य सीमित है। इसमें संदेह नहीं कि ईसा की प्राथमिक सदियों में अथवा उसके पहले भी ऐसे लेखक रहे होंगे जिन्होंने अपने समय के समाज का चित्र खींचते हुए सामाजिक कुरीतियों और ढोंगों की हँसी उड़ाई होगी पर कालान्तर में ऐसा साहित्य हलकेपन के दोष से बच न सका। फिर भी संस्कृत साहित्य में ऐसे ग्रन्थ बच गए हैं, जिनसे समाज की दूषित अवस्था पर फ़ब्तियाँ कसने वालों का पता चलता है। 'दशकुमारचरित' के लेखक दंडी तो इसमें सिद्धहस्त थे। देवता, लालची, मुरगे लड़ानेवाले ब्राह्मण, ढोंगी साधु, बने हुए दिगम्बर और बौद्ध-भिक्षु, चोर, वेश्याएँ, जुआड़ी इत्यादि कोई भी दंडी की पैनी आँखों से नहीं बच पाया है। 'कथासारित्सागर' में भी बहुत-सी ऐसी कहानियाँ हैं जिनसे हँसी के माध्यम से तत्कालीन समाज-व्यवस्था, पाखंडियों, धूर्तों और बेवकूफों की हँसी उड़ायी गयी है। क्षेमेन्द्र (११वीं

सदी) तो इस तरह के साहित्य के आचार्य ही हैं। समयमातृका में उन्होंने वेश्याओं और वेश का बड़ा ही जीवित खाका खींचकर उनके फेर में फँसनेवालों की खिल्ली उड़ाई है। दर्पदलन में कुल, धन, मान, विद्या, रूप, शौर्य, दान और तप के ढोंगों का मज़ाक़ उड़ाया गया है और देवताओं तक को नहीं छोड़ा गया है। कला-विलास में दंभी, लालची, बनियों, वैद्यों, वेश्याओं, ज्योतिषियों इत्यादि की हँसी उड़ाई गई है। कला-विलास में जो कहानियाँ दी गई हैं वे तो हँसी से भरी पड़ी हैं। देशोपदेश में कंजूस, विट, कुटनी, गुरु इत्यादि के दंभों की हँसी है तथा नर्ममाला में कायस्थों की ख़बर ली गई है। क्षेमेन्द्र का वार सीधा होता है और कभी-कभी तो वे अपनी फ़ब्तियों में अश्लीलता नहीं बचा पाते।

हरिभद्र (८वीं सदी का मध्य) के धूर्ताख्यान[१] में भारतीय हास्य का एक नया रूप मिलता है। इसमें पुराणों की कथाओं को लेकर मनगढ़ंत कहानियों से उनकी हँसी उड़ाई गई है। इन कहानियों में बातचीत, नोक-झोंक और गप्पों का कुछ ऐसा सिलसिला है कि वह बरबस पढ़ने वालों की तबीयत खींच लेता है। धर्मतिभेद से हरिभद्र केवल ब्राह्मणों पर ही कुपित हों ऐसी बात नहीं है। अपने संबोधप्रकरण में उन्होंने धूर्ताख्यान के तीखेपन से ही जैन-भिक्षुओं के अधार्मिक आचारों की आलोचना की है। धूर्ताख्यान में मूलदेव का उल्लेख ऐतिहासिक है। देवदत्ता के प्रेमी इस पात्र का उल्लेख भारतीय कथा-साहित्य में अनेक बार हुआ है। ऐसा पता चलता है कि मूलदेव के कर्णीसुत, मूलभद्र और कलांकुर नाम भी थे। चौर्यशास्त्र पर इसके एक ग्रन्थ का भी उल्लेख है। कादंबरी, अवंतिसुन्दरी-कथा तथा हरिभद्र की दशवैकालिक सूत्र की टीका में इसका उल्लेख है। जैसा हम आगे चलकर देखेंगे पद्मप्राभृतकम् का नायक भी देवदत्ता का प्रेमी कर्णीसुत मूलदेव है।

संस्कृत प्रहसनों और भाणों में चोट करने, हँसी उड़ाने तथा तत्कालीन समाज की कामुक और ढोंगी वृत्तियों के प्रदर्शन का अच्छा सुयोग मिलता है। पर सिवाय चतुर्भाणी के जो भी प्रहसन और भाण बच गए हैं उनमें रूढ़िगत वर्णन, कामुकता, गाली-गलौज और अश्लीलता के ऊपर नयी बात कम मिलती हैं।

डॉ. दे[२] ने भरत के नाट्य-शास्त्र के आधार पर भाण के निम्नलिखित लक्षण निश्चित किए हैं—(१) भाण में ऐसी स्थितियों का वर्णन होता है जिनमें अपने अथवा दूसरे के साहसिक कार्यों का पता चलता हो, (२) उसमें केवल एक अंक होता है और दो संधियाँ, (३) भाण का नायक विट होता है, (४) इसमें मुँहजबानी संकेत आते हैं, (५) भाण आकाशभाषित सवाल-जवाबों से आगे बढ़ता है, (६) इसमें लास्य का तो प्रयोग होता है पर श्रृंगार की द्योतक कैशिकीवृत्ति इसमें नहीं आती। भाण में लास्य के प्रयोग से स्टेन कोनो का यह विचार है कि भाण जन-साधारण में प्रचलित नक़लों से निकला होगा, पर डॉ. दे की राय है कि भाणों में प्राचीन नक़लों का कोई अंश नहीं बच गया है।

---

१. धूर्ताख्यान, डॉ. ए. एन. उपाध्ये द्वारा संपादित, बम्बई १९४४। २. एस. के. दे, जे. आर. ए. एस. १९२६, पृ. ६३-९०।

भाण में विट के आते ही परिहास और शृंगार की कल्पना हो जाती है, पर यह उल्लेखनीय बात है कि शृंगारप्रधान नाटक की विशेषता कैशिकीवृत्ति को भरत उसमें नहीं आने देते और न वे यही बताते हैं कि भाणों में किन रसों का प्रयोग होना चाहिए। दसवीं सदी के अन्त में धनंजय ने दशरूपक में भाण में भारतीवृत्ति तथा वीर और शृंगार रस के प्रयोग का आदेश दिया है। यहाँ यह बात उल्लेखनीय है कि भाणों में शृंगार रस तो आता है पर वीर रस का कहीं पता नहीं चलता। यह एक विचित्र बात है कि भरत अथवा धनंजय भाण में हास्य का कहीं उल्लेख नहीं करते। अभिनवगुप्त ने नाट्य-शास्त्र की टीका में भाण को प्रहसन माना है और उनके अनुसार उसमें करुण, हास्य और अद्‌भुत रस आने चाहिए; शृंगार का उन्होंने उल्लेख नहीं किया है। दशरूपक के अनुसार भाण में भारतीवृत्ति का उल्लेख आने से उसका प्रहसन से सम्बन्ध होना चाहिए, क्योंकि भारतीवृत्ति के चार अंगों में एक अंग प्रहसन भी था। इस वृत्ति का प्रयोग केवल पुरुषों की बातचीत में ही होता था और इसकी भाषा संस्कृत होती थी। विश्वनाथ के अनुसार भाण में भारतीवृत्ति के सिवा कैशिकीवृत्ति का भी प्रयोग होता था। इसके यह माने हुए कि भाण शृंगाररस के अनुकूल था और इसमें हास्य भी आ सकता था। संभव है कि कैशिकीवृत्ति का प्रयोग विश्वनाथ के युग के अनुरूप हो।

चतुर्भाणी के सिवा निम्नलिखित भाणों का पता चलता है : (१) वामन भट्ट का शृंगार-भूषण, (२) काशीपति कविराज का मुकुन्दानन्द, (३) कांची के वरदाचार्य का वसन्त-तिलक, (४) रामचन्द्र दीक्षित का शृंगार-तिलक, (५) नल्ला कवि का शृंगार-सर्वस्व, (६) केरल के युवराज का रस-सदन, (७) महिपमंगल कवि का महिप-मंगल, (८) रंगाचारी का पंचभाण-विजय, (९) श्री निवासाचार्य का रसिक-रंजन, (१०) रामवर्मन की शृंगार-सुधा तथा (११) कालिंजर के वत्सराज का कर्पूरचरित। इन भाणों में कर्पूरचरित और मुकुन्दा, नन्दा को छोड़कर बाकी के सब भाण दक्षिण भारत के हैं। इनमें कर्पूरचरित तेरहवीं सदी के आरम्भ का है और शृंगार-भूषण चौदहवीं सदी के अन्त का। बाकी सब भाण सोलहवीं और सत्रहवीं सदी के हैं। इन भाणों में विट का नाम विलासशेखर, अनंगशेखर, भुजंगशेखर और शृंगारशेखर आता है। प्रस्तावना में सूत्रधार या पारिपार्श्वक अथवा सूत्रधार और नटी आते हैं। प्रस्तावना के बाद विट का प्रेमविह्वल रूप में प्रवेश होता है। इसके बाद प्रात:काल का लम्बा-चौड़ा वर्णन आता है और विट बतलाता है कि इतने सबेरे वह अपनी प्यारी से क्यों विलग हुआ। उसकी प्रेयसी या तो गणिका होती है या विवाहिता पुंश्चली। कभी वह अपने मित्र के पास उसकी रक्षिता की रखवाली के लिए जाता है, तो कभी वह वेशवाट में घूमता हुआ दिखलाई देता है, जहाँ वह उसका या तो लम्बा-चौड़ा वर्णन करता है अथवा अपने मित्रों से बनावटी बात करता दिखलाई देता है। वह अपने ढंग से बदमाशों, गणिकाओं और नागरिकों का वर्णन करता है, तथा मेढ़ों की लड़ाई, मुर्गों की लड़ाई, मदारियों का खेल, कुश्ती, जुआ, जादूगरी, नट का खेल, कन्दुक-क्रीड़ा, आँखमिचौनी, अंबर-करंटक, मणिगुप्तक, युग्मायुग्म दर्शन, चतुरंग-बिहार, गजपति-कुसुम-कन्दुक इत्यादि

का वर्णन करता है। वह कामुकों और गणिकाओं की माताओं के झगड़े निपटाता है। अवसर से वह कलत्र-पत्रिका का जिसमें वेश्याओं को महीनेवारी रुपये-पैसे, फूलमाला, कस्तूरी तथा कपूर से सुगन्धित पान देने की बात होती है, वर्णन करता है। वह वीणा सुनता है और कभी-कभी नृत्यघर में घुसकर नर्तकियों से मजाक करता है। अन्त में वह अपनी प्रेयसी से मिल जाता है और चन्द्रोदय के साथ भाण समाप्त होता है। इन भाणों का स्थान या तो काँची अथवा कोई ख्यालीस्थान जैसे कोलाहलपुर होता है। भाण किसी स्थानीय देवता के उत्सव के समय पर खेला जाता था।[१]

भाणों में कहीं-कहीं पौराणिकों और ज्योतिषियों पर फ़ब्तियाँ कसी गई हैं, भागवतों का मजाक उड़ाया गया है और गुर्जर लोग लथेड़े गए हैं। पर उपर्युक्त कथन से यह न समझ लेना चाहिए कि भाणों में हास्यरस की ही प्रधानता होती है। उनमें तो श्रृंगार और अश्लीलता ही अधिक होती है। इन भाणों के रूढ़िगत विवरणों में इतनी समानता होती है कि पढ़ने वालों का जी घबरा जाता है। शायद इसीलिए जनता से भाणों का चलन उठ गया।

लेकिन चतुर्भाणी के पढ़ते ही यह बात साफ हो जाती है कि उनका उद्देश्य तत्कालीन समाज और उसके बड़े कहे जाने वालों की कामुकता का प्रदर्शन करते हुए उन पर फ़ब्तियाँ कसना और उनका मज़ाक़ उड़ाना था। चतुर्भाणी के विट जीते-जागते समाज के एक अंग हैं, जिनका ध्येय हँसना-हँसाना ही है। इन भाणों में कहीं-कहीं अश्लीलता अवश्य आ गई है लेकिन विटो और आकाशभाषित पात्रों के संवाद की शैली इतनी मनोहर और चुटीली है कि जिसकी बराबरी संस्कृत-साहित्य में नहीं हो सकती।

चतुर्भाणी के भाणों की एक विशेषता यह है कि इनमें स्थापना बहुत छोटी होती है। पादताडितकम् के सिवा दूसरे भाणों में न तो लेखक का नाम आता है और न भार प्रस्तुत करने का समय। सिवाय धूर्तविटसंवाद के इन भाणों में विट स्वयं नायक न होकर अपने मित्रों का उनकी प्रेयसियों के पास संदेशवाहक है। पद्मप्राभृतकम् में मूलदेव का मित्र शश ही विट है; धूर्तविट-संवाद के विट का नाम देविलक है और उभयाभिसारिका के विट का नाम वैशिकाचल। पादताडितकम् के विट का नाम नहीं मिलता। पर चारों भाणों में उनके असली नाम छोड़ कर विट शब्द ही प्रयुक्त हुआ है। बाद के भाणों की तरह चतुर्भाणी के भाणों का आरम्भ प्रातःकाल के वर्णन से न होकर वसन्त (पद्मप्राभृतकम् और उभयाभिसारिका में) और वर्षा (धूर्तविट-संवाद में) के वर्णन से होता है। पादताडितकम् में ऐसी किसी ऋतु का वर्णन नहीं आता। पद्मप्राभृतकम् का स्थान उज्जयिनी, धूर्तविट और उभयाभिसारिका का पाटलिपुत्र तथा पादताडितकम् का स्थान सार्वभौम नगर है जिसकी पहचान उज्जयिनी से की जा सकती है।

श्री एम. रायकृष्ण कवि और श्री एस. के. रामनाथ शास्त्री को चतुर्भाणी की एक प्रति त्रिचूर के श्रीनारायण नांबूदरीपाद के यहाँ से मिली[१] जिसे उन्होंने बड़े परिश्रम से प्रकाशित किया।

---

१. जे. आर. ए. एस, १९२६, पृ. ६९-७२।

अपनी भूमिका का आरम्भ सम्पादकद्वय ने पद्मप्राभृतकम् के अन्त में आने वाले श्लोक[२] से किया है जिसमें वररुचि, ईश्वरदत्त, श्यामिलक और शूद्रक के भाणों की प्रशंसा करते हुए कहा गया है कि उनके सामने कालिदास की क्या हस्ती थी। विद्वान् सम्पादकों का मत है[३] कि उपर्युक्त भाणों के लेखकों का काल और स्थान भिन्न-भिन्न था और इनका एक साथ गूँथा जाना भावुक कल्पना मात्र है। पर जैसा हम आगे चलकर देखेंगे उपर्युक्त श्लोक में बहुत तथ्य है। भाणों की भाषा, भाव तथा अनेक ऐसे भीतरी प्रमाण हैं जिनके आधार पर चतुर्भाणी के भाणों का समय एक माने जाने में कोई आपत्ति नहीं होनी चाहिए।

चतुर्भाणी के विद्वान् संपादकों ने उभयाभिसारिका के लेखक वररुचि को पाणिनि का समकालीन तथा कंठाभरण और चारुमती का लेखक माना है। अवंतिसुन्दरी-कथासार के अनुसार उनकी जन्म-भूमि गोदावरी नदी के तीर थी। पद्मप्राभृतकम् के लेखक और मृच्छकटिक, वत्सराजचरित, बालचरित, अविमारक चारुदत्त और कामदत्ता प्रकरण के लेखक शूद्रक को एक मानते हैं। शूद्रक आंध्रभृत्य स्वाति का सेवक था। अपने स्वामी से लड़ाई लड़कर उसे बड़ी मुसीबतें उठानी पड़ीं पर अन्त में उसने स्वाति को हराकर उज्जैन की गद्दी पर अधिकार कर लिया। उसके साहसिक कार्यों का वर्णन रामिल और सोमिल की शूद्रक कथा, विक्रान्तशूद्रक नाटक, पंचार्णव के शूद्रक-चरित में मिलता है। धूर्तविट के लेखक ईश्वरदत्त शायद मगध के निवासी थे। इनके बारे में विशेष पता नहीं चलता गोकि उनके भाण का उल्लेख भोजदेव ने शृंगार-प्रकाश और हेमचन्द्र ने काव्यानुशासन में किया है। पादताडितकम् के लेखक श्यामिलक शायद कश्मीर के थे। उनका उल्लेख अभिनवगुप्त (क. १००० ई.) और क्षेमेन्द्र (११वीं सदी) करते हैं। संपादकों की राय में श्यामिलक का समय करीब ई. ८००-९०० के बीच में होना चाहिए।

डॉ. टामस चतुर्भाणी का समय श्री हर्ष (७वीं सदी का मध्य) अथवा गुप्तयुग का उत्तर काल मानते हैं। भाणों की प्राचीनता सिद्ध करने के लिए डॉ. टामस बहुत से प्राचीन प्रचलित शब्दों और मुहावरों का प्रयोग जैसे डिंडी, धांत्र (भलामानस), चौक्ष, चाक्रिक, शीफर, क्षणिक (जिसके पास बचाने के लिए क्षण-मात्र है), प्रध्याति (न्यायाधीश) पारितोषिक (इनाम या घूस), सुख-प्राश्निक (हाल-चाल जानने के लिए दूत), शौंडीर्य (सख्ती), विसंवादन (घटना) बतलाया है। सरकारी अफ़सरों के नाम जैसे महामात्र, महाप्रतीहार, कुमारामात्य, अधिकरण, प्राड्विवाक, श्रावणिक (गवाह), काष्ठकमहत्तर इत्यादि भी प्राचीन हैं। कुछ मुहावरे जैसे कौरुकुची (मुँह बनाना) पुरोभाग, पौरोभाग्य, 'कर्दनेन न मां ढौकितुमर्हसि', उन्मुच्य बालभाव इत्यादि बाण की आख्यायिकाओं में भी मिलते हैं।[४]

डॉ. कीथ ने चतुर्भाणी का समय ई. १००० के लगभग माना है, पर इस मत में कोई तथ्य

---

१. चतुर्भाणी पृ. ५ श्री एम. रायकृष्ण कवि और श्री एस. के. रामनाथ शास्त्री द्वारा सम्पादित, शिवपुरी १९२२। २. वररुचिरीश्वरदत्तः श्यामिलकः शूद्रकश्चत्वारः। एते भाणान् बभणुः का शक्तिः कालिदासस्य। ३. वही पृ. १। ४. जे. आर.ए.स. से. स. १९२४, पृ० १३६।

नहीं, क्योंकि जैसा चतुर्भाणी के सम्पादकों ने बतलाया है। उस समय तक तो उनकी काफी प्रसिद्धि हो चुकी थी। डॉ. दे ने इन भाणों की प्राचीनता सिद्ध करने के लिए और प्रमाण उपस्थित किए हैं?[१] उनके अनुसार इन भाणों में इस्लाम का कहीं पता नहीं चलता। पादताडितकम् में बाद के गुर्जरों की जगह बराबर 'लाट' शब्द आया है। चतुर्भाणी की शब्दावली की समानता केवल मृच्छकटिक में विट इत्यादि की शब्दावली से की जा सकती है। लड़की के लिए 'वासु' शब्द पादताडितकम् और मृच्छकटिक दोनों में ही आया है। संबोधन के लिए देवानांप्रिय आदरार्थक है। पाणिनि पर वार्तिक (६।३।२२) में इसका उल्लेख है पर भट्टोजी दीक्षित इसे मूर्ख का सम्बोधन मानते हैं गोकि ऐसा मानने का महाभाष्य और काशिका में कोई प्रमाण नहीं है। पतंजलि ने (५।३।१४) भी इसका अच्छे ही अर्थ में प्रयोग किया है। मम्मट ने सबसे पहले देवानांप्रिय का प्रयोग मूर्ख के अर्थ में किया है। नाटक के अन्त में मृदंग का प्रयोग भी पद्मप्राभृतकम् (पृ. १४) के प्राचीन होने का प्रमाण है।

श्री बरो ने तो अनेक ऐसे प्रमाण उपस्थित किए हैं जिनके आधार पर पादताडितकम् का समय निश्चित किया जा सकता है। भाण का स्थान सार्वभौम नगर है। बरो का विचार है कि सार्वभौम नरेश से यहाँ चन्द्रगुप्त द्वितीय का मतलब है। भाण में शकों और एक जगह हूणों का भी उल्लेख है। इतिहास इस बात का साक्षी है कि चन्द्रगुप्त द्वारा मालव, सुराष्ट्र और पश्चिमी प्रदेशों के जीतने के बाद चष्टन द्वारा स्थापित उज्जैन के शक वंश का खातमा हो गया। यह घटना चौथी सदी के अंतिम दशक में घटी मानी जाती है। भारतीय इतिहास में हूणों का प्रवेश पाँचवीं सदी के अन्त में हुआ और उनके भयंकर घावों से स्कन्दगुप्त ने किसी तरह से देश की रक्षा की। इसलिए यह सम्भव है कि श्यामिलक जिसे शक और हूण दोनों का पता था शायद पाँचवीं सदी के आरम्भ में हुआ।

श्री बरो ने हमारा ध्यान महाप्रतीहार भद्रायुध की ओर भी आकर्षित किया है। पादताडितकम् में उसे उत्तर के कारूप-मलद और बाह्लीकों का स्वामी कहा है, (पृ. १९३)। लाटों में शायद बहुत दिनों तक रहने से वह 'य' का 'ज' और 'स' का 'श' उच्चारण करता था। अपरांत, शक और मालव के राजाओं को जीतने के बाद अपनी माता और माँ गंगा के पास आकर उसने मगध राजकुल की लक्ष्मी का प्रताप बढ़ाया।[२] अपरांत की ललनाएँ तालपरिवेष्टित सिंधु के किनारे पेड़ों पर चढ़ी लताएँ पकड़ कर उसका यशोगीत गाती थीं।

उपर्युक्त वर्णन से कई बातों का पता चलता है। भद्रायुध उत्तर में बाह्लीकों और कारूष-मलद (जिनसे बिहार में शाहाबाद और हजारीबाग जिलों का बोध होता है) का स्वामी था तथा उसने मगध राज के लिए, जिसके चन्द्रगुप्त द्वितीय होने में बहुत कम संदेह है, मालव,

१. जे. आर. ए. स. १९२६, पृ० ८९-९०। २. श्री बरो पादताडितकम् के श्लोक ५४ की तुलना स्कन्दगुप्त के भीतरी वाले लेख की निम्नलिखित पंक्तियों से करते हैं—

पितरि दिवमुपेते विप्लुतां वंशलक्ष्मीं भुजबलविजितारिर्यः प्रतिष्ठाप्य भूयः।
जितमिति परितोषान् मातरं सास्रनेत्रां हतरिपुरिव कृष्णो देवकीमभ्युपेतः॥

शक और अपरांत को जीता था। इस आधार पर पादताडितकम् की रचना या तो चन्द्रगुप्त द्वितीय के राज्य के अन्त में हुई होगी या कुमारगुप्त के राज्य के प्रारम्भ में।[1] शक कुमार जयंतक (पृ. २३६ और जयनंदक (पृ. १६०) के उल्लेख से पता चलता है कि मालव-सुराष्ट्र विजय के बाद भी कुछ शक सामन्त बच गए थे। सेनापति सेनक का पुत्र भट्टिमघवर्मा, जिसने ऐसा लगता है कि चन्द्रगुप्त द्वितीय की विजय यात्रा में अपना राज्य खो दिया था, विट को इसलिए धन्यवाद देता है कि उसने सामने उपस्थित होकर मानों उसके काफी दिन पहले के राज्याधिकारों की याद को ताज़ा कर दिया हो (पृ. १८३)। इसके पहले आनन्दपुर (बडनगर) के कुमार मखवर्मा (पृ. १६०) से हमारी भेंट होती है। बहुत सम्भव है कि भट्टिमखवर्मा और मघवर्मा दोनों एक ही रहे हों।

हूणों का उल्लेख केवल एक बार आता है गोकि आर्यघोटक अर्थात् कोतल घोड़े या सजीले बछड़े की तरह बने-ठने (पृ. १८१) मघवर्मा के हूण वेष के उल्लेख से ऐसा पता चलता है कि श्यामिलक का इशारा उन हूणों से है जो पाँचवीं सदी के मध्य में भारत पर अपने घावों के पहले भारत की सीमा पर बसे हुए थे। ऐसी अवस्था पाँचवीं सदी के आरम्भ में रही होगी।

अनेक भौगोलिक अवतरणों के आधार पर श्री बरो का कहना है कि सार्वभौम नगर पश्चिमी भारत में था। अवन्ति, मालव, अपरांत, सुराष्ट्र के उल्लेख इसी बात की ओर इशारा करते हैं। एक श्लोक में (पृ. १६३) सार्वभौम नगर में रहने वाले शक, यवन, तुषार, पारसीक, मगध, किरात, कलिंग, बंग, महिपक, चोल, पांड्य और केरलों का उल्लेख है। श्लोक में पूर्व तथा दक्षिण भारत के लोग, पश्चिम के अभारतीयों की तरह, दूरदेश के रहने वाले माने गये हैं। सार्वभौम नगर के उज्जयिनी होने का यह भी प्रमाण है कि पादताडितकम् में पश्चिम भारत के बहुत से नगर जैसे—दशपुर, आनन्दपुर, शूर्पारक, पद्मपुर और विदिशा का उल्लेख है। इतिहासकारों का यह विश्वास है कि पश्चिमी क्षत्रपों को जीतने के बाद चन्द्रगुप्त द्वितीय ने उज्जैन में अपनी राजधानी बनायी।

पादताडितकम् में तत्कालीन जीवन का चित्र होने से उसके पात्र भी ऐतिहासिक मालूम पड़ते हैं। भद्रायुध का बाह्लीक पर अधिकार उस ऐतिहासिक घटना की ओर हमारा ध्यान आकर्षित करता है जब चन्द्रगुप्त द्वितीय ने सिन्धु नदी के सात मुखों को पार करके बाह्लीक को जीता था[2]। यह कोई कारण नहीं कि पादताडितकम् के पात्रों का तत्कालीन अभिलेखों में उल्लेख न होने से उनकी वास्तविकता संदेहजनक हो, क्योंकि गुप्तकाल के अभिलेख कम हैं। पर बरो ने पादताडितकम् में कोंकण के स्वामी इन्द्रस्वामी (१८९) अथवा इन्द्रदत्त (१९१) का पता पश्चिम भारत के त्रैकूटकों के एक सिक्के[3] से लगाया है जो आरम्भिक पाँचवीं सदी का होना चाहिए। सिक्के पर लेख है—महाराजेन्द्रदत्त पुत्र-परम वैष्णव श्री महाराज दह्लसेन।

---

१. मरो, वही, पृ. ४९। १. तीर्त्वा सप्तमुखानि येन समरे सिन्धोर्जिता बाह्लिकाः। चन्द्रका मेहरौली स्तम्भलेख। २. रेप्सन कॉयन्स ऑफ दि 'आन्ध्र डायनेस्टी, पृ० १।

दह्रसेन और उसके पुत्र व्याघ्रसेन के क्रमश: ४५६ ई. और ४८० ई. के अभिलेखों से ऐसा पता चलता है कि इन्द्रदत्त का कुल दक्षिणी गुजरात और कोंकण में राज्य करता था[1]।

उपर्युक्त आधारों पर श्री बरो पादताडितकम् का समय ४१० और ४१५ के बीच निर्धारित करते हैं[2]।

उपर्युक्त प्रमाणों के सिवा भी चतुर्भाणी में ऐसे अनेक प्रमाण आए हैं जिनके आधार पर उसका समय चौथी सदी का अन्त और पाँचवीं सदी का आरम्भ माना जा सकता है। शूद्रक के पद्मप्राभृतकम् में दो ऐसे उल्लेख हैं जिनसे उस भाण के समय पर प्रकाश पड़ता है। उसमें मौर्यकुमार चन्द्रोदय का उल्लेख है। कुमुद्वती नाम की वेश्या उससे प्रेम करती थी, पर उसके सामन्तों के दमन के लिये सेना के साथ बाहर जाने पर उसने विरहिणी का व्रत धारण कर लिया (पृ. ४०)। शायद यही चन्द्रोदय अथवा चन्द्रधर शोणदासी का भी प्रेमी था (पृ. ४५)। इतिहास हमें बतलाता है कि पश्चिम भारत में मौर्यसाम्राज्य के समाप्त हो जाने पर भी मौर्यवंश वालों का कोंकण पर आधिपत्य बना रहा! मौर्यसाम्राज्य के बाद पश्चिमी भारत के मौर्यों के इतिहास पर विशेष प्रकाश नहीं पड़ता। पर पाँचवीं या छठीं सदी के कोंकण में वाडा से मिले एक लेख में मौर्य सुकेतुवर्मा का नाम पढ़ा जाता है।[3] पुलकेशिन् द्वितीय के ऐहोली वाले अभिलेख से (एपि. इं, ६, पृ. १ से), जिसका समय ६३४-३५ ई. है, पता चलता है कि उसने कोंकण में मौर्यों पर पुरी में विजय प्राप्त की। डॉ. हीरानन्द शास्त्री की राय है कि इस पुरी की पहचान बम्बई के पास एलीफेंटा द्वीप से की जा सकती है[4]। कणासवा के शिवगण के लेख (७३८-७३९ ई.) से पता चलता है कि उस समय मेवाड़ और उसके आसपास मौर्य धवल का राज्य था (इण्डियन एंटिक्वेरी, १९, पृ. ५५ से)। चालुक्य पुलकेशिराज के नवसारी ताम्रपट्ट (७३९ ई.) से भी पता चलता है (गजेटियर, १, भा. १, पृ. १०९) कि कोंकण के मौर्य पश्चिमी भारत में राज्य करते थे।

उपर्युक्त जाँच-पड़ताल से यह बात साफ़ हो जाती है कि गुप्तकाल में और उसके बाद आठवीं सदी के मध्य तक पश्चिम भारत में अथवा यों कहिए कि कोंकण और मेवाड़ में मौर्यों के कुछ वंशों का अधिकार बच रहा था। यह कहना सम्भव नहीं है कि मौर्य कुमार चन्द्रोदय का अधिकार कहाँ था, क्योंकि पद्मप्राभृतकम् का कथानक उज्जयिनी में होने से मौर्यों का अधिकार कोंकण अथवा मेवाड़ दोनों ओर होने की सम्भावना हो जाती है।

जैसा कि संस्कृत साहित्य के जानकारों को पता है नाटकों में ऐतिहासिक बातों का कम उल्लेख होता है। चतुर्भाणी के भाणों के बारे में भी यही बात कही जा सकती है। फिर भी पद्मप्राभृतकम् उभयाभिसारिका में दो ऐसे संकेत हैं जिनसे पता चलता है कि शायद ये दोनों भाण कुमारगुप्त के समय में लिखे गए। पद्मप्राभृतकम् में मगधसुन्दरी के बारे में इशारा करता हुआ विट कहता है—भो: को नु खल्वयं महेन्द्र इव सुरतयज्ञायाहूयते (पृ. ४८)—अरे

---

१. जे. आर. ए. एस, १९४८, ५२। २. वही, पृ० ५३। ३. बांबे गजेटियर, १४, पृ० ३७२-७३। ४. ए गाइड टु एलिफेंटा, पृ० ८-९।

यह महेन्द्र की तरह कौन है जिसका आवाहन सुरत यज्ञ के लिये हो रहा है? उभयाभिसारिका में (पृ. १४१) प्रियंगुसेना विट से कहती है—भगवतोऽप्रतिहतशासनस्य कुसुमपुरपुरंदरस्य भवने पुरंदरविजयसंगीतके यथा रसाभिनयमभिनेतव्यमिति देवदत्तया सह मे पणितः संवृत्तः— 'भगवत् अप्रतिहत शासन कुसुमपुर के पुरंदर (पाटलिपुत्र के राजा) के महल में पुरंदरविजय नामक संगीतक को रसाभिनय के अनुसार खेलने के लिए देवदत्ता के साथ मुझे बयाना मिला।' उपर्युक्त दोनों ही अवतरणों में श्लेषात्मक अर्थ निहित हैं जिनमें एक का अर्थ होता है इन्द्र और दूसरे का महेन्द्र यानी महेन्द्रादित्य कुमारगुप्त। कुमारगुप्त के सिक्कों में उनके विरुद्ध श्री महेन्द्र, श्री अश्वमेघ महेन्द्र, महेन्द्र सिंह, अजित महेन्द्र, महेन्द्रकर्मा, सिंहमहेन्द्र, महेन्द्रकुमार, और महेन्द्रादित्य आए हैं[1] कुमारगुप्त के अभिलेखों और सिक्कों में उनके नाम के साथ अप्रतिहत शासन तो नहीं आया है पर उनके एक सिक्के पर अप्रतिघ[2] विरुद आया है जिसका अर्थ प्रायः वही होता है जो अप्रतिहत शासन का।

जैसा हम पहले देख आए हैं उभयाभिसारिका के लेखक वररुचि का समय चतुर्भाणी के सम्पादकों ने ई. पू. माना है वह असम्भव है। जैसा श्री एस. के. दीक्षित ने अपने एक लेख में बतलाया है[3] कि अनुश्रुतियों पर विश्वास करने पर तो वररुचि को हम चन्द्रगुप्त विक्रमादित्य का समकालीन मान सकते हैं। वे पत्रकौमुदी और संस्कृतविद्यासुन्दर के तथाकथित लेखक माने जाते हैं। जो भी हो पादताडितकम् (पृ. २५५) से पता चलता है कि वररुचि की काफी ख्याति थी और गुप्त और महेश्वरदत्त नामक दो कवि उनके काव्य के अनुसार कविता करते थे। अगर उभयाभिसारिका, जैसा हमने ऊपर दिखलाने का प्रयत्न किया है, कुमारगुप्त के समय की रचना है तो इसमें सन्देह नहीं कि वररुचि कुमारगुप्त के काल तक जीवित थे।

हम ऊपर देख आए हैं कि श्री बरो ने अनेक युक्ति-संगत प्रमाणों से पादताडितकम् का समय निर्धारण करने का प्रयत्न किया है। उनके मत के पक्ष में कुछ और प्रमाण उपस्थित किए जा सकते है। पादताडितकम् में दाशेरक रुद्रवर्मा का कई जगह उल्लेख हुआ है। विटों के समूह में उसकी गिनती हुई है (पृ. १५९)। शायद वह दाशेरकाधिपति और कुमार गुप्तकुल का पिता था (पृ. २०२)। भट्टिजीमूतवाहन के यहाँ वह विष्णुनाग के प्रायश्चित्त में शामिल था (पृ. २५७)। भाग्यवश इन्दौर म्यूजियम के क्यूरेटर श्री हरिहर त्रिवेदी को मंदसोर से कई सिक्के मिले हैं जिन पर गुप्तलिपि में रुद्र नाम आया है। बहुत सम्भव है कि ये सिक्के पादताडितकम् के दाशेरक रुद्रवर्मा के ही हों।

पादताडितकम् में हमारी भेंट भिषक् हरिश्चन्द्र से होती है। विट ने उसे बाह्लीकः काकायनः भिषगैशानचन्द्रि हरिश्चन्द्रः—कहा है। वह अपनी प्रेयसी यशोमती की बहिन प्रियंगु यष्टिका के प्रेम में था। विट के पूछने पर उसने वेश में अपने आने का कारण प्रियंगुयष्टिका की भारी

१. एलन, कैटलाग ऑफ दि क्वायन्स ऑफ दि गुप्त डायनेस्टी, भूमिका, पृ० ११५-१२०।
२. भारतीय मुद्रा परिषद् की पत्रिका, भाग १०-२ (दिसम्बर १९४८), पृ० ११५ आदि।
३. इण्डियन कल्चर, १९३९, पृ० ३३९ से।

शिरोवेदना बतलाया (पृ. १७९)। भिषक् हरिश्चन्द्र के उपर्युक्त विवरण से कई बातों का पता चलता है। शायद वह बाह्लीक देश का रहनेवाला था, वह काकायन (कांकायन) के मत का अनुयायी था और उसके पिता का नाम ईशानचन्द्र था। इसमें कम सन्देह है कि भिषग् हरिश्चन्द्र और चरक पर चरक न्यास के टीकाकार भट्टारहरिश्चन्द्र एक ही थे। चरकन्यास का कुछ भाग रावलपिंडी के श्री मस्तराम शास्त्री ने कुछ वर्ष पहले प्रकाशित किया था। चरकसंहिता के सूत्र स्थान (अ., २६,३,१४ में भी बाह्लीक के वैद्यों में श्रेष्ठ कांकायन के उस मत का उल्लेख हुआ है जिसके अनुसार रसों की संख्या सीमित न होकर अपरिमित है। श्री एस. के. दीक्षित ने हरिश्चन्द्र की अनेक अनुश्रुतियाँ इकट्ठी की हैं[1]। राजशेखर ने काव्य मीमांसा में उस अनुश्रुति का उल्लेख किया है जिसके अनुसार हरिचन्द्र और चन्द्रगुप्त कालिदास इत्यादि के साथ उज्जयिनी में काव्य परीक्षा में बैठे थे। बाण ने हर्ष चरित (परब संस्क. पृ. ४, श्लोक १२) में भट्टार हरिश्चन्द्र के गद्य की तारीफ की है। गौडवहो में भास, कालिदास और रघुकार के साथ उनका उल्लेख है। एक सुभाषित में हरिचन्द्र को वैद्यतिलक और वैश्य बतलाया गया है। हेमाद्रि ने अपने आयुर्वेद रसायन की प्रस्तावना में कहा है कि उसने हरिचन्द्र की चरक पर टीका पढ़ी थी। श्री उमाकान्त शाह ने मुझे सूचना दी है कि महेश्वर ने अपने विश्वप्रकाश कोश में सूचित किया है कि चरक के टीकाकार भट्टारक हरिचन्द्र साहसांक यानी चन्द्रगुप्त विक्रमादित्य के समकालीन थे। कांकायन अवश्य आयुर्वेद के कोई बड़े आचार्य रहे होंगे। नावनीतक में जिसका समय डॉ. हर्नले ने ईसा की दूसरी सदी माना है[2] एक जगह कांकायन (५। ९३५) का उल्लेख है। पर अगर कांकायन हरिचन्द्र का ही विशेषण माना जाय तो नावनीतक के कांकायन और हरिचन्द्र एक ही बैठते हैं। ऐसी अवस्था में नावनीतक का समय हमें पाँचवीं सदी का मध्य मानना पड़ेगा।

उपर्युक्त प्रमाणों के आधार पर यह मानना अनुचित न होगा कि भट्टारक हरिचन्द्र अथवा भिषग् हरिचन्द्र एक ही व्यक्ति थे। वे बाह्लीक के रहनेवाले, कांकायन गोत्र के अथवा कांकायन की पद्धति के माननेवाले ईशनचन्द्र के पुत्र और वैश्य वंश में पैदा हुए थे। अनुश्रुतियों के अनुसार वे चन्द्रगुप्त द्वितीय के समकालीन थे। बहुत संभव है कि वे कुमारगुप्त के राज्य के आरंभिक काल में भी विद्यमान रहे हों।

चतुर्भाणी की भाषा भी उसकी प्राचीनता पर प्रकाश डालती है। कम से कम जिस तरह की संस्कृत का भाणों में प्रयोग किया गया है वह कहीं दूसरी जगह नहीं मिलती। वह विटों की भाषा है जिसमें हँसी-मजाक, नोक-झोंक, गालीगलौज, तानाकशी और फूहड़पन (अश्लीलता) का अजीब समिश्रण है। भाणों के विट तत्कालीन मुहावरों और कहावतों का बड़ी खूबी के साथ प्रयोग करते हैं। चतुर्भाणी को पढ़ते समय तो हमें ऐसा भास होता है कि मानो हम आधुनिक बनारस के दलालों, गुंडों और मनचलों की जीवित भाषा सुन रहे हों। भाणों में विट अनेक तरह की आश्चर्यबोधक ध्वनियों और संबोधनों का प्रयोग करते हैं, जैसे—साधु

---

१. इण्डियन कल्चर, १९३९, पृ० २०७-२१०। २. बॉवर मैनुसकिप्टस्, अध्याय चौथा।

भो:, आ, अहो, अये, भो :, हाधिक्, हंत, कष्टं भो:, अंघो, हीही, मा तावत्, मा तावत् भो:, अलं अलं, हहह, एवमस्तु, भवतु, सखे, भाव, वयस्य, आर्ये, भद्रमुख, धांत्र, अज्जुका, इत्यादि। पादताडितकम् में विट शायद मज़ाक़ में हंडे शब्द का प्रयोग पुरुष के लिए करता है यद्यपि हंडे और हँजे (= छोकरी, लौंडिया) शब्द चेटी या सखी के लिए व्यवहार में आता था। जैसा हम आगे चलकर देखेंगे चतुर्भाणी में नाट्य-शास्त्र का बड़ा सहारा लिया गया है। भावशब्द भरत के अनुसार (ना. शा., १९। १०)। विद्वान् के लिए आता था; वयस्य समान के लिए (ना. शा. १९। १०) भरत के अनुसार तपस्वी और प्रशान्त के लिए साधो (वही १९। ११) संबोधन आता था, पर भाणों में तो सभी उसी तरह मज़ाक़ में साधो पुकारे जाते हैं जैसे कामुक और गणिकाएँ तपस्वी और तपस्विनी कहे गए हैं। उसी तरह राजकुमार के लिए प्रयुक्त होनेवाला भद्रमुख (वही, १९। १२) का भी वेश में आने वाले के लिए प्रयोग हुआ है। शाक्य और निर्ग्रन्थ के लिए भरत के अनुसार (वही १९। १५) भदन्त संबोधन होता था। भरत के अनुसार (वही, १९। २१) तपस्विनी को भगवती कहते थे। अज्जुका संबोधन भरत के अनुसार वेश्या के परिचारक वेश्या के लिए प्रयुक्त करते थे (१९। २७)। वही बात भाणों में भी है। भवती और आर्ये भरत में वृद्धा के सम्बोधन हैं (१९। २८) पर विट इन शब्दों का प्रयोग भी हँसी में ही करता है। इतना ही नहीं, चतुर्भाणी के लेखकों ने भरत के आदेश के अनुसार ब्राह्मणों को उनके गोत्रों के साथ रक्खा है (१९। ३०); वैश्यों के नाम में दत्त लगता है, (१९। ३१) और अधिकतर वेश्याओं के नाम के साथ दत्ता और सेना लगता है (१९। ३३)। उपर्युक्त जाँच-पड़ताल से भी यही पता चलता है कि चतुर्भाणी का समय वही होना चाहिए जब नाट्य-शास्त्र के सिद्धान्तों का खूब प्रचलन था।

चतुर्भाणी और भरत की समानता उपर्युक्त उद्धरणों से ही नहीं समाप्त हो जाती। उभयाभिसारिका में (पृ. १४१) एक जगह पुरंदरविजय नामक संगीतक का वर्णन है। इसमें बहुत से ऐसे पारिभाषिक शब्द आए हैं जिनका सांगोपांग वर्णन भरत में है। चार अभिनय (४।२३), अष्टरस (६।३९), बत्तीस नृत्यहस्त (९। ११-१७), छह स्थान (११। ४९), तीन गति (१३। १२) इत्यादि का भरत में वर्णन है। पादताडितकम् (पृ. २२५) में एक जगह मयूरसेना के लास्यवार का उल्लेख है। इस वर्णन में भी सामाजिक जन (५२७। ५०-६२) और प्राश्निक यानी भध्यस्थ (२०९। ६४-६८) के वर्णन नाट्य-शास्त्र के अनुसार हैं।

धूर्तविटसंवाद में कामशास्त्र सम्बन्धी अनेक बातों का उल्लेख है। एक जगह (९०) वेश्या की तीन प्रकृतियाँ, उत्तम, मध्यम और नीच नाट्य-शास्त्र (२५। ३७-५२) के ही अनुरूप हैं। अनुरक्ता और विरक्ता (९१) वेश्या के लक्षण भी भरत के अनुसार ही हैं (२५। ८-३१)। चतुर्भाणी में ग्रन्थों का कम ही उल्लेख हुआ है इसलिए उनके आधार पर भाणों के समय पर प्रकाश डालना संभव नहीं है। पद्मप्राभृतकम् में कामदत्ता प्राकृत काव्य (पृ. १२) और कुमुद्वती प्रकरण (पृ. ५०) का उल्लेख है। लगता है कुमुद्वती की कहानी प्राचीन संस्कृत साहित्य में काफी प्रचलित हो चुकी थी। अश्वघोष ने सौन्दरनन्द ८। ४४ में कहा है—

श्वपचं किल सेनजित्सुता चकमे मीनरिपुं कुमुद्वती।
मृगराजमथो बृहद्रथा प्रमदानामगतिर्न विद्यते॥

उपर्युक्त श्लोक में मीनरिपु के साथ कुमुद्वती के प्रेम की कहानी की ओर इशारा है। यह मीनरिपु ही बुद्धचरित, १३। ११ का शूर्पक है। कथासरित्सागर (पेन्जर, दि ओशन ऑफ स्टोरी, भा. ८, पृ. ११५-११८) में एक धीवर और राजकुमारी मायावती की कहानी में भी शायद शूर्पक और कुमुद्वती की प्राचीन कहानी का विकृत रूप बच गया है। कहानी यह है कि सुप्रहार नाम का एक सुन्दर धीवर राजकुमारी मायावती को उपवन में देखकर मोहित होकर बीमार पड़ गया। उसकी माता ने राजकुमारी से उसे मिला देने का वादा किया। वह प्रतिदिन राजमहल में जाकर राजकुमारी को एक मछली भेंट देने लगी। इस भेंट से प्रसन्न होकर राजकुमारी ने उसकी इच्छा जाननी चाही। इस पर उसने अपने पुत्र की उसके प्रति प्रेम की बात कही। राजकुमारी ने उसे रात में लाने को कहा। सुप्रहार आया और राजकुमारी ने उसका स्वागत किया, पर सो जाने पर दूसरे कमरे में चली गई। जागने पर जब उसे पता चला कि उसकी प्रेमिका चली गई है तो उसने वियोग के दुःख से प्राण दे दिए। उसका अपने ऊपर इतना प्रेम देखकर राजकुमारी सती होने को तैयार हो गई। राजा को पता चला कि वे पूर्व जन्म में पति-पत्नी थे। इसके बाद अलौकिक घटना से धीवर जी उठा और राजकुमारी के साथ उसका ब्याह हो गया। यह जानने लायक बात है कि प्रसिद्ध कामशास्त्री दत्तक का कई जगह उल्लेख है, पर वात्स्यायन का कोई उल्लेख नहीं है। पद्मप्राभृतकम् में (पृ. ३२) विट वेश्या के घर में गए बौद्धभिक्षु संघिलक से कहता है कि उसका वहाँ जाना उसी तरह अशोभनीय था जिस तरह दत्तक सूत्र में ओंकार का प्रयोग। धूर्तविट संवाद (पृ. १०७) में दत्तक का एक सूत्र 'कामोऽर्थनाशः पुंसाम्' दिया गया है। पादताडितकम् (पृ. २१२) में एक दूसरा सूत्र 'अपुमान् शब्दकामः' आया है। उपर्युक्त उद्धरणों से यह साफ़ हो जाता है कि चतुर्भाणी के लेखकों को दत्तकसूत्र का ज्ञान था। दत्तक का समय तो ठीक-ठीक निश्चित नहीं, पर कामसूत्र में (१। १। ११) उनके उल्लेख से यह पता चलता है कि शायद वे ईसा की आरम्भिक सदियों में हुए हों। कामसूत्र के अनुसार दत्तक ने पाटलिपुत्र की गणिकाओं के लिए कामशास्त्र के छठे अधिकरण वैशिक अधिकरण को बढ़ाया था। जयमंगला टीका के अनुसार पाटलिपुत्र में एक माथुर ब्राह्मण रहता था जिसे बुढ़ापे में एक पुत्र हुआ। उसके पैदा होते ही उसकी माँ चल बसी और पिता का भी थोड़े ही दिनों में देहान्त हो गया। किसी ब्राह्मणी ने उसे गोद लेकर उसका नाम दत्तक रखा। उसने वेश्याओं से लोकयात्रा सीखी तथा वीरसेना इत्यादि की प्रार्थना पर उसने दत्तकसूत्र की रचना की। डॉ. राघवन के अनुसार[१] पश्चिमी गंग राजा माधववर्मन द्वितीय के जिनका समय ईसा की तीसरी सदी का प्रथमार्ध माना जाता है, एक लेख में (एपि. कर्नाटिका, ९, पृ. ७) दत्तक का उल्लेख है।

डॉ. अग्रवाल ने मथुरा संग्रहालय में पके मिट्टी के एक फलक (सं. २५५२) की पहचान

१. शृंगार मंजरी ऑफ सेंट अकबरशाह, पृ० ३५, हैदराबाद १९५१।

शूर्पक और कुमुद्वती की कहानी से की है। उसके अनुसार ज़मीन पर लोटा हुआ मनुष्य ही धीवर शूर्पक है जिसे कामदेव ने वश में कर लिया था। यहाँ पर कामदेव का चित्रण फूलों के बीच में धनुष बाण लिए हुए हुआ है। अगर डॉ. अग्रवाल की यह पहचान ठीक है तो कुमुद्वती और शूर्पक की कहानी ईसापूर्व पहली सदी के पहले भी प्रचलित होनी चाहिए।

पद्मप्राभृतकम् (पृ. १६) में दन्दशूकपुत्र दत्तकलशि नाम के एक वैयाकरण का उल्लेख है। उसकी बातचीत से पता चलता है कि कातंत्रिकों ने उसे तंग कर रक्खा था पर उसका उन पर ज़रा भी विश्वास नहीं था। उद्धरण इस बात का सूचक है कि जिस समय पद्मप्राभृतकम् की रचना हुई उस समय पाणिनीय और कातंत्रिक वैयाकरणों में काफी रगड़ रहती थी। बहुत संभव है कि इस विवाद का युग गुप्तकाल रहा हो जब बौद्धों में कातंत्र-व्याकरण का काफी प्रचार बढ़ा। कातंत्र, अथवा कौमार या कालाप शर्ववर्मन् की रचना थी। श्रीविंटरनित्स के अनुसार कातंत्र की रचना ईसा की तीसरी सदी में हुई तथा बंगाल और कश्मीर में इसका विशेष प्रचार हुआ। आरम्भ में उसके चार खण्ड थे पर भोट भाषा और दुर्गसिंह की टीका में पूरक अंश भी आ गए हैं। इसके कुछ अंश मध्य एशिया से भी मिले हैं।[१]

अगर गुप्तयुग की कला की कुछ अभिव्यक्तियों से चतुर्भाणी के कुछ वर्णनों की तुलना की जाय तो यह बात और भी स्पष्ट हो जाती है कि चतुर्भाणी गुप्तयुग की कृति होनी चाहिए। चतुर्भाणी में, जैसा हम आगे चलकर देखेंगे, जो स्त्री और पुरुषों की वेषभूषा, रहन-सहन इत्यादि का वर्णन आया है, उसकी प्रतिकृति हम गुप्तकालीन मूर्तियों तथा अजंता और बाघ के चित्रों में पाते हैं। पादताडितकम् में (पृ. १७८) वेश की एक स्त्री आम्रमंजरी से मोर को डराती हुई उसे नचाती है। कुमारगुप्त के अश्वारोही भाँति की एक तरह की मुद्रा पर एलन के अनुसार[२] लक्ष्मी मोर को फल खिला रही है, पर ध्यान से देखने पर ज्ञात होता है कि मानो लक्ष्मी कोई टहनी मोर के सामने करके उसे नचा रही है। हमने लखनऊ के श्री गयाप्रसाद शम्भूनाथ के संग्रह में कुमारगुप्त का एक ऐसा सिक्का देखा था जिस पर एक स्त्री ताली देकर मोर को नचा रही है। लगता है गुप्तयुग में स्त्रियों का मोर के साथ खेल एक प्रतीक बन गया था। मेघदूत (२।१६) में संध्या के समय यक्ष पत्नी बजने कड़ों की झनकार और हाथ की ताली से मोर को नचाती है।

चतुर्भाणी में आसवपान के कई जगह वर्णन आए हैं। धूर्तविटसंवाद में (पृ. ७२) गोष्ठी में वेश्याओं के साथ अर्धासन पर बैठकर पान करने का वर्णन है। गोष्ठी में इस तरह के आपानक का उल्लेख कामसूत्र (१।४।३८) में भी है। अजिंता के भित्ति चित्रों में इस तरह के आपानक के कई दृश्य आए हैं।[३] पादताडितकम् में (पृ. ३८) अपनी प्रेमिकाओं के साथ हाथी पर चढ़े कामुकों का उल्लेख है। कार्ले की लेण और अमरावती में अनेक ऐसे अर्धचित्र हैं जिनमें इस प्रतीक का अंकन है। शकट पर चढ़े खाते-पीते और आलिंगन करते

१. कीथ, ए हिस्ट्री आफ संस्कृत लिटरेचर, पृ० ४३१। २. कैटेलाग, गुप्त कायन्स पृ० ९०, प्लेट १४, ६-८। ३. हेरिंगम, अजंता, फलक ३; याजदानी, अजंता, भा-१, फलक २७; भा० ३, ६०।

हुए स्त्री-पुरुषों का चित्रण प्रयाग संग्रहालय में गुप्तयुग के बहुत पहले की एक मिट्टी की गाड़ी पर है। चतुर्भाणी में तीन ऐसे प्रतीक और हैं जिनसे उनका गुप्तकालीन होना सिद्ध होता है। पादताडितकम् (पृ. २१०) में 'आलेख्या यक्ष की तरह दर्शनमात्र ही में सुन्दर' की उक्ति आई है। भारतीय कला के विद्यार्थियों को पता है कि शुंग-युग से गुप्तकाल तक सुन्दर यक्षों का चित्रण भारतीय कला की एक खास बात रही है। एक दूसरी जगह (पृ. २१९) आलेख्य पट पर लिखी वर्णानुरूपोज्ज्वल चारुवेषा लक्ष्मी का उल्लेख है। जैसा अन्यत्र[१] दिखलाया जा चुका है गुप्तकाल में लक्ष्मी एक प्रतीक बन चुकी थीं। गुप्तकालीन लक्ष्मी के चित्र तो नहीं मिले हैं पर अनेक मृणमुद्राओं पर लक्ष्मी का अंकन हुआ है। तीसरी जगह गंगा-यमुना की चाहरग्राहिणी पुस्तकवाचिका मदयन्ती का उल्लेख है (पृ. २१२)। गुप्तकला से जानकारी रखनेवाले यह जानते हैं कि उस युग में गंगा और यमुना के मूर्तरूप का कितना महत्त्व बढ़ गया था। कुमारसम्भव (७। ४२) में 'मूर्ते च गंगायमुने तदानीं सचामरे देवमसेविषाताम्' अर्थात् चमर लिए हुए मूर्त गंगा और यमुना ने शिव की सेवा की इसका उल्लेख है। गुप्तयुग के मन्दिरों में द्वार पर गंगा-यमुना का होना आवश्यक हो गया था। लगता है गंगा-यमुना की मूर्तियों पर चमर डुलाने के लिए एक खास सेविका की नियुक्ति होती थी। गुप्तकाल से पहले की गंगा-यमुना की मूर्तियाँ भारतीय कला में नहीं मिलतीं।

चतुर्भाणी के लेखकों का मुख्य उद्देश्य उस समय के समाज का जीता-जागता चित्र सामने लाना और ढोंग का भंडाफोड़ करना था। भाणों के पढ़ने से पता चलता है कि राजा, राजकुमार, ब्राह्मण, बड़े-बड़े सरकारी कर्मचारी, व्यापारी, कवि और यहाँ तक कि व्याकरणाचार्य, बौद्ध भिक्षु इत्यादि भी बेश में जाने से नहीं हिचकिचाते थे। वेश्याओं और उनकी माताओं द्वारा कामियों के दुहने की तरकीबें, कामुकों के नाज़ और नखरे, मान, लीला हाव इत्यादि का भी इन भाणों में बड़ा चुस्त वर्णन हुआ है। भाणों के पात्र नाट्य-शास्त्र के रूढ़िगत पात्र न होकर जीते-जागते स्त्री-पुरुष हैं। इसीलिए भाण बोल-चाल की संस्कृत में लिखे गए हैं, पर वह बोल-चाल की भाषा इतनी मँजी हुई और पैनी है तथा मजेदार सवाल-जवाबों से इतनी चोखी हो गई है कि पढ़ते ही बनता है। डॉ. टामस के शब्दों में, ''मैं समझता कि लोग मुझसे इस बात में सहमत होंगे कि इन भाणों में निम्नस्तर के पात्र होते हुए भी और कहीं-कहीं अश्लीलता होते हुए भी इनमें बहुत साहित्यिक गुण हैं। इनमें अपने ढंग के भारतीय हास्य और वक्रोक्तियों का ऐसा पुट है जिससे उन्हें वेन जान्सन अथवा मोलिए की स्पर्धा में भी डरने की आवश्यकता नहीं। इनकी भाषा तो संस्कृत का मथा हुआ अमृत ही है।'' साधारण तरह से हम यही बात सोचते हैं कि संस्कृत साहित्य राजदरबारों और विद्वानों की भाषा में है और यह बात नाटकों तथा कादंबरी की तो बात ही क्या दण्डी के दशकुमारचरित पर भी लागू होती है। पर इन भाणों में सीधी-साधी बातचीत

१. एस० सी काला, टेरार्काटा फिगरिन्स फ्रोम कौशांबी, फलक ४२।

की संस्कृत का प्रयोग जीवन की दैनिक घटनाओं और छिद्रान्वेषण के लिए होता है।[1]

पर उपर्युक्त बात से यह न समझ लेना चाहिए कि चतुर्भाणी के भाणों की भाषा हमेशा सरल और गुण्डेपन की ही होती है। पद्मप्राभृतकम् (पृ. ४२) में कन्दुक क्रीड़ा करती हुई प्रियंगुयष्टिका का सजीव और गतिमय वर्णन हमें बाण और दण्डी की याद दिला देता है। इसी तरह धूर्तविटसंवाद में ऋतु वर्णन (२१३-२१४) भी भिन्न-भिन्न वस्तुओं में कामियों की जीती-जागती तसवीर खींच देता है। पादताडितकम् में वेश के मकानों का वर्णन (१७१-१७४) भी बाण की याद दिलाता है। पर अधिकतर वर्णन सीधी-साधी भाषा में ही है। भाणों की तारीफ़ यह है कि बिना तूल दिए हुए कुछ ही शब्दों में वर्ण्य वस्तुओं का चित्र वे खींच देते हैं। कहीं-कहीं ऋतु वर्णन और वेश्याओं के लीला हाव के वर्णन में भी भाण के लेखकों ने अपनी अनोखी सूझ और निरीक्षण शक्ति का परिचय दिया है।

शूद्रक विरचित 'पद्मप्राभृतकम्' का विषय मूलदेव और देवसेना का प्रेम है। मूलदेव का उल्लेख संस्कृत साहित्य में कई जगह हुआ है और वे धूर्तों और चोरों के आचार्य माने गए है। बाण ने कादंबरी में 'कर्णीसुतकथेव सन्निहितविपुलाचला शशोपगता च', कह कर इस भाण के पात्र कर्णीसुत, विपुला और शश का उल्लेख किया है। श्री रामकृष्ण कवि के अनुसार (भूमिका पृ. ३) यहाँ अचला से अचलपुर यानी आधुनिक एलिचपुर का तात्पर्य है जो शायद मूलदेव की कार्यभूमि रही होगी। पर पद्मप्राभृतकं (पृ. ५७) के अनुसार तो शायद वह पाटलिपुत्र का रहने वाला था और उसका कार्य क्षेत्र उज्जैन था।

'पद्मप्राभृतकम्' में सूत्रधार रंगमंच पर आते ही वसन्त का गुणगान आरम्भ करता है। सफ़ेद फूलों से भरे कुरबक, अशोक की कोपलें, कोयला की कूक, मंजरित आम के वृक्ष, चिड़ियों की चहचहाट, सिंधुवार और कुन्द के फूल वसन्त की विशेषताएँ थीं। लताओं से पेड़ जकड़े हैं, तिलक वृक्ष पर बैठी कोयल जूड़े-सी लगती है, कुन्द पर बैठा भौंरा कटाक्ष का काम देता है तथा साँवली कलियों से कमलिनी शोभित है (पृ. १-३)।

देवदत्ता का प्रेमी कर्णीसुत देवसेना के प्रेम में मस्त दिखलाया गया है। विट यानी शश के अनुसार वह अनेक शास्त्रों का ज्ञाता, सब कलाओं में निष्णात और कामतंत्र का पंडित था (पृ. ५)। उसका कामज्वर देवसेना के कारण था। उसकी ऐसी अवस्था सुन कर उसकी प्रेयसी देवदत्ता के परिचारक पुष्पांजलिक ने आकर कहा कि उसकी मालकिन अपनी बहिन चण्डालिका (देवसेना) की बीमारी से उसे देखने की न आस की थी पर वह जल्द ही आने वाली थी। पुष्पांजलिक को विदा करके कर्णीपुत्र ने अपने मित्र शश से कहा कि देवदत्ता के वहाँ आने पर वह उसके घर जाकर देवसेना की बीमारी के कारण का पता लगावे (८)। अपने काम पर निकलते ही पहले तो विट उज्जयिनी नगरी की शोभा का वर्णन करता है (८)। घूमते-घामते उसने कात्यायनगोत्रीय शारद्वतीपुत्र सारस्वतभद्र नामक कवि को देखा। वह अपने घर के दरवाज़े पर सफ़ेद रंग हाथ में लिये आँखों से रस भावना प्रकट कर रहा

१. जे० आर० ए० स० (सेंटनरी सप्लिमेंट), १९१४, पृ० १३५-१३६।

था। यह पूछने पर कि वह आकाश की ओर क्यों देख रहा था उसने जवाब दिया कि काव्य का भूत उसे सता रहा था। कुढ़ कर विट ने कहा कि पुराने काव्यरूपी जूते गाँठने वाला वह मोची, अस्त-व्यस्त गायों वाले ग्वाले की तरह, कैसे नये पदों की खोज कर रहा था। बाद में भीत पर लिखे उसके वसन्त सम्बन्धी श्लोक पढ़कर वह आगे बढ़ा (१०-११)।

इतने में उसे पीठमर्द दर्दुरक की हँसी सुनाई दी। विट के पूछने पर उसने कहा कि वागीश्वर की पूजा करना मानो समुद्र पर पानी छिड़कना था। पर विट ने जवाब दिया कि जिस तरह सूर्य की पूजा दीपक से, समुद्र की पानी से, वसन्त की फूलों से होती है उसी तरह वह वागीश्वर की पूजा बातों से कर रहा है।

विपुलामात्य को देखकर विट ने कहा कि वह मूलदेव के देवदत्ता के साथ फँस जाने से विपुला का पक्ष लेकर उससे नाराज था, पर विट ने उसे बताया कि कर्णीपुत्र स्वयं विपुला को मनाने गया था। पर उसके और उसकी सखी अवन्तिसुन्दरी के मनाने पर भी वह नहीं मानी और उसे फटकार दिया। यह सुन कर विपुलामात्य उसे उलाहना देने चला गया (१२-१५)।

विपुलामात्य को विदा करते ही विट की मुलाकात वैयाकरण दन्दशूक के पुत्र दत्तकलशि से हो गई। अपनी सूरत से वह बहस में मार खाया हुआ दीख पड़ता या उसकी कलह-प्रिय वाणी ज़रा-सा छूते ही मन्दिर के घण्टे की तरह टनटनाने लगती थी। नूपुरसेना की पुत्री रशनावतिका से उसका प्रेम था। विट के पूछने पर उसने बताया कि वह कातंत्रिक वैयाकरणों से तंग आ गया था पर वह उनकी जरा भी परवाह नहीं करता था। जब उसने विट को रोकना चाहा तो उसने कहा कि वह व्याकरण की निठुर वाणी का अभ्यस्त नहीं था, वह चलतू भाषा सुनना चाहता था। पर दत्तकलशि ने जवाब दिया कि बैल भिड़ंत भाषा को वह सरल बनाने में असमर्थ था। उसने बतलाया कि रशनावती उससे इसलिए नाराज़ थी कि एक दिन यज्ञ करते हुए उसे उसने छूने की कोशिश की और डाँटने पर रुष्ट हो गई (१६-२०)

दत्तकलशि से पीछा छुड़ाने के बाद विट की धर्मासैनिक पुत्र पवित्रक से भेंट हुई। वह गीले कपड़े लेकर लोगों की छूत बचाता हुआ राजमार्ग में शिवपिंडी के चबूतरे के सहारे खड़ा था। विट ने उसकी छुआछूत का मज़ाक़ उड़ाकर वारुणिका के साथ उसके सम्बन्ध की चर्चा की और उसे विट बनने का उपदेश दिया (२१-२४)।

उज्जयिनी की पुष्पबीथी में उसकी मुलाकात पुराने नाटक के विट मृदंग वासुलक से हुई। हँसी में वेश्याएँ उसे भावजरद्गव यानी बुड्ढा बैल कहकर पुकारती थीं। वह गायक आर्यनागदत्त के घर से निकल रहा था। खिजाब मलने, नहाने और लेप लगाने के उस शौकीन ने एक पुरानी भिस्टी पहन रखी थी। खिजाब लगाए उसकी तुलना विट ने किसी तरह मरम्मत क़िए हुए पुराने गिरहर घर से की, पर 'भावजरद्गव' ने जवाब दिया कि पुरानी शराब मजा देती है (२५-२८)।

मृदंग वासुलक से विदा लेने के बाद उसने द्यूत सभा के चबूतरे के पीछे छिपे हुए वासिष्ठी पुत्र शैषिलक को देखा। उसके छिपने का कारण मालतिका नामक दूती के प्रति उसका व्यवहार था। मालतिका को शैषिलक के पड़ोस में बसने वाली एक बौद्ध भिक्षुणी ने उसके पास भेजा था, पर उसने एकांत में उसके साथ जबर्दस्ती की (२८)।

इस तरह विट घूम-घाम कर वेश में पहुँचा। वहाँ एक गन्दी चादर से अपने को ढके किसी वेश्या के घर से निकलते हुए धर्मारण्य के संघिलक नामक दुष्ट बौद्ध भिक्षु से उसकी मुलाकात हुई। उसे देख कर विट ने बौद्ध धर्म की बड़ाई की जो ऐसे दुष्ट के रहते हुए भी निछद्दम बना था। उसने उसे ललकार कर पूछा कि वह कहाँ से आ रहा था। उसने जवाब दिया कि विहार से। इस पर विट ने उसकी हँसी उड़ाते हुए उस पर सुरत पिंडपात या लफंगेपन की तलाश में घूमने का दोष लगाया। अपने बचाव के लिए उसने कहा कि अपनी माँ के मरने से दुखी संघदासी को बुद्ध वचन से सांत्वना देकर वह आ रहा था। विट के फिर हँसी उड़ाने पर वह भोजन का समय बीतने का बहाना करके भागा (३१-३४)।

संघिलक से छुटकारा पाते ही उसकी भेंट वसन्तवती की पुत्री वनराजिका से हुई। वह फूलों के गहनों से सजी, सौगात लेकर इठलाती हुई कामदेव के मन्दिर से उतर कर अपने प्रेमी के यहाँ जा रही थी। उससे बातचीत करके और असीस देकर विट आगे बढ़ा (३५-३७)।

वनराजिका से विदा होकर वह इरिम की रखैल तांबूलसेना के घर पहुँचा। यह विट की आवाज़ सुन कर अपना गिरता हुआ दुपट्टा सँभालते हुए दरवाज़े पर आई। विट ने उसकी दिवा सुरत पर फ़ब्तियाँ कसीं। उसकी आवाज़ सुन कर इरिम ने उसे भीतर बुलाया, पर वह आगे बढ़ गया (३७-३९)।

ताम्बूलसेना से मिलने के बाद भांडीरसेना की पुत्री कुमुद्वती से उसकी भेंट हुई। वह घर के दरवाजे पर खड़ी कौओं को बलि खिला रही थी। उसकी बिना आँजी हुई आँखें, मैले कपड़े, रूखे बाल और ढीले कपड़े देखकर विट भाँप गया कि वह विरह में व्याकुल थी और कौए से अपने पति के आगमन का शकुन पूछ रही थी। उसका ऐसा अकपट प्रेम देख कर वह बिना बोले ही आगे बढ़ गया (४०-४१)।

आगे जाने पर गहनों की झंकार सुन कर वह खुले दरवाज़े से एक उपवन में घुसा। वहाँ पांचालदासी की पुत्री प्रियंगुयष्टिका अपनी सखियों से बाजी लगाकर गेंद खेल रही थी। कन्दुक क्रीड़ा में उसकी चातुरी देख कर उसने उसकी गति की बड़ाई की और उसके रोकने पर भी न रुककर आगे बढ़ा (४१-४४)।

प्रियंगुयष्टिका से विदा लेने के बाद वह चन्द्रधर की रखैल नागरिका की पुत्री शोणदासी के घर पहुँचा। वह बिना गहने पहने, मैली चादर ओढ़े, ललाट पर चन्दन लगाकर, दुकूल की पट्टी से सिर ढक कर मंद स्वर में गा रही थी। उसकी ऐसी अवस्था चन्द्रोदय देव अथवा चन्द्रधर के साथ प्रणय कलह करने की वजह से थी। उसने उसे सांत्वना दी। शोणदासी ने विट से कहा कि सखियों के बहकावे में आने से ही उसकी वैसी गति बनी थी। इस पर विट

ने उसे अभिसार करने का उपदेश दिया (४५-४७)।

शोणदासी से मिलने के बाद विट ने नागरिका की पुत्री मगधसुन्दरी को देखा। उस सुन्दरी ने अपने काले मुलायम बालों में तेल और सुगन्धि लगा रखी थी। वह बाहरी दरवाज़े के एक पल्ले के पीछे से सुरीले स्वर में वल्लभा नाम की चौपदी गुनगुनाती हुई किसी की बाट जोह रही थी। विट ने उसके सुरत चिह्नों का मज़ाक़ उड़ाया (४७-४९)।

वेश में घूमने-घामने के बाद विट अन्त में देवदत्ता के घर पहुँचा। वहाँ बगीचे में गायक गन्धर्वदत्त के शिष्य दर्दुरक नाम के नाटेरक से उसकी भेंट हुई। उससे उसे पता चला कि देवदत्त मूलदेव से मिलने गई थी और वह आचार्य द्वारा प्रेषित होकर देवसेना से कुमुद्वती की भूमिका के सम्बन्ध में मिलने आया था। देवसेना ने भूमिका अपनी सखी को दे दी। पूछने पर दर्दुरक ने बताया कि उस समय देवसेना बाग में थी (५०-५१)।

बाग में जाकर विट ने देवसेना की बीमारी का हाल पूछा पर उसने बात टाल दी। विट कहाँ माननेवाला था। उसने तालपत्र पर लिखी कुमुद्वती की भूमिका का एक अंश पढ़ा। जिरह करने पर देवसेना ने मूलदेव के प्रति अपना प्रेम स्वीकार किया। उसको डराने के लिए विट ने कहा कि कर्णीपुत्र पाटलिपुत्र जाने को व्याकुल था। यह सुनते ही देवसेना रो पड़ी। इस पर सान्त्वना देकर विट ने कहा कि कर्णीपुत्र भी उसके विरह में व्याकुल था। उसने यह भी कहा कि वह और देवदत्ता दोनों ही उससे प्रेम कर सकती थीं। उसने सुझाव रक्खा कि दूसरे दिन देवदत्ता नाचने जानेवाली थी। ऐसे समय देवसेना या ता स्वयं आचार्य के पास चली जाय, अथवा स्वयं वहाँ आ जाय। इस पर उसकी सखी प्रियवादनिका ने कहा कि वह मामला ऐसा बैठाएगी कि स्वयं देवदत्ता देवसेना को मूलदेव के पास ले जाय। अन्त में देवसेना से कर्णीपुत्र के लिए चिह्न स्वरूप मृदित लीला कमल लेकर विट विदा हुआ (५३-६१)।

धूर्तविटसंवाद—ईश्वरदत्त प्रणीत धूर्तविटसंवाद भाण बरसात के दिन आरम्भ होता है। उस दिन बादल गरज रहे थे, बिजली चमक रही थी और फूल खिल रहे थे। बरसात में लोग विदेश से लौट आते थे, मान भूल जाते थे और अपनी प्रेमिकाओं के पास रहते थे। बादलों से छिपी सूर्य की किरणें, गीले मैदान, फीके दिन, कुटजों पर मँडराते भौंरे और नाचते मोर बरसाती दिन की विशेषताएँ थीं। हरी दूब और वीर-बहूटियों से भरी वनभूमि पैरों में आलता लगाये स्त्रियों के घूमने लायक बन गई थी। नदियाँ गहरी हो गई थीं, कदम्ब की गन्ध से सुरभित हुई हवा चल रही थी। ऐसे समय विट देविलक भी कहीं आ-जा न सकने से अनमना हो गया था। अपनी घरनी के गाने से तृप्त होने पर वह भी सैलसपाटा पसन्द करता था। उसके भाग्य से एकाएक बादलों की गरज बन्द हो गई, दिन खुल गया, बरसात से घबराया मोर महल की चोटी पर चढ़ कर शोर मचाने लगा और सील लगी वीणा और कामिनियाँ धूप सेने लगीं। महल की मोरियों से पानी झरझराने लगा। गदले दर्पण साफ़ किए जाने लगे। बड़े घरों में बन्द रहने के आलस्य से भरी कामिनियाँ खिड़कियों पर जा

पहुँचीं। बादलों की नमी से कसी हुई और बाँधी सोने की करधनियाँ फिर से खोली जाने लगीं। कामियों के साथ उपवन में जाने के लिए वेश्याएँ घूमने लगीं तथा पैरों में आलता भर कर स्त्रियों हरियाली पर चलने लगीं (६४-६८)।

यह सब दृश्य देखकर विट ने द्यूतसभा अथवा चकले में अपना मन बहलाने की ठानी। पर जुए को उसने दूर से ही नमस्कार किया, क्योंकि उसके पास केवल एक धोती मात्र बची थी और पासों का कोई भरोसा न था। इसीलिए उसने चकले में जाने का विचार किया। घर का दरवाज़ा बंद करने की बात लेकर उसकी अपनी स्त्री के साथ नोक-झोंक हुई। (६८-६९)

कुसुमपुर यानी पाटलिपुत्र की बड़ाई करते हुए रास्ते में विट की कृष्णिलक से भेंट हो गई। वह अपने पिता से बचाये जाने पर भी लुक-छिपकर वेश की सैर करता था। विट ने फौरन फ़ब्ती कसी कि क्या वह माधवसेना के घर से रति-युद्ध से थका हुआ आ रहा था। कृष्णिलक ने यह बात स्वीकार कर ली और कहा कि अगर उसके बाप उसकी ऐसी हालत देख लें तो अपनी जान ही दे डालें। इस पर विट ने एक व्याख्यान ही दे डाला। पिता जवानी का सिर दर्द है, जुआ उसे भाता नहीं, शराब की गंध से उसे परहेज है, गोष्ठी से वह दूर ही रहता है, साहसिकता से उसका काम नहीं। नाराज होकर विट पृथिवी को क्षत्रिय विहीन करनेवाले परशुराम की तरह उसे पिता विहीन करने पर तैयार हो गया। जब वह वेश्या प्रेम की तारीफ़ कर रहा था तब कृष्णिलक ने बताया कि उसके पिता उसका विवाह कर देने पर तैयार थे। विट ने कुलवधुओं का मज़ाक़ उड़ाते हुए कृष्णिलक को सलाह दी कि वह इस फेर में कदापि न पड़े। (६९-७४)

इसके बाद विट कुसुमपुर के राजमार्ग में होता हुआ वेश में पहुँचा। वह वेश का बड़ा सजीव वर्णन करता है (४५-७७)। यहाँ उसकी भेंट मदनसेना की परिचारिका वारुणिका से हुई। वह जोबन के मद में खिसके स्तनप्रावरण की परवाह न करके झीनी मलमल की साड़ी पहने, मेखला की ही नीवी बनाकर, एक कान का कर्णपाश अलग करके बायें हाथ की उँगलियों से कर्णोत्फल ठीक कर रही थी। विट ने उसे रोककर उसके साथ हँसी की और वह हँसकर चल दी। (७८-७९)

वारुणिका से मिलने के बाद विट ने अपनी सखी चतुरिका से बातचीत करते हुए बन्धुमतिका को मेखला सँजोते देखा। उसने उसके साथ हँसी की। पर उसके रोकने पर भी आगे बढ़ गया (७९-८२)।

इतने में उसे रामदासी के घर से रोने की आवाज़ सुन पड़ी। उसको देखते ही वह और ज़ोर से रोने लगी। इस पर विट ने अपने यार कुंजरक की शिकायत की। रामदासी ने बताया कि दूसरी स्त्री के साथ समागम का उलाहना देने पर कुंजरक उसे छोड़ कर चल दिया। यह सुनकर विट ने उसे अभिसार का उपदेश दिया (८१-८३)।

रामदासी को छोड़ते ही उसने रतिसेना को देखा। गर्भगृह में बन्द रहने से पसीने से तर उसके

बाल अस्त-व्यस्त थे और नशा उतर जाने पर जाग कर वह खिड़की के पास हवा खा रही थी। विट ने उसके नशे की खुमारी की तारीफ़ की। इस पर हँस कर उसने खिड़की बन्द कर ली (८४)।

रतिसेना के बाद विट की प्रद्युम्नदासी से भेंट हुई। उसने उसकी हँसी उड़ायी। इस पर उसने बहुत दिनों के बाद मिलने का उलाहना दिया और बतलाया कि वह रामिलक के डेरे से आ रही थी (८५-८६)।

घूमते-घामते विट विश्वलक और सुनन्दा के यहाँ जो अपना घर बन्द करके रहते थे, जा पहुँचा। विश्वलक अपना सब कुछ खोकर सुनन्दा के साथ रहता था। उसने विट की बड़ी आवभगत की और कहा कि रामिलक की गोष्ठी में विष्णुदास इत्यादि गोष्ठिकों को आपस में बहस करते हुए कामतन्त्र के बारे में कुछ शंकाएँ हुईं। विश्वलक ने इस सम्बन्ध में अपना भी मत कहा पर वह विट (देविलक) का भी मत सुनना चाहता था। विट ने जवाब देना स्वीकार कर लिया और वे दोनों गोष्ठीशाला में टहलते हुए बातचीत करने लगे (८७-८९)।

विश्वलक ने पैसों की इच्छुक उत्तमा, मध्या और अधमा वेश्या का लक्षण पूछा। विट ने कहा कि अधमा दान से अथवा अकारण ही प्रेम करती है, मध्या दान अथवा जवानी से प्रसन्न होती है और उत्तमा दानी, सुन्दर और अनुकूल कामी की सेवा करती है। विश्वलक के कामी वेश्या के लक्षण पूछने पर विट ने अधखुली चितवनें, हँसती भौहें, मतलब भरी बातें, ताली बजा कर चिल्लाना, हँसी रोकना, नाभि, कक्षा और मुँह खोलना, मेखला छूना, उसासें भरना ये सब कामवती के लक्षण बताये। विश्वलक के यह पूछने पर कि वेश्याओं के कामचिह्नों में शठता या निष्ठा जानने का क्या उपाय है? विट ने कहा—आँसू, उसास, प्रेम भरी आँखें, दुर्बलता और पीलापन, पसीना होना तथा कामी का माल समाप्त हो जाने पर भी खुशामद वेश्या के प्रेम के द्योतक है। विश्वलक के यह पूछने पर कि प्रथम समागम कामिनियों को क्यों अरुचिकर होता है, विट ने जवाब दिया कि उसका कारण अविश्वास है। विश्वलक के यह पूछने पर कि कामी निर्गुण स्त्रियों में क्यों रमते हैं और झंझटी स्त्रियों से कैसा व्यवहार करना चाहिए, विट ने जवाब दिया कि निर्गुणी स्त्रियों में रमना काम का प्रभाव है और झंझटी स्त्रियों को छोड़ देना चाहिए। विश्वलक के यह पूछने पर कि क्या अपनी प्रेमिका को छोड़ देना चाहिए, विट ने कहा कि दूसरी स्त्रियों के प्रेम की रक्षा करते हुए उसके साथ कभी-कभी प्रेम दिखलाना चाहिए। विश्वलक ने स्त्री के प्रति कुसूरवार होने पर उसे मनाने का उपाय पूछा। विट ने उसका कोप दूर करने का उपाय बताया। कोप शान्ति के लिए प्रिया के पैरों पर गिरना उस समय के लोग एक खास उपाय मानते थे, पर विट का उसमें विश्वास नहीं था, क्योंकि पैर पड़ने से आँसू बहने की सम्भावना रहती है और उससे दैन्य जो काम का शत्रु है, पैदा होता है। कसम दिला कर भी मनाना ठीक नहीं, क्योंकि कुलवधुएँ तक कामी की शपथ नहीं मानतीं, फिर वेश्याओं की तो बात ही क्या! गाँव का रहना, श्रोत्रिय का उपदेश, परतंत्रता, कंजूसी और भोली-भाली नारी, ये सब बातें

काम का अन्त कर देती हैं। कोई-कोई हँसाना भी मानभंग की दवा मानते हैं, पर उससे मान जाने का भय रहता है। विट के मत में हँसी-मज़ाक़ से ही स्त्री का मान भंग करना ठीक है। जबर्दस्ती चुम्बन भी मान भंग कर देता है (८९-९४)।

विश्वलक के यह पूछने पर कि एक प्रेयसी के सामने यदि भूल से दूसरी का नाम निकल जाय तो क्या करना उचित है विट ने कहा कि ऐसा होने पर फ़ौरन मुकर जाना चाहिए, डर का भाव दिखलाना चाहिए, हँसी-ठिठोली करनी चाहिए, बात का रुख फेर देना चाहिए, या एक साथ बहुत से नाम लेने चाहिए। विश्वलक के यह पूछने पर कि नखक्षत और दंतक्षत पीड़ा क्यों नहीं देते? विट ने कहा कि कामोद्दीपक होने से वे पीड़ा नहीं देते। विश्वलक ने भीतर से विरक्त पर ऊपर से बनावटी प्रेम दिखाने वाली स्त्री के चिह्न पूछे। विट ने कहा—ऐसी स्त्री बिना कारण मुसकराती है, दूसरी का नाम ले लेने पर तमक कर उठ जाती है, अनमनी होकर सुनती है, समझती नहीं, गाढ़ आलिंगन देकर भी बीच में छोड़ देती है। यदि स्त्री का राग कम हो जाय तो क्या उपाय करना चाहिए, इसके उत्तर में विट ने कहा—अन्य स्त्री का सेवन रति में शिथिलता, धीर बनकर बैठ जाना, झगड़ा कर लेना, कभी क्षमा दिखाना, साथ गोष्ठी करना, इत्यादि शिथिल प्रेम उभार देते हैं। उसके बंधुओं की पूजा करना, चातुरी भरी बातें, कभी-कभी उसकी प्रशंसा, वेश्या का बहाना करके घर से प्रवास, भारी जोखिम के काम में अपने को डाल देना, उसके साथ राजधानी की सैर, और जी खोलकर दान, इनसे स्त्री का शिथिल राग भी फिर से जाग उठता है। बाला लड़कपन से, लोभी दान से, अकड़बाज सेवा से तथा अनुकूल अनुकूलता से बस में आती हैं। विश्वलक के यह पूछने पर कि जो स्त्री काम-चिह्न दिखलाने पर भी वश में नहीं आती, ऐसी मानिनी स्त्री को कैसे वश में करना चाहिए, विट ने कहा कि ऐसी स्त्री को शून्य में अंगमर्दन से, मीठी बातें करके, छल से अथवा मन की बात छिपा कर वश में करना चाहिए। विश्वलक ने फिर पूछा कि प्रेम चार तरह के होते हैं यथा—प्रथम समागम का प्रेम, क्रोध के बाद का प्रेम, प्रवास के समय का प्रेम और प्रवास से लौटने के बाद का प्रेम, इनमें विट की राय में कौन-सा प्रेम अधिक महत्त्व का था? विट ने जवाब दिया कि प्रथम समागम का प्रेम स्त्री के अनजानी होने से खतरे से भरा होता है, प्रवास काल का प्रेम करुणामय होने से ठीक नहीं, प्रवास काल के बाद की रति शृंगारविहीन और लज्जाविहीन होने से स्त्री का प्रेम कम करने वाली होती है, पर क्रोध चले जाने पर समरसता से रति प्रशंसनीय है। विश्वलक के यह पूछने पर कि वेश्याओं से बचने का क्या उपाय है, विट ने कायस्थ और वेश्या की समानता करते हुए बताया कि छिद्र देखकर दोनों प्रहार करते हैं, पर जहाँ कायस्थ मुट्ठी गरम होने पर कुछ देर सुख से बैठने देता है वहाँ वेश्या बराबर ख़र्च कराती रहती है, इसलिए धूर्तों को ही वेश में जाना चाहिए। धूर्त प्रौढ़ाओं का विश्वास नहीं करता, माता (खाला) से नियंत्रित होने से अलग रहता है। उसे अपमान का क्षोभ नहीं होता, न सत्कार का आदर। वह बूढ़ा होने पर भी वेश में रकम नहीं उड़ाता। विश्वलक के यह पूछने पर कि एक साथ दो स्त्रियाँ होने पर किसे रखना चाहिए, विट ने जवाब दिया कि नयी के आने पर भी पुरानी को

नहीं छोड़ना चाहिए। अगर तुनक कर पुरानी चल दे तो नयी की राय से उसे मनाना चाहिए। विश्वलक के यह पूछने पर कि वेश में घूमने से ही वेश्याओं की चतुराई कैसे भाँपी जा सकती है, विट ने कहा कि आँखें ही चतुराई बता देती हैं। तिरछी चितवन वाली की रति कठिन होती है, पर नखक्षत और दंतक्षत से युक्त मोटे ओठों वाली की रति सुगम है। जो कमर पर बायाँ हाथ रक्खे हो, और जिसकी एक जाँघ ऊँची-नीची हो ऐसी वेश्या विश्वसनीय है। पर जो आँचल से स्तन ढककर घर की देहली पर एक पैर रख कर दरवाज़े के बाहर अपना पैर निकाले हो वह वेश्या नहीं फंदा है। जो वेश्या किवाड़ की फुलिया पकड़कर बाहुपाश दिखलाती हुई नीवीबंध ढीला करके अपनी नाभि दिखलाती है वह रति-कातर होती है। लाल अँगुलियाँ, साफ नाखून, गाल पर रक्खा हाथ, नाटकीय बातें, ललित गीत, फड़कते ओठ, मुसकान, चंचल चितवन, अशंकित मुख, नाभि के नीचे साड़ी बाँधना, ये सब बातें रतिशीला को प्रगल्भता देती हैं। विश्वलक के फिर यह पूछने पर कि बनावटी और छिपे काम में कौन अच्छा है, विट ने कहा कि बनावटी काम केवल वेश्याओं में होता है, पर छिपा काम वेश्या और कुलबधू दोनों में होता है। अनुराग से उत्पन्न प्रेम हर एक को न चाहने वाली वेश्या को फबता है। फिर वह कुछ लोगों के इस मत का कि वेश्या के साथ प्रेम निर्दोष होने से प्रच्छन्न रति की कोई आवश्यकता नहीं, प्रतिवाद करता है। फिर बेमन से खाला की वजह से वेश्या अनचाहे से नेह लगाती है, पर अनुराग होने पर ही वह असली प्रेमी से नेह जोड़ती है। स्वयं दूती बननेवाली, रात में जागने से लाल आँखों वाली, रोती, पीली और प्रेमभरी शिकायतों से काली स्त्री भी अनुराग योग्य होती है। विश्वलक ने प्रश्न किया कि रूपवती और अनुकूल में कौन अच्छी, विट ने कहा कि ये दोनों स्त्रियों में सिंगार हैं। विश्वलक के यह पूछने पर कि शिष्टाचार की वजह से क्यों वेश्याएँ भले आदमियों से मिलने लायक नहीं मानी जातीं, विट ने कहा कि काम बनाने के लिये उपचार होता है, जो कभी बदमाशी भरा भी मजा देता है। विश्वलक के यह पूछने पर कि क्या वेश्या को दिया गया धन व्यर्थ जाता है, विट ने कहा कि धन का उपयोग दान, उपभोग और गाड़ने में होता है। इनमें दान और उपभोग ही ठीक हैं। अर्थ सुख प्राप्ति के लिए है और वह सुख वेश्या से मिलता है। कला इत्यादि और कामशास्त्र का ज्ञान होने से मनुष्य वेश में क्यों न जाय? विश्वलक ने कुछ स्मृतिकारों का उल्लेख करते हुए उनके बारे में विट की राय पूछी। विट ने कहा कि भोग की श्रेष्ठता से वेश्याएँ श्रेष्ठ हैं। सुख इसी जन्म में मिलता है, दूसरे जन्म में उसका मिलना संदेहजनक है, फिर उसमें क्या मजा? इसके बाद अनेक ऋतुओं में वेश्याओं के साथ मिलने वाले सुखों का विट उल्लेख करता है (९४-११५)।

इसके बाद विट छींटाकशी करता है। विचारे तपस्वी जीविका के लिए चींटियों की तरह एक दूसरे के पीछे चलते हुए बिना अपने देखे हुए भी 'स्वर्ग है' इस झूठी कल्पना से वायु, प्रपात, अग्निप्रवेश इत्यादि और जप, तप, होम और नियमों से स्वर्ग पाने की सोचते हैं स्वर्ग में स्त्रियाँ हैं तो अवश्य, पर विरोध और विरह के अभाव में उनसे मजा नहीं मिलता। सुना जाता है कि स्वर्ग में वृक्ष सोने के हैं, तब सवाल यह उठता है कि स्त्रियाँ सजाई किस चीज़

से जाती हैं। मकान का सोना भला स्त्रियों की शोभा कैसे बढ़ा सकता है? मृत्युलोक में तो अपने लगाए वृक्षों से फूल मिलते हैं, पर सोने के कठोर वृक्षों में वह मजा कहाँ? यहाँ तो उपालम्भ से प्रीति पैदा होती है पर वहाँ तो शापभय से अप्सराएँ काँपती हैं। यहाँ तो मान मनाने के लिये उपाय सोचे जाते हैं, पर ईर्ष्या रहित स्वर्ग में यह बात कहाँ? यहाँ की खास बात है ऐमिका की गोद में निद्रा। जहाँ पलक कभी नहीं झपतीं ऐसे स्वर्ग में वह सुख कहाँ? शराब न होने से स्वर्ग में बहकी बातें भी नहीं की जा सकतीं। नव-वधू के साथ रतिसुख भी स्वर्ग में नहीं मिलता। बूढ़े श्रोत्रियों के साथ बैठने को भले ही तैयार हो जाया जाय पर स्वर्ग में अप्सराओं के साथ नहीं। वहाँ बूढ़ी अप्सराएँ संस्कृत बघारती हैं। त्रसिष्ठ, अगस्त्य इत्यादि की माताओं से सुखभोग की कौन बात कर सकता है? इसलिए काम के लिये यह पृथिवी ही ठीक है (११५-११८)।

सुनन्दा ने यह सब प्रश्नोत्तर सुनकर उसे रोकना चाहा, पर अपनी स्त्री के कोप के बहाने जब विट जाने को उठ खड़ा हुआ तब सुनन्दा और विश्वलक उसके पैरों पर गिर पड़े। यहीं भाण समाप्त हो जाता है (११९-१२०)।

उभयाभिसारिका—वररुचि कृत उभयाभिसारिका भाण में सूत्रधार के बाद विट का प्रवेश होता है। आते ही वह कोयल, आम, अशोक, फूल, अच्छी सुरा, चन्द्र और भौंरों से भरे बसन्त की प्रशंसा करता है। बसन्त में कामीजन आपस में ढोंग साध रहे थे, दुतियाँ बेरोकटोक इधर-उधर घूम रही थीं तथा मणिमुक्ता, मलमल, हार और चन्दन के भाव बढ़ रहे थे। सागरदत्त सेठ के पुत्र कुबेरदत्त ने नारायणदत्ता से अनबन हो जाने से अपने सहकारक नाम के सेवक को उसके पास भेजा था। नाराजी का कारण यह था कि कुबेरदत्ता ने नारायण के मन्दिर में मदनाराधन के लिए मदनसेना का जलसा किया जिससे नारायणदत्ता को यह भ्रम हो गया कि उसका यार उसे छोड़कर दूसरे की प्रशंसा करता है। कुबेरदत्त के उसके पैरों पर गिरने की परवाह न कर वह अपने घर चली गई। उसने दुखी होकर विट से यह प्रार्थना की कि वह उसकी उससे सुलह करा दे। सन्ध्या के समय काम बनाने के लिए निकलने पर तैयार उसको उसकी स्त्री ने रोकना चाहा, पर वह यह सोचकर भी कि प्रेमीयुगल को मनाने के लिए उनके गुण और वसन्त ही काफी थे बाहर निकल पड़ा (१२२-१२३)।

विट ने पाटलिपुत्र के राजमार्ग पर पहुँचते ही उसकी प्रशंसा की (१२५-११५)। रास्ते में उसने रतिखेद से थकी चारणदासी की पुत्री अनंगदत्ता को नपे-तुले क़दम रखते देखा। पहले तो उसने विट को नहीं देखा पर बाद में वह उसकी ओर मुड़ी और उसे बतलाया कि वह महामात्र पुत्र नागदत्त के घर से आ रही थी। इस पर विट ने कहा कि वह तो कंगाल हो चुका था, शायद इसीलिए अनंगदत्ता की माँ उससे नाराज़ थी, पर वैशिक शासन की परवाह न करते हुए उसका अपने प्रेमी से मिलना ठीक ही था। विट ने उसकी माँ को मनाने का वादा करके उससे छुट्टी ली (१२५-१२७)।

अनंगदत्ता को आसीस देकर आगे बढ़ने पर विट ने विणुदत्ता की पुत्री माधवसेना को देखा

जो पीछे लगे अपने परिजनों की परवाह किए बिना विट की तरफ आ रही थी। उसकी सूरत देखकर विट ने अनुमान किया कि वह अपनी खाला की लालच से अनचाहे का संग करके दुखी थी। विट के पूछने पर उसने बतलाया कि वह धनदत्त सार्थवाह के पुत्र समुद्रदत्त के घर से आ रही थी। विट ने कहा कि वह तो उस ज़माने का कुबेर था पर माधव सेना ने उसकी बात अनसुनी कर दी। वह ताड़ गया कि उसका अनुमान ठीक था। उसने कहा कि धन के लिए अनचाहे का प्रेम वेश्या का धर्म था। माधवसेना ने जवाब दिया कि विट भी उसकी माता से सहमत था। इस पर उसकी माता को समझाने का वादा करके वह आगे बढ़ा (१२७-१२९)।

माधवसेना से मिलने के बाद उसने इत्र से गमगमाती विलासकौंडिनी संन्यासिनी को अपनी ओर आते देखा। विट ने अपना वैशिकाचल नाम लेकर उसका अभिवादन किया। पर उसने फ़ौरन जवाब दिया कि उसे वैशिकाचल नहीं वैशेषिकाचल की आवश्यकता थी। उसके रतिचिह्नों पर फ़ब्ती कसते हुए विट ने कहा कि अवश्य ही उसके प्रिय ने रति के लिए उसे 'वैशेषिक' बनाया था। पर वह चुप होने वाली नहीं थी। उसने कहा कि विट ने अपने अनुरूप ही बात कही। विट ने कहा कि उसके चरणों के दास धन्य थे। उसको वह पुण्य कहाँ मयस्सर। विलासकौंडिनी ने कहा कि षट्पदार्थ (द्रव्य, रूप, गुण, कर्म, समवाय, योग) न जानने वाले के साथ उसके गुरु ने बातचीत करना मना किया था। इस पर षट्पदार्थ को लेकर और उन्हें उसके रूप और यौवन पर घटाते हुए विट ने उसकी हँसी उड़ायी। उसने हँसकर कहा कि पुरुष अलेपक निर्गुण और क्षेत्रज्ञ था। विट इस बहस में मुँह की खाकर आगे बढ़ा (१२९-१३३)।

विलासकौंडिनी से छुट्टी पाकर विट ने चारणदासी की माता रामसेना को जो बूढ़ी होकर भी जवानी की नक़ल कर रही थी देखा। वह अपनी पुत्री के प्रेमी को दुहने जा रही थी। विट द्वारा कामी का नाम पूछने पर रामसेना ने जवाब दिया कि संगीतक के बहाने वह अपनी लड़की को उसके धनी के यहाँ से हटाने जा रही थी। विट ने इस बात पर आश्चर्य प्रकट किया कि चारणदासी ने धनिक को लूटना कैसे नहीं सीखा। रामसेना ने विट से चारणदासी के लौटने पर उसे ज्ञान सिखाने का आग्रह किया। इस पर विट ने कामियों का धन लूटने में तत्पर खाला की निन्दा करते हुए उससे विदा ली (१३३-१३५)।

रामसेना से छुटकारा पाकर विट ने सुकुमारिका को देखा। वह उससे भाग निकलना चाहता थी पर उसने उसे पकड़ ही लिया। दंड प्रणाम के बाद विट ने उसकी अतृप्त लालसा का वर्णन करते हुए पूछा कि वह कहाँ से आ रही थी। यह पता लगने पर कि वह राजा के साले रामसेन के घर से आ रही थी विट ने उन दोनों के विलग होने का कारण पूछा तो उसने बताया कि उसका प्रेमी गणिका परिचारिका रतिलतिका के प्रेम में फँस गया था और उसके फटकारने पर वह उसके पैरों पर गिर पड़ा, पर ईर्ष्यावश उसने उसे माफ़ नहीं किया। दूसरे दिन रामसेन उसे घर ले जाकर सोती हुई छोड़कर चम्पत हो गया। विट से उसने मेल करा

देने की प्रार्थना की। इस पर उसने उसे स्वयं रामसेन के यहाँ जाने का उपदेश दिया और वह चली गई (१३५-१३७)।

आगे बढ़ने पर पार्थक सार्थवाह के पुत्र धनमित्र ने विट को प्रणाम किया। उसकी गिरी हालत देखकर विट ने उससे पूछा कि उसे क्या डाकुओं ने लूट लिया था, या राजा ने उसका सब कुछ हर लिया था, अथवा जुए में उसका सब मालमता गायब हो गया था। धनमित्र ने बताया कि रामसेना की पुत्री रतिसेना और उसमें बड़ा प्रेम था। मित्रों के मना करने पर भी वह अपना सब मालमता उसके यहाँ पहुँचा आया। एक दिन वह अशोक बनिका की बावड़ी में उसे छोड़कर चल दी और रक्षकों ने उसे निकाल बाहर किया। नगर में बेइज़्ज़त होने के डर से वह जंगल की ओर भाग रहा था कि विट की उससे भेंट हो गई। विट ने वेश्या संसर्ग के लिए उसे बुरा-भला कहा। पूछने पर उसने बताया कि रतिसेना तो उसे प्यार करती थी पर अपनी माँ के बहकाने में आकर उसने ऐसा किया। उसने विट से प्रार्थना की कि वह फिर से उसे रतिलतिका से मिलवा दे। विट के धिक्कारने पर वह रो पड़ा। इस पर अपना काम समाप्त करके उसका काम पूरा करने का वादा करके विट आगे बढ़ा (१३८-१४०)।

धनमित्र से छुटकारा पाने के बाद विट ने किसी कोकिल-कंठी का गाना सुना। उसे पता लगा कि वह गाने वाली प्रियंगुसेना थी। उसने उसकी सुन्दरता की प्रशंसा की। इस पर लजाकर उसने कहा कि कुसुमपुर के राजा के यहाँ पुरन्दर विजय नामक संगीतक में देवदत्ता के साथ उसे भी बयाना मिला था; उसकी इस बढ़ती का कारण विट ही था। पर विट ने जवाब दिया कि उसकी बढ़ती का कारण उसका यार रामसेन था। फिर नृत्तांगों का वर्णन करते हुए विट ने कहा कि नाचना तो अलग, उसके नखरे ही काफी थे (१४०-१४३)।

प्रियंगुसेना से छुट्टी पाकर नारायणदत्ता की चेरी कनकलता से विट की भेंट हुई। दण्ड-प्रणाम के बाद उसने बताया कि उसकी मालकिन ईर्ष्यावश नहाना-पहिरना छोड़कर अशोक वनिका में जब एक पेड़ के नीचे बैठी थी उसी समय कोई वसन्त का गीत गाता हुआ उधर से निकल गया। गीत सुनते ही उसका मान ढीला पड़ गया और वह कनकलता को अपने साथ लेकर अपने प्यारे से मिलने चली। उसी तरह कुबेरदत्त भी उससे मिलने चला। दोनों की भेंट वीणाचार्य विश्वावसुदत्त के यहाँ हो गई। विट कनकलता के साथ कुबेरदत्त और नारायणदत्ता से मिला। इसके बाद भरत वाक्य के साथ भाण समाप्त होता है (१४३-१४७)।

पादताडितकम्

श्यामिलक के पादताडितकम् में भाण का आरम्भ सूत्रधार की काम स्तुति द्वारा होता है। आगे चलकर वह श्यामिलक की काव्य-रचना में उस परिश्रम का उल्लेख करता है जिसका पुरस्कार भले आदमियों के आँसू हैं (१४९-१५०)।

भाण का उद्देश्य राजपुत्र, आर्य और सन्तों को धता बताकर डिंडिक, विट और हँसोड़ों को प्रसन्न करना था। श्यामिलक की राय में रो-धो कर कोई स्वर्ग नहीं पाता, न चुहलबाजी स्वर्ग के रास्ते में रोड़ा अटकाती है (१५०-१५१)।

इतने में सूत्रधार को विटों की बैठक की आवाज़ सुनाई देती है। कान लगाने पर उसे पता चला कि धूर्तों का सरदार श्यामिलक घंटा बजा रहा है। प्रिया के द्वारा प्रियतम के सिर पर पैर रखने की जय-जयकार मनाता हुआ सूत्रधार चला गया (१५१-१५२)।

इसके बाद विट कामिनी के चरणप्रहार की जय-जयकार करता हुआ घुसता है। उसे दद्रुण माधव से इस बात का पता चला कि सुराष्ट्र की मुख्य वेश्या मदनसेना द्वारा तौंडिकोकि विष्णुनाग के सिर पर पैर रख देने पर विष्णुनाग अपने पवित्र और पिता-माता द्वारा लालित सिर के इस घोर अपमान से बड़ा नाराज हुआ। मदनसेनिका उसका क्रोध देखकर उसके पैरों पर गिर पड़ी, पर क्रोध से उसने ऐसा करने की मनाही कर दी। विट ने यह ख़बर सुनकर कहा कि शायद वह उसके पीछे महामात्रपुत्र और शासनाधिकृत होने से लगी थी। दद्रुण माधव ने विष्णुनाग को फटकारा और मदनसेनिका को दिलासा देकर कहा कि वह उसके लायक नहीं थी, क्योंकि पादताडन और कर्णोत्पल की मार तो कामियों का साधारण खेल था। इस पर प्रसन्न होकर वह अपने पलंग पर चली गई। दूसरे दिन दद्रुण माधव नहा-धोकर ब्राह्मण पीठिका पहुँचा। वहाँ उसने विष्णुनाग को वेश्या की लात लगने के पाप के प्रायश्चित के लिए त्रैविद्य ब्राह्मणों की दुहाई देते सुना। ब्राह्मणों ने उससे हँसकर कहा कि ऐसे प्रायश्चित का विधान उनके पास नहीं है। उसके फिर रोने-चिल्लाने पर ब्राह्मण आपस में इशारा करके हँस पड़े। इतने में शांडिल्य भवस्वामी नामक एक हँसोड़े आचार्य ने धर्मशास्त्र का प्रमाण उद्धृत करते हुए उसे विटों के पास प्रायश्चित की व्यवस्था के लिए जाने को कहा। विष्णुनाग यह सुनकर चला गया। दद्रुण माधव ने विट से कहा कि विटों की सभा बुलाने का काम उसे सौंपा गया था। विट की व्याख्या पूछने पर उसने विट शब्द की व्याख्या करते हुए विटों की श्रेणी में तत्कालीन बड़े-बड़े राज-कर्मचारियों और सामंतों के नाम गिनाए। उनमें दयितविष्णु का नाम लेते ही दद्रुण माधव चमका और उसकी स्वामिभक्ति और देवभक्ति की बात चलाई। पर विट ने उसके वेश्या-प्रेम का हवाला देकर उसे विट सिद्ध किया (१५२-१६१)।

दद्रुण माधव से विदा होकर विट सार्वभौम नगर की प्रशंसा करता है और वहाँ रहनेवाली देशी-विदेशी वेश्याओं की तालिका देता है (१३२-१६३)। सार्वभौमनगर के रास्ते में उसे पालकी पर चढ़ा हुआ पवित्रता का ढोंग साधनेवाला विष्णुदास दिखलाई पड़ गया। उसके पास छड़ी और कुण्डी होने से वह वैष्णव मालूम पड़ता था। ध्यान और अध्यास के फेर में पड़कर वह न्यायाधीश का काम ठीक तरह से नहीं कर सकता था। विट को देखते ही वह पालकी से उतर पड़ा। इस पर विट ने उससे उसकी रखेली अनंगसेना के विमुख होने का कारण पूछा। उसके सत्कार का हाल सुनकर विट हँसकर आगे बढ़ा (१६३-१६५)।

विष्णुदास से विदा होने के बाद विट सार्वभौम नगर के बाज़ार का वर्णन करता है। भीड़-भाड़ से घबराकर उसने पुष्पवीथिका में होते हुए पूर्णभद्र शृंगाटक लाँघ कर मकररथ्या से वेश के रास्ते पहुँचने का इरादा किया (१६६-१६७)।

पानागार में उसने वाह्लिकपुत्र वाष्प को यौधेय के मृदंगिये और बजानेवालों के साथ शराब का घड़ा उठाकर नाचते-गाते हुए देखा। विट ने उसे कभी होश में नहीं देखा था। वह निर्लज्ज गज़क लेकर शराबियों के बीच घुसता था (१६८-१६९)।

वाष्प से बिना बोले ही विट ने आगे बढ़कर कामदेव के मन्दिर से पुरानी वेश्या सरणिगुप्ता को उतरते देखा। खुले सफ़ेद बाल वाली वह तुरत के धुले कपड़े पहनकर मकरयाष्टि की प्रदक्षिणा कर रही थी। उसकी जवानी चली गई थी, पर नखरे नहीं। उसका यार मृदंगिया स्थाणुमित्र था (१६९-१७१)।

सरणिगुप्ता को छोड़कर विट वेश में पहुँचा जिसका वह लम्बा-चौड़ा वर्णन देता है (१७१-१७८)। उससे मिलकर भद्रा नाम की गणिका ने उसके न मिलने और धोखा देने की शिकायत की। उसे टालकर वह आगे बढ़ा।

रास्ते में विट को काकायन वैद्य ईशानचन्द्र का पुत्र हरिश्चन्द्र मिला। वह अपनी प्रणयिनी यशोमतिका की बहिन प्रियंगुयष्टिका को चाहता था। पूछने पर उसने बताया कि वह उसके सिर दर्द की दवा करने जा रहा था। इस पर विट ने सिर दर्द को वेश्याओं का एक बहाना कहा। भट्ट जीमूतवाहन के यहाँ आने का न्योता देने पर उसने कहा कि उसे सब पता था (१७८-१८१)।

इसके बाद विट ने हूण न होते हुए भी हूणों का वेष धारण किए हुए सेनापति सेनक के पुत्र आर्यघोटक मधवर्मा को पाटलिपुत्र की वेश्या पुष्पदासी का दरवाज़ा खोलते देखा। वह लाट के डिंडियो (गुंडों) से घिरा था। विट के आवाज़ देने पर भट्टि मधवर्मा ने कहा कि प्रतिहारियों से घिरे रहने से विट उसे राजा समझता था। पर उसका ऐश्वर्य तो कभी का घट चुका था। विट का उसने स्वागत किया पर ऋतुमती पुष्पदासी के साथ रति करने से विट ने उस पर और लाटों पर फ़ब्तियाँ कसीं (१८१-१८७)।

भट्टि मधवर्मा से छुटकारा पाकर विट ने काशी की मुख्य वेश्या पराक्रमिका को पिंछोला बजाते देखा जिससे मयूर आकृष्ट हो रहे थे। उसके घर से इन्द्रस्वामी का रहस्य-सचिव हिरण्यगर्भक हड़बड़ा कर निकल रहा था। विट के ललकारने पर कि वह वेश को अपरांतकों से क्यों ध्वस्त कराना चाहता था, उसने जवाब दिया कि पहले तो पराक्रमिका का भाड़ा पाँच सौ मुद्रा था, पर अब तो वह हज़ार पर भी नहीं मानती थी। विट ने उसे बतलाया कि अपने मालिक का चामरग्रहिणी कुंडकदासी से प्रेम हो जाने से वह दुःखी थी। काव्य, संगीत और नृत्य शास्त्र में प्रवीण कोंकण के स्वामी को भला कौन वेश्या नहीं चाहती थी? पर कुछ भी करने पर वेश्या के आँगन में भगदत्त और इन्द्रदत्त एक थे। पराक्रमिका इन्द्रस्वामी के साले

सिंहवर्मा से प्रेम करके उसे लज्जित कर रही थी। हिरण्यगर्भक ने यह कहकर कि वह उसके मनाने के प्रयत्न में था उससे विदा ली (१८७-१९२)।

इसके बाद विट ने शूर्पारक की वेश्या रामदासी के घर से आते हुए, डिंडिमों से घिरे, वाहिकों और कारूषमलदों के स्वामी, महाप्रतिहार भद्रायुध को देखा। खूब सजकर वह लाटों के योग्य ज-ज-ज उच्चारण में बात कर रहा था। उसने अपरांत, शक, मालव के राजाओं को हराकर कालांतर में मगध लौटकर मगध कुल का ऐश्वर्य बढ़ाया था। अपरांत की स्त्रियाँ बेलाकूल पर उसका चरित गाती थीं (१९३-१९५)।

इसके बाद विट ने चित्रकार निरपेक्ष को प्रद्युम्न के मन्दिर की ध्वजा चित्रित करते देखा। देखते ही वह डिंडिमों की चित्रकला को गाली देने लगा और उसे अपनी प्रेमिका राधिका को मनाने का उपदेश दिया (१९६-२०१)।

निरपेक्ष के बाद विट की भेंट दाशेरकाधिपति के पुत्र गुप्तकुल के दूत से हुई। वह गंदे कपड़े पहने मूली खा रहा था। वेश का पता पूछने पर विट ने उसे लावणिकापण में गणिका ढूँढ़ने को कहा (२०१-२०४)।

गुप्तकुल से मिलने के बाद विट ने अपनी पुरानी प्रेमिका शूरसेना की बगीची में घुस कर शिलातल पर लिखा एक श्लोक पढ़ा। इतने में सजी-धजी शूरसेना विट का स्वागत करके उसके बगल में बैठ गई। जब उलाहना देते हुए विट ने श्लोक का मतलब पूछा तो उसने कहा कि उसकी सखी कुसुमावतिका का गहरा प्रेम चित्राचार्य शिवस्वामी से हो गया था। एक दिन शिवस्वामी सोने पर यों ही फुजूल की बात करता रहा और छेड़ने पर भी ज़रा नहीं टसका। जब शूरसेना ने पद्मपाल प्रतिहार से श्लोक भेजकर ख़बर पुछ्वाई तो उसने स्वयं आकर बतलाया कि उसके छेड़खानियाँ करने पर भी जब शिवस्वामी नहीं टसका तो वह रो पड़ी। इस पर शिवस्वामी ने दिलासा देकर कहा कि चर्बी घटाने के लिए गुग्गुल के सेवन से ही उसकी ऐसी दशा हो गई थी। विट उस पर हँस कर आगे बढ़ा (२०४-२१०)।

इसके बाद वेश कन्यकाओं को देखते हुए विट ने मोटे-ताज़े उपगुप्त को देख कर उसका मज़ाक़ उड़ाते हुए उसके उपनाम हरिकृष्ण, हरिभूति और दृतिगुप्त लेते हुए उसकी तुलना जंगली मेढ़े और फूली मशक से की। विट को यह समझ में नहीं आया कि गंगा-यमुना की चामर-ग्रहिणी पुस्तकवाचिका मदयन्ती त्रैविद्यवृद्ध पुस्तकवाचक को छोड़ कर बूढ़ी होकर भी उपगुप्त से क्यों फँस गई। पुस्तकवाचक को देखकर विट ने कहा कि उसे मालूम था कि उसकी सास ने उस पर अदालत में नालिश कर दी थी। पुस्तकवाचक ने अदालत की तकलीफों का बयान करते हुए प्रध्याति विष्णुदास, उसके भाई कोंक, अधिकृत, पुस्तपाल, काष्ठमहत्तर, कायस्थ इत्यादि का उल्लेख किया। इस पर हँस कर विट ने उसे विदा किया (२१०-२१५)।

इसके बाद उसने लाट के एक आदमी को जो शर्करपाल के घर में चर्मकार कीर और कोंक चेटी से पैदा होकर शर्करपाल को अपना पिता और निरपेक्ष को अपना भाई बताता था,

रईसी ठाट में देखा। बूढ़े रविदत्त से उसने उसका नाम पूछा, पर पता नहीं चला (२१५-२१६)।

घूमते-घामते विट अपने मित्र राम के घर पहुँचा जो मित्रों के डर से अपने घर का दरवाज़ा बन्द करके रहता था। पर भीतर से गहनों की झनकार सुन कर उसने भीतर घुसने का विचार छोड़ दिया (२१७)।

इसके बाद विट ने दुबले-पतले, काले तौंडिकौकि सूर्यनाग को देखा। विट को देखते ही वह मुँह छिपा कर भागा। उसका कारण यह था कि तीन दिन पहले पताका वेश्याओं ने उस पर मुक़दमा चलाया था और वह म्लेच्छ अश्वबन्धक श्रावणिकों द्वारा पकड़ कर अदालत में लाया गया था जहाँ बलदर्शक स्कन्धकीर्ति ने यह कह कर कि वह उसके स्वामी विष्णु का साढ़ू था उसे बचाया। विट के उसके चकले में आने का कारण पूछने पर सूर्यनाग ने कहा कि वह अपने मामा हरिदत्त की बीमार रखेली का हालचाल लेने आया था। पर विट ने कहा कि उसका मामा तो जेल में बन्द था। विट को इस बात का पता था कि वह रूपदासी की परिचारिका कुब्जा से फँसा था। इसके बाद विट ने उसके टकहिया (पताका) वेश्याओं के यहाँ जाने की बात चलायी। इस पर वह हँस कर चला गया (२१७-२२३)।

इसके बाद विट ने सिंहल की मयूरसेना के घर से विदर्भ के तलवर हरिशूद्र को खूब सज-सजाकर निकलते देखा। उसे नंगी तलवार लिए हुए दाक्षिणात्य घेरे हुए थे। कावेरिका के सम्बन्ध के मयूरसेना उससे क्रुद्ध थी। विट ने उससे कहा कि मयूरसेना को द्रविड़ देश की कावेरिका को छोड़ कर उसने ठीक नहीं किया पर हरिशूद्र ने बताया कि उसका मयूरसेना से मेल हो गया था। उसका कारण यह था कि तीन दिन पहले वेश्याध्यक्ष द्रौणिलक के यहाँ जलसे में शराब के नशे में लासक उपचन्द्रक ने मयूरसेना के नाच में दोष दिखलाया। सब समाजी उसके पक्ष में थे पर हरिशूद्र ने उसका पक्ष लिया और प्राश्निक ने भी उसका साथ दिया। इनाम पाकर जब मयूरसेना घर जाने लगी तो कावेरिका ने हरिशूद्र पर ताना मारा। घर पहुँच कर वह मयूरसेना के बारे में सोच ही रहा था कि उसने पीछे से आकर उसकी आँखें बन्द कर लीं। हरिशूद्र ने उसके पैर धोकर वर्णक पात्र से उनमें आलता लगाया। इसके बाद दोनों ने क्रीड़ा की। विट ने उससे विष्णुनाग के प्रायश्चित्त में शामिल होने को कहा पर उसने हँसी में बात टाल दी (२२३-२३१)।

विट को घूमते-घामते शाम हो गई और उसने चकले की अपूर्व शोभा देखी (२३१-२३६)। उसने चकले की गली में शककुमार जयंतक के साथ घटदासी बर्बरिका को देखा। वह बड़ी काली थी, फिर जयंतक उससे कैसे पटा, इस बात को लेकर उसने सौराष्ट्रिक, बन्दर और बर्बर की समानता की (२३६-२३७)। इसके बाद उसने खूब बन-ठनी राका को आभीलक मयूरकुमार के साथ चन्द्रशाला में क्रीड़ा करते देखा (२३७-२३८)।

इसके बाद विट ने शार्दूलवर्मा के पुत्र वराहदास की रखेली यवनी कर्पूरतुरिष्टा को जो अपनी तीन अँगुलियों से चषक पकड़े कपोल पर गिरते कुण्डल सँभाल रही थी देखा।

उसके बाल और आँखें भूरी थीं। वह मधुपात्र में अपनी परछाहीं देखती हुई नलों से लटें बिखेरती अपने गालों पर मद की लाली को आलता समझ कर पोंछ रही थी। विट ने मज़ाक़ में कहा कि मालव और यवनी की अच्छी जोड़ी मिली थी। पहचान होने पर भी उसकी भाषा न समझ सकने से उसने उससे मिलना व्यर्थ समझा (२३८-२४०)।

रास्ते में विट ने देखा कि इभ्यपुत्र विटप्रवाल बाला को हाथी पर चढ़ा कर ले जा रहा था। वह अपने पिता के नाराज होने पर भी उसका साथ करता था। डिंडी उसके साथी थे (२४०-२४१)।

घूम-घाम कर विट भट्टि जीमूत के घर आ धमका। उसके दरवाज़े पर विटों की सवारियाँ इकट्ठी थीं और चाँदी के कलशों से सेवक आगन्तुकों के पैर धुला रहे थे। घर में फूल बिखेरे जा रहे थे, दीपक जलाये जा रहे थे, धूप घुमाई जा रही थी, गाना हो रहा था, लोग आपस में हँस-भेंट रहे थे, चन्दन बाँटा जा रहा था, वर्णक पोता जा रहा था, अतर लगाया जा रहा था, चूर्ण उड़ाया जा रहा था और विट वेश्याओं से परिहास कर रहे थे (२४१-२४२)।

विट ने कामदेव की प्रार्थना करके उनसे विष्णुनाग के प्रायश्चित्त की व्यवस्था देने को कहा। उसका पाप सुन कर विट लोग अपनी हँसी छिपा कर गम्भीर बन गए और भट्टि जीमूत आँसू बहाने लगा। उनकी आज्ञा से विट लोगों से बातचीत करने लगा। धावकि अनन्तकथ ने कहा कि विष्णुनाग जैसे पशु के सिर पर पैर रखने में कसूर मदनसेनिका का ही था। मल्लस्वामी ने अपनी गुंडई का बखान करते हुए कहा कि मदनसेनिका प्रायश्चित्त करे पर वह बैठा दिया गया। काशी, कोसल, भर्ग और निषाद नगर में अपना काव्य बेचने वाले शैब्य आर्यरक्षित ने कहा कि बकुल को पुष्पित करने वाला मदिरा का कुल्ला भला उसको कैसे शोभ सकता था। विट भवकीर्ति ने सुझाव रखा कि मेखला दाम से बँध कर वह उसका पैर दबावे। पर गन्धर्वसेनक ने, जो वीणा सिखाते समय रईसों के घरों की स्त्रियों की अँगुलियों के छूने का मजा लेता था, कहा कि वेश्या की रशना उस गधे को बाँधने के लिए सर्वथा अनुपयुक्त थी। दाक्षिणात्य कवि आर्यक ने सुझाव दिया कि मदनसेनिका को विष्णुनाग के सिर पर कर्णोत्पल ताड़न करना चाहिए। यह सुन कर गन्धार के हस्तिमूर्ख ने कहा कि कर्णोत्पल की रज से उसका प्रायश्चित्त कैसे हो सकता था। एक ही आसन पर बैठे गुप्त और महेश्वरदत्त जो वररुचि के काव्य की नक़ल करते थे बीच में बोल उठे। गुप्त ने कहा कि मदनसेनिका के चरणों के धोवन से उसका सिर धोना चाहिए, पर महेश्वरदत्त ने इसका खण्डन किया। दाशेरक कवि रुद्रवर्मा ने सलाह दी कि उसका सिर मुड़ा दिया जाय। यह सुन कर विष्णुनाग ने कहा कि सिर मुड़ाने से उसे कटा देना अच्छा। इस पर भट्टि जीमूत ने कहा कि यदि मेरे सिर पर मदनसेनिका का पैर रख दे तो विष्णुनाग का प्रायश्चित्त हो जायगा। यह व्यवस्था सुनकर सब वाह-वाह करने लगे और विष्णुनाग धन्यवाद देकर चलता बना। इसके बाद जीमूत के आशीर्वाद के साथ भाण समाप्त होता है।

चतुर्भाणी के भाणों के समय और भाषा इत्यादि की हम विस्तारपूर्वक व्याख्या कर चुके हैं।

पर इन भाणों में तत्कालीन भूगोल, नगर-व्यवस्था, वेशभूषा, धर्म, संगीत तथा सबसे अधिक देश जीवन सम्बन्धी ऐसे अनेक उल्लेख आए हैं जिनसे गुप्तकालीन संस्कृति का एक जीता-जागता रूप हमारे सामने खड़ा हो जाता है। चतुर्भाणी में वर्णित वेश संस्कृति की वास्तविकता का पता हमें वात्स्यायन के कामसूत्र, शूद्रक के मृच्छकटिक, बुधभट्ट के वृहत्-कथाश्लोकसंग्रह, संघदास महत्तर के वसुदेवहिंडी, बाण के हर्षचरित और कादम्बरी तथा दण्डी के दशकुमारचरित में आए देश सम्बन्धी वर्णनों की तुलना से लग जाता है। ईस्वी चौथी सदी से सातवीं सदी तक संस्कृत और प्राकृत के कथा ग्रन्थों में तत्कालीन समाज का जीता-जागता खाका खींचने की प्रथा चल गई थी। गुप्तकालीन संस्कृति और समाज के अध्ययन के लिए उपर्युक्त सामग्री अनमोल कही जाय तो अत्युक्ति नहीं होगी। इन ग्रन्थों में भारतीय जीवन की एकसूत्रता स्थापित की गई है। उसकी सचाई इस बात से भी सिद्ध हो जाती है कि तत्कालीन मूर्ति और चित्रकला उसके भावों का स्पष्टीकरण करती हैं। रूढ़िगत होने से संस्कृत नाटकों में हम तत्कालीन जीवन का एक धुँधला चित्र देखते हैं, क्योंकि नायक और नायिका तथा इतर पात्र भी भरत के नाट्यानुशासन से जकड़े मालूम पड़ते हैं। पर चतुर्भाणी के भाण ही ऐसे हैं जिनमें हम जीती-जागती दुनिया और उसमे रहने वाले वेश्याभक्तों, ढोंगियों, गुण्डों, विटों इत्यादि के मनमोहक चित्र देख सकते हैं। यह जीवन कितना सच्चा था, इसका पता आगे चलकर पाठकों को लग जायगा।

हम पहले कह आए हैं कि पद्मप्राभृतकम् और पादताडितकम् का कथास्थल उज्जयिनी थी। इन दोनों भाणों में नगर की एक जीती-जागती तसवीर हमारे सामने खड़ी हो जाती है। पद्मप्राभृतकम् में विट उज्जयिनी को अवंतिसुन्दरी कहकर जम्बूद्वीप के गालों की पत्रलेखा से उसकी उपमा देता है। वह उस नगर के वेदाभ्यास, हाथी-घोड़ों और रथों की आवाज़, विद्वानों के शास्त्रार्थ, दुकानों (विपणि) पर चारों समुद्रों के माल की गाहकी, गाना-बजाना, जुआ, हँसी-ठट्ठा, विटों की कहानियाँ तथा करधनी और कड़ों तथा क्रीड़ापक्षियों के कलरव से घरों की तारीफ़ करता है (९)। वहाँ की पुष्पवीथी में पद्म, सितमुकुल, नवोत्पल, रक्ताशोक, फूलों के गुच्छे, आपीड, मालाएँ इत्यादि बिकती थीं (२५)। वहाँ कामदेव का मन्दिर था जहाँ नाच-जलसा होता था (३५)।

पादताडितकम् में सार्वभौम नगर यानी उज्जयिनी का वर्णन और बढ़ा-चढ़ाकर किया गया है। विट उसे जम्बूद्वीप का तिलक कहता है; उसकी विभूति का कारण अनेक युद्ध थे और वह सार्वभौम नरेश के रहने की जगह थी। नगर संगीत, गहनों की झनकार, क्रीड़ापक्षियों के कलरव, स्वाध्याय की ध्वनि, धनुष की टंकार, कसाईख़ाने के शोर, कक्षाओं के भीतर अभिनेत्रियों की आवाज़ से भरा था। वहाँ पहाड़ों, द्वीपों, समुद्री किनारों और रेगिस्तानों से आकर राजा बस गए थे। वहाँ शक, यवन, तुषार, पारसीक जैसे विदेशी, पूर्व भारत के मगध, किरात, कलिंग, बंग और काश्य लोग तथा दक्षिण भारत के महिषक, चोलक, पाण्ड्य और केरल भी रहते थे (१६२-१६३)। सार्वभौम नगर का बाज़ार (विपणि) अनेक

देशों के स्थल जल मार्ग से आए बढ़िया घटिया (सार फल्गु) माल के खरीदने-बेचनेवालों से भरा था जिनसे वहाँ बड़ा शोर मच रहा था। कारीगरों (कर्मार विपणि) में खराद पर चढ़े (भ्रमारूढं) काँसे के बरतनों की खरखराहट और हथियारों के सिकल से साँय-साँय आवाज़ें आ रही थीं। दुकानों में फूल बिक रहे थे, पानागारों में लोग प्याले चढ़ा रहे थे, हाँकने पर भी कसाईख़ानों पर पक्षी टूट रहे थे। लोग आपस में बहस करते हुए कंधों से कंधे सटाकर चल रहे थे तथा जुए में जीतनेवालों के पास परिचारक पुए-मांस और आसव लेकर आ रहे थे (१६६-१६७)। विट को नगर का पूरा पता था, इसीलिए भीड़ से घबड़ाकर पुष्पवीथिका होते हुए पानागारों को दाहिनी ओर छोड़कर पूर्णभद्र शृंगाटक डाँककर मकररथ्या के रास्ते उसने वेश में पहुँचने का इरादा किया (१६७)। लगता है राजवीथी में लवणिकापण में वेश्याएँ रहती थीं (२०४)। नगर में एक ब्राह्मण पीठिका थी जहाँ अनेक स्मृतियों में पारंगत त्रैविद्य ब्राह्मण प्रायश्चित्त की व्यवस्था देते थे (१५७)। नगर की इतनी विभूति थी। वहाँ रहनेवालों में शिवि देश का कवि आर्यरक्षित (१५९, २५०), दाशेरक रुद्रवर्मा (१५९-१५७) अवन्ति का स्कन्दस्वामी, अपरान्त का अधिपति इन्द्रवर्मा, इन्द्रस्वामी अथवा इन्द्रदत्त भी था (१५९, १६०, १८९, १९२)। आनन्दपुर के कुमार अश्ववर्मा (१६०, १८३) सुराष्ट्र के जयनन्दक अथवा जयन्तक, वाह्लीक तथा कारूषमलद के स्वामी तथा अपरान्त शक और मालव राजाओं के विजेता महाप्रतिहार भद्रायुध (१९३, १९६), विदर्भ का तलवर हरिशूद्र (२२४) इत्यादि वहाँ रहते थे। नगर इतना समृद्ध था कि भारतवर्ष में चारों ओर से और बाहर से भी वहाँ वेश्याएँ आकर बस गई थीं। उनमें सुराष्ट्र की वारमुख्या मदनसेनिका (१५२), पाटलिपुत्र की पुष्पदासी (१८२), काशी की वारमुख्या पराक्रमिका (१८७), सोपारा की रामदासी (१९३), सिंहल की मयूरसेना (२२३), द्रविड़ देश की कावेरिका (२२४), बर्बरिका (२३६), यवनी कर्पूरतुरिष्टा (२३८) थीं। वहाँ के ठाठ-बाट से खिंचकर रोहतक के बाजा बजानेवाले और वाह्लीक के नाचनेवाले भी वहाँ आ पहुँचते थे (१६८)। उज्जैन में कामदेव (९) और प्रद्युम्न-काम (१९६) के मन्दिरों का उल्लेख है।

ऊपर जो भौगोलिक नाम आए हैं उनमें शक, तुषार, यवन, पारसीक, मगध, किरात, कलिंग (उड़ीसा) और काशी के लोग इतिहास प्रसिद्ध हैं। तुषार उस समय शायद बदख्शाँ में रहते थे। किरात शब्द भोट-बर्मा के रहनेवालों के लिए जातिवाचक शब्द है। दक्षिण-भारत के लोगों में चोलक, पांड्य और केरल क्रमशः तमिलनाडु और मालाबार के बोधक हैं। प्रो. मीराशी ने हैदराबाद प्रदेश के कोंडापुर और मस्की से मिले सिक्कों से तथा रामायण, महाभारत और वायुपुराण के आधार पर महिषमंडल की पहचान दक्षिण हैदराबाद से की है[1]। दाशेर देश से साधारणतः दशपुर यानी आधुनिक मंदसोर का बोध माना जाता है, पर श्रीसंदानंद दीक्षित ने[2] हेमचन्द्र और यादव प्रकाश के आधार पर यह बतलाया है कि कम से कम मध्यकाल में 'दाशेरक' शब्द मरुप्रदेश यानी मारवाड़ के रहनेवालों के लिए प्रयुक्त

१. जे.एन.एस.आई. भाग १२, (June जून १९४९) पृ. १-४। २. जर्नल ऑफ दि गुजरात रिसर्च सोसाइटी, भाग १ (४), १९३९, पृ. १३०

होता था। पर पद्मपुराण उत्तराखंड (७०।१५) के अनुसार मरुप्रदेश दाशेरक के पश्चिम में पड़ता था। आज दिन भी मारवाड़ मंदसौर के इलाके के पश्चिम में पड़ता है। अवन्ति से पूर्वी मालवा, सुराष्ट्र से आधुनिक सौराष्ट्र प्रदेश, आनंदपुर से[१] आधुनिक बडनगर, विदर्भ से बरार, अपरांत से कोंकण तथा शूर्पारक से बंबई के पास के नालासोपारा का बोध होता है। साहित्य और पुराणों के आधार पर कारूष-मलद की पहचान हो सकती है। रामायण (१।२४।२५-२९) में मलद-करूष जनपदों में ताटका राक्षसी का निवास कहा गया है। मार्कण्डेय पुराण (५७।३३) में मलद एक देश का नाम है। श्री पार्जिटर की राय में शुद्ध पाठ मलज होना चाहिए। ये मलज विहार के शाहाबाद ज़िले के बासी थे।[२] जैन सूत्रों का मलय (जैन, वही, पृ. ३१०) भी मलद या मलज ही है। भरत नाट्य-शास्त्र (१४।४४) में भी मलद का उल्लेख है। श्री पार्जिटर ने करुष देश की पहचान काशी और वत्स के दक्षिण में, चेदि और मगध के बीच के पर्वतीय प्रदेश से की है। इसके माने यह हुए कि करूष देश वह पहाड़ी इलाका था जिसका केन्द्र रीवां है, इसका विस्तार पश्चिम में केन नदी से लेकर पूर्व बिहार की सीमा तक पहुँचता था।[३] उत्तर भारत के इलाकों में बाह्लीक यानी बलख और शिबि यानी पाकिस्तान में शेरकोट के पास का इलाका आ जाता है। बाहर के देशों में यवन, बर्बर यानी पूर्वी अफ्रीका और सिंहल आ जाते हैं। भर्ग और निषाद नगर का पता नहीं चलता।

उज्जयिनी का उपर्युक्त वर्णन बाण की 'कादम्बरी'[४] में दिए हुए उज्जयिनी के विवरण से बहुत कुछ मिलता है। बाण के अनुसार वहाँ महाकाल का मन्दिर था। उसके चारों ओर परिखा थी, शहरपनाह पर चूना पुता हुआ था। वहाँ की दुकानों में शंख, सीपी, मोती, मूँगा, पन्ना और सोने का चूर्ण बिकते थे। वहाँ की चित्रशाला देवता, दानव, सिद्ध, गन्धर्व, विद्याधर और नागों के चित्रों से सजी थी। वहाँ शृंगाटकों के मन्दिर सुवर्ण कलशों और ध्वजाओं से सजे थे। उपनगर (उपशल्यक) में बावड़ियाँ थीं, जिनके चारों ओर वेदिकाएँ थीं। बागों में सिंचाई का प्रबंध था। घरों में भी बगीचे होते थे। काम के मन्दिर में मकरकेतु लहराता था। धारागृहों से युक्त मकानों में मोर नाचते थे, कमल पुष्कारिणियाँ थीं और उनके चारों ओर केले के वृक्ष लगे थे। वहाँ के नागरिकों ने सभा, आवसथ (धर्मशाला) प्रपा और मन्दिर बनवा रखे थे। नगर सेतु और यंत्रों से सुसज्जित था। वहाँ के नागरिक सकल कलाओं में पारंगत और हँसोड़ थे। अच्छे कपड़े पहननेवाले, सब भाषाओं और लिपियों के जानकार और हाजिरजवाबी में कुशल थे। उन्होंने आख्यायिकाएँ, पुराण, रामायण, वृहत्कथा और वेद पढ़ रक्खा था। वे द्यूतविद्या में कुशल, स्त्रियों के चहेते और नाट्यविद्या में कुशल थे। शहर मोंहरों, मन्दिरों, जुआख़ानों और कामुकों से भरा था।

---

१. देखिए, जैन, लाइफ इन ऐंशेंट इंडिया, पृ. २६६। २. पार्जिटर, दि मार्कण्डेय पुराण, पृ. ३०८। ३. जे. ए. एस. बी. १८९५, भा. १, पृ. २४९। ४. कादम्बरी, पृ० ८४-८५; एम. आर. काले द्वारा संपादित, बंबई।

शूद्रक के मृच्छकटिक में उज्जयिनी के वेश का जितना सुन्दर चित्रण मिलता है उसके अनुरूप नगरी का वर्णन नहीं के बराबर है। फिर भी उज्जयिनी के कामदेव के मन्दिर का उसमें कई बार उल्लेख हुआ है। पहले अंक में शकार के अनुसार कामदेवायतन के उद्यान में वसन्तसेना चारुदत्त को देखकर उस पर मोहित हो गई थी। उसी अंक में विदूषक भी उसी घटना की ओर संकेत करता है।

धूर्त-विट संवाद में पाटलिपुत्र का वर्णन आया है। धूर्तविटसंवाद में विट कहता है कि कुसुमपुर इतना प्रसिद्ध था कि केवल नगर कहने से उसका बोध हो जाता था। इस नगर में अनेक बड़ी-बड़ी ऊँची इमारतें थीं तथा दुकानें माल से हमेशा खचाखच भरी रहती थीं। वहाँ के रहनेवाले दानी थे, कलाओं का वहाँ आदर था। स्त्रियों से लोग अनुकूल भाव से मिलते थे। वहाँ धनी, ईर्ष्यालु और मतवाले कम थे तथा लोग शिष्ट और गुणग्राही थे (६९-७०)। कुसुमपुर के राजमार्ग में विट को इतनी भीड़ मिली कि उसका पार पाना मुश्किल था। जो कोई उससे रास्ते में मिलता था वह जल्दी होने पर भी बिना बात किए नहीं जाता था। भीड़-भाड़ में भी लोग रास्ता दे देते थे। काम का ख्याल करके कोई दूसरे को देर तक नहीं रोकता था, क्योंकि पाटलिपुत्र के नागरिक दुनियादार थे (७४-७५)।

उभयाभिसारिका में (१२४-१२५) भी कुसुमपुर का सुन्दर वर्णन आया है। विट वैशिकाचल के अनुसार वहाँ की गलियाँ (रथ्या) खूब छिड़की हुईं, साफ़-सुथरी और फूलों से सजी थीं और दुकानें खरीदारों से भरी थीं। वहाँ के प्रासाद वेद पाठ, संगीत और धनुष टंकार से गूँज रहे थे। कहीं-कहीं ऊँचे प्रासादों की खिड़कियों से प्रमदाएँ बाहर झाँक रही थीं। महामात्र हाथी-घोड़े और रथों पर सवार होकर इधर-उधर आ-जा रहे थे। युवकों की हृदयहारिणी प्रेष्य दासियाँ घूम रही थीं तथा गलियों में नौचियाँ अपनी नखरे भरी चाल आजमा रही थीं। पाटलिपुत्र के गुणी, बने-ठने, गंधमाला से सजे और खेल-कूद के रसिया नागरिक इधर-उधर घूम-फिर रहे थे (१२५)।

नगरों के उपर्युक्त वर्णनों से पता चलता है कि गुप्त युग में और उसके बाद भी नगर वर्णन साहित्य में एक रूढ़ि-सा बन गया था। नगर वर्णन में जैसा हम देख आए हैं नगर के राजमार्ग, शिल्प स्थान, बाजार, पुष्पवीथी, वहाँ होने वाली भीड़-भाड़ तथा तरह-तरह के शोरगुल का वर्णन होता है। जैसा कि मिलिंद प्रश्न में शाकल के विस्तृत वर्णन से पता चलता है नगर वर्णन की प्रथा भारतीय साहित्य में ईसा की पहली-दूसरी सदी में चल चुकी थी। वसुदेवहिंडी[१] में गंगा के किनारे इलावर्द्धन नगर का वर्णन भी उपर्युक्त उज्जैन और पाटलिपुत्र के वर्णन जैसा ही है। नगर फल-फूल और छाएदार वृक्षों से ढका था, उसकी बनावट बहुत सुन्दर थी, उसमें ऊँचा कोट, दरवाज़े, खाई और गोपुर थे। उसका राजमार्ग इतना चौड़ा था कि उस पर अनेक रथ आसानी से चल सकते थे और वह रसिक तथा नाना वेशधारी मनुष्यों से भरा था। वहाँ की दुकानों में दुकूल, चीनांशुक, हंसलक्षण, कौशेय आदि

---

१. वसुदेवहिंडी, पृ. २८३-२८४, श्री भोगीलाल संडिरा का गुजराती अनुवाद, भावनगर, सं. २००३।

वस्त्र, रंग-विरंगे तूस, मणिशंख, प्रवाल, सोने-चाँदी के गहने और सुगन्धित द्रव्य बिक रहे थे।

पादताडितकम् में बहुधा पश्चिम भारत और उसके बाहर रहने वालों की हँसी उड़ाई गई है। लाट के डिंडियों को विट पिशाच से कम नहीं मानता। वे नंगे होकर भीड़ में नहाते थे, अपने गीले कपड़े निचोड़ते थे, बिना पैर धोए शय्या पर चढ़ते थे, चलते हुए खाते थे, फटे हुए कपड़े पहनते थे और एक वार करने पर भी उसकी शेखी बघारते थे (१८४)। लाट के लोग यकार का जकार और सकार का शकार उच्चारण करते थे (१९४) वे लगता है बूढ़े होने पर भी कीमती कपड़े पहनते थे (२१५)। लाट की स्त्री के कानों में तालपत्र, वेणी के छोर में मणि मुक्ता और सोने से बने हेमगुच्छ होते थे। उसके स्तन और बाहुमूल कूर्पासक से कसे और नीवी के किनारे उसके नितम्बों पर पड़े होते थे (२३७)। सौराष्ट्रिकों, बानरों और बर्बरों को विट एक ही राशि का मानता है (२३७)।

पर जैसा हम ऊपर कह आए हैं चतुर्भाणी का मुख्य उद्देश्य वेश और उसमें रहने वाली वेश्याओं, विटों तथा उसमें आने-जाने वाले शौक़ीनों का वर्णन है। ईसा की प्रथम सदियों में वेश संस्कृति का काफी मान था। तत्कालीन साहित्य में वेश में जाने वालों को शिक्षा तो दी गई है पर वहाँ जाने में कोई विशेष बुराई नहीं मानी गयी है। मध्यकालीन भारत की तरह ही वेश नगर के एक विशेष भाग में अवस्थित होता था तथा अपनी सफ़ाई, सुन्दरता और ऐशोआराम के सामान से वह शहर के किसी भाग से टक्कर ले सकता था। पद्मप्राभृतकम् में वेश (पृ. ३१) को काम का आवेश, बदमाशों का उपदेश, माया का कोश, ठगी का अड्डा और ग़रीबों के लिए निषिद्ध कहा है। धूर्तविटसंवाद में वेश में सुन्दर अधखुली आँखों से अवलोकन, मीठी और हँसोड़ बातें, भारी नितम्बों से घिरा हुआ अर्धासन, स्नेह भरे नखरे, ये सब बातें वेश के शिष्टाचार जानने वाले को बिना वेश्या प्रेम में फँसे ही मिल सकती है (६८-६९)। विट जब पाटलिपुत्र के वेश में पहुँचा तो वहाँ फूलमाला और आसव की गन्ध से भरी हवा चल रही थी, ऊँचे खिड़कीदार मकानों में धूप जल रही थी और उपद्वारों पर फूल बिखरे थे। वहीं गहनों की झनकार थी। हँसती, भौंहें मटकाती, छोटी चादर ओढ़े इठलाती हुई वेश्या परिचारिकाएँ थिरक रही थीं। वहाँ हँसती, बिना विस्मय के भी विस्मित आँखों वाली, तथा लम्बे घुँघराले बालों वाली नखरीली नौचियाँ (गणिका दारिका) दिखलाई देती थीं। वेश के घरों के दरवाज़े मशहूर शिल्पियों ने बनाए थे। रति की थकावट मिटाने के लिए कहीं तेल संजोए जा रहे थे, कहीं स्तनों पर लगाने के लिए उबटन (वर्णक) पीसे जा रहे थे और मालाएँ दी जा रही थीं। वीणा की झनकार सुन पड़ रही थी और शराब के दौर चल रहे थे। अपनी अधखुली आँखों, बहाने से दिखलाए स्तनों, सुखकर छोटी-छोटी बातों, हल्की साँसों और मधुर तान के साथ गीतों से वेश्याएँ कामियों को लुभा रही थीं (६७-७९)।

पादताडितकम् में उज्जैन के वेश और प्रधान वेश्याओं के महलों का बड़ा जीता-जागता वर्णन आया है। वहाँ के महल अलग-अलग बने थे और उनमें सुन्दर वप्र (चहारदीवारी की

कुरसी), साल, हर्म्यशिखर, कपोतपाली (कबूतरों के मोखे), सिंहकर्ण (एक तरह की खिड़की, गोपानसी (फाटक की फुलियाँ) वलभीपुट (ऊपरी कमरे), अट्टालक (अटारियाँ), अवलोकन प्रतोली (पौर), विटंक (कपोतपाली) साफ़-साफ़ बने थे। उनके बगल में खुले कमरे (कक्ष्या विभाग) थे। वे खातपूरित, सिंचे हुए, नलकियों से साफ़ किए हुए (सुषिर फूत्कृत), टपरियाए हुए (उत्कंटित), लिपे हुए, चित्रित (लिखित), छोटी-बड़ी नकाशियों (रूप) से सजे, बँध, संधि, द्वार, खिड़कियाँ (गवाक्ष), चौपाल (वितर्दि), चार चौक (संजवन), दालान (वीथी) और छज्जों (नि-र्यूह) वाले थे। महलों के बीच में एक-दो या तीन वृक्ष लगे थे तथा वे चैत्य वृक्ष, हरियाली, फल और पुष्पवृक्षों की खंडियों से सजे थे। उनकी विमल वापियों में कमल खिल रहे थे तथा पानी के बीच में दारु पर्वतक, भूमिगृह (भुइंहरा), और लतागृह थे। उनके तोरण खूब सजे थे और महलों पर पताकाएँ उड़ रही थीं (१७१-१७६)। विट ने वहाँ गाड़ियों के पास आवन्तिकों और किरातों तथा अपने मालिकों का पता देने वाले हाथी और घोड़ों को देखा। वहाँ कोई नक़ली आँसुओं से रोके जा रहे थे और कोई वापिस भेजे जा रहे थे। खालाएँ रईसों की खुशामद कर रही थीं और लुटे हुओं को घुड़क रही थीं। कोई वेश्या अपने प्रेमी को मना रही थी, तो कोई प्रेमी अपनी प्रेमिका को मना रहा था। कोई उत्कंठिता बीन पर करुण गीत गा रही थी, कोई कामी सामने दर्पण रख कर अपनी प्रिया को सजा रहा था, कोई कामिनी चोटी बाँध रही थी, कोई मैना पढ़ा रही थी, कोई गेंद खेल रही थी, तो कोई प्रिय के पास बैठ कर पासे फेंक रही थी। एक प्रौढ़ा चित्र लिख रही थी और आख्यायिका पढ़ रही थी (१७६-१७८)। वेश में कहीं-कहीं वेश्याएँ बन-ठन कर एक दूसरे के साथ घूम कर कन्दुक, पिंजोला और गुड्डा-गुड्डी के खेल से निपट कर गली में विश्राम कर रही थीं (२१०)।

वेश में घूमते-घामते शाम हो जाने पर विट ने चकले के महापथ की अपूर्व शोभा देखी। घरों को साफ़-सुथरा करके दरवाज़ों और आँगनों में फूल बिखेर दिए गए थे। सन्ध्या के उपचारों में परिचारक लगे थे। देश, वय और विभव के अनुकूल वेश्याएँ अपने सिंगार-पटार में लगी थीं। मदनदूतियाँ घूम-फिर रही थीं। विट हँसी कर रहे थे और कामी नहा-धोकर इत्र-फुलेल लगाकर चौराहे और तिरमोहानी पर इकट्ठा हो रहे थे। कहीं बैठी हथिनी चिंग्घाड़ रही थी। कहीं द्वार पर खड़ी बहली (कंबलवाह्यक) पर कोई स्त्री चढ़ रही थी और कहीं घोड़े पर चढ़ी वेश्या दीख पड़ रही थी। चन्द्रोदय होते ही गोठ बाँधकर शराब पी जाने लगी तथा युवकगण घोड़ों, हाथियों और कर्णीरथों पर चढ़कर आने-जाने लगे (१३१-२३६)।

चतुर्भाणी में वेश का जो उपर्युक्त चित्र खींचा गया है उसका क़रीब-क़रीब वैसा ही चित्र शूद्रक के मृच्छकटिक और बुधस्वामी की वृहत्कथाश्लोकसंग्रह में मिलता है। मृच्छकटिक[१] के अनुसार सन्ध्या के समय राजमार्ग पर विट वेश्याओं और राजा के मुसाहिबों का जखीरा

१. शूद्रक, मृच्छकटिक, पृ० १५, श्री एम०आर० काले द्वारा सम्पादित, पूना १९२३।

जम जाता था। ऐसे ही एक दृश्य का वर्णन राजमार्ग में वसन्तसेना का पीछा करते हुए विट, शकार और चेट की बातचीत में आया है। वे वसन्तसेना को रोककर गुण्डई की भाषा में बातचीत करना चाहते हैं। शकार कहता है कि वसन्तसेना को देखकर उसका हृदय मानो अंगार में गिरे हुए मांस के एक टुकड़े की तरह हो रहा था। (१। १८)। चेट कहता है कि भागती हुई वसन्तसेना डैनेदार ग्रीष्ममयूरी की तरह थी और उसका मालिक शकार उसके पीछे कुक्कुट शावक की तरह भाग रहा था (१। १९)। विट ने पूछा कि कोमल कदली वृक्ष की तरह काँपती हुई, गिरते हुए रक्तांशुक को जमीन पर लथेड़ती हुई, कानों से कर्णोत्पल गिराती हुई वह क्यों भाग रही थी (१। ३०)।

शकार बेसिर-पैर की बात करने में कुशल था। वह वसन्तसेना की तुलना रावण के वश में पड़ी कुन्ती से करता है (१।२१)। उसे गालियाँ देते हुए शकार उसे रुपये लूटनेवाली (नाणक मोषिका), मछलीखोर, नचनी (लासिका), भद्दी नाटकवाली, कुलनाशिका, बिगड़ैल, काम की पिटारी, वेशवधू, अच्छे वेश (सुवेश) में रहनेवाली रंडी और वेशिका कहकर सम्बोधन करता है (१।२३)। फिर वह उसकी तुलना राम से भागती हुई द्रौपदी से करते हुए हनुमान जैसे सुभद्रा को उठा ले गए उसी तरह उठा ले जाने की धमकी देता है (१। २५)।

चेट का नीच स्थान इससे भी प्रकट होता है जब वह वसन्तसेना को लालच देता है कि शकार की अधीनता स्वीकार करने से उसे खाने को खूब मछली-मांस मिलेगा। अपनी सहायता के लिए वसन्तसेना ने परिचारिकों को पुकारा पर कोई जवाब न मिला। क्रुद्ध होकर शकार ने उसे मारने की धमकी दी तो इस पर वह बहुत डर गई। इस पर विट ने फिर ताना मारा कि वह तो भले-बुरे को समान रूप से चाहनेवाली ब्राह्मण और शूद्र जिसमें समान भाव से नहाते हों ऐसे कूप की तरह, बाज और कौए का समान रूप से बोझ सँभालनेवाली, लता की तरह, तथा सब जातियों का समान भाव से बोझ सँभालनेवाली नाव की तरह थी (१।३१-३२)।

मृच्छकटिक[1] में एक जगह वेश के ठाट-बाट का भी अपूर्व वर्णन आया है। वेश में पहुँचने पर विदूषक ने वहाँ की अपूर्व शोभा देखी। वसन्तसेना का घर लिपा-पुता था। दीवालों पर चित्र बने हुए थे और वह फूलों से सजा था। उसके शिखर पर एक भारी मालती की माला लगी थी तथा तोरण के खम्भों के पास आम की पत्तियों से सजे पूर्ण घट रक्खे थे। तोरण पर हाथीदाँत का काम किया हुआ था। विदूषक ने पहले परकोटे (प्रकोष्ठ) में चूने से पुती और खिड़कियों और सीढ़ियों से युक्त प्रासाद-पंक्ति देखी। दूसरे परकोटे में मोटे-ताजे गाड़ी के बैल थे जिनके सींगों में तेल लगा था, मेढ़ों की लड़ाई के बाद मालिश हो रही थी, घोड़ों के बाल सँवारे जा रहे थे, घोड़ों के अस्तबल में बन्दर थे तथा महावतों द्वारा भात और घी खिलाए जाते हुए हाथी थे।

---

१. वही, पृ. ९९ से।

तीसरे परकोटे में कुलपुत्रों के लिए आसन लगे हुए थे। एक पाशपीठक पर एक आधी पड़ी हुई पोथी पड़ी थी तथा दूसरे पीठक पर पासे पड़े थे। वहाँ विट ने वेश्याओं तथा मानभंग और संयोग करनेवाले पुराने दूतों को चित्रफलक लिए हुए देखा। चौथे परकोटे में वेश्याएँ मृदंग, कांस्यताल, वंशी और वीणा बजा रही थीं तथा गणिका दारिकाएँ गीत नृत्य, कामशास्त्र और नाट्य की शिक्षा ग्रहण कर रही थीं। खिड़कियों पर पानी के उल्टे घड़े हवा खींचने के लिए लटकाए हुए थे। पाँचवें परकोटे में पहुँचते ही हींग और तेल की गंध से विदूषक को पता चला कि वहाँ रसोईघर था। वहाँ कसाई जानवरों को खलिया रहे थे तथा रसोइए मोदक बना रहे थे और पुए तल रहे थे।

घर के बंधुल यानी दोगले दूसरों के घर पाल-पुसकर दूसरों का भोजन करके, अनजानी औरतों से दूसरों द्वारा जन्म लेकर, तथा दूसरों का माल उड़ाकर बिना किसी गुण के ही मौज उड़ा रहे थे (४।२८)।

छठे परकोटे में उसने शिल्पियों को वैदूर्य, मोती, मूँगा, पुखराज, नीलम, कर्केतन, माणिक और पन्ने के बारे में बातचीत करते देखा। माणिक सोने में जड़े जा रहे थे (बध्यन्ते जातरूपैः), सोने के गहने गढ़े जा रहे थे (घट्यन्ते), लाल रेशमी डोरी में मोती पोहे जा रहे थे, वैदूर्य घिसे जा रहे थे, शंख काटे जा रहे थे, तथा मूँगे सान पर चढ़े हुए थे। गीली केसर के थर सूखने के लिए खुले पड़े थे, कस्तूरी गीली की जा रही थी, चन्दन घिसा जा रहा था और तरह-तरह की गंधयुक्तियाँ तैयार की जा रही थीं। कपूर पड़ी पान की गिलौरियाँ आगंतुकों को दी जा रही थीं। लोग हँसते हुए कटाक्षपात कर रहे थे और डटकर शराब पी रहे थे। अपना घर-द्वार और माल-मता छोड़कर आए हुए दास-दासियों को अपने घर छोड़कर वेश्याएँ मद की सुराहियों (आसव करक) से शराब पीकर चल रही थीं।

सातवें परकोटे में कबूतरों के जोड़े मोखों (विहंगवाटी) में आराम कर रहे थे। दही-भात खाकर सुग्गे अपने पिंजड़ों से सूक्त पाठ कर रहे थे। मदनसारिकाएँ अनवरत बड़बड़ा रही थीं और कोयलें कूक रही थीं। पिंजड़े खूँटियों (नागदंतक) से टँगे थे, लवे लड़ने के लिए उकसाए जा रहे थे, कपिंजल बुलवाए जा रहे थे, दरबों में पालतू कबूतर एक-दूसरे पर चढ़ रहे थे, मोर नाच रहे थे और राजहंस गणिकाओं और गृह सारसों के पीछे चल रहे थे।

आठवें परकोटे में वसन्तसेना का भाई पट्ट, प्रावरक और गहने पहनकर इधर-उधर डोल रहा था। मोटी-ताज़ी और नशे में मदमस्त गणिका-माता पुष्प प्रावरक और जूते पहनकर ऊँचे आसन पर बैठी हुई थी। गृह उपवन में झूला पड़ा हुआ था।

बुधस्वामी ने बृहत्कथाश्लोकसंग्रह में जो वेश का वर्णन दिया है वह मृच्छकटिक के वेश वर्णन से इतना मिलता-जुलता है कि मालूम पड़ता है जैसे शूद्रक और बुधस्वामी दोनों ने यह वर्णन गुणाढ्य की बृहत्कथा से लिया हो। कथा यह है कि लंबशाटक कायस्थ के बहकावे में आकर गोमुख ने अपने सारथि को वेश की, जिसको चेतस्यावास कहा गया है, तरफ रथ हाँक देने को कहा। पहले उसका रथ फर्शदार वणिक्पथ में पहुँचा जहाँ मालाएँ,

गहने, धूप इत्यादि बिक रहे थे। उसके आगे गोमुख को उपवनयुक्त प्रासाद पंक्ति मिली। वहाँ उसने अलज्ज व्यवहार (उत्कटाचार) करते हुए शराब के नशे में मस्त कुछ मर्द और औरतों को देखा। अपने पीछे आते हुए एक कामुक से एक वेश्या मधुर दारुण शब्दों में कह रही थी, "अरे बल्लवक, तू मुझ अभागी को क्यों छूता है, जा बहुत से बल्लवकों (रसोइयों) से छूई गई अपनी बल्लविका को छू।" कहीं अँगुलियों से विपंची और कोणों से परिवादिनी छेड़ी जा रही थी।

रथ जब धीरे-धीरे चल रहा था तब गोमुख ने कुछ कन्याओं को पट्टिकाएँ पढ़ते देखा। पूछने पर पता चला कि वह विट शास्त्र था। शरमा कर गोमुख ने लौटना चाहा लेकिन सारथी रथ बढ़ाता ही गया। अन्त में रथ एक बड़े भारी महल के पास जाकर रुका। महल सुन्दरियों और विनीत पुरुषों से भरा था। गहनों से सजी गणिकाओं ने फौरन बाहर निकल कर रथ को घेर लिया। एक अधेड़ स्त्री ने हाथ जोड़ कर उसके आने का कारण पूछा। उन वेश्याओं की ओर से अपनी आँखें मोड़ कर उसने खिड़की में एक सुन्दरी को सिंगार करते देखा। तीन दासियाँ उस पर पंखे झल रही थीं। उसने अपना कंपित शरीर उठा कर गोमुख का नाम पूछा। उसका आकर्षण देख कर सारथी ने उसे महल के अन्दर घुसने को कहा।

पहली कक्षा में घुसते ही उसने एक लड़की को विनय का पाठ पढ़ते देखा, दूसरी कक्षा में कर्णीरथ और शिविकाएँ खड़ी थीं, तीसरी कक्षा में देश-देश के घोड़े थे, चौथी कक्षा में मोर, चकोर, सुग्गे, मैना और कुक्कुट थे। चतुर शिल्पियों ने उनके पिंजड़े सोने और ताँबे के मेल से बनाए थे। छठी कक्षा में गन्ध शास्त्र की सामग्री और सुगन्धित लेपों के बरतन थे। सातवीं कक्षा पट्ट, कौशेय, दुकूल इत्यादि से भरी थी। आठवीं कक्षा में मोती छेदे जा रहे थे और जवाहरातों पर सान दी जा रही थी। वहीं पर उस सुन्दरी ने जिसने उसका नाम पूछा था उसके आगमन का कारण पूछा। वेश्याओं ने चेतस्यावास की तारीफ़ करते हुए कहा—

> दीर्घायुषा गृहमिदं चिन्तामणि सधर्मणा
> अलंकृतं च गुप्तं च गमितं च पवित्रताम्। (१०।१०३)

दीर्घजीवी और चिन्तामणि की तरह सब फलदायक आपके घुसने से यह अलंकृत और गुप्त घर पवित्र हो गया।

इसके बाद वह सीढ़ी चढ़ कर महल में घुसा और वहाँ नायिका से भेंट की।

वेश और पानागार का चोली-दामन का साथ कहना अन्युक्ति न होगी। चतुर्भाणी में आपानक के बहुत से उल्लेख हैं। पद्मप्राभृतकम् में (५) मधुपान के समय स्वाद बढ़ाने के लिए गज़क (उपदंश) खाने की प्रथा का उल्लेख है। धूर्तविटसंवाद (७१-७२) में शराब में उत्पल खंड और सहकार तैल पड़ने का और चषक के नाचते हुए मोर की शक्ल का होने का उल्लेख है। शराब की किस्मों में वारुणी (धू. वि. ७२-उ. भि. १२२), आसव (धू. वि. ७६), शीधु (धू. वि. ७७, पा. ता. २५२), मधु (पा. ता. १५०), मदिरा (पा. ता. २१५) के नाम आते हैं। चषक कभी-कभी काँसे का भी होता था (पा. ता. २३८)।

पादताडितकम् में (१६७) एक जगह पानागार का सुन्दर वर्णन आया है। वहाँ खूब दौर चलते थे। विट ने वहाँ एक अजीब दृश्य देखा। रोहतक के मृदंगियों तथा झाँझ, बाँसुरी बजाने वालों के साथ बाह्लिक पुत्र बाष्प यौधेयों का बाँगड़ू गीत गा रहा था। उसके एक कान में कुरण्ड की माला पड़ी थी। बायें हाथ से फड़कते हुए उत्तरीय को सँभालता हुआ तथा दाहिने हाथ में शराब का घड़ा लेकर वह नाच रहा था। उसके हाथ में कभी आधा माषक भी नहीं टिकता था। मंडल बाँध कर पीने वाले नट, नटी और चेट इत्यादि को गज़क देकर वह इनाम पाता था और उसी से डट कर शराब पीता था।

लगता है गुप्त युग में और उसके पहले भी शराबखोरी का धर्म-विरुद्ध होते हुए भी बहुत प्रचलन था। जैन ग्रन्थों के अनुसार पानागारों (पाणागार, कप्पसाला) में शराब बेची जाती थी। शराब बेचने को रसवाणिज्ज कहते थे। लगता है घरों में भी शराब के कुम्भ होते थे। जैन ग्रन्थों में चन्द्रप्रभा, मणिशलाका, वरसीधु, वर-वारुणी, आसव, मधु, मेरक, ऋष्टामा अथवा जम्बुफल कलिका, दुग्ध जाति, प्रसन्ना, तल्लक (तेल्लक मेल्लग), शताद्र, खजूरसार, मृद्वीकासार, कापिशायनी, सुपक्व और इक्षुरस, सुरा, मज्ज इत्यादि नाम आए हैं।[१] आसव कपित्य, शक्कर और मधु से बनता था। मधु शायद अंगूरी शराब थी। मेरक मेषशृंगी, गुड़, बड़ी और छोटी पीपल और त्रिफला के योग से बनती थी। प्रसन्ना पिष्ठ, किण्व, मसालें और पुचक के मेल से बनती थी। कापिशायन (बृहत्कथाश्लोकसंग्रह, १३।२६) कापिशी की अँगूरी शराब थी। कादम्बरी कदम्ब के फलों से बनती थी।

मृच्छकटिक में[२] आपानक का एक संकेत है जिससे पता चलता है कि आपानक में गज़क की तरह लाल मूली का उपयोग होता था। बृहत्कथाश्लोकसंग्रह में आपानक का कई जगह ब्योरेवार वर्णन है। सबेरे आस्थान मण्डप में लोगों से मिल कर राजा अपने मंत्रियों के साथ उद्यान की आपान भूमि में जाता था। वहाँ सारा शहर इकट्ठा हो जाता था और राजा लोगों को कपड़े, गहने, मालाएँ बाँटता था। इसके बाद पद्मराग शुक्तियों में कमल से सुगन्धित सुरा का पान होता था। शराब के दौर के बीच में कभी बीन बजती थी, कभी गाना गाया जाता था और कभी नट नाचते थे[३]। संध्या के बाद राजा महल में जाता था। वहाँ गाना और नाटक, जिसमें केवल स्त्रियाँ ही भूमिकाएँ लेती थीं, होते थीं। इसके बाद वह महल की स्त्रियों को शराब बाँट कर सोने चला जाता था। सानुदास की कहानी[४] में भी आपानक और उसकी बुराइयों का सुन्दर चित्रण हुआ है। सानुदास एक रईस सार्थवाह का पुत्र था। उसके ध्रुव नामक एक मित्र ने एक दिन उससे कहा कि उसकी मित्र मण्डली बगीचे में खाने-पीने और जलक्रीड़ा का मजा ले रही थी। उसने अपनी स्त्री के साथ उसमें शामिल होने को कहा। सानुदास ने पहले तो आनाकानी की लेकिन ध्रुव उसे गोष्ठी में लाया ही। उसके शराब न पीने पर उसके मित्रों ने उसकी हँसी उड़ायी और उसे इस बात पर राजी कर लिया कि कम से कम वह उन्हें पीता ही देखे। बगीचे में पहुँच कर सानुदास ने लोगों को मालाओं से सजा

१. जैन, वही पृ. १२४-१२५। २. वही, पृ० १६०। ३. बृ० श्लो० सं० २।२।२१-५३। ४. वही, १८।१५-७५।'

देखा। ध्रुवक ने उसके लिए माधवी लता और चूतांकुरों का आसन बनाया। इसके बाद उसने अपने मित्रों को पीते और अपनी स्त्रियों को पिलाते देखा। कुछ लोग वीणा पर वसन्त राग गाने लगे। इतने में शैवाल और कीचड़ से सनी धोती पहने एक मित्र उठ खड़ा हुआ और एक कमल के पत्ते में पुष्कर मधु भर कर उसकी तारीफ़ का पुल बाँधने लगा और सानुदास को इस का भरोसा दिलाया कि उसका स्वाद शराब की तरह बिल्कुल नहीं था। बिचारा सानुदास उसके बहकावे में आकर शराब पी गया और कहने लगा कि षट्रसों से उसका स्वाद भिन्न था। इस पर उसके मित्र हँस कर कहने लगे कि वह सातवाँ रस था जिसे सुरत रस कहते थे। उन्होंने उसे इतनी शराब पिलायी कि वह बेहोश हो गया (१८।३२-५६)।

नशे में सानुदास को एक औरत की चिल्लाहट सुन पड़ी। माधवी मण्डप में पहुँचने पर वहाँ उसे एक सुन्दरी दीख पड़ी। पूछने पर उसने कहा कि वह गंगदत्ता नाम की यक्षिणी थी और उसने यह प्रण किया था कि उससे स्वीकार न किए जाने पर वह अपना प्राण दे देगी। इस पर सानुदास उसके घर गया जहाँ उसकी माँ ने उसका स्वागत किया। इसके बाद वह गंगदत्ता के साथ अपने मित्रों के पास लौटा। उसे नशे में गड़गप्प देख कर उसके मित्र खूब हँसे और उसे बताया कि गंगदत्ता यक्षिणी नहीं वेश्या थी (१८।५७-९२)।

जिस समाज का हमें चतुर्भाणी में दर्शन होता है उसमें वेश्या-संग और शराबखोरी के साथ-साथ जुआ भी आमोद-प्रमोद का एक प्रधान साधन था। पद्मप्राभृतकम् में (२८) उज्जयिनी की द्यूत सभा का उल्लेख है। धूर्तविटसंवाद (६८) में विट जुए को इसलिए दूर ही से नमस्कार करता है क्योंकि रईसों की तरह पासे हमेशा सीधे नहीं पड़ते। पक्षीयुद्ध में भी खूब दाँव लगता था। गोष्ठी दो दलों में बँट जाती थी और अपनी प्रेयसियों को रिझाने के लिए वे बेहिसाब दाँव (पण) लगाते थे (७२)। पादताडितकम् (१६६) में सार्वभौम नगर के रास्ते में माषक जीत कर पुए-मांस और मदिरा लिए हुए परिचारकों के साथ जुआरियों का वेश की तरफ़ जाने का उल्लेख है। पर इन सब उल्लेखों से तत्कालीन द्यूत सभा और जुआरियों के जीवन पर पूरा प्रकाश नहीं पड़ता। उसके लिए तो हमें वात्स्यायन कृत कामसूत्र, मृच्छकटिक, वसुदेवहिंडी और दशकुमारचरित का सहारा लेना चाहिए।

वात्स्यायन की चौंसठ कलाओं की तालिका में (४२) मेष लावक कुक्कुट युद्ध विधि और (५९) द्यूतविशेष का वर्णन है और (६०) आकर्ष क्रीड़ा से जुए का बोध होता है (का. सू. १।३।१६)। नागरक के रहने के कमरे में आकर्षकफलक और द्यूतफलक होते थे (१।४।१२) भोजन करने के बाद नागरक लवे, मुर्ग और मेढ़ों की लड़ाई देखता था (१।४।२१)। बाग-बगीचे की सैर में भी लवे मुर्ग और मेढ़ों की लड़ाई में जुआ होता था (१।४।४०)। पत्नी अपने पति के लिए मेष, लावक और कुक्कुटों का पालन करती थी (४।१।३३)। पक्षियों के युद्ध के समय पीठमर्द नायक को वेश्या के यहाँ ले जाता था (६।१।२५)।

मृच्छकटिक के दूसरे अंक में जुआरियों और जुएख़ाने का बड़ा ही सुन्दर चित्रण हुआ है। संवाहक नाम का जुआरी जुए में सौ मुहरे हार गया था। पैसे न दे सकने के कारण वह

जुआरी और सभिक (नाल उठाने वाला) को बुत्ता देकर भागकर एक सूने मन्दिर में छिप गया। पर जुआरी माथुरक और सभिक पूरे काइयाँ थे। वे उसके पैरों के निशान देखते-देखते मन्दिर में पहुँचे जहाँ संवाहक मूर्ति बना हुआ खड़ा था। वहाँ उसे न पाकर माथुरक और सभिक वहीं जुआ खेलने लगे। अपने को रोकने में असमर्थ संवाहक ने अपना भेद खोल दिया। उसे पीट-पाटकर माथुरक ने उसे द्यूतकर मण्डल के नाम पर गिरफ़्तार कर लिया। झगड़े-झंझट में संवाहक ने फिर से निकल भागना चाहा पर उसको पकड़ कर दोनों जुआरी पीटने लगे। इतने में दर्दुरक ने आकर बीच बचाव किया और इस बात का सुझाव रखा कि वे दोनों संवाहक को दस मुहरें उधार दें जिससे अगर वह जीते तो अपना कर्ज चुका दे। पर माथुरक ऐसी बुत्तेबाजी में आने वाला नहीं था। झगड़ा फिर शुरू हो गया और दर्दुरक ने माथुरक को पीट दिया।[१]

बसुदेवहिण्डी में अनेक स्थलों पर जुए का अजीब वर्णन बच गया है। एक जगह कहा गया है कि अधिकतर दुष्ट और चोर पानागार, द्यूतशाला, हलवाई की दुकान, पांडुवस्त्रधारी परिव्राजकों के मठ, रक्तांग भिक्षुओं के कोठे, दासीगृह, आराम, उद्यान, सभा, प्रपा और शून्य देवकुल में रहते थे।[२] भार्दूलपुर में वसुदेव का साथी अंशुमान् एक सार्थवाह से मिल कर उससे ठहरने का स्थान पूछ रहा था कि इतने में उसने बड़ा कोलाहल सुना। पूछने पर पता चला कि शोर-गुल उस जगह से आ रहा था जहाँ लम्बे दाँव लगाकर इभ्यरपुत्र जुआ खेलते थे। अंशुमान् द्यूत सभा में पहुँचा। पहले तो द्वारपाल ने उसे ब्राह्मण समझकर रोका पर जब उसने पाणिलाघव और बुद्धि की तारीफ़ की तो उसने उसे अन्दर जाने दिया। भीतर घुसकर उसने देखा कि एक करोड़ का दाँव लगा था। यह देखकर वह यह निश्चय न कर सका कि किसका साथ दे। पर अंशुमान् ने अपनी चाल कही और वीणादत्त जीत गया। वीणादत्त ने अपनी रक़म पर उसे जुआ खेलने को कहा और अंशुमान् उसके साथ बैठ गया। इस पर विपक्षी ने ललकारा कि अगर उसके पास अपनी रक़म हो तो खेले। उस खेल में ब्राह्मण का काम नहीं था। वीणादत्त ने कहा कि उसे उसकी चाल से जुआ खेलने का अधिकार था। इसके बाद अंशुमान् ने विपक्षी को अपने गहने दिखलाये। उस पर गृद्ध-दृष्टि जमाकर उसने खेल शुरू कर दिया। सोना, हीरा और रुपये का भारी दाँव लगा। अंशुमान जीत गया। इसके बाद वह वीणादत्त के यहाँ गया और जीत का धन मुद्रित करके उसके यहाँ रख दिया।[३] एक दूसरी जगह राजगृह की द्यूत सभा का उल्लेख है।[४] वहाँ बड़े-बड़े धनी, अमात्य, सेठ, सार्थवाह, पुरोहित, तलवर (नगर रक्षक) और दण्डनायक मणि और सुवर्ण की ढेरियों की बाजी लगाकर जुआ खेलते थे। लोगों के यह पूछने पर कि वह कौन से दाँव से खेलने वाला था वसुदेव ने अपनी हीरे की अँगूठी दिखलाई जिसका दाम एक रत्नपरीक्षक ने एक लाख आँका। मामूली दाँव में मणि का ढेर एक लाख का, मध्यम दाँव में बत्तीस, चालीस और पचास लाख का और उत्कृष्ट दाँव में अस्सी-नब्बे और करोड़ का होता था। सबसे नीचा दाँव पाँच सौ का था। हारने पर जुआरी दाँव दूना-तिगुना कर देते थे। जब

१. मृच्छकटिक, पृ० ४४-४७। २. वसुदेव हिण्डी, ४८। ३. वही, २७३-२७४। ४. वही ३२२-२३।

बसुदेव ने हिसाब करने को कहा तो उसकी जीत मध्यस्थों के अनुसार एक करोड़ की निकली। द्यूतशाला के अधिपति को बुलाकर वसुदेव ने उस रक़म को ग़रीबों में बाँट देने को कहा।

कुक्कुट युद्ध के बारे में भी वसुदेवहिंडी में दो उल्लेख हैं। एक बार गंगरक्षित नामक द्वारपाल अपने मित्र वीणा दत्त के साथ श्रावस्ती के चौक पर बैठा था। उसी समय रंगपताका वेश्या की दासी ने वीणादत्त को ख़बर दी कि रंगपताका और रतिसेना के कुक्कुटों में लड़ाई हो रही थी और इसलिए उसकी मालकिन ने उसे प्रेक्षक बनाया था। वीणादत्त ने गंगरक्षित को साथ ले जाने के अभिप्राय से उसकी ओर देखा। इस पर दासी ने ताना मारा कि भला वह परदेसी गणिका का रस कैसे जान सकता था। चिढ़ कर गंगरक्षित वीणादत्त के साथ हो लिया। रंगपताका ने उनकी अभ्यर्थना करके उन्हें आसन देकर गंध माल्य से उनकी पूजा की। इसके बाद कुक्कुट युद्ध शुरू हुआ और एक लाख की बाजी लगी। वीणादत्त ने रंगपताका का कुक्कुट लिया और रतिसेना का कुक्कुट हार गया। पीछे दस लाख का दाँव लगा। रतिसेना का कुक्कुट गंगरक्षित ने लिया और वह जीत गया। दूसरे दिन रतिसेना की दासी ने उसे एक सौ आठ दीनार दिए।[१]

एक दूसरी जगह[२] वसुदेवहिंडी में कुक्कुट युद्ध और उसी प्रसंग में महिष युद्ध और मेष युद्ध का उल्लेख हुआ है। एक बार धनरथ नामक राजा के यहाँ सुषेणा नाम की एक गणिका एक कुक्कुट लेकर आई और कहने लगी कि एक लाख की शर्त पर उसका कुक्कुट लड़ने को तैयार था। रानी मनोहरी ने वहाँ आकर अपनी दासी से वज्रतुण्ड नामक कुक्कुट लाने को कहा और सुषेणा की बात मान ली। आज्ञा पाकर दासों ने वज्रतुण्ड को सुषेणा के कुक्कुट से भिड़ा दिया। लड़ाई देख कर धनरथ ने कहा कि उनमें कोई जीतने वाला नहीं था। क्योंकि पूर्वजन्म में वे अयोध्या के नन्दिमित्र के पशुयूथ में भैंसे होकर धरणिसेन और नंदिषेण से लड़ाए जाकर मरे थे, बाद में वे अयोध्या में मेढ़े होकर जन्मे और उनका काल और महाकाल नाम पड़ा। वे भी आपस में लड़ कर सिर फूटने से मरे थे।

उत्तराध्ययन टीका की एक प्राचीन कहानी में भी कुक्कुटयुद्ध का सजीव चित्रण हुआ है। कौशाम्बी के बाहर उद्यान में सागरदत्त और बुद्धिल ने मुर्गों की लड़ाई में एक लाख की बदान बदी। पर सागरदत्त का मुर्गा डर गया और इस तरह वह बाजी हार गया। पर सागरदत्त के मित्र वरधनु ने बुद्धिल के मुर्गे की परीक्षा की तो पता चला कि उसके पंजों में तेज सूइयाँ खुसी थीं। बुद्धिल ने उसे घूस देकर मना लेना चाहा पर उसने कनखी से सागरदत्त पर उसका राज खोल दिया। इस पर सागरदत्त ने चतुराई से बुद्धिल के मुर्गे के पैरों से सूइयाँ हटा दीं और इसके बाद उसका मुर्गा जीत गया। (मेयर, ओल्ड हिन्दू टेल्स, पृ. ३४-३६)।

दण्डी के अपहारवर्मा की कहानी में भी जुए का बहुत ही सुन्दर वर्णन आया है।[३] चंपा में

१. वही, पृ० ३७८। २. वही पृ० ४३६-४३७। ३. दशकुमारचरित, पृ० ९४। ९५। ता० ना० गोडबोले द्वारा संपादित, बंबई १९३६।

अपहारवर्मा ने द्यूतसभा में जाकर जुआरियों (अक्षधूर्त) से मेल मिलाया। उसने उनकी पचीस तरह की द्यूताश्रित कलाओं[१], फड़ (अक्षभूमि) पर हाथ की सफ़ाई, अत्यन्त चालाकियाँ (कूटकर्म), गर्व भरी गालियाँ, जीवन की परवाह न करके काम करना, सभिक को प्रत्यय देने वाले न्याय, बल और प्रताप युक्त साधनक्षम व्यवहार, बलियों को सांत्वना देना, कमजोरों को फटकारना, अपने पक्ष के समर्थन में निपुणता, अनेक तरह के प्रलोभन, दाँव (ग्लह) के मन्दों का वर्णन, धन बाँट कर उदारता दिखलाना, बीच-बीच में गाली-गुप्ता भरा शोर इत्यादि बातें उसने सीख लीं। एक दिन असावधानी से किसी जुआरी (कितव) के पासा फेंकने पर वह हँस दिया। इस पर विपक्षी जुआरी (कितव) ने क्रोध से जलती आँखों से मानों उसे जलाते हुए कहा—"क्यों बे, तू हँसी के बहाने मुझे जुए का रास्ता सिखलाता है। यह शरीर अशिक्षित दयनीय है। मैं तुझ चतुर के साथ ही खेलूँगा। यह कह कर वह द्यूताध्यक्ष की अनुमति से अपहारवर्मा के साथ भिड़ गया। अपहारवर्मा उससे सोलह हजार दीनारें जीता। उसमें से आधा उसने सभिक और सभ्यों में बाँट दिया और आधा स्वयं लेकर उठ खड़ा हुआ। लोग उसकी प्रशंसा करने लगे। सभिक के अनुरोध से उसने उसके घर भोजन किया।

प्रमति के कथानक में कुक्कुटयुद्ध का अच्छा वर्णन है।[२] श्रावस्ती जाने के रास्ते में एक निगम में उसने नैगमों का कुक्कुटयुद्ध का महान् कोलाहल सुना। वह वहाँ पहुँच कर कुछ हँस पड़ा। इस पर पास में बैठे हुए किसी बूढ़े ब्राह्मण विट ने धीरे से उसके हँसने का कारण पूछा। इस पर उसने कहा कि पूरब के नारिकेल जाति के कुक्कुट को[३] बलाका जाति के पछाहीं कुक्कुट की ताकत बिना समझे ही लोगों ने लड़ा दिया था। विट ने कहा कि वह भी इस बात को जानता था पर चुप रहना ही ठीक था। यह कह कर उसने थैली से कर्पूर से सुगन्धित एक पान दिया। पछाही कुक्कुट ही जीता।

अमरकोश में भी जुए की अच्छी चर्चा है। जुआड़ी के लिए धूर्त, अक्षदेवी, कितव, अक्षधूर्त और द्यूतकृत् शब्द आए हैं (२।१०।४४)। शायद लग्गा लगाने वालों के लिए लग्नक और प्रतिभू (२।१०।४४) शब्द आए हैं। नाल उठाने वाले के लिए द्यूतकार और सभिक (२।१०।४४), जुआ के लिए द्यूत, अक्षवती, कैतव और पण (२।१०।४५), बाजी के लिये ग्लह, पासे के लिए अक्ष, देवन और पाशक (२।१०।३५), पासा (पारी) फेंकने के

---

१. जयमंगला टीका (का० सू० १।३।१५) ने द्यूताश्रय की बीस कलाएँ यथा—निर्जीव, (१) आयु प्राप्ति, (२) अक्षविधान, (३) रूपसंख्या, (४) क्रियामार्गण (५) बीज-ग्रहण, (६) नयज्ञान, (७) करुणादान, (८) चित्राचित्रविधि, (९) गूढ़राशि, (१०) तुला भिहार, (११) क्षिप्रग्रहण, (१२) अनुप्राप्तिलेखस्मृति (१३) अग्निक्रम, (१४) छल-या मोहन, (१५) ग्रहदान। सजीव—(१) उपस्थानविधि, (२) युद्ध, (३) रुत, (४) गत, (५) नृप्त। २. वही, पृ० १९७-१९८। ३. टीकाएँ वैजयन्ती से नालिकेर और बलाका का लक्षण देती हैं-दीर्घग्रीवः सितवपुर्महाप्राणः स्त्रवन्मनाः। बलाका जातिरित्युक्तस्तदन्यो नालिकेरजः। नालिकेर ही मानसोल्लारस भा. २, पृ० २३९-४० का नार जाति का कुक्कुट मालूम परता है।

लिए परिणायस् (२।१०।४६) और फड़ के लिए अष्टापद और शारिफल (२।१०।४६) शब्द आए हैं।

लगता है गुप्तयुग में गेंद खेलने की प्रथा चल पड़ी थी। पद्मप्राभृतक और दशकुमारचरित में कन्दुक क्रीड़ा के बहुत सुन्दर वर्णन आए हैं। पद्मप्राभृतकम् में प्रियंगुयष्टिका अपनी लाल अँगुलियों से लाल रंग का कन्दुक उछाल रही थी। विट के यह कहने पर भी कि वह मानों कन्दुक क्रीड़ा के बहाने अपनी सखियों को नृत्य सिखला रही थी वह खेलती ही गई। उसने अपनी सखियों के साथ बाजी (पणित) लगा रक्खी थी। नत, उन्नत, आवर्तन, उत्पतन, अपसमर्पण, प्रधावन, परिवर्तन, निवर्तन, उद्वर्तन इत्यादि गतियों से उसके कपड़े उड़ रहे थे, कुण्डल झूल रहे थे, बालों से फूल गिर रहे थे, कांची झनझना रही थी। पूरा सौ करके वह रुकी और इस तरह वह अपनी सखियों से बाजी जीत गई।

कामसूत्र (२।३।१६) में बालक्रीड़नकानि पर टीका करते हुए जयमंगला टीका ने उसमें घरौंदा, गुड़िया (पुत्रिका) और गेंद को रक्खा है। एक जगह (३।३।१३) बालिका को भेंट में गेंद देने का उल्लेख भी है।

दशकुमारचरित में एक जगह वाराणसी के प्रमदवन में काम-पूजा के लिए निकली हुई राजकुमारी कान्तिमती का अपनी सखियों के साथ गेंद खेलने का उल्लेख है[1]। दशकुमार के छठे उच्छ्वास में कन्दुकोत्सव का बड़ा ही जीवित चित्रण हुआ है। चित्रगुप्त ने ताम्रलिपि के बाहर के बगीचे में एक बड़ा उत्सव देखा। एक बीन बजाते हुए युवक ने उसे बताया कि विंध्यवासिनी के प्रसाद से सुह्मपति तुरंगधन्वा को एक पुत्र और एक कन्या हुई। देवी ने कन्या को प्रतिमास कृत्तिका नक्षत्र में अच्छे वर की प्राप्ति के लिए देवी को प्रसन्न करने के लिए कन्दुक नृत्य का आदेश दिया। मित्रगुप्त ने इतने में कन्दुकावती को आते देखा। उसने भगवती को नमस्कार करके कन्दुक को हाथ में लेकर उसे ज़मीन पर फेंका जब वह ज़रा ऊपर उठा तो उसने अँगुलियाँ पसार कर और अँगूठा मोड़ कर हाथ से उसको थपकी देकर हाथ के पृष्ठ भाग से उसे ऊपर उछाला और फिर उसे छोड़ दिया। मध्य विलम्बित और द्रुत लय में धीमे-धीमे गेंद फेंकते हुए उसने चूर्णपद[3] दिखलाया। गेंद के शिथिल होने पर उसने उसे जोरों से मार कर फिर उछाला, और फिर चक्कर काट कर (विपर्ययेण) उसे शान्त हो जाने दिया। फिर उसे बगल और तिरछाई में बायें और दाहिने हाथ से मारते हुए चिड़ियों की तरह उसे उड़ाया। ऊपर उठ कर नीचे गिरने पर पकड़ने में उसने गतिमार्ग[4] दिखलाया। फिर उसे चारों ओर घुमा कर वापस लाई। इस तरह से अनेक भाँति से खेलती उसने दर्शकों की प्रशंसा स्वीकार की और उसने मित्रगुप्त की ओर देखा और फिर खेलने लगी। गेंद के जोर से फिकने से वह चक्कर काटती थी। उसने पंचविन्दु (पंचावर्त प्रसार) दिखलाया और बरदमुतान (गोमूत्रिका) में चक्कर काटा। उसके आभरण झनकार रहे थे, उसके ओठों पर

१. दशकुमारचरित, पृ० १७०। ३. गत्यागत्यो रानुलोक्यं न्यूनाधिक्य क्षेपणं तरुचूर्ण पदम्-कन्दुकतंत्र।
४. दशपदं च क्रमणं गतिमार्ग विदुः—कन्दुकतंत्र।

मुसकान थी, कन्धों पर लहराते बालों को वह सँभाल रही थी, मेखला रव कर रही थी, बटुरा, उठा और नितंबों से लगा उज्ज्वल अंशुक फड़फड़ा रहा था, बाँहें सिकोड़ और पसार कर वह गेंद को ठोंक रही थी, उसके बाहुपाश मुड़े हुए थे, ऊपर उठाए हुए बाल त्रिक पर लहरा रहे थे। उसके कर्णपूर और कनकपत्र खेल की शीघ्रता में गिर रहे थे। वह बार-बार हाथ-पैर उठा कर कन्दुक को भीतर-बाहर फेंक रही थी, अवनमन और उन्नमन से उसकी कमर कभी दिखलाई देती थी कभी नहीं, अवपतन और उत्पतन से मोती की माला अव्यवस्थित हो रही थी, पसीने की बूँदों से पत्रभंग मिट रहा था और कर्णावतंस सूख रहे थे। स्तनतट से हटे अंशुक को सँभालने के लिए एक हाथ लगाए, बैठती, उठती, आँखें खोलती, बन्द करती कन्दुकावती खेल रही थी। खेल समाप्त होने पर देवी की वन्दना करके अपनी सखियों के साथ वह पुर को लौट गई।

उपवनयात्रा भी वैशिक संस्कृति का अंग रहा है। चतुर्भाणी में प्रसंगवश ही कहीं-कहीं उपवनयात्रा का उल्लेख हुआ है। विटधूर्तसंवाद (६७-६८) में वर्षा थम जाने पर प्रधान वेश्याओं के साथ खामियों का उपवन जाने की तैयारी करने का उल्लेख है। उपयाभिसारिका (१३८) में वेश्या द्वारा सार्थवाह धनमित्र को अशोकवनिका में ले जाकर छोड़ देने का उल्लेख है। पर कामसूत्र (१।४।२६) के अनुसार उद्यानगमन नागरक वृत्त का एक विशेष अंग था। नागरक दोपहर के समय सज-धज कर वेश्याओं और परिजनों के साथ उद्यान में जाते थे और कुक्कुट, लावक, मेष युद्ध से और गाने-बजाने से जी बहला कर उद्यानगमन का चिह्न जैसे फूल-माला लेकर लौट आते थे (१।४।४०)।

वसुदेवहिंडी[1] के अनुसार राजा भी उद्यानयात्रा में निकलते थे। उनके साथ ठाट-बाट के साथ एक-दूसरे की स्पर्धा करते हुए नागरिक भी हो लेते थे। वहाँ खाना-पीना, नाच-गाना और हँसी-मज़ाक़ होता था।

बृहत्कथाश्लोकसंग्रह में नागवन की यात्रा का बड़ा ही सुन्दर चित्र खींचा गया है। उदयन की आज्ञा से नरवाहनदत्त और उसके मित्र नागवन यात्रा के लिए तैयार हो गए। उन्होंने देखा कि नगर के द्वारों पर सजे-धजे लोगों की भीड़ निकली चली आ रही थी। भीड़ में घोड़े, हाथी और शिविकाएँ थीं। उन्होंने रुमण्वन्त को हाथी पर चढ़े देखा। वासवदत्ता और पद्मावती को घेर कर कंचुकी और परिचारक चल रहे थे। मकरयष्टि और रक्तपताकाएँ लेकर वेश्याएँ चलती हुई दूसरों का अपनी ओर ध्यान आकृष्ट कर रही थीं। नरवाहनदत्त और उसके साथी रथ पर चढ़ कर राजमार्ग पर होते हुए नगरद्वार पर पहुँचे। चोबदार रथ के लिए रास्ता साफ़ कर रहे थे। भीड़ को देखने के लिए वे एक देवालय में पहुँचे। वहाँ नरवाहनदत्त ने स्त्रियों से भरा एक प्रवहण देखा। उनमें से एक ने अपनी दो अँगुलियाँ मुँह पर रक्खीं और हाथ जोड़े। कामशास्त्र से अनजान होने से नरवाहनदत्त नें उस इशारे का मतलब नहीं समझा। हँसोड़ गोमुख ने उसे उस वेश्या को प्रणाम करने को कहा। उसके ऐसा करने पर लोग हँसने लगे। इस पर वेश्याएँ भी

---

१. वसुदेव हिंडी, पृ. ५६।

कुमार के भोलेपन पर हँसने लगी। (१।१-२०)। क्रीड़ा स्थानों को देखने के बाद नरवाहनदत्त का दल यमुना पार गया। क्रीड़ा गृह में रात बिता कर सब लोग सबेरे नागवन पहुँच गए। वहाँ उन्होंने भीड़ को मौज उड़ाते देखा। सेनापति ने कुमार और उनके साथियों को यात्रागृह में ठहराया जहाँ उन लोगों ने सारा दिन राग-रंग, नहाने और खाने-पीने में बिताया।

गुप्तयुग में संगीत और नृत्यों का बड़ा प्रचार था। संगीत में कुशलता तो वैशिकी शिक्षा का एक विशेष अंग माना जाता था। अंत:पुर की स्त्रियाँ भी गाने-बजाने और नाचने की आचार्यों से शिक्षा पाती थीं। चतुर्भाणी में ऐसे अनेक स्थल आए हैं जिनसे तत्कालीन नृत्य, संगीत और नाट्य पर प्रकाश पड़ता है। अंत:पुर की स्त्रियाँ आचार्य की शिक्षा के अनुसार नाचती थीं (प. प्रा.)। वेश्याएँ नृत्यवार के दिन आचार्यों के यहाँ नाच सीखने जाती थीं (प. प्रा. ५८)। संगीतक अथवा जलसे का कई बार उल्लेख है। नारायण के मन्दिर में संगीतक होता था (उभ. १२२-१२३)। संगीतक में शामिल होने के लिए बयाना मिलता था। कुसुमपुर के राजा द्वारा आयोजित पुरंदरविजय नामक संगीतक के लिए प्रियंगुसेना और देवदत्ता को न्योता मिला था। लगता है राजभवन में उसके लिए सिफ़ारिश की आवश्यकता पड़ती थी (उभ. १४१)। ऐसे संगीतकों में नर्तकियों में होड़ लगती थी। नृत्य के निम्नलिखित अंग माने जाते थे-रूप, श्री, नवयौवन, द्युति, कांति, आदि, चार तरह की अभिनय सिद्धि[१] बत्तीस तरह के हस्त प्रचार[२], अट्ठारह भाँति के निरीक्षण[३]; छह स्थान[४],' (तीन) गति[५] आठ रस, गाने-बजाने इत्यादि में तीन लय (उभ. १४२)। जलसे को प्रेक्षा (वा. ता. २२५) भी कहते थे। प्रेक्षा और समाज में सामाजिक भाग लेते थे। मयूरसेना के लास्यवार[८] से पता चलता है

१. आंगिको वाचिकश्चैव आहार्य: सात्विकरतथा।
चन्वारोऽभिनया ह्येते विज्ञेया नाट्यसंश्रया:।। भरत, ६।६३ दे

२. नृत्तहस्त-चतुरस्त्र, उद्वृत्त, तलमुख, स्वस्तिक, विप्रकीर्ण, अराल, खटकामुख, आविद्धवक्र, सूच्यास्य, रेचित, अर्धरेचित, उत्तान, अवांचित, पल्लव, नितंब, केशबंध, कटिहस्त, लताख्य, पक्षवंचितक, पक्षप्रद्योतक, गरुड़पक्ष, हंसपक्ष, ऊर्ध्व मंडलिन्, पार्श्व उरोमंडलिन्, उरो पार्श्वोर्ध्वमंडल, मुष्टिक, स्वस्तिक, नलिनी, पद्मकोश, अलपल्लवोल्बण, ललित और बलित-ना० शा० ९।११-१७। ३. देखिए नाट्यशास्त्र, ८।४०-९५। ४. वैष्णव, समपाद, बैशाख, मंडल, प्रत्यालीढ़ और आलीढ़, ना० शा० १०।५१ ५. स्थित, मध्य और द्रुत—ना० शा० १२। १६ ८. भरत के अनुसार लास्यांगों में गेयपद, स्थितिपाठ्य, आसीन, पुष्पगंधिका, प्रच्छेदक, विमूढ़, सैन्धवक, द्विमूढ़क, उत्तमोत्तमक, विचित्रपद, उक्तप्रयुक्त और भावित होते थे। आसन पर बैठकर साजके साथ सूखा गाना अथवा नृत्य न्यास में स्त्री द्वारा प्रिय के गुण युक्त गाने को गेयपद कहते थे। आसन पर बैठकर कामदग्धा का प्राकृत पाठ स्थितिपाठ्य है। आसीन में चिन्ता और शोक का पुट होता है। जहाँ मनुष्य के प्रेम में स्त्री संस्कृत गान करती है उसे पुष्पगंधिका कहते हैं। प्रच्छेदक में चाँदनी से व्याकुल स्त्रियाँ प्रिय को सजाती हैं। विमूढ़ में पद कम और पुरुष पात्र अधिक होते हैं। सैन्धवक में विस्मृत संकेत, करुणा इत्यादि आते हैं। द्विमूलक में गीत अभिनय भाव और रस का सम्मिश्रण होता है। उत्तमोत्तम में अनेक रस और श्लोकबंध, विचित्रपद में प्रतिकृति, उक्तप्रयुक्त में सवाल-जवाब, उलाहना इत्यादि तथा भावित में स्वप्नदर्शन से भाव प्रकाश करना होते हैं (१९।१३८-१५२)।

कि बाजा बजने के बाद पहले देवता मंगल होता था और इसके बाद गीत और नृत्य होता था। मयूरसेना के नाच की प्रथम वस्तु में ही लासक उपचन्द्र ने उसमें प्रयोग दोष दिखलाया और उसके पक्ष में सामाजिक जन थे पर तलवर हरि शूद्र ने मयूरसेना का पक्ष लिया और प्राश्निक (मध्यस्थ)[1] ने भी उसी का समर्थन किया (पा. ता. २२५-२९६)।

चतुर्भाणी में नाटक के सम्बन्ध में भी कुछ उल्लेख हैं। भाव गन्धर्वदत नामक नाटकाचार्य का उल्लेख है। लगता है नाटकाचार्य के शिष्य भी होते थे। नाटरेक दर्दुरक नामक ऐसे ही एक शिष्य का उल्लेख है। आचार्य छोटे-मोटे कामों के लिए ऐसे शिष्यों को दौड़ाते थे। दर्दुरक कुमुद्वतीप्रकरण का भूमिका-पत्र लेकर देवसेना के पास गया था (प. प्रा. ५०)। भूमिका तालपत्र पर लिखी होती थी (प. प्रा. ५४)।

वीणा के साथ गाने का चलन था। शोणदासी (प. प्रा. ४४) काकली मन्द मधुर स्वर में वल्लकी[2] को जरा छेड़ते हुए कैशिक के सहारे कूज कर रही थी। कैशिक के सहारे गाना करुणा से ओत-प्रोत होता था। मगधसुन्दरी के स्फुट वर्ण और अलंकार से सजी, षड्ज ग्राम में वल्लभा नामक चौपदी गाने का उल्लेख है (प्र. प्रा. ४८)। वक्त्रा और अपरवक्त्रा छंदों में भी गाने का रिवाज था (उभ. १४४)[3]। यौधेय यानी पूर्वी पंजाब के बांगडू गीत गाने का चलन था। गाने वाले के साथ रोहतक के मृदंगिये, झाँझ और बाँसुरी बजाने वाले होते थे (पा. ता. १६८)। एक जगह (पा. ता. १७७) सप्ततंत्री वीणा पर काकली पंचम स्वर से गाने का उल्लेख है। पिच्छोला शायद मुँह से बजाने का किसी तरह का बाजा था (पा. ता. १८७)। वीणा की किस्मों में वल्लकी (प. प्रा. ४४) जिसमें तूंबा (पा. ता. २५३) लगा रहता था, सप्ततंत्री वीणा (पा. ता. १७७), विपंची (पा. ता. २३४), और तंत्री (पा. ता. २५३) के उल्लेख हैं। वल्लकी आधुनिक वायलिन की शक्ल की वीणा होती थी, विपंची और सप्ततंत्री वीणा में सात तार लगे होते थे और उसकी शक्ल क़ानून की तरह होती थी (अमरकोश १।६।४)। ऐसे ही वीणाचार्य गान्धर्व सेनक का नाम पादताडितकम् (२५३) में आया है। उसे तीन तरह के बाजों पर अनेक करणों में अभ्यस्त बीन पर गिरती अँगुलियों वाला तथा वल्लकी के तूंबे को श्रोणि पर रखते हुए रईसों के अन्तःपुर की सुन्दरियों की इधर-उधर घूमती हुई अँगुलियों का मजा लेने वाला कहा गया है।

---

१. भरत के अनुसार प्रेक्षक चरित्रवान, शान्त, विद्वान्, यशपूरित, मध्यस्थ, बड़ी उम्र वाला, नाटक के छह अंगों में कुशल, पवित्र, जागरूक, चार तरह का बाजा बजाने में कुशल, नेपथ्य कर्म में कुशल, देश भाषा जानने वाला, कला और शिल्प में चतुर, अभिनय, रस, भाव, शब्द छंद और नाना शास्त्रों में कुशल होता था (२७।४९-५३)। वह ऊहापोह में कुशल, दोष ढूँढ़नेवाला, प्रेमी, तुष्टि में तुष्ट, शोक में शोक, दैन्य में दीनता इत्यादि गुणों से युक्त होते थे ((२७।५४-५६)। पर एक हो प्रेक्षक में थे सब गुण असम्भव थे इसलिए बहुत से प्रेक्षकों की आवश्यकता पड़ती थी (५७)। झगड़ा पड़ने पर प्राश्निक का काम पड़ता था। यज्ञवित्, नर्तक, छंद शास्त्र का ज्ञाता, विच्छेद, वित् इष्टवाह, चित्रवित्, वेश्या, गन्धर्व, राजसेवक प्राश्निक होते थे (२१।६३-३५)। यज्ञ में याज्ञिक की, अभिनय में नर्तक की, छंदों में छंद शास्त्र जानने वाले की, पढ़ने में शब्द शास्त्री की, विभूति, अन्तःपुर की बातें तथा राजा सम्बन्धी बातों में इष्टवाक् की आवश्यकता होती थी।

चतुर्भाणी में संगीत, नृत्य, इत्यादि के उपर्युक्त वर्णनों में हमें तत्कालीन संगीत की एक अस्पष्ट-सी झाँकी मिलती है। पर भरत के नाट्य-शास्त्र, मृच्छकटिक, वसुदेवहिंडी और बृहत्कथाश्लोकसंग्रह के आधार पर हम उस अधूरे चित्र को और भी साफ़ कर सकते हैं। नाट्य-शास्त्र के अट्ठाइसवें अध्याय में आतोद्यविधि का सविस्तार वर्णन हुआ है। बाजे चार तरह के होते थे, यथा—तत, अनबद्ध, घन और सुषिर (१)। तंत्रीगत बाजों को तत, मृदंग इत्यादि को अवनद्ध (मढ़े हुए), ताल को घन, और बाँसुरी को सुषिर कहते थे (२)। इनका उपयोग, नाच, गाने और नाटक में होता था। वैपंचिक (बीनकार), वैणिक, वंशवादक, मार्दगिक पाणविक (हाथ से ताल देने वाले), दार्दुरिक इत्यादि गाने-नाचने में साथ देते थे (३-५)। अनेक बाजों के साथ वीणा-वादन को गान्धर्व कहते थे। देवताओं और गन्धर्वों के प्रिय होने से इसे गान्धर्व कहते थे (८-९)। गान्धर्व स्वरात्मक, तालात्मक और पदात्मक होते थे (१२)। भरत के अनुसार (२९।१४४) चित्रा वीणा में सात तार होते थे और विपंची में नौ। विपंची कोण से बजाई जाती थी और चित्रा अँगुलियों से।

वसुदेवहिंडी में नाटक (नाट्य) शब्द का व्यवहार केवल नृत्य के लिए हुआ है। खाने के बाद पान लेने पर नाटक यानी नृत्य दिखलाया जाता था[१]। बर्बरी और किरात आदि जाति की दासियाँ संगीत और नाचने में बहुत कुशल होती थीं। कुब्ज, वामन, किरात नर्तकियों का उल्लेख एक दूसरी जगह है[२]। वसन्ततिलका के नृत्य का वर्णन एक जगह है।[४] नालिकागलक नृत्य में[५] जलघड़ी के अनुसार नाच चलता था। पानी समाप्त होते ही नृत्य समाप्त हो जाता था और उसी पानी से नाट्याचार्य नर्तकी को स्नान कराता था। सूचिनाट्य में प्रेक्षण गृह में सुई के ऊपर इस तरह से नाचती थीं कि सुइयाँ अपनी जगह से हटती नहीं थीं।

वसुदेवहिंडी के गन्धर्वदत्ता लंभक[६] में चम्पा नगर में संगीत प्रेम का एक अच्छा चित्र खींचा गया है जिसका मेल जैसा हम आगे चल कर देखेंगे, वृहत्कथाश्लोकसंग्रह के वैसे ही दृश्य से मेल खा जाता है। जिन मन्दिर से निकल कर वसुदेव ने वीणा लिए हुए बहुत से युवकों को देखा। बहुत से लोग बीनों से भरी गाड़ी को घेरे हुए थे। वीणा का वहाँ उतना प्रचार देख कर वसुदेव ने जब उसका कारण पूछा तो पता लगा कि सेठ चारुदत्त की पुत्री गान्धर्व विद्या में अत्यन्त कुशल थी। उसका प्रण था कि जो संगीत में उसे जीतेगा उसी के साथ वह विवाह करेगी। हर महीने विद्वानों के सामने इस बात का निर्णय होता था। वसुदेव ने नगर के प्रतिष्ठित संगीतज्ञों के बारे में पूछा तो सुग्रीव और जयग्रीव के नाम का पता चला।

वसुदेव ने उन्हीं के यहाँ समय बिताने का निश्चय किया और सुग्रीव के यहाँ बेवकूफ़ का बाना धर कर पहुँचा। उपाध्याय से उसमें अपना नाम स्कंदिल बतलाया और बीन सीखने की इच्छा प्रकट की। मूर्ख जान कर सुग्रीव ने उसकी भारी बेइज़्ज़ती की पर उसने उसकी पत्नी को एक रत्नजटित कड़ा देकर बस में कर लिया। और उपाध्याय ने उसकी मदद से वसुदेव को शिष्य बनाना स्वीकार कर लिया। नारद और तुंबुरु की पूजा करने के बाद

---

१. वसुदेवहिंडी, पृ. ४६०, २. वही, पृ० ४२, ४. वही, ३५, ५. वही १२५,६. वही १६१।

उपाध्याय ने उसे बीन दी जिसे उसने तोड़ दिया। ब्राह्मणी ने एक बड़ी तंत्री बनाने की सलाह दी। उपाध्याय ने ऐसा ही करके उसे धीमे-धीमे बीन सजाने की सलाह दी। अपनी बनावटी मूर्खता से शिष्यों को वसुदेव हँसाता था। इतने में संगीत परीक्षा का समय आ पहुँचा। ब्राह्मणी की मदद से वसुदेव भी सभा में गया।

सभा में सजे आसनों पर विद्वान् बैठे और बाक़ी लोग फर्श पर। उपाध्याय विचारे डर रहे थे कि कहीं वह उनके पास न आए। पर वसुदेव की तारीफ से प्रसन्न होकर चारुदत्त ने आसन दिया।

बाद में गन्धर्वदत्ता आकर यवनिका के पीछे बैठ गई। किसी की हिम्मत बीन बजाने की नहीं हुई, पर वसुदेव तैयार हो गया। एक वीणा लाई गई पर उसका तुम्बा साफ़ न होने से उसने उसे लौटा दिया। दूसरी वीणा को दावानल की लकड़ी से बने होने के कारण कठोर स्वर वाली होने से उसने अलग कर दिया। तीसरी वीणा को पानी में डूबी लकड़ी से बनी होने से गम्भीर स्वर निकलने के कारण उसने नहीं लिया। इसके बाद चन्दन चर्चित और फूल माला से सजी एक वीणा लाई गई और वह आसन पर बैठ गया। चारुदत्त ने उससे विष्णुगीतक बजाने को कहा। विष्णुगीतक की उत्पत्ति का हाल कह कर वसुदेव और गन्धर्वदत्ता ने वीणा को झनकार कर गांधार ग्राम की मूर्छना से बीन स्थान, क्रिया शुद्धि, ताल, लय और ग्रह की समता से विष्णु गीतिका गायी। लोग वाह-वाह करने लगे और कहने लगे कि नगर का उत्सव और वीणा का व्यापार बन्द होने वाला था। उसके बाद वसुदेव ने गन्धर्वदत्ता का वरण किया।

बृहत्कथाश्लोकसंग्रह में कई स्थानों पर नाच-गाने का सुन्दर चित्रण हुआ है। उदयन की आज्ञा से (११। १ से) मदनमंचुका के नृत्य की व्यवस्था की गई। अपने साथियों और नागरकों के साथ नरवाहनदत्त राजमहल में पहुँचे। उदयन को नमस्कार करके वे सिंहासन को घेर कर बैठ गए। कुशल प्रेक्षकों से रंगांगण भरा देख कर दोनों नृत्याचार्यों ने राजा को नमस्कार करके कहा कि दोनों नर्तकियाँ नाचने को तैयार थीं और उनकी आज्ञा चाहती थीं। राजा ने कौन पहले नाचे इसका चुनाव गोमुख पर छोड़ दिया और उसने इसके लिए सुयामुनदत्ता को चुना। उसके रंगमंच पर आते ही प्रेक्षक स्तब्ध हो गए। अन्त में सुयामुनदत्ता ही प्रतिस्पर्धा में जीती। लगता है इस तरह की होड़ें उस समय की एक खास बात थी। पाटलिपुत्र में प्रियंगुसेना और देवदत्ता की होड़ का उल्लेख उभयाभिसारिका में भी है।

वीणावादन की प्रतिस्पर्धा का एक बहुत सुन्दर चित्र बृहत्कथाश्लोकसंग्रह के सोलहवें और सत्रहवें अध्यायों में बच गया है। वसुदेवहिंडी के गन्धर्वदत्ता लंभक के ऐसे ही उपर्युक्त वर्णन से तुलना करने पर पता चलता है कि शायद दोनों कथाओं का मूल स्रोत गुणाढ्य की अप्राप्त बृहत्कथा रही हो। कथा यह है कि नरवाहनदत्त ने विद्याधर अभितगति जहाँ गिरा था उस जगह का नाम बिना पूछे ही उसे विदा कर दिया। आसपास का जंगल बड़ा घना था। सबेरे के समय उसे पार करके नरवाहनदत्त एक उपवन में पहुँचे और एक माली से उसके

मालिक का नाम पूछा। इस सवाल से वह बेचारा स्तब्ध रह गया और कहा कि वह शायद उससे हँसी कर रहा था। इसके बाद नरवाहनदत्त तोरणयुक्त एक दूसरे बगीचे में पहुँचे। वहाँ उन्होंने चित्रोपधानक से सजी एक शिला पर एक जन को वीणा बजाते देखा। वह नागरक बजाने में इतना मस्त था कि पहले तो उसने नरवाहनदत्त को देखा ही नहीं। नरवाहनदत्त के आवाज देने पर वह उठ खड़ा हुआ और उनका स्वागत करके उन्हें शिला पर बैठाया। नरवाहनदत्त ने उससे जब उस देश का नाम पूछा तो उसने कहा कि वे जरूर आसमान से टपक पड़े होंगे। पीछा छुड़ाने के लिए नरवाहनदत्त ने उससे कहा कि वे वत्स देश के निवासी थे। उनके प्रेम में फँस कर एक यक्षी उन्हें उड़ा ले गई थी, पर लड़ाई होने से उन्हें उस जगह पटक कर वह चल दी। यह सुन कर उसने बतलाया कि वह अंग देश की चम्पा नगरी में था। उसका वास्तविक नाम दत्तक था पर उसके मित्र उसके वीणावादन में कुशल होने से वीणादत्तक कहते थे। वीणादत्तक ने एक परिचारक को फ़ौरन गाड़ी लाने की आज्ञा दी। गाड़ी आने पर दोनों जन उसमें बैठ कर चम्पा की और चल पड़े। रास्ते में लोगों को यह देख कर आश्चर्य हुआ कि किस तरह वीणादत्तक ने एक अजनबी को गाड़ी में मान्य स्थान दे रखा था। नरवाहनदत्त ने यह भी देखा कि खेतिहर हल छोड़ कर और ग्वाले अपने पशु छोड़ कर बीन बजा रहे थे! राज द्वार पर उसने वीणा के भाग ढोती हुई बैलगाड़ियों का एक तांता देखा। आगे बढ़ कर वणिकमार्ग पर उसने कुम्हारों, बढ़इयों और बेंत बिनने वालों को बीन बजाते देखा। अन्त में दोनों वीणादत्त के घर पहुँचे (१-५५)।

वहाँ वीणादत्तक ने अपने परिचारकों से नरवाहनदत्त के साथ अपने जैसा ही व्यवहार करने को कहा। अपने को ब्राह्मण बतलाने के लिए नरवाहनदत्त ने पावस भोजन की इच्छा प्रकट की। एक मर्दन शास्त्रज्ञ ने उसकी मालिश की। उद्वर्तन के बाद उसने स्नान करके कीमती कपड़े पहने और देव-दर्शन करके सीधे भोजन मंडप में पहुँचा। उसके बैठने के बाद वीणादत्तक अपने भाइयों और भतीजों के साथ बैठ गया। रसोइए ने नरवाहनदत्त के सामने खीर से भरा सोने का कटोरा और उसके पार्श्व में यशब (महामसार) की कटोरी में घी, शहद रखा। अच्छे भोजन और पेयों को देख कर नरवाहनदत्त का मन ललचा गया और वह गरम खीर से मुँह जलने का बहाना करके पानी पीने लगा। पर उसका भेद खुल गया और उसे सुगंधित सुरा दी गई। इसके बाद उसने अचार के साथ मांस खाया। भोजन समाप्त हो जाने पर भोजन मंडप में ही उसके लिए एक पलंग डाल दिया गया और उसे मुखगंध राग और पान दिए गए। नरवाहनदत्त ने वीणादत्त से चंपा के लोगों का वीणा के पीछे पागल होने का कारण पूछा। उसने कहा सानुदास सेठ की पुत्री सुन्दरी गन्धर्वदत्ता का यह प्रण था कि वह उसी के साथ विवाह करेगी जो उसके एक अज्ञात गीत के साथ वीणा का साथ देकर उसे हराएगा। हर छठे महीने वह चौसठ नागरकों के सामने एक अज्ञात गीत गाती थी पर उसका साथ करने में लोग अपने को असमर्थ पाते थे। बातचीत के अन्त में सानुदास के भेजे हुए दो आसाबरदारों ने आकर पूछा कि सुहृद गोष्ठी और समास्या (९०) का आयोजन किया जाय (५६-९३) और वह सहमत हो गया।

नरवाहनदत्त ने संगीत न जानने का बहाना किया। यह सुन कर वीणादत्त ने खर स्वर वालों और स्वर और श्रुतियों से सफा भूतिल नामक एक गायक को बुलवाया। उस नर बानर को देख कर नरवाहनदत्त ने उससे पढ़ने से पहले राज्य तक गँवा देना ठीक समझा। वीणादत्त तथा उसके साथियों ने भूतिल की आवभगत की, पर नरवाहनदत्त ने उसकी ओर आँख तक न फेरी। गुस्से से उसे गुरेरता हुआ भूतिल आसम पर बैठ गया। वीणादत्त ने उससे नरवाहनदत्त को नारदीय संगीत में शिक्षा देने की प्रार्थना की। उसने यह कहकर बात उड़ा देनी चाही कि नरवाहनदत्त उसे फूटी कौड़ी (काकिणी) भी नहीं दे सकता था। उसकी राय में विद्या केवल गुरु भक्ति अथवा पैसे से ही मिल सकती थी और ये दोनों बातें उसके लिए सम्भव नहीं थीं। यह सुनकर दत्तक ने हलके तौर से झिड़कते हुए कहा कि उसके रहते हुए नरवाहनदत्त मुहताज नहीं कहा जा सकता था। यह कह कर उसके सामने सौ मुहरें पटक दीं। नारद और सरस्वती की पूजा के बाद भूतिल ने नरवाहनदत्त को एक बेसुरी बीन पकड़ा दी। जब उसने बीन को गोद में लिया तो भूतिल बिगड़ कर वीणादत्त से कहने लगा कि ऐसे आदमी को जिसे ठीक तरह से वीणा पकड़ने की भी अक्ल नहीं बीन सिखाना असम्भव था। इस तरह फटकारते हुए वह निषाद षड्ज की जगह निषाद स्वर सिखाने लगा। इस पर बिगड़ कर नरवाहनदत्त ने बीन के चार-पाँच तार चटका दिए। भूतिल के फटकारने पर अपना गुप्त वेश भूल कर नरवाहनदत्त ने टूटी बीन पर ही ऐसे स्वर छेड़े कि लोग अचम्भे में आ गए और भूतिल उसे काकतालीय घटना कह कर दक्षिणा लेकर चंपत हुआ (१७।१-२५)।

ब्यालू करने के बाद नरवाहनदत्त मालाओं और धूप से सुगन्धित शयनागार में गए। वहाँ दो रूपाजीवाओं ने अपने रासभ स्वर से उसे आकर्षित करना चाहा। उनसे छुटकारा पाने के लिए नरवाहनदत्त ने सोने की नक़ल साध ली और वे निराश होकर चली गईं (२६-३१)।

आधी रात के समय नरवाहनदत्त की नींद खुल गई और उन्होंने चित्रपट में लिपटी नागदंत पर लटकती वीणादत्तक की वीणा देखी। बहुत दिनों से छूटे अभ्यास को जरा ताज़ा करने के लिए उन्होंने धीरे-धीरे ऊँचा-नीचा करके बिना अँगुलियों से छुए ही वीणा के सुर मिला दिए। उसका संगीत सुन कर वीणादत्त के घर वालों ने आवाज़ लगाई कि स्वयं सरस्वती वहाँ वीणावादन कर रही थीं। उन्होंने आपस में कहा कि जब आरम्भ ही में इतना सुन्दर था तो अन्त की क्या बात! उनकी बातें सुन कर नरवाहनदत्त ने फौरन वीणा खूँटी पर लटका दी और सो गए। वे ग़रीब जब उस कमरे में आए तो वहाँ कुछ न पाकर कहने लगे कि उनके जैसे तुच्छ आदमियों के सामने भला सरस्वती कैसे प्रकट हो सकती थी। (३२-४३)।

दूसरे दिन सबेरे वीणादत्तक ने नरवाहनदत्त से कहा कि गन्धर्व समास्या में ले जाने के लिए रथ तैयार खड़े थे पर नरवाहनदत्त ने कहा कि वह और उसके साथी जैसे जाना चाहें जाएँ। उन्होंने पैदल जाने का इरादा कर लिया था। वीणादत्तक उसकी बात मान कर उसे दल का अगुआ बना कर निकल पड़ा। सवारियाँ छोड़ कर पैदल चलने से खीझ कर नागरिकों ने नरवाहनदत्त को कोसा। एक बड़े महल में यक्षीकामुक नरवाहनदत्त को देखने स्त्रियाँ इकट्ठी

हो गई थीं। इस तरह दल सानुदास के यहाँ पहुँचा। पहली कक्षा में पटोरे से सजे (महा पत्रोर्ण वेष्टितम्) चौसठ आसन लगे थे। सानुदास ने आगन्तुकों का स्वागत करके उन्हें आसनों पर बैठाया। नरवाहनदत्त को देख कर सानुदास ने उन्हें आसन न दे सकने का खेद प्रकट किया। यह सुन कर दत्तक स्वयं उसे अपना आसन देने पर तैयार हो गया। उसके खड़े होते ही आदरार्थ दूसरों को भी खड़ा होना पड़ा। नरवाहनदत्त को एक आसन मिलने पर सब लोग बैठे। इसके बाद तीन सौ गणिकाओं ने आकर अभ्यागतों के पैर धोए। उनमें से जब एक नरवाहनदत्त के पास पहुँची तो उसके सौंदर्य की चकाचौंध से उसके सिर से पानी का घड़ा गिर पड़ा (४४-७८)।

इसके बाद सब नागरक एक बड़ी सभा में घुसे जहाँ उनसे एक कंचुकी ने पूछा कि अगर वे आराम कर चुके हों तो गन्धर्वदत्ता अपना गीत आरम्भ करे। अपनी कमजोरी जानकर नागरकगण तो आनाकानी करने लगे पर नरवाहनदत्त शान्त बने रहे। यह देख कर लोगों ने कहा कि उनकी शान्ति बेवकूफ़ी की द्योतक थी (७९-९६)।

इसके बाद यवनिका हटाकर कंचुकियों और परिचारकों के साथ गन्धर्वदत्ता ने सभा में प्रवेश किया। उसकी सुन्दरता से गोष्ठी चकाचौंध हो गई। इसके बाद कंचुकी ने गन्धर्वदत्ता के गीत का बीन पर साध देने वालों को आमन्त्रित किया। मंडली ने वीणादत्तक को आगे बढ़ने को कहा। गन्धर्वदत्ता ने जैसे ही गीत छेड़ा, नरवाहनदत्त को पता चल गया कि वह नारायणगीत था जिसे त्रिविक्रम की प्रदक्षिणा करते हुए गन्धर्व विश्वावसु ने गाया था। उदयन ने नरवाहनदत्त को यह गीत बताया था। नरवाहनदत्त फौरन अपने आसन पर साथ करने के लिए खड़े हो गए। लोगों ने यह उनका बचपन समझा पर नरवाहनदत्त बिना किसी की परवाह किए गन्धर्वदत्ता के बगल में जा बैठे। उनके सामने एक वीणा लायी गई पर उसे उन्होंने यह कह कर अलग कर दिया कि उसके तूम्बे में झाला होने से तंत्री के स्वर दब जाने का भय था। उसके इस व्यवहार पर क्रुद्ध होकर नागरक उन्हें बेशर्म और झूठी शान दिखाने वाला कह कर कहने लगे कि भला वेदपाठी बीन बजाना क्या जाने। पर बीन का तूम्बा खोल कर नरवाहनदत्त ने अपनी बात सिद्ध कर दी। दूसरी बीन भी नरवाहनदत्त ने पसन्द नहीं की, क्योंकि उसके तार ठीक नहीं थे। इस पर सानुदास फूलों से सजी कच्छप वीणा लाए। नरवाहनदत्त अपने पैर धोकर और वीणा की प्रदक्षिणा करके कौशेय से ढँके मंच पर बैठ गए। अँगुली के इशारे से ही उन्होंने वीणा मिला ली और फिर गन्धार ठाठ पर बजाते हुए उन्होंने गन्धर्वदत्ता से अपना गीत शुरू करने को कहा। उनका बाजा इतना सुन्दर था कि गन्धर्वदत्ता ने अपनी हार मान कर उन्हें वर लिया और कंचुकी ने जैसे स्वर्ग से नास्तिक निकाल बाहर किए जाते हैं उसी तरह नागरकों को निकाल बाहर किया (९७-१६१)।

कालिदास के मालविकाग्निमित्र (अं. १-३) से भी गुप्तकालीन नृत्य और संगीत पर काफी प्रकाश पड़ता है। नाट्याचार्य संगीतशाला में शिक्षा देते थे। नाट्याचार्यों की राज दरबारों में भी काफी कदर थी। गणदास ऐसे नाट्याचार्यों को वेतन मिलता था। नाट्याचार्य में नृत्य में निपुणता और सिखाने की विद्या का होना जरूरी माना जाता था। इसमें सन्देह नहीं कि

नाट्याचार्यों में स्पर्धा की भावना होती थी। मालविकाग्निमित्र में हरदत्त नामक नाट्याचार्य ने गणदास को ललकार कर कहा कि उसके सामने उसकी कोई हैसियत न थी। राजा से हरदत्त ने उन दोनों की निपुणता की परीक्षा के लिए प्रतियोगिता की प्रार्थना की। राजा-रानी और कौशिकी मध्यस्थ बने। प्रतियोगिता के निम्नलिखित नियम सामने रखे गए—

अनाड़ी शिष्या के शिक्षा न ग्रहण करने पर दोष शिक्षक का था। बेवकूफ़ शिष्या को स्वीकर करना गुरु की मूर्खता थी और मामूली शिष्या को निपुण नर्तकी में परिवर्तन कर देना गुरु की बुद्धिमानी का परिचायक था। ऐसी प्रतियोगिता संगीतशाला में होती थी। गान्धर्व आरम्भ होने पर नर्तकियाँ सज-धज कर आती थीं और नाचती थीं। प्रेक्षक उनके गुण-दोष बखान करते थे। अन्त में मध्यस्थ अपनी राय देते थे और जीतने वाली के गुरु को इनाम दिया जाता था।

चतुर्भाणी में जहाँ-तहाँ गुप्तकालीन वेषभूषा और अलंकारों के उल्लेख आ गये हैं। उनकी तुलना गुप्तकालीन साहित्य और कला में वेषभूषा और अलंकारों के अंकन से करने पर ऐसा पता लगता है कि चतुर्भाणी गुप्तकाल की ही रचना होगी। उस युग में झीनी मलमल (पेलवांशुक धू. वि. ७८) पहनने की बड़ी चाल थी। अंशुक (पा. ता. १५२) झीना होने से उसके अन्दर से बदन दिखलाई देता था। रक्तांशुक (पा. ता. २४६) पहनने का रिवाज था। स्त्रियों और पुरुषों के उत्तरीय पहनने का उल्लेख है। जल्दी से चलने में उत्तरीय खिसक जाता था (प. प्रा. ३७)। वाह्लीक का रहने वाला बाष्प पानागार में नाचते हुए अपने झीने (विरल), दाहिने कन्धे पर पड़े, फड़फड़ाते किनारे वाले (व्याकुलादशं) उत्तरीय को बार-बार सँभालता था (पा. ता. १६८)। कभी-कभी उत्तरीय से दोनों बाहुएँ ढक जाती थीं (पा. ता. १५४)। नीवी (प. प्रा., २४) अथवा दशान्त नीवी (पाश २३७) अमरकोश (३।३।२१२) के अनुसार स्त्री के कटिवस्त्र का बन्ध कहा गया है। शाटिका धोती और साड़ी का बोधक था (धू. वि. ६८)। स्त्रियाँ चादर (प्रावार) और दुकूल-पट्टिका भी पहनती थीं (प. प्रा. ४४)। अर्धोरुक पुरुष (धू. वि. ७२) और स्त्रियाँ (उ. भ. १४१, पा. ता. १८५-१८८) पहनती थीं। अमरकोश (२।६।११९) में अर्धोरुक और चंडातक स्त्रियों का वस्त्र माना गया है। अर्धोरुक की व्याख्या-ऊर्वोरर्धाच्छादकमंशुकमर्धोरुकम् अर्थात् आधी जाँघें ढकने वाला वस्त्र अर्धोरुक है—की गई है। उमेठुएँ कमरबंद के लिए रज्जुवासस् (पा. ता. १९४) शब्द आया है। चोली के लिए स्तन प्रावरण (धू. वि. ७८) और कृर्पासक (पा. ता. २३७) शब्द आए हैं। अमरकोश (२।६।११८) में चोल और कूर्वासक को समानार्थक माना है। क्षीरस्वामी के अनुसार कूर्वासक की व्याख्या है—*कूर्परेऽस्यते कर्पासः स्त्रीणां कञ्चुलिकाख्यः*।

फूलों से बने गहने पहनने का बहुत प्रचलन था। फूल का बना कर्णपूर (प. प्रा. १०, पा. ता. २४५) पुष्पापीड (सिर पर लगाने का गजरा—प. प्रा. १८) और कर्णोत्पल (पू. वि. ७८, पा. ता. १५५,२५४) का रिवाज था। बहुधा लोग कुरंटक का बना शेखर (प. प्रा. १७ पा. ता. १६८) पहनते थे। फूलों की इतनी माँग थी कि फूल बाज़ार को पुष्प वीथी कहते थे। वहाँ कमल, कलियाँ, उत्पल, रक्ताशोक, फूलों के गुच्छे (स्तबक), पुष्पापीड, गूँथे हुए फूलों के वसन और मालाएँ बिकती थीं (प. प्रा. २५)। वनराजिका के शृंगार से लोगों का

फूलों के प्रति प्रेम प्रकट होता है। उसका केश बासन्ती, कुन्द और कुरवक के फूलों से सजा था। उसकी चोटी की फूंद में अशोक के फूल लगे थे, सिंदुवार के फूलों से उसके स्तन सजे थे, आम की मंजरियों और पल्लवों से कर्णपूर बने थे। उसके हाथों में भी फूल थे (प. प्रा. १७)।

आभरणों के अधिक नाम चतुर्भाणी में नहीं आए हैं। हाथों में पहनने का कड़ा (वलय-प. प्रा. ४०), कानों में पहनने का कर्णपाश (धू. वि. ७८), सफ़ेद काठ की कर्णिका (पा. ता. १८२), काठ का बना विपुल सित कलश (पा. ता. १९३), कुण्डल (पा. ता. १८८,२२८,२३३), सोने का बना तालपत्र (पा. ता. २३७), गले में पहनने का हार (पा. ता.), और सोने का बना बैकक्ष्य (पा. ता. १८८) मुख्य थे। स्त्रियाँ चोटीला (गुच्छ) जो मणि, मोती और सोने से बना होता था पहनती थीं। (पा. ता. २३७)। करधनी के लिए कई नाम आये हैं, यथा—मेखला (प. प्रा. ४६; उभ १२८, पा. ता. १५५।१९२,२५३), (कांची धू. वि. ७३, ७६) और रशना (पा. ता. १८०,१५)। लगता है मेखला सँजोना वेश्याओं की एक विशेष कला थी (धू. वि. ८०)।

गहनों के सिवाय भी पत्रलेखा, विशेषक, तिलक, अंगराग इत्यादि से स्त्रियों का शृंगार करने के उल्लेख चतुर्भाणी में आए हैं। कपोलों पर पत्रलेखा बनाई जाती थी। पद्म प्राभृतकम् ९, में उज्जयिनी की तुलना जम्बूद्वीप रूपी वधू के गालों पर बनी पत्रलेखा से की गई है। एक जगह तमाल और हरिताल के संयोग से पत्रलेखा बनाने की बात कही गई है (पा. ता. ३४)। विशेषक का भी उल्लेख हुआ है (प. प्रा. ३८)। उसका मकर का आकार होता था (पा. ता. २२८)। रोली का टीका (रोचना बिंदुक) लगाने की भी चाल थी (पा. प्रा. ३८)। सिर पर तिलक लगाये जाते थे (तिलकावभेद पिंजरी कृत ललाट—धू. वि. ८५)। स्त्रियाँ पैरों में आलता लगाती थीं। (धू. वि. ६६, ६८)। एक जगह आलेख्य वर्णक पात्र से मयूरसेना के पैर रँगने का उल्लेख है (पा. ता. २२८)। अंगराग रचना (२०४) का विशेष महत्त्व था। नाना गंधों से अधिवासित तैल (अ. १४०) और वदन को सुगन्धित करने के लिए चूर्ण का उपयोग होता था (आ. १४०)। एक जगह त्रिफला, गोखरू और लोहे के चूरे से बने खिजाब का उल्लेख हैं (प. प्रा. २६)। केशों में धूप देने की प्रथा थी (धू. वि. ९४)।

चतुर्भाणी में कहीं-कहीं वस्त्रालंकारों का हलका-सा वर्णन देकर तत्कालीन पात्रों की जीती-जागती तस्वीर सामने खड़ी कर दी गई है। पद्मप्राभृतकम् में नीला लेप और खिजाब लगाए तथा पुरानी कौपीन पहने मृदंग वासुलक विट (२६,२८), मलिन कापाय प्रावार पहने संघिलक (३१-३२), फूलों के गहनों से सजी वन-राजिका (३५), बिना आँखें आँजे, गंदे कपड़े पहने, रूखे बाल, शिथिल वय और अँगूठी पहने बिना विरहिणी कुमुद्वती (४०), गहने छोड़ कर, मैली चादर से वदन ढके, ललाट पर रक्त चन्दन लगाए, दुकूल की पट्टी से सिर ढके मानिनी शोणदासी (४४) के चित्र जीवित हैं। पादताडितकम् में तो वेषभूषा के सहारे से पात्रों में से बहुतों की तस्वीरें खींच दी गई हैं। वेत्र, दण्ड कुण्डिका भांड लिए न्यायाधीश विष्णुदास (१४३), एक कान में कुरंटक माला, कन्धे से खिसकते हुए दुपट्टे

को ठीक करता, मद्य भाजन उठाए वाष्प (१६८), सफ़ेद कपड़े पहने हुई कंधों पर गिरे सफेद बालों को समेटती हुई सरणिगुप्ता (१६९), वैकक्ष्य और अर्धोरुक पहने पराक्रमिका (१८८), सिर पर जुड़ा बाँधे, कलश नामक कुण्डल पहने, उत्तरीय से दोनों बाहुएँ बाँधे, कमर में उमेठा दुपट्टा लपेटे भद्रायुध (१९३), तलवार लिए हुए दाक्षिणात्यों से घिरा, नकाशीदार (भ्रदांक) मलमल का उत्तरीय और आँध्र का बना जिरहबख्तर (कार्ष्णायस) पहने, केसर लगाए और पान लिए हुए महातलवर हरिशूद्र (२२४), कानों में सोने के तालपत्र चोटी में हेम गुच्छ लगाए कूर्पासक से बाहुमूल और स्तन ढके राका (२३७) गुप्तकाल की जीती-जागती तस्वीरें हैं।

गुप्तकालीन वेष-भूषा और प्रसाधन सामग्री का जो वर्णन किया गया है उसका समर्थन तत्कालीन साहित्य और बाणभट्ट की आख्यायिकाओं से होता है। कामसूत्र की चौंसठ कलाओं में विशेषकच्छेद्य (५), दशनवसनांगराग (८), माल्य ग्रथन विकल्प (१४), शेखर का पीड योजन (१५), नेपथ्य प्रयोग (१६), कर्णपत्रभंग (१७), गन्धयुक्ति (१८) और भूषण योजन (१९) (का. सू. १।३।१६) के अन्तर्गत वेषभूषा और प्रसाधन सम्बन्धी सारी बातें आ जाती हैं।

जयमंगला ने विशेषकच्छेद्य का अर्थ ललाट पर दिए जाते तिलक से किया है। भूर्जादि पत्रों से पत्रच्छेद्य के अनेक अभिप्राय काटे जाते थे। विलासिनियों का प्रिय होने से आदर के ही लिए पत्रच्छेद्य का नाम विशेषक पड़ा। कर्णपत्रभंग (१७) का अर्थ हाथी-दाँत, शंख इत्यादि से बनाये गये कुण्डलों का उद्देश्य बताया गया है। अमरकोश में (२।६।१२२-१२३) चर्चा, चार्चिक्य, स्थासक, प्रबोधन, अनुबोध, पत्रलेखा, पत्रांगुलि, तमाल पत्र, तिलक, चित्रक और विशेषक शब्द तिलक इत्यादि के अर्थ में आए हैं। क्षीरस्वामी ने यहाँ चर्चा से चन्दनादि के पुण्ड्र लगाना, स्थासक से वदन में सुगन्धित द्रव्य के छापे लगाना, अनुवोध से कस्तूरिकादि का तिलक, पत्रलेखा और पत्रांगुलि से पत्ती के आकार के अभिप्राय जो द्रविड़ इत्यादि देशों में गाल पर पत्रभंग कहलाता था, तमालपत्र से मस्तक पर तमालपत्र के आकार का कस्तूरी का तिलक लिया है। तिलक शायद तिलक पुष्प के आकार का होता था। चित्रक अनेक रंगों का तिलक होता था।

तत्कालीन साहित्य में प्रसाधन के बहुत से उल्लेख आए हैं।[1] स्त्रियाँ अलक्तक से अपने ओंठ रँगती थीं तथा विशेषक काले, सफ़ेद और लाल रंग में रंगे जाते थे। पत्रभंग के लिए चन्दन और अगर व्यवहार में लाए जाते थे। कभी सारे शरीर में चन्दन पोतकर काले रंग से अभिप्राय बनाये जाते थे। अभिप्राय सफ़ेद अगर, गोरोचना, कृष्णागुरु, केसर, हिंगुल और सेन्दुर से भी बनाए जाते थे और उनका स्थान मस्तक, बाहु, कपोल, स्तन इत्यादि होता था। गालों पर मकरिका पत्रभंग लिखा जाता था। कभी-कभी अभिप्राय चक्राकार होता था अथवा बेल की शक्ल का। कभी स्त्रियों के गालों पर भरी नक्काशी (चित्रवितान) बनायी

१. जे० आई. एस० ओ० ए० ९९४० पृ० १२८ से।

जाती थी। चन्दन से ललाटिका और विशेषक लिखे जाते थे। कभी-कभी चन्दन की बुन्दकियों (पुलकबन्ध) से शरीर सजाया जाता था। शरीर में लगाने के लिए चन्दन, अगर, कस्तूरी, केसर और कपूर का प्रयोग होता था। सर्वतोभद्र और यक्षकर्दम नामक विलेपनों का भी प्रचार था। गात्रानुलोपिनी, वर्ति, वर्णक और विलेपन भी शरीर में लगाने के द्रव्य थे। आँखों में काजल लगाया जाता था। सुगन्धित तेलों का खूब उपयोग होता था और सुगन्धि के लिए बालों में धूप दी जाती थी।

गुप्तकाल में पत्रच्छेदों का कैसा रूप होता था इस सम्बन्ध में वृहत्कथाश्लोकसंग्रह में एक उल्लेख विशेष रीति से ध्यान देने योग्य है (९। १ ।७)। एक नदी के किनारे गोमुख कमल की पंखुड़ियों में ऐसे अभिप्राय काटने लगा जो मदनातुर स्त्रियों के गालों की शोभा बढ़ाते थे। पत्रच्छेद्य चार तरह के यथा—त्यस्त्र, चतुरस्त्र, दीर्घ और वृत्त भाँति के होते थे। व्यस्त्र का उपयोग, पशु, पर्वत, घर इत्यादि अभिप्रायों के लिए होता था। चतुरस्त्र यानी चौकोर का प्रयोग नगर, मनुष्य इत्यादि अभिप्रायों के लिए होता था। दीर्घ का उपयोग, नद, नदी, पथ, प्रताप, सर्प इत्यादि बनाने के लिए होता था तथा वृत्त का भूषण संयोग, शकुन्त मिथुन के लिए होता था। उपर्युक्त वर्णन से पता चलता है कि पत्रच्छेद्य का प्रयोग न केवल आभूषण के लिए ही होता था उससे आधुनिक साँझी की तरह बहुत से अलंकारिक अभिप्राय भी बनाए जाते थे।

गुप्तकालीन वैशिक संस्कृति का आधार समझने के लिए गोष्ठी जीवन का संगठन और नागरक वृत्त का अध्ययन आवश्यक है। वास्तव में देखा जाय तो चतुर्भाणी में गोष्ठी जीवन के एक पहलू यानी वेशगमन का चित्रण है। धूर्तविटसंवाद में (७१-७२) में गोष्ठी के कुछ अंगों पर यथा ललकार से भरा जुआ, कामिनियों के बगल में बैठ कर सुगन्धित शराब पीना, अर्धासनों पर वेश्याओं को बैठा कर पक्षीयुद्ध में गहरा जुआ खेलना इत्यादि पर प्रकाश डाला गया है। धूर्तविट से ही यह पता चलता है कि गोष्ठी के सदस्य (गोष्ठिक) किसी एक सदस्य के गोष्ठ में शामिल होते थे और कामशास्त्र सम्बन्धी अनेक प्रश्नों पर बहस करते थे। गोष्ठीशाला में भी गोष्ठी की बैठक होती थी (८९)। उभयाभिसारिका (१४६) के अनुसार गोष्ठी कामिजनों के मिलने का कारण होती थी। पादताडितकम् (१५०) में धूर्तगोष्ठी का बेखटके मधुपान का उल्लेख है। वेश में चन्द्रोदय के समय गोष्ठी बाँध कर कामुक पीते थे (पा. ता. २३५)। एक दूसरी जगह विटों का गोष्ठी से पृथक् होने का उल्लेख है (पा. ता. ४४)।

पर चतुर्भाणी के गोष्ठी सम्बन्धी उल्लेखों से गोष्ठी के संगठन और आमोद-प्रमोद पर पूरी तरह से प्रकाश नहीं पड़ता, उसके लिए तत्कालीन साहित्य की छानबीन आवश्यक है। यह उल्लेखनीय बात है कि प्राचीन काल में गोष्ठ या गोष्ठी का अर्थ गुप्तकालीन कला गोष्ठी न होकर कुछ दूसरा ही था। गेल्डनर के अनुसार वैदिक साहित्य में गोष्ठ का अर्थ चरागाह था, पर ब्लूमफीब्ड और ह्विटनी ने उसका अर्थ बाड़ा किया है। श्री सरकार[1] के अनुसार

---

१. स० सी० सरका, सम आस पेक्ट्स आफ दि अर्लियस्ट सोशल हिस्ट्री ऑफ इंडिया, पृ० ७-९, लंडन १९२८।

गोष्ठ सारे कबीले के अधिकार में होता था और इसलिए बहुत संभव है कि बाद में चलकर उसका अर्थ समाज में परिणत हो गया। बौद्ध और ब्राह्मण साहित्य में उसका अर्थ दिन भर के काम से थके कबीले का गोष्ठ में इकट्ठे होकर मौज-मजा करना हो गया। जो भी हो गायों के बाड़े के अर्थ में गोष्ठ शब्द का प्रयोग महाभारत इत्यादि में आया है। ईसा पूर्व तीसरी से पहली सदियों में गोष्ठी का एक दूसरा ही अर्थ होता था अर्थात् मन्दिरों अथवा पूजा स्थानों की प्रबन्ध समिति को गोष्ठी कहते थे। भट्टिप्रोलु के मंजूषा लेखों में जिनका समय ई.पू. २०० के करीब माना जाता[१] बहुत से गोष्ठिकों के नाम दिए गए हैं। साँची के अभिलेखों में बौद्ध गोष्ठी का उल्लेख है।[२] धर्मवर्धन की बौद्ध गोष्ठी का दान ९६-९७ संख्यक लेखों में आया है। सं. १७८ में विदिशा के बरुलमिसों की गोष्ठी के दान का उल्लेख है। आबू के १२३० ई. के एक अभिलेख में कुछ श्रावक गोष्ठिकों के नाम दिए गए हैं जिनके वंशजों को मन्दिर के प्रबन्ध का अधिकार था।[३] पंचतंत्र[४] में गोष्ठी कर्म एक तरह का वाणिज्य है। वह कैसा वाणिज्य था इसका तो उल्लेख नहीं है पर यह कहा गया है कि गोष्ठी कर्म में निरत सेठ खुश होकर सोचता है कि धन से भरी पृथ्वी को वही ले ले दूसरा नहीं।

गुप्तयुग में गोष्ठी का अर्थ कलागोष्ठी अथवा आनन्द प्रमोद की बैठक में अधिकतर सीमित हो गया था और उसमें योगदान देना नागरक वृत्त का एक प्रधान अंग हो गया था। गोष्ठियों में शामिल होना हीनता का द्योतक न होकर प्रतिष्ठा का द्योतक था। कादम्बरी में[५] शूद्रक को गोष्ठी बन्धों का प्रवर्तयिता कहा गया है। बृहत्कथाश्लोकसंग्रह में उपर्युक्त वर्णित चम्पा की गोष्ठी से भी इस बात की पुष्टि होती है। मृच्छकटिक (६।४) से पता चलता है कि गोष्ठी यान पर चढ़ कर लोग सैर-सपाटे को जाते थे। वसन्तसेना का रथ देखकर आर्यक ने सोचा कि या तो वह सैल-सपाटे में जानेवाले गोष्ठिकों का गोष्ठीयान था अथवा दुलहिन को ले जाने वाला वधूयान। यहाँ यह बता देना अनुचित होगा कि ई.पू. पहिली सदी में भी गोष्ठीयान का पता चलता है। इलाहाबाद म्युनिसिपल म्यूजियम में कौशांबी से मिला मिट्टी का एक गोष्ठीयान है। यान के दोनों ओर तीन-तीन मूर्तियाँ दीख पड़ती हैं। इनमें से एक आदमी थाल में मूली, चपाती, कबाब और केले खा रहा है, एक स्त्री नाच रही है और एक आदमी बीन बजा रहा है। दूसरी ओर एक आदमी मृदंग बजा रहा है और एक प्रेमी युगल चुंबन का मजा ले रहे हैं।

गोष्ठी के आमोद-प्रमोदों का सुन्दर चित्रण वसुदेवहिंडी में कई बार हुआ है। धम्मिलहिंडी[७] में बतलाया गया है कि सांसारिक ज्ञान प्राप्त करने के लिए और कामकला में निपुण बनाने के लिए धम्मिल को उसके पिता ने विदग्धों की ललित गोष्ठी में प्रवेश कराया और वह गोष्ठिकों के साथ उद्यान, कानन, सभा और उपवनों की सैर करता हुआ समय बिताने लगा।

---

१. एपि० इं, २, ३२९, ३२९। २. दि मानुमेन्ट्स ऑफ साँची, १, पृ० २९८। ३. एपि० इंडिका, ८,२१९। ४. पंचतंत्र (निर्णयसागर), पृ० ७। ५. कादम्बरी, पृ. १०। ७. वसुदेव हिंडी, पृ० ३४-३५। ३. अवदान शतक, १, पृ० १६३ जे० एस० स्पीयर द्वारा संपादित।

लगता है उस समय गोष्ठिक प्रेक्षक का भी काम करते थे। वसन्ततिलका के प्रथम नृत्य प्रदर्शन के अवसर पर राजा ने गोष्ठी के अगवानों से कहलवाया कि उसे वसन्ततिलका के नृत्य की परीक्षा लेनी थी इसलिए वे किसी चतुर प्रेक्षक को भेजें। गोष्ठिकों ने इसके लिए धम्मिल को चुना और उसने वसन्ततलिका के नाच की प्रशंसा की। गोष्ठिकजन पत्रच्छेद्य की कला में भी निपुण होते थे। एक बार धम्मिल ने कुछ सुन्दर पत्रच्छेद्य बनाकर उन्हें एक सूखी छाल की नाव पर रख कर बहा दिया। संयोगवश चंपानगर का राजा जो ललितगोष्ठी का शौक़ीन था अपने विदग्ध नागरक मित्रों के साथ गंगा में क्रीड़ा कर रहा था। उसने पत्रच्छेद्यों को देखते ही उनके बनाने वाले को ढूँढ़ने के लिए आदमी भेजे। धम्मिल को लेकर वे हाजिर हुए। राजा ने उसका स्वागत करके गोष्ठिकों से उसके ठहराने की व्यवस्था करने को कहा। जब गोष्ठी-नायक ने आकर समाचार दिया कि डेरा तैयार था तब राजा गोष्ठिकों से घिरा हुआ धम्मिल के साथ हाथी पर बैठकर नगर के बाहर उद्यान में पहुँचा और वहाँ धम्मिल्ल कमलसेना और विमलसेना के साथ ठहर गया है। एक दिन राजा ने धम्मिल्ल की परीक्षा अथवा हँसी के लिए गोष्ठी सहित उद्यानयात्रा की आज्ञा दी और गोष्ठिकों को अपनी-अपनी पत्नी साथ लाने को कहा (वही, ७०-७१)। कमलसेना ने विमलसेना को किसी तरह मना कर उद्यान गमन के लिए राजी कर लिया। दूसरे दिन यह सुनकर कि राजा ललित गोष्ठी के साथ उद्यान में गया है धम्मिल्ल गहने, कपड़े पहन कर विमलसेना के साथ रथ में बैठ कर उद्यान में पहुँचा। वहाँ परिचारकों ने सुन्दर तम्बू और मंडप तैयार किए तथा कुलवधुओं के योग्य सेज तैयार कीं। भोजन मण्डप फूल से और योग्य आसनों से सजाया गया। लोगों ने भोजन किया और इसके बाद मदविह्वल युवतियों ने गाया।

गोष्ठिकों के संगीत-प्रेम और शराबखोरी का एक उल्लेख अवदान शतक[३] में मिलता है। कहा गया है कि प्रात:काल जब बुद्ध ने श्रावस्ती में प्रवेश किया तो उन्होंने नशे में बेहोश गोष्ठिकों को वीणा, पणव, मृदंग इत्यादि बजाते और गाते देखा। उनके हारों और कपड़ों में कमल की पंखुड़ियाँ चिपकी थीं।

नागरकवृत्त और गोष्ठियों का विस्तृत वर्णन कामसूत्र में मिलता है। उससे गुप्तकालीन या उसके पहले की गोष्ठी की जीती-जागती तसवीर सामने खड़ी हो जाती है। विद्या पढ़ कर ब्राह्मण दान से, क्षत्रिय जय से, वैश्य व्यापार से और शूद्र शिल्पादि कर्म से धन पैदा करके नागरक वृत्त को अपनाता था (१।४।१)। नागरक भलेमानसों के नगर, पतन अथवा खर्वट में अपना घर बनाता था (१।४।२) उसका घर नदी अथवा वापी के पास होता था। उसमें वृक्ष वाटिका और काम करने तथा रहने की कक्षाएँ होती थीं (३)। बाहर के घर के बीच में तकिए और चाँदनी से युक्त चबूतरी पर रात का बचा अनुलेपन, माल्य, मोमदानी (सिक्स करंडिका), सुगन्धि पुटिका, नींबू का छिलका और पान होते थे (७-८)। फर्श पर पीकदान (९) और खूँटी (नागदन्त) पर वीणा, चित्रफलक, रंगों की पेटी (वर्तिका समुद्गक), कोई पुस्तक और कुरंटक माला होती थीं (१०)। पलंग के पास ही सारा फर्श

वृत्तास्तरण घेरे रहता था (११)। दीवार से लगा जुआ खेलने का फड़ (आकर्ष पट्ट) लगा होता था (१२)। वासगृह के बाहर क्रीड़ापक्षियों के पिंजरे टँगे होते थे (१३)। एक जगह कातने और बढ़ईगीरी का सामान होता था (१४)। बगीचे में छाया में एक झूला और फूलों से सजी कुट्टमित पीठिका होती थी (१५)।

नागरक सबेरे उठ कर शौच से निपट कर, दातुन करके, हलका-सा अनुलेपन और धूप का सेवन और माला ग्रहण करके, ओठ पर मोमरोगन और आलता लगाकर, शीशे में अपना मुँह देख कर और पान खाकर अपने काम में लगता था (१६)। नित्य स्नान, हर दूसरे दिन मालिश (उत्सादन), हर तीसरे दिन शरीर में चिकनाई लाने के लिए समुद्र-फेन का व्यवहार (फेनक) तथा चौथे-पाँचवें और दसवें दिन बाल, नख इत्यादि कटवाना आवश्यक था (१७)। वह हमेशा कपड़े से बगल का पसीना पोंछता था (१८)।

नागरक दोपहर और शाम को भोजन करता था (२०-२१)। भोजन के बाद वह शुक सारिका को बुलवाने, लावक कुक्कुट और मेष के युद्ध, पीठमर्द विट विदूषक के साथ बातचीत करके दिन में आराम करता था (२१)।

दोपहर के बाद वह गोष्ठी क्रीड़ा करता था और शाम को गाना-बजाना सुनता था (२३)। संगीत के बाद धूप से सुरभित वासगृह में वह अभिसारिकाओं की प्रतीक्षा करता था, दूतियों को भेजता था, अथवा प्रेयसी से मिलने खुद जाता था (२४)।

नागरक घटानिबन्धक, गोष्ठी समवाय, आपानक, उद्यानगमन, समस्या और क्रीड़ाओं में योगदान देता था (२६)। पक्ष अथवा मास में पर्व के दिन सरस्वती भवन में जलसा (समाज) होता था। आए हुए नटों (कुशीलव) का नाच होता था। दूसरे दिन उन्हें उपहार दिए जाते थे। इसके बाद उनको रखना अथवा विदा कर देना अपनी इच्छा पर था (३२)। सरस्वती घटा निबन्धन के सिवाय स्थिति के अनुकूल और भी घटाएँ होती थीं (३३)।

गोष्ठीयोजन वेश्या के घर, सभा में, अथवा मित्र के घर होता था। समान विद्या, बुद्धि, शील, वित्त और वयस् वालों की वेश्याओं के साथ अनुरूप वार्तालाप और गोष्ठिकों का यथायोग्य आसनों पर बैठना ही गोष्ठी कहलाता था (३४)। गोष्ठी में काव्य समस्या अथवा कला समस्या पर चर्चा होती थी (३५)। चर्चा के बाद लोग एक दूसरे को भेंट देते थे (३६)। आपानक (३७-३८) और उद्यान गमन (३९-४०) भी गोष्ठी के अंग होते थे। गर्मी में नागरक वापी इत्यादि में जलक्रीड़ा करते थे (४१)।

विशेष उत्सवों को समस्या कहते थे। इनमें यक्षरात्रि (दीवाली), कौमुदी जागर (कार्तिकी पूर्णिमा), सुवसन्तक (वसन्त पंचमी) इत्यादि शहरों के उत्सव थे। देशी उत्सवों में सहकार-भंजिका में आम तोड़े जाते थे, अभ्यूषखादिका में हरा चना आदि भूनकर खाया जाता था, बिसखादिका में कमल ककड़ी खाई जाती थी, नवपत्रिका वर्ष के आरम्भ में वनों में नयी पत्तियों के खेल से मनायी जाती थी, उदकक्ष्वेड़िका से रंग छोड़ने का मतलब था, पांचालानुयान में लोग दूसरों की नक़ल करते थे, एकशाल्मली में सेमल के फूलों के गहने बनाकर पहने

जाते थे, यवचतुर्थी यानी वैशाख शुक्ल चतुर्थी को नायक एक दूसरे के ऊपर यव का आँटा फेंकते थे, आलोलचतुर्थी में लोग श्रावण शुक्ल तृतीया को हिंडोला झूलते थे, मदनोत्सव में मदन की प्रतिमा का पूजन होता था, दमनभंजिका में परस्पर दौने के फूलों के गहने दिए जाते थे, होलाका से होली का मतलब है, अशोकोत्तंसिका में अशोक के फूलों से सिर के गहने बनाए जाते थे, पुष्पावचायिका में फूल बिने जाते थे, चूतलतिका में आम की मंजरियों से अवतंस बनाए जाते थे, इक्षुभंजिका में ईख तोड़ी और खजाई जाती थी, तथा कदम्बयुद्ध में कदम्ब के फलों से एक दूसरे को मारा जाता था (४२)।

नागरक के सहायकों में पीठमर्द (४४), विट (४५) और विदूषक (४६) होते थे जो वेश्याओं और नागरकों के सांधिविग्रहिक होते थे (४७)। भिक्षुकी, मुंडा, बंधकी, वृद्ध गणिका भी नागरक की सहायता करती थीं (५१)।

ग्रामवासी भी अपने समान जातीय, विचक्षण और कौतूहलियों को उत्साहित करके और नागरक वृत्त का वर्णन करके उनमें विश्वास पैदा करके नागरक वृत्त पालन करते थे, गोष्ठीयोजन करते थे और एक दूसरे की सहायता करते थे (४९)।

कामसूत्र के अनुसार गोष्ठी में न तो अधिक संस्कृत बोली जाती थी न देश-भाषा। गोष्ठी में कलाविषयक चर्चा होती थी (५०)। लोगों में विद्वेष पैदा करनेवाली, निरंकुश, हिंसाशील गोष्ठी त्याज्य थी (५१)। लोगों को प्रसन्न करने वाली, केवल मौजमजे के लिए ही गोष्ठी ठीक होती थी (५२)।

गोष्ठी के मौजमजों का उल्लेख करते हुए भी कामसूत्र में अनेक ऐसे स्थल हैं जिनसे पता चलता है कि भली स्त्रियों का गोष्ठी में जाना ठीक नहीं समझा जाता था (४।१।१५) पर पुनर्भू को समाज, आपानक, उद्यानयात्रा इत्यादि में जाने की अनुमति (४।२।५९) थी। तरुण पड़ोसी के घर गोष्ठी योजन करने वाली (५।१।५२) स्त्री सुख-साध्य मानी जाती थी। पुरुष की अतिगोष्ठीशीलता स्त्री के बिगड़ने का एक कारण था (५।६।४९)।

गोष्ठी के उपर्युक्त वर्णन में जल-क्रीड़ा भी एक खास बात मानी गई है। संस्कृत काव्य साहित्य में आगे चल कर जल-क्रीड़ा एक अभिप्राय-सा बन गया। गोष्ठी के साथ जलक्रीड़ा का एक चित्रमय वर्णन हरिवंश में बच गया है। एक समय यादवों ने पिंडार के तीर्थ में समुद्र-यात्रा की सोची। कुमारों की गोष्ठी के साथ द्वारका की सहस्त्रों वेश्याएँ थीं (२।८८७-८)। वे सामान्य, इच्छा भोग्य क्रीड़ा नारियाँ अपने गुणों से रानियों की तरह लगती थीं (९) समुद्र में बलराम रेवती आदि अपनी अनेक स्त्रियों के साथ जल-क्रीड़ा करने लगे। स्त्रियाँ क्रौंच, मोर, नाग, मकर, मीन इत्यादि के आकार वाले प्लव नामक जहाजों पर से कूद कर तैरने लगीं (२७-२८)। कुमारों की गोष्ठी की वेश्याएँ नाच-गा रही थीं। शाम को खूब सजे-सजाये जहाज पर राग-रंग होने लगा। पाल (सित) उड़ाते हुए पोत, यानपात्र, नावों और झिल्लिकाओं से समुद्र भर गया (६३)।

इसके बाद बलराम की आज्ञा से नटियों ने कृष्णचरित का अभिनय किया। इसके बाद जोरों

से रास हुआ और बाद में समुद्र-क्रीड़ा। आपानक में मैरेय, माध्वी, सुरा और आसव थे। इस तरह खेलने-कूदने के बाद लोगों ने तरह-तरह के मांस, कबाब इत्यादि का जो पौरोगव के अनुसार बनाए गये थे भोजन किया। अन्त में छालिक्य नाम का गान्धर्व हुआ।

जैसा हम पहले देख आए हैं चतुर्भाणी के नायक विट हैं। भाणों से पता चलता है कि ये विट वेश्या-प्रेमी, हाजिर जवाब और हमेशा मित्र का काम करने पर तैयार रहते थे। वे वेश्याओं के लिए गुण्डई करने से भी बाज नहीं आते थे। भाणों के विट जीते-जागते पात्र हैं और इस तरह वे नाटक के रूढ़िपिष्ट विटों से भिन्न हैं। जब पद्मप्राभृतकम् (२६) में विट भाव जरद्गव को पुराण नाटक विट के नाम से पुकारता है तो उसके पीछे एक हीनता की भावना छिपी मालूम पड़ती है और ऐसा लगता है कि नाटक के विटों का वास्तविक विटों से सम्बन्ध नहीं था। विट किसी भी तरह के ढोंग के भारी शत्रु होते थे (प. प्रा. २३)। कहीं-कहीं विटों के पहरावे पर भी ध्यान दिया गया है। पुराना नाटकविट मृदंग वासुलक जिसे वेश्याएँ हँसी में भाव जरद्गव कहती थीं नील विलेपन, नहाने और लेप का शौक़ीन था। पर उसने एक पुरानी भिस्टी पहन रखी थी। बालों में वह खिजाब लगाये हुए था (प. प्रा. २६-२)। धूर्तविटसंवाद में भी (६४) विट के नीलालेप और फूलों के गहने और अच्छे कपड़े पहनने का उल्लेख है। बूढ़ा विट अपनी खोई शक्ति को वापिस लाने के लिए रसायन खाता था (प. प्रा. ३)। धूर्तविट से पता चलता है कि विट विवाहित होता था पर घर में रुकना उसे नहीं भाता था। उसकी ग़रीबी की ओर भी इशारा है (धू. वि. ६३-६८)। विट मारा-मारी करते थे, वेश्या को जबर्दस्ती उठा ले जाते थे और कभी डर कर आँखें मींच कर भाग जाते थे (धू. वि. ७५)। उभयाभिसारिका (१) में मित्र कार्य में संभ्रान्त विट का उल्लेख है। पादताड़ितकम् में कई उल्लेख विटों के जीवन पर काफी प्रकाश डालते हैं। विटमंडप और धूर्तगोष्ठी में विट इकट्ठे होते थे (१५१)। विटों का चौधरी भी होता था। भट्टि जीभूत को विट महत्तर कहा गया है (१५५)। भट्टि के घर के भीतर का एक जगह सुन्दर वर्णन आया है। परिचारक दरवाज़े पर लोगों के पैर धुला रहे थे, पचरंगे फूल उड़ाए जा रहे थे, दीपक जलाए जा रहे थे, धूप घुमाई जा रही थी, वर्णक पीसा जा रहा था, विलेपन लगाया जा रहा था और चूर्ण उड़ाया जा रहा था, गाना-बजाना हो रहा था, लोग आपस में बातचीत और एक दूसरे का स्वागत कर रहे थे, विट परिहास कर रहे थे, दारिकाएँ नखरे दिखला रही थीं और रईस अर्धासन पर अपनी प्रेयसियों के साथ बैठे थे (१४१-१४३)। पादताडितकम् के विट के अनुसार असली विट वही था जो दिन भर व्यवहारियों के साथ झगड़ा करके शाम को किसी मित्र के यहाँ खा-पीकर रात में या तो किसी वेश्या के साथ रमता था या शस्त्र लेकर मारामारी करता था। ग़रीबी की वजह से उसके घर में पानी तक मयस्सर नहीं होता था। वह प्राण देकर भी मित्र की दुश्मनों से रक्षा करता था, कामी हमेशा उससे भिड़ने को तैयार रहते थे। वह बड़ा शाहख़र्च होता था। विटों की श्रेणी में राजे, महाराजे, गवैये, बजवैये, वैद्य इत्यादि भी आ जाते थे। दद्रुण माधव के यह पूछने पर कि क्या राजा का बलाधिकृत भी

विट होता था, विट ने कहा—बेशक वह तो विट सेना का हरौल था, क्योंकि पूर्वावन्ति के वेश कलह में उसकी अँगुलियाँ कट गई थीं, पद्मनगर में दुश्मनों ने उसके नितम्ब में तीर खोंस दिये थे, विदिशा में उसकी एक बाँह कट गई थी। बाजीकरण के लिए वह वैद्यों को पैसा देता था और वेश्याओं को भी उससे पैसा मिलता था। वह क्षीण शक्ति होने से खाली रति कथा से अपना मन बहलाता था (१५८-१६१)।

संस्कत नाटकों में बहुधा विट आता है, पर नाट्य-शास्त्र में उसकी ठीक-ठीक व्याख्या नहीं हो सकी है। भरत ने नाट्य-शास्त्र में (३५।५५) विट को वेश्योपचार कुशल, मधुर, दक्षिण, कवि, ऊहापोह में कुशल वाग्मी और चतुर कहा है। शृंगारतिलक और दशरूपक में उसे एकविद्य कहा गया है। साहित्यदर्पण (३।४१) में विट को निर्धनता की वजह से मौज उड़ाने में अक्षम, धूर्त, वेशोपचार कुशल, वाग्मी और गोष्ठी में प्रतिष्ठा पाने वाला कहा गया है।

विट की उपर्युक्त व्याख्या से उसके स्वरूप पर कुछ-कुछ प्रकाश अवश्य पड़ता है, जैसे उसका वेशोपचार और बातचीत में कुशल होना, उसकी निर्धनता, पर उसका यथार्थ रूप कामसूत्र से प्रकट होता है। कामसूत्र (१।४।४५) में उसकी व्याख्या है—भुक्तविभवस्तु गुणवान् सकलत्रो वेशे गोष्ठियाँ च बहुमतस्तदुपजीवी च विटः, अर्थात् जिसका शौकीनी में माल समाप्त हो गया हो, गुणी, पत्नी वाला, अनेक कलाओं का जानकार तथा उनसे वेश और गोष्ठी में जीवन निर्वाह करने वाला विट कहलाता था। पीठमर्द और विदूषक के साथ वह वेश्याओं और नागरकों के सांधिविग्रहिक (१।४।४७) का काम करता था। वह कभी नायक के दूत का भी काम करता था (१।५।३७)। नायक विट को भेज कर नायिका को मनवा कर अपने घर बुलवाता था (२।१०।४८)।

विटों के उपर्युक्त उल्लेखों से यह पता लगता है कि बहुधा कामी अपना मालमता खोकर विट बन जाते थे। इनमें कामुकता, कला, मैत्री, गुण्डई और हाजिरजवाबी का एक अपूर्व सम्मिश्रण होता था और इसी की वे रोटी खाते थे। पर जैसा कि मध्यकालीन साहित्य से पता लगता है 'विट' शब्द वेश में घूमने वाले छिछोरों और गुण्डों के लिए व्यवहार में आने लगा था। आठवीं सदी के ऐसे ही विटों का उल्लेख कुट्टनीमतम् में कई बार हुआ है। वे वेश्या को बिना भाड़ा दिये चम्पत हो जाते थे। पकड़ जाने पर वेश्या उनकी काफी मरम्मत करती थी (३३३)। वह वेश्या के आगे मुँह बना कर गाता हुआ चलता था (३३९)। वह किसी धनी के साथ वेश्या को लगा कर बीच में मुफ्त का मजा लूटता था (३४०)। 'मैंने तेरे लिए घर छोड़ा, तू अब दूसरे के साथ जाती है' यह कह कर वह वेश्या को उलाहना देता था (३४१)। भाड़े के सम्बन्ध में बूढ़े विट मध्यस्थ का काम करते थे (३४२)। विटों की आपस की बातचीत का एक स्थान में अच्छा उल्लेख है (७४३-७५५) 'अरे गम्भीरेश्वर, दासी के साथ फँस कर तेरे मित्र की वही हालत होगी जो मेरी हुई।' एक वेश्या कहती है—'अरी सुरदेवि, विट चन्द्रवर्मा निःसार बातों से हथेली पर चाँद उतारता है', 'अरी कुरंगि मैं देखती हूँ कि वसुपेण तेरे पीछे घूमता है, थोड़े ही दिनों में उसकी मिठाई का भेद खुल जायगा', इत्यादि। मध्यकाल में विट की जघन्य कामुकता का उल्लेख क्षेमेन्द्र ने कलाविलास

(९।२७) में किया है। उसके अनुसार अपना धन फूँक कर दूसरे के धन पर लच्छमी नरायन बोलने वाले सदा वेश और वेश्या की स्तुति में लगे विट चिंतनीय थे। देशोपदेश और नर्ममाला[१] में मध्यकालीन विट का वही रूप सामने आता है। उसकी कुटिलता, भोग में आसक्ति, दूसरों की स्त्रियों के प्रति प्रेम, क्रोध, चपलता, वेश्याओं द्वारा तिरस्कार, भूखे रहने पर भी झूठी शान, गरमी में गरम और जाड़े में ठंडा कपड़ा पहनना, कर्ज में चपे रहना, गप्पें मारना, गुण्डई इत्यादि उसकी खास बातें थीं।

पद्मप्राभृतकम् में पीठमर्द का भी उल्लेख हुआ है (११)। दर्दुरक के यह कहने पर कि वागीश्वर से बात करना समुद्र को गीला करना है, विट ने इसे उसका पीठमर्द करने का स्वभाव माना। इसके माने यह हुए कि पीठमर्द हँसी-मज़ाक़ में निपुण होता था। कामसूत्र (१।४।४४) में पीठमर्द की व्याख्या मिलती है, यथा—अविभवस्तु शरीरमात्रः मल्लिका फेनककषायमात्रपरिच्छदः पूज्याद्देशादागतः कलामु विचक्षणः तदुपदेशेन गोष्ठियाँ वेशोचिते च वृत्ते साधयेदात्मानमिति। उपर्युक्त वर्णन से पता चलता है कि पीठमर्द ग़रीब होता था, उसका कोई परिवार नहीं होता था, वह रोज़ी की फ़िराक़ में इधर-उधर घूमा करता था। उसकी वेषभूषा में मल्लिका, फेनक और कषाय होते थे। जयमंगला के अनुसार मल्लिका दंडासनिका होती थी जिसे पीठमर्द अपनी पीठ पर लिए घूमा करता था। अपनी जाँघों को चिकना और मुलायम रखने के लिए वह फेनक यानी समुद्र-फेन और कषाय (शायद आँवला) का सेवन करता था। कलाओं में वह पारंगत होता था और गोष्ठी में वेशोचित वृत्ति से वह जीविकोपार्जन करता था। विट की तरह वह नायक का दूत कर्म भी करता था। चतुर्भाणी में चेट (पा. ता. १६९) का केवल एक जगह उल्लेख आया है जहाँ वह पानागार में नट इत्यादि लोगों के साथ शराब पीता दिखलाया गया है। नाट्य-शास्त्र (३५।३८) में चेट को कलहप्रिय, बकवादी, विरूप, गंधसेवी, तथा मान्य और अमान्य का जानकार कहा गया है। संस्कृत नाटकों से यह पता चलता है कि चेट नीचे स्तर का परिचारक था। और नायक-नायिका में बिचवई का काम करता था। मृच्छकटिक (अंक ३) में चेट के चित्रण से उसके नीचे दर्जे का पता चल जाता है।

पादताडितकम् में विट के सिवा डिंडिक का भी उल्लेख है। उनका उल्लेख धूर्तगोष्ठी के नर्मकला जानने वालों के साथ (१५०) किया गया है। लाट के डिंडियों की विट पिशाचों से तुलना करता है (१८४)। जब भट्टिमघवर्मा, पुष्पिता स्त्री के साथ रति की सफ़ाई देते हुए महाभारत का एक श्लोक पढ़ता है तो उसे विट उसका डींडित्व कहता है (१८६)। महाप्रतिहार भद्रायुध डिंडियों से घिरा था (१९३)। लगता है कि डिंडी चित्रकला में भी दखल रखते थे (१९६-१९७)। डिंडियो का उल्लेख संस्कृत और प्राकृत साहित्य में सिवाय वसुदेवडिंडी के और दूसरी जगह नहीं मिलता। डॉ. भोगीलाल सांडेसरा ने मुझे एक पत्र में लिखा है कि वसुदेवहिंडी (मूल) के पृ. ५१ में इस शब्द का सात बार प्रयोग हुआ है।

१. क्षेमेन्द्र देशोपदेश, नर्ममाला, देशोपदेश पंचम उपदेश, श्री मधुसूदन कौल द्वारा संपादित, पूना १९२३।

वसुदेवहिंडी के अपने गुजराती अनुवाद में (प्र. ६२) डॉ. सांडेसरा ने डिंडी शब्द का अर्थ न्यायाधीश किया है, पर अब वे स्वयं इस अर्थ को ठीक नहीं मानते। कथा यह है कि एक समय धनश्री अपने महल में बैठी थी कि नहा-धोकर गहने पहने एक डिंडी महल के नीचे से निकला और धनश्री का थूका हुआ पान उस पर गिरा। डिंडी धनश्री की ओर देख कर उस पर रीझ गया। विनीतक की मदद से उसने धनश्री को पाना चाहा पर धनश्री न मानी। जब वह अपनी बात पर अड़ा ही रहा तो धनश्री ने एक दिन उसे उपवन में बुलाकर और शराब पिला कर उसका सिर काट डाला। गुजराती का डांडा शब्द जिसका अर्थ आवारा होता है शायद डिंडी से ही निकला है।

उपर्युक्त विवरण से ऐसा पता चलता है कि डिंडी एक तरह का मनचला शौक़ीन होता था जिसे हम आजकल की भाषा में छैला कह सकते हैं। लगता है विट की तरह उसमें जीवट न होकर छिछोरापन अधिक होता था और वह रईसों का पिछलग्गू बना रहता था।

चतुर्भाणी के चारों भाण, जैसा हम पहले देख चुके हैं, वेश्याओं और उनके कामुकों से सम्बन्ध रखते हैं। वेश्याओं के नखरे, मान, मानभंग, शृंगार, लीला, खेल-कूद, संगीत और नृत्य में कुशलता, कलाप्रिय प्रेमी को चूसना, कुटनियों का ग़रीब प्रेमियों को कला बताना, कामशास्त्र में कुशलता, मद्यपान, गोष्ठी प्रेम, कभी-कभी प्रेमी के विरह में कातरता, दूत अथवा दूती भेज कर प्रेमी से संदेशा कहलवाना इत्यादि का इन भाणों में सुन्दर वर्णन है। चतुर्भाणी से पता चलता है कि धर्मविरुद्ध होने पर भी वेश्याप्रसंग गुप्तयुग में नीच कर्म नहीं समझा जाता था। वेश में जानेवालों में शारद्वती पुत्र सास्वतभद्र (प. प्रा. ९), शैव्य आर्यरक्षित (पा. ता. २५०) दाक्षिणात्य आर्यरक्षित (पा. ता. २५४), गुप्त और महेश्वरदत्त (पा. ता. २५५), तथा दाशेरक रुद्रकर्मा (पा. ता. २५७), कवि, दत्तकलशि वैयाकरण (प. प्रा. १६), धर्मासनिक पुत्र पवित्रक (प. प्रा. २१) और न्यायाधीश विष्णु शर्मा जैसे वैष्णव (पा. ता. १६३), संघिलक ऐसे पतित बौद्ध-भिक्षु (प. प्रा. ३२), विलास कौंडिनी जैसी परिव्राजिका (उभ. १२९), कृष्णिलक (धूरि. ७०), कुबेरदत्त (उभ. १२२), समुद्रदत्त (उभ. १२८), धनमित्र (उभ. १३८) जैसे सेठ, मौर्य चन्द्रोदय (प. प्रा. ४४), कुमार मयूरदत्त (पा. ता. १६०), प्रथम अपरान्ताधिपति इन्द्रवर्मा (पा. ना., १६०, १८९), आनन्दपुर के कुमारमघवर्मा (पा. ता. २,१६०,१८२,२८३), राजा के साले रामसेन (उभ. १३६,१४२) और मयूरकुमार (पा. ता. २३८), महामात्र पुत्र नागदत्त (उभ. १२६), महामात्र पुत्र शासनाधिकृत विष्णुनाग (पा. ता. १५४), अमात्य विष्णुदास (पा. ता. १५९), महातलवर हरिशूद्र (पा. ता. २२४), इभ्यपुत्र विटप्रवाल (पा. ता. २४०), भिषक् हरिश्चन्द्र (पा. ता. १५९, १७९), चित्रकार निरपेक्ष (पा. ता. १९८) और त्रैविय वृद्ध पुस्तक-वाचक (पा. ता. २१२), विट, पीठमर्द, चेट, नृत्य सिखाने वाले, गवैये-बजबैये और तरह-तरह के लोग अपने काम से अथवा यों ही सैर-सपाटे के लिए वेश में जाते थे। धूर्तविट संवाद के पढ़ने से पता चलता है कि उस युग में वैशिक जीवन इतना प्रभावशाली हो गया था कि गोष्ठियों में वेश्या-प्रेम के विभिन्न पहलुओं पर बहस होती थी।

वेश्याओं के अनेक नाम चतुर्भाणी में आए हैं, यथा—पुंश्चली[१], कामिनी[२], बंधकी[३], वेशयुवति[४], गणिका[५] वेश्या[६], वारमुखया[७], वेशवधू (धू. वि. ७३९०,१०२,११८), गणिका-परिचारिका[८] गणिका-दारिका[९], वेश्यांगना[१०] परिचारिका (धू. वि. ७८; पा. ता. २२०), विलासिनी (धू. वि. ८८; पा. ता. १५२, १६१, १८६, २४२, २४५, २५२) वेशयुवती (धू. वि. ९१), वरयुवती (उभ. १२५), वेश्याजन (धू. वि. १०८), वेश्यावधू (धू. वि. १०९), मदनदूती (धू. वि. ११७, पा. ता. २३२), शंभली (धू. वि. ११८) (उभ. ६०), प्रेष्ययुवति (उभ. १२५), वेशलक्ष्मी (उभ. १२६), वेशस्त्री (उभ. १३९, पा. ता. १५८), चेटिका (उभ. १४३), वेश देवता (पा. ता. १५३), अंगना (पा. ता. १५६), वृषली (पा. ता. १५६), पात्री (पा. ता. १६२,), नटी (पा. ता. १६९), चामरग्राहिणी (पा. ता. १९०, २१२), वेशकन्यका (पा. ता. २१०), पताकावेश्या (पा. ता. २१८, २२२), रूपदासी (पा. ता. २२०), रूपाजीवा (पा. ता. २२३), वेशसुन्दरी (पा. ता. २४१), दासी (पा. ता. २५०), वारस्त्री (पा. ता. २५९) और कुट्टिनी (पा. ता. २५९)।

वेश्याओं के इन नामों में क्या भेद था इसका पता चतुर्भाणी से तो नहीं चलता पर साहित्य से इन पर प्रकाश पड़ता है। पुंश्चली का आदमियों के पीछे दौड़ने वाली वेश्या से तात्पर्य है। अर्थशास्त्र में भी पुंश्चली का यही अर्थ है। ब्रह्मवैवर्त पुराण में चार यारों वाली वेश्या को पुंश्चली कहा गया है (भारतीय विद्या, ४, भा. २, पृ. १६३)।

कामिनी का अर्थ शब्दकल्पद्रुम के अनुसार अतिशय कामयुक्ता नारी है। बंधकी शब्द बंध धातु से निकला है जिसके अर्थ होते हैं बाँधना, अर्थात् बंधकी वह स्त्री है जिसका बहुतों से सम्बन्ध हो। वेशयुवति वेश की युवती यानी वेश्या है। वेश्या के लिए गणिका शब्द का व्यवहार हुआ है। अर्थशास्त्र (१।२६।४४) के अनुसार गणिका पर राजा का अधिकार होता था और उसे अपनी स्वतंत्रता के लिए कुछ रुपये भरने पड़ते थे। उसी तरह वेश्या तमाम रंडियों के लिए समान वाचक शब्द है। कामसूत्र के अनुसार (६।६।५४) कुम्भदासी, परिचारिका, कुलटा, नटी, शिल्पकारिका, प्रकाशविनष्टा, रूपाजीवा और गणिका वेश्या के पर्याय हैं। वारमुख्या से वेश्यायों की श्रेणी में मुख्य वेश्या से मतलब है। वेशवधू का वेश की बहू से यानी वेश्या से मतलब है। गणिका परिचारिका से गणिका की दासी से मतलब है। वे बड़े ठाट-बाट से रहती थीं और बड़ी नखरेबाज होती थीं। गणिका दारिका से नौची वेश्या का मतलब है। दंडिन् के अपहारवर्मा चरित में काममंजरी को गणिका अथवा गणिकादारिका कहा है। उनके सड़क पर नखरे से चलने का उल्लेख उभयाभिसारिका (३) में है। वेश्यांगना

---

१. प० प्रा० १९; पा० ता० १५३, १६९, २. प० प्रा० ३०; धू० वि०, ६७ ७१, ८५, ९०, ९१, ९२, १००, १०५,११२,११६; पा० ता० १५१,१७८, १६५,२२२, ३. प० प्रा० २२, ४. प० प्रा० २४, ५. प० प्रा० २६; उभ० १२७,१३५; पा० ता० १८०,२०२,२०४,२१५,२३९,२४४, ६. प० प्रा ०३१,३३; धू० वि० ९३, ७३, ९०, ९५, १०६,११०; उभ० १३५, १४०; पा० ता० १९१,२४३, ७. धू० वि० ८६; पा० ता० १२५, १५९, १७६,२१५; २३२, २५७, १० धू० वि० ७७; उभ० २२७;१४०, पा० ला० ८. धू० वि० ७६; उभ० १३६, ९. धू० वि० ७६; उभ० १२५।

भी वेश्या का बोधक शब्द है और इसी अर्थ में भतृहरि ने उसका नीतिशतक (४७) में प्रयोग किया है। परिचारिका दासी वेश्या अथवा वेश्या दासी के अर्थ में प्रयुक्त हुआ है। लगता है कि वह साधारण श्रेणी की वेश्या होती थी। विलासिनी विलासशीला यानी वेश्या है। वरयुवती, वरस्त्री, वेश्यावधू, वेशस्त्री, वेशसुन्दरी भी एक ही अर्थ में वेश्याओं के नाम हैं। मदनदूती और प्रेष्ययुवति वेश्यादूती के अर्थ में आए हैं। वेश्या को वेशलक्ष्मी और वेशदेवता भी कहा गया है। ब्रह्मवैवर्त पुराण के अनुसार वृषली के तीन कामुक होते थे (भारतीय विद्या भा. ५, पृ. १२२)। चेटी अथवा चेटिका का साधारण अर्थ दासी होता है पर हलायुध और हेमचन्द्र के अनुसार चेटी कुम्भदासी, वडवा और गणेरुका पर्याय हैं। वह दूती का काम भी करती थी (भारतीय विद्या, ४ (१), १९४२, पृ. ११३)। पात्री जिससे हिन्दी का पतुरिया शब्द निकला है वेश्या का पर्याय है। नटी भी कामसूत्र (६।६।५४) में वेश्याओं की श्रेणी में रखी गई है। जयमंगला ने उसे रंगयोषिद् यानी अभिनेत्री कहा है। चामरगृहिणी भी परिचारिका की तरह साधारण श्रेणी की वेश्या होती थीं। पताका वेश्याएँ[1] सिवान के बाहर झोपड़ियों में रहती थीं। पादताडितकम् के अनुसार उन्होंने घोड़ों के म्लेच्छ व्यापारियों को गवाह बनाकर सूर्यनाग पर अदालत में शायद अपने भाड़े के लिए मुक़दमा चला दिया था। ये साधारण दर्जे की वेश्याएँ जंगलों में रहती थीं। वे मतवाली काकिणी मात्र पण्य वाली, नीचों को गम्य थीं। लगता है उनका पताका वेश्या नाम इसलिए पड़ा कि वे अपने घरों पर पताकाएँ लगाती थीं। रूपदासी स्वरूपवान दासी अथवा वेश्या है। अर्थशास्त्र (२।२६।४४) से पता लगता कि रूपदासी का दर्जा गणिका से घटकर होता था, क्योंकि गणिका का वध करनेवाले को मृत्युदंड होता था। पर रूपदासी और मातृका को मारने वाले को गहरा जुर्माना होता था। रूपाजीवा वह नारी थी जो अपने रूप से अपनी आजीविका चलाती थी। अर्थशास्त्र (२।२६।४४) में रूपाजीवा शब्द का व्यवहार साधारण वेश्या और एक विशेष तरह की वेश्या के लिए होता था। कामसूत्र (६।५।२६) में रूपाजीवा के लाभातिशय

---

१. ज्ञात होता है पताका श्रेणियों और रोज़गारों की प्रतीक बन गई थीं। मृच्छकटिक में वसन्तसेना के घर का वर्णन करते हुए उसके भवन द्वार को सौभाग्य पताका समूह से उपशोभित कहा गया है। ये पताकाएँ जो शायद उसके व्यवसाय की सूचक थीं उसके जनपदकल्याणी होने से उसके सौभाग्य की सूचक हो गईं। यहाँ मनु का यह आदेश उल्लेखनीय है जिसके अनुसार ध्वज किसी श्रेणि विशेष अथवा मद्यशाला का सांकेतिक चिह्न होता था (मनु, ४।८५)। हरिवंश में कंस द्वारा बुलाए गए समाज में (४५२८-३८; ४६४२) अनेक श्रेणियाँ अपनी श्रेणियों की प्रतीक पताकाएँ लिए हुए बतलायी गई हैं। वृहत्कल्पसूत्रभाष्य (३५३९) में रसावणदिद्वंत की व्याख्या करते हुए मलयगिरि का कहना है कि महाराष्ट्र देश के शराबख़ानों में चाहे वहाँ शराब हो या न हो, उनके परिज्ञान के लिए पताकाएँ लगाई जाती थीं जिन्हें देखकर जैन भिक्षु उनके पास नहीं फटकते थे। सन् ११६९ के बिजौलिया वाले लेख में [एपि० इंडि०,२६, पृ० १०२ से श्लोक ८१ (८२)] ध्वजकिंकिणीयुवतय: में वेश्याओं की प्रतीक किंकिणीयुक्ता ध्वजाएँ हैं। इन उल्लेखों से यह सिद्ध होता है कि वेश्याएँ अपने घरों पर अपने व्यवसाय की प्रतीक पताका लगाती थीं और इसीलिए उनका नाम वेश्या पड़ा।

के परिचायक गहनों से सजे सब अंग, कीमती चीजों और परिचारकों से भरा सजा घर होता था। जयमंगला के अनुसार रूपाजीवा में केवल रूप होता था कलाएँ नहीं। कामसूत्र (६।६।५४) में एक दूसरी जगह कुम्भदासी, परिचारिका, कुलटा, स्वैरिणी, नटी, शिल्पकारिका और प्रकाशविनष्टा की गिनती भी रूपाजीवा में की गई है। मिलिन्दप्रश्न (पृ. ३३१) के अनुसार रूपाजीवा, कुम्भदासी, गणिका, लासिका, वारस्त्री और वेश्या नगरमंडन समझी जाती थीं। दासी मामूली दर्जे की वेश्या होती थी। हेमचन्द्र द्वारा दासी और चेटी के एक साथ रखने से दासी की स्थिति पर प्रकाश पड़ता है। दशकुमारचरित (अध्याय २) में काममंजरी की बहिन राममंजरी को दासी कहा गया है। पादताडितकम् की घटदासी और कामसूत्र की कुम्भदासी एक ही हैं। जयमंगला के अनुसार (६।६।५४) कुम्भ से तात्पर्य यहाँ बहुत नीचा काम करने से है। एक दूसरी जगह (६।६।२७) कुम्भदासी के सफ़ेद कपड़े और सोने के गहने पहनने, सुगन्धि और पान सेवन करने का उल्लेख है।

वेश्या की माता यानी खाला के लिए निम्नलिखित शब्द आए हैं—माता (प. प्रा. ३३), शंभली (धू. वि. ११८), गणिकामाता (उभ. १३५), वेश्याजननी (उभ. १२७, १२८) और कुट्टनी (पा. ता. २५८)। मातर् शब्द वेश्या माता के लिए अनेक जगह साहित्य में आया है। डॉ. स्टर्नबाख लुडविक ने (भारतीय विद्या, भा. ५, ११४-१४२) गणिका माता के लिए इसका प्रयोग अर्थशास्त्र, कामसूत्र, दशकुमारचरित, पंचतंत्र और मृच्छकटिक में दिखलाया है। वेश्याजननी बड़ी लालची होती थी (उभ. १२७, १२९, १३३, १३४, १३५)। उसका हुक्म वेश्या शासन कहलाता था। उसकी मर्जी के विरुद्ध वेश्या नहीं जा सकती थी। माल खतम होने पर वे वेश्याओं को कामियों को छोड़ने पर बाध्य करती थीं (उभ. १३८-१३९)। अमरकोश (२। :।१९) के अनुसार कुट्टनी और शंभली समानार्थक हैं। क्षीरस्वामी ने शंभली की निरुक्ति शं श्रेयो भालयति लाति वा की है, और उसके लिए देशी शब्द चुन्दी बतलाया है।

वेशकन्यका (पा. ता. २१०) से नौची अर्थात् कम उम्र की वेश्याओं से मतलब है। वे कन्दुक, पिंजोला (एक तरह का बाजा), गुड्डा-गुड्डी (कृतकपुत्र दुहितृका) इत्यादि खिलौने खेलती थीं। कामसूत्र के बालोपक्रम प्रकरण (३।३) में कन्याओं के अनेक खेलों की सूचना मिलती है। उनमें फूल चुनना और गुहना (पुष्पावचय, ग्रथन), घरौंदा बनाना (गृहकं), गुड़ियों का खेल (दुहितृका क्रीड़ा योजना), भात पकाना (भक्त पाक करण), (३।३।५), पासा फेंकना (आकर्ष क्रीड़ा), पट्टी गूँथना (पट्टिका क्रीड़ा), मुट्ठी बाँधकर बुझाना (मुष्टिद्यूत), क्षुल्लकद्यूत, बीच की अँगुली बूझना (मध्यमाङ्गुलि ग्रहण), गोटा-गोटी का खेल (षट्पाषाणक ३।३।६), पिचकारी चलाना (क्ष्वेडनिका), आँखमिचौअल (सुनिमीलिताकानि), दो दलों में विभक्त होकर बीच में नमक के ढेले को छूना (लवण वीथिका), जिसे जयमंगला के अनुसार लवणहार कहते थे, पक्षियों की तरह डैने फटकारने के खेल (अनिलताडितिका), गेहूँ के ढेर में छिपा रुपया आपस में गेहूँ काटकर ढूँढ़ निकालना (गोधूम पुंजिका), गनेश धोपड़ी (अंगुलिताड़ितिका), (३।३।७), कन्दुक, रंगोली (भक्ति चित्र), सूत, लकड़ी, सींग और हाथीदाँत, मोम, पीठी और मिट्टी की बनी पुतलियाँ

(दुहितृका) (३।३।१३), एक काठ में मेढ़े और मेढ़ों की जोड़ी, बकरे और भेड़ की जोड़ी, बाँस की फराटी, काठ अथवा मिट्टी के बने देव मन्दिर, तोते, कोयल, मैना, लवा, मुर्गा, तीतर इत्यादि के मिट्टी के बने पिंजरे, शंख, सीपी, मिट्टी, काठ और पत्थर के बने तरह-तरह के जलभाजन, नक़ली यान इत्यादि बनाना (मंच मातृका), छोटी वीणा (वीणिका), हठरी (पिंडोलिका), आलता, मैनसिल, हड़ताल, ईंगुर, श्यामकवण इत्यादि रखने की पिटारियाँ (वहीलिका, ३।३। १४) इत्यादि मुख्य हैं।

चतुर्भाणी में वेश्याओं का जो चरित दिखलाया गया है उसके ठीक तरह से समझने के लिए कामसूत्र, नाट्य-शास्त्र, मृच्छकटिक, बसुदेवहिण्डी इत्यादि का अध्ययन आवश्यक है, क्योंकि इन सब की सम्मिलित सामग्री से वेश-जीवन का एक सर्वांग चित्र उपलब्ध होता है। धूर्तविटसंवाद में तो कामशास्त्र सम्बन्धी अनेक उल्लेख आते हैं जिनकी तुलना कामसूत्र और भरत में आए हुए उल्लेखों से की जा सकती है।

भरत के अनुसार (२५। १) वैशिक शब्द के अर्थ सब कलाओं में विशेषता पैदा करना अथवा वेश्योपचार का ज्ञान है। वैशिकवृत्त को जानने वाला सब कलाओं का जानकार, सब शिल्पों में कुशल, स्त्रियों का चित्त खींचने वाला, शास्त्रज्ञ, रूपवान, वीर, धैर्यवान, बालिग, अच्छे कपड़े पहनने वाला, मीठा बोलने वाला, चतुर, पवित्र, कामोपचार कुशल, देशकाल जानने वाला, हाजिर जवाबी में चतुर, खर्चीला और मानी इत्यादि होता था (२५।२०७)। नायक का मित्र अनुरक्त, पवित्र, दान्त, दक्षिण, प्रतिपत्तिवान, और छिद्रान्वेषी होता था (२५।७)। दूतियों में कथिनी, परिव्राजिका (लिंगिनी), नटी (रंगोपजीवा) पड़ोसिन, सखी, दासी, कुमारी, बढ़इन, धाय, पाषंडिनी, और भाग्यफल कहनेवाली (ईक्षणिका) इत्यादि होती थीं। वे मिठबोली, चतुर, समय पहचानने वाली, सलाह देने वाली होती थीं। वे कामुकों को प्रोत्साहन देती थीं, उनके गुण गाती थीं, ठीक समाचार देती थीं, भाव-प्रदर्शन करती थीं, नायक के कुल और धन की तारीफ़ करती थीं और काम की बात करती थीं (२५।९-१४)। वे उत्सवों पर, रात में, उद्यान में, रिश्तेदार धाय और सखी के घरों में, न्योते में, सूने घर में और बीमारी के बहाने से नायक-नायिका की भेंट कराती थीं (२५। १५-१७)।

इसके बाद नाट्य-शास्त्र में अनुरक्ता और विरक्ता के लक्षण, स्त्रियों के मनाने के उपाय और वेश्याओं की यौवन लीला के बारे में कहा गया है। अनुरक्ता स्त्री कामवेग से नखरे करती है, सखियों के गुन गाती हैं, धन देती हैं, नायक मित्रों को पुजाती और दुश्मनों से वैर करती हैं, उसका समागम चाहती है, उसे देखकर और उसकी बातों से प्रसन्न होती है। सोते समय उसके चूमने पर चूमती है, उसके उठने के पहले उठ जाती है और सुख-दुःख दोनों में क्रोध नहीं करती (२५। १८-२३)। इसके विपरीत विरक्ता नायक के चूमने पर मुँह पोंछती है, अनचाही बातें करती है, उसके मित्रों से द्वेष और शत्रुओं की प्रशंसा करती है, सेज पर मुँह घुमाकर सोती है, आवभगत पर भी प्रसन्न नहीं होती, क्लेश सहन नहीं करती, अकारण ही क्रोध करती हैं, आँखें नहीं मिलाती और उसका स्वागत नहीं करती (२५।२४-२७)। विराग के कारणों में हृदयग्राही भावों का त्याग, धन का अभिमान, बात छिपाना,

बीमारी बनाना, ग़रीबी, दुःख और रुखाई, ख़बर न मिलना, नायक का प्रवास गमन, मान, अतिलोभ, अतिक्रम, समय बिताकर आना, और नायिका को अप्रिय लगने वाली वस्तुओं का सेवन है (२५।२८-३१)।

भरत ने स्त्रियों के मनाने के उपाय भी कहे हैं, यथा—लालची को धन से, पंडिता को कलाज्ञान से, चतुरा को क्रीड़ा से, मानिनी को मान से, तथा पुरुषद्वेषिणी को गहने देकर और कथाओं से मनाया जा सकता है। खिलौनों से, आश्वासन से भयग्रस्ता, सेवा से गर्विता और शिल्प दर्शन से उदात्त मनाई जाती है। (२५।३२-३५)।

भरत ने धूर्तविटसंवाद की तरह वेश्याओं और साधारण स्त्रियों को तीन श्रेणियों में बाँटा है। उत्तमा नारी अप्रिय होने पर भी अपने प्रिय से लगनेवाली बात नहीं कहती, वह कलाओं और शिल्पों में चतुर, रूपवती, कुलीन और धनी की प्रेमिका, कामतंत्र में कुशल, जरा से में ही क्रोध हटा देनेवाली, कारण से ही गुस्सा करने वाली, पर ईर्ष्या हटते ही बोलने वाली, काम और समय का विचार करने वाली होती है (२५।३६-३९)। मध्यमा या तो खुद पुरुषों को चाहती है अथवा पुरुष उसे चाहते हैं। वह कामोपचार में कुशल, अपनी प्रतिपक्षिणियों से डाह करने वाली, ईर्ष्यालु, चंचल, क्षणिक क्रोध में गर्व करने वाली और क्षण में ही प्रसन्न होने वाली होती है (२५।४०-४१)। अधमा बिना बात के ही क्रोध करने वाली, दुःशीला, अभिमानिनी, चपला, कठोर और गहरा क्रोध करनेवाली होती है (२५।४२)।

वेश्याओं की यौवन-लीला के बारे में भी नाट्य-शास्त्र में कुछ कहा गया है। नेपथ्य, रूप, चेष्टा और गुण के अनुसार प्रथम यौवन में उरु, गंड, जघन पीन, और स्तन कर्कश होते हैं और सुरत में उत्साह होता है। यौवन के दूसरे काल में शरीर और स्तन भरे होते हैं और कमर पतली होती है। यौवन के तीसरे काल में लुनाई और रति प्रेम बढ़ जाते हैं। नव यौवन बीतने पर चौथी अवस्था आती है। उसमें बदन ढल जाता है और रति में उत्साह नहीं रहता। यौवन की प्रथमावस्था में स्त्री क्लेश नहीं सह सकती, सौतों से न क्रोधित होती है न प्रसन्न, पर वह सौम्य गुणों से प्रेम करती है। यौवन की दूसरी अवस्था में वह कुछ-कुछ मान, क्रोध और ईर्ष्या करती है और क्रोध में चुप रहती है। यौवन की तीसरी अवस्था में वह सुरत में दक्ष, प्रतिपन्न, ईर्ष्यालु, गुणी और गर्वीली होती है। यौवन की चौथी अवस्था में ईर्ष्या चली जाती है और नायिका विरह नहीं चाहती (२५।४३-५३)।

भरत ने नायक के चार भेद माने हैं। नायक दुःख में समान, क्लेश सहने वाला, प्रणय क्रोध को शान्त करने वाला और रति के उपचारों में कुशल होता है। ज्येष्ठ नायक अप्रिय न करने वाला, धीरोदत्त, प्रियंवद, मानी, हृदय के तत्त्वों का जानकार, स्मृतिमान्, मधुर, त्यागी, अक्रोधी, काम के वश में न होने वाला, और स्त्री के अपमान से अलग हो जाने वाला होता है (२५।५६-५७)। मध्यम नायक स्त्रियों का सब तरह से अर्थ ग्रहण करने वाला लेकिन जरा-सा दोष देखते ही अलग हो जाने वाला, समय पर देने वाला तथा अपमानित होने पर भी क्रोध न करने वाला होता है (२५।५८-५९)। अधम नायक अपमानित होने पर भी स्त्री

के पास जाता है और स्नेह से विलग होता है। मित्रों के मना करने पर नये-नये दोष देख कर उसकी प्रवृत्ति बढ़ती है (२५।६०-५१)।

संप्रवृद्ध नायक भय और क्रोध की परवाह न करने वाला, मूर्ख, स्वभाव से ही बड़प्पन दिखलाने वाला, जिद्दी, निर्लज्ज, रतिकलह में मार बैठने वाला, कर्कश और स्त्रियों का खिलौना होता है (२५।६२-६३)।

भरत के अनुसार गणिका का पद काफी ऊँचा होता था। उसमें लीला, हाव-भाव, सत्य, विनय और माधुर्य का एक अपूर्व सम्मिश्रण होता था। चौंसठ कलाओं में उसकी प्रवृत्ति होती थी। राजोपचार में वह कुशल होती थी तथा स्त्रियों के दोष उसमें होते थे। वह मृदु-भाषिणी, चतुर और परिश्रमी होती थी (३५।६०-६२)।

कामसूत्र को तो वैशिक वृत्त का भंडार कहना अनुचित न होगा। गोष्ठी, राजमहल तथा वेश में वेश्याओं का क्या स्थान था, कामुकों को लूटने में वे कौन से उपाय बरतती थीं, कला के क्षेत्र में उनका क्या स्थान था, इन सब प्रश्नों पर कामसूत्र में वेश्याओं और कुलस्त्रियों के कुछ मनोविकार सामान्य भी माने गये हैं। उससे यही पता चलता है कि धर्म विरुद्ध होते हुए भी वेश्याओं का समाज में एक विशेष स्थान था और कलाओं की तो वे विशेष ज्ञाता मानी जाती थीं। आपानक और कामुकता गोष्ठी के अंग तो थे ही पर उसमें भाग लेने वाले नागरक और वेश्याएँ कला और काव्य समस्याओं पर विचार विनिमय करते थे। कामसूत्र और चतुर्भाणी से यह भी पता चलता है कि कुछ वेश्याएँ ऐसी होती थीं जिनका प्रेम केवल लूटने के लिए ही न होकर वास्तविक पर होता था। ऐसी वेश्याएँ प्रेमी के विदेश जाने पर एक कुलस्त्री की तरह विरहिणीव्रत धारण करती थीं और अपने प्रेमियों के कुशल मंगल के लिए देवार्चन पूजा इत्यादि करती थीं।

गणिका के जीवन में कलाओं का कितना महत्त्व था, इसका पता कामसूत्र के दो श्लोकों से लगता है। शील, रूप और गुणों से युक्त वेश्या कलाओं से ऊपर उठ कर गणिका कहलाई जाकर जन समाज में विशेष स्थान पाती थी, राजाओं और विद्वानों से पूजित और स्तूयमान, कला के उपदेश के इच्छुकों से प्रार्थित, विदग्धों द्वारा चाही जाने वाली, और सबकी लक्ष्यभूत होती थी (१।३।२०-२१)। संस्कृत बौद्ध साहित्य में अनेक ऐसे उल्लेख हैं जिनसे तत्कालीन गणिका के जीवन पर प्रकाश पड़ता है। महावस्तु (३।३५-३६) की एक कहानी में कहा गया है कि एक अग्रगणिका ने एक चतुर और रूपवान पुरुष को सुरत के लिए बुलवाया। उसने गंध तैल लगा कर स्नान करके, चूर्ण से अपना शरीर सुगन्धित किया, तथा आलेपन लगाने के बाद काशिक वस्त्र पहन कर अग्रगणिका के साथ भोजन किया। गणिका अम्बपाली की कहानी बौद्ध साहित्य में विख्यात है। (गिलगिट टेक्स्ट्स, ३ भा. २, पृ. १७-२२।

कथा के अनुसार वह महानाम की पुत्री थी और वैशाली के सेठ साहूकार उसके साथ विवाह करने के इच्छुक थे। गण के जल्से में महानाम ने किसी सुपात्र को अपनी कन्या देने का इरादा जाहिर किया पर गण ने यह निश्चय किया कि वह स्त्रीरत्न गणभोग्या थी। जब

आम्रपाली को गण का यह मत मालूम हुआ तो उसने जनपद कल्याणी बनने के पहले कुछ शर्तें रक्खीं यथा—(१) गण को उसे नगर के प्रथम भाग में घर देना होगा, (२) एक कामुक के रहते दूसरा कामुक नहीं आ सकता था, (३) उसका भाड़ा पाँच सौ कार्षापण का होगा, (४) घर तलाशी के समय उसके घर की सातवें दिन ही तलाशी हो सकती थी, (५) उसके घर में आने-जाने वालों की देख-रेख नहीं हो सकती थी। गण ने उसकी शर्तें स्वीकार कर लीं। उसने एक बड़ी चित्रशाला बनवायी जिसमें देश के बड़े-बड़े चित्रकारों ने राजा, धनी, श्रेष्ठी वणिक् और सार्थवाहों की शबीहें बनाईं। वह आने वालों से उनके सम्बन्ध में प्रश्न करती थी। आम्रपाली चौंसठ कलाओं में प्रवीण थी। राजा बिंबिसार से उसका सम्बन्ध था। उसका इतना प्रभाव था कि एक बार उसने वैशाली के व्यापारियों से कहा कि वे उसके पास वाली राजा की मुहर लगाकर बिना शुल्क के माल ले जाएँ।

वेश्याओं के चौंसठ कलाओं के ज्ञान के बारे में नाट्य-शास्त्र और गिलगिट से प्राप्त बौद्ध संस्कृत विनय ग्रन्थों में उल्लेख आए हैं। वात्स्यायन ने कामसूत्र (१।३। १६) में उन कलाओं की निम्नलिखित तालिका दी है—(१) गीत, (२) वाद्य, (३) नृत्य, (४) चित्रकारी (आलेख्य), (५) चेहरे पर पत्रभंग बनाना (विशेषकच्छेद्य), (६) चावल और फूलों से अभिप्राय पूरना (तंडुल कुसुमावलि विस्तराः), (७) फूल मंडली (पुष्पास्तरण), (८) दाँत रँगना, कपड़े रँगना और उबटन लगाना (दर्शन वसनांगराग), (९) फर्श में चौके लगाना (मणि भूमिका कर्म), (१०) सेज साजना (शयन रचना), (११) जलतरंग बजाना, (१२) जलक्रीड़ा या पानी उछालना (उदकाघात), (१३) नाना प्रकार के काम सम्बन्धी प्रयोगों का ज्ञान (चित्रयोग), (१४) माला गूँथना (माल्य ग्रथन विकल्प), (१५) सिर पर के गजरे बनाना (शेखरकापीड योजन), (१६) वेशभूषा की कला (नेपथ्य प्रयोग), (१७) हाथी दाँत इत्यादि के कुण्डल बनाना (कर्ण पत्र भंग), (१८) अतर बनाना (गंधयुक्ति), (१९) गहने पहनना (भूषण योजन), (२०) इंद्रजाल, (२१) सुभगंकरण इत्यादि योगों का ज्ञान (कौचुमार), (२२) सब कामों में हाथ की सफ़ाई (हस्तलाघव), (२३) तरह-तरह के शाक जूस और खाना बनाने का ज्ञान (विचित्र-शाक-यूप-भस्म विकार क्रिया), (२४) शराब और आसव बनाने का ज्ञान (पानक रस राग आसव योजन), (२५) कसीदा और बिनाई (सूची वान कर्म), (२६) कठपुतली का खेल (सूत्रक्रीड़ा), (२७) वीणा, डमरू इत्यादि बाजे बजाना, (२८) पहेली बूझना, (२९) अन्त्याक्षरी का ज्ञान (प्रतिमाला) (३०) कठिनाई से पढ़े जाने वाले श्लोक कहना (दुर्वाचक योग), (३१) पुस्तक पढ़ना, (३२) नाटकों और आख्यायिकाओं का ज्ञान, (३३) काव्य में समस्यापूर्ति, (३४) खाट की पाटी और बेंत बुनना (पट्टिका वेत्र वान विकल्प), (३५) कुन्दी करना (तर्कु कर्माणि), (३६) बढ़ईगिरी (तक्षण), (३७) वास्तुविद्या, (३८) सिक्कों और रत्नों की परीक्षा (रूप्य रत्न परीक्षा), (३९) खाना और उनसे निकलने वाली वस्तुओं का ज्ञान (धातुवाद), माणियों और रंगों को खानों का ज्ञान (मणिरागाकर ज्ञान), (४१) वृक्षायुर्वेद के योगों की जानकारी, (४२) मेंढ़े, मुर्गे और लवे की लड़ाई की जानकारी, (४३) शुक और सारिका के बुलवाने

का ज्ञान, (४४) पैर से कचरने (उत्सादन), हाथ की मालिश (संवाहन) तथा सिर दबाने (केश मर्दन) में कौशल, (४५) गुप्ताक्षरों में लिखने की कला (अक्षर मुष्टिका कथन), (४६) अच्छे शब्दों का प्रयोग होते हुए भी अर्थ समझने में कठिनाई की कला (म्लेच्छित विकल्प), (४७) देशी भाषाओं का ज्ञान, (४८) फूल की डोली बनाना (पुष्प शकटिका), (४९) फलित ज्योतिष का ज्ञान (निमित्त ज्ञान) (५०) गाड़ी इत्यादि बनाना (यंत्रमात्रिका), (५१) वस्तु, कोष, द्रव्य, लक्षण और हेतु का ज्ञान (धारण मातृका), (५२) याद रखने की कला, (५३) मानसिक काव्य बनाने की क्रिया, (५४) कोषों का ज्ञान, (५५) पिंगल का ज्ञान, (५६) काव्य बनाने की विधि का ज्ञान (क्रिया कल्प), भेष बदलने की क्रिया, (छलितकयोग), (५७) फटे कपड़े ठीक तरह से पहनने की कला (वस्त्र गोपन), (५८) जुआ, (५९) पासा फेंकना (आकर्षक क्रीड़ा) (६०) बच्चों के खिलौने बनाने की कला (बाल क्रीडनकानि), (६१-६३) विनय, जीतने और व्यायाम करने की कलाएँ।

कलाओं की उपर्युक्त तालिका देख कर यह पता चलता है कि एक ही पुरुष अथवा नारी को इतनी कलाओं का ज्ञान होना सम्भव नहीं था तथा चौंसठ कलाओं में अधिकतर कलाएँ भिन्न-भिन्न दर्जों में बाँट दी जा सकती हैं। गीत, वाद्य, नृत्य, उदक वाद्य, वीणा, डमरूक वाद्य एक श्रेणी में; तंडुल कुसुमावलि विकार, पुष्पास्तरण, मणिभूमिका कर्म, पुष्प शकटिका और शयन रचना दूसरी श्रेणी में; विशेषक-बन्ध दशन-बसन अंगराग, माल्य ग्रथन, शेखरकापीड योजन, नेपथ्य प्रयोग, कर्णपत्रभंग, गंधयुक्ति, भूषणयोजन, उत्सादन, संवाहन, केशमर्दन छलितक योग और वस्त्र गोपन तीसरी श्रेणी में; शाक और भोजन बनाना, और शराब बनाना चौथी श्रेणी में; मेढ़े इत्यादि की लड़ाई, द्यूत विशेष और पासे का खेल पाँचवीं श्रेणी में; प्रहेलिका, प्रतिमाला, दुर्वाचक योग, पुस्तक-वाचन, नाट्याख्यायिका दर्शन, काव्य समस्या पूरण, अक्षरमुष्टिका कथन, म्लेच्छतविकल्प, देशभाषाज्ञान, धारण मात्रिका, मानसी काव्य-क्रिया, अमिधान कोष, छन्दों ज्ञान और क्रिया कल्प छठी श्रेणी में आ जाती हैं। शेष कलाएँ जैसे इन्द्रजाल, कौचुमार योग, पट्टिका वेत्र वान विकल्प, सूचीवान कर्म, तर्कुक कर्म, तक्षण, वास्तुविद्या, रूप्य रत्न परीक्षा, धातुवाद, मणिरागाकरज्ञान, वृक्षायुर्वेद, आलेख्य कर्म, यंत्र मातृका, बच्चों के खिलौने बनाने की कला इत्यादि स्वतंत्र कलाएँ हैं।

उपर्युक्त कलाओं पर जहाँ तक चतुर्भाणी का सम्बन्ध है हमने प्रकाश डालने का प्रयत्न किया है। लगता है गंधयुक्ति का गुप्त युग में काफी प्रचार था। वृहत्कथाश्लोकसंग्रह (१९।६४-७२) के अनुसार कानन द्वीप का राजकुमार मनोहर और उसके मंत्री बकुल और अशोक गधों के कड़े शौक़ीन थे। एक बार सुमंगल नाम का एक चतुर गंधी (बुद्ध-गंधानुशासन) उनके पास आया। उसके सामने धूप लगाई गई और विलेपन बाँटे गए। पर गन्धी ने माल्य और पुष्पों की गन्ध से धूप और विलेपन के गन्ध अलग होने से सिर दर्द की शिकायत की। इसके बाद उसने स्वयं अपनी झोली (स्थगिका) और पेटी (फलक संपुटक) बाहर निकाली और एक सुगंधित धूप तैयार की। एक बार सुमंगल द्वारा सब गन्धों के राजा यक्षकर्दम नामक सुगन्धि तैयार करने का उल्लेख है (वही, १९।१४०)।

वेश्या का नागरकों के साथ जो सम्बन्ध था और वे कैसे उनके साथ आपानकों, उद्यानक्रीड़ा और गोष्ठियों में सम्मिलित होती थीं, इस पर पहले ही प्रकाश डाला जा चुका है। धूर्तविटसंवाद में एक जगह गोत्र स्खलन का उल्लेख आया है। कामसूत्र के अनुसार ऐसा होने पर नायिका कलह करती थी, रोती थी, सिर के बाल नोचती थी, अपनी छाती कूटती थी, सेज से उतर कर ज़मीन पर लोटने लगती थी तथा गहने फेंकने लगती थी (२। १०।४१)। उसके पैर पर गिर कर मनाना ही एक उपाय था। उसके मनाने में पीठमर्द, विट इत्यादि भी सहायक होते थे।

कामसूत्र (४।२।७८) के अनुसार अन्तःपुर में आभ्यंतरिक और नाटकीय वेश्याएँ सबसे बाहर की कक्षाओं में रहती थीं।

वैशिक नामक छठे अधिकरण में वेश्याओं के सम्बन्ध में काफी जानकारी की बातें आई हैं। वेश्या का प्रेम स्वाभाविक अथवा कृत्रिम होता था। वह पुरुष को अपने वश में रखती थी। वह अपने रोज़गार के लिए गहने-कपड़े पहन कर, आधी छिपी और आधी दिखलाई देती हुई राजमार्ग पर आने-जाने वालों को देखती थी (७)। वह गम्य कामुकों का निरादर नहीं करती थी। अपना काम साधने के लिए आरक्षक, न्यायाधीश, दैवज्ञ, साहसिक, वीर, कलाग्राही, पीठमर्द, विट, विदूषक, कलाकार, गंधी, कलवार, धोबी, नाई और भिक्षुक से जान-पहचान बढ़ाती थी (९)। अर्थ के लिए स्वतंत्र, जवान, धनी, सामने दिखलाई देने वाला, रोजीवाला, अधिकरणवान, बिना तकलीफ के दौलत पाया हुआ, लड़ने वाला, बँधी आमदनी वाला, अपने को बड़ा समझने वाला, अपनी प्रशंसा करने वाला, नपुंसक, पुंस्त्व का अभिमानी, बराबरी करने वाला, स्वभाव से त्यागी, राजा अथवा महामात्र से खटकने वाला, भाग्य का भरोसा करने वाला, वित्त का अभिमानी, बड़ों के दम्भ के बाहर, सजातों में एक बनने वाला, घर का एक ही लड़का, परिव्राजक, प्रच्छन्न काम और वैद्य, इनसे वह प्रीति करती थी। (१०) नायक महाकुलीन, विद्वान्, समय जानने वाला, कवि, आख्यान कुशल, वाग्मी, प्रगल्भ, विविध शिल्पज्ञ, विद्या में वयोवृद्धों का आदर करनेवाला, बड़े होने का इच्छुक, उत्साही, दृढ़भक्त, अनीर्ष्यालु, त्यागी, घटा, गोष्ठी, प्रेक्षणक, समाज और समस्या में मजा लेने वाला, निरोग, सुडौल शरीर वाला, प्राणवान, शराब न पीने वाला, कारुणिक स्त्री का पालन और प्यार करने वाला और उनके वश में न आने वाला, स्वतंत्र जीविका वाला, दयावान, इत्यादि गुणों से युक्त होता था (१२)। नायिका रूप यौवन, लक्षण और माधुर्य से युक्त नायक को चाहने वाली, गुणों में अनुरक्त अर्थ में नहीं, रति संभोग शीला, स्थिरमति, एकबग्गी, लालच विहीन, तथा गोष्ठी और कला में प्रेम करने वाली होती थी (१३)। बुद्धि, शील, आचार, कृतज्ञता, दूरदर्शिता, प्रतिज्ञा भंग न करना, नागरक वृत्त में रस लेना, दैन्य, बहुत हँसी, लड़ाई लगाना, पैशुन्य, दूसरे का दोष निकालना, क्रोध, लोभ, घमंड और चपलता का त्याग, दूसरे के बोलने के पहले बोल उठना, कामशास्त्र और अंग विद्याओं का ज्ञान, ये सब नायक के साधारण गुण माने जाते थे (१४)।

क्षय से पीड़ित, रोगी, कृमि रोग से पीड़ित, दुर्गंधित मुख वाला, अपनी स्त्री को प्यार करने

वाला, कंजूस, निर्दयी, बड़ों से त्यागा हुआ, चोर, दम्भी, वशीकरण इत्यादि में विश्वास करने वाला, मान-अपमान की परवाह न करने वाला, द्वेष साधन करने वाला और लज्जालु, इनके साथ वेश्या को प्रेम करने की मनाही थी (१६)। गम्य के बताने पर भी फ़ौरन उसके पास इसलिए जाना उचित नहीं था कि कहीं वह यह न समझ ले कि वह सुलभ थी (६।२)। नौकर, संवाहक, गायक, विदूषक और मर्द से उसका भाव जान कर ही उसका संग करना ठीक था (२२)। वे ही नायक का शौचाशौच, प्रेम राग तथा देने-लेने के बारे में बता सकते थे (२३)! विट नायक और नायिका का संयोग कराता था। पक्षी और पशु युद्ध, क्षारिका प्रलापन, प्रेक्षणक और संगीत के बहाने पीठमर्द नायिका को नायक के घर या नायक को उसके यहाँ ले जाता था (२४-२५)। प्रेम बढ़ने के लिए आपस में उपहार देना-लेना, और गोष्ठी की योजना होती थी, फिर दासी भेजी जाती थी (२६-२८)।

नायक के साथ प्रीति हो जाने पर वेश्या एकचारिणी ब्रत का पालन करती थी (६।२।१) और नखरे से अपना प्यार जनाती थी। क्रूर और लोभी माता का उस पर अधिकार होता था, उसके अभाव में वह खाला के अधिकार में होती थी (३)। गणिकामाता कामुक से विशेष स्नेह नहीं रखती थी और जबर्दस्ती अपनी लड़की को उसके यहाँ से खींच लाती थी। उसके बाद नायिका नायक को लुभाने के लिए बीमारी का बहाना करती थी कि जिससे वह उससे मिलने आए। वह बेटी के हाथ उसके पास निर्माल्य और पान भेजती थी। वह राजमार्ग में होते खेल-तमाशे कोठे पर बैठी अन्यमनस्क भाव से देखती थी, उसमें नायक को देखकर लजाती थी तथा उसके द्वेष में द्वेषभाव, उसके प्रिय में प्रियता, उसके शौक में शौक, और उसके हर्ष में हर्ष प्रकट करती थी। वह गुस्सा भी कम करती थी। वह स्वयं काम याचना न करके उसे अपने आकार से दिखलाती थी, सपने इत्यादि का बहाना करती थी और नायक के प्रशंसनीय कामों की तारीफ करती थी। नायक के कुछ बोलते ही उसका अर्थ समझ जाती थी और उसकी प्रशंसा करती थी। उसका मन समझ कर बोलती थी, उसकी बात का ठीक जवाब देती थी। साँसें भरकर, बार-बार जंभाई लेकर, अथवा ज़मीन पर गिरकर नायक के दुःख के साथ वह समवेदना प्रकट करती थी, उसकी दुहाई से उसे आगाह करती थी। वह उसके दूसरे से फँस जाने से दूसरों की प्रशंसा नहीं करती थी, उसी की तरह दूसरे नायक की निन्दा नहीं करती थी और जो कुछ भी मिलता था उसे ले लेती थी। नायक के वृथा नाराज होने पर वह अपनी नाराजगी गहने और भोजन छोड़कर दिखलाती थी। उसके कष्ट सुनकर वह रोती थी, उसके साथ देश छोड़ देने की अभिलाषा दिखलाती थी, तथा राजा के हाथ बिकी होने पर उससे दाम देकर छुड़ाने की बात करती थी। उसकी मंगल कामना के लिए वह मनौती मानकर इष्टदेव की पूजा करती थी। उसकी अनुपस्थिति में कम गहने पहनती थी और कम खाती थी। रात में उसका नाम सुनकर ग्लानि से सिर अथवा छाती पर हाथ रख लेती थी। निद्रा में उसका स्पर्श सुख पाकर वह गोद में बैठती थी, सोती थी और वियोग में मित्र के घर अथवा देव-दर्शन को जाती थी। नायक के व्रत उपवास छुड़ाने में दोष मेरा है यह कहकर खुद व्रत करने लगती थी। विवाद में वह उसकी अशक्ति

की और इशारा कर देती थी। वह उसके और अपने धन में भेद नहीं मानती थी। वह बिना नायक के गोष्ठी इत्यादि में नहीं जाती थी। उसके निर्माल्य और जूठे भोजन में वह मजा पाती थी। वह उसके कुलशील, विद्या इत्यादि तथा माधुर्य की पूजा करती थी। नायक को गीत आदि की तरफ़ झुकाती थी, और बिना मौसम की परवाह किए उसके पास जाती थी। वह नायक से कहती थी कि वे दोनों दु:ख में भी एक साथ रहेंगे। वह नायक के भावों का अनुगमन करती थी। वशीकरण की बात होने से वह उससे फ़ौरन नकार जाती थी। उसके प्रति प्रेम दिखलाने के लिए वह अपनी माता से नित्य झगड़ा करती थी। अगर उसकी माँ जबर्दस्ती उसे दूसरे के यहाँ ले जाना चाहती थी तो विष खाने, भूख हड़ताल, शस्त्र से आत्मघात अथवा फाँसी लगा कर मरने की धमकी देती थी। माता के व्यवहार से रुष्ट नायक को वह दूतों से बुलवाती थी और उसे फँसाने के लिए वेश्यावृत्ति की निन्दा करती थी। वह इस बात का प्रयत्न करती थी कि धन के लिए नायक का उसकी माँ से झगड़ा न हो। पर बिना माँ की सलाह के वह कुछ नहीं करती थी। नायक के विदेश जाने पर कुलवधू की तरह वह अपना शरीर नहीं सजाती थी, गहने न पहनकर केवल मंगलसूचक एक शंख वलय पहनती थी। वह बीती बातों की सोचती थी, शुभाशुभ फल जानने के लिए ज्योतिषियों के यहाँ जाती थी, और नक्षत्र फल पूछती थी। वह सपने में नायक से भेंटने की बात कहती थी। अनिष्ट स्वप्न होने पर वह शान्ति कर्म करवाती थी। नायक के लौटते ही वह काम पूजा करवाती थी, और देवताओं को भेंट चढ़ाती थी और सखियाँ मंगल कामना के लिए पूर्ण घट लाती थीं। अपने नायक के सकुशल लौट आने के लिए कौए की पूजा करती थी। नायक से 'मैं आपके बिना जी नहीं सकती थी' ऐसा वह कहती थी (कामसूत्र ६।२।१-५३)।

इसके बाद वेश्या कामुक से किस तरह माल दुहती थी इसका उल्लेख है। सक्त से स्वाभाविक रीति से ही माल मिल जाता था। आचार्यों के अनुसार जहाँ स्वाभाविक रीति से मनचाहा अथवा उससे अधिक धन मिले वहाँ उपाय की आवश्यकता नहीं होती। पर वात्स्यायन के अनुसार उपायों से उससे दूनी दौलत मिल सकती थी। गहने, पकवान, भोजन, शराब, माला गंध, वस्त्र इत्यादि वह उधार लेकर उसका पर्चा सामने पेश करती थी जिससे वह उसे चुका दे। वह उसके धन की प्रशंसा करके व्रत, पेड़ लगाने, बाड़ी लगाने, मन्दिर बनवाने, तालाब खुदवाने, बगीचा लगवाने, और उत्सवों की बात चलाकर उससे रुपये वसूलती थी। रुपये ऐंठने का दूसरा तरीका यह था कि आरक्षकों और चोरों की मदद से वह अपने गहने चुरवा लेती थी और फिर नायक से उनके लिए पैसे वसूल करती थी। घर जलाकर, दीवारों में सेंध लगवाकर माल गायब होने का बहाना करके वह पैसे लूटती थी। फिर वह नायक के लिए क़र्ज़ लेने का बहाना करके उसके चुकाने के बहाने अपनी माँ से लड़ाई करती थी। नायक के मित्रों के यहाँ उत्सवों में जाने से वह यह कहकर इनकार करती थी कि उपायन के लिए उसके पास पैसे न थे। वह नायक को यह भी सुनाती थी कि उसके मित्र पहले उपायन लाए थे। उससे रुपया वसूल करने के बहाने वह उचित कामों को भी छोड़ देती थी और ग़रीबी दिखलाने के लिए मामूली शिल्पों में लग जाती थी। अपना काम साधने के लिए वह वैद्य

और महामात्र से साँठ-गाँठ जोड़ती थी। नायक के मित्रों और सहायकों के दुःख में वह उनकी इसलिए सहायता करती थी कि वे उसकी तारीफ़ करें। घर बनाने, सखी के पुत्र के अन्न-प्राशन, मुंडन इत्यादि और उसके दोहद और बीमारी तथा मित्र के दुःख दूर करने का बहाना बनाती थी। नायक के सामने ही उसके लिए अपने गहने बेचने की बात चलाती थी तथा बनिए से साँठ-गाँठ करके वह उसे गहना और बरतन-भांडा बेचने के लिए दिखलाती थी। प्रतिगणिकाओं के जैसी ही वस्तुओं को लेने के लिए वह उन्हें बनिए के हाथ नायक को दिखलाती थी जिससे वह उन्हें उसके लिए खरीद ले। वह बराबर उसके पहले के उपकारों की याद दिलाती थी तथा दूतों के द्वारा उसके पास प्रतिगणिकाओं के गहरे लाभ की ख़बर पहुँचाती थी। नायक के सामने वह लजाकर प्रतिगणिकाओं से भी बढ़कर हुए अथवा अपने न होनेवाले लाभ का वर्णन करती थी। अपने पहले के लाभों का वर्णन करके वह बनावटीपन से कहती थी कि उसे कुछ नहीं चाहिए था जिससे वह फंसकर गहरा माल दे। नायक के प्रतिस्पर्धियों के त्याग की वह ख़बर उड़वा देती थी जिससे उसका मन डोले। बालभाव दिखलाकर वह माँगती थी (कामसूत्र, ६।३।१-२६)

वेश्या विरक्त कामुक का पता उसके स्वभाव बदलने अथवा मुँह के रंग से पा जाती थी। ऐसा होने पर वह उसे कम अथवा ज्यादा देता था, उसके विपक्षियों के साथ प्रीति बताता था, करना कुछ चाहिए करता कुछ था, जो कुछ उचित था उसे भी नहीं देता था, देना जानकर भी उसे भूल जाता था, मित्रों के साथ इशारे से बातचीत करता था, मित्र के काम के बहाने दूसरी जगह सोता था और पहले की रखेली के परिचारक के साथ गुपचुप बातचीत करता था (कामसूत्र, ६।३।३७-३५)।

जब वेश्या को नायक की विरक्ति का पता चल जाता था तो वह चुपके-चुपके उसका माल अपने क़ब्ज़े में कर लेती थी और कह देती थी कि साहूकारों ने जबर्दस्ती क़ब्ज़ा जमा लिया। उसके झगड़ा करने पर 'माल मेरा है तू कौन होता है' यह कह कर वह अदालत पहुँचती थी (कामसूत्र, ६।३।३६-३८)।

अपने सक्त कामुक के साथ भी वेश्या गहरी चाल चलती थी। जब उसकी रकम छीज जाती थी तब उसका अपराध दिखलाकर उसे निकाल बाहर करने की तरकीब करती थी। खुक्ख पर बाद में शायद माल पैदा करने वाले कामुक को वह ऐसे उपाय से निकालती थी कि जिससे उसके साथ उसकी पूरे तौर से खटक न जाय। नायक को निकाल बाहर करने के लिए वह उसके मन की बात नहीं करती थी, उसकी निन्दा करती थी, उसे देख कर ओठ बिचकाती थी, ज़मीन पर पैर पटकती थी, उसके अनजाने विषयों पर बात करती थी और जाने विषयों की इसलिए अवहेलना करती थी कि लोगों में उसकी हँसी हो, उससे घृणा करती थी, उसकी शान की हँसी उड़ाती थी, बहुतों का साथ करने लगती थी, उसके जैसों की निन्दा करती थी और अकेले में उसे पास नहीं आने देती थी। रति के समय पान इत्यादि लेने में आनाकानी करती थी, उसे चूमने नहीं देती थी, जघनस्थल छिपाती थी, नख और दंतच्छदों से घृणा करती थी। आलिंगन करने पर हाथ बाँध लेती थी, बदन स्तब्ध कर लेती थी, कमर

टेढ़ी कर लेती थी, नींद का बहाना करती थी, थकावट दिखलाती थी, कमजोर की हँसी और मजबूत की तारीफ़ करती थी, तथा दिन में उसका रतिभाव ताड़कर बाहर चल देती थी। उसकी बातों में वह नुक्स निकालती थी, उसके भोंड़ेपन पर हँसती थी, हँसी करने पर बात उड़ा देती थी, उसके बात करने पर वह भौहें मार कर चाकर की ओर देखती थी अथवा उसे मारती थी, उसे ठोंक कर बात बदल देती थी, उसके अपराधों और बुराइयों का वर्णन करती थी, और चुटकी बजा कर उसको पीड़ा पहुँचाने वाली बातें करती थी (कामसूत्र, ६।३।३९-४३)

पर वेश्या बड़ी काइयाँ होती थी। वह अपने कोठे के निकसुओं से भी फिर से दोस्ती गाँठने के लिए तैयार रहती थी। वह यह ख़बर उड़ा देती थी कि निकालने में दोष नायक का था, जहाँ वह गया वहाँ से भी निकाला गया अथवा दोष दोनों का था, इत्यादि। पर वह उससे मिलने का हमेशा मौका ताड़ा करती थी। जैसे ही वह देखती थी कि उसके धन अथवा मान में वृद्धि हुई, अथवा वह अपनी स्त्री अथवा घर से अलग हुआ कि वह उसे फिर से फँसाने का प्रयत्न करती थी। इसके लिए वह नायक के पीठमर्द आदि से कहलवाती थी कि अपनी माता की बदमाशी से विवश होकर उसने उसे निकाला था। इस तरह उसके फिर से फँस जाने पर वह उसे दुहती थी (कामसूत्र, ६।४)।

वात्स्यायन ने वेश्याओं के सम्बन्ध की और भी बहुत-सी बातें कही हैं। बहुत-से कामुकों के होने पर उसे लाभ के लिए हर रोज़ एक-एक नया लेना चाहिए, एक ही को लेकर बैठ न जाना चाहिए, देश, काल, स्थिति, अपने गुण और सौभाग्य और दूसरियों से अपनी कमियाँ देखकर रात में धन लेना चाहिए, गम्य कामुक के पास दूत भेजने चाहिए, लाभ के लिए एक ही के साथ दूसरे, तीसरे या चौथे दिन जाना चाहिए, बाक़ी दिनों में सबके साथ। नगद देने वाले से मिलना चाहिए। मन्दिर और तालाब बनवाना, बाँध बँधवाना, अग्नि चैत्य बनवाना, दूसरे के हाथ से ब्राह्मणों को गोदान देना, देवपूजा और भेंट करना इत्यादि गणिका के अतिशय लाभ के द्योतक थे। अच्छा सजा घर, कीमती सामान, नौकर इत्यादि रूपाजीवा के लाभातिशय के द्योतक थे। सफ़ेद कपड़े पहनना, अच्छा खाना खाना, पान छत्र का सेवन और सोने के गहने पहनना कुम्भदासी के सौभाग्य के द्योतक थे (कामसूत्र, ६।५)।

वात्स्यायन ने कामसूत्र में अपने युग की वेश्याओं के मनोवैज्ञानिक भावों का स्पष्टीकरण किया है, पर उसके रूप का स्पष्ट दर्शन तो साहित्य में होता है। उससे पता चलता है कि कुछ वेश्याएँ ऐसी होती थीं जो प्रेम के लिए सब कुछ त्याग देने को तैयार रहती थीं। मृच्छकटिक की वसन्तसेना ऐसी गणिकाओं में एक थी, पर तत्कालीन वेश्याएँ सभी ऐसी नहीं होती थीं। विट ने उसे धन हरने वाला पण्यभूत शरीर कहा है और उसकी तुलना उस वापी से की जिसमें श्रेष्ठ ब्राह्मण और मूर्ख शूद्र दोनों नहाते हैं, उस लता से जो कौए और मोर दोनों के भार से झुक जाती है, उस नौका से जिस पर चढ़ कर ब्राह्मण, क्षत्रिय और वैश्य पार उतर जाते हैं की है[1] मृच्छकटिक के चौथे अंक में वसन्तसेना और मदनिका के संवाद से भी वेश्या-जीवन के कुछ पहलुओं पर प्रकाश पड़ता है। वसन्तसेना चारुदत्त की शबीह पर आँख गड़ाए हुए मदनिका से पूछती है कि शबीह कैसी थी। मदनिका ने जवाब दिया कि

शबाहत ठीक थी। वसन्तसेना के यह पूछने पर कि वह कैसे, उसने कहा है इसलिए कि उस पर उसकी आँख लगी थी। इस पर वसन्तसेना कहती है ऐसा कहना उसका वेश में रहने की चतुराई प्रकट करता था। इस पर मदनिका ने कहा कि क्या वेश में रहने वाले झूठ बोलने में चतुर होते थे। इस पर वसन्तसेना ने उत्तर दिया कि हर तरह के लोगों का साथ करने से वेश्याएँ झूठ बोलने में कुशल हो जाती हैं। उसी अंक में शर्विलक और मदनिका को आपस में बड़े प्रेम से बातचीत करते हुए देख कर वसन्तसेना कहती है कि ऐसा मालूम पड़ता था कि शर्विलक उसे दासी वृत्ति से छुड़ाना चाहता था। शर्विलक ने आगे चल कर मदनिका से पूछा कि क्या वसन्तसेना निष्क्रिय लेकर उसे छोड़ देने पर तैयार थी। इस पर मदनिका ने जवाब दिया कि वसन्तसेना की इच्छा बिना पैसा लिए सब परिजनों को दास बंधन से मुक्त कर देने की थी। फिर उसने कहा कि उसके पास इतना पैसा कहाँ से आया जो वह उसे छुड़ाने की बात सोचता था। उपर्युक्त कथनोपकथन से यह पता चल जाता है कि परिचारिकाएँ खरीदी हुई होती थीं और पैसे भर कर उन्हें छुड़ाया जा सकता था। उसी अंक में शर्विलक मदनिका से बिगड़ कर वेश्याओं की बुराई करता है—वेश्या रूपी चिड़ियाँ फले-फूले कुलपुत्र रूपी वृक्षों का सफाया कर देती हैं (४। १०)। मनुष्य कामासक्ति में अपना धन और यौवन झोंक देते हैं (४। ११)। वे मूर्ख हैं जो श्री और वेश्या में आस्था रखते हैं (४। १२)। वेश्याओं से प्रेम नहीं करना चाहिए क्योंकि वे प्रेमी की प्रताड़ना करती हैं, केवल उसी से प्रेम करना चाहिए जो प्रेम करे, विरक्ता से दूर ही रहना चाहिए (४।१३), वे धन के लिए रोती हैं और हँसती हैं, पुरुषों पर विश्वास जमाती हैं पर स्वयं विश्वास नहीं करतीं, इसलिए कुल शील वाले पुरुष को उनके पास नहीं फटकना चाहिए (४।१४)। समुद्र की लहरों की तरह चंचल, सन्ध्या के बादलों की ललाई की तरह क्षणिक, लुटेरी वेश्याएँ पुरुष को लूट कर निचोड़े हुए आलते की तरह फेंक देती हैं (४। १५)। वे अपने दिल में एक को स्थान देकर दूसरे को आँखों के इशारे से बुलाती हैं, एक कामुक को धता बता कर दूसरे की शरीर से कामना करती हैं (४।१६), पहाड़ की चोटी पर कोई नहीं फूलती, गदहे घोड़े की सवारी नहीं सँभाल सकते, बोया हुआ जौ धान नहीं हो सकता और वेश्याएँ पवित्र नहीं हो सकतीं (४१७)। पर वेश्याओं की बुराइयों का बखान करते हुए भी शूद्रक ने विट के मुख से वसन्तसेना की तारीफ़ करवायी है। शकार विट से वसन्तसेना को मार डालने के लिए कहता है। इस पर वह कान बंद करके कहता है कि वह जवान स्त्री, नगर का भूषण और वेष नियम के विरुद्ध प्रेम करने वाली थी। उसको मार कर भला वह किस डोंगी से परलोक की नदी पार कर सकता था (८।२३)।

मृच्छकटिक में हम ऊपर देख आए हैं कि वेश्याएँ दासियाँ रखती थीं और नगद देकर वे दास-बन्धन से मुक्त की जा सकती थीं। पादताडितकम् में अनेक देश की वेश्याओं का वर्णन है जिनमें सिंहल की मयूरसेना, बर्बरी और यवनी कर्पूरतुरिष्टा की ओर हम पाठकों का ध्यान आकृष्ट कराना चाहते हैं, क्योंकि गुप्तकालीन और उसके पूर्ववर्ती साहित्य में

१. मृच्छकटिक, पृ० १।३१-३२।

विदेशी और देशी दासियों के अनेक उल्लेख हैं। पेरिप्लस[१] (ई. प्रथम सदी) के अनुसार भड़ोच में उतरनेवाले विदेशी माल में गानेवाले लड़के और विदेशी दासियाँ होती थीं। अन्तगडदसाओं[२] में विदेशी दासिओं की सूची दी हुई है जिनमें कुछ की पहचान हो सकती है, कुछ की नहीं।[३] बब्बरी बर्बर देश यानी उत्तरी और पूर्वी अफ्रीका की, पौसय शायद वंक्षु प्रदेश की, जोणिय यूनान की, पह्लवी शायद उत्तर ईरान की, यूषिणय शायद ऋषिक या पूची जाति की, दामिली तमिल देश की, सिंहली सिंहल की, आरबी अरब की, पुलिंद (भील), पक्कणी फरगना की, बहली पंजाब की, मुरुंडी लमगान की। शबरी और पारसी तो पहचानी जाती है पर घोसणिगिणि, लासिय और लौसिय कहाँ से आती थीं इसका पता नहीं। इन विदेशी दासियों की वेषभूषा उन-उन देशों के अनुरूप होती थी। ये दासियाँ इस देश की भाषा न समझ सकने के कारण केवल इशारों से बातचीत कर सकती थीं। पादताडितकम् में यवनी कर्पूरतुरिष्टा से कारण ही विट ने इससे बातचीत नहीं की।

वसुदेवहिंडी में भी वेश्या-जीवन पर काफी प्रकाश डाला गया है जिसके कुछ पहलुओं का उल्लेख हम पहले ही कर आए हैं। धमिल्लहिंडी में[४] वसन्ततिलका गणिका के प्रसंग में तत्कालीन वेश्या-जीवन पर काफी प्रकाश पड़ता है। बेचारा धम्मिल्ल ब्याह हो जाने पर भी व्याकरण का समान और सवर्ण धोखा करता था। इस बात की उसकी स्त्री ने अपनी सास से शिकायत की। उसके पिता ने उसे गोष्ठिकों के साथ लगा दिया। एक नृत्य के समय वसन्ततिलका का धम्मिल्ल से प्रेम हो गया और वह उसके साथ रहने लगा। गणिका की माता के पास रोज़ पाँच सौ कार्षापण भेजने से धम्मिल्ल के माता-पिता धीमे-धीमे खुक्ख हो गए और पुत्र के वियोग में उनकी मृत्यु हो गई। धम्मिल्ल की स्त्री भी घर बेच कर नैहर चली गई। दासी के हाथ अपने सारे गहने उसने वसन्ततिलका के पास भिजवा दिए पर उसने उन्हें लौटा दिया।

इधर धम्मिल्ल का माल समाप्त हो जाने पर वसन्ततिलका की माता ने उसे निकाल बाहर करने की सलाह दी, पर वसन्ततिलका का धम्मिल्ल के प्रति प्रेम वास्तविक था और इसलिए उसने अपनी माँ की बात नहीं मानी। पर माँ बड़ी धूर्त थी। उसने एक दिन घर में कर्वट देवता का उत्सव किया जिसमें तमाम गणिकाएँ शामिल हुईं। धम्मिल्ल उस उत्सव में जब शराब पीकर बेहोश हो गया तो गणिका माता ने उसे एक फटा-पुराना कपड़ा पहना कर नगर के बाहर फिंकवा दिया। होश आने पर धम्मिल्ल गणिकाओं को कोसने लगा। बाद में अपने माता-पिता की मृत्यु का हाल सुन कर उसे अत्यन्त खेद हुआ। उधर जब वसन्ततिलका को अपनी माता की धोखेबाजी का पता चला तो उसने एकवेणी बाँध कर और गंध, पुष्प और अलंकार छोड़कर विरहिणी व्रत धारण कर लिया। बहुत दिनों के बाद धम्मिल्ल के साथ फिर उसका मिलन हुआ।

वसुदेवहिंडी से वेश्याओं के सम्बन्ध में और भी कुछ जानकारी मिलती है। एक जगह (पृ.

---

१. शॉफ, पेरिप्लस ऑफ दि एरीथ्रियन सी, पृ० ४२। एल० डी० बार्नेट, द्वारा अनूदित, पृ० २८-२९ लंडन, १९०१; नायाधम्म कहाओ, १।२०। ३. देखो, मोतीचन्द्र, प्राचीन भारतीय वेशभूषा, पृ० १४१-१४२। ४. वसुदेवहिंडी, पृ० ३३ से।

१२८) गणिकाओं की एक विचित्र उत्पत्ति दी हुई है। कथा यह है कि भरत केवल एक स्त्री व्रतधारी थे। इस पर सामन्तों ने एक साथ ही बहुत-सी कन्याएँ उनके पास भेजीं। उन्हें देख कर रानी के मन में शंका हुई और उसने भरत को इस बात पर राजी कर लिया कि वे राजा की सेवा वाह्योपस्थान में करें। इसके बाद छत्र और चमर लेकर वे राजा की सेवा करने लगीं। बाद में वे कन्याएँ गणों को दे दी गईं और इस तरह गणिकाओं की उत्पत्ति हुई। इसी कथा का दूसरा रूप हमें वृहत्‌कथाश्लोकसंग्रह (१०। १८३-१८७) में मिलता है। कथा के अनुसार भरत ने जबर्दस्ती समुद्र कन्याओं का अपहरण करके उनसे विवाह करना चाहा लेकिन उनमें उसको केवल एक ही कन्या रुची। बाकी कन्याओं से उसने आठ गण बनाए और प्रत्येक गण की एक नायिका नियुक्त की जिसे छत्र, चमर और आसन रखने का अधिकार था। गण की नायिका महागणिका कहलायी। वेश्याओं में गणिका सबसे ऊँचे दरजे की वेश्या होती थी और क्रय दासी सबसे नीचे दरजे की। गणिका की उत्पत्ति के उपर्युक्त विवरणों से ऐसा पता चलता है कि गणिकाओं का सम्बन्ध गणों से था और जैसा हम एक दूसरी जगह देख चुके हैं शायद गण की आज्ञा से ही अग्रगणिका की नियुक्ति होती थी।

वसुदेवहिंडी (पृ. ४२५) में भी बर्बरी और किराती (चिलातिका) नामक संगीत और नृत्य में निष्णात दो दासियों का उल्लेख है। एक दूसरी जगह (पृ. ४७८) कुब्ज, वामन किरात और नाटक की पात्रियों का दहेज में देने का उल्लेख है।

दशकुमारचरित के द्वितीय उच्छ्वास में भी वेश्याओं का सुन्दर चित्रण हुआ है। चम्पा में गंगा के किनारे अपहारवर्मा मरीचि नामक ऋषि से मिला और उन्होंने काममंजरी द्वारा अपनी दुर्गति बनने की बात कही। एक दिन चंपा की काममंजरी नाम की वार युवति रोती, कलपती उनके पास पहुँची। ऋषि के पूछने पर उसने कहा कि ऐहिक सुख से उसका मन उचट गया था और इसलिए वह उनकी शरण में आयी थी। पर उसकी माता ने कहा कि उसके बिगड़ने का कारण उसका अपना अधिकार जतलाना था। वेश्या की माता लड़की जनमते ही उसकी मालिश (अंगक्रिया) का प्रबन्ध करती थी, उसके तेज, बल, रंग और बुद्धि बढ़ने के लिए और शरीर की बिगड़ी धातुओं को ठीक कराने के लिए वह उसे कम आहार करा कर उसके शरीर का पोषण करती थी। उसकी पाँच वर्ष की उमर से उसका पिता भी उसे नहीं देख सकता था। उसके जन्मदिन तथा पुण्य दिनों पर वह उत्सव मनाती थी और मंगलाचार करती थी। उसे कामशास्त्र की सांगोपांग शिक्षा दी जाती थी और वह नृत्य, गीत, वाद्य, नाट्य, चित्र, पाठशास्त्र, गन्ध और माल्य मन्थन तथा लिपि और हाजिर जवाबी की कलाओं का भरपूर अध्ययन करती थी। उसे व्याकरण, तर्कशास्त्र और सिद्धान्त का भी थोड़ा-थोड़ा ज्ञान कराया जाता था। जीविका पालन के उपाय, क्रीड़ा-कौशल और सजीव और निर्जीव द्यूत विधियों का उसे अध्ययन कराया जाता था। विश्वासियों द्वारा अंग-स्पर्श कला का उसे ज्ञान प्राप्त होता था। यात्राओं, उत्सवों, आदि में उसे सज-धज कर उसका विज्ञापन किया जाता था। उस्तादों से उसे सामयिक संगीत इत्यादि की शिक्षा दिलाई जाती थी। चारों ओर समाजियों द्वारा उसकी तारीफ़ फैलवा दी जाती थी। लाक्षणिकों को

मिलाकर उसके कल्याणकारी लक्षणों की शुहरत कर दी जाती थी। पीठमर्द, विट, विदूषक और भिक्षुणियाँ नागरिकों की मंडलियों में उसके रूप, शील, शिल्प, सौन्दर्य और माधुर्य की तारीफ़ करती थीं। युवक के फँसने पर अधिक से अधिक फीस की व्यवस्था की जाती थी। जाति, रूप, वय, अर्थ, शक्ति, शौच, त्याग, दाक्षिण्य, शिल्प, शील और माधुर्य से संपन्न और स्वतंत्र व्यक्ति को ही वह दी जाती थी। बड़े गुणवान के स्वतंत्र न होने पर भी थोड़े ही पर वह उसके साथ लगा दी जाती थी। जो स्वतंत्र नहीं थे उनके गुरुजनों से उनके साथ गान्धर्व विवाह का भय दिखाकर पैसा वसूला जाता था। कामी के निश्चित फीस न देने पर उसे अदालत में खींचा जाता था। असली प्रेमी के लिए वह एकचारिणी व्रत करती थी। नित्य और नैमित्तिक कार्यों के बहाने से कामुक का बचा-खुचा धन खींच लिया जाता था। लालची के धन न देने पर उसे जबर्दस्ती पकड़ कर बैठाए रखा जाता था, लोभी कामुक को दुहने के लिए पड़ोसी की मदद लेनी पड़ती थी। प्रेमी के खुश हो जाने पर खाला उसे गालियाँ देकर, चिल्लाकर, लड़की को उसके पास जाने से रोक कर, उसे लज्जित हो जाने से रोककर, उसे लज्जित और अपमानित करके निकाल बाहर करती थी। उसे धन देने वाले, संकट टालने वाले और अनिंद्य रईस की खोज करनी पड़ती थी।

इस तरह वेश्या धर्म की विवेचना करने के बाद काममंजरी की माँ ने कहा कि वह एक से फँस कर अपना पैसा खरचती थी। मना करने पर वह भाग कर ऋषि के पास चली आई। बेचारे मरीचि ने भी उसे कुलधर्म पालन करने की सलाह दी पर वह अपनी बात पर डटी रही। इस पर ऋषि ने उसकी माँ को यह समझा कर विदा किया कि जंगल की तकलीफ़ें उठा कर वह कुछ दिनों में स्वयं ठीक हो जायगी। खाला के लौट जाने पर काममंजरी हलके सुन्दर वस्त्राभूषण पहन कर, देव पूजन, कुसुम चयन इत्यादि में अपना समय बिताने लगी। एक दिन उसने बातचीत में ऋषि को ऐसा लुभाया कि वह उसके साथ शहर में उसके घर जा पहुँचा। दूसरे दिन कामोत्सव में राजा ने मुसकरा कर उसे ऋषि के साथ बैठने को कहा। बाद में पता लगा कि काममंजरी ने एक वेश्या से ऋषि को फँसा कर लाने की बाजी लगा रक्खी थी। इसके बाद अपहारवर्मा की एक जैन साधु से भेंट हुई जो रो रहा था। पूछने पर उसने बताया कि वह वसुपालित नाम का बनिया था। उसकी बदसूरती से लोग उसे विरूपक कहते थे। एक बार कुछ बदमाशों ने उसकी सुन्दरक नामक सेठ से जो बड़ा खूबसूरत था लड़ाई करा दी और स्वयं इस बात का फैसला किया कि काममंजरी जिसे कबूल करे वही बड़ा था। काममंजरी ने उसे फँसा कर केवल लँगोटी मात्र उसके पास छोड़ी। उसे सांत्वना देकर अपहारवर्मा ने जुआरियों का साथ कर लिया और फिर चोरी करने लगा और उसने अनेक साहसिक कामों में भाग लिया। एक बार अपहारवर्मा के कहने पर धनमित्र ने राजा से जा कर कहा कि उसके पास एक बटुआ था जो उसे धन देता था और वह बनियों और वेश्याओं की भी माँगें पूरी करता था। इस प्रपंच से धनमित्र की नगर में शोहरत हो गई। इस बीच में अपहारवर्मा काममंजरी की बहिन रागमंजरी के प्रेम में फँस गया और उसी तरह रागमंजरी उसके प्रेम में। माता के मना करने पर कि वह ग़रीब था उसने जवाब दिया कि

उसे गुण से मतलब था पैसे से नहीं। इस पर काममंजरी और उसकी माँ ने राजा से रागमंजरी के कुल परम्परा तोड़ने की और धन से मुँह मोड़ने की शिकायत की। राजा ने रागमंजरी को समझाया पर वह अपनी बात पर डटी रही। यह सुनकर और यह जान कर कि बिना पैसे के रागमंजरी की माँ उससे नहीं मिलने देगी अपहारवर्मा ने एक चाल चली। उसने उसकी माँ की कुटनी बौद्ध भिक्षुणी धर्मरक्षिता से उसके पास यह सन्देशा भिजवाया कि रागमंजरी के मिलने पर जादू का बटुआ उसे भेंट कर दिया जायगा। काममंजरी ने बटुआ लेकर रागमंजरी और अपहारवर्मा की शादी की इजाज़त दे दी। पर बटुए से धन पाने के लिए छल से कमाया रुपया लौटा देना आवश्यक था और काममंजरी ने भी वैसा ही किया। उधर उसने धनमित्र से राजा के पास फ़रियाद करवा दी कि बटुआ उसका था जो चोरी चला गया था। जब राजा ने उसे बुलाया तो अपहारवर्मा से यह सुन कर कि उसकी दुर्गति होने वाली है रागमंजरी ने धनमित्र को बटुआ लौटा दिया। पर माल बाँट देने पर वह खुक्ख हो गई। इस तरह से अपहारवर्मा ने उसकी चालाकी का उसे भरपूर बदला दे दिया।

गुप्त युग में वेश्याओं का राजमहल और राज-दरबार से काफी सम्बन्ध था। इस युग के पहले भी राजाओं और वेश्याओं के सम्बन्ध का पता चलता है। मेगस्थनीज[१] के अनुसार राजा के शरीर की रक्षा का भार दासियों पर होता था। कर्तियस[२] के अनुसार वे राजा को भोजन कराती थीं और शराब पिलाती थीं और उसके नशे में बेहोश हो जाने पर शची देवता का गीत गाती हुईं वे उसे शयनागार में ले जाती थीं। शिकार में वे अस्त्र-शस्त्रों से सुसज्जित होकर हाथी-घोड़ों और रथों पर चढ़ कर उसके साथ जाती थीं। कौटिल्य के अनुसार (मूल पृ. ४४) वेश्याएँ राजा के नहलाने (स्नापक), मालिश करने (संवाहक), पलंग लगाने (आस्तरक) तथा धोबी और माली का काम करती थीं। राजा को जल, गन्ध, चूर्ण, वस्त्र और माला देते समय परिचारकों के साथ वेश्याएँ उन वस्तुओं को अपनी बाहुओं और छाती में लगा कर फिर उन्हें भेंट करती थीं। वेश्याध्यक्ष (२।२७।४४) गणिका और प्रतिगणिका की नियुक्ति करता था। उसके बाहर चले जाने अथवा मरने पर उसकी बहन उसकी जगह काम करके वेतन और जायदाद की हक़दार होती थी। वारिस न होने पर जायदाद राजा को मिलती थी। गणिकाएँ उनके रूप और अलंकार के अनुसार उत्तम, मध्यम और कनिष्ठ श्रेणियों में बाँट दी गई थीं और उनका वेतन हज़ार की इकाई में निश्चित कर दिया गया था। छत्र, भृंगार और पंखा लेना, शिविका, पीठिका और रथ पर राजा का साथ देना गणिकाओं के विशेष अधिकार थे। रूप समाप्त हो जाने पर वह खाला (मातृका) बना दी जाती थी। दासवृत्ति से अपने को मुक्त करने के लिए बारह हजार पण देने पड़ते थे। गणिका आठ वर्ष की उम्र से ही राजा के सामने गाने-बजाने लगती थी। बूढ़ी हो जाने पर गणिकाएँ रसोईघर और भण्डारों में लगा दी जाती थी। किसी की रखैल (अवरुद्धिका) बन जाने पर गणिका को सवा पण हर महीने राजा को दंड की तरह भरना पड़ता था। गणिकाध्यक्ष गणिकाओं की आय और

---

१. मेक्रिंडिल, इंडिया एज डिस्क्राइबड इन क्लासिकल लिट्रेचर, पृ० ५८। २. वही, पृ० ७८ पा० टि०।

व्यय पर ध्यान रखता था और उन्हें फ़जूल ख़र्चों से रोकता था। गणिका को तंग करने वालों के लिए दण्ड की व्यवस्था थी। गणिका तथा नाचने-गाने वालों को बाहर से आने पर पाँच पण प्रेक्षावेतन भरना पड़ता था। रूपाजीवा को महीने में दो दिन की कमाई कर में भरनी पड़ती थी। वेश्याओं के कला और संगीत के शिक्षकों को राज की ओर से वेतन मिलता था।

गुप्त युग में भी राजाओं और वेश्याओं का सम्बन्ध वैसे ही चलता रहा। मृच्छकटिक के अनुसार (३।१०) राजगणिकाएँ सड़कों पर नहीं चलती थीं। समुद्रगुप्त के अभिलेख (गु. ई. १, पृ. ८) में कन्योपायनदान अर्थात् भेंट में कन्याओं के मिलने का उल्लेख है। वे राज सेवा सम्बन्धी सब काम करती थीं। हर्षचरित (दृ. १८६-१८९) में पुत्र जन्म के अवसर पर वेश्याओं का कुल-वधुओं के साथ मिलकर नाचने का उल्लेख है। बाण कहते हैं कि जवान सामन्त राजा को खुश करने के लिये नाचे। शराब में मस्त दासियाँ गणिकाओं की नक़ल करके नाचीं, कुछ लोग कुटनियों के संग नाचने लगे। कुम्भदासियाँ तपस्वियों से भेंटने लगीं, दास गालियाँ बकने लगे और रानियाँ कंचुकियों को नचाने लगीं। गणिकाएँ बीन, तम्बूरे और मृदंग इत्यादि के साथ नाचने लगीं और अपने प्रेमिकों के सुखद रासपद गाने लगीं। उनके सिर पर गजरे और कानों में फूल के झूमर थे। ललाट पर चन्दन तथा कुरंटक की मालाएँ नितम्बों पर लटकती थीं। उनके शरीर पर केसर और चेहरों पर सिन्दूर बिन्दु लगे थे। सुगन्धि से वे महमहा रही थीं और लोगों पर मालाएँ उछाल रही थीं।

वेश्याओं का देवालयों से बहुत प्राचीन सम्बन्ध रहा है। चतुर्भाणी में कई जगह वेश्याओं का मन्दिरों में गाने-बजाने का उल्लेख है।

पद्मप्राभृतकम् (पृ. ३५) में वनराजिका फूल के गहनों और उपहारों से लदी कामदेव के मन्दिर से उतरती कही गई है। उभयाभिसारिका (१२२-१२३) में नारायण के मन्दिर में कुबेरदत्त द्वारा मदनाराधन के लिए मदनसेना का जलसा किया गया। पादताडितकम् (पृ. २१२) में पुस्तकवाचिका और गंगा-यमुना की चामरग्राहिणी मदयंती भी वेश्या थी। पर इन सब उद्धरणों से यह नहीं पता चलता कि इन वेश्याओं को मन्दिरों से कोई बँधी रक़म मिलती थी या नहीं। इसमें सन्देह नहीं कि देवदासी की प्रथा काफी प्राचीन है। अर्थशास्त्र के सूत्राध्यक्ष प्रकरण में (मूल. पृ. ११३)इस बात का उल्लेख है कि विधवाओं और वेश्याओं के साथ-साथ सूत्राध्यक्ष देवदासियों से भी सूत कतवाता था। इस उल्लेख से यह बात साफ़ हो जाती है कि मौर्यकाल में भी देवदासियों की प्रथा थी और वे दूसरी वेश्याओं से भिन्न मानी जाती थीं। मेघदूत (१।३४-३५) में उज्जैन के महाकाल के मन्दिर में चामरग्राहिणी वेश्याओं के नृत्य का वर्णन है। उनके पदाक्षेप से ताल में उनकी करधनी खड़कती थी। भविष्यपुराण (१।९३।६७) में भक्तिपूर्वक सूर्य को वेश्यादान से सूर्यलोक प्राप्त होने की बात कही गई है। श्युवानच्वाङ् (वाटर्स, २, पृ. २५४) के अनुसार मुल्तान के सूर्य मन्दिर में वेश्याएँ बराबर गाती-नाचती रहती थीं। कुट्टनीमतम् भी एक जगह (श्लो. ७४३) बनारस के गम्भीरेश्वर के मन्दिर में देवदासी का उल्लेख है, जो जल्दी किसी को हाथ नहीं रखने देती थी। राजतरंगिणी में भी कई जगह देवदासियों का उल्लेख आया है। जयापीड

घूमते-घामते पौंड्रवर्धन पहुँचा। एक दिन वह कार्तिकेय के मन्दिर में नाच देखने गया। वहाँ भरत की पद्धति से नृत्य देख कर वह दरवाज़े पर बैठ गया। वहाँ उसकी कमला नामक देवदासी से मुलाकात हुई और वह उसे अपने घर ले गई (४।४२१ से)। उत्कर्ष की रखेली सहजा सती हो गई। वह देव दासी थी (८।८५० से)। एक दूसरी जगह (४।२६९) दो देवगृहाश्रित नर्तकियों का उल्लेख है। जिस मन्दिर में वे नाचती थी वह ज़मीन में धस गया था। क्षेमेन्द्र की समयमातृका में भी देवदासी का उल्लेख है। एक जगह (३।३३) कहा गया है कि कायस्थ को टरकाने से देवगृह की वृत्ति वेश्या को नहीं मिल सकती थी। दूसरी जगह कुटनी एक बनिए से क़र्ज़ माँगकर कहती है कि देवालय से मिले अन्न से वह कर्ज पूरा कर देगी (८।८८)। कथासरित्सागर में मथुरा की रूपणिका की कथा से पता चलता है कि वह पूजा के समय नाचने-गाने के लिए देवमन्दिर जाती थी। वह देवदासी की वृत्ति और वेश्यावृत्ति दोनों का ही पालन करती थी।

अलबिरूनी के अनुसार (सचाऊ, भा. २०, पृ. १५७) ब्राह्मण और ऋषि इस प्रथा के बड़े विरुद्ध थे, लेकिन राजाओं के पक्ष में होने से उनकी कुछ न चलती थी। राजस्थान के एक दसवीं सदी के अभिलेख (एपि. इंडिका, १०, पृ. २८) में राजा ने अपने वंशधरों को आदेश दिया है कि उसके द्वारा मन्दिर में जो देवदासियों का प्रबन्ध किया गया था वह ब्राह्मणों और साधुओं की बात से नहीं रोका जा सकता था। वाघली (खानदेश) के १०९०-९१ के अभिलेख में गोविन्दराज ने एक पाटक का दान विलासिनियों के नाच-गाने के लिए दिया था (एपि. इं. २, पृ. २२७)। चाहमान जोजल देव के १०९०-९१ के एक लेख में (एपि. इं. ११, पृ. २६-२७) सब देवदासियों को यह आदेश दिया गया था कि वे खूब बन-ठन कर जलसा करें। दक्षिण में तो इस प्रथा का हाल तक बोल वाला था। राजराज के १००४ के एक लेख में (साउथ इंडियन इनस्कृप्शन्स, भा. २, पृ. २५९-३०३ इस बात का उल्लेख है कि तंजोर के प्रसिद्ध मन्दिर में ४०० तलि-चेरि-पेण्डगल यानी देवदासियाँ थीं। वे मन्दिर के आसपास की गलियों में रहती थीं और सेवा के लिए उन्हें धान के सौ कलम मिलते थे।

चतुर्भाणी का विषय वैशिक जीवन है, पर प्रसंगवश उसमें अनेक ऐसे उल्लेख आ गए हैं जिनसे गुप्तकालीन धार्मिक विश्वासों पर कुछ प्रकाश पड़ता है। हमें इतिहास से पता चलता है कि गुप्तयुग में भागवत धर्म का कितना प्रभाव था। चतुर्भाणी के कुछ उद्धरणों से भी तत्कालीन भागवत धर्म पर प्रकाश पड़ता है। इस सम्बन्ध में सबसे पहले हमें चौक्ष शब्द पर विचार करना होगा। पद्मप्राभृतकम् (पृ. २१,२३) में धर्मासनिकपुत्र पवित्रक को विट चौक्ष कहता है। पादताडिकतम् (१६३, १६५) में भी अमात्य विष्णुदास को चौक्ष बताया गया है। चौक्ष (पाणिनि ४।४।६२) के साधारण अर्थ पवित्रता के होते हैं, पर चतुर्भाणी में चौक्ष शब्द में लाक्षणिक अर्थ भी है। श्री चन्द्रबली पांडे ने 'नईधारा' के एक अंक में इस शब्द पर विचार किया है। वे दण्ड और कुंडिका भाजन लिये हुए मृच्छकटिक के परिव्राजक जिसे खुंटमोडक नामक हाथी ने लपेट लिया था और वेत्रदण्ड और कुण्डिका भाजन लिए हुए अमात्य विष्णुदास की तुलना करके इस निष्कर्ष पर पहुँचे हैं कि चौक्ष वास्तव में एकायन

भागवत थे। उनकी इस पहचान का समर्थक नाट्य-शास्त्र का एक श्लोक और उस पर अभिनव गुप्त की टीका है। भरत[1] के अनुसार चौक्ष या चोक्ष (अपपाठ चैक्ष), परिव्राजक, मुनि, शाक्य, श्रोत्रिय, शिष्ट और धार्मिकों को संस्कृत बोलना आवश्यक था। चोक्ष पर टीका करते हुए अभिनव गुप्त ने कहा है—चोक्षा भागवतविशेषा ये एकायना इति प्रसिद्धाः अर्थात् चोक्ष भागवत विशेष थे जो एकायन नाम से प्रसिद्ध थे। पद्म-प्राभृतकम् में चौक्ष पवित्रक के वर्णन से पता चलता है कि आज की तरह ही उन दिनों भी भागवतों को छुआछूत का रोग लगा था, गोकि कभी-कभी वे वेश्यागमन से बाज नहीं आते थे। अमात्य विष्णुदास के वर्णन से चौक्षों के रूप पर कुछ और अधिक प्रकाश पड़ता है। उसके पास वेत्रदंड और कुंडिका भांड थे। वह ध्यान अभ्यास के फेर में पड़कर न्यायालय का ठीक तरह से काम नहीं करता था विट से उसकी बातचीत से पता चलता है कि वह आचार-विचार में संलग्न रहता था। लगता है स्वस्तिवाचन, वंदना, योगशास्त्र एकायन भागवत धर्म के लक्षण थे। भागवतों द्वारा प्रसाद रूप में बिजौरा बाँटने की ओर भी इशारा है।

चौक्षों के सिवाय भी चतुर्भाणी में भागवत धर्म पर कुछ-कुछ प्रकाश पड़ता है। उभयाभिसारिका (पृ. १२२) के अनुसार पाटलिपुत्र में भगवान् नारायण का मन्दिर था जहाँ मदनसेना ने मदनाराधन संगीतक दिखलाया था। पद्म-प्राभृतकम्, पृ. ३५) में उज्जयिनी के कामदेवायतन का उल्लेख है जहाँ से पूजा पुरस्कार लेकर वनराजिका उतर रही थी। पादताडितकम् में कई जगह उज्जैन के कामदेवायतन का उल्लेख है। एक जगह (पृ. १६९) बूढ़ी वेश्या सरणिगुप्ता को विट ने कामदेवायतन से उतरते देखा। वह तुरत धुले कपड़े पहनकर मकरयष्टि की प्रदक्षिणा कर रही थी। एक दूसरी जगह (पृ. १९६) निरपेक्ष द्वारा प्रद्युम्न देवायतन की वैजयन्ती लिखने का उल्लेख है। एक तीसरी जगह (२१८) भी कामदेव के मन्दिर का उल्लेख है। यहाँ शायद प्रद्युम्न और कामदेव के मन्दिर से एक ही मन्दिर का मतलब है। यहाँ कामदेव और प्रद्युम्न की पूजा से पाञ्चरात्र भागवतधर्म की ओर इशारा है। शंकराचार्य ने ब्रह्मसूत्र (२।२।४२) में चार व्यूह यथा—वासुदेव, संकर्षण, प्रद्युम्न और अनिरुद्ध के साथ भगवत् वासुदेव को पूजा की पाँच विधियाँ दी हैं। टीकाओं के अनुसार से विधियाँ—(१) अभिगमन-वचन, शरीर और मन भगवान में लगाकर मन्दिर जाना, (२) उपादान—पूजा की सामग्री इकट्ठा, (३) इज्या-पूजा, (४) स्वाध्याय—यानी मंत्रपाठ, और (५) योग हैं।

चतुर्भाणी में कई स्थानों पर बौद्ध धर्म की भी चर्चा हुई है। भाणकारों ने दुराचारी बौद्धों की हँसी तो उड़ाई है पर बौद्ध धर्म के प्रति कहीं अनास्था नहीं प्रकट की गई है। पद्मप्राभृतकम् (पृ. ३१-३५) में बौद्धभिक्षु संघिलक को वेश में देखकर विट उबल पड़ा और उसके वृथा सिर मुँड़ाने की निन्दा की, पर उस बौद्ध धर्म की मजबूती की तारीफ़ की जो बदमाश भिक्षुओं द्वारा प्रताड़ित होकर भी पूजा पा रहा था। संघिलक धर्मारण्य बिहार का वासी था। विट और संघिलक की बातचीत में बौद्धधर्म के पारिभाषिक शब्द जैसे पिंडपात, बुद्धवचन, सर्वसत्वों में दया, तृष्णाच्छेद, परिनिर्वाण, अकालभोजन, पंचशिक्षा आए हैं और इन सबकी

१. नाट्यशास्त्र (काव्यमाला), १७।३८, बनारस संस्करण-१८।३४।

विट ने दूसरे ही अर्थ में व्याख्या की है। पद्मप्राभृतकम् (पृ. २९) में एक जगह शाक्यभिक्षुकी का शैषिलक के घर बसाने का इशारा है। पादताडितकम् (पृ. १९८) में विट बौद्ध निरपेक्ष पर बौद्ध धर्म को लेकर जो फ़ब्तियाँ कसता है उससे तत्कालीन वज्रयान पर कुछ प्रकाश पड़ा है। श्रीचन्द्रबली पांडेय (नागरीप्रचारिणी पत्रिका, वर्ष ५८, अंक ३, सं. २०१०, राधिका और रायण का रहस्य, पृ. २७५ से) ने विट और निरपेक्ष की निम्नलिखित बातचीत में मुद्रितायोषित् राधा पर मननीय विचार प्रकट किए हैं—

तो इस पर फ़ब्ती कसूँ। अरे भागवत निरपेक्ष, करुणात्मक भगवान बुद्ध की मैत्री के अनुसार आचरण करनेवाले तुझमें मुद्रिता योषित् उस स्त्री के पति क्या उपेक्षा विहार (उदासीन आचरण) ठीक है?

क्या कहता है—तुझ ठग का मतलब में समझ गया। मैं अब उपासक हो गया हूँ तथागत ने कहा है यही संसार धर्म है। ठीक है, उसी के लिए तथागत का वचन प्रमाण नहीं है।

अरे, यह ठठा कर हँसा। क्या कहता है—तथागत के शासन में शंका नहीं करनी चाहिए। शास्त्र और है मनुष्य का स्वभाव कुछ और है और हम बीतराग नहीं हैं। अगर यह बात है तो तुझे चाहिए कि उस अवस्था में पड़ी भगवती राधिका का शोक सागर से उद्धार कर।

श्री चन्द्रबली जी के अनुसार यहाँ राधिका का कृष्ण के साथ कोई सम्बन्ध न होकर उसका सम्बन्ध ताथागता उपासकों से था। गुह्यसमाज तंत्र में मुद्रामंत्र विधानज्ञ के लिए सोलह वर्ष की स्त्री को ताथागती भार्या बनाकर विद्याव्रत साधने का विधान है। यही ताथागती भार्या साधिका वा राधिका हैं—राध-साध संसिद्धौ न्याय से प्रज्ञोपायविनश्चय में मुद्रा-साधना का विधान तथा मन्मथ राजा वज्रसत्व की प्रसाधना में मुद्रालिंगन का विशेष स्थान है। पर वज्र साधन में साधिका का संयोग ही विहित है, वियोग नहीं। मुद्रितायोषित् प्रज्ञापारमिता का रूप है। पांडेयजी ने आगे चलकर बड़ी खूबी से यह दिखलाया है कि किस तरह मुद्रितायोषित् राधा का कृष्ण-चरित से सम्बन्ध जुड़ा।

निरपेक्ष बौद्ध बतलाया गया है। उसके और विट की नोक-झोंक में भी बौद्ध धर्म के अनेक पारिभाषिक शब्द, जैसे—संसार धर्म, तथागत, तथागत-शासन इत्यादि हैं और उन शब्दों की तोड़-मरोड़ कर व्याख्या की गई है।

जैनियों का सिवाय धूर्तविटसंवाद (पृ. ८७) के जहाँ विश्वलक की उपमा नग्न श्रमणक से दी गई है और कहीं उल्लेख नहीं आया है। तत्कालीन संस्कृत साहित्य विशेषकर दशकुमारचरित के अपहारवर्मा चरित में क्षणणक विहार का उल्लेख हुआ है (पृ. ९० से)। लगता है कि दंडी की जैनधर्म के प्रति कम आस्था थी। बेचारा वसुपालित काममंजरी से लुटकर एक मुनि के यह कहने से जैनधर्म में मोक्षमार्ग सुकर है लंगोटी छोड़कर दिगंबर साधु बन बैठा। पर वह न नहाने से शरीर की गंदगी, केशलुंचन की भयंकर पीड़ा, भूख-प्यास का कष्ट, स्थान, आसन, शयन और भोजन सम्बन्धी नियमों की कड़ाई से आजिज आ गया था। इस पर वह था द्विजाति और उसके पूर्वज वैदिक धर्म के मानने वाले थे और जैनायतन में देवताओं की निन्दा की जाती थी।

बाद में चलकर वह जैनधर्म छोड़कर फिर वैदिक हो गया।

ऐसी बात नहीं है कि केवल बौद्ध और जैन ही चतुर्भाणी के विटों की हँसी के पात्र हों, उभयाभिसारिका (६-७) में परिव्राजिका विलास कौण्डिनी और विट की बहस में वैशेषिक दर्शन के षट् पदार्थ इत्यादि का उल्लेख है।

गुप्त युग में यक्ष-पूजा की क्या अवस्था थी, इसका चतुर्भाणी में कम उल्लेख है। पादताडितकम् (पृ. १६७) से पता चलता है कि उज्जैन में पूर्णभद्र शृंगाटक था, पर वहाँ यक्ष पूर्णभद्र का चैत्य था या नहीं इस सम्बन्ध में कोई उल्लेख नहीं है। एक दूसरी जगह (पृ. २१०) आलेख्य यक्ष इव दर्शन मात्र रम्य: से पता चलता है कि यक्ष केवल चित्रों में ही सुन्दर दीखते थे स्वभाव में नहीं। यहाँ यक्षों के कूर कर्मों की ओर संकेत है। वृहत्कथाश्लोक संग्रह (१३।३-५) से पता चलता है कि यक्ष-पूजा में शराब और फूल होते थे। पूजा में चढ़ी शराब का भक्त प्रसाद पाते थे। एक दूसरी जगह (१९।७५-७६) यक्ष सत्र में एक सुन्दर यक्षिणी का चित्र होने का उल्लेख है। गुप्तकाल में श्री लक्ष्मी की पूजा का सिक्कों एवं मृणमुद्राओं से पता चलता है। पादताडितकम् में (पृ. २१९) आलेख्य पट पर वर्ण के अनुरूप सुन्दर वेषभूषा वाली लक्ष्मी का उल्लेख है।

धूर्तविटसंवाद (पृ. ११५) में स्वर्गाभिलाषियों का हवा, प्रपात और अग्निप्रवेश द्वारा प्राणोत्सर्ग कर देने का उल्लेख है। महाभारत में (१२।३६।१४) मेरु से अथवा प्रपात से गिर कर अथवा अग्निप्रवेश से जीवनोत्सर्ग करने को महाप्रस्थान कहते थे। अत्रि के अनुसार सत्ता के पार पहुँच जाने पर और अशक्ति से नियमों का पालन न कर सकने पर, असाध्य बीमारी में मनुष्य पर्वत से गिरकर, अग्नि प्रवेश करके, डूबकर अथवा अनशन करके अपना प्राण दे सकता था।[१] लक्ष्मीधर ने तीर्थ विवेचन कांड १ में वायुपुराण और देवीपुराण के उद्धरण देते हुए अग्निप्रवेश पर और प्रकाश डाला है। मंत्र पढ़कर अग्निप्रवेश करते थे। देवीपुराण के अनुसार अग्निप्रवेश के पहले पट्ट पर लिखे भैरव की पूजा रक्तपुष्प और वस्त्र से करके लोग अपने को आग में डाल देते थे। आग में गिरने की आठ विधियाँ कही गई हैं, यथा—(१) पतंगपात—अर्थात् कीट-पतंगों की तरह आग में जलना, (२) हंसपात—इसमें अपने पक्षों को सिकोड़कर आग में कूदते थे, (३) मृगपात में जैसे मृग अंधकूप गर्त इत्यादि को लाँघता है उसी तरह आदमी छलाँग मारकर आग में गिरता था। इसमें दोनों पैर बराबर रहते थे। (४) मुसलपात में आदमी आग में उसी तरह गिरता था जैसे ओखली में मूसल, (५) वृषपात में बैल की तरह हुँकार कर आदमी आग में कूदता था, (६-८)विमानपात, शाख पात और सिंहपात भी आग में कूदने की तरकीबें थीं। स्त्रियाँ भी अग्निप्रवेश कर सकती थीं।

चतुर्भाणी में अनेक राजकर्मचारियों के नाम आए हैं। धर्मासनिक (प. प्रा. २१) न्यायाधीश होता था। न्यायालय को धर्मस्थान अथवा धर्मासन (नारद, १।३४; मनु, ८।३३ शुक्र,

---

१. हिस्ट्री ऑफ धर्मशास्त्र, भा० ३, पृ० ९५८-९२९।

४।५।४६) अथवा धर्माधिकरण (शुक्र, ४।५।४४) कहते थे। प्राड्विवाक् पा. ता. १६४) धर्माध्यक्ष के लिए बहुत प्राचीन शब्द है। श्री काणे के अनुसार इसका उल्लेख गौतम, नारद इत्यादि में हुआ है।[3] न्यायाधीश के लिए प्रध्याति (पा. ता. २१४) शब्द नया है। महामात्र मुख्य (उभ. १२५) से यहाँ प्रधान सरकारी अफसरों से मतलब है। यह शब्द अशोक के शिलालेखों से लेकर बहुत दिनों तक भारतीय अभिलेखों में आता रहा है। मंत्री (उभय. १४०) राजा का सलाहकार होता था। कभी-कभी राजे अपना दोष उसके सर मढ़ देते थे। शासनाधिकृत (पा. ता. १५४) शायद राजा के शासनपत्रों को निकालने का अधिकारी होता था। बलाधिकृत (पा. ता. १६०) जैसा कि आदित्यसेन के ६७२-७३ ई. के एक लेख से पता चलता है (एपि. इंडिका, १२ पृ. २१०) सेना का अध्यक्ष होता था। महाप्रतिहार (पा. ता. १९३) राजा का एक बड़ा अफसर होता था और वह राजा की ओर से बड़े-बड़े अभियानों पर भेजा जाता था। उसका उल्लेख सारंग-सिंह के ताम्रपत्र में (एपि. इं. १०, पृ. ७२) और गुप्त अभिलेखों (गुप्त इं., नं. ४६, पृ. २१३, २१६ इत्यादि) में है। सेनापति (पा. ता. १८२) से यहाँ सेना के एक बड़े अधिकारी से मतलब है। महातलवर (पृ. ३३) का क्या कर्तव्य होता था इसका ठीक पता संस्कृत साहित्य से नहीं चलता। इस अफसर का उल्लेख नागार्जुनीकोंड के इक्ष्वाकु राजाओं के अभिलेखों में हुआ है (एपि. इं. २०, पृ. ६, १६)। जैन शास्त्रों के अनुसार तलवर या महातलवर का ओहदा महासामन्त की तरह होता था। राजा उसे पट्ट से विभूषित करते थे पर उन्हें अपने ऊपर चौरी चलवाने का अधिकार नहीं था (जैन, वही, पृ. क. फृ. १०, १३)।

पादताडितकम् में अधिकरण यानी न्यायालय का कई जगह उल्लेख है। न्यायाधीश विष्णुदास (पृ. १६३) के अधिकरण में पिनक लेने का उल्लेख है। सूर्यनाग पर अधिकरण में पताका वेश्याओं ने मुक़दमा चलाया था और वह म्लेच्छ अश्वबन्ध श्रावणिकों द्वारा वहाँ लाया गया। पर बलदर्शक स्कन्दकीर्ति ने यह कह कर कि वह राजा का साढू था उसे बचाया। (पृ. २१८)। श्रावणिक का अर्थ डॉ. टामस ने गवाह किया है, पर श्रावणिक शायद सम्मन तलब करने वाले चपरासी हो सकते हैं। बलदर्शक जबर्दस्ती काम करवा कर अथवा जेल भेजकर क़र्ज़दारों से ऋण वसूल करता था। मनु (४।४९) और नारद (४।१२२) के अनुसार क़र्ज़ वसूली के पाँच उपाय थे—धर्म (मनाना), व्यवहार (मुक़दमा), छल या उपाधि (धोखा), चरित (धरना देना) और बल (जबर्दस्ती काम कराना और जेल)।

पादताडितकम् (पृ. २१३-२१४) में एक जगह तत्कालीन कुमारामात्य अधिकरण का मजेदार चित्र खींचा गया है। पुस्तकवाचिका मदयंती पुस्तकवाचक को छोड़कर उपगुप्त में अनुरक्त हो गई। उधर पुस्तकवाचक की अपनी सास के साथ ठन गई और वह उसे अधिकरण में खींच ले गई। विट के पूछने पर उसने बतलाया कि वह कुमारामात्याधिकरण से आ रहा था। विट ने उसे जीत की बधाई देना चाहा पर पुस्तकवाचक ने कहा कि जीत की तो बात क्या केवल तकलीफ़ ही मिल रही थी। वहाँ विष्णुदास न्यायाधीश (प्रध्याति) था। उसका भाई

३. काणे, वही, पृ० २७२।

कोंक उसे धमकाता था। विष्णु रह-रहकर चिल्लाता था और सोता था। अदालत के अधिकृत, पुस्तपाल, और काष्ठक महत्तर बराबर उसका पीछा करते थे। अधिकृत से यहाँ शायद अदालत के अधिकारियों से मतलब है, कायस्थ से पेशकार और पुस्तपाल से मीर दफ्तर से। पुस्तपाल शब्द गुप्त संवत् १२४ और १२९ के दामोदरपुर के ताम्रपट्टों में (एपि. इं. १५, पृ. ११३ और १३०) और पहाड़पुर वाले लेख (एपि. इं. २०, पृ. ६१) में इसी अर्थ में आया है।

बनारस में राजघाट की खुदाई से गुप्तकाल के कुमारामात्याधिकरण की गजलक्ष्मी से अंकित मिट्टी की मुहरें मिली हैं। गुप्त युग में कुमारामात्य सांधिविग्रहिक, महादंडनायक, मंत्री और विषयपति का काम करते थे तथा राजकुमारों और उपरिकर महाराजों के मातहत होते थे। इस तरह कुमारामात्य का दरजा अंग्रेजी कैडेट की तरह होता था पर उसका उपरिकर महाराज और केन्द्रस्थ सरकार से क्या सम्बन्ध होता था इसकी ठीक-ठीक पड़ताल नहीं की जा सकती।[१]

गुप्तों की राज्य व्यवस्था अधिकरणों द्वारा जिन्हें आधुनिक सरकारी दफ़्तर और अदालत कह सकते हैं होती थी। वैशाली से मिली मुद्राओं पर श्री परम भट्टारकपादीय कुमारामात्य अधिकरण[२], श्री रणभांडागार अधिकरण[३] दंडपाश अधिकरण और तीरभुक्ति-उपरिक-अधिकरण[४] के नाम आए हैं। राजघाट से वाराणस्यधिष्ठानाधिकरण की बहुत-सी मुद्राएँ मिली हैं। यहाँ अधिष्ठान से ज़िले के प्रधान नगर से तात्पर्य है। बसाढ की एक मुद्रा[५] में भी वैशाल्य-धिष्ठानाधिकरण लेख अंकित है।

'कादम्बरी' से अधिकरण पर कुछ और प्रकाश पड़ता है। चन्द्रापीड ने शूद्रक के महल के अधिकरण मंडप में बड़े अफसरों को अच्छे कपड़े पहनकर वेत्रासनों पर बैठे काम काज करते देखा। लेखक धड़ाधड़ राजा के सैकड़ों हुक्मनामें (शासनपत्र) लिख रहे थे। उन्हें तमाम ग्रामों और नगरों के नाम याद थे (वही, पृ. १४३)।

मृच्छकटिक के नौवें अंक से फौजदारी और माल अदालत की कार्यवाही पर अच्छा प्रकाश पड़ता है। अदालत बैठने के पहले अधिकरणभोजक शोधनक से व्यवहार मंडप में आसन लगा देने को कहते थे। ऐसा करने के बाद शोधनक अधिकरणिकों से प्रवेश के लिए कहता था। इसके बाद अधिकरणिक श्रेष्ठी, कायस्थ इत्यादि के साथ आता था। इसके और श्रेष्ठी और कायस्थ इत्यादि की बातचीत से पता चलता है कि व्यवहार में असलियत तक पहुँचने के लिए बहुत-सी बातों की आवश्यकता थी। मुकदमेबाज अदालत में लोगों पर झूठी तोहमत लगाते थे और झूठे बयान देते थे। अगर अदालत का फैसला किसी एक के विरुद्ध गया तो वह राजा को बदनाम करता था। न्यायाधीश को सिवाय अपयश के और कुछ हाथ नहीं लगता था (९।३)। कानून को एक तरफ़ रखकर लोग शिकायत करते थे और अपना दोष कभी स्वीकार नहीं करते थे (९।४)। इसलिए न्यायाधीश को शास्त्रों का ज्ञाता, कपटचार का भंडाफोड़ करनेवाला, वक्ता, शान्त, तरफ़दारी न करनेवाला, सब बातें जाँचकर फ़ैसला

---

१. एडवांस हिस्ट्री ऑफ इंडिया, पृ० १९३, खंडन १९४६। २. एपि, इं, २३, पृ० ५६। ३. ए० एस० आर० १९०३-०४, पृ० १०८। ४. यही पृ० १०९। ५. वही, पृ० १०९।

करने वाला, कमजोरी का रक्षक, मजबूतों का काल, धार्मिक और लालच रहित होना आवश्यक था। इतना ही नहीं उसे सब तरह से तत्त्व तक पहुँचना पड़ता था और राजा का कोप दूर करना पड़ता था (९।५)। इसके बाद शोधनक उन्हें अधिकरण मंडप में ले जाकर अधिकरण भोजकों को सावधान कर देता था और न्यायाधीश की आज्ञा से बाहर जाकर कार्यार्थियों की पुकार करता था। फ़रियादी की अर्जी कायस्थ लिख लेता था। इसके बाद अधिकरणिक वादी और प्रतिवादी के बयान लेता था।

अदालत में जाने के अलावा पाप के प्रायश्चित्त और धार्मिक व्यवस्थाओं के लिए लोगों के ब्राह्मणों की पीठिका में जाने का उल्लेख पादताडितकम् (पृ. १५६-१५८) में है। विवरण से पता चलता है कि वहाँ के त्रैविद्य वृद्ध बाह्मण धर्मशास्त्र के ज्ञाता होते थे। वे दंडनीति, आन्वीक्षिकी और दूसरी विद्याओं और कलाओं में निपुण होते थे। उनके साथ उनके विद्यार्थी भी होते थे। उनमें से आचार्य भवशर्मा ने विष्णुनाग को प्रायश्चित्त व्यवस्था बता कर कहा कि देशजाति कुलतीर्थ समय धर्माश्चाम्नाथयैरविरुद्धाः प्रमाणम् अर्थात् देश, जाति, कुल, तीर्थ समय, धर्म के अनुसार वेद विरुद्ध न होने पर प्रमाण माना जाना चाहिए। यहाँ भवशर्मा गौतम और वसिष्ठ (गौतम ११।२०-२२, वसिष्ठ १। १७) के देश, जाति, कुल धर्माश्चाम्नायैरविरुद्धाः प्रमाणम् का उल्लेख करता है। यह ध्यान देने लायक बात है कि राजघाट बनारस की खुदाई से त्रैविद्य लेखवाली मुद्राएँ भी मिली हैं।

चतुर्भाणी से यह भी पता चलता है कि गुप्तयुग की विलासिता का प्रधान कारण व्यापार में भारी उन्नति थी। पद्मप्राभृतकम् (९) में चारों समुद्र से आए माल का उज्जैन के बाज़ार में खरीद-बेच का उल्लेख है। पाटलिपुत्र (धू.टि. १९६) के बाज़ार में भी तरह-तरह के मालों के बिकने का उल्लेख है। श्रेष्ठिपुत्र कृष्णिलक (धू.टि. ७०), श्रेष्ठि कुबेरदत्त (उभ. १२२), सार्थवाह समुद्र दत्त जिसे उस समय का कुबेर कहते थे (उभ. १२८), सार्थवाह धनमित्र जो वेश्या संसर्ग में लुट चुका था (उभ. १३८) ये सब वेश्याओं के प्रेमी थे। पादताडितकम् में गुप्तकालीन सिक्कों का जैसे सुवर्ण (पृ. १८९), माषक (१६७), माषकार्ध (१६८) और काकिणी (२२२) का उल्लेख है।

चतुर्भाणी के उपर्युक्त अध्ययन से यह पता चल जाता है कि उसके भाण गुप्तकाल में लिखे गए। भाणों में वेश जीवन का शायद दत्तक के वैशिक सूत्र का आश्रय लेकर बहुत बारीक़ी के साथ चित्रण किया गया है। पर साथ ही साथ वास्तविक जीवन और जीते-जागते पात्र और पात्रियों का चित्रण उनकी खूबी है। आनुषंगिक रूप से गुप्तकालीन धर्म, व्यापार इत्यादि पर भी काफी प्रकाश डाला गया है। ये भाण गुप्तकालीन जीवन पर कितना प्रकाश डालते हैं इसकी सचाई का पता हमें तत्कालीन साहित्य से भी चल जाता है।

—मोतीचन्द्र

प्रिंस ऑफ वेल्स म्यूजियम
बम्बई

अशोक का पुष्प प्रचय
भरहुत से प्राप्त वेदिका-स्तम्भ के आधार पर

क्रीड़ा पक्षी
मथुरा संग्रहालय के सौजन्य से

श्रीरस्तु।

१. श्रीशूद्रकविरचितं

पद्मप्राभृतकम्

[नान्द्यन्ते प्रविशति सूत्रधारः]

सूत्रधार : —

१— *(अ) जयति भगवान् स रुद्रः*
(आ) कोपादथवाऽप्यनुग्रहाद् येन।
(इ) स्त्रीणां विलासमूर्तिः
(ई) कान्ततरवपुः कृतः कामः॥

(१) अपि च—

२— *(अ) पुष्पसमुज्ज्वलाः कुरवका नदति परभृतः*
(आ) कान्तमशोकपुष्पसहितं चलति किसलयम्।
(इ) चूतसुगन्धयश्च पवना भ्रमररुतवहाः
(ई) सम्प्रति काननेषु सधनुर्विचरति मदनः॥

१—उन भगवान् रुद्र की जय हो जिन्होंने क्रोध अथवा कृपा से स्त्रियों के विलास की मूर्ति काम को और भी चमकीले शरीरवाला बना दिया।

और भी—

२—कुरवक फूलों से श्वेत हैं। कोयल कूकती है। सुन्दर अशोक के फूल के साथ कोंपल डोलती है। भौरों से गुंजारती और आम की गन्ध से महमहाती हवा चलती है। आज धनुष लिए हुए काम वन में विचर रहा है।

---

१ (आ) *कोपादथवाप्यनुग्रहात्*—रुद्र ने पहले क्रोध से काम को भस्म किया और फिर अनुग्रह से उसे जीवन दान दिया।

१ (ई) *कान्ततरवपुः*—अग्नि में तपाने से जैसे सोने का रंग और निखर जाता है वैसे ही मानो कामदेव शिव की कोपाग्नि में तपकर अधिक सुन्दर या प्रभावशाली हो गया।

(१) किञ्चान्यत्—

३— *(अ) आतोद्यं पक्षिसंघास्तरुरसमुदिताः कोकिला गान्ति गीतं*
(आ) वाताचार्योपदेशादभिनयति लता काननान्तः पुरस्त्री।
(इ) तां वृक्षाः साधयन्ति स्वकुसुमहृषिताः पल्लवाग्रांगुलीभिः
(ई) श्रीमान् प्राप्तो वसन्तस्त्वरितमपगतो हारगौरस्तुषारः ॥

४— *(अ) मूलादपि मध्यादपि*
(आ) विटपादप्यंकुरादशोकस्य।

और क्या—

३—चिड़ियों के चहचहे को बाजा बनाकर प्रेम के रस से मतवाली कोकिलाएँ गीत गा रही हैं। वन के अन्तःपुर की कामिनी रूपी लता आचार्य वायु के उपदेश से अभिनय कर रही है। उस लता को वृक्ष अपने फूलों से हर्षित होकर पल्लव रूपी अंगुलियों से फुसला रहे हैं। श्रीमान् वसन्त के आते ही हार-जैसा सफेद पाला फौरन गायब हो गया।

यह श्लोक मल्हण-पुत्र वल्लभदेवकृत *विदग्धजनवल्लभ* नामक उक्तिसंग्रह में शूद्रक के नाम से उद्धृत किया गया है। [इस सूचना के लिए मैं अपने मित्र श्री डॉ० राघवन का अनुगृहीत हूँ।]

३ (इ) *साधयन्ति*—फुसलाते हैं, संकेतों से अपनी ओर आकर्षित करते हैं। यहाँ लता अन्तःपुर की स्त्री के समान है और वृक्ष उन विटों के समान हैं जो उस बाला को इशारों से अपनी ओर खींचते हैं।

३ (ई) *स्वकुसुमहृषिताः*—पुष्पोद्गम ही जिनके हृषित या कामभाव से मत्त होने का लक्षण है। *हृषित*—कामोत्तेजित।

३ (इ) *पल्लवाग्रांगुलीभिः*—पल्लवरूपी अंगुलियों के अग्रभाग या पोरवे से। *अग्रांगुलि*—पोरवा।

३ (ई) *श्रीमान् वसन्तः*—लक्ष्मी सम्पन्न अथवा यौवनकृत सौन्दर्य से सम्पन्न नायक की तुलना वसन्त से की गई है। वेश में ऐसे नायक के आने पर पुराने चुचके हुए या दरिद्र नायक विदा हो जाते हैं।

३ (ई) *हारगौरस्तुषारः*—*हार* = काम शक्ति का क्षय, वीर्यक्षय। *गौर* = पीला। *तुषार* = पाले से मारे हुए या पलुहाए हुए नायक की ओर संकेत है। हारगौरतुषार का संकेत उस नायक के लिये है जो वेश में अपनी पुंस्त्व शक्ति का क्षय कर चुका है और जिसका रंग पीला पड़ गया है। ऐसा नायक दूसरे श्रीमान् अर्थात् यौवन श्रीसम्पन्न नायक का आगमन देखकर वेश से सटक जाता है, वहाँ मुँह नहीं दिखाता। यह भी व्यंजना है कि युवा नायक अपनी श्री से सुन्दर लगता है और पुराना ढड्ढ नायक हारादि आभूषणों से बन-ठनकर वेश में आता है। तुषार=पाले से मारे हुए या पलुहाए हुए नायक की ओर संकेत है।

(इ) *पिशुनस्थमिव रहस्यं*
(ई) *समन्ततो निष्कसित पुष्पम्॥*

(१) *अहो अयं—*

५— (अ) *ससम्भ्रमपरभृतरुतः*
(आ) *ससिन्धुवारः सकुन्दसहकारः।*
(इ) *समदमदनः सपवनः*
(ई) *सयौवनजनप्रियः कालः॥*

(१) *(निष्क्रान्तः)*
(२) *(स्थापना)*
(३) *[ततः प्रविशति विटः]*

(४) *साधु भोः।* (५) *रमणीयं खलु तावदिदं शिशिरजराजर्जरस्य संवत्सरविटस्य* (६) *हिमरसायनोपयोगात् वसन्तकैशोरकमुपोह्यते।* (७) *सम्प्रति हि—*

६— (अ) *प्रचलकिसलयाग्रप्रनृत्तद्रुमं यौवनस्थायते*
फुल्लवल्लीपिनद्धं वनम्

४—मूल से, बीच से, चोटी से, अंकुरों से, सब ओर से अशोक के फूल खल के हृदय में से भेद की तरह फूट-फूट कर निकल रहे हैं।

अहा! यह—

५—मतवाली कोयल की कूक से भरा, सिन्धुवार, कुन्द और सहकार से सुशोभित, गरबीले काम और हवा से भरा जवानों का प्यारा मौसम है।

[विट का प्रवेश]

वाह! क्या खूब। शिशिर रूपी बुढ़ापे से जर्जर संवत्सर रूपी विट की सुन्दर वसन्ती जवानी हिमरूपी रसायन खाने से लौट कर पास आ रही है। इस समय तो—

६—हिलती कोपलों से नाचते हुए वृक्षों वाला और फूली लताओं से लिपटा हुआ वन यौवन पर आ रहा है। तिलक वृक्ष पर बैठी कोयल जूड़े-सी लग रही

---

५ (६) *कैशोरक* —नवयौवन।
५ (६) उपोह्यते—कर्मवाच्य, पास पहुँच रहा है, विट द्वारा अपना यौवन पुनः प्राप्त किया जा रहा है।
६ (अ) *यौवनस्थायते*—यौवनस्य से नामधातु, अपने यौवन पर आ रहा है।

(आ) तिलकशिरसि केशपाशायते कोकिलः कुन्दपुष्पे स्थितः
स्त्रीकटाक्षायते षट्पदः।
(इ) क्वचिदचिरविरूढबालस्तनी कन्यकेवोद्गतैः श्यामलैः
कुड्मलैः पद्मिनी शोभते
(ई) वरयुवतिरतिश्रमस्विन्नपीनस्तनस्पर्शधूर्तायिता वान्ति
वासन्तिका वायवः॥

(१) इत्थं च मदनशरसन्तापकर्कशो बलवानयमृतुः (२) यद्देवदत्तासुरतसुप्रतिविहितयौवनोत्सवस्य (३) कर्णीपुत्रस्योन्मुच्यमानबालभावयौवनावतारकोमलां (४)

है और कुन्द के फूल पर बैठा भौंरा कामिनी के कटाक्ष का काम कर रहा है। कहीं नये उभरे छोटे स्तनों वाली कन्या की तरह कमलिनी साँवली कलियों से शोभित है। कहीं वसन्त के वायु-समूह रतिश्रम के पसीने से भरे स्त्री के पीन स्तनों के स्पर्श की धूर्तता (छेड़खानी) करते हुए बह रहे हैं।

काम के बाणों की मार से सन्ताप देने में कठोर यह वसन्तकाल अवश्य बलवान् है, क्योंकि देवदत्ता के साथ सुरत द्वारा भलीभाँति अपनी जवानी का

---

६ (आ) *तिलकशिरसि केशपाशायते कोकिलः*—तिलकवृक्ष की चोटी पर बैठी हुई कोयल की उपमा केशपाश से दी गई है। यह एक विशेष प्रकार का केशविन्यास होता था। इसमें सिर के ऊपर किसी रेशमी वस्त्र को गेंडुरी के रूप में लपेट कर उसके भीतर से केशों की वेणी ऊपर की ओर निकलती हुई दिखाई जाती थी। कुषाण-काल में इस प्रकार के केशविन्यास का रिवाज था जो गुप्ताकल में भी लोकप्रिय रहा। अश्वघोष ने इसका उल्लेख किया है—
पुष्पावनद्धे तिलकद्रुमस्य दृष्ट्वाऽन्यपुष्टां शिखरे निविष्टाम्।
संकल्पयामास शिखां प्रियायाः शुक्लांशुकाट्टालमपाश्रितायाः॥
—सौन्दरनन्द ७/७

'श्वेत फूलों से लदे हुए तिलकवृक्ष की चोटी पर बैठी कोयल को देखकर नन्द ने समझा मानो वह उसकी प्रियतमा के सिर पर बँधे हुए श्वेत रेशमी वस्त्र के ढेर पर लहराती हुई वेणी से लगती थी।' शुक्लांशुकाट्टाल और उसके भीतर से निकलती हुई शिखा का ठीक रूप शिल्प के अंकन से विदित होता है। मथुरा की कुषाण कालीन कला में इस विशेष केशविन्यास का अंकन पाया जाता है [मथुरा संग्रहालय के वेदिका स्तम्भ, जे५५ पर अशोक दोहद में खड़ी हुई स्त्री का केशविन्यास इसी प्रकार का है, चित्र संख्या १]। अमरावती की शिल्पकला में भी इसके दो उदाहरण मिले हैं [शिवराममूर्ति कृत अमरावती स्कल्पचर्स, फलक ६, चित्र ९, ११]। श्वेत वृक्षों से लदे हुए तिलक वृक्ष की उपमा शुक्लांशुकाट्टाल या गेंडुरी की भांति लपेटे हुए श्वेतवस्त्र से दी गई है। *केशपाशायते कोकिलः* वाक्य से ज्ञात होता है कि इस प्रकार का केशविन्यास कोकिल केशपाश कहलाता था।

मदनमञ्जरिकां देवसेनाचूतयष्टिमतिलङ्घयते मदनभ्रमरः। (५) अथवा किमिव कर्णीपुत्रस्यातिक्रमिष्यति। (६) समधुसर्पिष्कं हि परमन्नं सोपदंशमास्वाद्यतरं भवति, (७) अतः शङ्के देवदत्तासुरतमधुपानोपदंशभूतं चण्डालिकाश्रयं (८) बाल-भावनिरुपस्कृतो-पचारहसितललितरमणीयं दारिकासुन्दरीरतिरसान्तरमपि प्रार्थयत इति।

उत्सव मनाकर भी कर्णीपुत्र का कामरूपी भौंरा देवसेना रूपी उस आम की डाली के लिये भूखा तड़प रहा है जो बालापन छोड़कर यौवनागम से कोमल बनी है, और काम की मंजरी-सी फूल रही है। अथवा कर्णीपुत्र का भूखा रहना कैसा? घी-शक्कर से बना तरमाल अचार-चटनी (सोपदंश) के साथ अधिक ज़ायक़ा देता है। मैं समझता हूँ इसीलिए वह देवदत्ता के साथ सुरतरूपी मधुपान से छककर बालसुन्दरी षोडशी (चण्डालिका) देवसेना के साथ कुछ और मज़ा देनेवाली सुरत की ऐसी गजक भी चखना चाहता है जिसमें बालापन की भोलीभाली आवभगत (उपचार), चुहलबाजी (हसित) और छेड़खानी (ललित) भरी है।

---

६ (३) *कर्णीपुत्र*—मूलदेव। मूलदेव की कथा में उसकी प्रधान नायिका देवदत्ता और दूसरी नायिका देवदत्ता की बहन देवसेना थी। मूलदेव का मित्र शश था। बाण ने *कादम्बरी* में मूलदेव का उल्लेख किया है— *कर्णीसुतकथेव सन्निहितविपुलाचला शशोपगता* च (विन्ध्याटवी वर्णन)। मूलदेव कामशास्त्र का, विशेषतः वैशिकतंत्र का मुख्य पात्र समझा जाता था। क्षेमेन्द्र ने *कलाविलास* में इसका उल्लेख किया है। शुकसप्तति की कहानियों में भी वेशसम्बन्धी मामलों के पंचरूप में उसका चित्रण आया है।

६ (४) *अतिलङ्घयते*—अतिलङ्घन कर रहा है, अति भूख से व्याकुल है। देवदत्ता के साथ रमण करके अब कोमल देवसेना के लिए तड़प रहा है, या भुखाय रहा है [बनारसी बोली में अभी तक सुरतेच्छा के लिये विटों की भाषा में कहते हैं-भूखल हौ]।

६ (७) *मधुपानोपदंशभूतं*—मधुपान के साथ मूली या गजक आदि खाने का रिवाज था, उसे ही उपदंश कहते थे। हिन्दी में उसे चिखना या गजक कहते हैं।

६ (७) *चण्डालिका*—सोलह वर्ष की आयु की कुमारी, षोड्शी बाला। इसे ही अम्बिका या दुर्गा भी कहते थे—*क्षेत्रज्ञा पञ्चदशभिः षोडशे चाम्बिका स्मृता*। (रुद्रयामलतंत्र, पटल ६, श्लोक ९६, पूना ओरियेन्टेलिस्ट वर्ष १४, पृ० १७)

चण्डालिका का व्यंग्य संकेत वज्रयान मान्यता की मुद्रायोषित् साधना से भी है जिसे चण्डाली या डोम्बी भी कहा जाता था। *पादताडितकं* भाण में 'मुद्रित योपा' की साधना का उल्लेख आया है।

६ (८) *निरुपस्कृत*—*उपस्कृत* = चटपटा, मसालेदार, बनावटदार। *निरुपस्कृत* = सादा, बिना बनवाट का, औपचारिकता रहित।

६ (८) *उपचार*—आवभगत, किसी के आने पर उसके स्वागत-सत्कार का ढंग, शिष्टाचार।

(९) अहो नु खल्वयं लघुरूपोऽपि बलवान् मदनव्याधिः, (१०) येनानेक-शास्त्राधिगतनिष्पन्दबुद्धिः सर्वकलाज्ञानविचक्षणो व्युत्पन्नयुवतिकामतंत्रसूत्रधारः (११) कर्णीपुत्रोऽपि नामैतामवस्थामुपनीतः। (१२) स हि—

७— *(अ) उन्निद्राधिकतान्तताम्रनयनः प्रत्यूषचन्द्राननो*
(आ) ध्यानग्लानतनुर्विजृम्भणापरः सन्तप्तसर्वेन्द्रियः।
(इ) रम्यैश्चन्द्रवसन्तमाल्यरचनागान्धर्वगन्धादिभि-
(ई) यैरेव प्रमुखागतैः स रमते तैरेव सन्तप्यते॥

(१) अथवा देवसेनामुद्दिश्य नैतदाश्चर्यम्। (२) कुतः। (३) श्लाघ्य-मन्मथमनोरथक्षेत्रं हि सा दारिका। (४) अर्हत्यस्या रूपयौवनलावण्यं कर्णीपुत्रस्योन्मादं जनयितुम्। (५) तस्या हि—

८— *(अ) विभ्रान्तेक्षणमक्षतोष्ठरुचकं प्राचीनगण्डं मुखं*
(आ) प्रत्यग्रोत्पतितस्तनांकुरमुरो बाहू-लताकोमलौ।

अहो! निश्चित ही काम की बीमारी छोटी होने पर भी भारी होती है, जिसने अनेक शास्त्रों के महान जानकार, सब कला और ज्ञान में चतुर, युवतियों का काम रूपी ताना बुनने वाले (सूत्रधार) कर्णीपुत्र को भी इस दशा को पहुँचा दिया।

७—उसकी आँखें नींद न आने से कुछ अधिक अलसाई हुई और लाल हैं। उसका मुख सबेरे के चन्द्रमा जैसा पीला है। चिन्ता से उसका शरीर दुबला है। वह जँभाई ले रहा है। उसकी सारी इन्द्रियाँ जल रही हैं। जिन सुन्दर और सामने आए हुए चन्द्र, वसन्त, माल्यग्रथन, संगीत और सुगन्धि आदि से वह आनन्द उठाता था, उन्हीं से अब वह सन्ताप पाता है।

अथवा, देवसेना के कारण यह सब हुआ हो, यह अचरज नहीं, क्योंकि वह नौची मन चाहे काम भावों को पैदा करने वाली है। यह ठीक ही है कि उसकी रूपयौवनजनित लुनाई कर्णीपुत्र को पागल बना रही है।

८—उसका चंचल कटाक्ष, अशरफी झारता हुआ अक्षत अधर, गाल सामने

---

६ (८) *दारिका सुन्दरी*—वेश में वह कुमारी कन्या जो अभी नथबंद हो, जिसे बनारसी बोली में नौची कहते हैं। विधिपूर्वक उसकी नथनी उतार कर उसे छूती करने का संस्कार मनाया जाता था।
६ (१०) *कामतंत्रसूत्रधार—तंत्र* = ताना। *सूत्रधार* = सूत्र भरी हुई ढरकी फेंककर बुनने वाला। युवती स्त्री तो काम के हावभाव का ताना फैलाती है। उसको बुनने वाले नायक को सूत्रधार के रूप में कल्पित किया गया है।
७ (अ) *तान्त*—शिथिल, अलसाई हुई।
८ (अ) *ओष्ठरुचक*—अशरफी झारता हुआ ओष्ठ। *रुचक* = निष्क, सुवर्णमुद्रा, अशरफी। गुप्तकाल में अधर के नीचे का भाग निष्क जैसा लटकता हुआ अजन्ता की

(इ) अव्यक्तोत्थितरोमरेखमुदरं श्रोणी कुतोऽप्यागता
(ई) भावश्चानिभृतस्वभावमधुरः कं नाम नोन्मादयेत्॥

(१) (परिक्रम्य)

(२) स इदानीं देवसेनासमुत्थं मदनामयमतिव्यायामकृतज्वरमुद्दिश्य (३) हारतालवृन्तचन्दनोपनीयमानदाहप्रतीकारः तत्समागमाशाकृतप्राणधारणां शयनपरायणः कथञ्चिद् वर्तते। (४) अद्य तु प्रागहरेव पुष्पांजलिको नाम देवदत्तायाः परिचारकः सोमुपचारगम्य कर्णीपुत्रमुक्तवान्—

(५) आर्यपुत्र, विज्ञापत्यज्जुका देवदत्ता 'न खलु मे ह्यस्तनेऽहन्यनागमनाद् बहुमानमध्यस्थतामुपगन्तुमर्हत्यार्यपुत्रः। (६) इयं हि मे भगिनिका चण्डालिका किमपि

किया हुआ मुँह, छाती पर नये उठे हुए स्तनांकुर, कोमल बाहुलताएँ, पेट पर कुछ-कुछ भीनती हुई रोमावली, कहीं से आकर भरे हुए नितम्ब और उन्मुक्त स्वभाववाला चतुर प्रेम-भाव, ये सब किसको पागल नहीं बना देते?

[घूमकर]

वह अभी देवसेना से उत्पन्न काम व्याधि से छटपटाने के कारण हरारत को हार, पंखे और चन्दन की मदद से दूर करके उसके मिलने की आशा से प्राण रख कर खाट पकड़े हुए किसी तरह जी रहा है। आज ही सबेरे देवदत्ता के पुष्पाञ्जलिक नामक दास ने नम्रतापूर्वक जाकर कर्णीपुत्र से कहा—"आर्यपुत्र, आजी देवदत्ता कहती है—'कल के दिन मेरे न आने से आर्यपुत्र का मेरे प्रति समादर भाव में

चित्रकला में प्रायः देखा जाता है (ग्रिफिथ, अजन्ता, फलक ७१, अप्सरा चित्र)। उस समय यह सौन्दर्य का लक्षण माना जाता था। बाण ने *कादम्बरी* में अधर-रुचक का दो बार उल्लेख किया है (*कादम्बरी*, वैद्य संस्करण, अनुच्छेद ६५, १४२)। 'अशरफी झारता हुआ', यह मुहावरा बनारसी बोली में बच गया है जो अवश्य ही गुप्तकालीन ओष्ठरुचक या अधररुचक की कल्पना पर आश्रित होना चाहिए। मुस्कराते हुए व्यक्ति के लिये कहा जाता है—'का असरफी झारत हौ।'

८ (अ) *प्राचीनगण्डं मुखं*—जिस मुद्रा में मुँह सामने न होकर गाल सामने किया गया हो। भाव यह कि मुग्धोचित शालीनता के कारण वह मुँह सामने करके नहीं देखती, मुँह घुमा लेती है जिससे उसका गाल दिखाई पड़ता है।

८ (इ) *अव्यक्तोत्थित*—जो अभी स्पष्ट नहीं निकली है, कुछ-कुछ भीनती हुई रोमराजि।

८ (ई) *अनिभृत*—उन्मुक्त, ग्रन्थिहीन, खुला हुआ।

८ (२) *अतिव्यायामकृतज्वरं*—कामव्याधि के बहुत लम्बा खिंच जाने से ज्वर या ताप रहने लगा है, जैसे क़िसी रोग के पुराने पड़ जाने पर शरीर में हरारत रहने लगती है।

८ (४) *प्रागहः*—दिन का पूर्व भाग या आरम्भ।

अस्वस्थरूपा तदनुकम्पया पर्युषिताऽस्मि। (७) *इयं तु साम्प्रतमागच्छामीति।* (८) *ततस्तदुक्तदत्तप्रतिवचनः प्रतिप्रस्थाप्य पुष्पाञ्जलिकं कर्णीपुत्रः सोपग्रहमिव मामुक्तवान्—* (९) *'सखे शश', त्वयाऽपि नाम श्रुतं 'साम्प्रतमिहागच्छामि' इति।* (१०) *तदेष इदानीमवसरः सुखप्रश्नागमनेन विविक्तविस्रम्भां देवसेनामवगाह्य सन्तापकारणमस्याः परिज्ञातुम्।* (११) *तदेषोऽञ्जलिः।* (१२) *सर्वोपायैरर्हति देवानांप्रियोऽस्माकं देवसेना-समुत्थं हृदयगतमापुंखनिखातं मदनशरशल्यं 'समुद्धर्तुम्' इति।* (१३) *ततः सस्मितानुयात्रमुक्तो मया 'भवतु धूर्ताचार्य, किमिति त्वया दिवा दीपप्रज्वालनं क्रियते'।* (१४) *किं नाभिज्ञोऽहं युवयोरन्योन्य-मनोरथमूकदूतकानां नयनसङ्गतकानाम्।* (१५) *अपि च, स एवास्मि मूलदेवसखः शशोऽहम्* (१६) *'नैनामप्रतार्यागमिष्यामि' इत्युक्त्वा प्रस्थितोऽस्मि।* (१७) *तत् किं नु राजमार्गे सुहृत्प्रश्नसङ्कथाभिः कालं क्षपयता तथा गन्तव्यम्* (१८) *यथा देवदत्ताविरहितां चण्डालिकामासादयेयम्।*

उपेक्षा लाना ठीक नहीं है। मेरी छोटी बहन चण्डालिका कुछ बीमार है, उसके प्रति सहानुभूति से मैं ठहर गई। अब मैं तुरन्त आती हूँ'।'' तब उसके कथन का जवाब देकर पुष्पाञ्जलिक को रवाना करके कर्णीपुत्र ने प्रीतिपूर्वक मुझसे कहा—''सखे शश, तूने भी सुना 'मैं यहाँ आती हूँ'। तो यही अवसर है कि वहाँ पहुँच कर कुशल-क्षेम पूछने के बहाने सर्वथा विश्वास दिलाकर देवसेना की थाह लेकर उसके दुःख का कारण जाना जाय। तो यह मेरा प्रणाम। देवसेना द्वारा चलाए गए और मेरे दिल में अन्त तक घुसे हुए इस काम बाण को भाग्यशाली आप ही किसी तरह निकालने में समर्थ हैं।'' इस पर हँसकर विदाई के रूप मे मैंने उससे कहा—'अच्छा धूर्ताचार्य, क्या तू दिन में दिया बालता है? क्या मैं तुम दोनों का आँख लड़ाना नहीं जानता जो तुम्हारे मनोभावों को चुपचाप प्रगट करता है। और भी, मैं मूलदेव का सखा वही शश हूँ। मैं उसे बुत्ता दिए बिना नहीं आऊँगा।' यह कहकर मै चल पड़ा। फिर क्यों न मैं राजमार्ग में मित्रों के साथ बातचीत में

---

८ (६) *पर्युषिता*—ठहर गई, रह गई। *परि-वस्* = ठहरना, रह जाना।

८ (८) *सोपग्रहं*—प्रीतिपूर्वक, मनाकर। *कादम्बरी,* पृ० १५६, सोपग्रहं = सानुकूल, और भी पृ० २२० ।

८ (१०) *सुखप्रश्न*—कुशलप्रश्न। सुखरात्रि, सुखशय्या या सुखशयन पूछनेवाला व्यक्ति सौखरात्रिक, सौखशाय्यिक या सौखशायनिक कहलाता था (*पृच्छतौ सुस्नातादिभ्यः*, वार्तिक ४/४/१)।

८ (१०) *विविक्तविस्रम्भां*—सब प्रकार से निश्छल विश्वास वाली। *विविक्त* = शुद्ध।

८ (१२) *देवानांप्रियः*—आदरसूचक शब्द, भाग्यशाली।

८ (१३) *अनुयात्र*—यात्रा के समय कहे हुए विदाई के वचन।

८ (१४) *नयनसंगतक*—नयनों का मिलाना या आँख लड़ाना।

(१९) *(परिक्रम्य)*

(२०) अहो तु खलु वसुन्धरावधूजम्बूद्वीपवदनकपोलपत्रलेखाया नानाभाण्ड-समृद्धाया (२१) अवन्तिसुन्दर्या उज्जयिन्या: परा श्री:। (२२) इह हि—

९— (अ) *पुण्यास्तावद्वेदाभ्यासा द्विरदरथतुरगनिनदा धनुर्गुणानि:स्वना*
(आ) *दृश्यं श्राव्यं विद्वद्वादाश्चतुरुदधिसमुदयफलै: कृता विपणिक्रिया।*
(इ) *गीतं वाद्यं द्यूतं हास्यं क्वचिदपि च विटजनकथा: क्वचित्सकला: कला:*
(ई) *क्रीडा पक्षिक्षुब्धाश्चेमा: प्रचुरकरवलयरशनास्वना गृहपङ्क्तय:॥*

(१) *(परिक्रम्य)*

(२) *अपीदानीमभिमतकार्यनिष्पत्तिसूचकं किञ्चिन्निमित्तं पश्येयम्।*

(३) *(विलोक्य)*

(४) अयं तावत् काव्यव्यसनी कात्यायनगोत्र: शारद्वतीपुत्र: सारस्वतभद्र: स्वगृहद्वारकोष्ठके श्वेतवर्णव्यग्राग्रहस्त: (५) चिन्तितोपस्थितास्वादिताकाराक्षिभ्रूविकारैरभिनयन्निव चक्र- पीडकक्रीडामनुभवति। (६) तत्काममस्मिन् काले प्रवृत्तप्रतिभास्रोतो-

---

समय बिताते हुए ऐसे समय चण्डालिका के पास पहुँचूँ जब वह देवदत्ता से अलग हो।

अहा! वसुन्धरारूपी वधूटी के जम्बूद्वीपरूपी मुख कपोल पर पत्रलेखा के समान उज्जयिनी की अपूर्व शोभा है जो तरह-तरह के भाण्ड से भरी-पुरी है।

यहाँ वेदों का पवित्र अभ्यास, हाथी, रथ, घोड़ों का निनाद, धनुप्रत्यञ्चा की टंकार, नाटक, काव्य, विद्वानों का शास्त्रार्थ, दुकानों पर लाए गए चारों समुद्रों के माल की लेवाबेची; गाना, बजाना, जुआ और हँसीठट्टा; कहीं विटों की गप्पें, कहीं सब कलाएँ हैं। ये गृहपंक्तियाँ पालतू चिड़ियों की चहचहाहट से क्षुब्ध और बहुत से कड़ों और करधनियों की झनझनाहट से भरी हैं।

(घूमकर) अब मैं मनचाहा काम पूरे होने का कोई सगुन देखूँ।

---

८ (२०) *वसुन्धरावधू*—कल्पना यह है कि समस्त पृथिवी वधूटी है, जम्बूद्वीप उसका मुखकपोल है और उज्जयिनी उस कपोल पर बनी हुई पत्रलेखा है। *पत्रलेखा* = चित्र में शोभा के लिए फूल-पत्तियों का अंकन। स्त्रियाँ मुख की शोभा के लिए इस प्रकार फूल-पत्तियों का चित्र बनाती थीं। ये चित्र चन्दन, कस्तूरी आदि से एवं पत्रों में बने हुए आकृतियों के कटाव से लिखे जाते थे। ऐसे कटावों को भक्तिच्छेद या पत्रच्छेद कहते थे।
८ (२०) *भाण्ड*—(१) व्यापारी माल, (२) सजावट के आभूषण-अलंकार।
९ (४) *स्वगृहद्वारकोष्ठके*—घर के बरौठे में। द्वारकोष्ठक—अलिन्द, घर के सामने बने हुए द्वार में जो कोष्ठ या कमरे होते थे उन सबको 'द्वारकोष्ठक' कहा जाता था।
९ (४) *श्वेतवर्ण*—खड़िया या सफेद रंग।

विघातिनं सुप्रियमपि सुहृदमभ्यसूयन्ते कवयः। (७) *किन्तु सरस्वतीलताप्रभवानां वाक्पुष्पकाणां कर्णपूरम्* (८) *अकृत्वाऽतिक्रमितुं वञ्चितमिवात्मानं मन्ये।* (९) *यावदेनमुपसर्पामि।* (१०) (*उपेत्य*) (११) *सखे कात्यायन किमिदमाकाशरोमन्थनं क्रियते!* (१२) *किं ब्रवीषि— ''स एव मा काव्यपिशाचो वाहयति'' इति।* (१३) *मा तावत् भोः अंघो पुराणकाव्यपदच्छेदग्रथनचर्मकार* (१४) *किमिदं नष्टगोयूथ इव गोपलको नवपदान्यन्वेषसे।* (१५) *अथ सखे किं वस्तु परिगृह्य कृतः श्लोकः।* (१६) *किं ब्रवीषि—''ननु खलु इममेव वर्तमानरमणीयं वसन्तसमयमाश्रित्य कृतः श्लोकः'' इति।* (१७) *अथ शक्यं श्रोतुम्? किं ब्रवीषि—*(१८) *''नन्वेष भित्तिगतो वाच्यताम्'' इति।* (१९) *क्वासौ?* (२०) (*विलोक्य*) (२१) *अये अयं—*

(देखकर) अभी यह काव्यव्यसनी कात्यायनगोत्री शारद्वतीपुत्र सारस्वतभद्र अपने घर के दरवाजे पर खड़िया के रंग में अँगुली साने हुए सोची बात के याद आ जाने का मजा आँख और भौंह मटकाकर सूचित करता हुआ चकडोर का खेल खेल रहा है। ऐसे समय में बहती हुई प्रतिभा के स्रोत को तोड़ने वाले अपने प्यारे मित्र पर भी कविगण बिगड़ पड़ते हैं। किन्तु सरस्वतीरूपी लता से पैदा हुए वचनरूपी फूलों को बिना कर्णपूर बनाए आगे बढ़ जाऊँ तो घाटे में रहूँगा। पहले इससे मिल लूँ। (पास जाकर)

मित्र कात्यायन, क्या बिना चारे के जुगाली कर रहा है? क्या कहता है—''वही काव्य का पिशाच सिर चढ़ाकर मुझे हाँक रहा है।'' अरे पुराने काव्य पदों के टुकड़ों को गाँठने वाले मोची, क्या तू तितर-बितर हुई गौवों को खोजने वाले ग्वाले के समान नये पदों को ढूँढ रहा है? अरे मित्र किस चीज को लेकर तूने श्लोक बनाया है? क्या कहता है?— ''सामने दिखाई पड़ने वाले इसी छबीले वसन्त को लेकर श्लोक रचा है।'' क्या सुन सकता हूँ? क्या कहता है?—''भीत पर लिखा है, पढ़ ले।'' कहाँ है वह? अरे यह है—

---

९ (५) *चक्रपीडक क्रीडा*—चकडोर या चकभौंरी का खेल।

९ (७) *कर्णपूर* = (१) इस नाम का आभूषण, (२) कान में भरना।

९ (११) *आकाशरोमन्थन*—बिना चारे के जुगाली करना।

९ (१३) *छेदग्रथनचर्मकार*—फटे टुकड़ों को गाँठनेवाला मोची। यह नये चमड़े के जूते बनाने वाले से भिन्न होता है। पुराने काव्यों में से पद लेकर उन्हीं से नये श्लोक बनाने वाले तुक्कड़ कवियों पर कटाक्ष किया गया है। यहाँ पुराने काव्य और नये काव्य के भेद की व्यञ्जना ध्यान देने योग्य है। कालिदास ने भी 'पुराण काव्य' और 'नव काव्य' का उल्लेख कुछ इसी प्रकार की आलोचनापरक पृष्ठभूमि में किया है—*पुराणमित्थेव न साधु सर्वं न चापि काव्यं नवमित्यवद्यं*—पुराना, काव्य सभी अच्छा नहीं, नया काव्य सभी निकृष्ट नहीं।

१०— *(अ) पुष्पस्पष्टाट्टहासः समदमधुकरः कोकिलावावदूकः।*
(आ) श्रीमत्स्वेदावतारः प्रसुभगपवनः कर्कशोद्दामकामः।
(इ) बालामप्यप्रगल्भां वरतनुमवशां कामिने सम्प्रदातुं
(ई) कालोऽयं तत्करिष्यत्यनुनयनिपुणं यन्न दूतीसहस्रम्॥

(१) साधु भोः कल्याराां खल्वेतन्निमित्तम्। (२) वयस्य, सत्पुत्र लाभ इव यशस्करः श्लोकोऽयमस्तु। (३) वाक्पुरोभागानामभागी भव। (४) अये केनैतद् हसितम्? (५) (विलोक्य) (६) अये दर्दरकः पीठमर्दोऽप्यत्र। (७) अंघो! दर्दरक, किमत्र हास्यस्थानम्? किं ''ब्रवीषि— (८) इदं खलु भवता समुद्राभ्युक्षणं क्रियते यद् वागीश्वरं वाग्भिरर्चयसि'' इति। (९) मा तावदलोकज्ञ किं वसन्तमासो न पुष्पोपहारमर्हति? (१०) अपि च न त्वया श्रुतपूर्वम्—

११— *(अ) सूर्य यजन्ति दीपैः*
(आ) समुद्रमद्भिर्वसन्तमपि पुष्पैः।

फूलों का खिलखिलाना, मतवाला भौंरा, कूकती कोयल,सुन्दर पसीने का आना, मीठी हवा, कर्कश और प्रचण्ड काम, इनसे युक्त यह वसन्त का समय नयी बेबस तथा छरहरी बाला को कामी के पास पहुँचाने के लिये जो कर सकेगा वह खुशामद में चतुर हजारों दूतियाँ भी न कर पाएँगी।

शाबाश, यह शकुन काम साधने वाला है। मित्र, तेरा यह श्लोक सत्पुत्र-लाभ की तरह यशस्कर हो। तुझे काव्यालोचना का शिकार न बनना पड़े। अरे, यह कौन हँसा? (देखकर) अरे यह तो पीठमर्द दर्दरक है। अरे दर्दरक, इसमें हँसने की क्या बात है? क्या कहता है— ''निश्चय ही आप बृहस्पतितुल्य कवि जी की बातों से पूजा करके मानो समुद्र पर जल छिड़क रहे हैं।'' ऐसा मत कह मूर्ख! क्या बसन्त मास की पूजा में फूलों की भेंट नहीं चढ़ाई जाती? और भी क्या तूने पहले नहीं सुना—

---

१० (आ) *श्रीमत्स्वेदावतारः*—सात्त्विक भाव जनित स्वेद के लिए श्रीमत् कहा कहा गया है, श्रमजनित स्वेद के लिए नहीं।

१० (इ) *वरतनु*—छरहरी, लकलका (बनारसी बोली)।

१० (३) *वाक्पुरोभागानां*—वाणी या काव्य में दोष निकालना, काव्य की विपरीत आलोचना। पुरोभाग = दोषैकदर्शन (तुलना कीजिए, *रघुवंश,* १२/१२)। दोषैकदृक् *पुरोभागी*—अमर।

१० (६) *पीठमर्द*—नायक-नायिका के बीच प्रेम-साधन में सहायक—
पताकानायकस्त्वन्यः पीठमर्दो विचक्षणः।
तस्यैवानुचरो भक्तः किञ्चिदूनश्च तद्गुणैः
—॥ दशरूपक॥

(इ) *अर्चामो भगवन्तं*

(ई) *वयमपि वागीश्वरं वाग्भिः॥ इति।*

(१) भवतु (२) दर्शितस्ते पीठमर्दस्वभावः। सेवितोऽत्रभवान्। (४) अपि च वसन्तकालोऽयमच्छलः परभृतप्रलापानाम्। (५) ईदृश एवास्तु भवान्। (६) साधयाम्यहम्। (७) (परिक्रम्य विलोक्य)

(८) अये अयमपरो विपुलामात्यः कामदत्ताप्राकृतकाव्यप्रतिष्ठानभूतः (९) वैशिकवृत्त्याऽधोमुखः प्रस्थितः। (१०) आ गृहीतम्-एष देवदत्तासौभाग्यसंक्रान्ते मूलदेवे विपुलावमानात् (११) आत्मानमवधीरितमवगच्छन् प्रणयक्रुद्धः खल्वेष धान्त्रः। (१२) भवतु परिहासप्लवेनैनमवगाहिष्ये। (१३) (निर्दिश्य) (१४) भोः सुहृत्-कुमुदाननवबोधयन् दिवाचन्द्रलीलयाऽतिक्रामसि। (१५) पृच्छामस्तावत् किञ्चित्।

दीपों से सूर्य पूजा जाता है, पानी से समुद्र की पूजा हाती है और बसन्त की भी फूलों से पूजा होती है। हम भी बातों से बड़े कवि की पूजा कर रहे हैं।

ठीक, तूने पीठमर्द का स्वभाव दिखला दिया। बस, तुझसे मिलना हो चुका। और भी—यह बसन्तकाल कोयलों की मदभरी कूकों से सुहावना है, तू भी ऐसा ही हो। मैं चला। (घूमकर और देखकर)

अरे, यह दूसरा आ गया विपुलामात्य जो कामदत्तारूपी प्राकृतकाव्य के सँभालने में चतुर था, पर अब वैशिक वृत्ति (वेश के मामलों) में मुँह की खाकर (मुँह लटकाए) चला जा रहा है। अब समझा—मूलदेव के देवदत्ता के साथ फँस जाने पर विपुला के अपमान से अपने को अपमानित मानकर यह भलामानस जरूर मान से फूला हुआ है। होने दो—हँसी की डुबकी से मैं इसकी गहराई में पैठूँगा। (इशारा करके) ''अरे मित्ररूपी कुमुदों को खिलाए बिना तू दिन के चन्द्रमा की तरह क्यों हमें छोड़े जा रहा है?'' तुझसे कुछ पूछना है—

---

११ (२) *दर्शितस्ते पीठमर्द स्वभावः*—दर्दरक ने जो यह कहा कि वागीश्वर को वाक् से क्यों मिलाता है, उस पर विट का कहना है कि दर्दरक ने अपना पीठमर्द का स्वभाव प्रकट कर दिया, अर्थात् नायिका को नायक से मिलाना उचित ही तो है। पर पीठमर्द अपना स्वार्थ या उल्लू सीधा करने के लिए उन दोनों को मिलने देना नहीं चाहता।

११ (८) *विपुलामात्य*—विपुला का अमात्य, विपुला की प्रेम-साधना में उसे परामर्श देनेवाला। कर्णीपुत्र मूलदेव पहले विपुला में अनुरक्त था, बाद में वह देवदत्ता से प्रेम करने लगा।

११ (८) *कामदत्ताप्राकृतकाव्यप्रतिष्ठानभूतः*—यहाँ प्रतिष्ठान पद साभिप्राय प्रयुक्त हुआ है जो सरकारी दफ्तर या कार्यालय के अर्थ में आता था। अमात्य नाम का अधिकारी प्रतिष्ठान का संचालन करता था। प्राकृत या साधारण प्रतिष्ठान का अधिकारी यदि किसी नगर के प्रतिष्ठान का प्रबन्धक नियुक्त कर दिया जाय तो जैसे वह असफल रहे

१२— (अ) *कलाविज्ञानसम्पन्ना*
(आ) *गर्वैकव्रतशालिनी।*
(इ) *न खल्वत्यन्तधीरा सा*
(ई) *खिन्ना ते विपुला मतिः॥*

(१) किं ब्रवीषि—"गृहीतो वञ्चितकस्यार्थः। (२) किं तवाचार्यो मूलदेवो न ज्ञायत" इति। (३) मा मैवम्। (४) देवदत्तासुरतसंक्रान्तस्यापि विपुलागतमेव हृदयम्। (५) किं ब्रवीषि—*"तदपि मूलदेवीयं शाठ्यम्"* इति। (६) आम्। (७) भवान् खलु सत्यार्जवः किमिदानीं स्वशिष्यां विपुलां नोपालभते (८) *यया प्रणयकोपार्थ-मधिगतः कर्णीपुत्रः—*

"कला और विज्ञान से भरी हुई, सदा गरूर में मस्त वह तेरी विपुल बुद्धि निश्चित ही अतिधीर थी जो वह खिन्न नहीं हुई।"

(दूसरा अर्थ) क्या तुम जानते हो कि कलाओं के प्रयोग ज्ञान से युक्त, गरबीले स्वभाववाली वह विपुला अन्त तक धीर न बनी रहने के कारण खेद को प्राप्त हुई?

क्या कहता है—"तुम्हारे व्यंग्य का मतलब मैंने समझ लिया। क्या गुरुमूलदेव की चंटई मशहूर नहीं?" नहीं, ऐसी बात नहीं है। देवदत्ता के साथ दिल लगने पर भी उसकी तबीयत विपुला में ही लगी है। क्या कहता है—"वह भी मूलदेवी बदमाशी है।" ठीक, आप सच्चे-सीधे अपनी शिष्या विपुला को उलाहना क्यों नहीं देते, जिस प्रेम रूठी को मनाने कर्णीपुत्र आया था?

ऐसे ही विपुला के साधारण प्रेम के सँभालने तक जिसके बुद्धिप्रकर्ष की सीमा थी, ऐसा विपुलामात्य वेश के मामलों में मात खा गया, इसीलिए वह कर्णीपुत्र के मन को देवदत्ता की ओर से मोड़कर विपुला में अनुरक्त न कर सका। यहाँ कामदत्ता नामक प्राकृत भाषा के किसी काव्य की ओर संकेत है, उसमें प्रेम-व्यवहार का जो स्तर था वहीं तक उस विपुलामात्य की गति थी। इस वाक्य की यह भी व्यंजना थी कि प्राकृत काव्यों में प्रेम का जो सीधा-साधा स्तर था, संस्कृत काव्य में वह उससे अधिक विकसित या व्यंजनापूर्ण या नोकझोंक से युक्त होता था। अतएव साधारण वेश्या विपुला का पक्षपाती नागरिक वेश की चतुराई का सफलता से सामना न कर सका।

११ (३) *सेवितोऽत्रभवान्*—विट दर्दरक को टरकाने के लिये यह कहता है कि आपसे मिलना हो चुका। आदरार्थक अत्रभवान् पद इसलिए प्रयुक्त किया गया है कि दर्दरक को विट का वाक्य बुरा न लगे।

११ (४) *अच्छल*—अच्छा, सुहावना। दूसरा अर्थ छलरहित।

११ (४) *परभृतप्रलाप*—कोयल का बोलना। *परभृत*—कोयल। *परभृत* का दूसरा अर्थ वेश्या भी यहाँ संगत है। *परभमृतप्रलापानामच्छलः*—दर्दरक के पक्ष में इस वाक्य का अर्थ यह होगा—तू परभृत अर्थात् वेश्याओं या रखैलों के वचनों को बिना छल के पहुँचा।

१३— *(अ) प्राप्त इव शरत्कालः*
(आ) प्रावृट्कलुषां नदीं प्रसादयितुम्।
(इ) क्षिप्तः कदर्थयित्वा
(ई) हेमन्ते तालवृन्त इव॥

(१) किं ब्रवीषि—"कदा कथम्" इति। (२) सखे श्रूयताम्। (३) ननु-कतिपयाहमिवाद्य मद्द्वितीयः कर्णीपुत्रो विपुलामनुनेतुमभिगतः। (४) अथ द्वारकोष्ठकस्थे-नानेन क्रोधागाधपरीक्षार्थमहमादितः सोपग्रहं कल्पितः। (५) सोऽहं प्रियवचनो-पन्यासेनाभिगतश्चैनाम्। (६) साऽपि चेर्ष्यादोषदूषितलावण्या दृष्ट्वैव मां (७) 'कुतोऽयमायास' इत्युक्त्वा पराङ्मुखी संवृत्ता। (८) ततः सपरिहासमुक्ता मया—

१४— *(अ) किमुक्ता केन त्वं प्रतिवच इदं कस्य वचसः*
(आ) तदावृत्ता भूत्वा वद वदनचन्द्रेण वनिते।
(इ) प्रसन्नां त्वां दृष्ट्वा भवति हि मम प्रीतिरतुला
(ई) भुजङ्गीव क्रुद्धा भ्रुकुटिरियमुद्वेजयति माम्॥ इति

बरसात में गदली हुई नदी को प्रसन्न करने के लिये शरत्काल की तरह वह आया था। पर सरदी में ताड़ के पंखे की भाँति बेइज्जती से वह फेंक दिया गया।

क्या कहता है—"कहाँ कैसे?" मित्र सुन। कुछ दिन पहले की तरह आज मेरे साथ कर्णीपुत्र विपुला को मनाने गया। उसकी ड्योढ़ी पर खड़े होकर उसने क्रोध की गहराई जानने के लिए पहले मुझे प्रीतिपूर्वक भेजा। मैं मीठी बात कहते हुए उसके पास गया। डाह से जली-भुनी उस सलोनी ने मुझे देखते ही 'किसलिये यह सब मेहनत है,' यह कहकर मुँह फिरा लिया। इस पर मैंने हँसी से कहा।

तुझसे किसने क्या कहा? यह उत्तर किस बात का है? वनिते, जरा सामने घूमकर पुनः उसे अपने चन्द्रमुख से दुहरा। तुझे प्रसन्न देख कर मेरी प्रीति

---

११ (१२) *प्लव*—डुबकी, डोंगी।
१२ (अ) *कलाविज्ञानसम्पन्ना*—कला नृत्यसंगीतादि, विज्ञान कामतंत्र का शास्त्रीय ज्ञान।
१२ (ई) *ते विपुलामतिः*—समस्त पद का संकेत यह है कि विपुला के हित में लगी तेरी बुद्धि पर्याप्त धैर्य के अभाव से बीच में ही असफल हो गई।
१२ (ई) *ते मतिः*—क्या तुम यह मानते हो? (प्रश्नवाचक अर्थ)।
१२ (१) *वञ्चितक*—व्यंग्य। बारहवें श्लोक का व्यंग्य इस प्रकार है—कला-विज्ञानसम्पन्न, सदा गरूर में भरी रहनेवाली तेरी विपुला मति अति धीर नहीं है जो इस प्रकार खिन्न हुई।
१३ (४) *द्वारकोष्ठक*—ड्योढ़ी, अलिन्द। घर के बाहरी द्वार का प्रकोष्ठ।
१३ (४) *अगाध*—गहराई, यहाँ यह विशेष्य की भाँति प्रयुक्त है।

(१) *तदनन्तरमवन्तिसुन्दर्या सख्याऽभिहिता—*

१५— (अ) *किं कृत्वा भ्रुकुटीतरङ्गविषमं रोषोपरक्तं मुखं*
(आ) *निःश्वासज्वरिताधरं प्रियसखं प्राप्तं न संभाषसे।*
(इ) *सौभाग्येन हि शत्रुकर्म कुरुषे स्त्रीगर्वमेधाविनि*
(ई) *मानं मानिनि मुञ्च सर्वमचिरादत्यायतं छिद्यते॥ इति।*

(१) *अथ गुणवती परिषदिति कृत्वा कर्णीपुत्रोऽभिगतः।* (२) *स चानया प्रणिपातावनतः सरोषमवधूयाभिहितः—*

१६— (अ) *कृत्वा विग्रहमागतोऽसि नियतं निर्वासितो वा तया*
(आ) *कान्तालापविनोदने किल वयं विश्रामभूमिस्तव।*
(इ) *किं नैराश्यनिरुत्सुकस्य मनसः संधुक्षणैर्मे पुनः*
(ई) *पीतेनात्र किमौषधेन कटुना सुस्वागतं गम्यताम्॥ इति।*

(१) *किं ब्रवीषि—''यद्येवं तामेवाविनीतां तावदेनामुपालब्धुं गच्छामि'' इति।* (२) *छन्दतः* (३) *तयागृहीतवाक्यो भवानस्तु।* (४) *साधयामस्तावत्।*

बेहिसाब हो जाती है। नागिन की तरह गुस्से से भरी यह तेरी भृकुटी मुझे डरपा रही है।

इसके बाद उसकी सखी अवन्तिसुन्दरी ने कहा—क्यों भृकुटी टेढ़ी करके क्रोध से लाल मुँह करके, साँस से अधरों को झुलसाकर मित्र के आने पर भी नहीं बोलती? गर्व से फूली हुई तू अपने सौभाग्य से बैर करती है। मानिनी! मान छोड़, सब चीजें बहुत खींचने से जल्दी ही टूट जाती हैं।

'मन-मिलाव की बैठक सदा भली है' यह मानकर कर्णीपुत्र भी वहाँ पहुँच गया। उसे झुका हुआ देखकर उसने क्रोध से झटक कर कहा—'तू लड़ाई करके आया है, या जरूर उसने निकाल बाहर किया है। चुहलभरी बातचीत से मन बहलाने के लिये तूने मुझे थकान मिटानेवाली अपनी आरामगाह समझ रक्खा है? बुझे अरमानोंवाले मेरे मन को जलाने से क्या मतलब? कड़वी दवा पीने से क्या फायदा? जैसे भले आया है वैसे ही वापिस जा।'

क्या कहता है?—''यदि ऐसा है तो पहले उस उजड्ड के पास ही डाट-डपट करने जाता हूँ।'' जा उससे मनमानी बातें कर। अब मैं चला। (घूमकर)

---

१५ (१) *गुणवती परिषत्*—यह मुहावरा इस अर्थ में था कि मिलना-जुलना सदा अच्छा ही है। प्रधान या चौधरी अपने अन्तरंग सदस्यों को बुलाकर जो बैठक करते थे, बनारसी बोली में वह मेल-मिलाव की बैठक या 'अठकौसल' कहलाती थी। अन्तरंग परिषद् को ही सम्भवतः गुणवती माना जाता था।

१६ (१) *तामेवाविनीतां*—इसका पाठ रामकृष्ण कवि के संस्करण में *तामेवाविनीतां तावदेनामुपालब्धुं* है। मद्रास गवर्नमेन्ट ओरियेन्टल लाइब्रेरी की प्रति (R२७२५)

(५) (परिक्रम्य)

(६) हा धिक् अपरं मूर्तिमत् गमनविघ्नमुपस्थितम्। (७) एष हि पाणिनि-पूर्वको दन्दशूकपुत्रो दत्तकलशिर्नाम वैयाकरणः प्रतिमुखमेवोपस्थितोऽस्मान्। (८) अपीदानीमविघ्नेनास्य वाग्वागुरामुत्तरेयम्। (९) संरब्धमिवैनं पश्यामि। (१०) आम् वादविघट्टितेनानेन भवितव्यम्। (११) तथा हि। (१२) अस्य कलहकण्डूबन्धुरा वागीषदपि स्पृष्टा देवकुलघण्टेवानुस्वनति। (१३) प्रियगणिकश्चैष धान्त्रः। (१४) तां किल नूपुरसेनाया दुहितरं रशनावतिकां नाम व्यपदिशति। (१५) भोः कष्टम्। (१६) करभकण्ठावसक्तां वल्लकीमिव शोचामि तां रशनावतिकाम्। (१७) एष उद्यम्याग्रहस्तमभिभाषत एवास्मान्।

(१८) किमाह भवान्—''अपि सुखमशयिष्ठाः'' इति। (१९) का गतिः, भवतु सभाजयिप्याम्येनम्। (२०) स्वागतमक्षरकोष्ठागाराय। (२१) वयस्य दत्तकलशे संरब्धमिव त्वां पश्यामि। (२२) कच्चित् कुशलम्। (२३) किं भवानाह—''एषोऽस्मि

हा धिक्! यह हमारे मार्ग का दूसरा देहधारी विघ्न आ गया। दन्दशूक का पुत्र पाणिनि दत्तकलशि नाम का वैयाकरण मेरे ठीक सामने ही मौजूद है। अब इसके वाग्जाल से सकुशल बच निकलना है। इसे घबड़ाया हुआ-सा देखता हूँ। ठीक, यह बहस में कहीं रगड़ा गया है। वैसे भी, कलह की खुजलाहट से भरी इसकी वाणी जरा-सा भी छूने पर मंदिर के घण्टे की तरह टनटनाने लगती है। यह भलामानस गणिका-प्रिय है। अपनी चहेती को नूपुरसेना की पुत्री रशनावती नाम से बताया करता है। हा! ऊँट के गले पड़ी वीणा की तरह उस बेचारी रशनावती के लिये अफसोस है। यह हाथ उठाकर मुझसे ही कह रहा है।

तूने क्या कहा—''सखे, सुख से तो सोया?'' अब इससे बचने का क्या उपाय है? अच्छा तो इसका सत्कार करूँगा। अक्षरों से भरे कोठार का स्वागत। मित्र

में पाठ यह है—*तामेवाविनीतां तावदेवोपालब्धुं*—अर्थात् इसमें एनां पद नहीं है जो अर्थ में कठिनाई उत्पन्न करता है। त्रिवेन्द्रम् पोथी का पाठ यह है—*तां तावदेनामुपालब्धुं*। मद्रास गवर्नमेन्ट ओरियेन्टल लाइब्रेरी की दूसरी प्रति (क्र२७२६) में *गच्छामि* की जगह *इच्छामि* पाठ है।

१६ (२) *छन्दतः गृहीतवाक्य*—दिल खोलकर बातें करना।

१६ (७) *पाणिनिपूर्वक*—पाणिनि जिसके नाम से पहले लगा है।

१६ (१०) *वादविघट्टित*—वाद में पिटा हुआ या हारा हुआ।

१६ (१२) *देवकुलघंटा*—मन्दिर का झूलता हुआ घंटा जो तनिक हिलने से बहुत देर तक बजता रहता है।

१६ (१४) *व्यपदिशति*—कहा करता है, बताया करता है।

१६ (१४) *तपस्विनी*—बेचारी, असहाय।

१६ (२०) *अक्षरकोष्ठागार*—शब्दों का कोठार, वैयाकरण के लिए बढ़िया व्यंग्य है।

बलिभुग्भिरिव संघातबलिभिः कातन्त्रिकैरवस्कन्दितः' इति। (२४) हन्त प्रवृत्तं काकोलूकम्। (२५) सखे दिष्टया त्वामलूनपक्षं पश्यामि। (२६) किं ब्रवीषि—''का चेदानीं मम वैयाकरणपारशवेषु कातन्त्रिकेष्वास्था'' इति। (२७) यथातथाऽस्तु भवतः। (२८) साधयाम्यहम्।

(२९) *किं ब्रवीषि—''क्व सञ्चिचीर्षुः,* (३०) *तिष्ठ तावत्, किमसि दुद्रूषुः''*

दत्तकलशि, तुझे मैं घबराया-सा देखता हूँ। कुशल तो है? तूने क्या कहा—''मरा मांस खानेवाले डोम-कौओं की तरह कातंत्री वैयाकरण मुझ पर टूट पड़े हैं।'' हाय! कौओं और उल्लुओं में मच गई। मित्र, बधाई है कि मैं तुझे बिना परनुचे देखता हूँ। क्या कहता है—''इन हरामी कातंत्र वैयाकरणों को मैं समझता क्या हूँ?'' आप जैसे हैं वैसे ही रहें, मैं चला।

क्या कहता है—''कहाँ चला? (संचिचीर्षुः) अभी ठहर। ऐसी दौड़

---

१६ (२३) *संघातबलिभिः*—मरा हुआ मांस खानेवाले डोम-कौए।
१६ (२३) *कातन्त्रिक*—कातन्त्र व्याकरण के विद्वान्। गुप्तकाल में पाणिनीय वैयाकरण और कातंत्र वैयाकरणों के विद्वानों में बड़ी नोक-झोंक चलती थी, विशेषतः पश्चिम भारत में। उसी की ओर संकेत है।
१६ (२३) *अवस्कन्दित*—अवरुद्ध। अवस्कन्द = झपट्टा मार कर टूट पड़ना, अकस्मात् हमला करना।
१६ (२७) *यथातथाऽस्तु भवतः*—विट प्रकट अर्थ में मानो उसका शुभ चाहता है, किन्तु वस्तुतः वह उसके अहंकार पर व्यंग्य कस रहा है कि कातन्त्रिकों के मुकाबले में आकर तू अपनी ऐसी-तैसी करा ले। यथातथा = ऐसी-तैसी। यह गुप्तकालीन बोलचाल का मुहावरा था। दूसरा अर्थ, आप जैसे हैं वैसे रहें, अर्थात् कातन्त्रों से भिड़कर भी आपकी कुशल बनी रहे। इसका व्यंग्यार्थ बिलकुल दूसरा है, अर्थात् आपकी ऐसी-तैसी हो।
१६ (२९) *सञ्चिचीर्षुः*—चर् धातु के सन्नन्तरूप *चिचीर्षति* से *सनाशंसभिक्ष उः* (३/२/१६८) से उत्प्रत्ययान्त कृदन्त 'जाने की इच्छा वाला।'
१६ (३०) *दुद्रूषुः*—दौड़-धूप का इच्छुक। द्रु धातु के सन्नन्तरूप *दुद्रूपति* से उत्प्रत्यय करके कर्तृवाचक बना हुआ रूप। दत्तकलशि के 'संचिचीर्षु' 'दुद्रूषु' जैसे भारी-भरकम कृदन्त प्रयोगों से चिढ़कर विट कहता है—''अरे सीधी-सीधी चलतू भाषा बोल।''
माघ, भट्टि आदि काव्यों में कृदन्त तद्धित शब्दप्रयोगों की जो प्रवृत्ति देखी जाती है, युग की उस प्रवृत्ति पर यहाँ व्यंग्य है। विट ने वैसे प्रयोगों को वैयाकरणों का वाग्व्यसन कहा है। ज्ञात होता है कि वाद-विवाद के लिये इस प्रकार के शब्द ढूँढ ढूँढकर लाए जाते थे। उदाहरण के लिये—

सोऽध्यैष्ट वेदांस्त्रिदशानयष्ट पितॄनताप्सीत् सममंस्त बन्धून्।
व्यजेष्ट षड्वर्गमरीमरस्त समूलघातं न्यवधीदरींश्च॥

—भट्टिकाव्य, १/२

इति। (३१) हा धिक्, प्रसीदतु भवान्। (३२) नार्हस्यस्मान् एवंविधैः काष्ठप्रहारनिष्ठुरैर्वागशनिभिरभिहन्तुम्। (३३) साधु व्यावहारिकया वाचा वद। (३४) अभाजनं हि वयमीदृशानां करभोद्गारदुर्भगानां श्रोत्रविषनिषेकभूतानां वैयाकरणवाग्व्यसनानाम्। (३५) किं ब्रवीषि—"कथमहमिदानीमनेकवावदूकवादिवृषभविघट्टनोपार्जिताम् (३६) अनेकधातुशतघ्नीं वाचमुत्सृज्य स्त्रीशरीरमिव माधुर्यकोमलां करिष्यामि"। (३७) अहो अनाथः खल्वसि। (३८) कुतः—

१७— (अ) *स्वैरालापे स्त्रीवयस्योपचारे*
(आ) *कार्यारम्भे लोकवादाश्रये च।*
(इ) *कः संश्लेषः कष्टशब्दाक्षराणां*
(ई) *पुष्पापीडे कण्टकानां यथैव॥*

धूप क्या?" हाय, तू माफ कर। इस तरह डंडे की मार की तरह निठुर वाग्वज्रों से मुझे मत कूट। भले आदमियों वाली चलतू भाषा बोल। ऊँट की बलबलाहट जैसी अशोभन, कानों में विष की तरह चू पड़ने वाली वैयाकरणों की इस किटकिटाहट से हमें बचा। क्या कहता है—"अनेक बड़बड़िये तार्किकों की बैल-भिड़न्त से उत्पन्न हुई और अनेक धातुओं से ढाली गई शतघ्नी के समान गड़गड़ाने वाली शैली को छोड़कर मैं अब कैसे उसे स्त्री के सुकुमार शरीर जैसी बनाऊँ?" अहो, तब तो तू अनाथ है।

१७—गपशप में, स्त्री और मित्र की खातिर में, अदालती मामले के अर्जी-दावे में, कहावतों में, दाँततोड़ शब्द और अक्षरों का क्या मेल, जैसे फूल के सेहरे और काँटों का?

---

१६ (३३) *व्यावहारिकया वाचा*—बोलचाल की सीधी-सादी भाषा।

१६ (३५) *वृषभविघट्टन*—बैल-भिड़न्त।

१६ (३६) *अनेकधातुशतघ्नी*—अनेक धातुओं से ढली हुई शतघ्नी। अनेक धातुओं की गड़गड़ाहट से भरी हुई वाक्य-शैली।

१६ (३७) *अनाथ*—असहाय। इसका दूसरा अर्थ बिना नाथ वाला बैल। शैली के विषय में विट के समझाने से जब दत्तकलशि पर कोई असर न हुआ तो वह खीझकर कहता है—हाय, तू तो बे नाथ का बैल है।

१७ (अ) *स्वैरालाप*—मौज-मजे की बातचीत, गपशप।

१७ (आ) *कार्यारम्भ*—मुकद्दमे के अर्जीदावे में। कार्य = अदालती मामला, मुकद्दमा, दावा। गुप्तकाल में यह शब्द इस विशेष अर्थ में प्रयुक्त होता था। *पदताडितकं* में वादी-प्रतिवादी या मुकद्दमे से सम्बन्धित व्यक्तियों को कार्यक कहा गया है—

अधिकरणगतोऽपि क्रोशतां कार्यकाणाम्। (श्लोक २५)

आरम्भ—मुकद्दमे के शुरू में दाखिल किया हुआ अर्जीदावा, जिसमें वादी अपना मामला पेश करता है। विट का आशय है कि अर्जीदावे की भाषा सीधी-सादी व्यावहारिक होनी चाहिए। उसमें व्याकरण के टेढ़े-मेढ़े प्रयोगों का प्रयोग उचित नहीं।

(१) किमाह भवान्—"स्थाने खलु सा पुंश्चली शब्दशीफरमाभाषिता रुष्टा" इति। (२) तत्केयं पुंश्चलीति? (३) किं ब्रवीषि—"प्रिया नाम केनोच्यते" इति (४) (विमृश्य) (५) आ विदितम् (६) रशनावतिका एतच्चार्हति। (७) नातश्च भूयः कष्टतरं यत्सा प्रचुरपादपान्तरचारिणीव कोकिला (८) स्वभावखरं बिल्वपादपमाश्रिता। (९) कष्टं भोः महदिदं परिहासवस्तु, आस्वादयिप्यामस्तावत्।

(१०) वयस्य दत्तकलेशे, एवं स्वभावदक्षिणस्य भवतः कथं कामिनी विरक्तेति परं मे कुतूहलं श्रोतुम्। (११) एतदुच्यतां तावत् विस्तरतः। (१२) किमाह भवान्—"साधु सा पुंश्चली पूर्वेद्युः पर्वकाले (१३) वेशकोष्ठकमुपेत्य रिरंसया मां हविर्जुहूषन्तं जिघृक्षतीवोपासीदत्। (१४) ततोऽहमेनामवोचम्—(१५) वृषलि हविर्जुहूषन्तं मा मा स्प्राक्षीः" इति। (१६) हन्त! इदं तत् दुष्टगान्धर्व नाम। (१७) सुकुमारः

तूने क्या कहा—"जरूर वह छिनाल है जो मेरी ऐसी मीठी बोली से भी रूठ गई।" यह छिनाल कौन हुई? क्या कहता है—"उसे प्रिया कैसे कहा जाये?" (सोचकर) हाँ, समझ गया। रशनावती इसी लायक है, क्योंकि इससे बढ़कर दुःख की कोई बात नहीं कि अमराई में बिरचनेवाली कोयल, स्वभाव से कटीले बेल के पेड़ पर बैठ गई। हाय, इस दर्द में भी बड़ा मजा है। तो मैं उसका मजा लूँ।

मित्र दत्तकलशि, तेरे जैसे मिठबोले भलेमानुस से वह औरत कैसे फिरंट हो गई? यह सुनने की मुझे बड़ी चाह है। खोलकर सब बात कह। तूने क्या कहा—"जरूर वह छिनाल है। कल के दिन पर्वकाल में वेश के अलिन्द में आकर मदमाती होकर वह मेरे हवन करते समय मुझे मानो अँकवारती हुई पास आकर बैठ गई। इस पर मैंने उससे कहा—दोगली, होम करते हुए मुझे मत छू।" हाय, इसी को बिगड़ी मुलाकात कहते हैं। कामिनी को भी अपना बनाना नाजुक काम है। यह

---

१७ (आ) *लोकवाद*—कहावत, आभाणक। लोकवाद या कहावत को बातचीत के बीच में डालते हुए जैसी कहावत हो वैसा ही रखना आवश्यक है। उसमें अपनी ओर से कठिन शब्दों का मेल नहीं बैठाया जा सकता।

१७ (ई) *पुष्पापीड*—फूलों का सेहरा या मुकुट।

१७ (१) *शब्दशीफर*—सुन्दर सुकुमार वचन, मीठे बोल।

१७ (१०) *स्वभावदक्षिण*—स्वभाव का अनुकूल, मिठबोला।

१७ (१३) *वैशकोष्टक*—वेश का बाहरी अलिन्द या बरौठा। कोष्ठक से तात्पर्य यहाँ द्वारकोष्ठक से है जोकि प्रवेशद्वार होता था और जिसमें कुछ कमरे भी बने रहते थे। वेश के बाहर होने के कारण उसमें पूजापाठ करना सम्भव था।

१७ (१५) *वृषली*—एक गाली, दोगली।

१७ (१६) *दुष्ट गान्धर्व*—बिगड़ी भेंट। *गान्धर्व*—कामरीति से स्त्री-पुरुष का मिलना, मुलाकात।

खलु कामिनीसंपरिग्रहः। (१८) कलहोऽयमुपचारो नु। (१९) मा तावदलोकज्ञ युक्तं नाम त्वया प्रणयोपगतां कामिनीं विरागयितुम्। (२०) स्त्रीजनोऽपि त्वया कष्टशब्दनिष्ठुराभिर्व्याकरणविस्फुलिङ्गाभिर्वाग्भिरुत्त्रासयितव्यो भवति। (२१) इदमपि न त्वया श्रुतपूर्वम्—

१८— (अ) *रत्यर्थिनीं रहसि यः सुकुमारचित्तां*
(आ) *कान्तां स्वभावमधुराक्षरलालनीयाम्।*
(इ) *वागर्चिषा स्पृशति कर्णविरेचनेन*
(ई) *रक्तां स वादयित वल्लकिमुल्मुकेन॥*

(१) सर्वथा दुष्करकारिणी खलु रशनावतिका, या भक्तमनेन कल्पयति। (२) अथवा तु तस्याः शापः। (३) वयस्य दत्तकलशे श्रुतं श्रोत्ररसायनम्। (४) स्वस्ति भवते। (५) साधयाम्यहम्। (६) (परिक्रम्य)

छूँ-छाँ किचकिच की जड़ है। अरे नादान, प्यार करती कामिनी को दुत्कार कर तूने ठीक नहीं किया। कड़े शब्दों से निठुर बनी और व्याकरण की चिनगारियों से भरी अपनी बातों से तू स्त्रियों को भी चिहुकाता है। क्या तूने पहले यह नहीं सुना—

१८—जो एकान्त में काम से भरी, सुकुमार चित्तवाली, सहज मीठे शब्दों से प्यार करने योग्य, अनुरक्त स्त्री को कान फोड़ने वाली वाणी रूपी लपट से छूता है वह मानो लुआठ (जलती लकड़ी) से वीणा बजाता है।

जरूर रशनावतिका टेढ़ा काम साधने वाली है जो इस जैसे ठूँठ से यारी रखती है। अथवा यह उसके लिये पूरा शाप है। मित्र दत्तकलशि, तेरे द्वारा कान में चुआया अमृत सुन लिया। तेरा भला हो। मैं जाता हूँ।

(घूमकर)

---

१७ (१७) *कामिनीसंपरिग्रह*—स्त्री का अपनाना, स्वीकार करना। विट का आशय है कि रमणेच्छा से युक्त भी स्त्री का अपनाना नाजुक व्यवहार चाहता है।
१७ (१८) *उपचार*—धार्मिक छूत-छात। विट का आशय है कि प्रेम के बीच में छूत-छात बरतने से मनमुटाव बढ़ जाता है।
१८ (इ) *कर्णविरेचन*—कान बहाने वाली। इतनी जोर से कही हुई कि कान फूटकर बहने लगे।
१८ (ई) *रक्ता*—स्त्री पक्ष में अनुरक्त, वल्लकी पक्ष में रागवती, जिसके तार राग के अनुकूल हैं।
१८ (१) *या भक्तमनेन कल्पयति— भक्तं कल्पयति* मुहावरे के रूप में प्रयुक्त हुआ है, अर्थात् जो इस जैसे ठूँठ के साथ भात-पानी (मेल-जोल) या दोस्ती रखती है। भात-पानी रखना आज भी भोजपुरी में बोला जाता है।

(७) इदमपरं मनुष्यकान्तारमुपस्थितम्। (८) एष हि धर्मासनिकपुत्रः पवित्रको नाम प्रच्छन्नपुंश्चलीको (९) ऽचौक्षः चौक्षवादितः (१०) राजमार्गेऽविदितजनसंस्पर्श

यह दूसरा मनुष्यों का जमावड़ा हाजिर है। यह धर्मासनिक का पुत्र पवित्रक नामका छिपा छिनरा पवित्रताहीन किन्तु वैष्णव कहलाने वाला, राजमाग

---

१८ (७) *मनुष्यकान्तार*—मनुष्यों का जंगल, लोगों का जमावड़ा।
१८ (८) *धर्मासनिक*—धर्मासन का अध्यक्ष, न्यायाध्यक्ष।
१८ (८) *प्रच्छन्नपुंश्चलीक*—छिपकर पुंश्चली रखने वाला।
१८ (९) *अचौक्षः—चौक्ष* शब्द के दो अर्थ हैं (१) चोखा, शुद्ध, पवित्र, सच्चा। (२) भागवतों का एक सम्प्रदाय विशेष जो बहुत छुआछूत बरतता था। अभिनवगुप्त के अनुसार ये एकायन कहलाते थे—

चोक्षा भागवतविशेषा ये एकायना इति प्रसिद्धाः।

भागवत पुराण में जिन्हें भगवत्प्रपन्न एकान्तिन् कहा है, वे यही एकायन जान पड़ते हैं (भा०, ८।३।२०)। भरतमुनि कृत *नाट्यशास्त्र* में भी चौक्षों का उल्लेख है—

परिव्राण् मुनिशाक्येषु चौक्षेषु श्रोत्रियेषु च।
शिष्टा ये चैव लिङ्गस्थाः संस्कृतं तेषु योजयेत्॥
नाट्यशास्त्र, १७/३६, निर्णयसागर संस्करण

श्री मनमोहन घोष ने *नाट्यशास्त्र* के अपने अंग्रेजी अनुवाद में चोक्षेषु पाठ माना है और एक प्रति का पाठ चौक्षेषु लिखा है। निर्णयसागर संस्करण में भी टिप्पणी में एक प्रति का पाठ चौक्षेषु है, यद्यपि मूल में अशुद्ध पाठ वाक्येषु रक्खा गया है।

पादताडितकं में भी चौक्ष का उल्लेख आया है—*एष हि स वेत्रदण्डकुण्डिकाभाण्ड-सूचितो वृषलचौक्षामात्यो विष्णुदासः* (२४/५)। यहाँ वेत्रदण्ड और कुण्डिकाभाण्ड चौक्ष की पहचान बताई है।

मृच्छकटिक में दण्ड और कुण्डिका पात्र वाले एक परिव्राजक का उल्लेख है जो बिगड़े हुए हाथी के सामने पड़ गया था—

ततस्तेन दुष्टहस्तिना करचरणरदनैः फुल्लनलिनीमिव नगरीमुज्जयिनीमवगाहमानेन समासादितः परिव्राजकः। तं च परिभ्रष्टदण्डकुण्डिकाभाजनं शीकरैः सिक्त्वा दन्तान्तरे क्षिप्तं प्रेक्ष्य पुनरप्युद्धुष्टं जनेन।

अर्थात् वह बिगड़ा हुआ हाथी सूँड़, पैर और दाँतों से उज्जयिनी को खूँदता हुआ परिव्राजक के पास आ गया। मुनिका कूंडी डंडा छटककर एक ओर जा गिरा और वह हाथी के दाँतों के बीच चला गया। इस प्रकार दण्डकुण्डिका वाला यह परिव्राजक चौक्ष भागवत ही ज्ञात होता है। चौक्ष सम्बन्धी इन तोन सूचनाओं के लिये मैं श्री चन्द्रबली पाण्डेय का अनुगृहीत हूँ (देखिए उनका लेख, "मृच्छकटिक का परिव्राजक" *नई धारा,* अक्तूबर १९५२, पृ० ३-४)। गुजरात में स्वामी नारायण सम्प्रदाय के लोग जो बहुत छुआछूत या छूँ-छाँ मानते हैं, चौखलिया कहलाते हैं। ज्ञात होता है कि प्राचीन चौक्ष शब्द की परम्परा उस नाम में बच गई है।

परिहरन्निव संगृहीतार्द्रवसनः संकुचितसर्वाङ्गो (११) नासिकाद्वयमंगुलीद्वयेन पिधाय चत्वरशिवपीठिकामाश्रित्य स्थितः। (१२) हास्यः खल्वेष तपस्वी। (१३) यथा तावदयं मत्तकाशिन्या दुहितरं वारुणिकां नाम बन्धकीमनुरक्त इति श्रूयते। (१४) तदिदानीं किमयमाकुलो भवति। (१५) इदमस्या विनयप्रचारपुस्तकमुद्घाट्यते।

(१६) अंघो पवित्रक, किमिदमुष्णस्थलीकूर्मलीलया स्थीयते। (१७) किं ब्रवीषि— ''राजमार्गे सुलभमविदितजनसंस्पर्शं परिहरामि'' इति। (१८) अंघो अविज्ञातजनसंस्पर्शो नाम परिह्रियते भवता। (१९) वारुणीजघनपात्रं जाह्नवीतीर्थमिव परमपवित्रं ननु। (२०) कि ब्रवीषि—''नैतदस्ति'' इति। (२१) किमिदं गोपालकुले

में अनजाने लोगों की मानो छूत बचाता हुआ, गीले कपड़े समेट कर सारा बदन सिकोड़ता हुआ, उँगलियों से दोनों नकुए दबाए हुए, चौराहे पर शिवपिंडी के सहारे खड़ा है। जरूर यह बेचारा हास्यपद है, क्योंकि यह मत्तकाशिनी की पुत्री वारुणिका नाम की टकहिया (बन्धकी) वेश्या पर आशिक है, ऐसा सुना जाता है। इस समय यह घबराया हुआ क्यों है? तो उसकी आवारागर्दी के पोथों की पिटारी खोलता हूँ।

अरे पवित्रक, क्यों तू धूप सेकते हुए, कछुए की तरह गर्दन बाहर-भीतर करते हुए खड़ा है? क्या कहा—''राजमार्ग में आने-जाने वाले लोगों की सहज छूत बचा रहा हूँ।'' ओ हो, तू अनजानों की छूत से छटकता है, पर क्या वारुणी

रामकृष्ण कवि की मुद्रित प्रति में *आचौक्षः चौक्षवारितः* पाठ है जो त्रावणकोर विश्वविद्यालय की हस्तलिखित प्रति (संख्या ५९६८ डी०) का पाठ भी है। शेष तीन प्रतियों में (मद्रास प्राच्य हस्तलिखित ग्रन्थ-संग्रह प्रति R२७२५ और R२७२६ एवं त्रिवेन्द्रम् महाराज के पोथीखाने की प्रति १४९१ B) 'अचौक्षः' पाठ ही है जो मूलपाठ ज्ञात होता है। इसी प्रकार चौक्षवारितः पाठ केवल मद्रासप्राच्य पुस्तक संग्रह की R२७२६ प्रति में है, R२७२५ प्रति में वह लुप्त है। शेष दो प्रतियों में चौक्षवादितः पाठ है। अतएव हमें *अचौक्षः चौक्षवादितः* यही पाठ शुद्ध ज्ञात होता है। इसका अर्थ हुआ अचौक्ष अर्थात् आचार भ्रष्ट होने पर भी जो चौक्ष रूप में प्रसिद्ध हो। *आचौक्षः चौक्षवारितः* का अर्थ होगा चौचक्क वैष्णव और चौक्षों की मण्डली से घिरा हुआ।

१८ (१३) *बन्धकी*—नीची श्रेणी की वेश्या जिसे बनारसी बोली में टकहिया कहते हैं।

१८ (१५) *अविनयप्रचार*—ज्ञात होता है कि बौद्ध और जैनों की भाँति वैष्णवों के धार्मिक नियम भी 'विनय' कहलाने लगे थे। उन्हीं के उल्लंघन की ओर यहाँ व्यंग्य संकेत है। *प्रचार*—चर्या, चाल-चलन।

१८ (१६) *उष्णस्थलीकूर्मलीला*—गरम बालू रेत में धूप सेंकने के लिये पड़ा हुआ कछुआ जैसे गर्दन बाहर-भीतर निकालता और सिकोड़ता है उसी प्रकार पवित्रक भी कभी खुलकर खड़ा होता और कभी अपने अंगों को खींच लेता है।

तक्रविक्रयःक्रियते। (२२) कितवेष्वपि नाम कैतवमारभ्यते। (२३) किं ब्रवीषि—(२४) "साधु मर्षयतु भवान् निपुणः खलु ते चारः" इति। (२५) कस्य चारः? कुतश्चारः? (२६) न सूर्यो दीपेनान्धकारं प्रविशति।। नहि मे चारकृत्यमस्ति। (२७) सहस्रचक्षुषो हि वयमीदृशेषु प्रयोजनेषु। (२८) तदपनय शठप्रचारकञ्चुकम्। (२९) आकृतिमात्रभद्रको भवान् मिथ्याचारविनीतो ह्यसि। (३०) अंघो सज्जनसब्रह्मचारिन् विटपारशव, चौक्षपिशाचो वेश्याप्रसङ्गश्चेति (३१) आचारविरुद्धमेतद् विरुद्धाशनमिव मां प्रतिभाति। (३२) अपि च चौक्षोपचारयंत्रितः तामुपगृहन् संदंशेन नवमालिकामपचिनोषि। (३३)किं ब्रवीषि— "सर्वथा निवृत्तोऽस्मि विभ्रमात्" इति। (३४) पायसोपवासमिव क एतत् श्रद्धास्यति। (३५) किं ब्रवीषि— "यद्येवं सुप्रसन्नोऽसि शिष्यत्वे निष्पादयतु मा भवान्" इति। (३६) दिष्ट्या भवान् सत्पथमारूढः। (३७)

के जघनस्थल का पात्र गङ्गा के घाट की तरह बड़ा पवित्र है?" क्या कहता है—"ऐसी बात नहीं है।" क्यों ग्वालों के घरों में छाँछ बेचता है? (चग्घड़ों से छाकटेपन की बात करता है?)। बदमाशों से भी बदमाशी दिखलाता है। क्या कहता है—"माफ कर बाबा, तेरी जासूसी चौकस है।" किसकी जासूसी? कहाँ की जासूसी? सूरज दीपक लेकर अँधेरे में नहीं घुसता। मुझे जासूसों की जरूरत नहीं। मैं ऐसी बातों में हजार आँखों वाला हूँ। इसलिए बदमाशी का जामा दूर कर। केवल शक्ल से ही भलामानस तू ढोंगीपन से नम्र बना है। अरे, सज्जनों के सहपाठी और विटों के गुलाम, छुआछूत का भूत और वेश्याप्रसंग दोनों बातें एक-दूसरे के खिलाफ हैं, जैसे विरुद्ध भोजन। और भी, छुआछूत के ढोंग से बँधा हुआ तू उससे लगता हुआ मानो सँड़सी से नेवारी चुनता है। क्या कहता है—"अब मैंने लपकपना छोड़ दिया है।" खीर खाकर उपवास करने जैसी बात का कौन विश्वास करेगा? क्या कहता है—"अगर आप मुझ पर इतने मिहरबान हैं तो मुझे अपना शागिर्द बना लीजिए।" बधाई है, तू सत्पथ पर आ गया। यदि

---

१८ (२१) *गोपालकुले तक्रविक्रयः क्रियते*—लोकोक्ति, ग्वालों के घर जाकर मट्ठा बेचना, यानी जो खुद भारी चग्घड़ है उससे छाकटेपन की बात करना।

१८ (२४) *निपुण*—चौक, होशियार।

१८ (२८) *शठप्रचारकञ्चुक*—*शठप्रचार* = बदमाशी, वही जिसे अवनिय प्रचार कहा है। कंचुक = जामा।

१८ (२९) *आकृतिमात्रभद्रक*—देखने भर का भलामानस।

१८ (३०) *सज्जनसब्रह्मचारिन्*—सज्जनों के साथ पढ़ा हुआ। यहाँ व्यंग्य से प्रयुक्त है।

१८ (३०) *विटपारशव*—एक गाली, विट का हरामी पिल्ला।

१८ (३०) *चौक्षपिशाच*—चौक्षपन या छूआछूत का भूत।

१८ (३०) *पायसोपवास*—खीर भोजन करते जाना और उपवास करना।

यदि च विटत्वे कृतो निश्चयः शीघ्रमेव वैशयुवतिप्रणयपरिघभूतमिथ्याचारकञ्चुकमुद्घाट्यताम्। (३८) घुष्यतां विटशब्दः। (३९) किमाह भवान्—"प्रणतोऽस्मि" इति। (४०) हन्तेदानीं दत्तः प्रदेयकः स्वैरमयन्त्रितश्चाचारः। (४१) अयमिदानीमाशीर्वादः—

१९— *(अ) आक्षिप्तस्रस्तवस्त्रां प्रशिथिलरशनां मुक्तनीवीं विहस्तां*
(आ) हस्तव्यत्यासगुप्तस्तनविवरवलीमध्यनाभिप्रदेशाम्।
(इ) लज्जालीनोपविष्टां नहि नहि विसृजेत्येवमाक्रन्दमानां
(ई) शय्यामारोप्य कान्तां सुरतसमुदयस्याग्रसस्यं गृहाण॥

(१) किं ब्रवीषि— "उपस्कारितं श्रेयः, चिकित्सितोऽस्मि" इति। (२) यद्येवमाचार्य-दक्षिणेदानीमेष्टव्या। (३) किं ब्रवीषि—"नन्वयमञ्जलिः" इति। (४) भो नन्वयमतिव्ययः। (५) भवतु। (६) इदानीं निष्पन्नशिष्याः स्मो वयम्। (७) भवानिदानीमाचार्यो न शिष्यः। (८) सगर्व स्वैरमयन्त्रितश्चर। (९) साध्याम्यहम्। (१०) (परिक्रम्य)

विट बनने का निश्चय ही कर लिया है तो वेश्याओं के प्रणय के लिये कीलदार डंडे के समान घातक झूठे आचार का बना जल्दी से उतार कद्ध फेंक और गुंडई की ललकार लगा। तूने क्या कहा—"आपका ताबेदार हूँ।" तो तुझे मैं मनमाने ढंग से खुल खेलने का इनाम देता हूँ। अब यह मेरा आशीर्वाद ले—

१९—बिखरे और छुटे हुए वस्त्रों वाली, ढीली करधनी वाली, छुटी नीवी वाली, घबराई हुई, हाथ पर हाथ चढ़ाने से स्तन त्रिवली और नाभि प्रदेश छिपाकर लजाते हुए बैठी हुई—"ना ना, मुझे छोड़," चिल्लाती हुई स्त्री को शय्या पर ले जाकर सुरत सम्मिलन की पहली फसल काट।

क्या कहता है—"आपने उपकार का ढेर लगा दिया। मैं भला चंगा हो गया।" यदि ऐसा है तो अब मुझे आचार्य दक्षिणा मिलनी चाहिए। क्या कहा—"प्रणाम हाजिर है।" अरे, ऐसी बड़ी फिजूलखर्ची। अच्छा, आज से हम शिष्य वाले तो बन गए। पर तू तो पूरा गुरु है, चेला नहीं। अकड़ते हुए मनमानी मौज ले। मैं चला—(घूमकर)

---

१८ (४०) *प्रदेयक*—इनाम, बख्शीश।

१९ (ई) *अग्रसस्य*—पहली फसल। सुरत मिलन से पूर्व चुम्बनादि द्वारा छेड़छाड़ की ओर यहाँ संकेत है। *समुदय* = सम्मिलन।

१९ (१) *उपस्कारितं श्रेयः*—*उपस्कारित* = बढ़ा दिया, ढेर लगा दिया। लोमान ने अपने संस्करण में *उपधारितं श्रेयः* पाठ रखा है और कोई पाठान्तर भी नहीं दिया। *उपधारित*= विचारा, सोचा, अर्थात् आपने हित की बात सोची।

(११) ही ही साधु भोः नानाकुसुमसमवायसम्पिण्डितेन (१२) वसन्तमध्याह्नस्वेदावतार-स्पर्शसुभगेन प्रतिहारित इवाहं (१३) माल्यापणप्रासादसंबाधविनिःसृतेन विपणिवायुना नूनमुपस्थितोऽस्मि। (१४) (पुष्पवीथीं विलोक्य) (१५) मूर्तिमतीव नानाकुसुमसमवायाङ्ग-प्रत्यङ्गा वसन्तवधूः। (१६) इयं हि—

२०— *(अ) पद्मोत्फुल्लश्रीमद्वक्त्रा सितकुसुममुकुलदशना नवोत्पललोचना*
(आ) रक्ताशोकप्रस्पन्दोष्ठी भ्रमररुतमधुरकथिता वरस्तवकस्तनी।
(इ) पुष्पापीडालङ्काराढ्या ग्रथितशुभकुसुमवसना स्रगुज्ज्वलमेखला।
(ई) पुष्पन्यस्तं नारीरूपं वहति खलु कुसुमविपणिर्वसन्तुकुटुम्बिनी॥

(१) भोः सर्वथा नानाकुसुमसमवायगन्धहृतहृदयोऽहं दुष्करं खलु करोमि एनामतिक्रामन्। (२) (परिक्रम्य) (३) इदमपरं परिहासपत्तनमुपस्थितम्। (४)

वाह, क्या खूब? इस तरह फूलों के ढेरों के साथ टकराने से सुगन्धित, वसन्त की दोपहरी में घूमनेवालों के पसीने के स्पर्श से शीतल, मालाओं की दुकानों और मकानों से रुक-रुककर चलती हुई बाजार की हवा मानो प्रतिहारी की भाँति आगे बढ़कर मुझे भेंट रही है। (फूल बाजार को देखकर) तरह-तरह के फूलों के ढेरों से अंग-प्रत्यंग सजाए हुए यह पुष्पवीथी वसन्तवधू-सी दीख पड़ती है। यह—

२०—फूले कमल रूपी सुन्दर मुखवाली, सफेद पॅलों की कलियों जैसे दाँत वाली, नये नील कमल रूपी आँखों वाली, रक्ताशोक के झुग्गे जैसे फड़कते ओंठ वाली, भौरों की गुञ्जार रूपी मीठी बोली वाली, अच्छे फूलों के गुच्छे जैसे स्तनों वाली, पुष्पों के सेहरे के गहने से सुशोभित, गूँथे हुए सफेद फूलों के कपड़े पहने, सफेद माला रूपी मेखला से युक्त, फूलों की दुकान फूलों से सजी हुई स्त्री की शोभा दिखाती हुई वसन्त की गृहिणी जैसी लगती है।

आः, अनेकानेक पुष्प समूहों की गन्ध में मेरा हृदय फँस गया है, अतः इस पुष्पवीथी को छोड़कर जाते हुए मुझे बड़ी कठिनाई हो रही है, इसे छोड़ना एक कठिन काम है। (घूमकर) यह दूसरा हँसी का बाजार हाजिर हो गया। यह मृदंगवासुलक नामका

---

१९ (११) *नानाकुसुमसमवाय*, १९ (१२) *वसन्तमध्याह्नस्वेदावतार*, १९ (१३) *माल्यापणप्रासादसंबाध*—इन तीनों पदों के द्वारा वायु को सुगन्धित, शीतल और मन्द सूचित किया गया है। ये तीनों विशेषण प्रतिहार पक्ष में भी लगते हैं।

बीसवें श्लोक में फूलों की दुकान की कल्पना वसन्त-वधू के रूप में की गई है, अतएव वर्णन दोनों पक्षों में चरितार्थ होता है।

२० (आ) *रक्ताशोकप्रस्पन्दोष्ठी*—फूलों की दुकान में अशोक के लाल फूलों से लदे हुए लम्बे-लम्बे झुग्गे डोरी में बाँधकर बन्दनवार की तरह सजाए रहते थे। उनके हवा में हिलने के कारण उनका रूपक फड़कते हुए ओठों से खींचा गया है। बिम्बोष्ठी की तरह प्रस्पन्दोष्ठी रूप भी प्रयोग सम्मत है, इसका पाठान्तर भी नहीं है।

२० (३) *परिहासपत्तन*—हँसी की मंडी। *पत्तनं पुटभेदनम्*—अमर। पत्तन विशेषतः ऐसे नगर को कहते थे जहाँ व्यापार की मंडी होती थी और जिसमें माल की'

एष हि मृदङ्गवासुलको नाम पुराणनाटकविटः ''भावजरद्गवः'' इति (५) गणिकाजनोपपादितद्वितीयनामधेयः सुकुमारगायकस्य आर्यनागदत्तस्योदवसितान्निर्गच्छति। (६) सुष्ठु तावदनेन नीलीकर्मस्नानानुलेपनपरिस्पन्देन जराकौपीनप्रच्छादनमनुष्ठितम्। (७) सर्वसखश्चैष धान्त्रः (८) न शक्यमिममनभिभाष्यातिक्रमितुम्। (९) परिहसिप्याम्येनम्। (१०) (निर्दिश्य)

(११) भावजरद्गव, अपि सुभिक्षमनया जरसा। (१२) किमाह भवान्—''एप भवतो निर्वेदात् जरद्भुजङ्ग इव जरात्वचमुत्सृजामि'' इति। (१३) प्राणैः स

पुराने नाटक का विट जिसका वेश्याओं द्वारा दिया हुआ दूसरा नाम 'भावजरद्गव' है, सुरीले गायक आर्य नागदत्त के घर से निकल रहा है। खिजाब, स्नान और अनुलेपन की चटक-मटक से इसने अपना बुढ़ापा मानो लँगोट से छिपाया है। यह भला आदमी सबका मित्र है। इससे बिना बोले जाना सम्भव नहीं। इससे हँसी ठिठोली करूँगा। (इशारा करके)

अरे भावजरद्गव, क्या इस बुढ़ौती में भी तुझे सुकाल है? क्या कहा तूने—''आपके सुध न लेने से बूढ़े साँप की तरह केंचुल छोड़ रहा हूँ।'' मालूम

गाँठें खुलती थीं। पुट का तात्पर्य है बन्द माल की मुहर। इस प्रकार गाठों पर लगी हुई सैकड़ों मुहरें काशी आदि पुराने नगरों की खुदाई में मिली हैं। पत्तन की ध्वनि यही है कि उसमें एक के बाद दूसरी हँसी की गठरी या पिटारी खुलती जाती थी।

२० (४) *पुराण नाटक विट*—पुराना नाटक विट। ध्वनि यह है कि मृदंग-वासुलक पहले वेश के नाटक में सक्रिय अभिनेता था, पर अब बुड्ढा होने के कारण केवल विट बन गया था।

२० (४) *भावरजद्गव*—*भाव* = एक आदरसूचक संबोधन, *मान्ये भावाऽपि वक्तव्यः किञ्चिद्नेपु मारिषः*—भरत। *जरद्गव* = बुड्ढा साँड़।

२० (५) *उदवसित* = घर। *गृहं गेहोदवसितं वेश्म सद्म निकेतनम्*—अमर।

२० (६) *नीलीकर्म*—खिजाब। धूर्त विट संवाद में इसे ही नीलालेप कहा है—

जलधरनीलालेपः तडित्समालभनविह्वलद्गात्रः।
विकसितकुटजनिवसनो विटो यथा भाति घनसमयः ॥२॥

बादल-सा खिजाब लगाए, बिजली (सौन्दर्य से कौंधती हुई किशोरी) के आलिंगन से रोमांचित, फूलदार जामदानी का बाना पहने विट मेघकाल-सा सुहावना लगता है।

२० (६) *परिस्पन्द*—तड़क-भड़क।

२० (६) *जराकौपीनप्रच्छादन*—खिजाब लगाकर बुढ़ापे को मानो लँगोट से छिपाना चाहता है जो छिप नहीं रहा है। *प्रच्छादन* = छिपाना।

२० (१२) *निर्वेद*—उपेक्षा, सुध न लेना, किसी की ओर से बेफिक्री करना। विट ने जो व्यंग्य किया था उसी का उत्तर वासुलक ने बात की धार को तीखा करते हुए दिया है कि आपने जब भुला दिया तो मैं बूढ़े साँप की तरह चुपचाप जाड़ा गुजारता रहा और अब वसन्त में केंचुल छोड़ रहा हूँ।

२० (१२) *जरद्भुजंग*—पुराना साँप या बुड्ढा विट।

पश्यामः। (१४) *पुनर्युवैव भावः।* (१५) *सिद्धं हि ते मायया यौवनकर्म।* (१६) *तव हि—*

२१— (अ) *रागोत्पादितयौवनप्रतिनिधिच्छन्नव्यलीकं शिरः*
(आ) *संदंशापचितोत्तरोष्ठपलितं निर्मुण्डगण्डं मुखम्।*
(इ) *यत्नेनारचितामृजागुणबलेनानेन चाङ्गस्य ते*
(ई) *लेपेनेव पुराणजर्जरगृहस्यायोजितं यौवनम्॥*

(१) *किं ब्रवीषि—''मदनीयं खलु पुराणमधु'' इति।* (२) *मनोरथ एष*

पड़ता है तू अपने प्राण भी छोड़कर कायाकल्प कर रहा है। तभी तो फिर जवान हो गया है। बनाव-चुनाव से जवानी साधने में तू सिद्ध है। तेरा—

२१—सिर खिजाब से पैदा की गई नकली जवानी के सूचक बालों की ओलती से ढका हुआ (अर्थात् बीच में गंजा) है, और मुँह मूछों के पके बालों को चिमटी से कुपट कर सफाचट दाढ़ी वाला है। यत्नपूर्वक की हुई मरम्मत के बल से जैसे पुराना गिरहर मकान ठहरा होता है वैसे ही अंगों की लीपापोती से सँवारी हुई तेरी जवानी है।

क्या कहता है—''पुरानी शराब अधिक नशीली होती है।'' तेरी यही हिर्स

---

२० (१२) *जरात्वचमुत्सृजामि*—केंचुल छोड़ रहा हूँ। इसकी व्यंजना यह भी है कि बुढ़ापे के कारण मेरे झुर्रियाँ पड़ रही हैं, अर्थात् आपके खबर न लेने से मैं सूखता जाता हूँ।

२० (१३) *प्राणैः सह*—विट मजाक को और भी चुटीला करते हुए कहता है कि तू केंचुल ही नहीं अपनी जान भी गँवाकर कायाकल्प कर रहा है, अर्थात् नया जन्म लेकर तू मुश्टंडा हो गया है।

२० (१५) *मायया यौवनकर्म*—बुढ़ापे को छिपाकर बनाव-चुनाव से जवानी लाना।

२१ (अ) *व्यलीक*—ओलती या ओरी।

२१ (अ) *छन्न*—छान या छप्पर। सच्चे यौवन में तो पूरा सिर बालों से ढका रहता है, किन्तु रागोत्पादित यौवन में सिर के बीच का भाग गंजा हो जाता है और केवल चाँद के चारों ओर बनावटी यौवन के प्रतिनिधि कुछ थोड़े से बाल रह जाते हैं जिनकी उपमा छप्पर के सिरे की ओलती से दी गई है।

२१ (आ) *संदंशापचित*—सँड़सी या चिमटी से मूँछों के पके या सफेद बालों को कुपट या उखाड़ देते हैं, उसी की ओर संकेत है। शेष कपोलों के बालों को सफाचट कर दिया है।

२१ (इ) *आमृजा*—लिपाई-पोताई, जिसे प्राचीन लेखों में खण्डस्फुटित-संस्कार कहा गया है।

२१ (ई) *लेप*—खिजाब आदि का लगाना, पलस्तर।

भावस्य। (३) सर्वथा त्रिफलगोक्षुरलोहचूर्णसमृद्धिरस्तु भवतः। (४) साधयाम्यहम्। (५) (परिक्रम्य)

(६) अये अयमिदानीं सहसोपस्थिते मयि द्यूतसभालिन्दतः शिलास्तम्भेनात्मानमावृत्य स्थितः। (७) (विलोक्य) (८) भवतु। (९) विज्ञातम्। (१०) शैषिलकोऽयम्। (११) किं नु खल्वस्यास्मद्दर्शनपरिहारेण प्रयोजनम्। (१२) किं मालतिकादूतीस्वयंग्रहाविनय आत्मशङ्कामुत्पादयति। (१३) भवतु। (१४) परिहासप्लवेनैनमवगाहिष्ये।

(१६) भो द्विजकुमारक किमिदमात्मप्रच्छादनेन सुहृत्समागमः छत्रेण चन्द्रातप इव प्रतिषिध्यते। (१७) एष निःसृत्य प्रहसितः। (१८) किं ब्रवीषि—"स्वागतं सुहृत्कर्णधाराय" इति। (१९) भद्र कुतो मे सुहृत्कर्णधारता योऽहं तस्माद् द्वन्द्वरति

है तो त्रिफला, गोखरू और लोहे के चूरे (से बने खिजाब) से तेरी सब तरह बढ़ती हो। मैं चला। (घूमकर)

अरे, सहसा मेरे आ पहुँचने पर कोई अभी जुआखाने की ड्योढ़ी के खम्भे के पीछे अपने को छिपाकर खड़ा हो गया है। (देखकर) ठीक, पहचान लिया। यह शैषिलक है। मुझसे छिपने का क्या कारण? क्या मालतिका की दूती को पकड़ रखने की बेहूदगी के बारे में वह शक पैदा करता है? ठीक, हँसी के गोते से उसकी थाह लूँगा।

अरे ब्राह्मण के बेटे, क्यों मित्र के मिलने पर अपने को छिपाकर छतरी से चाँदनी रोकने की तरह व्यर्थ काम करता है? यह निकल कर हँसता है। क्या कहता है—"सुहृत्कर्णधार का स्वागत।" भले आदमी, कहाँ मेरी सुहृत्कर्णधारता जो तूने मुझे अपने दोहरे रतिप्रणय से विमुख रखा?

---

२१ (६) *द्यूतसभालिन्द*—ज्ञात होता है कि वेश के अन्दर द्यूतसभा का भवन अलग बना होता था। उसके अलिन्द या द्वारकोष्ठ के बाहर की ओर के बरामदे में पत्थर के खम्भे लगे रहते थे, उन्हीं की ओर संकेत है।

२१ (१२) *स्वयंग्रह*—जबरदस्ती पकड़ लेना, दूसरे की सहमति के बिना अपनी ओर से बलपूर्वक कामुक भाव से किसी को रोक लेना। इसका माघ में प्रयोग हुआ है—

त्रसत्तुषाराद्रिसुताससम्भ्रमस्वयंग्रहाश्लेपसुखेन निष्क्रयम्।

शिशुपाल वध, १/५०

प्रियप्रार्थनां बिना कण्ठग्रहणम्—मल्लिनाथ। *स्वयंग्रहाविनये आत्मशंकां*, इस प्रकार पदच्छेद होगा।

२१ (१६) *चन्द्रातप*—चाँदनी। *छत्रेण चन्द्रातपः प्रति षिध्यते*—(लोकोक्ति) छाता लगाकर आती हुई चाँदनी कहीं रोकी जाती है?

२१ (१८) *सुहृत्कर्णधार*—मित्रों की नाव पार लगाने वाला, उनका टेढ़ा काम साधने वाला।

प्रणयसाहसात् बहिष्कृतः। (२०) किं ब्रवीषि—"नैतदस्ति" इति। (२१) अयि सुरतोञ्छवृते, मा मैवम्। (२२) प्रकाशं खल्वेतद् यथा शैषिलकस्य गृहे शाक्यभिक्षुकी प्रतिवसतीति। (२३) सा किल त्वयि उत्पन्नकामया मालाकारदारिकया मालतिकया त्वत्सकाशं दौत्येनानुप्रेषिता। (२४) तस्याश्च त्वया निरुपस्कृतभद्रकं रूपयौवनलावण्यमामिषभूतमुद्दिश्य। (२५) तदात्वमेवावेक्षितम्, नायतिकम्। (२६) किं ब्रवीषि—

क्या कहा—"नहीं ऐसी बात नहीं है।" अरे सुरत के टुकड़खोर, मुझसे ऐसा मत कह। सबको पता है कि शैषिलक के पड़ोस में बौद्ध भिक्षुणी बसती है। कामभाव उत्पन्न होने से मालिन की छोकरी मालतिका ने उसे तेरे पास दूती बनाकर भेजा। उस दूती के शृंगारविहीन रूप, यौवन और लावण्यमय शरीर पर मांस की तरह ललककर तूने तुरत उस पर ही आँख गड़ा दी, भविष्य

---

२१ (१९) *साहसात् बहिष्कृतः*—तात्पर्य यह कि साहस के कामों में तो निजी मित्रों को अवश्य साथ में लिया जाता है, तूने मुझे उसका पता भी नहीं दिया। द्वन्द्व = (१) दो के साथ, (२) लड़ाई-झगड़े का काम।

२१(१९) *द्वन्द्वरति*—(१) दो के साथ रति, (२) रहस्यरति (द्वन्द्व = रहस्य, सूत्र ८/१/१५, *द्वन्द्वं रहस्यमर्यादावचनव्युत्क्रमणयज्ञपात्रप्रयोगाभिव्यक्तिपु*)।

२१ (१९) *प्रणय*—(१) प्रेम, (२) बलपूर्वक ले लेना।

२१ (१९) *प्रणय साहस*—छीन झपट कर लेने का साहसी कार्य। धूर्त-विट संवाद में श्रेष्ठिपुत्र कृष्णिलक के गुंडई के कारनामों में मित्र के लिये किए हुए इस प्रकार के जान पर खेलकर साधे जाने वाले कामों का भी उल्लेख है।

२१ (२१) *सुरतोञ्छवृत्ति*—सुरत का सिल्ला बीनकर काम चलानेवाला, एक नायिका से बद्धानुराग न होकर जिस-तिससे लड़ मिलाने वाला पतित नायक।

२१ (२४) *निरुपस्कृत भद्रक*—बिना सजाया=सँवारा हुआ रूप। यह शब्दावली शिल्पगत देवप्रासाद से ली गई है। मन्दिर के मंडोवर या गर्भगृह का बाहरी भाग भद्रक कहलाता था। चार दीवारों के चार भद्रक होते थे। उन्हें रथ या मुख आदि के निर्गम निकाल कर सजाया जाता था जिससे मंदिर व शिल्प में अधिक सौन्दर्य उत्पन्न हो जाता था। ऐसे निर्गम रथ, प्रतिरथ, कोणक रथ, या भद्रक, प्रतिभद्रक, कोणक भद्रक कहलाते थे। यदि भद्रक में प्रतिभद्रक या प्रतिरथ आदि की सजावट न की जाये तो वह अनुपस्कृत या सादा रहता था।

२१ (२५) *तदात्व और आयतिक*—ये दोनों लोकायत दर्शन के पारिभाषिक शब्द थे। *तदात्व* = उसी समय का, नगद, प्रत्यक्ष। *आयतिक* = आनेवाला, उधार। तात्पर्य है कि तू ने नकद माल पसंद किया, उधार नहीं। इससे मिलते हुए लोकायतिकों के मत के दो पुराने सूत्र और उपलब्ध थे—*वरं सांशयिकान्निष्कादसांशयिकः कार्षापणः* (खटके में पड़ी सोने की मुहर से बेखटके मिलने वाला चाँदी का रुपया अच्छा है), अथवा *वरमद्य कपोतः श्वो मयूरात्* (कल की मोरनी से आज की कबूतरी अच्छी)। यही प्रत्यक्षवादी चार्वाकों का दृष्टिकोण था। उसी का उल्लेख अगले वाक्य में है—*अनागतसुखाशया प्रत्युपस्थितसुखत्यागो न पुरुषार्थः*। यह शब्दावली *महाभारत*, शान्तिपर्व से ली गई है—

''सखे यत्सत्यमनागतसुखाशया प्रत्युपस्थितसुखत्यागो न पुरुषार्थः। (२७) न दीपेनाग्निमार्गणं क्रियते'' इति। (२८) भोः सुष्ठु कृतम्। (२९) वञ्चितं खलु रहस्यं यदीदं न विस्तरतो ब्रूयाः। (३०) विस्तरत इदानीं श्रोतव्यम्। (३१) किमाह भवान्—''क इदानीमविनयप्रपञ्चमात्मनः प्रकाशयति। (३२) किन्तु समासतः श्रूयताम्। (३३) तया हि प्रसभमाक्रान्तयाऽभिहितोऽहम''—

२२— (अ) *सम्पातेनातिभूमिं प्रतिरसि शठ हे मान्याः खलु वयं*
(आ) *दौत्येनाभ्यागतायाः चपल न सदृशं यत्ते व्यवसितम्।*
(इ) *कृच्छ्राद् रुद्धाऽस्मि जाता परगृहवसतिं सम्प्राप्य विजने*
(ई) *मा मैवं हा प्रसीद प्रिय विसृज पुरा कश्चित् प्रविशति॥*

(१) इति। (२) साधु भोः अमृदङ्गो नाटकाङ्कः संवृत्तः। (३) अनेन

में मिलने वाली के लिए नहीं ठहरा। क्या कहा—''मित्र, यह सच है कि अनागत सुख की आशा से आए हुए सुख को छोड़ना पुरुषार्थ नहीं, इसलिये मैंने वैसा किया। दीपक से आग नहीं खोजी जाती।'' अरे, तूने ठीक किया। अगर तूने इसे विस्तार से न बताया तो रहस्य बेमजा रहेगा। तो बात विस्तार से सुनने लायक है। तूने क्या कहा—''कौन स्वयं अपनी बेहूदगी का पचड़ा खोलता है? किन्तु थोड़े में सुन।

२२—उसने अपने ऊपर जबर्दस्ती होते देख मुझसे कहा—''इतना भरोसा दिलाकर अरे बदमाश तू मुझे ठगता है, मैं इज्जतवाली हूँ।'' अरे चपल, इस कार्य पर आई हुई के साथ ऐसा व्यवहार ठीक नहीं। दूसरे के सूने घर में पहुँच कर मुझे जबर्दस्ती रोक लिया गया। ऐसा मत कर। मुझ पर कृपा कर। मुझे छोड़ कोई आ रहा है।

वाह बिना मृदंग के नाटक का अंक समाप्त हो गया। यों सुरत के नियम

प्रत्युपस्थितकालस्य सुखस्य परिवर्जनम्।
अनागतसुखाशा च नैष बुद्धिमतां नयः॥
—शान्तिपर्व, पूना संस्करण, १३२/३६

अर्थात् मिले हुए सुख को छोड़कर आने वाले सुख की आशा करना समझदारी नहीं।

२१ (२७) *न दीपेनाग्निमार्गणं क्रियते*—(लोकोक्ति) जिसके हाथ में दीपक है वह उसी से अग्नि पैदा कर लेगा, दूसरी जगह आग खोजने क्यों जायेगा?

२१ (२९) *वञ्चितं खलु रहस्यं*—तात्पर्य यह कि रहस्य का मज़ा भी उसके बताने में है, बिना कहे रहस्य बेमज़ा रह जाता है।

२२ (अ) *संपातेन अतिभूमि*—विश्वास की भूमि पर दूर तक पहुँचा कर, विश्वास की अति मात्रा उत्पन्न करके।

२२ (२) *अमृदङ्गः नाटकाङ्कः संवृतः*—काम का उपभोग सहचारी क्रियाओं के बिना ही पूर्वस्खलन के कारण समाप्त हो गया। *अमृदङ्ग* नाटक के विषय में *पादताडितकं* में आया है—*अनेन हि नरेन्द्रसद्म विशता पदैर्मन्थरैरवीणममृदङ्गमेकनटनाटकं नाट्यते॥* (श्लोक ३८)। इससे सूचित होता है कि नाटक के अंक के आरम्भ की सूचना मृदङ्ग, वीणा, आदि वाद्यों से दी जाती थी।

सुरतसन्धिच्छेदेन स्थिरीकृतो वासिष्ठीपुत्रेण विटशब्दः। (४) *वयस्य सुभगो भव।* (५) *साधयाम्यहम्।* (६) *(परिक्रम्य)* (७) *हन्त भोः सुरतसर्वातिथिसन्निवेशं वैशमनुप्राप्ताः।* (८) *योऽयम्—*

२३— *(अ) कामावेशः कैतवस्योपदेशो*
(आ) मायाकोशो वञ्चनासन्निवेशः।
(इ) निर्द्रव्याणामप्रसिद्धप्रवेशो
(ई) रम्यक्लेशः सुप्रवेशोऽस्तु वेशः॥

(१) (परिक्रम्य) (२) क एष मलिनप्राचारवगुण्ठितशरीरः सङ्कुचितसर्वाङ्गो वेश्या-

---

को तोड़कर वसिष्ठ पुत्र तूने विट शब्द की जड़ जमा दी (तू पक्का विट है जो दूती के साथ ऐसा किया)। मित्र, तेरा मिलन हो, मैं चला। (घूमकर) लो सुरत के मेहमानों की बस्ती वेश आ गया। यह वेश—

२३—गणिकाओं का यह वेश काम का आवेश, बदमाशी का उपदेश, माया का कोश, ठगी का अड्डा, गरीबों को न घुसने देने के लिए बदनाम है। यहाँ के दुखड़े भी मज़ेदार होते हैं। इसका प्रवेश सबके लिये सुलभ हो।

(घूमकर) गंदी चादर से अपना बदन ढक कर देह सिकोड़े हुए वेश्या के

---

२२ (३) *सुरतसन्धिच्छेद*—यह रति क्रीड़ा का पारिभाषिक शब्द था। *सन्धि* = सेंध, विवर। *सुरतसन्धि* = योनिविवर। *सुरतसन्धिच्छेद* = वेश में नथबंद गणिका, दारिका या नौची के साथ प्रथम सुरत करके उसे छूती करना या उसकी जवनिका (अं० हाइमन) छिन्न करना। जिसे यह सौभाग्य प्राप्त हो वही सच्चा विट माना जाता था। सुरतसन्धिच्छेद की दूसरी व्यंजना भी है, अर्थात् सुरत कर्म साधने के लिये किसी के घर में सेंध लगाकर घुसना। इस पक्ष में *स्थिरीकृतः विटशब्दः* का संकेत यह है कि जिसने ऐसा साहस किया हो, उसे ही सच्चा विट समझना चाहिए।

२२ (४) *सुभगो भव*—*मेघदूत*, २/२९ *(सौभाग्यं ते सुभगविरहावस्थया व्यञ्जयन्ती)* में मल्लिनाथ ने सुभग की व्याख्या की है—*स खलु सुभगो यमङ्गनाः कामयन्त इति*, जिसे स्त्रियों का प्रणय प्राप्त हो वह सुभग है। बाण ने लिखा है कि उज्जयिनी के प्रत्येक भवन में मदनयष्टियों में लगे हुए घंटे दाम्पत्य जीवन के सौभाग्य की सूचना देते थे कि यहाँ पति-पत्नी का पारस्परिक प्रणयभाव समरस और अक्षुण्ण है (*रणितसौभाग्यघण्टैः प्रतिभवनमुच्छ्रितैः मकराङ्कैः मदनयष्टिकेतुभिः*, प्रकाशित मकरध्वजपूजा, *काद०*, अनुच्छेद ४४)।

२३ (२) *प्रावार*—ऊपर से ओढ़ने की चादर। *दिव्यावदान* में सुवर्ण प्राचार या ज़री के काम की चादर का उल्लेख आया है। (पृ० ३१६)।

२३ (२) *वेश्याङ्गण*—वेश्या के बड़े भवन के सामने का अजिर या खुला स्थान जो मुख्यभवन और अलिन्द (या वाह्य प्रकोष्ठ) के बीच में होता था।

ङ्गणात् द्रुततरमभिनिष्क्रामति। (३) अये सम्भ्रमाद् भ्रष्टं काषायान्तमुपलक्षये। (४) आ स एष धर्मारण्यनिवासी संघिलको नाम दुष्टशाक्यभिक्षुः। (५) अहो सारिष्टता बुद्धशासनस्य (६) यदेवंविधैरपि वृथामुण्डैरसद्भिक्षुभिरुपहन्यमानं प्रत्यहमभिपूज्यत् एव। (७) अथवा न वायसोच्छिष्टं तीर्थजलमुपहतं भवति। (८) एष तिरस्कृत्यैवात्मानं दृष्ट्वैवास्मानभिप्रस्थितः। (९) भवतु। (१०) मम वाक्शरगोचरोऽक्षतो न यास्यति। (११) अभिभाषिष्ये तावत्। (१२) (निर्दिश्य)

(१३) विहारवेताल क्वेदानीमुलूक इव दिवाशङ्कितश्चरसि। (१४) किं ब्रवीषि— ''साम्प्रतं विहारादागच्छामि'' इति। (१५) भूतार्थे जाने विहारशीलतां भदन्तस्य। (१६) धान्त्र क्वेदानीं वेशवीथीदीर्घिकागतो बक इव शङ्कितश्चरसि। (१७) ननु

आँगन से जल्दी निकलता हुआ यह कौन है? अरे मैं देखता हूँ कि हड़बड़ी में गिरा हुआ गेरुए वस्त्र का छोर दिखाई देता है। आ, वह यही बिहार (धर्मारण्य) में रहनेवाला दुष्ट बौद्ध भिक्षु संघिलक हैं। अहो, यह बुद्ध शासन भी कैसा पवित्र है जो इस तरह के व्यर्थ सिर मुँडाए हुए दुष्ट भिक्षुकों की चोट सहता हुआ भी दिन-दिन पूजा जा रहा है। अथवा, कौवे से जूठा होने पर भी तीर्थ जल अशुद्ध नहीं होता। उसने मुझे देख लिया है, इसलिए अपने आपको छिपाकर भाग रहा है। ठीक, यदि वह मेरी बातों के बाणों से छू गया तो बिना चोट खाए न निकल सकेगा। तो उससे बात करूँगा। (इशारा करके)

अरे बिहार के भूत, क्यों उल्लू की तरह दिन में डर कर चलता है? क्या कहता है—''अभी तो बिहार से चला आ रहा हूँ।'' भदन्त की बिहार-शीलता की सच्चाई तो मैं जानता हूँ? बदमाश, वेशवीथी की बावड़ी से निकलते हुए

---

२३ (३) *कपायान्त*—भिक्षु के गेरुए वेष या चीवर का पल्ला।
२३ (४) *धर्मारण्य*—धर्माराम, यह शब्द बिहार के लिए प्रयुक्त हुआ है।
२३ (५) *सारिष्टता*—स्वास्थ्य, वृद्धि, पवित्रता। *अरिष्ट* = अक्षत, परिपूर्ण, अवि-नश्वर। अरिष्ट का अर्थ मृत्यु का चिह्न, दुर्निमित्त भी है। उस पक्ष में सारिष्टता का व्यंग्यार्थ है कि बुद्ध शासन को अरिष्ट लग गया है और ये दुराचारी भिक्षु उसे अपने कुकर्मों से चौपट कर रहे हैं।
२३ (७) *न वायसोच्छिष्टं तीर्थजलमुपहतं भवति*—(लोकोक्ति) कौओं के कोसने से साधु नहीं मरते।
२३ (१४) *विहारशीलता*—(१) बिहार के शीलों का पालन करने का नियम, बिहार का जीवन, (२) घुमक्कड़ी चाट। तेरे घूमने (विहार करने) का ठीक अर्थ मैं समझता हूँ कि तू अपनी लपक पूरी करने के लिये इधर-उधर मँडरा रहा है।
२३ (१६) *धान्त्र*—बदमाश।
२३ (१६) *दीर्घिका*—पुष्करिणी, बाण ने कमलवनदीर्घिका का प्रायः उल्लेख किया है। वेशवीथी या वेश के मुहल्ले में भी इस प्रकार की पुष्करिणी होती थी।

सुरतपिण्डपातमनुष्ठीयते? (१८) किं ब्रवीषि—"मातृव्यापत्तिदुःखितां संघदासिकां (१९) बुद्धवचनैः पर्यवस्थापयितुमागतोऽस्मि" इति। (२०) विनष्टं त्वन्मुखाद् बुद्धवचनं मदभ्रमादिवोपस्पर्शं पश्यामः। (२१) भोः कष्टम्—

२४— *(अ) वेश्याङ्गणं प्रविष्टो*
(आ) मोहाद् भिक्षुर्यदृच्छया वाऽपि।
(इ) न भ्राजते प्रयुक्तो
(ई) दत्तकसूत्रेष्विवोङ्कारः॥

(१) किं ब्रवीषि—"मर्षयतु भवान् ननु सर्वसत्त्वेषु प्रसन्नचितेन भवितव्यम्" इति। (२) स्थाने नित्यप्रसन्नो भदन्तः तृष्णाच्छेदेन परिनिर्वाणमवाप्स्यसि। (३)

बगले की तरह सहमा हुआ तूँ कहाँ जा रहा है? क्या तू सुरत पिंडपात (भिक्षा) की खोज में है? क्या कहता है—"माता के मरने से दुखी संघदासिका को बुद्ध वचनों से सान्त्वना देने आया हूँ।" तेरे मुँह से निकला हुआ बुद्ध वचन ऐसा लगता है जैसे शराब के धोखे में आचमन हो। अफसोस है—

२४—बेवकूफी अथवा संयोग से भी एक भिक्षु अगर वेश्या के आँगन में घुसता है तो दत्तक सूत्र में ओंकार की तरह वह शोभा नहीं पाता।

क्या कहता है—"हमें सब प्राणियों पर दया दिखानी चाहिए।" ठीक

---

२३ (१७) *पिण्डपात*—भिक्षा दो प्रकार की होती थी, एक उपनिमन्त्रण से, दूसरी पिण्डपात से या जाकर भैक्ष्य भोजन ले आने से। *पिण्ड* = भोजन, *पात* = भिक्षा का पात्र में पड़ना। *सुरत पिण्डपात* = सुरत की भूख मिटाने के लिए भैक्षचर्या।

२३ (१८) *मातृ*—गणिका माता, वेश में वृद्धा गणिका। *व्यापत्ति* = मृत्यु।

२३ (२०) *मदभ्रम* = शराब का धोखा, अर्थात् कोई शराब पीना चाहता हो, पर भूल से पानी का कुल्ला कर ले। तू चाहता है बदमाशी की बातें करना, धोखे में बुद्ध वचन तेरे मुँह से निकल गया।

२४ (ई) दत्तकसूत्र—मथुरा के आचार्य दत्तक ने पाटलिपुत्र की वेश्याओं के लिए *वैशिक संज्ञक* एक सूत्रग्रन्थ लिखा था जो *कामशास्त्र* का छठा तन्त्र माना जाता था (दे० *कुट्टिनीमतम्*, श्लो० ७७, *कामसूत्र*, १/१/११)।

२४ (२) *नित्यप्रसन्न*—सदा चित्त के प्रसाद गुण से युक्त। प्रसाद का परिभाषिक अर्थ 'श्रद्धा' था। जिसके मन में बुद्ध या धर्म के लिए श्रद्धा उत्पन्न हो गई हो उसे 'प्रसादजातः' कहा जाता था। *दिव्यावदान* में बहुत बार यह शब्द आता है। *प्रसन्ना* = एक प्रकार की शराब जो अवदातिका भी कहलाती थी। *दिव्यावदान* में नीला, पीला, लोहिता और अवदाता, ये चार प्रकार की सुधा या शराब कही गयी है, तथा मधुमाधव, कादम्बरी, पारिपान, ये तीन नाम और दिए हैं। उनमें अवदाता और पारिपान प्रसन्ना के ही नाम ज्ञात होते हैं (*दिव्य*०, पृ० २१६)। *नित्यप्रसन्नः* = प्रसन्ना नाम की सुरा से नित्य छकने वाला।

एषोऽञ्जलिप्रग्रहं करोति। (४) किं ब्रवीषि—"साधु मुच्येयम्" इति। (५) भावतु। (६) अलं वृथा श्रमेण। (७) सर्वथा दुर्लभः खलु ते मोक्षः। (८) किं ब्रवीषि—"गच्छाम्यहमकालभोजनमपि परिहार्यम्" इति। (९) ही ही सर्वं कृतम्। (१०) एतदवशिष्टमस्खलितपञ्चशिक्षापदस्य भिक्षोः कालभोजनमतिक्रामति। (११) ध्वंसस्व। (१२) वृथामुण्डनश्चित्रिदद्रुणापत्रपते। (१३) गच्छ, बुद्धो ह्यसि। (१४) हन्त!

नित्य प्रसन्न रहने वाले भदन्त तृष्णा के नाश से परिनिर्वाण प्राप्त करेंगे (नित्य प्रसन्ना नामक शराब जमाने वाला तू प्यास मिटने से छकेगा)। वह हाथ जोड़ता है (वह अंजुरी भर कर पीता है)। क्या कहता है—"ठीक है जो मैं मुक्त हो जाऊँ।" ठीक, अपनी मेहनत व्यर्थ मत कर। मोक्ष तेरे लिए एकदम दुर्लभ है। क्या कहता है—"मैं जाता हूँ। अकाल भोजन से बचना चाहिए।" वाह, वाह! तू और सब नियम पूरे कर चुका। पंचशील को न छोड़ने वाले इस भिक्षु के लिये यही बच गया है कि समय पर भोजन करने का नियम भंग न हो। जा, लम्बा

---

२४ (२) *तृष्णाच्छेद*—(१) प्यास का मिटना (प्रसन्ना पीकर प्यास दूर करना), (२) तृष्णा या कामना का मिटाना (बौद्ध धर्म का पारिभाषिक शब्द)।

२४ (२) *परिनिर्वाणमवाप्स्यसि*—हर समय प्रसन्न जमाने से तू खूब छक जायेगा। दूसरा अर्थ तो स्पष्ट है ही कि तृष्णाक्षय के फलस्वरूप तू निर्वाण प्राप्त करेगा।

२४ (३) *अञ्जलिप्रग्रह*—हाथ जोड़कर अञ्जलिमुद्रा। (दूसरा अर्थ) हाथ की अञ्जलि को ही पीने का पात्र बना रहा है, चुल्लू भर भर पीना चाहता है।

२४ (४) *साधु मुच्येयम्*—(दूसरा अर्थ) भला हो यदि मैं तुझसे पिंड छुड़ा पाऊँ।

२४ (७) *दुर्लभः खलु ते मोक्षः*—(दूसरा अर्थ) मेरे बाणों से तेरा बच निकलना मुश्किल है।

२४ (१०) *पंचशिक्षापद*—बौद्धों में दो प्रकार के पंच शिक्षापद थे, एक सब उपासकों के लिये आवश्यक—(१) प्राणातिपात-विरति, (२) अदत्तादान-विरति, (३) अब्रह्मचर्य-विरति, (४) भृषावाद-विरति, (५) मद्यपान-विरति। दूसरे पंच शिक्षापाद केवल भिक्षुओं के लिये थे (श्रामणेर शिक्षापद) ये ही यहाँ अभिप्रेत हैं—(१) गन्धमाल्यविलेपनवर्णकधारण-विरति, (२) उच्चशयनमहाशयन-विरति, (३) विकालभोजन-विरति, (४) नृत्यगीत-वादित-विरति, (५) जातरूपरजतप्रतिग्रहण-विरति (द्रष्टव्य महाव्युत्पत्ति, ८६९३-८७०० एवं एजर्टन बौद्धसंस्कृतकोश, पृ० ५२७)।

२४ (१२) *चित्रिदद्रुणा*—सिर पर पड़ी हुई दाद की चित्ती जिसे भाषा में चाईंचुईं कहते हैं। लोमान ने अपने संस्करण में तीन पाठान्तर दिए हैं—चित्रिदुद्रूणा, वित्रिदद्रुण, चित्रितद्रूणा। इनमें से चित्रितद्रुणा शब्द मूल ज्ञात होता है (= चित्तीदार दाद) विट का आशय यह है कि तू ने व्यर्थ सिर घुटाया जा दाद की चित्ती के प्रकट हो जाने से लजाता है। व्यंग्य यह है कि तू पतितमुंडक है जो सिर पर दाद का घृणित रोग लिए फिरता है।

ध्वस्त एष दुरात्मा। (१५) तत् क्व नु खल्विदानीं दुष्टशाक्यभिक्षुदर्शनोपहतं चक्षुः-प्रक्षालयेयम्। (१६) (परिक्रम्य)

(१७) साधु भो इदं विटजननयनपावनमुपस्थितम्। (१८) एषा हि वसन्तवत्या दुहिता वनराजिका नाम वनराजिकेव (१९) रूपवती कुसुमसमाजमिव शरीरे सन्निवेश्य (२०) यथोचितं पूजापुरस्कारमुपनीय कामदेवायतनादवतरति। (२१) यदा सर्वादरगृहीतपुष्पमण्डनाटोपा (२२) शंके प्रियजनसकाशं प्रस्थितयाऽनया भवितव्यम्। (२३) यावदेनां प्रियवचनोपन्यासेनोपसर्पामि। (२४) (निर्दिश्य) (२५) वासु वनराजिके, किमिदं वसन्तकुसुमाग्रयणं कुर्वन्त्या भवत्या न खल्वतिथिलोपः कृतः।

पड़। बाल मुँड़ाने के कारण सिर पर दाद की चित्तियों से तू लजा रहा है? जा, तू पूरा बुद्धू है। अच्छा हुआ यह खल बिला गया। तो इस गंधीले बौद्ध भिक्षु को देखने से मैली हुई अपनी दृष्टि कहाँ धोऊँ? (घूमकर)

अरे वाह! गुण्डों की आँखें तर करने का साधन आ गया। यह वसन्तवती की पुत्री वनराजिका वनराजि की तरह रूपवती मानो अपने शरीर पर ही फूलों की समाज रचकर मनचाही देव पूजा और सम्मान करके कामदेव के मंदिर से उतर रही है। यह पूरी सावधानी के साथ फूलों के सिंगार से शरीर को भव्य बनाए हुए है। ज्ञात होता है, अपने प्रियजन के पास जा रही है। मीठी बातें करते हुए उसके पास पहुँचूँ। (इशारा करते हुए) बाला वनराजिका, वसन्त के फूलों का पहला

---

२४ (१८) *वनराजिकेव*—रंग-बिरंगे फूलों की विटपावली-सी सुन्दर।
२४ (१९) *कुसुमसमाजमिव शरीरे सन्निवेश्य*—अनेक वर्णों के पुष्पाभरणों से मानों पुष्पों का सम्मेलन या गोष्ठी उसने शरीर में ही विरचित कर ली है।
२४ (२०) *पुरस्कार*—सम्मान।
२४ (२०) *कामदेवायतन*—उज्जयिनी में एक कामदेवायतन प्रसिद्ध था। मृच्छकटिक और *कादम्बरी* में भी उसका उल्लेख आया है। ज्ञात होता है कि इसकी स्थिति वेशवीथी के पास थी।
२४ (२१) *सर्वादर*—पूरी सावधानी।
२४ (२१) *पुष्पमंडन*—पुष्पों के आभूषण बनाकर किया हुआ शृङ्गार।
२४ (२१) *आटोप*—भव्य स्वरूप।
२४ (२५) *वासू*—बाला।
२४ (२५) *अग्रयण*—नयी उपज से किया जानेवाला एक यज्ञ विशेष। *वसन्त कुसुमाग्रयण*= वसन्त ऋतु के पुष्पों से स्वशरीर का मांगलिक शृंगार। इसकी दूसरी व्यंजना यह है कि आयु के वसन्तकाल या कौमार अवस्था में जो कुसुम (आर्तवधर्म) का उद्‌गम हुआ है, उसके उल्लास के कारण तू मुझ जैसे अतिथि की ओर ध्यान नहीं दे रही है। लोमान ने इसका पाठभेद यों दिया है—*किमिदं वसन्तकुसुमाग्रयणं कुर्वन्त्या भवत्या न खल्वेतिथिलोभः*। इसकी अर्थ व्यंजना इस प्रकार है—यह क्या? अपने पुष्पोपहार

(२६) किमाह भवती—"स्वागतमार्याय, अयमञ्जलिः" इति। (२७) प्रतिगृहीत एष दाक्षिण्यपल्लवः। (२८) अपि च, अचिरादागतस्तावद् वसन्तस्तव शरीरे सन्निविष्टो ननु। (२९) किमाह भवती—"कथमिव" इति। (३०) श्रूयतां तावत्—

२५— *(अ) वासन्तीकुन्दमिश्रैः कुरवककुसुमैः पूरितः केशहस्तो*
(आ) लग्नाशोकः शिखान्तः स्तनतटरचितः सिन्दुवारोपहारः।
(इ) प्रत्यग्रैश्चूतपुष्पैः प्रचलकिसलयैः कल्पितः कर्णपूरः
(ई) पुष्पव्यग्राग्रहस्ते वहसि सुवदने मूर्तिमन्तं वसन्तम्॥

(१) किं ब्रवीषि—"एष ते प्रदेयकः" इति। (२) भवतु। (३) त्वय्येव

उपहार लेती हुई तू कहीं पाहुन को तो नहीं भूल गई? तूने क्या कहा—"आर्य का स्वागत, प्रणाम।" तेरे दाक्षिण्य का यह पल्लब मुझे स्वीकार है। निश्चयपूर्वक अभी हाल में आया वसन्त तेरे शरीर में पैठ गया है। तूने क्या कहा—"यह कैसे?" तो सुन—

२५—वासन्ती और कुन्द के पुष्पों के साथ मिले हुए कुरवक के फूलों से तेरा जूड़ा सजा है, चोटी के छोर में अशोक लगा है, स्तनतट सिन्दुवार के उपहार से सजा है, नयी आम की मंजरी और हिलती हुई कोपलों से कर्णपूर बना है। हे सुवदने, अंजलि में फूल भरे हुए तू मूर्तिमान वसन्त को वहन कर रही है।

क्या कहती है—"यह आपके लिए उपहार है।" ठीक, तू ही इस धरोहर को

(आर्तव पुष्प) के कारण क्या तू वेश में आनेवाले अतिथियों के मन में लोभ या अभिलाषा नहीं उत्पन्न कर रही है? अर्थात् तेरे इस टटके यौवन पर वेश में नये फेरे लगाने वाले लोग मनचले हो रहे हैं।

२४ (२७) *दाक्षिण्यपल्लव*—शिष्टाचार का एक सुकुमार कर्म या हल्का नमूना।

२५ (अ) *वासन्ती*—माधवी या अतिमुक्तक नामक श्वेत पुष्प।

२५ (अ) *कुरवक*—झिंटी या कटसरैया का फूल। झिंटी के फूल नीले, लाल, पीले कई रंगों के होते हैं। पीले फूल को कुरंटक, लाल को कुरवक और नीले फूल को आर्तगल कहते हैं। (*पीले रक्तोऽथ नीलश्च कुसुमेस्तं विभावयेत्। पीतः कुरंटकों ज्ञेयो रक्तः कुरवकः स्मृतः। नील आर्तगले दासी. . .॥ शिवकोश*)

२५ (अ) *केशहस्त*—केशकलाप, केशपाश (पाशः पक्षश्च हस्तश्च कलापार्थाः कचात्परे, अमर, माघ, ८/२७)।

२५ (आ) *सिन्दुवार*—श्वेत रंग का एक पुष्प, संभालु या निर्गुणी का फूल।

२५ (ई) *अग्रहस्त* = हाथों का अग्रभाग, उँगलियाँ। *पुष्पव्यग्राग्रहस्त* = हाथों में पुष्पमाला लिए हुए।

२५ (१) *प्रदेयकः* = उपहार, बख्शीश, छोटा इनाम (उद्योग पर्व ८/१०, *आनीयन्तां सभाकाराः प्रदेयार्हा हि मे मताः*)।

तावत्तिष्ठतु न्यासः। (४) कालेनोपपादयिष्यामः। (५) सुखं भवत्यै। (६) प्रस्थितोऽस्मि। (७) (परिक्रम्य)

(८) अये इदमिरिमकामिन्यास्ताम्बूलसेनाया गृहम्। (९) नित्यसन्निहितश्चात्र धान्त्रः। (१०) किं नु प्रविशामि। (११) (विचार्य) (१२) न शक्यमनभिभाष्यातिक्रमितुम्। (१३) यावत् प्रविशामि। (१४) (प्रविश्य) (१५) अस्ति कोऽपि भोः सुहृद्गृहे शशं प्रतिपालयति? (१६) अये इदं ताम्बूलसेना अस्मद् बहुमानादविलम्बितत्वरितपदविन्यासा (१७) सम्भ्रमाद् भ्रष्टमुत्तरीयमाकर्षन्ती प्रद्वार एव प्रत्युद्गता। (१८) अत्युपचारः खल्वेषः (१९) शङ्के न मां प्रविशन्तमिच्छतीति। (२०) तदेषा बहिरैव प्रयोजयितुं निर्गता। (२१) यथाऽस्याः प्रत्यगुसुरतचिह्नान्युपलक्षये सद्यः सुरतभुक्तमुक्तयाऽनया भवितव्यम्। (२२) नूनं दिवासुरतसंमर्दमनुभूतवानिरिमः। (२३) अहो सुरतलोलुपः खलु धान्त्रः। (२४) भवतु। (२५) परिहसिष्याम्येनाम्।

(२६) ताम्बूलसेने! किमिदं दाक्षिण्यातिव्ययः क्रियते। (२७) कथं सुरतपरिश्रमश्वासविच्छिन्नाक्षरं 'स्वागतं प्रियवयस्याय' इत्याह। (२८) अविरक्तिके तालवृन्तं तावदानय। (२९) कृतव्यायामा खलु ताम्बूलसेना। (३०) चोरि, अपि बलं

रख, समय पड़ने पर ले लूँगा। तेरा भला हो। मैं चला। (घूमकर)

अरे, यह इरिम की रखैली ताम्बूलसेना का घर है। भलामानस रोज़ यहाँ जमता है। क्या मैं भीतर जाऊँ? (सोचकर) बिना बातचीत किए जाना ठीक नहीं। तो अंदर चलूँ। (घुसकर) अरे दोस्त के घर में कोई है जो शश की आवभगत करे? अरे यह ताम्बूलसेना मेरे मान के लिये जल्दी से डग भरती हुई, घबराहट में गिरी हुई चादर खींचती हुई बाहरी दरवाज़े पर ही स्वागत के लिये पहुँची है। निश्चय यह इसके द्वारा अतिरिक्त आवभगत है। लगता है मेरा यहाँ प्रवेश इसे अच्छा नहीं लगा। इसीलिए वह बाहर से ही मुझे निपटाने के लिये निकल आई है। इसके ताज़े सुरत-चिह्नों से जान पड़ता है कि वह अभी सुरत से छूटी है। अभी निश्चय इरिम ने दिवासुरत के मलदल का अनुभव किया है। जरूर यह भला आदमी सुरत का लालची है। होने दो, इसके साथ कुछ मजाक करूँ।

अरी ताम्बूलसेना, क्यों अधिक आवभगत खरच रही है? कैसे तू रति जनित थकान के कारण उखड़ी हुई सांस से टूटे अक्षरों में 'प्रिय मित्र का स्वागत'

---

२५ (८) *इरिम*—किसी विदेशी पुरुष का नाम, संभवतः हर्मिस का संस्कृत रूप (Hermes = यूनानी उच्चारण एरमेस)।

२५ (१७) *प्रद्वार*—वाह्यद्वार, बहिर्द्वार जो प्राकार में बनाया जाता था और जिसे द्वारप्रकोष्ठ भी कहते थे।

२५ (२८) *अविरक्तिका*—कभी विरक्त न होनेवाली, सदा विषय रस में पगी रहने वाली।

वर्धते? (३१) किं ब्रवीषि—" 'न खल्ववगच्छामि' इति। (३२) एतत्प्रियजन-परिष्वङ्गसंक्रान्तकालेयकं स्तनतटद्वयम्। (३३) पृच्छामि तावत्। असन्तुष्टे अनवरतनिशा-विहारस्येरिमस्य (३४) दिवाऽपि नाम त्वया न देयो विश्रमः। (३५) ननु सायंप्रातहोंमो वर्तते। (३६) किं ब्रवीषि—"सदापि नाम परपक्षपरिहासप्रियो भाव इति।" (३७) नैतदस्ति। (३८) अपि दुर्विदग्धे न त्वया श्रुतपूर्वे 'आकारसंवरणमप्याकार एव' इति। (३९) किं ब्रवीषि—"कथं जानीषे" इति। (४०) चोरि, कथमिदं न ज्ञास्यामि। यथा—

२६— (अ) *विखण्डितविशेषकं मृदितरोचनाबिन्दुकं*
(आ) *कपोलतललग्नकेशमपविद्धकर्णोत्पलम्।*
(इ) *मुखं व्रणितपाटलोष्टमलसायमानेक्षणं*
(ई) *प्रकाशयति ते दिवासुरतलोलुपं कामिनम्॥*

कर रही है? अरी सदा प्रेम में पगी (अविरक्ति के), पहले एक पंखा ला। सच, ताम्बूलसेना व्यायाम (सुरतश्रम) कर चुकी है। अरी चोट्टी, ताकत भी बढ़ाती है या नहीं? क्या कहती है—"मैं कुछ नहीं समझती।" (मैं देख रहा हूँ कि) प्रियजन के साथ आलिंगन के कारण इसके स्तनतटों का चंदन मिट गया है। तो पूछूँ। अरी सुरत-तृष्णा की सदा प्यासी, बराबर निशाविहार करने वाले इरिम को दिन में भी तू आराम नहीं लेने देती? क्या सुबह शाम दोनों समय होम चलता है? क्या कहती है—"सदा दूसरे का मजाक उड़ाने की आपकी आदत है।" यह बात नहीं है। अरी चंट, क्या तूने नहीं सुना कि आकार के छिपाने में भी आकार प्रकट हो ही जाता है। क्या कहती है—"आपने कैसे जाना।" चोट्टी, मैं कैसे न जानूँगा? यथा—

२६—मिटा हुआ विशेषक, पुछा हुआ रोली का टीका, कपोल तल पर बिखरी हुई लटें, गिरा हुआ कर्णोत्पल, विक्षत लाल ओठों वाला मुँह, अलसौंही आँखें सूचित करती हैं कि तेरा प्रेमी दिवारति का लालची है।

---

२५ (२९) *व्यायाम*—श्रम, रियाज़। यहाँ सुरतश्रम से तात्पर्य है जिसे बनारसी बोली में 'डंड' कहते हैं।

२५ (३२) *कालेयक*—एक प्रकार का सुगन्धित काष्ठ ऊद, या काला चन्दन। *हर्षचरित* में भी इसका उल्लेख आता है।

२५ (३५) *ननु सायंप्रातहोंमो वर्तते*—बनारसी बोली—दूनों जून होम होत हउवा?

२६ (अ) *विशेषक*—चन्दन, कस्तूरी, अगुरु, आदि से ललाट, कपोल, आदि पर शोभार्थ बनाई हुई विशेष अलंकरण युक्त रचना।

२६ (अ) *अपविद्ध*—परित्यक्त।

(१) किं ब्रवीषि—"सद्यः सुप्तोत्थिताऽहं, किमप्याशङ्कसे" इति। (२) भवतु। (३) संज्ञप्ताः स्मः। (४) न हि ते सूक्ष्ममपि किञ्चिदग्राह्यं पश्यामि। (५) किन्तु—

२७— *(अ) स्वप्नान्ते नखदन्तविक्षतमिदं शङ्के शरीरं तव*
(आ) प्रीयन्तां पितरः स्वधाऽस्तु सुभगे वासोऽपसव्यं हि ते।
(इ) किञ्चान्यत्त्वरया न लक्षितमिदं धिक् तस्य दुःशिल्पिनो
(ई) मोहाद् येन तवोभयोश्चरण्योः सव्ये कृते पादुके॥

(१) चोरि सहोढाभिगृहीता क्वेदानीं यास्यसि। (२) एषा हि प्रविश्यान्तर्गृहमुच्चैः प्रहसिता सह रमणेन। (३) (कर्ण दत्त्वा) (४) एष इरिमो व्याहरति—"ननु भो धूर्ताचार्य प्रविश्यताम्" इति। (५) सखे कः सुरतरथधुर्ययोयोक्तृच्छेदं करिष्यति। (६) एवमेवाविरतसुरतोत्सवोऽस्तु। (७) गार्गीपुत्र, साधयाम्यहम्। (८) (परिक्रम्य)

क्या कहती है—"अभी मैं सोकर उठी हूँ। आप कुछ और शक करते हैं।" ठीक, मैं जान गया। अब मेरे लिये तेरा बारीक से बारीक भेद भी अनजाना नहीं रहा। पर—

२७—जान पड़ता है कि तेरे शरीर में ये नख और दन्तक्षत स्वप्न के अन्त में हो गए हैं। हे सुन्दरि, तेरे दाहिने कन्धे पर जो यह वस्त्र है, क्या वह पितरों को स्वधा कहकर प्रसन्न करने के कारण हुआ है? और भी, जल्दी में तू यह देखना भूल गई कि उस गँवार कारीगर ने तेरे दोनों पैरों के लिये बायीं जूती ही बना दी।

चोट्टी, चुराए माल के साथ पकड़ी गई तू अब बचकर कहाँ जायेगी? वह भीतरी घर में घुसकर अपने रमण के साथ जोर से हँस रही है। (कान लगाकर) यह इरिम कह रहा है—"हे धूर्ताचार्य, भीतर आइए।" मित्र, सुरतरथ में जुड़े हुए बैलों की जोत कौन काटे? तेरा यह सुरत का टेहला बेरोक

---

२७ (अ) *स्वप्नान्ते*—विट व्यंग्य करता है कि तेरे शरीर में दन्तक्षत और नरवक्षत के चिह्न दिवाविहार से हुए हैं, या स्वप्न में प्राप्त पति समागम से हो गए हैं।

२७ (आ) *वासोऽपसव्यं*—उत्तरीय वस्त्र बाएँ कन्धे पर होना चाहिए, यह दाहिने कन्धे पर कैसे आ गया? या तो सुरतान्त में हड़बड़ी से ऐसा हो गया है, या तूने अपसव्य होकर पितरों की पूजा की है।

२७ (ई) *सव्ये कृते पादुके*—या तो सुरतान्त की शीघ्रता में तू ही दाहिने पैर में नायक की बांई जूती पहन आई है, या गँवार मोची से ऐसी भूल हुई।

२७ (१) *सहोढ*—वह चोर जो चोरी के माल के साथ पकड़ा जाये। *होढ़* = चोरी का माल। अथवा *सह + ऊढ* = अपने छैल के साथ (ऊढ = वह जिससे तू गन्धर्व ब्याह रचा रही है।)

२७ (५) *धुर्य*—बैल।

२७ (५) *योक्तृ*—जोत।

(९) अये केयमिदानीं बाह्यद्वारकोष्ठके देवताभ्यो बलिमुपहरति?

२८— *(अ) निभृतवदना शोकग्लाना निरञ्जनलोचना*
(आ) मलिनवसना स्नेहत्यक्तप्रलम्बघनालका।
(इ) शिथिलवलया पुष्पोत्क्षेपैश्च्युतांगुलिवेष्टना
(ई) तरुणयुवतिस्तन्वी भूयस्तनुत्वमुपागता॥

(१) आ एषा भाण्डीरसेनाया दुहिता कुमुद्वती नाम। (२) भोः कष्टम्। (३) अप्रत्यभिज्ञेया इयं तपस्विनी संवृत्ता। (४) तत् कस्येयं वेशवासविरुद्धं विरहयोग्यव्रतं चरति। (५) आ विज्ञातम्। (६) तमेषा मौर्यकुमारं चन्द्रोदयमनुरक्तेति श्रूयते। (७) स च सुभगः सामन्तप्रशमनार्थे दण्डेनोद्यतः। (८) हन्त भो उपपद्यते चन्द्रोदयविरहात् कुमुद्वती निःश्रीका संवृत्तेति। (९) भोः प्रत्यादेशः खल्वियं कुलवधूनाम्। (१०) अपि चैष स्वभवनवलभीपुटस्थं विक्षिप्तबलिप्रणयोपस्थितं (११) स्वागतव्याहारेणाभिनन्दति वायसम्—

टोक चलता रहे। गार्गीपुत्र, मैं चला। (घूमकर) अरे यह कौन बाहरी दरवाजे की देहली पर देवताओं को बलि का उपहार दे रही है?

निश्चल मुँह वाली, शोक के थकान से भरी हुई, बिना आँखें आँजे हुए, मैले वस्त्र पहने, बिना तेल के लटकते घने बालों वाली, ढीले कड़ों वाली, फूल फेंकने से गिरी हुई अंगूठी वाली, यह छरहरी तरुण स्त्री और भी दुबली हो गई है।

यह भाण्डीर सेना की पुत्री कुमुद्वती है। हा अफसोस! यह बेचारी मुश्किल से पहचान में आती है? वह कौन है जिसके लिये यह वेश के रिवाज के विरुद्ध, विरह में पतिव्रताओं के जैसा व्रत कर रही है? हाँ, याद आ गया। यह उस मौर्यकुमार चन्द्रोदय में अनुरक्त है, ऐसा सुनने में आता है। वह भला आदमी सामन्तों को दबाने के लिये सेना के साथ गया है। हा, चन्द्रोदय के विरह में कुमुद्वती श्रीहीन हो गई है। इसने तो कुलबधुओं को भी मात कर दिया है। अपने घर की अटारी (वलभी पुट) पर बैठे हुए बलि के लालच से आए हुए कौए का वह स्वागत वचन से अभिनन्दन कर रही है—

---

२८ (ई) *अंगुलिवेष्टन*—अँगूठी। यह शब्द साहित्य में कम प्रयुक्त हुआ है, किन्तु अर्थ स्पष्ट है। कर्णवेष्टन या कर्णमुद्रिका की भाँति अँगुलिमुद्रिका के लिये अंगुलिवेष्टन शब्द है।
२८ (७) दण्ड—सेना।
२८ (७) दण्डेनोद्यतः—दण्ड यात्रा पर गया है।
२८ (१०) *स्वभवनवलभीपुटस्थ*—अपने घर की ऊपरी अटारी के पुट या गवाक्ष भाग में बैठे हुए (तुलना कीजिए अगले श्लोक में वलभी गवाक्ष तिलक)।

२९— *(अ) भद्रं ते वलभीगवाक्षतिलकश्राद्धोपहारातिथे*

(आ) जीवन्त्यां मयि कच्चिदेष्यति स मे नित्यप्रवासी प्रियः।

(इ) यद्यागच्छति गच्छ तावदितरद्वाराश्रितं तोरणं

(ई) निःशोका हि समेत्य मे प्रियतमं दास्यामि दध्योदनम्॥" इति

(१) अहो तु खलु निष्कैतवोऽनुरागः। (२) अनपहासक्षममेतद् राजयौतकम्। (३) महिष्यावगुण्ठनभागिनी भवत्वेषा। (४) इतो वयमेकान्तेन गच्छामः। (५) (परिक्रम्य)—

(६) अये अयमिदानीं दक्षिणेन वृक्षवाटिकां भूषणप्रणादात् (७) संभ्रान्त विहगसंकुलः शब्द इव श्रूयते। (८) भवतु। (९) अपावृतद्वारेयं वृक्षवाटिका। (१०) यावदवलोकयामि। (११) (विलोक्य) (१२) ही ही नयनोत्सवः खल्विह वर्तते। (१३) तथाहि—पाञ्चालदास्या दुहिता प्रियंगुयष्टिका नाम (१४) जघनोत्सेकोत्पादिताहंकारेण यौवननवराज्यकेन विलोभ्यमाना (१५) नानाविलासभावहावदाक्षिण्यसमु-

२९—हे अटारी (वलभी) की गोख के तिलक, हे श्राद्ध में प्रदत्त बलि उपहार के खानेवाले अतिथि, तेरा भला हो। क्या मेरे जीते जी सदा प्रवास में रहने वाला मेरा वह प्रियतम लौटेगा? यदि वह आता हो तो जा और दूसरे के द्वार तोरण पर बैठ। दुःख बीतने पर अपने प्रियतम से मिल कर मैं तुझे दही-भात खिलाऊँगी।

वाह, इसका प्रेम निश्चय ही बिना छलछन्द का है। राजा के योग्य यह माल हँसी उड़ाने लायक नहीं है। किसी राजमहिषी के हाथों से इसे वधू भाव का अवगुण्ठन प्राप्त हो। अब मैं अकेले जाऊँगा। (घूमकर)—

अरे, दाहिनी ओर बगीचे में गहनों की झनकार से उड़े हुए पक्षियों की मुखरध्वनि से मिला हुआ-सा शब्द सुन पड़ता है। ठीक, इस वृक्षवाटिका का द्वार खुला है। तो मैं देखूँ। (देखकर) हा-हा, क्या खूब? यहाँ तो आँखों का जलूसा तैयार है। यह पाञ्चालदासी की पुत्री प्रियंगुयष्टिका है। इसके जघन भाग के

---

२९ (अ) *वलभीगवाक्ष*—भवन के ऊपरी भाग में बनी हुई वलभी या मंडपिका में बना हुआ जाल-गवाक्ष या झरोखा।

२९ (२) *राजयौतक*—राजा के योग्य धन।

२८ (३) *महिष्यावगुंठनभागिनी*—यह इस योग्य है कि किसी राजा के साथ ब्याही जाये और राजा की पटरानी इसे वधू भाव से स्वीकृत करके अवगुंठन ओढ़ावे। लोमान ने इसका अर्थ ठीक नहीं किया।

२९ (४) *जघनोत्सेक*—यौवनोद्गम से जिसका जघन भाग भर गया है। उससे नायिका में अपने व्यक्तित्व के विषय में एक अहंभाव या अभिमान उत्पन्न होता है। ऐसी नायिका अभिमानिनी कहलाती है (*कामसूत्र*, जयमंगला, २/२-३, लोमानकृत टिप्पणी)।

दिता सखीजनपरिवृता कन्दुकक्रीडामनुभवति। (१६) यैषा—

३०— *(अ) प्रवाललोलांगुलिना करेण*
(आ) मानःशिलं कन्दुकमुद्‌वहन्ती।
(इ) स्वपल्लवाग्राभिहतैकपुष्पा
(ई) नतोन्नता नीपलतेव भाति॥

(१) काममस्याः संदर्शनमेवानर्घो लाभः। (२) भवतु। (३) सन्तुष्टस्यापि जनस्य न त्वमृते पर्याप्तिरस्ति। (४) अतोऽभिभाषिष्ये तावदेनाम्। (५) (उपगम्य) (६) वासु प्रियङ्‌गुयष्टिके किमिदं कन्दुकक्रीडाव्याजेन नृत्तकौशलं प्रत्यादिश्यते सखीजनस्य। (७) कथं स्मितमात्रदत्तप्रतिवचना क्रीडत्येव। (८) आ यथा कन्दुकोत्पातान् गणयन्त्यस्याः परिचारिकाः (९) शङ्के पणितमनया सखीभिः सहोपनिबद्धमिति। (१०)

भर जाने से इसमें यौवनोचित ठसक आ गई है। यौवन का नया राज्य इसे लुभा रहा है। अनेक विलास, हाव, भाव और दाक्षिण्य से यह युक्त है और अपनी सखियों से घिरी हुई गेंद खेल रही है। यह—

३०—मूंगे की तरह लाल अंगुलियों वाले हाथ से मैनसिली रंग की गेंद पकड़े हुए नीचे-ऊँचे लचकती हुई उस कदम्ब लता की शोभा पा रही है, जो अपने पल्लवों की टोंक से किसी फूल के टोला मा रही हो।

इसको देखना ही अनमोल लाभ है। ठीक, सन्तुष्ट जन भी अमृत से नहीं अघाता। तो इससे कुछ बातचीत करूँ। (पास जाकर)

प्रियंगुयष्टिके, क्यों तू गेंद खेलने के बहाने सखियों के नृत्य कौशल को भी मात कर रही है? किंचित् मुसकराने मात्र से उत्तर देकर वह खेलती ही चली जा रही है। उसकी दासियाँ गेंद का उछलना गिन रही हैं। अनुमान होता है कि उसने सखियों के साथ बाजी लगाई है। वाह! बाजी के कारण इसमें कितना उत्साह भर गया है। आज तो संयोग से ही मुझे यह दृश्य देखने को मिल गया है जिसमें इसका नीचे-ऊँचे होना, घूमना, उछलना, पीछे हटना, भागना, आदि अनेक

---

३० (आ) *मानःशिलं कन्दुकम्*—मैनसिल के जैसे चटकीले लाल रंग की गेंद।

३० (३) *सन्तुष्टस्यापि जनस्य न त्वमृते पर्याप्तिरस्ति*—(लोकोक्ति) अमृत से भी कहीं कोई अघाता है?

३० (६) *कन्दुकक्रीड़ा*—युवति कन्या की कन्दुक क्रीड़ा के वर्णन के लिए देखिए, दंडीकृत दशकुमारचरित, उच्छ्‌वास ६; दामोदरगुप्तकृत कुट्टिनीमतम् श्लो० ३६१; जे० खोंडा, एक्टा ओरिएण्टेलिया, १९ ॥३८५-८८ (लोमानकृत टिप्पणी)

३० (६) *नृत्तकौशलं प्रत्यादिश्यते सखीजनस्य*—सखियों का जितना नृत्तकौशल है उससे अधिक तो तू कन्दुक क्रीड़ा में अंगमुद्रा से प्रदर्शित कर रही है। तेरा वास्तविक नृत्तकौशल तो उससे कहीं अधिक होगा।

अहो पणितप्रीतिः। (११) सर्वथा नतोन्नतावर्तनोत्पतनापसर्पणप्रधावनचित्रप्रचारमनोहरं। (१२) यदृच्छया दृश्यमासादितं खल्वस्माभिः। (१३) किं बहुना। (१४) शङ्के परिवर्तननिवर्तनोद्-वर्तनपर्याध्मातवसनान्तप्रवेशकुतूहलो (१५) वायुरप्येनामभिकामोऽनुभ्रमतीति। (१६) यत्सत्यं स्वभावदुर्बलत्वादेकपाणिग्राह्यस्य यौवनपीठपयोधरभारनमितस्य। (१७) बिभेम्यहमस्या मध्यविसंवादनस्य। (१८) न शक्ष्याम्येनामुपेक्षितुम् (१९) अभिभाषिष्ये तावत्। (२०) अयि यौवनोन्मत्ते स्वसौकुमार्यविरुद्धः खल्वयमारम्भः क्रियते। (२१) विरम विरम तावत्। (२२) अये त्वां खलु ब्रवीमि। (२३) कथमुपारोहत्येवास्याः प्रहर्षः। (२४) हन्त इदानीमाशास्ये—

३१— *(अ) प्रेङ्खोलत्कुण्डलाया बलवदनिभृते कन्दुकोन्मादितायाः*
(आ) चञ्चद्बाहुद्वयायाः प्रविकचविसृतोद्गीर्णपुष्पालकायाः।
(इ) आवर्तोद्भ्रान्तवेगप्रणयविलसितक्षुब्धकाञ्चीगुणायाः
(ई) मध्यस्यावल्गमानस्तनभरनमितस्यास्य ते क्षेममस्तु॥

प्रकार का अंग संचालन सब भाँति सुन्दर है। बहुत कहने से क्या? घूमने, पीछे हटने और कूदने के समय इसके फूले हुए वस्त्रों के भीतर प्रवेश के लिये उत्सुक वायु भी कामुकता से इसके पीछे भाग रहा है। मुझे भय है कि मुट्ठी में आ जाने वाली और यौवन के भार से लदे हुए स्तनों से झुकी हुई स्वभाव से पतली इसकी कमर कहीं उतर न जाये। अतएव इसकी उपेक्षा करना संभव नहीं। इससे बातचीत करूँ—अरी यौवन में उन्मत्त तू अपनी सुकुमारता के विरुद्ध यह क्या कर रही है? ठहर, ठहर। मैं तुझी से कह रहा हूँ। इसका उल्लास तो बढ़ता ही जाता है। अहो, अब मैं यही मनाता हूँ—

३१—अरी चपला, गेंद के पीछे तू बिलकुल पागल बन गई है। तेरे कानों के कुण्डल जोर से हिल रहे हैं। दोनों भुजाएँ चमचमा रही हैं। बिखरी हुई अलकों से खिले हुए फूल टपक रहे हैं। तेरी करधनी चक्कर लगाने से ऊपर उछलती और फिर बेग के बढ़ने से चमकती और क्षुब्ध होती है। उन्नत उरोजों के भार से झुकी हुई तेरी कमर बस सकुशल बनी रहे।

---

३० (१०) *अहो पणितप्रीतिः*—बाजी लगाने के कारण इसका उत्साह कितना बढ़ गया है?
३० (११) *चित्रप्रचार*—विचित्र ढंग से अंग-संचालन।
३० (१५) *अभिकामः*—कामुकतापूर्ण।
३० (१६) *यौवनपीठपयोधर*—पयोधर क्या हैं, यौवन का भार लादने के लिये पीठ हैं।
३० (१७) *मध्यविसंवादन*—बीच से उतर जाना, कटि भाग का बल खा जाना।
३१ (अ) *अनिभृता*—चपला (*अनिभृतकरेष्वाक्षिपत्सु प्रियेषु, मेघदूत,* २/५)।
३१ (आ) *विसृत*—बिथुरे हुए।

(१) एषा पूर्णे शतमिति व्यवस्थिता (२) वासु प्रियंगुयष्टिके सखीजनपणितविजयेन दिष्ट्या वर्धसे। (३) किं ब्रवीषि—"स्वागतमार्याय, हन्त विजयार्घे गृह्यताम्" इति। (४) वासु त्वद्दर्शनमेवानर्घो लाभः। (५) स्मर्तव्याः स्मः। (६) साधयामो वयम्। (७) (परिक्रम्य)

(८) अये इदमपरं सुहृद्विनोदनायतनमुपस्थितम्। (९) इदं हि चन्द्रधरकामिन्या नागरिकाया दुहितुः शोणदास्या गृहम्। (१०) एष प्रविशामि। (११) न शक्यमनभिभाष्यातिक्रमितुम्। (१२) (प्रविष्टकेनावलोक्य) (१३) अये इयं शोणदासी किमपि चिन्तयन्ती द्वारकोष्ठक एवोपविष्टा। (१४) तत्किमिदानीं निर्मुक्तभूषणतया विविक्तशरीरलावण्या (१५) मलिनप्राचारार्धसंवृतशरीरा रक्तचन्दनानुलिप्तललाटा (१६) सितदुकूलपट्टिकावेष्टितशीर्षा-ऽवनतवदनचन्द्रमण्डला (१७) ऽङ्काधिरूढां वल्लकीमीषत्कररुहैरवघट्टयन्ती (१८) काकलीमन्दमधुरेण स्वरेण कैशिकाश्रयमाकूजन्ती तिष्ठति। (१९) उत्कण्ठितयाऽनया भवितव्यम्। (२०) कैशिकाश्रयं हि गानं पर्यायशब्दो रुदितस्य। (२१) किन्नु खल्विदम् अश्रुतपूर्वं मया चन्द्रोदयादेव प्रणतकलहकृतं

पूरे सौ हो गए, इसलिये यह रुक गई। वासु प्रियंगुयष्टिका, सखियों से बाजी जीतने पर बधाई। क्या कहती है—"आर्य का स्वागत विजय का अर्घ हाजिर है, स्वीकार कीजिए।" वासु, तुझे देख लेना ही मेरे लिये अमूल्य लाभ है। हमारा स्मरण रखना। मैं चला। (घूम कर)—

अरे अपने मित्र के दिलबहलाव का यह दूसरा अड्डा आ पहुँचा। यह चन्द्रधर की सुरैतिन नागरिका की बेटी शोणदासी का घर है। मैं इसमें प्रवेश करूँ। बिना बोले आगे नहीं बढ़ सकता। (प्रवेश करके देखते हुए) अरे यह शोणदासी कुछ सोचती हुई बहिर्द्वार की देहली पर ही बैठी हुई है। क्या बात है कि वह गहने एक ओर रखकर अपनी लुनाई से ही सुन्दर लगती हुई, मैली चादर से आधा शरीर ढक कर, ललाट पर लाल चन्दन लगाए, सफेद दुकूल की पट्टी सिर पर लपेट कर अपना चन्द्रमुख नीचे लटकाए हुए, गोद में पड़ी वीणा को अँगुलियों से तनिक झनकारती हुई धीमे और मीठे काकली स्वर में कैशिक के सहारे टीप लगाती हुई बैठी है।

---

३१ (इ) *आवर्तोद्भ्रान्त*—चक्कर लगाने के कारण करधनी ऊपर उठ जाती है।

३१ (इ) *वेगप्रणयविलसितक्षुब्ध*—वेग बढ़ने से चमकती और हिलती हुई।

३१ (८) *विनोदनायतन* = मनबहलाव का स्थान, सम्भवतः गृहोद्यान की ओर संकेत है।

३१ (१४) *विविक्तशरीरलावण्या*—जिसका शरीर सौन्दर्य अनलंकृत रूप में भी भला लग रहा है।

३१ (१८) *काकली*—मन्द मधुर स्वर में गुनगुनाना। *कैशिके काकलित्वे च निषादस्त्रिचतुःश्रुतिः*, दामोदर, *संगीतदर्पण*, १/१/२, बाकेकृत संस्करण (लोमानकृत टि०)।

व्याहरणमनयोः। (२२) प्रियनिरोधात् पश्चात्तापगृहीतयाऽनया भवितव्यम्। (२३) भवतु। (२४) परिहसिप्याम्येनाम्।

(२५) वासु शोणदासि, किमिदं वेषः परिगृह्यते? (२६) वासु न खल्वयमपराद्धश्चन्द्रधरः? (२७) कथं तेऽश्रुमोक्षः प्रतिवचनम्? (२८) निगृह्यतां बाष्पः। (२९) कथ्यतां तावत्। (३०) किं ब्रवीषि—''मानैकग्राहकुशलेन व्यापादितऽस्मि सखीजनेन'' इति। (३१) ननु सर्वजनाधिका ते सखी शोणदासि त्वामुत्थापयति? (३२) किं ब्रवीषि—''तस्या एव दुर्मन्त्रितैरापदमिमामुद्वहामि'' इति। (३३) अपण्डिता खल्वसि। (३४) ननु सा त्वयैवं वक्तव्या—

३२— *(अ) प्रायश्शीतापराद्धा क्षणमपि न पुनर्दूति मानक्षमाऽहं*
(आ) तुष्टेदानीमनार्ये भव मदनतुलां मामिहारोप्य घोराम्।

अवश्य यह उत्कण्ठिता है। कैशिक के सहारे गाना रोने का दूसरा नाम है। क्या मैंने चन्द्रोदय से ही पहले वह किस्सा नहीं सुना कि इन दोनों का प्रणय-कलह के रूप में झगड़ा हो गया है। प्रिय के साथ बखेड़ा करके यह पछता रही होगी। ठीक, इसके साथ कुछ हँसी करूँ।

अरे शोणदासी, क्यों तूने वेश में आकर रहनेवाली किसी तपस्विनी का स्वांग रचा है? वासु, निश्चय ही कहीं चन्द्रधर से तो कोई अपराध नहीं हो गया? क्या आँसू ढारना ही तेरा उत्तर है? आँसू रोक, मुझसे हाल कह। क्या कहती है? ''केवल मान कराने में ही कुशल मेरी सखी ने मेरा सत्यानाश कर डाला।'' अरी शोणदासी, जिस सखी को तू सबसे अधिक मानती है क्या उसी से तू विद्रोह पर आ गई? क्या कहती है—''उसी की बुरी सलाह से तो मैं यह आफत झेल रही हूँ।'' तू नादान है। उससे तुझे यों कहना चाहिए था—

३२—हे दूति, प्रियतम के प्रति प्रायः शीत रहना यही मेरा अपराध था, पर अब मैं क्षण भर भी उससे मान नहीं कर सकती। हे अनार्ये, मुझे काम की कठिन तराजू

---

३१ (२०) *कैशिक*—काम राग से भरा हुआ मनोभाव।

३१ (२१) *व्याहरण*—कथन, किस्सा।

३१ (२२) *प्रियनिरोध*—प्रियतम की बात का विरोध, उसके मनोभाव को अवरुद्ध करना।

३१ (३१) *उत्थापयति*—तुझे विरोध के लिये उभार रही है।

३२ (अ) *प्रायश्शीतापराद्धा*—हर समय मैं प्रियतम के प्रति शीत व्यवहार या उपेक्षावृत्ति धारण करने की अपराधिनी थी।

३२ (आ) *घोरमदनतुला*—कामदेव अब मुझे तोल रहा है, मेरे धैर्य की कठिन परीक्षा ले रहा है। यदि मैं मान साधकर धृति रख पाती तो मैं उसकी परख में पूरी उतरती, पर कामवेदना से मैं मान नहीं रख सकती।

(इ) मानैकग्राहवाक्यैरनुनयविधुरैस्तावकैस्तत्कृतं मे
(ई) पाणिभ्यां येन सम्प्रत्यनुचितशिथिलां मेखलामुद्वहामि॥

(१) किं ब्रवीषि—''पराजित इदानीं मदनेन मानः। (२) किन्तु स एव तु सौभाग्यकृतावलेपस्ते वयस्यः स्तब्धः'' इति। (३) ततः किमिदानीं नाभिसार्यते? (४) सुन्दरि, अलमलं व्रीडया।

३३— *(अ) निश्वस्याधोमुखी किं विचरसि मनसा बाष्पपर्याकुलाक्षी*
(आ) शैथिल्यं भूषणानां स्वयमपि सुभगे साध्ववेक्षस्व तावत्।
(इ) हित्वा कूलस्थवाक्यान्यनुनय रमणं किं वृथा धीरहस्तैः
(ई) संरूढस्यातिमूढे प्रणयसमुदयस्यातिमानोऽवमानः॥

पर चढ़ा कर तो अब तू प्रसन्न है? केवल मान के लिये उकसाने वाली और मान-मनावन रहित तेरी बातों में आकर मैंने वह कर डाला जिससे मुझे ही अपने दोनों हाथों से अधिक ढीली बनी हुई अपनी करधनी सँभालनी पड़ रही है।

क्या कहती है—''काम ने मेरा सब मान ठंडा कर दिया। पर सौभाग्य के घमण्ड में तेरा वह ही मित्र अब हठीला पड़ रहा है।'' तो अब अभिसार क्यों नहीं करती? सुन्दरी, ऐसी लज्जा छोड़।

३३—आँखों में आँसू भरकर और नीचा मुँह करके लम्बी साँस लेती हुई तू मन में क्या चिन्ता कर रही है? यद्यपि तू सौभाग्यवती है, पर अब शिथिल हुए आभूषणों को तो तुझे स्वयं सँभालना होगा। तटस्थ सखी के वचनों को छोड़ और प्यारे को अनुनय से मना। व्यर्थ कड़े बने रहने से क्या लाभ? अरी मूर्ख, जब प्रणय अत्यन्त बढ़ गया हो उस समय अति मान करके बैठे रहना अपमान हो जाता है।

---

३२ (ई) *अनुचितशिथिला*—मेखला जितनी शिथिल रहती थी, अब काम संतापजनित कृशता के कारण उससे अधिक ढीली हो गई है। जब रति समय में मेखला त्रुटित हो जाती थी तो प्रियतम उसे आकृष्ट करता था, अब वियोग में नायिका को वह स्वयं सँभालनी पड़ रही है।
३३ (इ) *कूलस्थवाक्य*—जो धार में न होकर किनारे पर हो उसकी बात। तात्पर्य यह कि मदनवेदना की धार में तो तू है, सखी तो किनारे पर है, उसकी सलाह मानने से क्या लाभ?
३३ (इ) *वृथा धीरहस्त*—व्यर्थ की अकड़। *धीरहस्त* = वह भाव जिसमें हाथ चंचल न होकर कड़े कर लिए गए हों। कामियों को 'अनिभृतकर' चंचल हाथों से एक दूसरे का स्पर्श करनेवाला कहा गया है (*अनिभृतकरेष्वाक्षिपत्सु प्रियेषु, मेघदूत,* २/५)।
३३ (ई) *प्रणय समुदय*—प्रेम का ज्वार या उभार।

(१) किं ब्रवीषि—"स्त्रिया नाम पुरुषोऽनुनेयो ननु शौण्डीर्यम्" इति। (२) मा तावत्। (३) अतिमनस्विनि किं न गङ्गा सागरमभियाति? (४) अलमलं व्रीडया। (५) अथवा सकामाऽस्तु भवती। (६) अहमेव चन्द्रधरमनुनयामि। (७) किं बहुना। (८) अद्यैव ते चिरविरहसमारोपितस्य मदनाग्निहोत्रस्य पुनराधानं करोमि। (९) कथमनवसितबाष्पयैव स्मितमनया। (१०) इदं खलु वर्षर्तुर्ज्योत्स्नादर्शनम्। (११) सुन्दरि अलमलं रुदितेन। (१२) प्रत्युपस्थितं कल्याणम्। (१३) किं ब्रवीषि—"सत्यप्रतिज्ञेनेदानीं भावेन भवितव्यम्" इति। (१४) प्रभाते ज्ञास्यसि। (१५) कथमुपरतो बाष्पः (१६) साधयाम्यहम्। (१७) (परिक्रम्य)

(१८) अहो इदमपरं शृङ्गारप्रकरणमुपस्थितम्। (१९) एषा हि नागरिका दुहिता गणिका मगधसुन्दरी नाम शरदमलशशिसदृशवदना (२०) असितमृदु कुञ्चितस्निग्धसुरभिशिरसिरुहा विकसितकुवलयदललोललोचनयुगला (२१) विद्रुमचारुतर-

क्या कहती है—"स्त्री पुरुष को मनावे, यही तो सच्ची मर्दुमी है।" अरी, ऐसा मत सोच। अभिमानिनी, क्या गंगा समुद्र के पास नहीं जाती? बस लज्जा से पीछा छुड़ा। अथवा तेरी इच्छा पूरी हो। चन्द्रधर को मैं ही मना लेता हूँ। अधिक कहने से क्या? चिरविरह में बन्द पड़े हुए तेरे मदनाग्निहोत्र को मैं आज ही फिर से जगाता हूँ। आँसुओं के रुके बिना ही यह क्यों मुस्कुरा दी? यह तो बरसात में चाँदनी दिखाई दे गई। सुन्दरि, रोना बन्द कर। अब तो सुख का समय आ गया। क्या कहती है—"अब आपको अपनी बात सच्ची करनी चाहिए।" सबेरे जानेगी। अच्छा, रोना रुक गया। मैं चला। (घूम कर)

अहो, यह दूसरा शृंगार का विषय उपस्थित हो गया। जिसका मुख शरद् के अमल चन्द्र की तरह है, ऐसी यह नागरिका की पुत्री मगधसुन्दरी नाम की गणिका है। इसके केश काले, कोमल, घुँघराले, चिकने, और सुगन्धियों से गमक रहे हैं एवं चञ्चल

---

३३ (१) *शौण्डीर्य*—वीरता, बहादुरी।

३३ (३) *किं न गंगा सागरमभियाति*—बिना बुलाए गंगा समुद्र से जा मिलती है।

३३ (८) *चिरविरह समारोपित अग्निहोत्र*—अग्निहोत्री जब प्रवास करता है तो अपना नित्याग्निहोत्र बन्द करके किसी दूसरे की अग्नि में उस कर्म को सौंप जाता है और लौटने पर उसे विधिपूर्वक लेकर पुन: अपने यहाँ आरम्भ करता है। इसी की ओर विट का संकेत है।

३३ (१०) इदं *खलुवर्षर्तुर्ज्योत्स्नादर्शनम्*—(लोकोक्ति) वर्षा ऋतु में ज्योत्स्ना का दिखाई पड़ना कभी-कभी या भाग्य से ही होता है।

३३ (१८) *प्रकरण*—विषय। शृंगार प्रकरण = शृंगार का विषय। प्रकरण एक प्रकार का लौकिक रूपक भी होता था जिसका प्रधान रस शृंगार था (*भवेत् प्रकरणे वृत्तं लौकिकं कविकल्पितं। शृंगारोंऽग. . .—साहित्यदर्पण*)। *मृच्छकटिक, मालतीमाधव* प्रकरण हैं। कुमुद्वती नामक प्रकरण का उल्लेख इसी में आगे आया है।

ताम्राधरसम्पर्क परिपाटलदशनमयूखा (२२) कुन्दकुसुममुकुलधवलसमसहितशिखरदती (२३) पीनकपोलस्तनोरुजघनचक्रा बाह्यद्वारकवाटार्द्धसंवकृतशरीरा (२४) दक्षिणहस्ताङ्गुलिद्वयेन तिरस्करिण्येकदेशमवलम्बमाना (२५) बामचरणकमलैकदेशेन भूतले तालमभिसंयोज्य (२६) रक्तस्वरमधुरतारसंयुक्तामसङ्कीर्णवर्णामवघुष्टालंकारालंकृतां (२७) श्रोत्रमनोहरां षड्जग्रामाश्रयां वल्लभां नाम चतुष्पदां आकूजमाना (२८) नेत्रभृक्षेपैः संकल्पितान् भावानभिनयन्ती (२९) कस्यापि सुभगस्यागमनं प्रतीक्षमाणा तिष्ठति। (३०) भोः को नु खल्वयं महेन्द्र इव सुरतयज्ञायाहूयते। (३१) भवतु। (३२) पृच्छाम्येनाम्। (३३) भवति, वेशमेघविद्युल्लते पृच्छामस्तावत्—

नेत्र खिले नीलकमल की तरह सुन्दर हैं। इसके दाँतों की बाहर आती हुई रश्मियाँ मूंगे जैसे चटकीले लाल अधर के सम्पर्क से लाल हो रही हैं, एवं दाँत कुन्दकली के समान श्वेत, बराबर और सटे हुए हैं। कपोल, स्तन, और जघन भाग भरा हुआ है। यह बाहरी दरवाजे की किवाड़ के पीछे अपना बदन छिपाकर दाहिने हाथ की दो अँगुलियों से परदे का छोर पकड़े हुए खड़ी है और बायें पैर के एक भाग से भूमि पर ताल देती हुई सुरीले मधुर तार स्वर में वल्लभा नाम की चौपदी गुनगुना रही है। वह गीति शुद्ध वर्ण वाली, अलंकारों से युक्त, कानों को सुख पहुँचाने वाली षड्ज ग्राम पर आधारित है। नेत्र और भौहों से यह मन में उमड़ते हुए सकाम भावों को प्रकट करती हुई किसी रईस का आसरा जोहती हुई खड़ी है। अरे, इन्द्र के समान भाग्यशाली वह कौन है जिसका आवाहन सुरतयज्ञ के लिए हो रहा है? ठीक, मैं इसी से पूछता हूँ। अरे वेश के बादलों की बिजली, तुझसे कुछ पूछना चाहता हूँ—

---

३३ (२३-२४) *बाह्यद्वारकवाटार्द्ध संवृतशरीरा दक्षिणहस्ताङ्गुलिद्वयेन तिरस्करिण्ये-कदेशमवलम्बमाना*—यह मुद्रा वासकसज्जिका नायिका की है जो प्रियतम के आगमन की प्रतीक्षा के लिये बाह्यद्वार तक आ जाती है।

३३ (२६) *असंकीर्णवर्णा*—वर्ण = गान क्रिया जिसके चार भेद हैं, स्थायी, संचारी, आरोह और अवरोह। असंकीर्ण = जिसमें दूसरी किसी गान विधि का संकर न हुआ हो, अपने स्वरूप में शुद्ध हो।

३३ (२७) *चतुष्पदा*—लास्य के साथ गाई जानेवाली गीति को श्रृंगाररस प्रधान होती थी। लय को दृष्टि से तीन, वाक्ययोजना की दृष्टि से तीन और भाषा आदि की दृष्टि से चतुष्पदा के अठारह भेद कहे गए हैं (*अथ लास्यास्त्रयीभूताः कथ्यन्ते तु चतुष्पदाः। श्रृंगाररससम्पन्ना. . .*—रामकृष्ण कवि, *भरतकोश,* पृ० २००)।

३३ (२७) *वल्लभा*—चतुष्पदा की गीति विशेष जो मण्ठक नामक गीतालंकार के छह भेदों में से एक होती थी (*जयप्रियः कलापश्च कमलस्सुन्दरस्तथा। वल्लभोमंगलश्चेति षडेते मठ्यकाः स्मृताः॥ संगीतसार, भरतकोश,* पृ० ४५३ पर उद्‌धृत)। लोमान की टिप्पणी के अनुसार दामोदर कृत संगीतदर्पण, ६/१४४ में भी वल्लभा चतुष्पदा का वर्णन है।

३३ (३०) *महेन्द्र इव सुरतयज्ञाय*—महेन्द्र शब्द में श्लेष से इन्द्र और कुमारगुप्त महेन्द्रादित्य दोनों का संकेत संभव है जिसके लिये 'मगधसुन्दरी' प्रतीक्षा कर रही थी।

३३ (३३) *वेशविद्युल्लता*—रूपशालिनी नवयौवना गणिका विधुल्लता कहलाती

३४— *(अ) शुक्लासितान्तरक्ता*
(आ) सापाङ्गावेक्षिणी विकसितेयम्।
(इ) धन्यस्य कस्य हेतोश्
(ई) चन्द्रमुखि बहिर्मुखी दृष्टिः॥

(१) हा धिक् वित्रस्तमृगपोतिकेव संत्रस्तया दृष्ट्या मां निरीक्षते। (२) प्रत्यागतचित्तयाऽनया भवितव्यम्। (३) किं ब्रवीषि—"मा मैवम्। (४)" ब्रह्मचारिणी खल्वहं वसन्तमुपवसामि इति। (५) श्रद्धेयमेतत्। (६) अयमिदानीं सरसदन्तक्षतोऽधरोष्ठः किमिति वक्ष्यति? (७) किं ब्रवीषि—"सावशेषतुषारपरुषस्य वसन्तवायोः पदान्येतानि" इति। (८) भवतु तावत्। (९) संज्ञप्ताः स्मः।

३५— *(अ) दन्तपदजर्जरोष्ठी*
(आ) यथा च नियमं त्वमात्मनो वदसि।
(इ) सुव्यक्तमव्रतघ्नं
(ई) चुम्बितचान्द्रायणं चरसि॥

३४—सफेद, काली, कोनों में लाल, अपांगयुक्त इस खुली दृष्टि से हे चन्द्रमुखी, किस भाग्यवान् के लिए तुम बाहर की ओर देख रही हो?

हा! डरी हुई मृगछौनी की तरह भयभीत आँखों से वह मेरी ओर देख रही है। जान पड़ता है इसके मन में फिर रंग आ गया है। क्या कहती है—"ऐसी बात नहीं है। मैं वसन्त में ब्रह्मचारिणी रहकर उपवास करती हूँ।" यह मानने लायक है। पर तेरे ओंठ का यह ताजा दन्तक्षत क्या कह रहा है? क्या कहती है—"आखिरी पाले से कठोर वसन्ती हवा के ये चिह्न हैं।" ऐसा ही सही। मैं समझ गया।

३५—दन्तक्षत से जर्जर ओंठ वाली भी तू जो अपना नियमाचार बतलाती है, उससे प्रकट होता है कि तू अपने उस व्रत के अनुकूल ही चुम्बन का चान्द्रायण कर रही है (चान्द्रायण-व्रत के आहार की भाँति चुम्बन घटाती बढ़ाती रहती है)।

थी। बाण ने उसे 'तडित्' कहा है (*तडिदपि जलदे स्थिरतां व्रजति, कादम्बरी एक सांस्कृतिक अध्ययन*, अनुच्छेद १६२, पृ० १६१, इसमें बिजली की भाँति तड़पनेवाली चंचल नायिका और जलधर मेघ के समान गम्भीर नायक का उल्लेख है।)

३४ (१) *मृगपोतिका*—मृगशाविका, मृगछौनी।

३४ (७) *तुषारपरुष वसन्तवायु*—वसन्त में बहनेवाला फगुनहटा जो अतिशीत बर्फीली हवा लाता है और प्रायः जिससे होंठ चटक जाते हैं।

३५ (अ) *पद*—चिह्न।

३५ (ई) *चुम्बितचान्द्रायण*—जैसे चान्द्रायण व्रत में आहार के ग्रासों की संख्या बढ़ती-घटती रहती है, वैसे ही तू सुरत का उपवास करके चुम्बन के चान्द्रायण से काम चलाती है।

(१) एषा संवृत्य कवाटेन मुखं प्रहसिता। (२) तपोवृद्धिरस्तु भवत्यै। (३) साधयाम्यहम्। (४) (परिक्रम्य)

(५) भोः एष कथञ्चिद् वेशयुवतिप्रलापशृङ्खलामुन्मुच्य प्राप्तोऽस्मि देवदत्ताया गृहम्। (६) अपीदानीं देवदत्ता गता स्यात्। (७) किं नु खलु पृच्छेयम्। (८) (विलोक्य) (९) आ अयं तावद् वृक्षवाटिकापक्षद्वारेणातिक्रामति (१०) भावगन्धर्वदत्तस्य नाटकाचार्यस्यान्तेवासी दर्दुरको नाम नाटेरकः। (११) यावदेनं पृच्छामि। (१२) (निर्दिश्य)

(१३) अंघो दर्दुरक कुतस्त्वमागच्छसि? (१४) अपि जानीषे किं देवदत्ता करोतीति। (१५) किमाह भवान्—"गता खलु देवदत्ता सुखप्रश्नार्थमार्यमूलदेवं द्रष्टुम्। (१६) अहं तु देवसेनां द्रष्टुमाचार्येण प्रेषितोऽस्मि" इति। (१७) अथ केन कारणेन? (१८) किं ब्रवीषि—"कुमुद्वतीभूमिकाप्रकरणमुपनयेति" इति। (१९) अथोपनीतं पत्रकं गृहीतं च तया? (२०) कि ब्रवीषि—"आचार्यगौरवात् प्रतिगृहीतं तत्पत्रकं तया। (२१)" पार्श्वस्थायास्तु सख्या हस्ते न्यस्तम्। (२२) अपि च कुमुद्वत्यै नमस्कृत्योक्तवती—'अस्वस्था तावदस्मि' इति" इति। (२३) हन्त प्रसिद्धतर्काः स्मः।

वह किवाड़ के पीछे मुँह छिपाकर हँसने लगी। तेरे इस तप की वृद्धि हो। मैं चला। (घूम कर)

वाह! किसी तरह वेश्याओं के साथ बात-चीत की कड़ी तोड़कर मैं देवदत्ता के घर आ पहुँचा। देवदत्ता शायद बाहर गई है। किससे पूछना चाहिए? (देखकर) वाह! बगीचे के बगल के दरवाजे से प्रिय गन्धर्वदत्त नाटकाचार्य का शिष्य दर्दुरक नाम का नटीपुत्र (नाटेरक) निकल रहा है। उसी से पूछता हूँ। (इशारा करके)

अरे दर्दुरक, तू कहाँ से आ रहा है? तू जानता है कि देवदत्ता क्या कर रही है? तूने क्या कहा—"देवदत्ता आर्य मूलदेव को देखने और कुशल-मंगल पूछने के लिये गई है। मेरे आचार्य ने मुझे देवसेना को देखने भेजा है।" किस कारण से? क्या कहता है—"आचार्य ने कहा है—नाटक (प्रकरण) में कुमुद्वती को जो अभिनय करना है उसका लिपिपत्र उसे दे आ।" क्या लाया हुआ पत्र उसने लिया? क्या कहता है—"आचार्य के रोब से उसने पत्र तो ले लिया पर बगल में बैठी सखी के हाथ में दे दिया। फिर कुमुद्वती को प्रणाम करके उसने कहा—

---

३५ (१०) *नाटेरक*—नटी का पुत्र।

३५ (१५) *सुखप्रश्न*—'क्या रात्रि में आप सुख से सोए', इस प्रकार का कुशल-प्रश्न। उसका पूछनेवाला सौखप्राश्निक कहलाता था (= सौखरात्रिक, सौखशायनिक)।

३५(१८) *कुमुद्वती भूमिका प्रकरण—कुमुद्वती* नामक नाटक में अभिनय योग्य भूमिका का विषय। कुमुद्वती प्रकरण नामक नाटक का उल्लेख और विवरण आगे (३८/२५) आया है।

३५ (२२) *कुमुद्वत्यै नमस्कृत्य*—इससे अभिनय का शिष्टाचार सूचित किया है।

(२४) एतदस्याः कामैकतानतां सूचयति। (२५) अंघो दर्दुरक किमिदं पत्रकेऽभिलिखितम्? (२६) किं ब्रवीषि—''वाचयस्व'' इति। (२७) (गृहीत्वा वाचयति)

३६— *(अ) कान्तं कन्दर्पपुष्पं स्तनतटशशिनं रागवृक्षप्रवालं*
(आ) शय्यायुद्धाभिघातं सुरतरथरणश्रान्तधुर्यप्रतोदम्।
(इ) उन्मेषं विभ्रमाणां करजपदमयं गुह्यसम्भोगचिह्नं
(ई) रागाक्रान्ता वहन्तां जघननिपतितं कर्मशाः स्त्रीकिशोर्यः॥

(१) साधु भोः कर्कशस्त्रीकिशोरीप्रतारणायाभिप्रस्थितस्य मे। (२) महदिदं मङ्गलमर्थसिद्धिं सूचयति। (३) अंघो दर्दुरक, अपि जानीषे कुत्रस्था देवसेनेति? (४) किं ब्रवीषि—''वृक्षवाटिकां गता'' इति। (५) मदनकर्मान्तभूमौ वर्तते। (६) साधु।

''मैं इस समय स्वस्थ नहीं हूँ।'' अहो, हम भी अपने अनुमान के लिए प्रसिद्ध हैं। यह सूचित करता है कि वह काम में पूरी तरह डूबी हुई है। अरे दर्दुरक, इस पत्र में क्या लिखा है? क्या कहता है—''स्वयं पढ़ लीजिए।'' (पत्र लेकर पढ़ता है)

३६—रागवती कर्कश किशोरियाँ जघनस्थल पर लगे हुए नखक्षत रूपी गुह्य संभोग चिह्न को धारण करती रहें। वह चिह्न काम का मनोहर फूल है, स्तनों के समीप हार में झूलती हुई चन्द्रलेखा के आकार का है, प्रेम के वृक्ष का नया पत्ता है, शय्या युद्ध में लगा हुआ घाव है,सुरतरूपी-रथ युद्ध में थके हुए बैलों को हाँकने के लिये अंकुश है, और विलासों का जहूरा है।

वाह! स्त्री रूपी उस हठीली बछेड़ी को साधने के लिये निकलने पर मुझे यह कार्यसिद्धि का सूचक शकुन दिखलाई पड़ा है। अरे दर्दुरक, क्या तू यहभी जानता है कि देवसेना कहाँ है? क्या कहता है—''बगीचे में गई है।'' हाँ, तब

जिसका अभिनय करना होता, अभिनेता उसके लिए मन में प्रणामभाव अर्पित करता था।

३५ (२३) *प्रसिद्धतर्काः*—तर्क = तर्कणा, अनुमान, विचार।

लोमान ने इस श्लोक का अर्थ ठीक नहीं समझा। यहाँ हाथों द्वारा प्रदत्त उस नखक्षत का वर्णन है जो जघन भाग में किया गया हो *(करजपदमय गुह्य संभोगचिह्न)*। *करज* = नख। पद = चिह्न।

३६ (अ) *स्तनतटशशी*—नखक्षत की आकृति की उपमा स्तनों के समीप हार में गूँथी हुई चन्द्रलेखिका नाम की गुरिया से दी गई है। नखविन्यास पाँच प्रकार का होता था—अर्धचन्द्र, मंडल, मयूरपद, दशप्लुत, उत्पलपत्र (ज्योतिरीश्वर ठक्कुर कृत *वर्णरत्नाकर*, पृ० २८-२९)। यहाँ अर्धचन्द्र नामक नखक्षत का वर्णन है।

३६ (आ) *रथरण*—रथयुद्ध। *धुर्य* = बैल, यहाँ नायक-नायिका से तात्पर्य है।

३६ (१) *किशोरी*—किशोर अवस्थावाली, नयी बछेड़ी।

३६ (१) *प्रतारण*—नयी उमर की बछेड़ी को साधना या निकालना, वश में करना।

३६ (५) *मदनकर्मान्तभूमि*—वृक्षवाटिका, भवनोद्यान या प्रमदवन को कामदेव

गच्छतु भवान्। (७) *प्रविशामस्तावत्।* (८) (*प्रविश्य*) (९) *अये, इयमियं देवसेना—*

३७— (अ) *कृशा विवर्णा परिपाण्डुनिष्प्रभा*
(आ) *प्रभातदोषोपहतेव चन्द्रिका।*
(इ) *वहत्यसाधारणगूढवेदनं*
(ई) *मनोमयं व्याधिमदारुणौषधम्॥*

(१) *आ यथैवं सर्वगुह्यधारिण्या स्नेहातिसृष्टसखीभावया* (२) *प्रियवादिनिकया नाम परिचारिकया सह परिवर्जितान्यजना वायुं पर्युपास्ते।* (३) *भवतु।* (४) *एतदप्यस्या एकतानतां सूचयति।* (५) *सर्वोऽपि विविक्तकामः कामी भवति।* (६) *अस्मद्विषयगतेयम्।* (७) *यावदेनामुपसर्पामि।* (८) (*उपेत्य*)

(९) *वासु देवसेने विस्रम्भालापविच्छेदकारिणो न खलु वयमसूयितव्याः।* (१०) *किं ब्रवीषि—"स्वागतं भावाय।* (११) *अभिवादयामि" इति।* (१२) *भवतु।* (१३) *प्रतिगृहीतः समुदाचारः।* (१४) *अलमलं प्रत्युत्थानयन्त्रणया।* (१५) *किमाह भवती—"उपविश, इदमासनम्" इति।* (१६) *बाढमुपविष्टोऽस्मि।* (१७) *वासु*

तो काम के कारखाने में है। ठीक, तू जा। तो मैं भीतर प्रवेश करूँ। (प्रविष्ट हो कर) अरे, यही देवसेना है—

३७—दुबली, फीकी, पीली, कान्तिहीन, प्रातःकालीन क्षीण चन्द्रिका की तरह वह काम रोग की असाधारण गुप्त वेदना झेल रही है जो केवल मधुर उपचार से ही दूर की जा सकती है।

अहो, यह कारण है कि सब गुप्त रहस्य जानने वाली और अतिशय स्नेह से सखी रूप में अंगीकृत प्रियवादिनिका नामक अपनी दासी के साथ वह सबको हटाकर एकान्त में हवा खा रही है। ठीक, इससे भी उसका एकबग्गापन (एक में आसक्ति) सूचित होता है। सभी कामी एकान्त पसंद करते हैं। अब तो वह मेरी पहुँच में है। तो मैं इसके पास जाऊँ। (जाकर)

बाला देवसेना, निजी गुह्य बातचीत में दखल देने वाले हमसे तू नाराज मत होना। क्या कहती है—"आपका तो स्वागत करती हूँ।" मैंने तेरा यह शिष्टाचार स्वीकार किया। अरे,उठने की तकलीफ मत कर। तूने क्या कहा—"बैठिए, यह आसन है।" अच्छा, बैठता हूँ। वासु, प्रेमी के लिए सन्ताप करने से क्या?

की कर्मान्त भूमि, या कार्यालय कहा गया है, जहाँ क्रीड़ापर्यंत, कमलवन-दीर्घिका एवं हिमगृह के अनेक शिशिरोपचारों का प्रबन्ध रहता था, (देखिए, *कादम्बरी, एक सांस्कृतिक अध्ययन*, हिमगृह वर्णन, अनु० २०९)।

३७ (५) *विविक्त*—एकान्त।

किमिदं बन्धुजनसन्तापः क्रियते? (१८) को नामायमचक्षुर्ग्राह्यो गूढवेदनः स्वयंग्राह्यः प्राक् केवलो व्याधिः। (१९) किं ब्रवीषि—"न खलु किञ्चिद्" इति। (२०) अयि पण्डितमानिनि अलमस्मान् विक्षिप्य। (२१) सदाऽपि नाम त्वमस्माकं बालक्रीडनकान्वेषणादिषु प्रणयवती। (२२) अपि च, स एवायं मूलदेवसखः शशः। तदुच्यतां सद्भावः। (२३) किमाश्रयोऽयं सन्तापः? (२४) तव हि—

३८— *(अ) अव्याधिग्लानमङ्गं करतलकमलापाश्रितं गण्डपार्श्वे*
(आ) दृष्टिर्ध्यानैकताना जडमिव हृदयं जृम्भणा वर्णभेदः।
(इ) निश्वासायासकर्ता न च न रतिकरस्तापनश्चेन्द्रियाणा—
(ई) मेकद्रव्याभिलाषी प्रतिनव इव ते चोरि कोयं विकारः॥

(१) कथं निश्वसितमनया। (२) हन्त सन्धुक्षितो मदनाग्निः। (३) भवतु। (४) इदानीमात्मगतं भावमस्या ज्ञास्यामः। (५) यदि वयमपात्रीभूता विस्रम्भानामरोगाऽस्तु भवती। (६) साधयाम्यहम्। (७) किं ब्रवीषि—"चपलः खलु भावः" इति। (८) हन्त प्रतिज्ञातम्। (९) एषाऽपि मर्म वक्ष्यति। (१०) वासु कुतो मे धृतिस्तवेदृशेन शरीरोदन्तेन। (११) अपि च दीर्घसूत्रता नाम कार्यान्तरमुत्पादयति।

आँख से दिखाई न देनेवाली, छिपी कसक वाली, खुद लगाई हुई, शुरू में अकेली आने वाली, यह कौन-सी बीमारी है? क्या कहा—"कुछ नहीं।" अरी सुघड़, मुझे टरकाने से बाज आ। तू सदा मेरे लिये प्यारी बच्ची थी जो खिलौने आदि लाने को मुझसे कहा करती थी। मैं वही मूलदेव का मित्र शश हूँ। मन की बात कह। यह दुखड़ा किसके कारण है?—

३८—बिना रोग के भी तू रोगी है। तेरी कनपटी कमल-सी हथेली पर टिकी है। पुतली ध्यान से एकटक है। हृदय जड़ हो गया है। जम्भाई आ रही है। रंग बदला हुआ है। अरी चोट्टी, बता यह कौन-सी नयी बीमारी तुझे लगी है जिसके कारण साँस लेने में भी कठिनाई हो रही है, कहीं शान्ति नहीं है, इन्द्रियों को तपन हो रही है और बस एक ही वस्तु की तुझे इच्छा हो रही है।

इसने ऐसी साँस क्यों ली? इसकी कामाग्नि धधक उठी है। ठीक, अब मैं इसके मन की बात जान सकूँगा। अगर मैं तेरे विश्वास का पात्र नहीं हूँ तो सुखी रह, मैं अपने काम पर चला। क्या कहती है—"आप ऐसे चपल हैं।" हाँ जान गया। (मन में) यह मरम की बात कहना चाहती है। (प्रकट में) तेरी ऐसी हालत देखकर मुझे धैर्य कहाँ? और भी, देरी करने से दूसरा कार्य आ उपस्थित होता है?

---

३८ (९) *एषाऽपि मर्म वक्ष्यति*—इसका लोमान में पाठान्तर है—*एर्षा विमर्दे वक्ष्यति* = यह अब अपने प्रणय-कलह के विषय में बताएगी।

(१२) तदुच्यतां सन्तापकारणम्। (१३) किं ब्रवीषि—"न खलु मे भावं प्रति गुह्यमस्ति। (१४)अयं तु वसन्तस्वभावः यन्मे गुरुजनयन्त्रणया निभृतस्यापि मनसः किमप्यकारणेनौत्सुक्यमुत्पादयति" इति। (१५) साधु भो नायं व्याधिव्यपदेशः। (१६) चोरि, एतदपि जानीषे साधु युवती खलु देवसेना संवृत्तेति। (१७) वायु यद्येवं अलमलमनुबन्धेन। (१८) ऋतुपरिणामेन स्वस्था भविष्यसि। (१९) कथं व्रीडितमनया। (२०) प्रियवादिनिके, किमिदं तालपत्रेऽभिलिखितम्? (२१) किं ब्रवीषि—"नाटक-भूमिका" इति। (२२) पश्यामस्तावत्। (२३) (गृहीत्वा वाचयति)—

(२४) कुमुद्वती प्रकरणे शूर्पकसक्तां राजदारिकां धात्री रहस्युपालभते।

इसलिए शीघ्र अपने सन्ताप का कारण कह। क्या कहती है—"आपसे मेरा कुछ छिपाव नहीं है। यह वसन्त का स्वभाव है कि बड़ों की कड़ी शिक्षा से वश में किए गए मन को भी बिना कारण उचाट कर देता है।" ठीक, यह बीमारी से इन्कार नहीं करती। अरी चोट्टी, क्या तू जानती है कि देवसेना सचमुच युवती हो गई है? हे बाला, यदि यह बात है तो इस बीमारी को आगे न बढ़ा। मौसम बदलने से तू ठीक हो जायेगी। वह लजा क्यों गई? प्रियवादिनिके, तालपत्र पर क्या लिखा है? क्या कहती है—"नाटक में पात्र की भूमिका है।" देखूँ तो सही। (लेकर पढ़ता है) कुमुद्वती प्रकरण में शूर्पक पर आसक्त राजपुत्री को उसकी धाय अकेले में उलाहना देती है—

---

३८ (१६) *युवती खलु देवसेनासंवृत्तेति*—विट यह प्रश्नात्मक वाक्य देवसेना से ही कह रहा है।

३८ (१७) *अनुबन्ध*—मूल बात का पुछल्ला, यहाँ यौवन के फलस्वरूप आने वाली कामव्याधि से तात्पर्य है।

३८ (२४) *कुमुद्वती प्रकरण*—इस नाम का एक नाटक ग्रन्थ उस समय था जिसमें राजपुत्री कुमुद्वती का शूर्पक नाम के मछुए के साथ प्रेम का वर्णन था। शूर्पक के मन में राग न था, पर कुमुद्वती उसे बहुत चाहती थी। अन्त में कामदेव ने शूर्पक के हृदय में राग उत्पन्न करके उसे परास्त किया। अश्वघोष ने इस लोक कथा का उल्लेख किया है—
श्वपचं किल सेनजित्सुता चकमे मीनरिपुं कुमुद्वती। (सौन्दरनन्द, ८/४४)
सेनजित् राजा की पुत्री ने चण्डाल से और कुमुद्वती ने किसी मछुए से प्रेम किया। *सौन्दरनन्द* (१०/५३) में भी इस कथा का उल्लेख है जिसमें मछली को अब्ज और शूर्पक को अब्जशत्रु कहा गया है। उसी कवि ने *बुद्धचरित* में मछुए का नाम शूर्पक दिया है—
मयोद्यतो ह्येष शरः स एव यः शूर्पके मीनरिपौ विमुक्तः। (१३/११)
इसी लोक-कहानी का एक-रूप राजकुमारी मायावती और मछुए सुप्रहार के प्रेम की कथा थी (कथासरित्सागर, अ० ११२)।

३९— *(अ) उन्मत्ते नैव तावत्स्तनविषममुरो नोद्‌गता रोमराजि:*
(आ) न व्युत्पन्नाऽसि च त्वं व्यपनय युवतीदोहलं दुर्विदग्धे।
(इ) व्युत्पन्नाभि: सखीभि: सततमविनयग्रन्थमध्याप्यसे त्वं
(ई) केनेदं बालपक्वे मनसिजकदनं कर्तुमभ्युद्यताऽसि॥

(१) किमाह देवसेना—"एतत्तावन्मयैव न श्रुतमस्ति" इति। (२) हन्त एष उद्‌गीर्ण: स्वभाव:। (३) इत्थमहमपि कामयामीत्युक्तं भवति। (४) किमाह देवसेना—"छलग्राही भाव:" इति। (५) वासु अलमलमस्मान् विक्षिप्य। (६) मेघावगूढमपि चन्द्रमसं कुमुद्वतीप्रबोध: सूचयति। (७) गच्छ पुरुषद्वेषिणि। (८) आपन्नेदानीमसि।

४०— *(अ) नैवाहं कामयामीत्यसकृदभिहितं यत्त्वया गूढभावे*
(आ) सा त्वं तन्वीस्वभावात् कथय तनुतरा चोरि केनासि जाता।
(इ) हस्तप्रत्यस्तगण्डे प्रशिथिलवलये भिन्ननि:श्वासवक्त्रे

३९—अरी नासमझ, अभी तो तेरी छाती भी नहीं उभरी, न रोमावलि ही फूटी है। अनाड़ी, अभी तेरी कच्ची समझ है। तू जवान स्त्रियों जैसी पति से मिलने की यह साध छोड़। तेरी चंट सखियाँ तुझे हमेशा अविनय का पोथा पढ़ाती रहती हैं। अरी, तू बालापन ही में पक गई। क्यों तू कामसंग्राम के लिये तुली है?

देवसेना ने क्या कहा—"यह तो मैंने भी पहले नहीं सुना।" अहो, अब इसका अपना भाव खुला है। इसका तो यह मतलब हुआ कि मैं भी ऐसा ही करना चाहती हूँ। देवसेना ने क्या कहा—"आप मेरे चरके समझते हैं।" वायु, मुझे टरकाने से बाज आ। बादलों में छिपे चन्द्रमा को भी कुमुदिनी का खिलना बता देती है। अरी मरद-भड़कनी, चल। तेरे ऊपर यह बला आई है।

४०—अरी गुमसुम (भाव छिपाने वाली) 'मैं प्रेम नहीं करती' ऐसा अनेक बार तूने कहा। अरी चोट्टी, फिर बता कि स्वभाव से छरहरी, तू और दुबली क्यों हो गई है? तेरे कंगन ढीले क्यों पड़ गए हैं? कपोल हाथों पर क्यों रक्खे है? लम्बी साँसों से तेरे मुख का रंग क्यों फीका पड़ गया है?

---

३९ (आ) *दुर्विदग्धा*—अनाड़ी, नासमझ।
३९ (इ) *अविनय ग्रंथ*—युवति स्त्रियों के समान धृष्ट काम व्यवहार करने की शिक्षा।
३९ (ई) *कदन*—युद्ध। *मनसिजकदन* = रतिसमर। सुरत की युद्ध के रूप में कल्पना एक साहित्यिक अभिप्राय था। (देखिए, जायसीकृत *पद्‌मावत* ३१८/१-९—*कहौं जूझ जस रावन रामा। सेज बिधंसि बिरह संग्रामा*।)
३९ (४) *छलग्राही*—छल-कपट की बात ताड़ लेने वाले।
४० (अ) *गूढभावा*—भावसंगोपन करनेवाली, मन का भाव छिपा रखनेवाली नायिका।
४० (इ) *भिन्न*—विवर्ण।

(ई) व्याधिल्किष्टो जनोऽयं किमिदमतिशठे वाह्यते धीरहस्तः ॥

(१) किमाह प्रियवादिनिका—"सति प्रवृत्ते कामतन्त्रप्रकरणे (२) दिष्टयोदानीमस्मत्स्वामिनी पुरुषविशेषमनुरक्ता, न पृथग्जनम्" इति। (३) तत्कस्यायमवन्तिनगर्यो पुरुषविशेषशब्दः प्रचरित? (४) किमाह भवती—"कस्य तावत्त्वयाऽभ्युपगम्यते" इति। (५) कस्यान्यस्य, ननु कर्णीपुत्रस्य। (६) स हि।

४१— *(अ) कुले प्रसूतः श्रुतवानविस्मितः*
(आ) स्मिताभिभाषी चतुरो विमत्सरः।
(इ) प्रियंवदो रूपवयोगुणान्वितः
(ई) शरीरवान् काम इवाधनुर्धरः ॥

(१) किं अधोमुखी देवसेना संवृत्ता। (२) अलमलमनिभृते दुकूलदशान्तोद्वेष्टनेन।

अरी शठताभरी, बता जब यह जन यों मदनव्याधि से पीड़ित है, तो फिर इतनी धीरता क्यों बरत रही है?

प्रियवादिनिका, तू क्या कहती है—"कामतंत्र प्रकरण में प्रवृत्त मेरी स्वामिनी विशेष पुरुष में अनुरक्त है, किसी मामूली आदमी में नहीं।" तो इस अवन्ति नगरी में पुरुषविशेष शब्द किसके लिए लागू है? तू ने क्या कहा—"आपका क्या अन्दाजा है।" दूसरा कौन हो सकता है? कर्णीपुत्र ही होगा। वह—

४१—अच्छे कुल में उत्पन्न, विद्वान्, किसी बात से विस्मित न होने वाला, हँसकर बोलने वाला, चतुर, ईर्ष्यारहित, प्रियभाषी, रूप और यौवन से युक्त, बिना धनुष के साक्षात् कामदेव है।

देवसेना सिर नीचे करके क्यों रह गई? अरी चपला, दुकूल के आँचल

---

४० (ई) *व्याधिक्लिष्टजन*—मदनव्याधि से पीड़ित, स्वयं देवसेना की ओर संकेत है।
४० (ई) *वाह्यते*—धीरता क्यों बरती जा रही है; धीर भाव क्यों पकड़े हुए हैं।
४० (ई) *धीरहस्त* (पद्म०, ३३३)—नायिका द्वारा राग को दबा कर विजडित भाव का आश्रय लेना।
४० (१) *कामतन्त्र प्रकरण*—(१) *कामशास्त्र* का एक अध्याय, (२) काम की लीला का प्रसंग।
४० (२) *पृथग्जन*—साधारण व्यक्ति। संस्कृत साहित्य में पुरुष विशेष और पृथग्जन, ये दो शब्द प्रायः प्रयुक्त हुए हैं। पाली में सामान्यजन के लिए 'पुथुज्जन' शब्द था।
४१ (२) *दुकूलदशान्तोद्वेष्टन*—चादर की किनारी के अन्त भाग को मोड़कर गोलियाना, व्यर्थ की चेष्टा करना।

(३) कथ्यतां तावत्। (४) अपि च यदि वयं भाजनीभविष्यामः (५) समौनमेवास्ते। (६) अथवा लज्जा नाम विलासयौतकं प्रमदाजनस्य, विशेषतश्चाप्रौढकामिनीनाम्। (७) तदेषा कथमिव स्वयं वक्ष्यति। (८) तत्कामं पुरुषविशेष इत्यसाधारण एव शब्दः कर्णीपुत्रे प्रतिवसति। (९) तथापि नाम त्वलब्धगाम्भीर्यो धृतिमुपयात एनां व्याहारयामि।

(१०) वासु देवसेने किमस्माकं पररहस्यश्रवणेन? (११) उदासीनाः खलु वयम्। (१२) तदामन्त्रये भवतीम्। (१३) कर्णीपुत्रोऽपि पाटलिपुत्रविरहात् स्वजनदर्शनोत्सुको भृशमस्वस्थः। (१४) स एषोऽद्य श्वो वा प्रस्थास्यते। (१५) पुनर्द्रष्टाऽस्मि भवतीम्। (१६) किन्तु स्वस्थरूपया त्वया भवितव्यम्। (१७) स्मर्तव्याः स्मो वयम्। (१८) (उत्थाय प्रस्थितः। सत्वरं निवृत्य)। (१९) अये केनैतदुक्तं—"हन्त व्यापन्नेदानीम्" इति। (२०) आ देवसेना रोदिति। (२१) वासु किमिदम् अलमलं रुदितेन। (२२) भवतु। (२३) गृहीतम्। (२४) दिष्ट्या पात्रगतो मनोरथः। (२५) कर्णीपुत्रस्यापि त्वन्मय एव व्याधिः। (२६) तदितरेतरस्यौषधत्वैन कल्पयितव्यम्। (२७)

का गूँथना बन्द कर। कह तो सही। यदि यह मुझे अपना विश्वासपात्र समझती हो तो भी चुप ही है। लज्जा स्त्रियों के, विशेष कर मुग्धा स्त्रियों के, विलास की दहेज है। फिर वह स्वयं कैसे कहे? अतएव यद्यपि 'पुरुष विशेष' यह असाधारण शब्द कर्णीपुत्र पर ही लागू होता है, तो भी जब तक इसकी थाह न पा लूँ धीरज धर कर इसी से इसका भेद कहलाऊँगा।

वासु देवसेना, दूसरे का भेद सुनने से मुझे क्या मतलब? मैं तटस्थ हूँ, सिर्फ तुझे सलाह देता हूँ। कर्णीपुत्र भी पाटलीपुत्र से दूर रहने के कारण अपने स्वजनों से मिलने के लिए उत्सुक होकर अधिक अस्वथ है। वह आज या कल चल देगा। तुझसे मैं फिर मिलूँगा। पर मुझे आशा है कि तू स्वस्थ हो जायगी। मेरा स्मरण रखना। (उठकर चलता है। फिर जल्दी से लौटकर) अरे किसने कहा—"हा, अब मैं मर गई।" अरे, देवसेना क्यों रोती है? वासु, क्या बात है। रोना बन्द कर। अच्छा समझ गया। तुझे बधाई। तेरा मनोरथ योग्य पात्र में गया है। कर्णीपुत्र

---

४१ (३) *वयोगुण*—यौवन।

४१ (४) *अपि च यदि वयं भाजनीभविष्यामः*—यह लोमान का पाठ है। रामकृष्ण कवि में *किमभाजनीभविष्यामः ? कथं समौनमास्ते* पाठ है और दो पृथक् वाक्य हैं।

४१ (९) *अलब्धगाम्भीर्य*—इसकी गहराई या थाह बिना लिए। लोमान ने इसका अर्थ किया है—यद्यपि मुझे तुच्छ जन समझा जाता है; पर यह अर्थ ठीक नहीं है।

४१ (१३) *पाटलिपुत्रविरहात्*—विट यह कह कर कि कर्णीपुत्र उज्जयिनी से शीघ्र पाटलिपुत्र चला जायगा, देवसेना की धीरता छुड़ाने की युक्ति करता है।

किं ब्रवीषि—"किमुच्चैः कथयसि। दुःखशीलः खलु भाव" इति। (२८) अलमलं यन्त्रणया—

४२— *(अ) दक्षात्मजाः सुन्दरि योगताराः*
(आ) किं नैकजाताः शशिनं भजन्ते।
(इ) आरुह्यते वा सहकारवृक्षः
(ई) किं नैकमूलेन लताद्वयेन॥

(१) किं ब्रवीषि—"तथेदानीं सम्प्रधार्यतां यथोभयं रक्ष्यते" इति। (२) अथ किम्। (३) सम्प्रधारितमेवैतत्। (४) श्वः किल ते भगिनी यथोचितमाचार्यगृहं नृत्तवारेण यास्यति। (५) ततो लब्धान्तरविस्रम्भा सुभगे सुखप्रश्नव्याहारव्याजेन। (६) त्वं वा तत्र यास्यसि स वेहागमिष्यति। (७) किमियं विमर्शदोला वाह्यते?

को भी तेरी ही बीमारी है। तब तुम दोनों एक-दूसरे का इलाज करो। क्या कहती है—"आप इतने भरोसे से कैसे कह रहे हैं? आप दूसरे के दुःख से पिघलने वाले हैं।" बस, अब कष्ट उठाने से क्या लाभ?

४२—हे सुन्दरि, दक्ष की पुत्री तारिकाएँ मिलकर क्या अकेले चन्द्रमा को नहीं भोगतीं? अथवा, क्या दो लताएँ एक ही जड़ से फूटकर एक सहकार वृक्ष पर नहीं चढ़ जातीं?

क्या कहती है—"तो फिर ऐसी युक्ति करिए कि दोनों की रक्षा हो।" अरे, यह तो किया-कराया है। कल तेरी बहन सदा की भाँति आचार्य के यहाँ अपने नृत्य की बारी निबाहने जायेगी। तो हे सुभगे, अब जब कि तेरा अन्तःकरण विश्वस्त हो गया है तू कर्णीपुत्र का कुशल प्रश्न पूछने के बहाने वहाँ चली जाना, अथवा वह यहाँ आ जायेगा। अरे, सोच-विचार के झूले पर क्या झूलने लगी?

---

४१ (२७) *उच्चैः कथयति*—इतने उच्चस्वर में, विश्वास के साथ।

४१ (२७) *दुःखशीलः खलु भावः*—देवसेना स्वयं ही समाधान करती है कि आप मेरे दुःख से पिघल कर मुझे ढाढस देने के लिये कर्णीपुत्र के प्रेम की बात इतने विश्वास के साथ कह रहे हैं। लोमान ने इस वाक्य का अर्थ नहीं समझा (निश्चय ही बाला का हृदय दुःख का अनुभव करने वाला होता है)।

४२ (अ) *योगताराः*—किसी तारक समूह की मुख्य तारिकाएँ।

४२ (१) *सम्प्रधार्यतां*—निश्चित योजना बनाना।

४२ (४) *ते भगिनी*—देवदत्ता से तात्पर्य है।

४२ (५) *लब्धान्तरविस्रम्भा*—जब देवसेना के मन में कर्णीपुत्र के नाम के विषय में विश्वास उत्पन्न हो गया है, तो कुशल प्रश्न के लिये उसके यहाँ जाना उचित ही है।

४२ (७) *विमर्शदोला वाह्यते*—मैं वहाँ जाऊँ या पुत्र यहाँ आवे, इस विषय में सोचने-विचारने क्या लगी?

(८) किमाह प्रियवादिनिका—"न ममेहार्यपुत्रस्यागमनं रोचते। (९) यथाऽत्रभवत्यास्तत्र गमनम्। (१०) गणिकाजनो नाम पैशुन्यप्राभृतैषा जातिः।"

(११) तस्मादहमेवास्या यथोचितं योजयिष्यामि (१२) यथा नृत्तवारात् प्रस्थिताऽद्य देवदत्ता स्वयम्। (१३) एव मम स्वामिनीं सुखप्रश्नाभिगमनेनार्यमूलदेवसकाशमनुनेष्यति।" (१४) साधु प्रियवादिनिके इदानीं खलु यथार्थनामता। (१५) उचितं चास्यास्तत्रगमनम्। (१६) किन्तु स्वस्थरूपयाऽनया भवितव्यम्। (१७) किमाह देवसेना—"ननु भावदर्शनात् स्वस्थैवाहम्" इति। (१८) प्रियं मे। (१९) कृतं मदनकर्म। (२०) कर्णीपुत्रप्राणधारणार्थ किञ्चित् स्मरणीयं दातुमर्हसि। (२१) किं ब्रवीषि—"किं दास्यामि" इति। (२२) किं नाम विचार्यते। (२३) इदं खलु—

४३— *(अ) ईषल्लीलाभिदष्टं स्तनतटमृदितं पत्रलेखानुविद्धं*
(आ) खिन्नं निश्वासवातैर्मलयतरुरसकिलष्टाकजल्कवर्णम्।
(इ) प्रातनिर्माल्यभूतं सुरतसमुदयप्राभृतं प्रेषयास्मै
(ई) पद्मं पद्मावदाते करतलयुगलभ्रामणक्लिष्टनालम्॥

प्रियवादिनिका ने क्या कहा—"मुझे आर्य पुत्र का यहाँ आना उचित नहीं जान पड़ता। स्वामिनी को वहाँ जाना चाहिए। गणिका की जाति ऐसी है कि वे एक-दूसरे की चुगली का तोहफा लिए तैयार रहती हैं।

इसलिए मैं ही ठीक मामला बैठा लूँगी जिससे नृत्य की बारी निबाहने के लिये जाती हुई देवदत्ता स्वयं मेरी स्वामिनी को भी कुशलप्रश्न पूछने के लिये आर्य मूलदेव के पास ले जायेगी।" वाह प्रियवादिनिके, सचमुच तेरा नाम सार्थक हुआ। वहाँ ही इसका जाना उचित है। पर इसे भली-चङ्गी दिखाई पड़ना चाहिए। देवसेना ने क्या कहा—"अरे मैं तो आपको देखने से ही भली-चङ्गी हो गई।" मैं प्रसन्न हुआ। मैंने कामदेव का यह काम पूरा कर दिया। कर्णीपुत्र के प्राण बचाने के लिये कुछ स्मरण चिह्न दे। क्या कहती है—"क्या दूँ।" इसमें विचारना क्या है ? यह है तो—

४३—हे रक्त पद्म के समान शुभ्र, तू उसके लिए अपने सुरत प्रयत्नों का उपहार एक रक्त कमल भेज। वह तेरे दाँतों से किंचित् कुतरा हुआ हो, स्तनों से रगड़कर मींडा हुआ हो, शरीर की पत्रलेखा की छाप से अंकित हो, नाक के पास ले जाने से गहरी उसासों से कुछ म्लान हो गया हो, उसका केसर शरीर के चंदन रस की रगड़ से फीका हो गया हो, और उसकी नाल दोनों हाथों से पकड़ कर घुमाने से मसल गई हो, रात्रि भर तू उसके साथ रमण कर चुकी हो, अतएव प्रात:काल में सर्वथा वह तेरा निर्माल्य बन गया हो।

---

४२ (१०) *पैशुन्यप्राभृता एषा जातिः*—गणिकाओं की जाति एक दूसरे को पिशुनता का उपहार बाँटने वाली या स्वभाव से ही परस्पर निन्दा करने वाली होती है।

(१) कथं कटाक्षापातेनै तदनुज्ञातमनया। (२) हन्त प्रतिगृहीतं प्राभृतं सुरतसत्यङ्कारस्य। (३) यावदनेनौषधेन कर्णीपुत्रं सञ्जीवयामि। (४) (गृहीत्वोत्थाय स्थित्वा) (५) प्रस्थितोऽस्मि। (६) सुखं भवत्यै। (७) सुभगे गृह्यतामाशी—

मानो उसने अपनी आँखें नीची करके इस प्रस्ताव का अनुमोदन कर दिया। अहो, यह उपहार क्या, सुरत के सौदे का बयाना मिल गया। अब इस औषध से कर्णीपुत्र में नयी शक्ति का संचार कर सकूँगा। (लेकर, उठकर और फिर ठहर कर) मैं चला। तेरा कल्याण हो। भाग्यशालिनी, मेरा यह आशीर्वाद ले—

---

४३ (अ) *पत्रलेखा*—कपोलों पर अगुरु आदि से विरचित पत्रावली का अलंकरण। *अनुविद्ध* = पत्रावली की जैसी आकृति (विद्ध) है, ठीक वैसी छाप से अंकित।

४३ (इ) *सुरतसमुदयप्राभृतं*—सुरत क्रीड़ा के निष्पन्न होने का उपहार। पद्म-प्राभृतकनाम की यही चरितार्थता है। पद्म यहाँ नायक का प्रतीक है। रात्रि की सब रमण क्रियाओं का भोग उसकी शय्या के रक्तपद्म में लक्षित है। विरहिणी नायिका की शान्ति के लिये रक्त पंकज का शयन रचा जाता था। देवसेना के रात्रि शयन के फलस्वरूप पद्म भी नायक की भाँति उसकी सब सुरत क्रियाओं का भुक्तभोगी बन गया है। देवसेना ने कर्णीपुत्र के विरह में पंकज शय्या पर बेकली से लोटते हुए मानो पद्म के साथ ही सुरत के विविध अंगों का अनुभव किया।

४३ (इ) *प्रातनिर्माल्यभूत*—रात्रि में जिस पंकज शयन पर नायिका विहार कर चुकी है वह प्रात:काल उसका निर्माल्य हो जाता है।

४३ (ई) *पद्म*—रक्त कमल। कवि समय के अनुसार विरहिणी नायिका के शिशिरोपचार के लिए लाल कमलों से ही शय्या बनाई जाती थी। बाण ने *कादम्बरी* के हिमगृह में रक्तपंकजों के मृदुशयन का उल्लेख किया है (*कादम्बरी, एक सांस्कृतिक अध्ययन,* अनु० २०९, पृ० २१३, ३७६)। रक्त पंकज शयन की परम्परा बहुत बाद तक राजस्थानी और हिमाचल शैली के चित्रों में अंकित मिलती है।

४३ (ई) *पद्मावदाता*—ध्वनि यह है कि तू रक्त पद्म-सी शुभ्र पद्मिनी स्त्री है। पद्म ही तेरा उचित उपहार है।

४३ (२) *सुरतसत्यङ्कार*—सत्यंकार—सौदे की साई या बयाना। देवसेना ने कर्णीपुत्र के साथ जो सुरत का व्यापार निश्चित किया, मानो पद्मप्राभूत उसकी साई थी। लोमान में इसका अर्थ ठीक नहीं हुआ।

४४— (अ) *भयद्रुतमसूचितप्रचलमेखलानूपुरं*
(आ) *सशंकशिथिलोपगूहमवमुक्तनीवीपथम्।*
(इ) *स्वयं समभिवाहयत्वयमुदात्तरागायुध-*
(ई) *स्तव प्रथमचोरिकासुरतसाहसं मन्मथः॥*

(१) (इति निष्क्रान्तो विटः)

(२) इति श्रीशूद्रकविरचितः पद्मप्राभृतकं नाम भाणः समाप्तः

४४—हाथ में प्रवृद्ध विषयाभिलाष का हथियार लिए हुए कामदेव स्वयं साथ होकर तुझे चोरी से सुरत करने के लिये उस अभिसार पर ले चले, जिसमें भय के कारण जल्दी पैर रखने पर भी करधनी और पायल की झंकार न सुनाई पड़े, नीवी मार्ग में ही उच्छ्वसित होकर छूट गई हो और शंका से आलिंगन शीघ्र शिथिल हो गया हो।

(विट का जाना)

श्रीशूद्रकविरचित पद्मप्राभृतक नाम भाण समाप्त

---

४४ (अ) *भयद्रुत*—भय के कारण शीघ्र चाल।

४४ (अ) *असूचित प्रचल मेखला नूपुरं*—कवि समय है कि अभिसारिका नायिका की मेखला गतिसंभ्रमवश टूट जाने से उसके मनके पद-पद पर विगलित होते हुए गिरते जाते हैं। इसी कारण उसकी झंकार नहीं सुनाई पड़ती।

४४ (आ) *अवमुक्तनीवीपथम्*—अभिसार के मार्ग में ही उल्लासवश नायिका का नीवी बंध छूट गया हो।

४४ (ई) *चोरिकासुरत साहस*—रात्रि में अभिसार द्वारा गुप्त सुरत का साहस।

श्रीरस्तु।

२. ईश्वरदत्तप्रणीतो धूर्तविटसंवादः

[नान्द्यन्ते ततः प्रविशति सूत्रधारः]

सूत्रधार :

१— *(अ) विद्यया ख्यापिता ख्यातिः*
(आ) सज्जनाराधनं धनम्।
(इ) तेषां प्रीत्या भवेद् धर्म
(ई) इत्यस्माकमुपक्रमः।

(१) तस्मादार्यजनप्रीत्यर्थे किञ्चिन्नाटकमारभामहे। (२) आर्ये, सघनजनप्रीतिकरायाम् (३) अधनानां यौवनोत्पीडितमन्दभाग्यानां शोकवर्धनकरायां (३) कुमुद-कुवलयकल्हारकमलनिचुलकेतकीककुभकन्दलीषण्डमण्डितायाम् (४) अस्यां प्रावृषि हृदयप्रीतिजननं किञ्चिद् गीतं गीयताम्। (५) अयं खलु तावत्कालः—

(नान्दी के बाद सूत्रधार का प्रवेश)

१—विद्या से फैली ख्याति, सज्जनों के आराधन के लिये धन, और उनकी प्रसन्नता से धर्म—इसीलिए हमारा यह आरम्भ है।

तो आर्य जनों की प्रीति के लिये हमें कोई नाटक खेलना चाहिए। आर्ये, धनिकों की प्रीति बढ़ाने वाली, जवानी से पीड़ित अभागे बिना पैसे वालों का शोक बढ़ाने वाली, और कुमुद, कुवलय, कल्हार, कमल, निचुल, केतकी, कुटज, कंदली की वनखंडियों से सुशोभित इस वर्षात्रृतु में हृदय हुलसाने वाला कोई गीत गाओ। यह ऐसा समय है—

---

१ (ई) *उपक्रम*—उपायपूर्वक आरम्भ, जान-बूझकर प्रयत्न। उपायपूर्व आरम्भ *उपधा चाप्युपक्रमः* (अमर)। *उपक्रमस्तूपधायां ज्ञात्वारम्भे च विक्रमे* (मेदिनी)।

१ (३) *ककुभ*—कुटज या कुरैया का श्वेत पुष्प जो वर्षा में फूलता है (*कालक्षेपं ककुभसुरभौ पर्वते पर्वते ते, मेघदूत,* १/२२)।

१ (३) *कन्दली*—भूकदली, केलियाँ (*आविर्भूतप्रथममुकुलः कन्लीश्चानुकच्छम्, उपरिवत्* १/२१)।

१ (३) *कुवलय*—नील कमल, उत्पल। *कल्हार* = श्वेतकमल, पुंडरीक। *कमल* = रक्त कमल।

२— (अ) *जलधरनीलालेप:*
(आ) *तडित्समालभनविह्वलद्गात्र:।*
(इ) *विकसितकुटजनिवसनो*
(ई) *विटो यथा भाति घनसमय:॥*

(१) *(निष्क्रान्त:)*

(२) *स्थापना*

(३) *(तत: प्रविशति विट:)*

विट:— (४) *साध्वभिहितमेतत्—*

३— (अ) *श्रीमद्वेश्ममृदङ्गवाद्यकुशला धारा: सृजन्त्यम्बुदा:*
(आ) *क्रुद्धस्त्रीभ्रुकुटीतरङ्गकुटिला विद्युल्लता द्योतते।*
(इ) *गाढालिङ्गनहेतव: प्रचलिता: शीता: पयोदानिला:*
(ई) *काम: कामिमनस्सु मुञ्चति दृढानाकर्णपूर्णानिषून्॥*

बादलों का खिजाब (नीलालेप) लगाने वाला, बिजली के चमकने से थरथराते शरीर वाला, फूले कुटज के वस्त्र पहनने वाला बरसाती मौसम विट के समान सुहावना लग रहा है।

(बाहर जाता है)

स्थापना

(विट का प्रवेश)

विट—यह ठीक कहा है।

बादल धनिकों के घरों में कुशल मृदंग बजाने वालों की तरह मूसलाधार पानी का रेला बहा रहे हैं। बिजली रोषभरी स्त्री की कुटिल भौंह की तरह चमक रही है। ठंढी बरसाती हवाएँ गाढ़ आलिंगन देती हुई चल रही हैं। कामदेव कामियों के हृदयों पर कान तक धनुष तानकर अपने दृढ़ बाण चला रहा है।

---

२ (अ) *नीलालेप*—बालों का खिजाब। बुड्ढे विट प्राय: खिजाब लगाते थे। *पद्मप्राभृतक* में इसे ही नीली कर्म कहा है [२०(६)]।

२ (आ) *तडित्*—बिजली-सी कौंधती हुई नवेली। *पद्मप्राभृतक* [३३ (३३)] में इसे वेशरूपी मेघ की विद्युल्लता कहा है। बाण ने भी इस प्रकार की टटकी नायिका का उल्लेख किया है—*तडिदपि जलदे स्थिरतां व्रजति* (*कादम्बरी, एक सांस्कृतिक अध्ययन,* पृ० १६६१)।

तडित्समालभनविह्वलद्गात्र:—(विटपक्ष में) बिजली (सौन्दर्य और यौवन से कौंधती हुई किशोरी) के आलिंगन से काँपते शरीर वाला। *विह्वलद्गात्र* = कामोद्वेग के कारण शरीर के कम्प की ओर संकेत है।

२ (इ) *विकसित कुटज निवसन:*— विट छैल की भाँति फूलदार जामदानी वस्त्र

(१) अपि च—

४— *(अ) ते दग्धाः प्रवसन्ति ये समदना नायान्ति वा प्रोषिता*
(आ) मुग्धास्तेऽनुनयन्ति ये न कुपिताः कुप्यन्ति वात्यायतम्।
(इ) धन्यास्ते खलु ये प्रियावशगता येषां प्रिया वा वशे
(ई) कालः कारयतीव मेघपटहैरेवं जगद्घोषणाम्॥

(१) अहो नु खलु जलदकालस्य ललितजनमनोग्राहिणी बहुवृत्तान्तता। (२) सम्प्रति हि—सजलजलदावरुद्धदिनकरकराः सोपस्नेहा भूमिभागा (३) बहुदिवस-

---

और भी—

४—वे बुझे हैं जो विदेश जाते हैं, या विदेश जाकर वर्षाऋतु में काम से प्रेरित फिर नहीं लौट आते। वे भोले हैं जो मानिनी को मनाते नहीं, या जो बहुत देर तक क्रोध किए रहते हैं। धन्य हैं वे जो अपनी प्रिया के वश में हैं, या प्रिया जिनके वश में है। यह वर्षा का समय मेघरूपी नगाड़ों से मानो संसार में ऐसी मुनादी कर रहा है।

वाह! बरसात में शौकीन (दिलफेंक) लोगों के दिल पकड़ने वाली तरह-तरह की बातों का क्या कहना है? अभी तो—पानी भरे बादलों से छिपी सूर्य की

का बाना पहनता था, उसी की ओर संकेत है। विकसित कुटज = खिला हुआ कुरैया का फूल जिसकी चौफुलिया तरह या भाँत महीन मलमली वस्त्रों पर काढ़ी जाती थी।
विटपक्ष में इस श्लोक का अर्थ पृ० २६ पर पाद = टिप्पणी में दिया है।
३ (अ) *श्रीमद्वेश्म*—रईसों के महल। गुप्तयुग में धनिक लोग कुशल मृदंग वादकों को नित्य-प्रति बुलाकर नियत समय पर उनसे मृदंग सुनते थे *(दिव्यावदान)*।
३ (अ) *धारा*—वह रव, नाद या प्राण जो वीणा बजाते हुए अनुस्वन के रूप में विशेष समाँ बाँधकर उत्पन्न किया जाता है (रामकृष्ण कवि, *भरतकोश,* पृ० २९६, ४०५)। हिन्दी में इसे झोला कहते हैं।
वैसे ही नाद की झड़ी मृदंग वाद्य बजाते हुए उत्पन्न की जाती है। हिन्दी में इसे 'रेला' कहते हैं। बोलों के समूह को कायदा कहते हैं। वही कायदा जब तेज लय में अर्थात् चौगुन अठगुन में फेंका जाता है तब रेला कहलाता है। उसी के लिये प्राचीन पारिभाषिक शब्द 'धारा' था।
४ (अ) *दग्धाः*—जिनका कामी हृदय झुलस चुका है, उनमें काम के अंकुरित होने की आशा नहीं।
४ (आ) *मुग्धाः*—वे इतने भोले हैं कि काम की वेदना का उन्हें अब तक अनुभव ही नहीं हुआ।
४ (१) *ललितजन*—शौकीन व्यक्ति, शृंगारी वस्तुओं में रुचि रखनेवाले मनुष्य।
४ (१) *बहुवृत्तान्तता*—बहुत भाँति की विशेषताएँ।
४ (२) *उपस्नेह*—तरी, आर्द्रता।

सदृशवृत्तान्ततया सौकुमार्यमिवोपगता दिवसाः। (४) कुटजगन्धावर्तितमधुकराणि प्रवृत्तनृतबर्हिणानि शीताम्बुवन्ति विहारक्षमाण्यरण्यानि। (५) प्रचलितेन्द्रगोपका नवहरिततृणांकुराः सालक्तकयुवतिचरणविन्यासयोग्या वनभूमयः। (६) कलुषसलिलवाहिन्योऽविभावनीयतीर्थाः (७) शठा इव नार्यो दुरवगाहा नद्यः। (८) अपि च—

५— *(अ) कदम्बगन्धमादाय*
(आ) वनान्तरविनिःसृतः।
(इ) आयाति धाराशिशिरः
(ई) सप्राभृत इवानिलः॥

(१) तद् रमणीयोऽयं कालः। (२) नचास्मिन्ननौत्सुक्यं न भवि। (३) कुतः—

किरणें, गीले मैदान तथा बहुत दिनों पहले की बीती बातों की तरह फीके पड़े हुए दिन दिखाई दे रहे हैं। कुटज पुष्पों की गंध से खिंचे हुए भौंरे मँडराने लगे हैं, मोर नाचने लगे हैं, और ठंडे पानी से तर मैदान घूमने लायक हो गए हैं। रेंगती हुई बीरबहूटियों और नयी हरी दूब के अंकुरों से भरी वनभूमियाँ पैरों में आलता लगाए युवतियों के घूमने योग्य हो गई हैं। गँदले पानी से भरी हुई और घाट न देने वाली नदियाँ पार करने में कठिन हो गई हैं, जैसे रजस्वला होने पर गुप्त घाटवाली धूर्त स्त्रियों का मर्म पाना कठिन हो जाता है। और भी—

५—कदंब की गंध लेकर वन के भीतर से निकलती हुई, मेंह से ठंडी हवा मानो सौगात लेकर आ रही है।

यह समय बड़ा सुहावना है। इसमें काम की उत्सुकता अवश्य होती ही है। क्योंकि—

---

४ (६) *कलुषसलिलवाहिनी*—(१) मटमैला बरसाती पानी बहानेवाली नदी, (२) रजस्वला स्त्री। वस्तुतः बरसाती नदी भी हिन्दी में रौसली (सं० रजस्वला) कही जाती है।

४ (६) *अविभावनीय*—जो दिखाई न पड़े; जो पहचान में न आवे। धूर्त नारी मलिनवसना होने पर भी उसे प्रकट नहीं होने देती और काम सम्बन्धी प्रसंग से भी भागती है।

४ (६) *तीर्थ*—(नदी पक्ष में) पार करने के घाट; (धूर्त स्त्री पक्ष में) रजोधर्म।

५ (ई) *सप्राभृत इवानिलः*—यहाँ वायु की तुलना कदम्ब की गन्ध से सुवासित और धारागृह सेवन से शीतल नायक से की गई है जो नायिका को वनान्तर या हिमगृह में आने के लिए निमन्त्रण देता है।

६— (अ) भ्रान्तपवनेषु सम्प्रति
(आ) सुखिनोऽपि कदम्बवासितवनेषु।
(इ) औत्सुक्यं वहति मनो
(ई) जलधरमलिनेषु दिवसेषु॥

(१) तच्च द्विविधमौत्सुक्यं भवति—कारणादकारणाच्च। (२) तत्र कारणोद्भूतस्यौत्सुक्यस्य शक्या प्रतिक्रिया कर्तुम्। (३) यत्त्वकारणादुत्पद्यते तत् कुम्भदासीकृतकरुदितमिव दुश्चिकित्सं भवति (४) वयं च कानिचिदिमान्यहानि दुर्दिनदोषादल्पपदप्रचारत्वाच्च भृशतरमुन्मनसः संवृत्ताः। (५) कुटुम्बिन्याश्च नः कण्ठमाधुर्येण तेनाप्यायितमनसोऽप्यपयानमेव बहु मन्यामहे। (६) (विलोक्य)

७— (अ) निवृत्तसङ्गीतमृदङ्गसन्निभाः
(आ) प्रशान्तनादा विगत घनाश्च।
(इ) प्रासादमारुह्य वितत्य पक्षौ
(ई) विरौत्ययं गेहशिखी प्रहृष्टः॥

(१) संदष्टोपवीणावियुक्तविरलतन्त्री शीतवातवेपितेव कामिनी बालातपमासेवते

६—जब हवाएँ चलती हों, कदम्ब की गन्ध से वन महमहाते हों और बादलों के छाए रहने से दिन अँधियारे हों, ऐसे समय सुखियों का मन भी काम के लिये उत्सुक हो उठता है।

उत्सुकता दो तरह की होती है—कारण से और बिना कारण। कारण से पैदा हुई उत्सुकता का तो इलाज हो सकता है, पर बिना कारण की उत्सुकता जब पैदा होती हे तब वह स्ववासिन (कुंभदासी) के बनावटी रोने की तरह ला-इलाज है। मैं भी इन दिनों बरसात के कारण इधर-उधर न जा सकने से बहुत अनमना हो गया हूँ। अपनी गृहिणी के उस मीठे गले की तान से छके होने पर भी आजकल मुझे सैर-सपाटा पसन्द है। (देखकर)

७—गाना रुकने पर मृदंग की तरह बादलों की गरज बन्द हो गई है। बरसात से घबराया हुआ घर को मोर अब प्रसन्नता से दोनों पंख फैलाये हुए महल की चोटी पर चढ़कर शोर मचा रहा है।

तूँबी की घुड़च के खाँचों को छोड़ देने से जिसके तार विलग हो गए हैं

---

६ (अ) *भ्रान्तपवनेषु*—जब हवा एक दिशा से न चलकर चौबाई चल रही हो, यह वर्षा होने का लक्षण है।
६ (३) *कुम्भदासी*—खवासिन। *कृतकरुदित* = दिखावटी स्यापा।
७ (१) *संदष्ट*—तूँबी की घुड़च में तारों के लिये बनाए हुए खाँचे।
७ (१) *उपवीणा*—वीणा का निचला भाग, तूँबी।
७ (१) *तन्त्री*—ताँत।

वीणा। (२)निष्ठीवन्तीव विमलमुक्तादामसन्निभान् प्रणालीमुखैस्तोयावशेषान् हर्म्यस्थलानि। (३) दुर्दिनदोषान्निष्प्रभाः संप्रमृज्यन्ते दर्पणाः (४) अपि च—

८— *(अ) प्रवरगृहनिरोधखेदालसा यान्ति वातायनान्यङ्गना*
(आ) जलदसमयदोषगाढार्पणा हेमकाञ्ची पुनर्योज्यते।
(इ) उपवनगमनाय सञ्चार्यते वारमुख्यो जनः कामिभिः
(ई) तरुणतृणासखेषु लाक्षारसः पात्यते पादपद्मेष्वनङ्गावहः॥

(१) तत् क्व नु खल्विदमौत्सुक्यं विनोदयेयम्। (२) किं नु द्यूतसभायामाहोस्वित् वेशवाटे। (३) (विचार्य) (४) नमोऽस्तु द्यूताय। (५) एकशाटिकामात्रावशिष्टो हि नः प्रच्छदपटः। (६) अक्षाश्च नामानभिजातेश्वरा इव न सर्वकालसुमुखा भवन्ति। (७) ततो वेशमेव यास्यामः। (८) तत्र हि—

९— *(अ) कान्तान्यर्धनिरीक्षितानि मधुरा हासोपदंशाः कथाः*
(आ) पीनश्रोणिनिरुद्धशेषमतुलस्पर्शं तदर्धासनम्।

ऐसी वीणा बर्फीली हवा से सताई हुई कामिनी की भाँति धूप सेंक रही है। महलों की छतें बचे हुए बरसाती पानी को पनालियों के मुँहों से ऐसे उगल रही हैं मानो मोतियों की मालाएँ हों। बरसात के कारण धूमिल पड़े हुए दर्पणों को पोंछ कर साफ किया जा रहा है। और भी—

८—बड़े घरों में बन्द रहने के खेद से अलसाई स्त्रियाँ खिड़कियों से झाँक रही हैं। बरसात की सील से कड़ी गाँठ वाली सोने की करधनी खोल कर फिर से बाँधी जा रही है। कामी लोग वेश्याओं को उपवनों में ले जाने के लिए घुमा रहे हैं। कामिनियाँ नयी घास पर घूमने के लिये काम जगाने वाला आलता पैरों में लगा रही हैं।

फिर कहाँ मैं यह उत्सुकता भरा मन बहलाऊँ? जुएखाने (द्यूतसभा) में या चकले (वेश) में? (सोचकर) जुए को नमस्कार। एक धोती के सिवाय दूसरा कपड़ा तक मेरे पास नहीं बचा। पासे नीच कुल में पैदा हुए रईसों की तरह सब समय सीधे मुँह नहीं रहते। फिर फिर मैं वेश में ही चलूँ। वहाँ तो—

९—सुन्दर अधमुंदी आँखें, हँसी से चटपटी मीठी बातचीत, सट कर बैठी हुई

---

७ (२) *निष्ठीवन्तीव विमलमुक्तादामसन्निभान्*—सिंहमुख, मकरमुख आदि से निष्ठ्यूत मुक्तादाम गुप्तकालीन अलंकरणों की विशेषता थी।

७ (२) *प्रणालीमुख*—यहाँ नाहरमुखी (सिंहमुख या कीर्तिमुख), गाहामुखी (मकरमुख) प्रणालों से तात्पर्य है जो प्रासादों की छतों में पानी बहने के लिये लगाये जाते थे।

८ (६) *अनभिजातेश्वर*—जो खानदानी रईस नहीं है, जिनके पास नया पैसा आ गया है और इस कारण सदा ऐंठभरा मुँह रखते हैं।

९ (अ) *हासोपदंश*—मिष्ठान्न के साथ जैसे बीच-बीच में उपदंश या चटपटे मूली आदि पदार्थ खाए जाते हैं, वैसे ही प्रेम भरी बातों के बीच चुहलबाजी।

(इ) *स्नेहव्यक्तिकरान् करव्यतिकरांस्तांस्तांश्च रम्यान् गुणान्*

(ई) *वेश्याभ्यः प्रणायाद्ऋतेऽपि लभते ज्ञातोपचारो जनः॥*

(१) (निरीक्ष्य) संव्रियतां द्वारम्। (२) किमाह भवती—''वल्मीकमिव बहुद्वारं ते गृहम्'' इति। (३) यद्यप्यन्योऽस्ति नगरघट्टकानां प्रवेशाय मार्गः (४) तथापि तैरन्यगृहपरिचयाद् द्वार एव लक्ष्यं गृह्यते। (५) अपि च अलमलमुत्तरोत्तरेण। (६) हा ध्वस्तोऽस्मि। (७) (परिक्रम्य) (८) स्थाने खलु कुसुमपुरस्यानन्यनगरसदृशी नगरभित्यविशेषग्राहिणी पृथिव्यां स्थिता कीर्तिः। (९) बहूनि खल्वस्य पुरस्य गृहाणयुच्छ्रायवन्ति। (१०) पण्यसमुदायाज्जनबाहुल्याच्च तांस्तान् समृद्धिविशेषान् दृष्ट्वा विस्मयते जनः। (११) तत्र को विस्मय? सन्ति ह्यन्यान्यपि

स्थूल नितम्बवती स्त्री के साथ गुदगुदा अर्धासन, स्नेह व्यक्त करने वाली हाथ की मटक—वेश की उन-उन रमणीय बातों को वहाँ का शिष्टाचार जानने वाला व्यक्ति वेश्याओं के प्रेम में फँसे बिना भी प्राप्त कर लेता है।

(कुछ देखकर विट अपनी स्त्री से कहता है—) घर का द्वार बन्द कर ले। तूने क्या कहा—''तेरे घर में बांबी की तरह कितने ही तो द्वार हैं।'' यद्यपि नगर के अधिकारियों (नगर घट्टक) के आने के लिए रास्ता और ही है, फिर भी दूसरे के घर में घुस-पैठ के आदी होने के कारण वे अपने दरवाजे को ही लक्ष्य बना रहे हैं। सवाल-जवाब रहने दे। हाय! मुझी पर मुसीबत आई दीखती है। (घूमकर) कुसुमपुर की बेजोड़ कीर्ति पृथिवी भर में फैली हुई है। तभी तो यह उचित है कि सिर्फ 'नगर' कहने से सामान्यतः इसका ही बोध होता है। इस नगर में बहुत से ऊँचे-ऊँचे भवन हैं। बिक्री के सामानों की बहुतायत तथा उनके लिये लोगों की भीड़-भाड़ के कारण इसकी नाना समृद्धियों को देखकर लोग अचरज करने लगते हैं।

---

९ (आ) *निरुद्धशेष अर्धासन*—जिस आसन पर वेश्या स्वयं बैठती है, उसी के अर्धभाग में प्रेमी का बैठना। किसी के साथ अर्धासन प्राप्त करना अति सम्मान समझा जाता था। *रघुवंश* (६/७३) —*अर्धासनं गोत्रभिदोऽधितष्ठौ।*

९ (इ) *करव्यतिकर*—हाथों की मटकभरी मुद्राएँ।

९ (३) *नगरघट्टक*—नगर के अधिकारी विशेष, सम्भवतः शुल्कशाला के निरीक्षक।

९ (८) *नगर*—यह उल्लेख महत्त्वपूर्ण है कि उस काल में केवल 'नगर' कहने से पाटलिपुत्र का ही बोध होता था। नगर का सीधा अर्थ था पाटलिपुत्र। इसी कारण 'नागरी' इस शब्द का अर्थ हो गया पाटलिपुत्र सम्बन्धी। पीछे पाल युग में नागरी का अर्थ हुआ उत्तर भारत की।

९ (८) *अविशेषग्राहिणी*—'नगर' के पहले विशेष नाम लगाए बिना।

समृद्धिमन्ति पुराणि। (१२) ये त्वस्य निःसाधारणा गुणास्तान् वक्ष्यामः। (१३) तथा हि—

१०— *(अ) दातारः सुलभाः कला बहुमता दाक्षिण्यभोग्याः स्त्रियो*
(आ) नोन्मत्ता धनिनो न मत्सरयुता विद्याविनीता नराः।
(इ) सर्वः शिष्टकथः परस्परगुणग्राही कृतज्ञो जनः
(ई) शक्यं भोः नगरे सुरैरपि दिवं सन्त्यज्य लब्धुं सुखम्॥

(१) (परिक्रम्य)

(२) अये श्रेष्ठिपुत्रः कृष्णिलकः खल्वसौ वेशप्रसङ्गात् सफलीकृतयौवनोऽस्मद्-विधजनप्रणयभाजनीभूतः (३) कुटुम्बात्ययभीरुणा पित्रा प्रयत्नाद् रक्ष्यमाणाः (४) कथमपि वेशं गत्वा प्रियोपभुक्तशोभिना वपुषा द्रुततरमित एवाभिवर्तते। (५) अवश्यमभिनन्दयितव्यः। (६) उपगमिष्यामस्तावदेनम्। (७) (उपगम्य) (८) भोः कृष्णिलक एवमेव सफलीकृतयौवनो भवतु भवान्। (९) ननु खलु माधवसेनाया गृहादागम्यते? (१०) किं ब्रवीषि—"कथं विज्ञातवान्" इति। (११) किमत्र विज्ञेयम्। (१२) सदृशसंयोगी हि भगवान् मदनः। (१३) न चाहं भवद्व्यापारान्निवृत्तः (१४)

लेकिन इसमें अचरज करने की क्या बात है? दूसरे भी बहुत से ऐसे समृद्ध नगर हैं। पर इसके जो असाधारण गुण हैं उनके बारे में कहता हूँ। जैसे—

१०—यहाँ दान देने वाले बहुत हैं। कलाओं का आदर है। स्त्रियों से लोग अनुकूल भाव से मिलते हैं। यहाँ के धनी मतवाले ईर्ष्यालु नहीं हैं। पुरुष यहाँ विद्याविनीत हैं। सब लोग बातचीत में शिष्ट; परस्पर गुणग्राही और कृतज्ञ हैं। अपना स्वर्ग छोड़कर देवता भी यहाँ पाटलिपुत्र में सुख से रह सकते हैं।

(घूमकर)

अरे, जरूर यह श्रेष्ठिपुत्र कृष्णिलक है जो वेश के संसर्ग से अपनी जवानी सफल करके हमारे जैसों का प्रियपात्र बना है। यह अपने कुटुम्ब के सत्यानाश के डर से पिता द्वारा यत्नपूर्वक बचाने पर भी किसी प्रकार वेश में जाकर अपनी प्रिया के उपभोग से शरीर को सुन्दर बनाए शीघ्र इधर ही आ रहा है। अवश्य इसका अभिनन्दन करना चाहिए। तो इसके पास चलूँ। (पास जाकर) अरे कृष्णिलक, तू ऐसे ही अपनी जवानी का पूरा मजा लिया कर। जरूर तू माधवसेना के घर से आ रहा है। क्या कहता है—"आपने कैसे जाना?" इसमें जानने की क्या बात है? भगवान् कामदेव एक जैसों की जोड़ी मिलाते हैं। मैं आप लोगों के कामों से

---

१० (ई) *नगरे*—पाटलिपुत्र में, जैसा ऊपर कहा है केवल 'नगर' कहने से पाटलिपुत्र का बोध होता था।

१० (४) *प्रियोपभुक्तशोभिना वपुषा*—प्रिया के उपभोग से उसका ओष्टका आलता, माथे का तिलकबिन्दु, स्तनों का चन्दन आदि इसके शरीर में लग गए हैं।

अथवा अविरतसुरततृष्णां कामिनीमुत्सृज्य क्वासि प्रस्थितः? (१५) किमाह भवान्— "एतत्त्विदानीं कथं विज्ञातवान्" इति। (१६) एतदपि नातिसूक्ष्मम्। (१७) कुतः-

११— *(अ) हस्ते ते परिमृज्य (ष्ट) साश्रुवदनं (ने) नेत्राञ्जनं लक्ष्यते*
(आ) केशान्तो विषमश्च पादपतनादद्याप्ययं तिष्ठति।
(इ) व्यक्तं तत्र मनो निधाय भवता मुक्ता शरीरेण सा
(ई) मार्गे पोत इवानिलप्रतिहतः कृच्छ्रात्तथा गाहसे॥

(१) किं ब्रवीषि—"तातं तावदवलोकयिष्यामि" इति। (२) कथमनेनैव वेषेण? (३) अवस्कन्दं दास्यति। (४) किं ब्रवीषि—"यदीदृशीमवस्थां तातो मे पश्येत् जीवितपरित्यागमपि कुर्यात्" इति। (५) अनवरतसुरततृष्णां कामिनीं त्याजयता किं तेन न कृतम्। (६) पिता नाम खलु सयौवनस्य पुरुषस्य मूर्तिमान् शिरोरोगः। (७) न च किल भोः पितृमता शक्यं परस्परामर्षविवर्धितपणरागस्य साधिक्षेपवचनालंकृतस्य (८) तेजस्विपुरुषनिकषोपलस्य द्यूतस्य दर्शनमात्रमप्युपलब्धुम्। (९) न च किल शक्यं समुपहितोत्पलखण्डकानां सहकारतैलोद्गतचन्द्रकाणां (१०) कामिनी-

---

अलग थोड़े ही हूँ। अथवा, निरन्तर सुरत की प्यासी कामिनी को छोड़कर तू कहाँ चला? तूने क्या कहा—"यह सब भी आपको कैसे पता लगा?" इसमें कोई बड़ी बारीकियत नहीं है। कैसे,

११—तेरे हाथ में मुख को पोंछने से आँख का काजल लगा दिखाई देता है, पैरों पर गिरने से माथे की केशरचना बिखर कर ऊँची-नीची हो गई है। ऐसा लगता है कि तू उसमें मन रखकर शरीर छुड़ा लाया है। इसलिए तू हवा के थपेड़ों से डगमगाते जहाज की तरह मुश्किल से रास्ता तय कर रहा है।

तू क्या कहता है—"अब मैं पिताजी से अवश्य मिलना चाहता हूँ।" क्या इस पोशाक में? वे तुझ पर टूट पड़ेंगे। क्या कहता है—"अगर मेरे पिता मुझे इस हालत में देखें तो संभव है अपनी जान ही दे डालें।" बेरोक रति की प्यासी कामिनी को छुड़ाने के लिये उसने तेरे साथ क्या नहीं किया। पिता जवान आदमी के लिये मूर्तिमान् सिर दर्द है। पिता वाले आदमी को उस जुए की झलक कभी नहीं मिलती जिसमें आपसी लाग-डाँट से बाजी का रंग बढ़ता है, जिसमें गाली-गुफ्ते का समाँ बँधता है और जो दिलेर मर्दों को परखता है। वह कमल की

---

११ (६) *पितानाम शिरोरोगः*—पिताओं पर यह फब्ती संस्कृत-साहित्य में बेजोड़ है।

११ (९) *उत्पलखण्डक*—कमल की पंखुड़ियों के टुकड़े शराब के प्याले में डालने की प्रथा थी।

११ (९) *सहकारतैलोद्गतचन्द्रक*—सहकार तैल की बूँदों के तिलमिले शराब के प्याले में तैरते हुए उसकी नफासत समझी जाती थी।

निःश्वासविक्षोभिततरङ्गाणां प्रनृत्तबर्हिणाकाराणां वारुणीचषकाणां गन्धमात्रमपि विज्ञातुम्।

(११) न च किल शक्यं द्विधाभूतगोष्ठीजनेषु वयस्यार्धासनोपविष्ट गणिकाजनेषु (१२) कामिनीसान्निध्यादमीमांसितपणोष्वासक्तमण्डलेषु पक्षियुद्धेषु प्राश्निकत्वमपि कर्तुम्। (१३) न च किल शक्यं वातायनाभोगविनिष्पतितपीनपयोधराभिः ससम्भ्रोद्‌धूतललिताग्रहस्ताभिः (१४) पौरवधूभिः सबहुमानमवैक्षमाणस्य मदरभसस्य गजपतेः पन्थानमनुसर्तुम्। (१५) न च किल शक्यं अधोंरुकपरिहितेनाकृष्टखड्गमात्रसहायेनाकृपणां वृत्तिमाकांक्षता (१६) मित्रार्थे बन्धनच्छेदोद्यतेन प्रज्वलितोल्कापिङ्गलासु वीररात्रिषु नरपतिमार्गमवगाहितुम्। (१७) न च किल शक्यं प्रत्युपकारचिन्तोपहतचित्तेन सन्निवृत्तश्लाधादोषेण (१८) प्रत्युपकारपीडितेन मित्रार्थे सर्वस्वत्यागं कर्त्तुम्।

पंखुड़ियों वाली, आम का तेल मिलाने से पड़ी चित्तियों वाली, कामिनी की साँस से उठती लहरों वाली शराब के नाचते मोरों की आकृति वाले प्यालों की गन्ध मात्र भी नहीं पा सकता।

पक्षियुद्धों में जब गोष्ठी दो दलों में बँटकर अपने-अपने गोल बाँध लेती हैं, जब गणिकाएँ अपने मित्रों की बगलगीर होती हैं और जब स्त्रियों का साथ होने से बढ़ते दावों की कोई परवाह नहीं करता, ऐसे तन्त के समय पिता वाले व्यक्ति को खेल की तो बात क्या, मध्यस्थ (प्राश्निक) तक बनने का मौका नहीं मिल सकता। उसके लिये मतवाले हाथी के पीछे भागने का, जब ललनाएँ खिड़कियों से अपने भारी स्तन निकाल कर और जोश से अपनी अंगुलियाँ नचाकर आदरपूर्वक देख रही हों, सवाल ही नहीं उठता। जांघिया पहन कर हाथ में नंगी तलवार लेकर दिलावरी से मित्र के बंधन (कारागृह तोड़कर)काटने की तैयारी में जलती मशालों से पीली पड़ी रात्रियों में राजमार्ग में धँस पड़ना उसके भाग्य में नहीं। उपकार का बदला चुकाने की भावना से पागल बनकर, डींग न हाँक कर कुछ कर दिखाने की हिम्मत लेकर एवं प्रत्युपकार की बात से ही खिन्न उसके लिये अपने मित्र के हेतु सब कुछ त्याग करना सम्भव नहीं।

---

११ (१०) *प्रनृत्त बर्हिणाकार वारुणीचषक*—यशब, हकीक आदि के बने हुए बढ़िया छोटे प्याले भिन्न-भिन्न सुन्दर आकृतियों के बनाए जाते थे। नाचते हुए मोर की आकृति के चषकों का यह उल्लेख सांस्कृतिक महत्त्व का है।

११ (१२) *पक्षियुद्ध*—तीतर, बटेर, मुर्गों की बाजियों का यह सटीक वर्णन है।

११ (१२) *प्राश्निक*—खेलों में हार जीत का निर्णायक मध्यस्थ।

११ (१६) *वीररात्रि*—वह रात्रि जिसमें गुंडे जान पर खेलकर कुछ कर गुजरते थे।

११ (१८) *प्रत्युपकार पीडित*—इसी बात से दुःखी कि मित्र ने पहले अपना हितकर दिया और अब केवल उसके उपकार का ऋण चुकाना ही अपने लिए सम्भव है, स्वयं कुछ उपकार करना नहीं।

(१९) सर्वे चैतत्सह्यम्। (२०) यत्तु दासी(स्याः)पुत्राः पितरः स्वयमप्यननुभूतयौवना इव धनकुप्यार्थे वेशवधूभ्यः पुत्रान् धारयन्ति। (२१) अत्र मे गृहीतपरशोर्जामदग्न्यस्य रामस्य क्षत्रियवधोद्यतस्येव लोकमपैतृकं कर्तुं मतिर्जायते। (२२) अथवा यौवनमतिलङ्घितं नु कुवृद्धैः। (२३) न चैतद्विजानन्ति तपस्विनः—(२४) यथा विकचकमलान्तर्गतसलिलसुरभिर-मृतरससदृशास्वादो मृतमपि पुरुषं सञ्जवियेद् वेश्यामुखरस इति। (२५) अपि च—

१२— *(अ) काञ्चीतूर्यमसक्तपीनजघनं विस्रम्भदत्ताधरं*
(आ) श्वासोत्कम्पितनर्तितस्तनतटं भ्रूभेदजिह्मेक्षणम्।
(इ) सीत्कारानुविषक्तरोमपुलकं कालेन कोपाञ्चितं
(ई) वैश्यानां क इहास्ति भोः मदवशादाज्ञारतं विस्मरेत्॥

(१) किं ब्रवीषि—"अन्यच्च कष्टं भावाय निवेदयामि" इति। (२) किं तत्। (३) किं ब्रवीषि—"तातः किल मां दारकर्मणि नियुङ्क्ते" इति। (४) धिङ्-मामस्तु। (५) मा तावद् भोः ईदृशं कष्टम्। (६) ईदृशमपि नाम भया श्रोतव्यम्।

यह सब तो सहा जा सकता है। पर जैसे बाँदी के जाए पिताओं ने खुद कभी जवानी का मजा न लिया हो, वे अब अपना माल-मता बचाने के लिये वेश्याओं से अपने लड़कों को अलग रखना चाहते हैं, उनके लिये मेरा मन करता है कि जैसे कुठार लेकर क्षत्रियों को काटने वाले परशुराम ने साका किया, मैं भी इस लोक को पिताओं से शून्य बना डालूँ। अथवा, ये बुड्ढांची जवानी में भूखे रह गए। ये बेचारे नहीं जानते कि खिले कमल से सुरभित जल की तरह सुगन्धित और अमृत की तरह सुस्वादु वेश्या का मुखरस मरे आदमी को भी जिला सकता है। और भी—

१२—करधनी की झंकार, खुली हुई जंघाएँ, विश्वास के साथ चुम्बन, सांस लेने से थरथराते और हिलते स्तन-तट, भौहें सिकोड़ने से तिरछी नजर, सीत्कारों से विषम रोमांचित भाव और समय-समय पर क्रोध—इनसे संयुक्त वेश्याओं की मनचाही रति को ऐसा कौन है जो मदवश होकर कभी भूल सकता है?

क्या कहता है—"आपसे अपनी दूसरी तकलीफ बताता हूँ।" वह क्या? क्या कहता है—"मेरे पिता ने मेरा ब्याह रचा देने का निश्चय कर लिया

---

११ (२०) *धारयन्ति*—रोकते हैं, बचाकर रखते हैं।
११ (२२) *अतिलंघित*—भूखा रक्खा हुआ, विषयों का उपवास करके बिताया हुआ।
११ (२२) *कुवृद्ध*—बुड्ढांची, व्यर्थ ही जो बूढ़े हुए।
१२ (अ) *असक्त*—जो रति के समय वस्त्रादि के बन्धन से रहित है, ऐसा स्थूल जघन भाग।

(७) शक्यं किलोर्ध्वहस्तेनाक्रन्दितुं वेश्यामहापथमुत्सृज्य कुलवधूकुमार्गेण यास्यतीति। (८) पश्यतु भवान्—

१३— *(अ) जात्यन्धां सुरतेषु दीनवदनामन्तर्मुखाभाषिणीं*
(आ) हृष्टस्यापि जनस्य शोकजननीं लज्जापटेनावृताम्।
(इ) निर्व्याजं स्वयमप्यदृष्टजघनां स्त्रीरूपबद्धां पशुं
(ई) कर्त्तव्यं खलु नैव भोः कुलवधूकारां प्रवेष्टुं मनः॥

(१) किं ब्रवीषि—"एष एव मे निश्चयः" इति। (२) यद्येष भवतो निश्चयः प्रीताः स्मः। (३) सदृशमस्मत्संसर्गस्य। (४) गच्छ (५) इदानीं गृहमेवागम्य पुनरपि त्वां संज्ञामुपलंभयामि। (६) (परिक्रम्य) (७) अयं हि तावदत्याकीर्णजनतया प्रकीर्णवीचीवलय इव सलिलनिधिः सुभीमदर्शनोऽसुखोऽवगाहितुं कुसुमपुरराजमार्गः। (८) इह हि—

है।" धिक्कार है मुझे। अरे, किसी पर ऐसी मुसीबत न पड़े। हा! ऐसी भी बात मुझे सुननी पड़ी। यह तो हाथ उठाकर रोने की बात है कि वेश्या का चौड़ा रास्ता छोड़कर तू अब कुलबधू की तंग गली में जायगा। देख—

१३—सुरत में निपट अंधी बन जाने वाली, दीनवदना, मुँह के भीतर ही बात रखने वाली, खुश आदमी को भी दुःखी करनेवाली, लज्जा के घूँघट से ढकी, भोलेपन से स्वयं भी कभी अपनी जाँघ न देखने वाली, ऐसी पशुतुल्य खूँटे से बँधी हुई भोली कुलवधू की सेवा-पूजा में कभी भी मन नहीं लगाना चाहिए।

क्या कहा—"यही मेरा निश्चय है।" अगर तेरा यही निश्चय है तो मुझे खुशी है। यह हमारी संगत के अनुकूल ही है। अब जा। घर पहुँचकर फिर तुझे समझाऊँगा। (घूमकर) यह भारी भीड़ से भरा कुसुमपुर का राजमार्ग बिखरती हुई लहरों के मंडलवाले उस समुद्र की तरह है जो देखने में बड़ा डरावना और पार करने में मुश्किल होता है। यहाँ—

---

१३ (अ) *जात्यन्ध*—जन्म की अन्धी, अति लज्जा के कारण सुरत में आँख बन्द रखने वाली।
१३ (आ) *लज्जापट*—घूँघट।
१३ (ई) *कारा*—सेवा-पूजा। यह बौद्ध संस्कृत का शब्द था, जो मोनियर विलियम्स के संस्कृत-अंगरेज़ी कोश में इस अर्थ में नहीं है। *दिव्यावदान* में बुद्ध या स्तूप आदि की पूजा के लिये इस शब्द का बहुत प्रयोग हुआ है—कारा : कृताः (*दिव्य०*, पृ० १३३; एजर्टन, *बौद्ध संस्कृत कोश*, पृ० १७८)'।
१३ (ई) *कुलवधूकारा*—व्यंजना यह है कि कुलवधू पूजा की वस्तु है, क्रीडा की नहीं।

१४— (अ) *यो मां पश्यति सत्वरोऽपि न कथां छित्वा प्रयात्यन्यतः*
(आ) *संबाधेऽपि ददाति चान्तरमसौ सर्वः प्रहृष्टो जनः।*
(इ) *कश्चिन्नातिचिरं विलयम्बयति मां कार्यात्ययाशङ्कया*
(ई) *लोकज्ञैः पुरुषैरहो पुरवरस्याप्तं यशो लक्ष्यते॥*

(१) (परिक्रम्य) (२) अये विटमतिरिव वेशगामिनीयं रथ्या। (३) इतो यास्यामः। (४) मया हि—

१५— (अ) *कृत इह कलहो हृतेह वेश्या*
(आ) *चकितमिह द्रुतमीक्षणं निर्माल्य।*
(इ) *इति वयसि नवे यदत्र भुक्तं*
(ई) *तदनु विचिन्त्य समुत्सुको ब्रजामि॥*

(१) (परिक्रम्य) (२) हन्त! लब्धाः प्राणाः। (३) एष वैशमेवास्मि प्रविष्टः। (४) (स्पर्शं रूपयित्वा)

१६— (अ) *निषेव्य संलोलितमूर्धजानि*
(आ) *वेश्यामुखान्यर्धनिरीक्षितानि।*

१४—जो मुझे देखता है वह बिना मुझसे बातचीत किए, चाहे उसे कैसी ही जल्दी हो, नहीं जाता। भीड़-भाड़ में भी हँसी-खुशी से सब लोग मुझे रास्ता दे देते हैं। काम में विघ्न होने के डर से कोई भी मुझे देर तक नहीं रोकता। यहाँ के आदमियों की दुनियादारी देखकर हम समझ सकते हैं कि इस श्रेष्ठ नगर का यश कितना पाएदार है।

(घूमकर) अरे, विट की बुद्धि की तरह यह वेश को जाने वाली गली है। इसी पर मैं चलूँ—

१५—यहाँ मैंने मारा-मारी की, यहाँ वेश्या को उठा ले गया, यहाँ डर आँख मीच कर भागा—उठती जवानी में जो मजा मैंने यहाँ लिया, उसे याद करके मैं उत्सुकता से वेश में जा रहा हूँ।

(घूमकर) वाह, जान आ गई। मैं वेश में आ गया। (छूने की नकल करके)—

१६—अधमुँदी दृष्टि वाले तथा लहराती लटों वाले वेश्याओं के मुखों का

---

१४ (ई) *लोकज्ञ*—सांसारिक व्यवहारों में चतुर।
१४ (ई) *आप्तयश*—विश्वासयोग्य, स्थिर, सुप्रतिष्ठित यश।
१५ (आ) द्रुत—भागा।
१६ (अ) *संलोलितमूर्धज*—जिसने सजे हुए बालों को बखेर दिया है।

(इ) आयाति माल्यासवगन्धविद्धो
(ई) वैशस्य निश्वास इवैष वायुः।

(१) अहो नु खलु कैलासशिखराकारप्रासाद (प्राकार) शिखरस्य वेशवधूस्तन-तटोपमर्द्यमानगवाक्षस्य (२) सञ्चारितागरुधूपदुर्दिनस्य पुष्पोपहारप्रहसितगृहोपद्वारस्य (३) प्रणादिकाञ्चीतूर्योत्कण्ठकामिजनस्य नूपुरस्वनगद्गदभाषिणः कामकर्मान्तभूतस्य वैशस्य परालक्ष्मीः। (४) इह हि समुद्यतकटाक्षप्रहरणाः स्फुटहसितोन्मीलितदशनपङ्क्तयोऽ (५) निभृतभ्रूलतानुवृत्तवचनविन्यासाः पीनपयोधरत्वादनवस्थित-लघुप्रावरणा विभ्रमादप्रावरणाश्च (६) विभ्रमविलसितललितचपलगतयः कामविजय-पताका इव इतस्ततः सञ्चरन्ति गणिकापरिचारिकाः। (७) नित्यस्मितालङ्कृतमुखानामविस्मयविस्मिताक्षीणां (८) स्निग्धसुकुमारकुटिलतनुदीर्घकृष्णकेशीनां श्रोणीचक्रोद्वहनमन्दपरिक्रमाणां मत्तद्विरपरिभावगामिनीनां (९) सुरतप्रपाणामिव तत्र तत्र विचरन्ती-नामनिभृतमधुरचेष्टितानां गणिकादारिकाणां दृश्यन्ते विलासनिधयो रूपविशेषाः।

सेवन करके, माला तथा आसव के गंध से भरी यह हवा चली आ रही है मानो वेश की श्वास वायु हो।

अहा! कैलास शिखर की तरह ऊँची चोटी के महलों वाले, वेश्याओं के स्तनतटों से रगड़ खाने वाली खिड़कियों वाले, अगर और धूर के धुएँ से बरसात की घटा वाले, फूलों के उपहार से हँसते पार्श्व द्वार (उपद्वार) वाले, कांची की झनकार से कामियों में उत्कंठा पैदा करने वाले, नूपुर की झनकार से मानो गद्‌गद स्वर में बोलने वाले, काम के दफ्तर रूपी इस वेश की अपूर्व शोभा है। यहाँ बांकी चितवनें चलाने के लिये तैयार, खिली हँसी से खुली दंत-पंक्तियों वाली, भौहें मटका कर बातें सजाने वाली, पीनस्तनों पर इधर-उधर लहराती छोटी चादरों वाली, जल्दी के कारण चादर उघड़ जाने से इठलाती हुई, सुन्दर और चपल गति वाली, काम की विजय-पताका की तरह वेश्याओं की परिचारिकाएँ इधर-उधर आ-जा रही हैं। हमेशा हँसी से सुशोभित मुखों वाली, बिना विस्मय के विस्मित आँखों वाली, स्निग्ध सुकुमार, घुँघुराले, महीन, लम्बे तथा काले बालों वाली, नितम्बों के भार से धीमे चलने वाली, मतवाले हाथी के समान गति वाली, सुरत रूपी जल से प्यास बुझाने वाली प्याउओं की तरह यहाँ-वहाँ थिरकती हुई नौचियां (गणिकादारिका) नखरे करती हुई विशेष रूप से दिखाई दे रही हैं।

---

१६ (१) *प्रासादशिखर*—यही पाठ अधिक समीचीन है।
१६ (२) *उपद्वार*—पार्श्वद्वार। वेश में आने-जाने का एक मुख्य द्वार या सदर दरवाजा होता था और जब वह बन्द रहता था तो उसी के बराबर बने हुए उपद्वार या छोटे द्वार से आना जाना होता है।

(१०) अपि च, अनवरतमृदङ्गनिस्वनाः सम्भ्रान्तपारावतमिथुना गर्जन्तीव प्रासादमालाः। (११) आज्ञाप्यमानशिल्पिजनानि सम्भ्रान्तप्रेप्यवर्गलुलितपुष्पोपहाराणि संयोज्यन्ते गन्धतैलानि। (१२) पीनस्तनतटविसर्पिणाः पिष्यन्ते वर्णकाः। (१३) मनस्विनीजनहृदयसुकुमारा आदीयन्ते माल्याभियोगाः। (१४) प्रियावचनमिव श्रोत्रावधानकरं श्रूयते वल्लकीवाद्यम्। (१५) प्रियजनाधरोपदंशप्रणयी प्रचरति शीधुः। (१६) अपि च—

१७— *(अ) नेत्रैरर्धनिमीलितैः स्तनतटैः सव्याजसन्दर्शितैः*
(आ) हासैर्व्रीडिविभूषितैः श्रुतिसुखैरल्पाक्षरैर्भाषितैः।
(इ) मन्दैर्निश्वसितैः स्वभावमधुरैर्गीतैश्च तालान्वितैः
(ई) नित्याकृष्टशरासनं मनसिज कुर्वन्ति वेश्याङ्गनाः॥

और भी, निरन्तर ठनकते मृदंगों की ध्वनियों से तथा घबराए हुए कबूतरों के जोड़ों से भरी हुई प्रासाद पंक्तियाँ मानो गाज रही हैं। मशहूर शिल्पियों की भीड़-भाड़ से सुशोभित, इज्जतदार नौकरों द्वारा फेंके गए पुष्पोपहारों से भरे हुए गृहद्वार मानो एक-दूसरे से स्पर्धा कर रहे हैं। रतियुद्ध की थकावट मिटाने के लिये सुगन्धित तेल सँजोए जा रहे हैं। पीन-स्तनों पर लगाए जाने वाले उबटन (वर्णक) पीसे जा रहे हैं। मनस्विनी जनों के हृदय की तरह सुकुमार मालाएँ ली जा रही हैं। प्रिया वचन की तरह कानों को सुख पहुँचाने वाली वीणा की झनकार सुनाई दे रही है। प्रियजनों के अधर-पान की गजक चखने की अभिलाषिणी शराब चल रही है।

१७—अधखुली आँखों से, बहाने से उघाड़े हुए स्तनतटों से, लजीली हँसी से, कानों को सुख देने वाली बातों की चुटकियों से, धीमी साँसों से, स्वभाव मधुर तालयुक्त गीतों से, वेश्याएँ काम को हमेशा धनुष चढ़ाए रखने पर बाध्य करती हैं।

---

१६ (१०) *सम्भ्रान्तपारावत मिथुन*—जोड़ा खाने वाले कबूतरों के पंख फड़फड़ाने और गुटरगूँ करने से महल मानों गूँज रहे हैं।

१६ (११) *आज्ञाप्यमान शिल्पिजन*—वेश्याओं के गृहद्वार या गृहालिन्दों पर एकत्र हुए सुनार, रंगरेज, आदि शिल्पियों को काम बताया जा रहा है।

१६ (११) *गन्ध तैल का संजोना*—वेश के आवासों में रात्रि की दीप मालाओं में सुगन्धित तेल डाला जा रहा है।

१६ (१३) *माल्याभियोग*—माल्याभोग से तात्पर्य है।

१६ (१५) *उपदंशप्रणयी शीधुः*—देखिए *पद्मप्राभृतकम्* (६/७) जहाँ मधुपान के साथ उपदंश चखने का उल्लेख है।

१७ (ई) *नित्याकृष्टशरासन*—वेश वधूजनों के ये नखरे नया-नया काम जगाते रहते हैं।

(१) (परिक्रम्य) (२) अये इयं खलु तावद् यौवनमदानवेक्षितस्तनप्रावरणा पेलवांशुककृतपरिधाना जघनाभरणकृतनीवी (३) विभ्रमावमुक्तैककर्णपाशेन वित्रस्तहरिणा-चञ्चलाक्षेण निभुक्तपिण्डितोष्ठेन मुनीनामपि मनःकम्पनसमर्थेन सुलभहसितेन मुखेन (४) मदनसेनायाः परिचारिका वारुणिका नाम वामहस्ताङ्गुलिसंदशेन कर्णोत्पलं कलयन्ती किञ्चिदुद्यतैकभ्रूलता मामवेक्ष्य प्रहस्यातिक्रामति। (५) अस्या हि—

१८— *(अ) रोमाञ्चं दर्शयता*
(आ) कपोलदेशे विशालजघनायाः।
(इ) कर्णोत्पलेन कृत इव
(ई) निरक्षरं चुम्बनोद्घातः॥

(१) का शक्तिरनभिभाष्यातिक्रमितुम्। (२) अभिभाषिष्ये तावदेनाम्। (३) वासु वारुणिके निगृह्यतामात्मा। (४) कथमस्मद्वचनं स्खलीकृत्य गच्छत्येव। (५) सुन्दरि अनेन स्खलीकरणेन प्रीताः स्मः। (६) कथं प्रहस्य स्थिता। (७) (उपेत्य) (८) कृतमञ्जलिना। (९) पृच्छामस्तावत् किञ्चित्—(१०) केनास्य शरत्कमलरजःपुञ्जपिञ्जरस्य गगनतलोन्मुखस्येव चक्रवाकभिथुनस्य स्तनयुगलस्य ते

(घूमकर) अरे, जरूर यह जोबन के मद से स्तनपट्ट (स्तन प्रावरण) की परवाह न करती हुई, झीने मलमल के कपड़े पहन कर, जघनाभरण या मेखला की नीवी बनाकर, नखरे से एक कान का गहना उतार कर—डरे मृगछौने की तरह चंचल आँखों से, खूब भोगे हुए फूले ओठ से, मुनियों का भी मन कँपाने में समर्थ, सुलभ हँसोड़ मुख से मदनसेना की परिचारिका वारुणिका बायें हाथ की उँगलियों की कैंची बनाकर कर्णोत्पल का स्पर्श करती हुई जरा एक भौंह तानकर मुझे देखकर हँसती हुई आगे बढ़ी जा रही है।

१८—इस विशालजघना के कपोल देश पर रोमांच हो आया है, मानो कर्णोत्पल ने चुपचाप चुम्बन की चोट कर दी हो।

उसकी क्या मजाल कि वह बिना बात किए चली जाये? उससे बातचीत करूँ। वासु वारुणिका, जरा अपने को रोक, क्यों मेरी बात व्यर्थ करके चली ही जा रही है? सुन्दरि, मैं तेरी लापरवाही से भी प्रसन्न हूँ। क्यों हँसकर खड़ी हो गई? (पास पहुँचकर) हाथ मत जोड़। क्या मैं पूछ सकता हूँ कि शरद् कमल

---

१७ (२) *स्तनप्रावरणा*—स्तनपट्ट।
१७ (२) *पेलवांशुक*—सुकुमार या मुलायम रेशमी उत्तरीय।
१७ (३) *अवमुक्त*—उतारा हुआ।
१७ (३) *कर्णपाश*—कान का गहना।
१७ (४) *कलयन्ती*—स्पर्श करती हुई।
१८ (४) *स्खलीकृत्य*—व्यर्थ करके, बेपरवाही से उपेक्षा करके।

प्रथमावतारः सुखमुपभुज्यते? (११) कथं "ही" इत्येकाक्षरमुक्त्वा सव्रीलमवेक्ष्य मां व्रजति तूर्णमनवसितार्धभाषिणी। (१२) तत्खलु कामस्य सर्वस्वम्।

(१३) (परिक्रम्य) (१४) अये बन्धुमतिका खल्वेषा स्वगृहद्वारकोष्ठगता पार्श्वोपविष्टया चतुरिकया प्रदीयमानप्रतिवचना (१५) भ्रूलतासञ्चारितचिकुरां सायाह्न-नलिनसुकुमारां दृष्टि कृत्वा स्वयमेव मेखलां संयोजयति। (१६) अहो, यौवनानुरूपो व्यापारः। (१७) अहो, सुकुमारं कर्मानुष्ठितम्। (१८) अहो, ललितोऽभिनिवेशः। (१९) अहो, कार्कश्यं प्रकाशयते यत्नः। (२०) अहो, दर्पाद् रशनादामसंयोजयन्त्या किमिवानया नोक्तं भवति? (२१) अवश्यमस्या विहारकालचतुरता पूजयितव्या। (२२) इदमुपगम्यते। (२३) (उपेत्य) (२४) वासु कर्मसिद्धिरस्तु ते। (२५) भवति कृतमासनेन। (२६) पृच्छामस्तावत् किञ्चित्—

१९— *(अ) एषा कामिकराङ्गुलिप्रियसखी नाभिह्रदाम्भःस्रुतिः*
(आ) विद्युत्क्षौमबलाहकस्य रुचिरा कार्कश्ययोग्यारणिः।

की रज से पीले और आकाश की ओर उन्मुख चकवा चकवी के जोड़े की तरह तेरे इन स्तनों का पहला सुख किसने उठाया? क्यों बस "ही" कह कर तू मेरी ओर लजाकर देखती हुई आधी ही बात कहकर जल्दी से भागी जा रही है? यह सब काम का जहूरा है।

(घूमकर) अरे, अपने घर के दरवाजे पर बैठी हुई बन्धुमतिका बगल में बैठी चतुरिका से बातचीत करती हुई, भौंह पर से बाल हटाकर, संध्या के कमल की तरह अलसौंही आँखें करके, स्वयं अपनी मेखला पिरो रही है। अहा, जवानी के अनुरूप ही यह काम है। अहा, कैसा सुकुमार कार्य उसने उठाया है? अहा, उसकी एकाग्रता कैसी सुहावनी है? उसका मेखला सँजोने का यह यत्न उसकी देह का कसाव प्रकट कर रहा है। दर्प से रशनादाम सँजोती हुई उसने क्या नहीं कह दिया? अवश्य ही विहार काल में इसकी चतुराई पूजनीय है। इसके पास चलना चाहिए। (पहुँचकर) वासु, तेरा काम पूरा हो। मेरे लिये आसन रहने दे। मैं तुझसे कुछ पूछना चाहता हूँ।

१९—हे मानिनी, तेरी यह मेखला टूट कैसे गई? यह कामीजनों की उँगलियों की प्यासी सखी है, नाभिरूपी सरोवर से बहने वाली पानी की श्वेत धारा है, नीले

---

१८ (१८) *ललित*—सुन्दर।

१८ (१८) *अभिनिवेश*—काम की एकतानता।

१८ (१९) *कार्कश्य*—शरीर का कसाव। मेखला गूँथते हुए इसका अंग संचालन इसके कसे हुए शरीरावयवों को प्रकट कर रहा है।

१९ (अ) *नाभिह्रदाम्भःस्रुति*—श्वेत मोतियों की लड़ियों से गूँथी हुई करधनी की श्वेत जलधारा से तुलना की गई है।

१९ (आ) *क्षौमबलाहक*—मेघ के समान नीली साड़ी पर बिजली-सी चिलकने वाली श्वेत मुक्ता मेखला।

(इ) मौर्वी कामशरासनस्य ललिता वाक् श्रोणिबिम्बस्य ते
(ई) छिन्ना मानिनि मेखला रतिसुखाभ्यासाक्षमाला कथम्॥

रेशमी वस्त्र रूपी बादल के छोर पर चमकने वाली बिजली है, पुरुषरूपी मलखम के साथ व्यायाम या पुरुषायित रति की जननी है, कामदेव के धनुष की प्रत्यञ्चा है, क्षुद्र घंटिका युक्त नितम्बों की ललित वाणी है, एवं पुनः-पुनः प्राप्त रतिसुख के परिगणन की मानो अक्षमाला है।

---

१९ (आ) *कार्कश्य*—शरीर का कसाव; वक्ष, भुजा और जंघाओं का खूब पुष्ट और कसे हुए होना।
१९ (आ) *योग्या*—व्यायाम। संस्कृत साहित्य मे योग्या शब्द का यह अर्थ प्रसिद्ध है। व्यायाम भूमि को योग्याभूमि कहा गया है (विराट पर्व (४/३६) —*विशेषयेन्न राजानं योग्याभूमिषु सर्वदा*)।
१९ (आ) *कार्कश्ययोग्या*—वह व्यायाम जिससे शरीर में कार्कश्य या कसाव उत्पन्न हो, अथवा वह व्यायाम जो पहलवान के कर्कश और पुष्ट शरीर का दर्प मिटाने के लिये किया जाये। यह मलखम का व्यायाम होता है। उसी के लिये कार्कश्ययोग्या शब्द संगत और समीचीन था। दृढ़ लकड़ी के खम्भे को प्रतिमल्ल मानकर उछल कर उस पर चढ़ जाना और छाती, भुजा एवं जाँघों को धक्के के साथ दृढ़ता से रगड़ना और ऊपर नीचे घुमा-फिरा कर शरीर का श्रम करना, यही मलखम का व्यायाम था (*मानसोल्लास*, भाग २, पृष्ठ २३५)। यद्यपि कोशों में कार्कश्ययोग्या शब्द अभी तक सन्निविष्ट नहीं हुआ, किन्तु इसका यही अर्थ यहाँ संगत है।
१९ (आ) *अरणि*—जननी। अरणि शब्द का यह अर्थ विशिष्ट था। बॉटलिंक और आप्टे के कोशों में यह अर्थ नहीं है, किन्तु मोनियर विलियम्स ने इस अर्थ का उल्लेख किया है जो *हरिवंश पुराण* के पाण्डवारणि (= पाण्डवजननी) और सुरारणि (= देवमाता) इन प्रयोगों में आया है। वही अर्थ यहाँ अभिप्रेत है। मेखला को कार्कश्यव्यायाम की जननी कहने का अभिप्राय है कि पुरुषायित या विपरीत रति में स्त्री मलखम रूपी पुरुष के साथ अपने शरीर का दर्प मिटाती है। स्त्री द्वारा पुरुषायित रति रचाने का संकेत मेखलाबंधन से सूचित किया जाता था। स्त्री द्वारा अपनी मेखला पुरुष के शरीर में बाँधने का तात्पर्य यह था कि पुरुषायित रति में वह स्वयं पुरुष बनकर पुरुष को स्त्री की भाँति मेखलालंकृत कर लेती थी। गुप्तयुग में यह संकेत और व्यञ्जना सुविदित थीं। कालिदास ने *कुमारसम्भव* में ध्वनि से इसी रतबंध का उल्लेख किया है—
स्मरसि स्मर मेखलागुणैरुत गोत्रस्खलितेषु बन्धनम्।
च्युतकेसरदूषितेक्षणान्यवतंसोत्पलताडनानि वा॥ (४/८)
गोत्रस्खलित के अपराधी पति को स्त्री पुरुषायित बन्ध के लिये मेखला से बाँधकर अपने केशों में गूँथे हुए पुष्पों की रज से उसके नेत्रों को दूषित करती थी और कान में

(१) अथवा किमत्र विज्ञेयम्—

२०— *(अ) विस्रम्भाच्च हृतांशुकस्य शयने प्रीत्येक्षितस्य प्रिये—*
(आ) णोन्मत्त (न्मुक्त) द्विरदेन्द्रमस्तकवपुर्लीलोदयालम्बिनः।
(इ) स्पर्शावाप्तिकुतूहलस्य जघनस्यावल्गतस्ते ध्रुवं
(ई) तन्त्रीछेद इवाकरोद्विरसतां ताम्राक्षि काञ्चीपथः॥

(१) कथमधोमुखी स्थिता। (२) कथं नास्ति प्रतिवचनम्। (३) इदं गम्यते। (४) किं ब्रवीषि—"न गन्तव्यम्" इति। (५) हन्त! एषोऽस्मि मन्त्रावरुद्ध इव भुजङ्गमोऽजङ्गमः संवृत्तः। (६) कथं व्रजामि। (७) एष ध्वस्तोऽस्मि। (८) (परिक्रम्य कर्णे दत्वा) (९) अये रामदासीगृहे स्त्रीप्ररुदितमिव। (१०) इह खलु बहुभिः कारकर्णैरुपपद्यते। (११) तत्र केन खलु कारणेनैषा रोदिति। (१२) कुतः

अथवा इसमें जानने की क्या बात है?

२०—हे ललछौंही आँखों वाली, सेज पर विश्वास के साथ प्रियतम ने जिसका अंशुक हर लिया है, जिसे उसने प्रेमपूर्वक देखा है, जो मतवाले हाथी के मस्तक और शरीर की वप्रलीला के समान चेष्टा करता है, ऐसा स्पर्श के लिये व्याकुल एवं प्लुतगतियुक्त जो तेरा जघन भाग है उसे इस टूटी करधनी ने टूटे तार वाली वीणा की तरह बेमज़े कर दिया होगा।

नीचा सिर करके क्यों बैठ गई? जवाब क्यों नहीं देती? मैं जाता हूँ। क्या कहती है—"जाना नहीं चाहिए।" तो ले, मैं मंत्र से कीले गए साँप की तरह रुक गया। क्यों, जाऊँ? ले मैं चला। (घूमकर और कान देकर) अरे, रामदासी के घर में स्त्री के रोने की आवाज जैसी है। ऐसा अनेक कारणों से हो सकता है। तो फिर किस कारण से वह रो रही है?—

खोंसे हुए कमल से ताड़ित करती थी। *पादताडितकं* के बारहवें श्लोक के पहले दो चरणों में पुरुषायित का ही वर्णन है (*किं कामी न कचग्रहे. . .*)। स्त्री द्वारा पुरुष का मेखलाबंधन इस रति का सूचक था। मेखला के लिये कार्कश्ययोग्यारणि विशेषण का यही गूढ़ अभिप्राय है।

२० (इ) *आवल्गतः*—उछलता हुआ, धक्के मारता हुआ।

२० (ई) *तन्त्रीछेद*—वीणा के तारों का टूट जाना।

२० (ई) *काञ्चीपथ*—सम्भवतः मूलपाठ *काञ्चीश्लथः* था, 'करधनी का शिथिल हो जाना।'

२० (५) *हन्त*—एक अव्यय, जो हर्ष, अनुकम्पा, विषाद, खेद, वाद, संभ्रम, आदि अर्थों में प्रयुक्त होता है। किसी काम के करने के निर्देशन में भी आता है, जहाँ उसका अर्थ होता है 'लो', 'देखो', 'आओ', 'अच्छा तो'।

२१— (अ) *स्यात् कोपाद् रुदितस्वरः सरभसो दैन्यात्तथा शीफरो*
(आ) *विच्छिन्नः प्रणयाद् भयेन विरसो हर्षोदयाद् गद्गदः।*
(इ) *मन्ये क्रोधवशंगता प्रणयिनी ह्येषा सदैन्या तथा*
(ई) *प्रारम्भे रभसं विरामबहुलं मन्दं तथा रोदिति॥*

(१) आशङ्कते रामदासीमेव मे हृदयम्। (२) प्रविशामस्तावत्। (३) (प्रविष्टकेन) (४) सैवेयम्। (५) सैषा मां दृष्ट्वा भृशतरं प्ररुदिता।

२२— (अ) *अस्या नेत्रान्तविभ्रष्टाः*
(आ) *कोपसर्वस्वसम्भृताः।*
(इ) *प्रियापराधगणनां*
(ई) *कुर्वन्तीवाश्रुबिन्दुवः।*

(१) (उपेत्य) (२) मानिनि, किमिदम्—

२३— (अ) *आपूर्याभिनवाम्बुजद्युतिहरे नेत्रे प्रयातोऽधरं*
(आ) *तद्भ्रष्टः कठिनौ गतः स्तनतटौ तत्राप्यलब्धास्पदः।*
(इ) *बाष्पस्ते तनुरोमराजिलुलितः शोकप्रसङ्गोज्झितः*
(ई) *नाभिं पूरयति प्रियाङ्गुलिमुखप्रक्षेपलीलोचिताम्॥*

२१—क्रोध से रोने की आवाज तेज, दैन्य से कोमल, प्रणय से रुक-रुक कर, भय से विरस और खुशी से गद्गद होती है। ऐसा लगता है कि यह प्रणयिनी क्रोध तथा दीनता से भरी है क्योंकि आरम्भ में वह गला फाड़कर और फिर रुक-रुक कर धीरे-धीरे रोती है।

मेरा जी कहता है कि रामदासी ही है। तो फिर मैं भीतर जाऊँ। (प्रवेश करके) वही है। वह मुझे देखकर और जोरों से रोने लगी।

२२—आँखों के कोनों से क्रोध के ढेर की तरह गिरते हुए, इसके आँसुओं की बूँदें मानो प्रिय के अपराधों की गिनती कर रही हैं। (जाकर) मानिनि, क्या बात है?—

२३—वे आँसू पहले नये कमल की शोभा हरनेवाले नेत्रों में भर कर फिर अधर पर गिरते हैं। फिर वहाँ से खिसक कर कठिन स्तन तटों पर आते हैं। पर

---

२१ (अ) *शीफर*—सुन्दर, लुभावनी, आनन्ददायक।

२३ (अ-ई)—इस श्लोक का भाव वर्षा बिन्दुओं के सम्बन्ध में कालिदास के इस वर्णन से मिलता है—

स्थिताः क्षणं पक्ष्मसु ताडिताधराः पयोधरोत्सेधनिपातचूर्णिताः।
वलीषु तस्याः स्खलिताः प्रपेदिरे चिरेण नाभिं प्रथमोदबिन्दवः॥ (कुमार०, ५/२४)

अर्थात् वर्षा के प्रथम जलबिन्दु क्षण भर उसकी घनी बरौनियों पर रुके, फिर उन्होंने कोमल अधर को ताडित किया। फिर उन्नत उरोजों पर गिर कर स्वयं चूर-चूर हो गए। वहाँ से बिखर कर गहरी त्रिवली में बहते हुए विलम्ब से नाभि में जाकर विलीन हुए।

(१) न खलु कृतमात्मनः सदृशं कुञ्जरकेण। (२) किं ब्रवीषि—"एवं परयुवतिचिह्नितोष्ठो मामभिगतः, (३) उपालभ्यमानश्च मया रोषच्छलेन निर्गतः, (४) अद्य बहून्यहानि नावर्तत" इति। (५) ह ह ह! अहो अपराधसम्मर्दः। (६) सर्वथा एकेनाप्यपराधकारणेन तीक्ष्णं कुलोत्सादनकरं दण्डमर्हति, किं पुनरेतेषां सन्निपातेन। (७) तदैवमपि तु गते बद्ध मेघयूथं कालमवेक्ष्य सहामहे दुर्जनस्यावलेपम्। (८) सम्प्रति पार्थिवानामपि तावदन्योन्यबद्धवैराणां प्रतिनिवृत्ताः कलहाः। (९) किं पुनः शिरीषकुसुमसुकुमारचित्तस्य कामिनीजनस्य। (१०) यदि ते मद्वचनं प्रमाणं भवति कालमवलोक्य अद्यैव प्रियोऽभिसारयितव्यः।

२४— *(अ) शर्वर्यामवगाह्य हर्म्यशिखरा लग्नावलम्बाम्बुदा-*
(आ) न्मार्गे भीरु गृहप्रणालिसलिलोद्गारस्वनापूरितम्।
(इ) कान्तं प्राप्य ततः पयोदपवनैरुद्वैपिताङ्ग्या त्वया
(ई) वक्त्रोष्मापहृतोष्ठकम्पविशदं रत्यन्तरे कथ्यताम्॥

वहाँ भी जगह न पाकर शोक से आगे बहते हुए और रोमराजि में बिथुरते हुए वे उस गहरी नाभि में भर जाते हैं जिसमें प्रियतम अपनी अंगुली का अग्रभाग प्रक्षिप्त करके कभी-कभी आनन्द लेता है।

कुञ्जरक ने अपने अनुरूप बात नहीं की। क्या कहती है—"दूसरी युवती से चिह्नित ओठ लेकर वह मेरे पास आया। मेरे उलाहना देने पर रूठने के बहाने वह निकल गया और बहुत दिन बीत जाने पर भी आज तक नहीं आया।" ह, ह, ह! वाह रे अपराधों का रगड़ा। अवश्य ही एक अपराध से भी आदमी घर से निकालने लायक कठोर दण्ड का भागी हो जाता है, फिर इन सबके जमावड़े की तो बात ही क्या है? मामला ऐसा होने पर भी बादलों से घिरे बरसाती मौसम को देखकर ही मैं उस बदमाश की शेखी सह रहा हूँ, क्योंकि इस समय तो आपस में बैर साधने वाले राजा भी कलह छोड़ बैठते हैं, फिर शिरीष के फूल की तरह कोमल चित्त वाली कामिनियों की तो बात ही क्या? अगर तू मेरी बात माने तो समय की ओर देखकर आज ही अपने प्रिय के पास अभिसार कर।

२४—लटकते बादल जिनकी चोटियों को छू रहे हैं, ऐसे महलों के ऊपरी भाग से तू रात में नीचे उतर कर उस मार्ग में प्रवेश करना जहाँ महल की पनालियों से बहते पानी की छरछराती ध्वनि गूँज रही होगी। फिर अपने प्रियतम के पास पहुँचकर बरसात की शीतल हवा से काँपती हुई तू उस कान्त का आलिंगन करना और उसके मुख का चुम्बन लेकर जब अपने ओष्ठ का शीत मिटा चुके तब रति के बीच में स्पष्ट स्वर में उससे अपनी बात कहना।

---

२३ (५) *संमर्द*—रगड़ा, जमघट।
२४ (इ) *पयोदपवनैरुद्वेपितांगी*—वर्षा की रात्रि में अभिसार के कारण भीगने से और ठंडी वायु के झोकों से काँपती हुई।

(१) कथमुद्भिन्नरोमाञ्चौ कपोलतलौ वचनस्य नः प्रतिग्रह निवेदयतः। (२) साधयामस्तावत्। (३) (परिक्रम्य) (४) एषा खलु सा रतिसेना गर्भगृहावरोधजनितस्वेद-बिन्दुसेकेनार्धोन्मीलितचारुनयनविप्रेक्षितेन कपोलपार्श्वलग्नमूर्धजेन मुखेन (५) नूनं सावशेषमदा साम्प्रतमेव प्रतिबुद्धा। (६) तथा हि गवाक्ष मारुतस्यात्मानमुपनयति। (७) रमणीयायां खल्ववस्थायां वर्तते। (८) अभिभाषिष्ये तावदेनाम्। (९) (अभिगम्य) (१०) वासु सुभगा भव। (११) त्वां ह्यल्पावशेषमदां सावशेषसन्ध्यारागामिव प्रतीचीं दृष्ट्वा दिशं (१२) प्रस्त्रस्तशरासनः कुसुमायुधोऽपि तावद् व्याकुलतां गच्छेत्। (१३) किमङ्ग पुनरन्यः।

२५— *(अ) प्रणष्टा न व्यक्तिर्भवति वचसः सैव मृदुता*
(आ) न रागो नेत्राब्जे त्यजति न च लज्जा व्यपगता।
(इ) स्मृतिः प्रत्यायाता परिहृषितमद्यापि च मुखं
(ई) मदो दोषांस्त्यक्त्वा त्वयि परिणतस्तिष्ठति गुणैः॥

(१) रतिसेने विसर्जयितुमर्हति भवती माम्। (२) नाहं प्रारम्भस्त्वां मोक्तुमुत्सहे। (३) कथं प्रहस्यावघाटितो गवाक्षः। (४) हन्त! विसृष्टाः स्मः (५)

तो, रोमाञ्चित कपोल ही मेरी बात की स्वीकृति की सूचना किस प्रकार दे रहे हैं? अब मैं चला। (घूमकर) अरे यह रतिसेना है जो गर्भगृह में रहने के कारण उत्पन्न पसीनों से भरी, आधी मुँदी हुई सुन्दर आँखों को घुमाती हुई, गाल पर फैले बालों वाले मुख पर कुछ सरूर लिए हुए अभी जागी है। यह खिड़की खोलकर हवा खा रही है। इसकी यह अवस्था बड़ी सुहावनी है। इससे बात करूँ (पास जाकर) वासु, सौभाग्यवती हो। कुछ अवशिष्ट मद की अवस्था में तू साँझ की ललाई लिए पश्चिम दिशा की तरह सुहावनी लग रही है। जो अपना धनुष उतार चुका है ऐसा कामदेव भी तुझे देखकर पुनः व्याकुल हो जाये, दूसरे की बात ही क्या है?

२५—तेरा होश नष्ट नहीं हुआ है, तेरी वाणी में वही कोमलता है, कमल-रूपी नेत्रों से ललाई नहीं गई है, लज्जा भी दूर नहीं हुई है, बीती बात याद आने पर अब भी तेरा मुख खुशी से भरा हुआ है—इस प्रकार मद अपने दोषों को छोड़कर तुझ में गुण होकर ठहरा है।

रतिसेना, तू मुझे भले टरकाना चाहे, मैं तुझसे बात शुरू करके छोड़ना नहीं चाहता। अरे हँसकर खिड़की क्यों बन्द कर ली? लो, मुझे विदा कर दिया।

---

२४ (ई) *वक्त्रोष्माहत*—प्रियतम के मुख की गर्मी से चुम्बन द्वारा अपने ओष्ठ की कँपकँपी मिटाकर।

२४ (४) *गर्भगृह*—महल या आवास गृह का वह भाग जहाँ स्त्रियाँ रहती हैं।

२५ (अ) *व्यक्ति*—होश, चेतना।

(परिक्रम्य) (६) हन्त विमनाः खल्वस्मि अतिक्रान्तः। (७) इयं हि प्रद्युम्नदासी प्रसक्त-सुरतग्लानिकपोलेनात्यायतनयनसञ्चारेण तिलकावभेदपिञ्जरीकृतललाटोद्देशेन विलुलितालकशोभिना लग्नमिव रतिपरिश्रममुद्वहता वदनेन (८) जघनबिम्बांशुकान्तर-दृश्यमानाभिरभिनवनखक्षतराजिभिर्विमलसलिलान्तर्गताभिरिव फुल्लाशोकच्छायाभिः सुरतावमर्दमृदितमण्डना (९) अवसितसमरशिथिलाकल्पेव नागवधुः (१०) प्रवातदीपमिव पाणिना प्रच्छाद्याधरोष्ठं अनुयातकिशोरीव पदात्पदशतं गच्छन्ती वैशमार्गमलङ्करुते। (११) इष्टा नः कामिनी। (१२) परिहसिप्यामस्तावदेनाम्।

(१३) (उपेत्य) (१४) वासु किमिदं प्रियदशनपदाधिष्ठितस्य दशनवसनस्य सव्रणस्येव योधस्य श्लाघ्यं वपुश्छाद्यते। (१५) कथं प्रहसिता। (१६) हा धिक्कृत एव नः पौरोभाग्येन दोषः। (१७) अस्या हि मन्दारम्भेणापि प्रहसितेन विकृतमेव दन्तक्षतेषु। (१८) कुतः—

(घूम कर) यों धता किए जाने पर मैं अवश्य कुछ अनमना हो रहा हूँ। तो यह प्रद्युम्नदासी है। इसके कपोल सुरत से मुरझा गए हैं। यह आँखें फाड़कर देख रही है। विशेष प्रकार के तिलक से इसका ललाट पीला हो गया है। बिथुरी लटें शोभा दे रही हैं। मुँह पर मानो रति की थकान भर गई है। झीने अंशुक के भीतर से झाँकते हुए जघन पर नये नखक्षत दिखाई दे रहे हैं, मानो निर्मल पानी में खिले अशोक पुष्पों की छाया दिखाई दे रही हो। सुरत की रगड़ से इसका श्रृंगार मिट गया है, जैसे लड़ाई के अन्त में हथिनी का श्रृंगार अस्तव्यस्त हो गया हो। जैसे आँधी के दीपक को झंझरी से ढक लेते हैं, ऐसे ही यह हाथ से होंठ ढके हुए है। टहलाई जाती हुई बछेड़ी की तरह चहलकदमी करती हुई यह वेशमार्ग की शोभा बढ़ा रही है। मुझे यह रुचती है। तो इससे कुछ मजाक करूँ।

(पास जाकर) वासु, क्यों प्रिय के द्वारा दाँत काटे ओठ के सुन्दर रूप को घायल योद्धा के सुन्दर शरीर की भाँति व्यर्थ छिपाती है? यह क्यों हँसी? हा, मेरी चुटकियों ने इसकी भूल का मजाक बना दिया। पर मन्द हँसी से भी इसके दंतक्षतों की शोभा बढ़ गई है। कैसे—

---

२५ (९) *आकल्प* —श्रृङ्गार, मंडन।

२५ (९) *नागवधू*—हथिनी।

२५ (१०) *अनुयातकिशोरी*—वह नयी बछेड़ी जिसे निकालने के लिये व्यायाम कराने के बाद धीरे-धीरे टहलाते हैं।

२५ (१४) *प्रियदशनपद*—प्रियतम के दन्त से किया हुआ चिह्न।

२५ (१४) *दशनवसन*—दाँत का आवरण अर्थात् ओष्ठ।

२५ (१६) *पौरोभाग्य*—दोषदर्शन।

२५ (१७) *विकृत*—अलंकृत। विकृत शब्द के कई अर्थों में एक यह भी है।

२६— *(अ) सीत्कारोत्पतितस्तनी स्तनतटोत्क्षेपातिनिम्नोदरी*
(आ) भ्रूभेदाञ्चितलोचना क्षतरुजाधूताग्रहस्ताम्बुजा।
(इ) यद्यन्यानि समाक्षिपेज्जनमनांस्येवं प्रहस्याङ्गना
(ई) कामिन्या हसितव्यमेव तु भवेद् दष्टाधरोष्ठे मुखे॥

(१) किं ब्रवीषि—"चिरस्य खलु भावो दृश्यते" इति। (२) अनेन दुर्दिनपातकेन गृहबन्धनेऽस्मिन्निरुद्धः कृतः। (३) अथ भवत्या कोऽनुगृहीतः? (४) किमाह भवती—"रामिलकस्योदवसितादागच्छामि" इति। (५) सदृशः संयोगः स्थावरोऽस्तु। (६)अहो! एकेन खलु रामिलकेन मदनाग्रहारो हृतः। (७) कुतः—

२७— *(अ) सफलं तस्य कृशोदरि*
(आ) युवत्वमसमस्तविहसितं यस्ते।
(इ) सार्धशशाङ्कच्छायं
(ई) चषकमिव मुखं समापिबति॥

२६—सीत्कार करने से इसके स्तन ऊपर थलक गए। स्तनों के प्रान्त भाग ऊपर उठ जाने से उदर और भीतर दब गया। भौंह तानने से चितवन बाँकी हो गई। दन्तक्षतों की पीड़ा के कारण कमलरूपी हाथों की उँगलियाँ उन्हें सहलाने के लिए चञ्चल हो उठी हैं। यदि इस प्रकार से स्त्री हँसकर दूसरों के दिल को चञ्चल कर सकती है, तब तो दन्तक्षत से पीड़ित अधर युक्त मुखवाली कामिनी को अवश्य हँसना चाहिए।

क्या कहती है—"बहुत दिनों के बाद आप दिखाई दिए हैं।" इस बरसात के पाप ने मुझे घर पर ही बाँध रखा था। अब कह किस पर रीझी है। तूने क्या कहा—"रामलिक के घर से आ रही हूँ।" एक जैसों की यह जोड़ी बनी रहे। वाह, रामलिक ने अकेले ही मदन की माफी (अग्रहार) लूट ली। कहाँ—

२७—हे कृशोदरी, उसकी जवानी और विस्तृत हँसी सफल हैं जो तेरे अर्धचन्द्राकार दन्तक्षत की शोभा से युक्त मुख का अर्धचन्द्र की आकृति वाले चषक के समान पान करता है।

---

२६ (आ) *अञ्चित*—आकुंचित, वक्र।
२६ (आ) *अग्रहस्त*—अँगुलियाँ।
२६ (इ) *समाक्षिप्*—चंचल करना, क्षुभित करना।
२६ (४) *उदवसित*—गृह। *गृहं गेहोदवसितम्* (अमर)।
२६ (६) *अग्रहार*—वह भमि या जायदाद जो किसी की सेवा या गुणों के लिये माफी दी जाती है।
२७ (इ) *सार्धशशांकच्छाय*—(१) मुख पक्ष में, अर्ध चन्द्राकृति दन्तक्षत से तात्पर्य है। (२) चषक पक्ष में, अर्धचन्द्र की आकृति का छोटा पानपात्र। इस प्रकार के सुन्दर चषक हकीक यशब आदि संगों के बनाए जाते थे। अहिच्छत्रा की खुदाई में मिट्टी के बने हुए छोटे प्याले भी इस आकृति के मिले हैं।

(१) वासु दुर्विहगेभ्यो रक्षितव्योऽधरः। (२) गम्यताम्। (३) साधयामो वयमपि। (४) (परिक्रम्य) (५) अये इदं तदध्वनीनभयात् कुम्भकर्णवदनमिव नित्यनिमीलितभवनद्वारं यत्र धूर्तद्वयं प्रतिवसति विश्वलकः सुनन्दा च। (४) विश्वलको हि भक्षितसर्वस्वो नग्नश्रमणक इव शरीरात्रावशिष्टः (७) केवलं प्रिगणिकत्वादागतकोशोपद्रवामपि सुनन्दां वायस इव ग्रामोपान्तं न मुञ्चति। (८) साऽपि चात्र प्रोषितयौवना कान्तारशुष्कनदीव कस्यचिदनभिगम्या विश्वलकं किलानुवर्तते। (९) तन्न युक्तमेतद् द्वन्द्वमनभिभाष्यातिक्रमितुम्।

(१०) अयमाक्रन्दः क्रियते। (११) कोऽत्र धरते? (१२) (कर्ण दत्वा) (१३) भोः प्रयातस्येवाश्वस्य खुरपुटनिपातध्वनिः पादोत्क्षेपसमये काष्ठपादुकाशब्दः श्रूयते। (१४) सन्निहितेनात्र विश्वलकेन भवितव्यम्। (१५) हन्त! स एवैष विरौति। (१६) भोः किं ब्रवीषि—''क एष गर्दभव्रतमनुतिष्ठति'' इति। (१७) अहं यमदूतः सुनन्दार्थमागतः। (१८) कथमस्मत्स्वरमभिज्ञाय तूष्णींभूतः। (१९) अंघो न प्रयच्छसि द्वारम्। (२०) तेन हि स्थिरीक्रियतामात्मा। (२१) एष शापाग्निमुत्सृजामि।

वासु, तुझे दुष्ट पक्षियों से अधर की रक्षा करनी चाहिए। जा, मैं भी चला। (घूमकर) अरे यहाँ बटोहियों के भय से कुंभकर्ण के मुख की तरह अपने घर का दरवाजा हमेशा बन्द करके धूर्त विश्वलक और सुनन्दा रहते हैं। विश्वलक अपना सब कुछ खा-पीकर नंगे श्रमणक की तरह शरीरमात्र से बचकर गणिका प्रिय होने से पैसा न रहने पर भी सुनन्दा को नहीं छोड़ता, जैसे गाँव के सिवान को कौवा नहीं छोड़ता। वह भी जवानी चले जाने के कारण अब दूसरे के लिये अनचाही वन में सूखी नदी की तरह, विश्वलक के पीछे लगी रहती है। इस जोड़े से बातचीत किए बिना जाना ठीक नहीं।

तो शोर मचाकर कहना चाहिए। यहाँ कौन रहता है? (कान देकर)अरे, दौड़ते घोड़े की टाप की आवाज की तरह पैर रखते हुए खड़ाऊँ की धमक सुनाई देती है। तो विश्वलक आया होगा। हाँ, वही चिल्ला रहा है। अरे, क्या कहता है—''कौन गदहे की तरह रेंक रहा है?'' अरे मैं सुनन्दा के लिये आया यमदूत हूँ। क्यों मेरी आवाज पहचान कर चुप हो गया। अरे, क्यों नहीं दरवाजा खोलता? तो अपने को सँभाल। मैं यह शापाग्नि छोड़ता हूँ।

---

२७ (१) *दुर्विहग*—तोता जो अधर को बिम्बाफल जानकर उस पर चोंच मारता है।
२७ (५) *अध्वनीन*—बटोही, पथिक। *अध्वानं गच्छति अध्वनीनः, अध्वनी यत्खौ* (५/२/१६) *अध्वनीनोऽध्वगोऽध्वन्यः पान्थः पथिक इत्यपि* (अमरः)॥
२७ (१०) *आक्रन्द*—शोर, जोर की आवाज़।
२७ (११) *धरते*—धृ धातु, डटता है, जमकर रहता है।

२८— (अ) *लीलोद्यतस्य कलहे*
(आ) *नूपुरसंक्षोभनिनदमुखरस्य।*
(इ) *दूरीभवतु शिरस्ते*
(ई) *विलासिनीवामपादस्य॥*

(१) एतदपावृतद्वारम्। (२) प्रविशामस्तावत्। (३) (प्रविष्टकेन) (४) किमाह भवान्— "कि न दयिताः स्मो भावस्य; युक्तं नामेदृशं शापोत्सर्गे कर्तुम्" इति। (५) सम्यगभिहितम्। (६) ईदृशो हि शापो ब्रह्मलोकमपि कम्पयेत् किम्पुनर्भवन्तम्। (७) तदिदानीमस्य शापस्य प्रतीकारार्थे प्रायश्चितम्। (८) कुतः—

२९— (अ) *विकचनवोत्पलतिलका*
(आ) *ससम्भ्रमोत्क्षेपचञ्चलतरङ्गा।*
(इ) *तस्यै देया मदिरा*
(ई) *या हृदयकुटुम्बिनी भवतः॥*

२८—कलह होने पर लीला से उठे हुए और नूपुर की झंकार से मुखर विलासिनी के बाएँ पैर को तेरा सिर कभी न पा सके।

दरवाजा खुल गया। तो मैं अन्दर चलूँ। (प्रविष्ट होकर) क्या कहा—"क्या हम आपके प्यारे नहीं हैं? क्या ऐसा शाप देना ठीक है?" ठीक कहा। ऐसा शाप ब्रह्मलोक को भी कँपा देता है, फिर तेरी क्या बात? इस शाप के प्रतिकार के लिये यह प्रायश्चित है। क्या—

२९—खिले हुए नये कमल की आकृति के तिलकवाली और ठुमक कर चलने से चंचल गतियुक्त उस अपनी हृदयकुटुम्बिनी को तू ऐसी मदिरा पिला जिसमें नए विकसित कमल के पत्ते तैर रहे हों और जिसके साथ तिल की गजक का मज़ा हो, एवं हड़बड़ी में ढालने से जिसमें चञ्चल तरंगें उठ रही हों।

---

२८ (इ) *दूरीभवतु शिरः*—तेरे मस्तक को कामिनी के चरणस्पर्श का सौभाग्य न प्राप्त हो।
२९ (अ) *विकचनवोत्पलतिला*—(१) स्त्री पक्ष में; कमल की आकृति का तिलक या विशेषक, (२) मदिरा पक्ष में, कमल की टटकी पंखुड़ियाँ जो मदिरा में डाली जाती थीं और तिल का बना खाद्य जो साथ में चक्खा जाता था। तिलक—तिल की गजक।
२९ (आ) *ससम्भ्रोत्क्षेप*—स्त्री पक्ष में, रुष्ट होकर सम्भ्रम के साथ जाने के लिये उद्यत होने पर जिसकी गति चञ्चल हो। मदिरा पक्ष में, शीघ्रता में ढालने से जिसमें तरंगें उठ रही हों।
२९ (आ) *तरंग*—गतिविशेष, लहरियागति।
२९ (इ) *देया मदिरा*—विट का भाव यह है कि रुष्ट पत्नी को मदिरा पान से मनाना यही प्रणय कलह का उचित प्रायश्चित है।

(१) एवमुपविशामः। (२) (उपविश्य) (३)कृतं पाद्येन। (४) कुसुमपुरराजमार्गो निष्पङ्कतया हर्म्यतलान्यप्यतिशेते। (५) न खलु मे पादौ दुर्ललितौ कर्तव्यौ। (६) किमाह भवान्—"विष्णुदासप्रभृतीनां गोष्ठीकानां रामिलगोष्ठके समागतानां परस्परविवादरम्याः केचित् संशयाः प्रवृत्ताः कामतन्त्रे। (७) तांश्च यदा कार्त्स्न्येन न शक्नुवन्ति वक्तुं ततोऽस्म्यहं तैरात्मदर्शनं श्रवयितुमभ्यर्थितः। (८) तत्र मयाऽपि स्वदर्शनमुक्तम्। (९) इच्छेयं तावद् देविलकभावमपि तमेवार्थं श्रावयितुम्। (१०) तत्र यद् भावो वक्ष्यति तन्नः प्रमाणं भविष्यति। (११) एतमर्थं भवन्तं श्रावयितुं गृहमेवागन्तुमनाः। (१२) अथ भावेन स्वयमेवात्मा दर्शितः। (१३) यदि तावद् भावः क्षणिकः ततः प्रवक्ष्यामि" इति।

(१४) आज्ञापयतु भवान्। (१५) अवहितोऽस्मि। (१६) शक्तितो वक्ष्यामः। (१७) अयं तु दुर्ललित इव दारकः कुटीप्रदेशं न मुञ्चति वायुः। (१८) अतश्चिराध्यासं न शक्नोमि कर्तुम्। (१९) यद्यभिरुचितं भवते परिक्रान्तावेव सम्भाषिष्यावहे। (२०) विस्तीर्णेयं गोष्ठीशाला। (२१) किं ब्रवीषि—"एवं नास्ति दोषः" इति। (२२) (उत्थाय) (२३) ब्रवीतु भवान्। (२४) किं ब्रवीषि—"यद्यर्थमेव वेश्यानां

तो कुछ बैठूँ। (बैठकर) अरे पैर धोना हो चुका। कुसुमपुर का राजमार्ग सफाई में महल की छत से बढ़कर है। मेरे पैरों का व्यर्थ लाड़ मत कर। तूने क्या कहा—"रामलिक की गोष्ठी में विष्णुदास आदि गोष्ठी के सदस्यों को आपस में मजेदार बहस करते हुए कामतन्त्र के बारे में कुछ शङ्काएँ हुईं। जब वे उनका ठीक समाधान न कर सके तो उन्होंने मुझसे अपना मत सुनाने की प्रार्थना की। मैंने भी उनसे अपना मत कहा। मैं वही बात भाव देविलक को भी सुनाना चाहता हूँ। फिर आप जो कहेंगे वही प्रमाण माना जायेगा। अपनी बात सुनाने के लिये मेरी आपके घर जाने की इच्छा थी, पर आपने स्वयं दर्शन देने की कृपा की। आपको समय हो तो कहूँ।

आज्ञा कीजिए। मैं सावधान हूँ। शक्तिभर उत्तर दूँगा। दुलार से बिगड़े हुए लड़के की तरह वायु इस कुटी को नहीं छोड़ रहा है। इसलिए देर तक नहीं बैठ सकूँगा। अगर तुझे पसन्द हो तो हम चलते-चलते बातचीत कर लेंगे। गोष्ठीशाला काफी लम्बी-चौड़ी है। क्या कहता है—"इसमें कोई हर्ज नहीं।" (उठकर) अब कह, क्या कहता है—"वेश्याओं का अगर पैसे के लिये ही पुरुषों से सम्बन्ध

---

२९ (६) *गोष्ठीक*—गोष्ठी के सदस्य। यहाँ विटों की सभा को गोष्ठी या गोष्ठक कहा गया है। इस विटगोष्ठी की सदस्यता और बैठक के बँधे हुए नियम थे जिनका कुछ उल्लेख पादताडितकं में आया है। भूमिका में उनकी विशद चर्चा है।

२९ (९) *देविलकभाव*—विट का नाम देविलक था।

२९ (१३) *क्षणिक*—सावकाश, फुरसतवाला।

पुरुषैः सह सम्बन्धः कथं तासामुत्तमाधममध्यमत्वं विज्ञेयम्'' इति। (२५) *भोः दानं नाम सर्वसामान्यं वशीकरणं लोकस्य, विशेषतस्तु वेशवधूनाम्*। (२६) *तथापि विद्यते विशेषः*। (२७) *कुतः ? अपि चोक्तं परापरज्ञैः—*

३०— *(अ) दानाद् रागमुपैति वैशयुवतिर्निष्कारणाद् वाऽधमा*
(आ) मध्या रूपमवेक्ष्य यौवनयुतं दानेन वा हृष्यति।
(इ) दातारं विगतस्पृहं सुवयसं रूपाधिकं चैव भो
(ई) दाक्षिण्येन विभूषितं खलु नरं नार्युत्तमा सेवते॥

(१) किं ब्रवीषि—''कामयमाना वेश्या कथं विज्ञायेत्'' इति। (२) तद्वक्ष्यामः, श्रूयताम्—

३१— *(अ) कान्ता नेत्रार्धपाता वदनरुचिकराः सस्मिता भ्रूविलासाः*
(आ) साकारा वाक्यलेशाः सहतलनिनदा दृष्टनष्टाश्च हासाः।
(इ) नाभीकक्षस्तनानां विवरणमसकृत्स्पर्शनं मेखलानां
(ई) श्वासायासाश्च दीर्घा मदनशरहतां कामिनीं सूचयन्ति॥

होता है, फिर कैसे उनमें उत्तम, मध्यम और अधम का भेद जाना जाये ?'' अरे दान तो लोक में सभी को वश में करने वाला है और विशेष कर वेश्याओं को। फिर भी उनमें भेद है, जैसा ऊँच-नीच जानने वाले कहते हैं—

३०—अधम वेशयुवति दान से प्रेम करती है, या बिना कारण ही प्रेम करती है। मध्या जवानी भरे रूप को देखकर अथवा दान से खुश होती है। पर उत्तम नारी दाता, विगतस्पृह, युवा, रूपवान्, अनुकूल और सजे-धजे नर की सेवा करती है।

क्या कहता है—''कामवती वेश्या कैसे जानी जा सकती है ?'' कहता हूँ, सुन—

३१—सुन्दर अधखुली चितवनें, मुख की शोभा बढ़ाने वाली हँसती हुई भौहें, इशारे और भावभंगिमाओं से भरी छोटी बातें, बीच-बीच में ताली बजाकर बोलना, प्रकट होने के साथ ही लुप्त हो जाने वाली मुस्कराहट, नाभि, बगल और स्तनों का उघाड़ देना, मेखला का बार-बार स्पर्श करना, तथा हाँफते हुए मुश्किल से साँस लेना, आदि लक्षण काम बाण से पीड़ित कामिनी की सूचना देते हैं।

---

२९ (२७) *परापरज्ञ*—यह वैदिक शब्द था। पर ब्रह्म और अवर (अपर) ब्रह्म अर्थात् अव्यय ब्रह्म और क्षर ब्रह्म के विषय में सब कुछ जानने वाले परावरज्ञ कहलाते थे। विटों की भाषा की यह प्रवृत्ति थी कि वे धर्म और दर्शन के शब्दों का प्रयोग करते थे, पर अर्थ की व्यंजना उनकी अपनी होती थी। इसका अच्छा उदाहरण *सायं प्रातः होमः क्रियते* वाक्य है। यहाँ अनुभवी विटों को परापरज्ञ कहा गया है।

३१ (आ) *साकाराः*—आकार अर्थात् मुख, भौंह, हाथों, आदि से इशारा करते हुए छोटे-छोटे वाक्यों में कही जाने वाली बातें।

३१ (आ) *सहतलनिनदाः*—ताली बजाकर कुछ बोल कह देना।

३१ (आ) *दृष्टनष्टाश्च हासाः*—होठों के भीतर ही विलीन हो जानेवाली मन्द मुस्कराहट।

(१) किं ब्रवीषि—"तत्र कामलिङ्गानि बहूनि ब्रुवते (२) शठप्रायत्वाद् वेश्या-जनस्य निष्ठोचितत्वात्? क 'एतच्छ्रद्धास्यन्तीति' तत्कामयमाना कथं विज्ञेया" इति। (३) श्रूयताम्—

३२— *(अ) सास्रा निश्वासा: स्नेहयुक्ता च दृष्टि:*
(आ) कार्श्ये पाण्डुत्वं स्वेदबिन्दूद्गमश्च।
(इ) क्षीणे द्रव्येऽपि प्रार्थना कामिनीनां
(ई) भावासक्तानां भावशुद्धिं वदन्ति॥

(१) (परिक्रम्य) (२) किं ब्रवीषि—प्रथम: समागम: केन कारणेन संमोहमुत्पादयति" इति। (३) श्रूयताम्—(४) प्रथमसमागम: खलु कामिनीनामनियोगस्थानम्। (५) तत्स्थाने खलु मुह्यन्ति तपस्विन:। (६) कुत:—

३३— *(अ) दु:खा श्लेषयितुं कथा प्रतिवचो लब्धुं च दु:खं ततो*
(आ) जातेऽपि प्रचुरे कथाव्यतिकरे विस्रम्भणं दुष्करम्।
(इ) विस्रम्भेऽपि सति स्वभावसदृशी दु:खा विधातुं रति:
(ई) सम्यक्प्राप्तरताऽपि वैशयुवती रज्येत वा नैव वा॥

अपि च—

३४— *राजनि विद्वन्मध्ये वा युवतीनाञ्च संगमे प्रथमे।*
साध्वदूषितहृदय: पटुरपि वागातुरीभवति॥

क्या कहता है—"वेश्याजनों की धोखेधड़ी अथवा निष्ठा से कामचिह्न बहुत से कहे जाते हैं। इन पर कैसे विश्वास किया जाये? कामवती कैसे जानी जाये?" सुन—

३२—आँसू भरी साँसें, स्नेह से भरी दृष्टि, दुबलापन, पसीने की बूँदें, द्रव्य नष्ट हो जाने पर भी प्रार्थना—इनसे प्रेम भरी कामिनियों की भावशुद्धि जानी जाती है।

(घूमकर) क्या कहता है—"प्रथम समागम किस कारण से हिचक उत्पन्न करता है!" सुन, प्रथम समागम कामिनियों के लिये झिझक से भरा होता है। उसके समय अनुभवी घाघ भी गड़बड़ा जाते हैं। फिर—

३३—पहले तो बातचीत का तार ही जोड़ना मुश्किल है। बात चल पड़ी तो जवाब पाना मुश्किल है। मिल-जुलकर बहुत बातचीत होने लगी तो एक-दूसरे पर विश्वास होना कठिन है। विश्वास होने पर अपने मन माफिक रति मिलना मुश्किल है। और सम्यक् रति प्राप्त होने पर भी वेश्या प्रेम करे या न करे।

३४—राजा के सामने, विद्वानों की सभा में, युवतियों के साथ प्रथम संगम में, हृदय भय से घबरा जाता है और तेज बातचीत की शक्ति भी गड़बड़ा जाती है।

---

३१ (२) *निष्ठोचितत्व*—श्रद्धाभक्ति, शुद्ध प्रेम।
३२ (४) *अनियोग*—काम में न लगना या झिझक के साथ प्रवृत्त होना।
३३ (अ) *कथा श्लेषयितुं*—बात मिलाना।

(१) किं ब्रवीषि—"केन कारणेन निर्गुणास्वपि दर्शनमात्रकेणैव स्नेहो भवति। (२) तासु च व्यलीकमुत्पादयन्तीषु कि प्रतिपत्तव्यम्" इति। (३) प्रत्यक्षे हेतुवचनं निरर्थकम्। (४) अस्त्येतन्महदवकाशमनङ्गस्य (५) यासु तु निर्गुणास्वपि रज्यन्ते मनुष्यास्तासु व्यलीकमुत्पादयन्त्यः शीघ्रमेव परित्याज्याः। (६) कुतः—

३५— *(अ) प्रियविरहे यद् दुःखं*
(आ) सह्य तद्भवति सत्त्वयुक्तस्य।
(इ) प्रियजनविमानितानां
(ई) न रोहति परिक्षतं हृदयम्॥

किमाह भवान्—"यस्तु नार्याः प्रियो भवति तस्य सा नातिबहुमान्या प्रिया भवति (२) साऽपि किं परित्याज्या" इति। (३) न न न। (४) अन्यास्वपि कामिनीष्वायति रक्षता स्वञ्च दाक्षिण्यमदूषयता तस्यामपि तस्मिंस्तस्मिन् काले रक्तवद् विचेष्टितव्यम्। (५) कुतः-

३६— *(अ) ये कामिनीं गुणवतीं च सयौवनां च*
(आ) नारीं नराः प्रणयिनीं च विमानयन्ति।
(इ) ते भोः कृषीलवचः परिदग्धचित्तै-
(ई) गोंभिः समं पृथुमुखेषु हलेषु योज्याः॥

क्या कहता है—"किस कारण गुणरहित में भी देखने से ही स्नेह हो जता है। झंझटी स्त्री के साथ कैसा व्यवहार करना चाहिए?" प्रत्यक्ष में कारण की बहस करना निरर्थक है। यह काम के क्षेत्र में बड़ी गुंजाइश है कि निर्गुण होने पर भी जिनसे प्रेम किया जाये उनमें से जो अपसेट करनेवाली हों, उन्हें फौरन छोड़ दिया जा सकता है। क्यों—

३५—प्रिय विरह का जो दुःख है वह सात्त्विक प्रियतम का तो सह लिया जाता है। पर प्रियजन जिनका अनादर कर दें उनका टूटा दिल फिर नहीं जुड़ता।

तूने क्या कहा—"स्त्री पुरुष को चाहती हो, पर वह उस स्त्री की बहुत परवाह न करता हो, तो क्या ऐसी स्त्री को छोड़ देना चहिए?" ना, ना, ना, दूसरी स्त्रियों में प्रेम की रक्षा करते हुए और अपने दाक्षिण्य को सँभालते हुए, उसके प्रति भी कभी-कभी प्रेम-भाव दिखलाना चाहिए। कैसे—

३६—जो मनुष्य गुणवती, यौवनवती और प्रणयिनी स्त्री का अनादर करते हैं, उन्हें किसानों की गालियों से जले बैलों की तरह भारी फालों वाले हलों में जोत देना चाहिए।

---

३४ (२) *व्यलीक*—झगड़ा, झंझट।

(१) (परिक्रम्य) (२) किं ब्रवीषि—"यस्तु कृतापराधस्तेन कथं कामिनी समनुनेया" इति (३) स्थाने खलु संशयः। (४) प्रणयिनीनां हि कोपो विषमज्वर इव दुश्चिकित्सः। (५) तथाप्यवश्यमस्याः कोपप्रत्यावर्तकेन भवितव्यम्। (६) साम्प्रतकालिकाश्च कौमारकाः पादपतनमेवात्रौषधं पश्यन्ति। (७) तन्मया नातिबहुमन्यते। (८) यदा च वृद्धश्रोत्रियाणामपि तत्तावत् कठिनकूणितवृद्धकर्कटाकृतयः पादुकाकिणकर्कशाः पुराणघृताभ्यङ्गदुर्गन्धाः पादा गृह्यन्ते, (९) कोऽत्राभिमानः पल्लवसुकुमारेषु कामिनीनां पादेषु। (१०) अपि च तत्तु दोपवत्।

(११) कुतः—

३७— *पादग्रहणेऽवश्यं वाष्पः संजायते प्रणयिनाम्।*
अश्रुविमोक्षे दैन्यं दैन्योत्पत्तौ कुतः कामः॥

(१) अन्ये तु ब्रुवते—"शपथकरणैरनुनेया" इति। (२) तदप्यश्लिष्टम्। (३) कुलवध्वोऽपि तावत् कामुकानां शपथं न श्रद्दधति, किं पुनर्वेश्याः (४) या वा श्रद्दध्यात् तया किमनुनेतव्यया भवितव्यम्। (५) उक्तं च—

३८— *(अ) ग्रामे वासः श्रोत्रिय—*
(आ) कथनं परतन्त्रता कृपणभावः।
(इ) आर्जवयुता च नारी
(ई) पुंसां मदनान्तकारिणः केचित्॥

(घूमकर) क्या कहता है—"जिसने स्त्री के साथ सचमुच कसूर किया हो वह उसे कैसे मनावे?" इस विषय में सन्देह ठीक ही है। विषम ज्वर की तरह प्रणयिनियों के कोप का इलाज मुश्किल है। फिर भी उसेका गुस्सा हटाना चाहिए। आजकल के छोकरे पैर पड़ना उसकी दवा मानते हैं। पर मैं इसे बहुत अच्छा नहीं समझता। वैसे तो जब कठोर सिकुड़े हुए पुराने केंकड़े की आकृति वाले, खड़ाऊँ के घट्टों से कड़े, और पुराने घी की मालिश से गंधाते हुए वृद्ध श्रोत्रियों के पैर भी छुए जाते हैं, तो पल्लवों की तरह सुकुमार कामिनियों के पैर पड़ने में शेखी क्या? पर ऐसा करने में भी दोष है।

३७—पैर पकड़ने से आँसू बहेंगे, प्रेमिकाओं के आँसू बहाने पर दैन्य उत्पन्न होगा, और दैन्य उत्पन्न होने पर काम कहाँ?

दूसरे कहते हैं—"कसम दिलाकर मनाना चाहिए।" इससे भी मेल नहीं होता। कुलवधुएँ भी कामियों की शपथ नहीं मानतीं फिर वेश्याओं की बात ही क्या? अगर विश्वास कर ले तो उसके मनाने की ही क्या जरूरत? कहा भी है—

३८—गाँव का रहना, श्रोत्रिय का उपदेश, परतन्त्रता, कंजूसी, भोलीभाली नारी, ये सब पुरुष के काम का अन्त कर देते हैं।

---

३६ (६) *कौमारकाः*—छोकरे, लौंडे। इसका पाठान्तर 'कामुकाः' भी है।

(१) केचिद् ब्रुवते—"येन केनचिदुपायेन हासयितव्या। (२) हासान्तरितधैर्याऽभिज्ञातगाधेव नदी सुखावगाहा भवति" इति। (३) आ ब्रूमः। (४) यद्यप्यस्त्येतत् तथापि कोपफलं नावाप्तव्यं भवति। (५) कुतः—

३९— *(अ) उत्कृष्यालम्बमीपत् प्रतनुनिवसनं नर्तयित्वाऽधरोष्ठं*
(आ) तत्कालश्रोत्ररम्यं परुषमपरुषैरक्षरैः श्रावयित्वा।
(इ) यत्कोपाद् वामपादं नवनलिननिभं निक्षिपत्युत्तमाङ्गे
(ई) तच्छ्लाघ्यं यौवनार्घ्यं रतिकलहफलं प्राप्तकामा वदन्ति॥

(१) तस्माद् हास्यप्रयोगेणापि मानयित्वयः स्त्रीकोपः। (२) एवमस्तु। (३) विमृश्यमानेषु स्त्रीणां कोपप्रसादनोपायेषु सद्यो दृष्टफलत्वादवमृद्य चुम्बनमेवास्माकं पक्षः। (४) कुतः—

४०— *(अ) केशेषूत्कटधूवाससुरभिष्वासज्य वामं करं*
(आ) हस्तौ द्वावपि दक्षिणेन सहितौ संगृह्य नात्यायतम्।
(इ) यो हर्षः पिबतो बलात् प्रियतमावक्त्रेन्दुमुत्पद्यते
(ई) तेनाप्यायितमन्मथो हि पुरुषो जीर्णोऽपि न क्षीयते॥

(१) किं ब्रवीषि—"यस्तु प्रमाददोषात्प्रियायाः समक्षमेव गोत्रं स्खलयति तत्र भावः किं प्रतीकारं पश्यति" इति। भोः अन्यस्त्रीगोत्रग्रहणं हि महानुपप्लवः कामुकानाम्

कोई कहते हैं—"उसे किसी भी उपाय से हँसा देना चाहिए। हँसी से उसके धैर्य की थाह लग जाने पर नदी की तरह वह सुखर्पूक पार की जा सकेगी।" इस पर मेरा कहना है कि यदि ऐसा हो भी, तो भी प्रिया के रूठ कर मान करने का मजा नहीं मिलता। कैसे—

३९—लटकते हुए महीन वस्त्र को जरा खींचकर, अधरोष्ठ को नचा कर, उस काल में अच्छी लगने वाली और कड़वी बातें मधुर ढंग से सुनाकर, नव पद्मों की तरह कोमल बायें पैर को जब प्रियतमा सिर पर लगाती है, तो चग्घड़ लोग उसे रतिकलह का फल और जवानी का मजेदार अर्घ्य मानते हैं।

इसलिए हँसी मजाक के प्रयोग से भी स्त्री का कोप हटाना चाहिए। बहुत ठीक। स्त्रियों के क्रोध हटाने के उपाय सोचने पर मुझे लगता है कि जबर्दस्ती लिया हुआ चुम्बन तुरन्त फल देने वाला है। कैसे—

४०—बायें हाथ से उत्कट धूप गन्ध से सुगन्धित बालों को पकड़ कर, उसके दोनों हाथ अपने दाहिने हाथ में कुछ देर रख कर प्रिया का चन्द्रमुख पीने से जो हर्ष उत्पन्न होता है उससे तृप्त कामी पुरुष बूढ़ी आयु होने पर भी नहीं छीजता।

क्या कहता है—"जो प्रमाद दोष से प्रिया के सामने ही भूल से दूसरी का नाम ले लेता है, उसका आप क्या इलाज बताते हैं।" कामियों के लिए दूसरी स्त्री

---

४० (आ) *नात्यायतम्*—बहुत लम्बे समय तक नहीं, कुछ देर तक ही।

(३) आशीविषदष्टस्येवास्य दुःखा प्रतिक्रियां कर्तुम्। (४) मुहूर्ते नाम ध्यानं प्रवैक्ष्यामः। (५) (ध्यात्वा) (६) आ! दृष्टम्—

४१— *(अ) धार्ष्ट्यात् सर्वापहारः परिशठमथवा त्रस्तवन्निष्क्रियत्वं*
(आ) नार्या वाक्यप्रशंसा त्वरिततरमथो हास्यपक्षक्रिया वा।
(इ) अन्यस्मिन् वा प्रयोगो वचसि यदि भवेत्तस्य चान्येन योगो
(ई) नानागोत्रग्रहो वाभति हि शरणं गोत्रवाक्यक्षतस्य॥

(१) किं ब्रवीषि—''नखदशननिपाताः केन कारणेन सवेदना अपि प्रीतिमुत्पादयन्त'' इति। ह ह ह! अतिमुग्धमभिहितम्। (३) पश्यतु भवान्—नखदशननिपाताः संवेदना अपि प्रीतिमद्भ्यां सुखमुत्पादयन्ति। (४) कुतः—

४२— *(अ) यथा प्रतोदोऽवहितं करोति*
(आ) जवै हयं सारथिसम्प्रयुक्तः।
(इ) तथा रतौ दन्तनखावपातः
(ई) स्पर्शैकतानं हृदयं करोति॥

(१) (परिक्रम्य) (२) किं ब्रवीषि—''कथं वेश्या विरक्ता रक्तेव चेष्टमाना विज्ञेया'' इति। (३) अथ भोः कोऽत्र संशयः। (४) एष एवोपदेशः—अनुरक्तायां रागो भावयितव्यः। (५) यथा चोपदिष्टम्। (६) पश्यतु भवान्। (७) आकार

का नाम ले लेना बड़ी आफत है। सर्प काटने के इलाज की तरह इसका इलाज मुश्किल है। एक क्षण के लिये मुझे ध्यान करने दे। (सोचकर) ठीक, मैंने जान लिया—

४१—ढिठाई से सारी बात को एकदम सफेद झूठ के साथ मुकर जाना, या डरे हुए की तरह सन्न हो जाना, या स्त्री की बड़ाई के पुल बाँध देना, या हँसी-ठिठोली में उतार ले जाना, या किसी दूसी तरफ बात का रुख फेर देना और उसमें से फिर दूसरी बात निकाल देना, या एक नाम के साथ अनेक नाम ले लेना—ये नाम ले लेने की बीमारी के इलाज हैं।

क्या कहता है—''नखक्षत और दन्तक्षत किस कारण से पीड़ा देते हुए भी मजा देते हैं।'' हा, हा, हा, तूने बड़ी भोली बात कही। तू देख, नखक्षत और दन्तक्षत पीड़ा पहुँचाने वाले होकर भी प्रेमियों में सुख पैदा करते हैं। कैसे—

४२—जैसे सारथि से चाबुक द्वारा चलाने पर घोड़े में तेजी आती है उसी तरह रति में दन्तक्षत और नखक्षत हृदय को एकरस बनाते हैं।

(घूमकर) क्या कहता है—''वेश्या विरक्त है या अनुरक्त, उसकी चेष्टा से कैसे पता चले?'' अरे, इसमें शक की क्या बात है? इस विषय में यह उपदेश है।

---

४१ (अ) *सर्वापहार*—एकदम सारी बात से इनकार कर जाना।
४१ (अ) *परिशठम्*—एकदम सफेद झूठ या बेईमानी के साथ।

संवरणं हि महात्मानो न शक्नुवन्ति कर्तुम्, (८) किं पुनरकठिनहृदया: स्वल्पावगता: स्त्रिय:। (९) कुत:—(१०) आकार एवावैक्षितव्य:। (११) किं ब्रवीषि—"कथम्" इति

४३— *(अ) व्यर्थं प्रस्मयते वदत्यकथिते सावेगमुत्तिष्ठति*
(आ) प्रोक्तं न प्रतिबुद्ध्यते न कुरुते स्त्रीत्वोचितां वामताम्।
(इ) गाढं प्रत्युपगूह्य मुञ्चति मुहु: खिन्ना नियुक्ते रतौ
(ई) रागान्ते निपुणाऽपि वंध्यकुसुमा ज्ञेय लतेवाङ्गना॥

(१) किं ब्रवीषि—"विरागं समुत्पन्नं कथं चिकित्सतुं शक्यं उताहो ऽप्रतीकार एवैष भाव:" इति। (२) श्रृणोतु भवान्—रागोत्पत्ति: खलु द्विविधैव भवति कारणादकारणाद् वा। (३) तत्र कारणोत्पन्नस्य रागस्य कारणादेव विरागो भवति। (४) एवमकारणोत्पन्नस्याकारणादेव। (५) एवं रागविरागयोर्वैषम्ये किमिव शक्या प्रतिक्रिया कर्तुम्। (६) मन्दीभूते तु रागे या प्रतिक्रिया तां वक्ष्याम:—

४४— *(अ) अन्यस्त्रीसेवनं वा रतिविकृतिरथो धीरता विग्रहो वा*
(आ) क्षान्ति: काले सहास्या वचननिपुणता बन्धुपूजा स्तुतिर्वा।

अनुरक्त स्त्री में प्रेम भाँपा जा सकता है। जैसा कहा गया है। तू देख, महात्मा भी अपना आकार छिपा नहीं सकते, फिर कोमल हृदय वाली नासमझ स्त्रियों की तो बात ही क्या है? उनके आकार की ओर गौर करना चाहिए। क्या कहता है—"कैसे"

४३—व्यर्थ में ठठाकर हँसती है, बिना बात के बोलती है, वेग से उठ जाती है, कहने पर नहीं समझती, स्त्रियोचित्त टेढ़ापन नहीं दिखाती, गाढ़ालिंगन करके झट से छोड़ देती है, पुरुष के रति में नियुक्त होने पर खिन्नता दिखलाती है, ऐसी स्त्री राग के अन्त में चाहे जितनी चतुराई प्रकट करे, पर वह उस बाँझ लता की तरह है जिसमें फूल आते हैं पर फल नहीं लगते।

क्या कहता है—"विराग उत्पन्न हो जाये, तो क्या उसका उपाय संभव है, या उसका प्रतिकार हो ही नहीं सकता?" सुन। प्रेम दो तरह से पैदा होता है, सकारण और अकारण। कारण से उत्पन्न प्रेम कारण से ही विराग में परिणत होता है और बिना कारण होने वाला प्रेम बिना कारण ही विराग में बदल सकता है। यों राग-विराग की कठिनाई में क्या इलाज करना चाहिए? प्रेम कम हो जाने पर जो इलाज उचित है, उसे कहता हूँ—

४४—अन्य स्त्री का सेवन, किसी वजह से रति का गड़बड़ा जाना, धीरता (काम में अप्रवृत्ति) या लड़ाई, रति के समय टाल-मटोल, साथ बैठक, बातों में

---

४२ (८) *स्वल्पावगता:*—थोड़ी समझ वाली।
४४ (अ) *रतिविकृति*—रति का बिगड़ जाना, किसी कारणवश संभव न हो पाना।
४४ (आ) *सहास्या*—सह+आस्या = साथ बैठक। इसके लिये *महाभारत* में

(इ) *वेश्याव्याजप्रवासः पुरवरगमनं साहसोपक्रमो वा*
(ई) *दानं वा कामिनीनां परिचयशिथिलं रागमुद्दीपयन्ति॥*

(१) अपि च, शृणोतु भवान्—

४५— *(अ) बाला बालत्वाद् द्रव्यलुब्धा प्रदानैः*
(आ) प्राज्ञा प्राज्ञत्वात् कोपना सान्त्वनाभिः।
(इ) स्तब्धा सेवाभिर्दक्षिणा दक्षिणत्वात्
(ई) नारी संसेव्या या यथा सा तथैव॥

(१) (परिक्रम्य) (२) किं ब्रवीषि—

४६— *(अ) "दर्शयति कामलिङ्गं*
(आ) न वदत्यलमिति न गच्छति समीपम्।
(इ) या स्त्री विहरति काले
(ई) सा कर्तव्या कथं वश्या॥" इति।

(१) साध्वभिहितमेतत्। (२) प्रथमं तावत् कामिना ज्ञेयः स्त्रीस्वभावः। (३) एष एव स्त्रीस्वभावः स्यात्। (४) किन्तु यावज्जीवितमपि गर्विता निरुपायं न शक्या वशमुपनेतुम्। (५) यत्तु स्त्रीणां रहस्यं तदिदमुद्घाट्यते।

निपुणता, उसके बन्धुओं की पूजा या स्तुति, वेश्या के बहाने से प्रवास, बड़े शहर में जाना, जान जोखिम का काम (साहस), और दान, इतनी बातें स्त्रियों के शिथिल राग को उभाड़ देती हैं।

और भी सुन—

४५—बाला बालपन से, रुपये की लोभी दान से, चतुर चतुराई से, क्रोधी सान्त्वना से, गरूर भरी सेवा से, अनुकूल अनुकूलता से वश में आती है। जैसी स्त्री हो उसके साथ वैसे ही बरतना चाहिए।

(घूमकर) क्या कहता है—

४६—"जो एक ओर तो काम चिह्न दिखलाती है, पर बात नहीं करती, और 'बस-बस' करके पास नहीं आती, ठीक समय पर सटक जाती है, उसे कैसे वश में करना चाहिए?"

तू ने ठीक कहा। पहले कामी को स्त्री का स्वभाव जानना चाहिए। हो सकता है ऐसा ही कुछ स्त्री का स्वभाव हो। लेकिन जो गरबीली है वह जिन्दगी भर भी बिना तरकीब वश में नहीं आ सकती। स्त्रियों का जो रहस्य है उसका उद्घाटन करता हूँ।

समास्या (सम + आस्या) शब्द भी आया है। आस उपवेशने धातु से 'आस्या' (= बैठक) बनता है।

४७— (अ) *शून्ये वा सम्प्रमर्द्य द्विरद इव लतां यो हरत्याशु नारीं*
(आ) *मत्तां वा यो विदित्वा ह्यभिभवति शनै रञ्जयन् वाक्यलेशैः।*
(इ) *अन्यं कृत्वोपधि वा छलयति कुरुते भावसंगूहनं वा*
(ई) *तस्यैतच्चेष्टितं भो न भवति विफलं वामशीला हि नार्यः॥*

(१) (परिक्रम्य) (२) किं ब्रवीषि—

४८— (अ) *"गते तु कोपे प्रथमे समागमे*
(आ) *प्रवासकाले पुनरागमे तथा।*
(इ) *वदन्ति चत्वारि रतानि कामुकाः*
(ई) *ततो भवान् किन्वधिकं व्यवस्यति"॥ इति।*

(१) अत्र ब्रूमः—यत्तावत्प्रथमसमागमे रतं तदप्यलब्धविस्रम्भायां कामिन्यामज्ञातगाधमिव सरः शङ्कावगाहं भवति। (२) यदपि प्रवासकाले रतं तदपि तच्छोकाभिभूतत्वान्मन्दरागायाः सास्राविलाक्षमुपोह्यमानहृदयोद्वेगक(का)रणं रम्यं (अरम्यं) करुणं ग्रहोपसृष्टं चन्द्रमण्डलमिव न मां प्रीणयति। (३) यदपि प्रवासादागते रतं तदप्यकृतप्रतिकर्मतया प्रियया व्रीडितयाव्यञ्जितं दुर्दिनगान्धर्वमिव मन्दरागं भवति।

४७—हाथी जैसे लता को मलता है उसी तरह स्त्री को एकान्त में पाकर जो उसे ले जाता है, अथवा जो उसे मतवाली जानकर मीठी बातों से उस पर हावी हो जाता है, अथवा दूसरा आल-जाल फैलाकर जो उसे छल लेता है, अथवा अपने मन की बातें जो छिपा लेता है, उसकी ये चेष्टाएँ विफल नहीं होतीं, क्योंकि स्त्रियाँ औंधी चाल की होती हैं।

(घूमकर) क्या कहता है—

४८—क्रोध चले जाने पर, पहली भेंट में, प्रवास पर जाते समय, फिर लौटने पर, ऐसे चार सुरत कामुक कहते हैं। आप इनमें से किसे सबसे अधिक महत्त्व देते हैं?

मेरा कहना है कि प्रथम समागम की रति स्त्री के विश्वास की थाह पाए बिना अगाध तालाब की तरह खतरे से भरी है। प्रवास काल के समय का संग भी मुझे नहीं भाता, क्योंकि तब शोक से अभिभूत कामिनी का राग कम हो जाता है, आँखों में आँसू भर आने और हृदय उद्वेग से भरा होने के कारण सुरत बेमज़ा और करुण रहता है, मानो चन्द्रमा को ग्रहण लगा हो। जो प्रवास से लौटने के बाद की रति है वह प्रिया के शृंगार विहीन होने और लज्जा के कारण कुछ कम राग

४८ (३) *प्रतिकर्म*—शृङ्गार, सजावट।
४८ (३) *व्रीडितयाव्यंजितं*—व्रीडा या संकोच के कारण जो भली प्रकार प्रकट नहीं किया गया। इसका पदच्छेद व्रीडितया + अव्यञ्जितं करना ठीक होगा।
४८ (३) *दुर्दिनगान्धर्व*—वृष्टिवाले दिन किया हुआ संगीत का उत्सव।

(४) यत्पुनः कोपापगमादागतं तत् सुरासुरविद्धमन्दरपीडिते सर्वौषधिप्रक्षेपाप्यायितवीर्ये भगवति सललनिधौ यदुत्पन्नममृतसंज्ञकं किमपि श्रूयते आयुर्वयोऽवस्थापनं रसायनं तदप्यतिवर्तते। (५) कुतः—

४९— *(अ) कापापगमे नार्या-*
(आ) स्तमेव हृदयेन भावमजहन्त्याः।
(इ) सुरतमतिरभसमनिभृत-
(ई) कररुहदशनपदजर्जरं भवति॥

(१) (परिक्रम्य) (२) किं ब्रवीषि—"वेश्यावञ्चितं पुरुषं परिहसन्ति धूर्ताः। (३) कथं वेश्यावञ्चनं न प्राप्नुयात् कामुकः" इति। (४) भो वेश्या लिपिकारश्च छिद्रप्रहारित्वात्तुल्यमुभयम्। (५) तत्र लिपिकारोऽप्यास्ते हस्तगतकल्पं कृत्वा मुहूर्तमवस्थानं प्रापयति। (६) वेश्या पुनर्वातरोग इवात्यर्थव्ययमुत्पादयति। (७) यदि मच्चरितानुगामी भवेत् तेन वेशः प्रवेष्टव्यः। (८) मया हि—

प्रकट करने के कारण बरसात में महफिल की तरह होती है। वह सुरत जो मान-मनावन के बाद होता है, वह देवता और असुरों द्वारा घुमाई हुई मन्दराचल की मथानी से क्षुभित और अनेक औषधियों का रस मिल जाने से ओजस्वी भगवान् समुद्र के भीतर से निकले हुए अमृत नामक रसायन से भी बढ़कर होता है और आयुष्य एवं शक्ति को स्थिर करता है।

४९—क्रोध चले जाने पर भी उसी भाव को हृदय से न छोड़ने वाली स्त्री के साथ का सुरत शीघ्रता से किए हुए नखक्षत और दन्तक्षत से अति प्रचण्ड होता है।

(घूमकर) क्या कहता है—"वेश्याओं से ठगे गए व्यक्ति पर धूर्त हँसते हैं। कामुक कैसे वेश्या द्वारा ठगे जाने से बचे?" अरे वेश्या और लिपिकर्ता दोनों छिद्र देखकर प्रहार करने में एक समान हैं। उनमें लिपिकार भी वेश्या की तरह ही मुट्ठी गरम करके रहता है, पर कुछ देर आराम से बैठने देता है। पर वेश्या वात रोग की तरह बहुत खर्च करा देती है और चैन से भी नहीं बैठने देती। जो हमारे ऐसी चाल चलनेवाला हो उसे ही वेश में पैर रखना चाहिए। मैंने—

---

४९ (४) *लिपिकार*—लिपिकर्ता, लेखक, सरकारी दफ्तरों में काम करने वाले अमले की ओर संकेत है जो कागज-पत्तर में कुछ का कुछ लिख देते थे।

४९ (४) *छिद्रप्रहारित्व*—छिद्र = (लिपिक-पक्ष में) मामले की कमजोरी, वेश्या-पक्ष में) आचार दोष।

४९ (५) *लिपिकारोऽप्यास्ते हस्तगतकल्पं*—'अपि' शब्द की व्यञ्जना है कि वेश्या की भाँति लेखक भी माल हाथ में करके ही बैठता है। हस्तगतकरुपं—यहाँ कल्प शब्द का अर्थ पूँजी, माल, रुपया-पैसा, पुड़िया होना चाहिए। कोशों में यह अर्थ नहीं है।

५०— (अ) *विस्रम्भो गतयौवनासु न कृतो बाला: परीक्ष्य स्थितं*
(आ) *दूरादेव समातृका: परिहृता नद्य: ससत्त्वा इव।*
(इ) *मन्युर्नास्ति विमानितस्य न पुन: सम्प्रार्थितस्यादरो*
(ई) *वेशे चास्मि जरांगतो न च कृत: स्वल्पोऽपि मिथ्याव्यय:॥*

(१) (परिक्रम्य) (२) किं ब्रवीषि—''नार्योर्युगपदागमे का प्रतिपत्तव्या का परित्याज्या कालवर्धितप्रणयिनी उताहो नवप्रणयिनी? (३) एनं प्रश्नं वदतु भाव:'' इति। (४) कष्ट: खल्वयं प्रश्न:। (५) दुर्वचो मा प्रतिभाति। (६) किमत्र भवान् पश्यति? (७) किमाह भवान्—''न किञ्चिदप्यत्र पश्यामि। (८) महत्त्वेतत् संकटम्। (९) भाव एव वक्तुमर्हति'' इति। (१०) तेन श्रूयताम्—

५१— (अ) *रूढस्नेहान्न युक्तं नवयुवतिकृते स्वां प्रियां विप्रमोक्तुं*
(आ) *तत्प्रीत्यर्थे न हेया स्वयमभिपतिता कामिनी जातकामा।*
(इ) *तत्रोपेक्षैव कार्या व्रजति परिचिता यावदुद्भूतकोपा*
(ई) *शून्ये प्राप्य द्वितीयामथ तदनुमते सम्प्रसाद्या प्रियैव॥*

(१) (परिक्रम्य) (२) किं ब्रवीषि—''वेशे सञ्चरता दर्शनमात्रकेणैव कथं शक्यं ज्ञातुं स्त्रीणां रहोनैपुणम्'' इति। (३) नास्ति किञ्चिन्निपुणस्याज्ञेयम्। (४) स्त्रियं खलु दृष्ट्वा पुरुषेणैव दृष्टिरेव प्रथमं परीक्ष्या भवति। (५) चक्षुषि हि सर्वे भावा नियता:। (६) पश्यतु भवान्—

५०—जिनका यौवन ढल चुका है उनमें मैंने विश्वास नहीं किया। बालाओं की खूब परख करके फिर उनके साथ रहा। खालाओं के अधीन रहने वाली वेश्याओं से दूर से ही अलग रहा, जैसे मगरमच्छों से भरी नदी से। अपमानित होने पर मुझे क्रोध नहीं आया और न प्रार्थना किए जाने पर आदर का ही बोध हुआ। वेश में ही मैं बुड्ढा हुआ, पर जरा-सी भी फिजूलखर्ची नहीं की।

(घूमकर) क्या कहता है—''किसी की दो प्रेमिकाएँ हों और दोनों आ जाएँ तो किसे समादर देना चाहिए, किसे छोड़ना चाहिए। पुरानी प्रेमिका को या नयी को? आप इस प्रश्न का उत्तर दीजिए।'' अरे, यह सवाल टेढ़ा है। इसका जवाब मुश्किल लगता है। तेरी क्या राय है? तूने क्या कहा—''मैं कुछ भी नहीं समझता, बड़ा पेचीदा सवाल है। आप ही जवाब दें।'' तो सुन—

५१—नव युवती के लिये अधिक प्रेमवश होकर अपनी पहली प्रिया को छोड़ना उचित नहीं। उसकी प्रसन्नता के लिये स्वयं आई हुई सकामा नयी कामिनी को छोड़ना भी नहीं चाहिए। उपेक्षा करने से जब क्रोधित होकर पुरानी चल दे तो अकेले में दूसरी को पाकर उसकी राय से पहली को मनाना चाहिए।

(घूमकर) क्या कहता है—''वेश में घूमते हुए केवल देखने से ही स्त्रियों की काम-भाव में निपुणता कैसे भाँपी जा सकती है?'' चतुर के लिये कुछ अनजाना नहीं रहता है। पुरुष स्त्री को देखते ही उसकी निगाह को पहले भाँप ले, क्योंकि आँख में ही सब भाव भरे रहते हैं। तू देख—

५२— *(अ) सकेकरा मन्दनिमेषयुक्ता*
(आ) तिर्यग्गता स्नेहवती विशाला।
(इ) दैन्येन हीना चलतारका च
(ई) स्त्रीणां रहोनैपुणमाह दृष्टिः॥

(१) अपि च, यस्याश्चाभुग्नमीषत्प्रतनुकपोलं भ्रूसञ्चरि तिर्यक्कटाक्षमाननं तस्या रतिकार्कश्यं, (२) यस्यावाश्यानमूलोऽधरः सदन्तनखपदं शरीरं अविरलहसितं च मुखं तस्या निविशङ्कमेव रतिशौण्डीर्यमवगन्तव्यम्। (३) यां वा भवान् पश्यति कटिप्रदेशविन्यस्तवामहस्तां प्रलम्बदक्षिणकरामेकपार्श्वोन्नतजघनां तस्यामप्यास्था कार्या। (४) नह्येवमगर्विता तिष्ठति। (५) याञ्च निवसनान्तावृतैकपयोधरां स्वगृहदेहली

५२—आँखें ऐंची करना, हल्की पलक मारना, तिरछे देखना, चितवन में राग भरना, नेत्र फैलाकर देखना, देखने में प्रगल्भता होना, दृष्टि में पुतली की चंचलता होना—इतने प्रकार की दृष्टि सूचित करती है कि स्त्री कामभाव में निपुण है।

जिसका कपोल कुछ घुमाया हुआ और पतला हो, भौहें चंचल हों, तिरछी चितवन हो, ऐसे मुखवाली की रति कठिन होती है। जिसके अधर के कोने सिकुड़े हुए हों, जिसका शरीर नख और दन्तक्षतों से भरा हो, जो धीमे-धीमे हँसती हो, उसके साथ निधड़क रति जाननी चाहिए। जिसका बायाँ हाथ कटि पर रक्खा हो और दाहिना बराबर में लताहस्त मुद्रा में लटकता हो और जिसका जघन भाग एक ओर को खींचकर ऊपर उभार लिया गया हो, ऐसी स्त्री पर भी तुझे भरोसा करना चाहिए। पर ऐसी स्त्री बिना गरूर की नहीं होती। जो अंचल के छोर से एक स्तर ढक कर,

---

५२ (अ) *सकेकरा*—वह दृष्टि जिसमें आँख का कोया एक ओर को खींच लिया जाए, ऐंची हुई आँख।

५२ (अ) *मन्दनिमेष*—पलकें टिमटिमाना।

५२ (आ) *तिर्यग्गता*—अपाङ्ग दृष्टि।

५२ (आ) *विशाला*—नेत्रों को पूरा फैलाकर देखना।

५२ (इ) *दैन्यहीना*—प्रगल्भता युक्त दृष्टि।

५२ (ई) *रहोनैपुण*—काम चातुरी। रहः = कामभाव, राग। नैपुण = विदग्धता, चातुरी।

५२ (२) *अवाश्यानमूलः अधरः*—अधर के कोने खींचकर सिकोड़े हुए हों। अवाश्यान= सिकुड़ा हुआ। अंग्रेजी में होंठ की इस मुद्रा को 'पाउटिङ्ग' (श्चश्वह्वह्लद्बठ्ठद्द) कहते हैं। अवाश्यान ही शुद्ध पाठ है।

५२ (३) *कटिप्रदेशविन्यस्तवामहस्ता*—बायाँ हाथ कट्यवलम्बित मुद्रा में, दाहिना लताहस्त मुद्रा में, और एक ओर का जघन भाग ऊपर खींचा हुआ हो, तो इसे शालभंजिका मुद्रा या चित्रलिखित मुद्रा कहते थे।

विलग्नैकरुचिरचरणां द्वारपार्श्वावरुद्धशरीरां पश्यति स खलु स्त्रीमयः पाशः। (६) *चारुलीलात्वमेवास्याः सर्वे कथयति।* (७) *या वा कवाटगोस्तनकतटमालम्ब्य प्रकटीकृतबाहुपाशा शिथिलीकृतनीवीबन्धना सन्दर्शितनाभिह्रदा दृश्यते* (८) *तस्यामाकृतिरतिपूर्वरङ्गायांमनुमेयं न विद्यते।* (९) *शक्यमत्र बह्वपि वक्तुम्।* (१०) *संक्षेपस्तु ब्रूयताम्—*

५३— (अ) *यस्यास्ताम्रतलाङ्गलिः शुचिनखो गण्डान्तसेवी करो*
(आ) *वाणी साभिनया गतिः सललिता प्रस्पन्दितोष्ठं स्मितम्।*
(इ) *लालोदृष्टिशङ्कितं मुखमधो नाभेश्च नीवीक्रिया*
(ई) *तां विद्यान्नरवागुरां रतिरणे प्राप्ताग्र्यशौर्यां स्त्रियम्॥*

(१) *(परिक्रम्य)* (२) *किं ब्रवीषि—''द्विविधमेव स्त्रीणां कामितं भवति प्रकाशं प्रच्छन्नं च।* (३) *तयोः कतरद् व्यतिरिच्यते'' इति।* (४) *भोः यत्प्रकाशं तद्वेशवधूष्वेवोपपद्यते।* (५) *कृतकमपि चैतद्भवति।* (६) *यत्त्विदं प्रछन्नं तत्कुलवधूषु वेशवधूषु च।* (७) *तत्केवलमनुरागादुत्पद्यते विशेषतश्चैतदल्पदोषत्वाद् वेश्यावधूष्वेव रम्यं भवति।*

अपने घर की देहली पर एक पैर अदा से रखकर द्वार के पार्श्व भाग में शरीर छिपा कर देखती हो, वह स्त्री नहीं पूरा फन्दा है। उसके नखरों से ही उसका हाल प्रकट होता है। जो किवाड़ की ऊपरी बिलैया (गोस्तन) का किनारा पकड़ कर अपनी दोनों भुजाओं को अंगड़ाई की मुद्रा में नीवी बन्ध ढीला करके नाभि प्रकट करती हुई खड़ी होती है, उसकी चेष्टा से ही रति का पूर्व रंग प्रकट हो जाता है, अनुमान के लिये कुछ शेष नहीं रहता। इस सम्बन्ध में बहुत कहा जा सकता है, पर मैं संक्षेप में कहता हूँ।

५३—लाल हथेली और अंगुलियाँ, साफ नाखून, गाल पर रक्खा हुआ हाथ, हाथ मटका कर बातें, सुन्दर चाल, फड़कते ओठोंवाली मुस्कान, चंचल चितवन, आश्वस्त मुख मुद्रा, नाभि के नीचे नीवी बन्धन—ये लक्षण जिसमें हों उसे आदमी फँसाने का जाल या रति-युद्ध में चोटी की सूरमा समझो।

(घूमकर) क्या कहता है—''स्त्रियों का काम भाव दो तरह का होता है, प्रकट और छिपा। उनमें कौन बढ़कर है ?'' अरे, जो प्रकट है वह वेशवधुओं के ही योग्य होता है। वह बनावटी भी होता है। जो प्रच्छन्न है वह वेश्या और कुलवधू दोनों में होता हे। जो केवल अनुराग से उत्पन्न होता है वह विशेषकर

---

५२ (५) *द्वारपार्श्वावरुद्धशरीरा*—इसका पाठान्तर द्वारबाह्यावरुद्धशरीरा भी है, अर्थात् जिसके शरीर का कुछ भाग द्वार के बाहर निकला हुआ हो।

५२ (७) *कवाटगोस्तनक*—किवाड़ों को बन्द करने के लिये चौखट के ऊपरी भाग में लगी हुई लकड़ी की छोटी बिलैया।

५२ (८) *अनुमेयं*—अननुमेयं भी पाठान्तर है। अर्थात् ऐसी ढीठ स्त्री में सभी कुछ अनुमेय है, वह जो न करे थोड़ा है।

(८) दुर्लभत्वादपि पुरुषाणां कुलवध्वस्तु यं कञ्चित् कामयन्ते। (९) वेश्यया तु न सर्वः काम्यते। (१०) स्यान्मतं कस्यचित्—'निर्दोषमदनत्वाद् वेश्यानां प्रच्छन्नकामितेन किं प्रयोजनम्' इति। (११) अत्र ब्रूमः—पूर्वसंस्तुतो राजवल्लभः कृतोपकारो भक्तिमाननृशंस इत्येते वेश्याजननीसेवकाः। (१२) एतेषामवश्यमकामयमानाऽपि वेश्याऽनुविधेया भवति। (१३) किं निमित्तं? प्रयोजनार्थमिति। (१४) तस्माद् वेश्यया प्रछन्नमदनार्थिन्या यः काम्यते तेन जन्मजीवितयोः फलमवाप्तं भवति।

(१५) किञ्चान्यत्, यत्तावद् विरहमासाद्य स्वयंदूतीनां प्राञ्जलिपुरस्सराणि सबाष्पगद्गदानि वाक्यानि श्रूयन्ते ननु तान्येव तस्य पर्याप्तानि भवन्ति। (१६) या वा तद्ध्यानपरा रोगव्यपदेशेन गता पाण्डुभावं चन्द्रोदये रोदिति (१७) प्रजागराभिताम्रनयना

अल्पदोष होने के कारण वेश्याओं में ही अच्छा लगता है। पुरुषों के दुर्लभ होने से कुलवधुएँ जिस किसी को चाहने लगती हैं। लेकिन वेश्या तो सबको नहीं चाहती। कुछ का मत है 'वेश्याओं को किसी के साथ रति करने से दोष नहीं लगता, अतएव उन्हें प्रच्छन्नकाम होने की क्या जरूरत है?' मैं कहता हूँ—पुरानी जान-पहचान वाला, राजा का साला, जिसने कुछ पैसा दिया है, भक्त (रीझा हुआ) और खीसनिपोर व्यक्ति, ये खालाओं (वेश्याजननी) की खुशामद में रहते हैं। वेश्या अगर इन्हें न भी चाहे तो भी वे इनके लिये साध्य होती हैं, अर्थात् अनिच्छा से भी वेश वधू को ऊपर कहे हुए व्यक्तियों के साथ प्रेम का दिखावा करना पड़ता है। क्यों? मतलब के लिये। इसलिए प्रच्छन्न काम वाली वेश्या अगर सचमुच किसी को चाहती हो तो उस व्यक्ति को जन्म और जीवन का पूरा फल मिल जाता है।

कुछ और भी,

जब वेश्या किसी के विरह में स्वयं दूती बनकर पहुँचती है और गद्गद वचन कहती है तो उस व्यक्ति के लिये यह क्या कुछ कम सौभाग्य है? इसके अतिरिक्त उस स्थिति की कल्पना कीजिए जहाँ वेश्या प्रेमी के ध्यान में तल्लीन होने से रोगी बनकर पीली पड़ जाती है, चन्द्रोदय के समय उसके लिये आँसू बहाती

५३ (९) *निर्दोषमदनत्वात्*—वेश्याओं का कामभाव चाहे जिसके प्रति हो, उसे दोष नहीं।

५३ (११) *पूर्वसंस्तुत*—पहले जिसके साथ अच्छा सम्बन्ध रहा है।

५३ (११) *कृतोपकार*—जिसने पैसा दिया है, उसे अपना शरीर देने के लिये वेश्या को उसकी खाला मजबूर करती है।

५३ (११) *भक्तिमान्*—ऐसा व्यक्ति जो दुरदुराने पर भी वेश्या के घर का चक्कर मारता ही रहे, गिरदभंभा (बनारसी बोली)।

५३ (११) *अनृशंस*—वह जो दाँत निपोर कर खुशामद में पड़ा रहे। इतने लोग वेश्याजननी या खाला की खुशामद करने में लगे रहते हैं कि वेश्या तक उनकी पहुँच हो जाये।

कामिनी शिथिलीकृतभूषणा (१८) 'दिष्ट्या त्वदर्थमेव निर्घृण शरीरस्येयमवस्था, भद्रं तवास्तु' इति स्वयमुपालभमानायाः, (१९) कान्त, याचे त्वा दयस्व मे शरीरस्येति सीत्कारानुबद्धाक्षराणि शृणवतः, (२०) 'त्वरस्व मा मैवं' इति दशनकररूहैविचोद्य रदमानायाः अहंमेवंविधा श्रद्दधातु भवान् मया च शापित इत्येवं चोक्तानि रसायनप्रयोगातिवर्तकानि वचांसि चिन्तयतो (२१) मदर्थमेवेयमीदृशी संवृत्तेति कारणतो दूतीवचनाच्चोपलभ्य पुरुपस्य कारुण्यमिश्रा या प्रीतिरुत्पाद्यते (२२) तत्सदृशीं यदन्यां ब्रूयात् विटभावमिमं परित्यज्य श्रोत्रियैःसमतां गच्छेयम्। (२३) अपि च—

५४— *(अ) हस्तालम्बितमेखलां मृदुपदन्यासावभुग्नोदरीं*
(आ) लब्ध्वाऽपि क्षणमागतां समदनां संकेतमेकां निशि।
(इ) यो नारी स्थित एव चुम्बति मुखे भीतां चलाक्षीं प्रियां
(ई) तस्येदं स्वभुजात्तपङ्कजमयं छत्रं मया धार्यते॥

है, रात-रात भर जागकर आँखें लाल कर लेती हैं, उसके कारण काम से कृश होकर आभूषण उतार कर रख देती है और इस प्रकार के उपालम्भ भरे वचन कहती रहती है—'हे निष्ठुर, तेरा भला हो, तेरे ही कारण मेरे शरीर की यह दशा हो गई है। अथवा उस स्थिति की कल्पना कीजिए जिसमें पुरुष को इस प्रकार के सीत्कार भरे वचन सुनने को मिलते हैं—'हे कान्त, तुझसे बस इतना माँगती हूँ कि मेरे शरीर पर दया दिखा।' अथवा उस स्थिति की कल्पना कीजिए जब इससे भी आगे बढ़कर वेश्या अपने प्रियतम का आलिंगन करके कभी तो कहती है—'हे नाथ, जल्दी करें,' और कभी कहती है—'बस करो, ऐसा मत करो' और उभर-उभरकर दन्तक्षत और नखक्षत करती है, उस स्थिति में रसायन के प्रयोग को भी मात करने वाले इस प्रकार के वचन सुनने का सौभाग्य पुरुष को प्राप्त होता है—'हे प्रियतम, मैं तो तेरे लिये ऐसी हो गई हूँ, मेरी बात का विश्वास मान, तुझे मेरी सौगन्ध है।' इस प्रकार के वचन दूती के मुख से सुनकर या प्रत्यक्ष कारणों से उसका हालचाल जानकर जब पुरुष सोचने लगता है कि सचमुच मेरे लिये इसकी ऐसी दशा हो गई है और तब उसके चित्त में करुणा से भरी हुई जो प्रसन्नता होती है, उसके सदृश अगर आनन्द की कोई दूसरी बात तू बता सके तो मैं अपनी गुंडई छोड़कर वेठपाठी ब्राह्मण बन जाऊँ। और भी,

५४—मेखला पर हाथ रखकर धीमी गति से चलती हुई पतली कमर वाली, सकामा भयभीत और चंचलाक्षी प्रिया को रात्रि में संकेत के अनुसार क्षण भर के लिये अकेली पाकर जो खड़ी मुद्रा में चूमता है, उस बड़भागी के सिर पर मैं अपने हाथ से कमल का छत्र लगाने को तैयार हूँ।

---

५३ (२०) *रदमानायाः*—स्वयं धक्का मारकर दाँत और नखों से खरोंचती हुई। रद् धातु = खरोंचना।

(१) अपि च—

५५— *(अ) त्वरस्व कान्तेति भयाद् ब्रवीति*
(आ) यं कामिनी चोदितसम्प्रयोगा।
(इ) क्रीतास्तया तस्य भवन्ति पुंसः
(ई) प्राणा यथेष्टं परिकल्प्य मूल्यम्॥

(१) (परिक्रम्य) (२) किं ब्रवीषि—"रूपवती च स्त्री दक्षिणा चेति तयोः कस्यां प्रीतिविशेषं भावः पश्यति" इति। (३) उभयमेतत् स्त्रियं भूषयति। (४) यत्तावद् विरूपायां दाक्षिण्यं तदन्धकारनृत्तमिव व्यर्थं भवति। (५) रूपमपि दाक्षिण्य-हीनमटवीचन्द्रोदय इव कां प्रीतिं करिष्यति? (६) मां प्रति रूपाद् दाक्षिण्यं भवति प्रधानम्। (७) कुतः ?, दाक्षिण्यं विरूपामपि स्त्रियं भूषयति सुरूपामप्यदाक्षिण्यं दूषयति। (८) दृश्यन्ते हि पुरुषाः सुरूपा अपि स्त्रियः परित्यज्य विरूपास्वपि दक्षिणासु रज्यमानाः। (९) रूपवत्या चावश्यं स्तब्धया भवितव्यम्। (१०) स्तब्धता च कामस्य महान् शत्रुः। (११) अनुवृत्तिर्हि कामे मूलम्। (१२) सा च दाक्षिण्यात् सम्भवति। (१३) यदि रूपमात्रं कारणं स्यात् चित्रनार्यामपि प्रयोजनं निर्वर्तयेत्। (१४) दाक्षिण्य एवं रूपगुणं हित्वा सर्व एव गुणासमुदायोऽन्तर्भूतः। (१५) कुतः—

५५—और भी, जो स्त्री सकपकाती हुई 'हे कान्त, जल्दी कर,' इस प्रकार आत्म-निवेदन करती है, उसके लिये प्राण का मूल्य चुका कर भी पुरुष जड़खरीद गुलाम हो जाता है।

(घूमकर) क्या कहता है—"रूपवती और अनुकूल इन दोनों में से आप किसको अधिक मानते हैं?" ये दोनों ही स्त्रियों का सिंगार हैं। अगर कुरूपा में अनुकूलता है तो वह अंधेरे में नाचने की तरह व्यर्थ ही है। रूप भी बिना अनुकूलता के वन में चाँदनी की तरह क्या सुख देगा? मुझे तो रूप से अनुकूलता अधिक महत्त्वपूर्ण जान पड़ती है। कैसे? बदसूरत स्त्री को भी अनुकूलता सजाती है, पर रूपवती को भी बेहूदगी दूषित कर देती है। यह देखा गया है कि पुरुष सुन्दर स्त्रियों को भी छोड़कर बदसूरत किन्तु अनुकूल स्त्रियों में रम जाते हैं। रूपवती में अकड़ रहती है और अकड़ काम की दुश्मन है। काम की जड़ में अनुगमन है, और वह अनुकूल भाव (दाक्षिण्य) से सम्भव होता है। यदि रूपमात्र ही तृप्ति का कारण हो तो चित्रलिखित स्त्री से भी मतलब साधना चाहिए। अनुकूलता में रूप के सिवाय सारे गुण समाए हुए हैं। कैसे—

---

५५ (९) *स्तब्धा*—मानिनी, गर्वशालिनी, अकड़ से भरी हुई।
५५ (११) *अनुवृत्ति*—इच्छानुकूल प्रवृत्ति।

५६— *(अ) सुवाक् सुवेषा निभृता कृतज्ञा*
(आ) भावान्विता नापि च दीर्घकोपा।
(इ) अलोलुपा छन्दकरी च नित्यं
(ई) दाक्षिण्ययुक्ता भवतीह नारी॥

(१) किमाह भवान्—"वेश्याः कृतकोपचारित्वात्सतामनभिगम्या भवन्तीति ब्रुवन्ति। (२) तत्कथम्" इति। (३) इह खलु काम्यैर्विशेषैरुपचरणमुपचारः। (४) एतच्च स्वभावतो नार्या द्वे च लभ्येते। (५) वेश्यायां क्रियानिष्पत्तेः (?)। (६) स्यान्मतं—यच्छाठ्यादुपचर्यते तत्कृतकमिति तदप्यदोषः। (७) कुतः? शाठ्यादप्युपचारः प्रयुक्तः प्रीतिमुत्पादयति। (८) आर्जवादप्युपचारः स्खलीकृतः कस्य प्रीतिं जनयति? । (९) शाठ्यं नामर्थनिर्वर्तको बुद्धिविशेषः। (१०) आत्मार्थप्रधानया च स्त्रिया पुरुषविशेषोऽवश्यं मृगयितव्यः। (११) या च पुरुषविशेषज्ञा स्त्री तस्यां रज्यन्ते पुरुषाः। (१२) अपि च—

५७— *(अ) नीचैर्भावः प्रियवचनता*
(आ) क्षमा नित्यमप्रमादश्च।
(इ) शाठ्यादुत्पद्यन्ते
(ई) केनैतद् दूष्यते लोके॥

५६—दाक्षिण्ययुक्त स्त्री हमेशा अच्छी बोलने वाली, सुवेषा, संयत, कृतज्ञा, भावुक, देर तक न रूठने वाली, लालचरहित और आज्ञाकारिणी होती है।

तूने क्या कहा—"वेश्याएँ बनावटी शिष्टाचार के कारण अच्छे लोगों से मिलने लायक नहीं होतीं, ऐसा कहा जाता है। ऐसा क्यों? मतलब के लिये विशेष व्यवहार उपचार कहलाता है। स्त्री में स्वाभाविक और बनावटी दोनों प्रकार के उपचार पाए जाते हैं। अपना प्रयोजन साधना ही वेश्या में उपचार का हेतु है। किसी का मत है—जहाँ शठता से व्यवहार किया जाता है वह बनावटी उपचार है, लेकिन वह भी दोषरहित हो सकता है। कैसे? शठता से भी खातिर का अच्छा प्रयोग तबियत खुश कर देता है। सिधाई से की गई खातिर यदि गलत तरीके से की जाये तो उससे कौन प्रसन्न होगा? काम बनाने की विशेष चातुरी का नाम शठता है। अपना मतलब साधने वाली स्त्री को चाहिए कि अपने लिए विशेष पुरुष अवश्य खोज ले। जो स्त्री पुरुष विशेष को पहचानती है, उसी से पुरुष खुश रहते हैं।" और भी—

५७—आजिज़ी, मीठे बोल, क्षमा, रात-दिन की मेहनत—ये सब गुण शठता के साथ रह सकते हों, तो ऐसी शठता को भी कौन बुरा कहेगा?

---

५६ (अ) *कृतज्ञा*—पाठान्तर गुणज्ञा।
५६ (८) *उपचारः स्खलीकृतः*—सीधेपन के कारण जिस खातिरदारी या शिष्टाचार के व्यवहार में चूक आ जाय, वह किस काम का?
५७ (अ) *नीचैर्भावः*= नम्रता, आजिज़ी।

(१) किं ब्रवीषि—"विसंवादितं हि शठतायाः सारम्?। (२) विसंवादितस्य कामिनः प्रियया दुःखमुत्पद्यते। (३) नास्ति तस्य प्रतिक्रिया" इति। (४) भोः सर्वं खलु कारणमभिसमीक्ष्य विसंवाद्यंते। (५) यस्तु न शक्नोति तत्कारणं परिहर्तुं ननु तस्यैव सोऽपराधः (६) अनैकान्तिकश्च विसंवादने दोषः (७) दृश्यन्ते बहवो विसंवादिता भृशतरमनुरज्यमानाः।

५८-- *(अ) आवल्गितस्तनतटानि च बाष्पमिश्रा*
(आ) भावाभिधानपटवश्च कटाक्षपाताः।
(इ) अव्यक्तशोभितपदाश्च भवन्ति वाचः
(ई) शाठ्यात् सतोऽपि गुणवत् परिकल्पयन्ति॥

(१) किं ब्रवीषि—"वेश्याभ्यो यद् दीयते तन्नष्टं इति बहवो ब्रुवन्ति। (२) दत्तकेनाप्युक्तं 'कामोऽर्थनाशः पुंसाम्' इति। (३) तत्र भावः किं पश्यति" इति। (४) भो अर्थस्य त्रय एव विधयः—दानमुपभोगो निधानमिति (५) तत्र दानोपभोगौ प्रधानौ निधानं तु गर्हितम्। (६) कुतः—

क्या कहता है—"मरजी के खिलाफ होना ही शठता का निचोड़ है। मरजी के खिलाफ हुए कामी को प्रिया से दुःख मिलता है। उसका इलाज नहीं है।" अरे सभी लोग कारण पाकर के खिलाफ हो सकते हैं। जो उस कारण का परिहार न कर सके उसी का अपराध है। परस्पर की प्रतिकूलता वहाँ ऐब है जहाँ उनका एक उद्देश्य के लिये मेल ही न हो सके। बहुत से जोड़े ऐसे देखे जाते हैं जो किन्हीं बातों में प्रतिकूलता होने पर भी और बातों में खूब मिल-जुलकर खुश रहते हैं।

५८—थलकते हुए स्तन, आँसू भरी और मन का भेद बताने वाली चितवन, सुन्दर शब्दों से भरी गुपचुप बातें, यदि ये शठता से भी की जायें, तो भी इन्हें गुण ही माना जाता है।

क्या कहता है—"बहुत से लोग कहते हैं कि वेश्या को जो दिया जाये सब नष्ट ही समझिए। दत्तक ने भी कहा है—'काम पुरुष के धन का सरबस नाश है।' आपकी इसमें क्या राय है?" अर्थ को तीन ही तरह से बरता जाता है—दान, उपभोग और गाड़ कर रखना। इनमें दान और उपभोग श्रेष्ठ हैं, गाड़ना निन्दनीय है। कैसे—

---

५७ (१) *विसंवादितं*—एक दूसरे की मर्जी के खिलाफ होना या करना।

५७ (६) *अनैकान्तिकः*—किसी एक सिद्धान्त या उद्देश्य पर मनमिलाव न हो सकना। ऐसी स्थिति में ही स्त्री-पुरुष का परस्पर 'विसंवादन' दोष माना जायेगा। यदि कुछ बातों में अनमिल स्वभाव रखकर भी काम के विषय में वे मिल सकते हैं तो विसंवादी या अनमिल स्वभावों का ऐब घट जाता है।

५९— *(अ) निधौ कृतेऽर्थे नहि विद्यते फलं*
(आ) भवत्यतुष्टिर्विफलीकृते पुनः।
(इ) ततो निधानं हि न युक्तमागतं
(ई) स्फुरत्तुरङ्गस्य जवोपमं धनम्॥

(१) अर्थधर्मौ शरीरसुखमुत्पादयतः। (२) तत्रेष्टानां शब्दादीनामवाप्तिः सुखमित्युच्यते। (३) तच्च वेश्याजनमुपसेवमानो यथावत्प्राप्नोति। (४) सर्वशब्देषु तावद् विशेषतः प्रियवचनं निवृत्तिकरं भवति। (५) तच्च वेश्याजनो ब्रवीति। (६) न तथाऽन्यः। (७) कथमिव—

६०— *(अ) प्रियं प्रियार्थं कटु वा प्रियार्थे*
(आ) वदन्ति काले च मितं च वेश्याः।
(इ) वदन्ति दाक्षिण्यधनाः कदाचि—
(ई) न्नैवाप्रियं न प्रियमप्रियार्थम्॥

(१) यस्याम्निभृतम्विषमोरुनितम्बमुद्धृतांशुकमाविद्धमेखलाकलापं वेश्याजघनमभिवाहयतः स्पर्शाः संभवन्ति, (२) किं न तत्कृते प्राणानपि परित्यजन्ति, किम्पुनर्धनम्। (३) सर्वेभ्यश्च रसेभ्यः पानं गर्हितमिव लक्ष्यते। (४) तस्यापि वेश्याविशिष्टत्वादुपभोगो रम्यो भवति।। (५) पश्यतु भवान्—

६१— *(आ) ससम्भ्रमोद्धतविघूर्णितां वा*
(आ) पीतावशेषां मुखविच्युतां वा।

५९—गाड़कर रक्खे हुए धन का कुछ फल नहीं होता। उसके विफल रहने पर असन्तोष होता है। फड़कते हुए घोड़े की चाल की तरह स्थान बदलने वाला धन संग्रह के लिये नहीं होता।

अर्थ और धर्म शरीर को सुख देते हैं। मनवाञ्छित शब्द, रूप, स्पर्श आदि विषयों की प्राप्ति को सुख कहते हैं। वह वेश्या का संग करने से भरपूर मिलता है। सब शब्दों में मीठे वचन विशेष सुखकर होते हैं। मधुर वचन कहना तो वेश्याएँ ही जानती हैं, दूसरे वैसा नहीं जानते। कैसे—

६०—प्यारी बातों को प्यारे ढंग से या कड़वी बातों को भी प्रिय ढंग से अवसर पर थोड़े में कहना वेश्याएँ ही जानती हैं। दाक्षिण्य से भरी वे कभी भी कड़वी बात नहीं कह पातीं और न प्रिय को अप्रिय रूप से ही कह पाती हैं।

भरे हुए गोल उरुओं और नितम्बों से युक्त, तथा उघड़े हुए अंशुक और बँधी हुई मेखला से युक्त वेश्या के जघन प्रदेश का स्पर्श जिसे अच्छा लगता है, वह उसके लिये जान तक दे देता है, धन की तो बात ही क्या है? सब रसों में सुरापान अत्यन्त निन्दित है, पर वेश्या के साथ उसका भी उपयोग मजा देता है। तू देख—

६१—जल्दी में ढालने के कारण जो चषक में उफन रही है, जो पीने से

(इ) ओष्ठोपदंशां मदिरां निपीतो
(ई) यो वेशमध्ये स रसं विवेद॥

(१) येन वार्धनिमीलिताक्षीणि प्रस्पन्दिताधराणि आयतभ्रूलतानि स्विन्नकपोलान्याननानि वेश्याजनस्यावलोकितानि (२) तस्य चक्षुषः फलमवाप्तं भवति। (३) अपि च—

६२— *(अ) केशान्तः स्नानरूक्षो विरचितकुसुमः केशहस्तः पृथुर्वा*
(आ) वस्त्रं वा भुक्तमुक्तं परिमलसुरभिः पद्मताम्रोऽधरो वा।
(इ) वेश्यायास्ताम्रनेत्रं मुखमुदितमदं चन्दनार्द्रा तनुर्वा
(ई) येनाघ्रातानि तस्य ध्रुवमभिपतितो घ्राणमार्गेण कामः।

(१) न त्वस्माकं धर्मेऽधिकारः। (२) तथापि तु यथा धर्मावाप्तिर्भवति तथा वक्ष्यामः। (३) इह कृतघ्नता सर्वपापीयसी। (४) स च ततः कृतघ्नतरः यो वेश्या-वधूभ्यः सुखमीप्सितमनुपममवाप्य ताभ्यो न प्रत्युपकुरुते। (५) यदि कृतज्ञो भवति तस्य हस्ते स्वर्गः। (६) तस्मात् स्वर्गसुखावाप्त्यर्थे निर्विशङ्केन वेश्याभ्योऽवश्यं वित्तं दातव्यम्।

बच गई है, या पीकर जिसका कुल्ला कर दिया गया है, जिसे पीते हुए बीच-बीच में अधर पान रूपी गजक का मजा मिलता है, ऐसी मदिरा को जो पीता है वही वेश का मज़ा पाता है।

जो वेश्या के अधखुले नेत्र,फड़कते ओंठ, लम्बी तनी भौहें, और पसीने से भरे कपोलों वाला मुख देख चुका है, उसको आँख का पूरा फल मिल गया। और भी—

६२—वेश्या का नहाने के बाद रूखा केशान्त, फूलों से सजा भारी जूड़ा, पहन कर छोड़ा गया वस्त्र, निश्वास की सुगन्धि से सुरभित लाल अधर, मधुपान से खिला हुआ चेहरा, अथवा चन्दन से गीला शरीर जिसने सूँघा उसकी नाक के रन्ध्र से कामदेव निश्चय उसके भीतर घुस जाता है।

मुझे धर्म में कोई दखल नहीं है। फिर भी जैसे धर्म की प्राप्ति होती है वह कहता हूँ। इस संसार में कृतघ्नता सब पापों से भारी है। कृतघ्न से भी अधिक कृतघ्न वह है जो वेश्याओं से अनुपम और मनचाहा सुख पाकर बदले में उनकी भलाई नहीं करता। यदि वह कृतज्ञ होता है तो स्वर्ग उसकी मुट्ठी में है। इसलिए स्वर्ग-सुख पाने के लिये निडर होकर वेश्याओं को धन देना चाहिए। क्या कहता

---

६२ (अ) *केशान्त*—बालों का वह भाग जो ललाट पर रहता है, उसमें लगाया हुआ सुरभित तेल स्नान से धुल जाता है।
६२ (अ) *केशहस्तः* = जूड़ा।

(७) किं ब्रवीषि—"दाक्षिण्ययुक्तायामपि कुलवध्वां केन कारणेन तादृशो न भवति यादृशो वेश्यायां" इति।

(८) श्रूयतां—"दाक्षिण्यविषयस्तावदन्यः कुलवध्वामन्य एव वेश्यायां" इति। (९) ऋजुस्तु कुलवधूर्यदि तावत् प्रियं वदति अकाले वा वदति अतीव प्रियमिति वा विप्रियं वदति। (१०) एवं सर्वत्र। (११) कामश्चेच्छाविशेषः। (१२) प्रार्थना चेच्छा। (१३) प्रार्थना चासम्प्राप्ते-रुत्पद्यते। (१४) सा च वेश्यायां स्वाधीनप्राप्तायामपि मात्सर्यादुत्पद्यते। (१५) बहुसाधारणत्वात्। (१६) मात्सर्ये च लोभं जनयति। (१७) तस्माल्लब्धावकाशो वेश्यायां कामो न व्यपैति। (१८) काममूलश्च रागः। (१९) अपि च—

६३— *(अ) वेश्याजघनरथस्थः*
(आ) कुलनारीं कः सचेतनो गच्छेत्।
(इ) नहि रथमतीत्य कश्चिद्
(ई) गोयानेन व्रजेत् पुरुषः॥

(१) किं ब्रवीषि—"लोकस्य वेश्यां प्रति सक्तो मनुष्यः पूज्यो न भवति। (२) सम्मतिश्च तस्य नष्टा। (३) यत्र गुणा दृश्यन्ते तत्किमर्थे नानुष्ठेयम्" इति। (४) अतिविटत्वमभिहितम्। (५) मूहूर्तमवधानं दीयताम्। (६) (ध्यात्वा) (७) इह हि द्विविधा पूजा भवति, फलवत्यफला च। (८) तत्र याऽफला नग्नस्येव चुष्टितं भवति

है—"कुलवधू अनुकूल हो तो भी क्यों उसमें वैसा सुख नहीं होता जैसे वेश्या में?"

सुन। अनुकूलता कुलवधू में एक तरह की और वेश्या में दूसरी तरह की होती है। कुलवधू यदि सीधी है तो पहले तो वह जो प्रिय भी बोलती है, कुसमय में बोलती है। फिर वह पति को अतीव प्रिय मानकर विप्रिय भी कह देती है। यही बात सर्वत्र देखने में आती है। काम एक इच्छा विशेष है, और प्रार्थना भी इच्छा है। न मिलने से प्रार्थना पैदा होती है। वह प्रार्थना वेश्या के वश में आ जाने पर भी ईर्ष्या से भरी होती है, क्योंकि वेश्या में सबका हिस्सा है। ईर्ष्या से लोभ होता है। इसलिए वेश्या के प्रति काम हटता नहीं। काम राग का मूल है। और भी—

६३—वेश्या के जघन रूपी रथ पर चढ़ा ऐसा कौन चेतन प्राणी है जो कुलनारी की परवाह करे? कोई ऐसा पुरुष नहीं जो रथ को छोड़कर बैलगाड़ी की सवारी चाहेगा।

क्या कहता है—"वेश्या में अनुरक्त पुरुष लोगों के आदर का पात्र नहीं होता। उसकी राय भी लोगों को प्रिय नहीं होती। यदि वेश्यागमन में गुण है तो उसे फिर क्यों न अपनाया जाये?" तूने बड़ी गुंडई की बात पूछी। मुझे एक क्षण का अवसर दे। (सोचकर) यहाँ पूजा दो तरह की होती है, एक जिसका फल मिले

हास्यम्। (९) वेश्यायामप्रसक्तस्य किं फलमिति। (१०) स्यान्मतम् 'अयशस्यो वेशप्रसङ्गः' इति। (११) तन्न ग्राह्यम्। (१२)सर्वो हि सुखिनं द्वेष्टि लोकः। (१३) यथा च परस्त्रियो न गम्या इति प्रतिकण्ठमभिहितं न तथा वेश्याः। (१४) स्यान्मतं—'स्त्रीषु प्रसङ्गो न श्रेयान् वेश्याश्च स्त्रियः' इति। (१५) अत्र ब्रूमः। (१६) न तु स्त्रीष्वायत्तो लोको दूषयितुमर्हति। (१७) अपि च—

६४— (अ) प्रागल्भ्यं स्थानशौर्यं वचननिपुणतां सोष्ठवं सत्त्वदीप्तिं
(आ) चित्तज्ञानं प्रमोदं सुरतगुण(वि)धिं रक्तनारीनिवृत्तिम्।
(इ) चित्रादीनां कलानामधिकगमनमथो सौख्यमध्यं च कामी
(ई) प्राप्नोत्याश्रित्य वेशं यदि कथमयशस्तस्य लोको ब्रवीति॥

(१) (परिक्रम्य) (२) किं ब्रवीषि—''यदेतद् बृहस्पत्युशनःप्रभृतिभिरन्यैश्च शास्त्रप्रयोक्तृ-भिरुपदिश्यते—'स्त्रीषु प्रसंगो न कर्तव्यः' इति अत्र भावः किं पश्यति'' इति। (३) भो उपदेशमात्रं खल्वेतत्। (४) तमहं न पश्यामि यः स्त्रीषु प्रसङ्गं न गच्छेत्। (५) श्रूयन्ते हि—'महेन्द्रादयोऽप्यहल्याद्यातु विकृतिमापन्नाः'। (६) धर्मार्थ-

और दूसरी जिसका फल न मिले। जो अफला है वह नंगे की चेष्टा की तरह हास्यजनक होती है। वेश्या में जो नहीं लगा उसको क्या फल मिला? किसी की राय हो सकती है—'वेश्या प्रसंग बेइज्जती का कारण है।' यह बात मानने लायक नहीं। सब लोग सुखी पुरुष से द्वेष करते हैं। जिस तरह 'पर स्त्री अगम्या है' ऐसा हर एक हता है, उस तरह वेश्या के लिये नहीं कहा जाता। किसी की राय हो सकती है—'स्त्री प्रसङ्ग श्रेय नहीं है और वेश्याएँ स्त्री हैं।' इस पर मेरा कथन है—'स्त्रियों में मग्न लोगों को दूसरों को दोष न देना चाहिए।' और भी—

६४—ढीठ स्वभाव, अपनी जगह की बहादुरी, हाजिर जवाबी, नफासत, स्वभाव की तेजस्विता, मन की बात भाँप लेना, हँसी-खुशी, सुरत की उत्तम विधियों का परिचय, अनुरक्त स्त्री का सुख, चित्रादि कलाओं की प्राप्ति, बढ़िया आराम—अगर कामी को वेश में यह सब मिलता है तो फिर लोग उस वेश की बुराई क्यों करते हैं?

(घूमकर) क्या कहता है—''जो बृहस्पति, उशना एवं दूसरे स्मृतिकार कहते हैं कि स्त्री-प्रसंग न करना चाहिए, इसमें आपकी क्या राय है?'' अरे, कोरा उपदेश है। मुझे तो ऐसा कोई नहीं दिखाई पड़ता जो स्त्री-प्रसङ्ग न करता हो। सुना गया है कि इन्द्र आदि ने भी अहल्या आदि से हरकत की। धर्म और

---

६४ (अ) *स्थानशौर्य*—वेश की सूरमा कहलाने का गौरव।

योरपि श्रेष्ठो विषयः। (७) इष्टविषयप्रादुर्भावफलत्वात्। (८) विषयप्रधानाश्च स्त्रियः। (९) यो हि वेश्यां परित्यज्य कामोपभोगान् दिव्यान् कामयते तमप्यहं वञ्चित इत्यवगच्छामि।

(१०) इहापि तावत्तदात्वायत्योस्तदात्वमेव गरीयः प्रत्यक्षफलत्वात्। (११) किं पुनरन्यस्मिन् देहग्रहणो संशयिते तपश्चरणादुरवापे रमणीयम्? (१२) पश्यतु भवान्—जलधरनिर्वापितचन्द्रदीपासु द्विगुणतरतिमिरभीमदर्शनासु शिशिरतरपवानासु सलिलपवनदुःसञ्चारासु जलदकालनीलासु रजनीषु (१३) मदनशरसन्तप्तयैकाकिन्या कामिन्याऽभिसारितस्य पुंसो नूपुरस्वनबोधितस्य जन्मजीवितयोः फलमवाप्तं भवति। (१४) किमाह भवान्—"नूपुरधारणं हि महदुपकुरुतेऽभिसारिकाभ्यः" इति। (१५) एवमेतत्। (१६) कुतः—

६५— *(अ) प्रथमसमागमनिभृतः*
(आ) कथमात्मनिवेदनं जनः कुर्यात्।
(इ) पादस्पन्दनरभसो
(ई) यदि न स्यान्नूपुरनिनादः॥

अर्थ से भी विषय भोग श्रेष्ठ है, क्योंकि उसमें मन की इच्छा पूरी होती है। विषय स्त्रियों की विशेषता ही है। जो वेश्या को छोड़ कर स्वर्ग के दिव्य कामोपभोगों की इच्छा करता है उसे मैं ठगा हुआ मानता हूँ।

इस जन्म और आने वाले जन्म दोनों में यही जन्म श्रेष्ठ है, क्योंकि इसका फल सामने है। फिर दूसरे शरीर में, जिसका मिलना संदिग्ध है और जो तपस्या के बाद बड़ी मुश्किल से मिलता है, उसमें तुझको क्या मजा दीखता है? तू देख—बादलों के कारण जिसमें चन्द्रमा रूपी दीपक का प्रकाश मन्द हो जाता है, जो दुगुने अँधेरे के कारण डरावनी लगती हैं, जिनमें अति शीत बयार बहती है, पानी और हवा से जिनमें चलना मुश्किल हो जाता है, ऐसी बरसात की अँधेरी रातों में काम बाण से सन्तप्त अकेली अभिसार करती हुई कामिनी के नूपुरों की झनकार से जागे हुए पुरुष को अपने जीवन और जन्म का भरपूर फल मिल जाता है। तूने क्या कहा—"नूपुर धारण करना अभिसारिकाओं का बड़ा उपकार करता है।" हाँ, ठीक है। क्योंकि—

६५—प्रथम समागम में सकपकाया हुआ आदमी कैसे आत्मनिवेदन कर पाता, यदि पैरों के स्पन्दन से उठी हुई नूपुर की झनकार न होती?

---

६४ (१०) *तदात्व* और *आयति* के लिये देखिए, *पद्मप्राभृतकं*, २१ (२५), पृ० २९।

(१) एवं नूपुरशब्दनिबोधितोऽयं जलधरधाराधौतविशेषकमाप्लुताञ्जनाक्षमनवस्थितोष्ठमाननं समदं पीत्वा (२) यद्यवकूछिरा बहूनि कल्पान्तराणि नरकदु:खान्यनुभवति (३) तथापि तस्य युवतिजनप्रणयप्रतिग्राहिणस्तानि श्लाध्यानि भवन्ति। (४) विगतजलदावकुण्ठनायां विरचितविमलग्रहपतितिलकायां विगतमारुतायामसनकुसुमवासितदिगन्तरायां शरदि (५) सारसरुतसंवादितमेखलास्वनाभिर्बन्धूककुसुमोज्ज्वलविशेषकामिश्चकवाकोपदिष्टानुरागाभि: प्रियामि: सह (६) येन प्रतिबुद्धपङ्कजदीर्घिका-सलिलमवगाढं तस्य किं स्वर्गेण?

(७) अथवा कुन्दकुसुममिश्रिते फुल्ललोध्रगन्धाविद्धमारुते प्रियङ्गुमञ्जरीक्लृप्तकेशहस्ते प्राप्ते हेमन्तकाले (८) हिमापराधकातरोष्ठी नामधरोष्ठरक्षणीनामपि चुम्बनविवादिनीनां प्रियाणां (९) प्रणयबलान्मुखान्यापिबतो या प्रीतिरुत्पद्यते तस्या नास्त्यौपम्यम्।

(१०) अथवा कालागुरुधूपदुर्दिनेषु गर्भगृहेषु प्रकीर्णातिमुक्तकुसुमेषु तुषारमुक्तावर्षिणीषु परुषपवनासु शिशिरकालरात्रिषु (११) प्रिययाऽनुरक्तया पीनाभ्यां स्तनाभ्या

यों नूपुर की झनकार से जागकर यदि ऐसा मुँह चूमने को मिले जिसका विशेषक मेघ की जलधार से धुल गया हो, जिसकी आँखों का अंजन फैल गया हो, जिसका अधर फड़क रहा हो और जिसमें मधुपान की सुगन्धि आ रही है, तो उल्टे सिर टँग कर अनेक कल्पों तक नरक के दु:ख भोगना भी युवतियों के साथ मन मिलाने वाले उस व्यक्ति को अच्छा लगेगा। जिसका बादलों का घूँघट हट गया है, जिसके माथे पर चन्द्रमा का तिलक लगा है, जिसमें आँधियों का चलना रुक गया है, जिसमें असन वृक्ष के टपकते फूलों से दिशाएँ महमहा उठी हैं, ऐसी शरदृतु में सारस की बोली का अनुकरण करती हुई मेखला की झनकार से एवं बन्धूक के लाल फूलों की तरह दमकते विशेषकों से युक्त, चक्रवाक से प्रेम का रहस्य सीखी हुई प्रेयसियों के साथ जो खिले कमल वाली बावड़ी के जल में विहार करता है, उसे स्वर्ग से क्या मतलब?

अथवा जब कुन्दपुष्पों से मिश्रित फूले लोध्र पुष्पों की गन्ध से भरी हवा बहती है, और जब जूड़ों में प्रियंगु मंजरियाँ लगा कर कामिनियाँ इठलाती हैं, ऐसे हेमन्त काल में ठंड के कोप से जिनके ओंठ तड़क जाते हैं, और जो अधर की रक्षा चाहती हुई भी चुम्बन के लिये ललकारती हैं, ऐसी प्रियाओं का स्नेह के आग्रह से मुखपान करने वाले को जो सुख मिलता है, उसकी उपमा नहीं दी जा सकती।

अथवा जहाँ काला अगर जलाने से धुएँ के बादल छाए हों और मोतियों के फूल फर्श पर बिखरे हों, ऐसे गर्भगृहों में जब पाले की बूँदें बरसाती हुई तीखी

---

६५ (८) *हिमापराधकातरोष्ठी*—पाले की ठंड से जिसके होंठ चटक गए हैं।

मवपीड्यमनवक्षा वरशयनतलोपगतो गाढोपगूहनजनितस्वेदबिन्दुसुरभिगात्रो (१२) यः सुरतान्तरेषु निद्रमुपसेवते तेन किं नाम नावाप्तं भवति। (१३) अपि च—

६६— (अ) अधरोष्ठरक्षणीनां
(आ) कचग्रहोत्क्षेपचञ्चलाक्षीणाम्।
(इ) पातव्यानि च तृषितै-
(ई) र्मुखानि सीत्कारसहितानि॥

(१) निद्राविरहिते स्वर्गे किमवाप्यन्ते। (२) अथवा स्वेदबिन्दुलङ्घनावरुद्धतिलकमार्गेषु प्रवृत्तमदनदूतीसम्पातेषु संयोज्यमानमणिरशनेषु दृष्टसहकाराङ्कुरेषु सुरभिपवनेषु वसन्तदिवसेषु (३) अविदितागतया स्वयमेव मुक्तमानया यः प्रियया ऽनुरक्तया ऽनुनेतव्यया ऽनुनीयते तेन नान्येषु स्पृहा कर्तव्या। (४) अथापि यो वा शिरीषकुसुमश्यामलीकृतस्त्रीकपोले सलिलमणिमुक्ताहारचन्दनोशीरव्यजनपवनोपभोगरमणीये प्रचण्डसूर्यकिरणे निदाघकाले (५) कुसुमशयनशायिन्या नवमालिकोन्मीलितकेशहस्त

वायु चलती है, तब शिशिर की अँधेरी रातों में, प्यार में पगी प्रिया के पीन स्तनों से अपना वक्षस्थल पीड़ित करता हुआ जो सुन्दर शय्या पर लेटता है और गाढ़े आलिंगन से उत्पन्न पसीने की बूँदों से महमहाते शरीर से जो सुरत के अंत में मीठी झपकी लेता है, उसने सचमुच क्या नहीं पा लिया? और भी—

६६—चटके अधरोष्ठ को चुम्बन से बचाने की इच्छुक और केश पकड़कर ऊपर खींचने से बाँकी चितवन चलाने वाली प्रिया के सिसकारी भरे मुख को अवश्य प्यासे होकर पीना चाहिए।

जहाँ नींद ही नहीं ऐसे स्वर्ग में क्या वह मिलेगा? अथवा, वसन्त के उन दिनों में जब पसीने की बूँदों से तिलक मिट जाता है, कोयलें आ-आकर बागों में भरने लगती हैं, स्त्रियाँ मणिमेखलाएँ गूँथने लगती हैं, आमों में बौर दिखाई देने लगते हैं, और पवन सुगन्धि से भर जाती है, तब मान छोड़ कर प्रीतिवश स्वयं आई हुई प्रिया अपना मान-मनावन भूलकर जिसे मनाने लगती है, उसे दूसरे सुखों की इच्छा नहीं करनी चहिए। अथवा, जब शिरीष पुष्पों को प्रिया के कानों में सजाकर उसके कपोलों को श्यामल किया जाता है, जब जलपात्र, मोतियों के हार, चन्दन और खस के पंखों की हवा का मज़ा मिलता है, जब सूर्य अपनी किरणें प्रचण्ड कर लेता है, ऐसे ग्रीष्म काल में फूलों की सेज पर लेटी हुई,

६६ (२) *मदनदूती*—कोयल।

६६ (३) *अनुनेतव्या*—जो प्रिया मनाने योग्य थी वह मान छोड़कर वसन्त के प्रभाव से स्वयं पति को मनाने लगती है।

६६ (४) *सलिलमणि*—जलपात्र। इसका पर्याय *उदकमणि* शब्द इसी अर्थ में कई बार *दिव्यावदान* में प्रयुक्त हुआ है (पृ० ६४, *उदकमणीन् प्रतिष्ठाप्य*)।

हस्तया चन्दनार्द्रपयोधरया तालवृन्तमारुतेनोपसेव्यमानो मारुतग्राहिण्युदवसिते प्रियया सह मध्याह्नमतिवाहयति, (६) अथवा गन्धसलिलावसिक्तभूमिभागेषु प्रकीर्णवकुलमल्लिकोत्पलदलेषु मारुतग्राहिषु गृहमध्येषु (७) यो निरुध्यते प्रियया तेनातिपाति यौवनमनुभूतं भवति। (८) अपि च—

६७— *(अ) आदष्टस्फुरिताधरे भवति यो वक्त्रारविन्दे रस:*
(आ) प्रीतिर्या च हृतांशुके च जघने काञ्चीप्रभोद्योतिते।
(इ) लक्ष्मीर्या च नखक्षताङ्कुरधरे पीने कपोले स्त्रियो
(ई) रक्तं तेन विरज्यते न हृदयं जात्यन्तरेऽपि ध्रुवम्॥

(१) अयं तु तपस्वी लोक: पिपीलिकाधर्मोऽन्योन्यानुचरितानुगामी प्राणापायहेतुभि: स्वयमपरीक्ष्य स्वर्ग: स्वर्ग इति मृगतृष्णिकासदृशेन केनाप्यसद्वादेन विकृष्यमाणहृदयो (२) मरुत्प्रपाताग्निप्रवेशनादिभिरन्यैश्च घोरैर्जपहोमव्रतनियमवेषै: स्वर्गमभिकाङ्क्षते। (३) परीक्षितुं नेच्छति परमार्थम्। (४) स्वर्गे सन्निहिता: प्रमदा: श्रूयन्ते।

नवमालिका से सजे जूड़े पर हाथ रखकर चन्दन के अनुलेपन से आर्द्र पयोधर वाली प्रिया के साथ जो ताड़ के पंखे की हवा खाता हुआ हवा-महल में दोपहरी बिताता है, अथवा जो उन हवादार घरों के भीतर जहाँ फर्श पर सुगन्धित जल सींच कर मौलसिरी, मल्लिका और नील कमल के पुष्प सजाए गए हों, प्रिया से रोक लिया जाता है, उसने अपनी जवानी का भरपूर मजा उठा लिया। और भी—

६७—दन्तक्षत द्वारा अधर के फड़कने से जो रस प्रिया के कमल के सुन्दर मुख में मिलता है, जो आनन्द कांची की प्रभा से चमकते हुए जघन भाग का वस्त्र हटाने में आता है, अथवा पीन कपोल पर नखक्षत से जो शोभा होती है, इन सब सुखों में फँसा हुआ मन जन्मान्तर में भी उनसे विरक्त नहीं होना चाहता।

ये बेचारे लोग चींटियों की तरह प्राण गँवाने के मार्ग में एक-दूसरे के पीछे चलते हुए, बिना अपने देखे हुए 'स्वर्ग है', 'स्वर्ग है', इस प्रकार की झूठी रट लगाकर मृगतृष्णा में मन लगाए हुए वायुभक्षण, पर्वतपतन, अग्निप्रवेश आदि से एवं घोर जप, होम, व्रत, नियमादि के ढोंग से स्वर्ग पाने की कामना करते रहते हैं।

---

६६ (५) *मारुतग्राही उदवसित*—हवा महल, झँझरी-झरोखों से युक्त घर का विशेष भाग।
६७ (१) *तपस्वीलोक:*—भोला-भाला, बेचारा लोक जो सुखभोग के अनुभव से कोरा रहने से 'तपस्वी' बना हुआ है।
६७ (१) *पिपीलिका धर्म*—चींटियों की भाँति एक दूसरे के पीछे चलते जाना।
६७ (२) *पर्वत-प्रपात*—पर्वत शिखर से कूदकर प्राण खो देना, जिसे भृगुप्रपतन भी कहते थे।
६७ (४) *सन्निहिता: प्रमदा:*—वे अप्सराएँ जो सेवा के लिये सदा नियत रहती हैं, पास से हटती ही नहीं।

(५) तस्य तस्यां मनुष्यत्वाच्च परस्परविरोधित्वाच्च सुखोत्पत्तिर्न विद्यते। (६) नित्यसन्निहितत्वाच्चाविरहिताः कां प्रीतिं करिष्यन्ति। (७) अन्योन्यानभिज्ञत्वाच्च व्यक्तगुणोपभोगेऽप्यसमर्थाश्च भवन्ति।

(८) यदपि चात्र सौवर्णगृहाणि सौवर्णास्तरवः श्रूयन्ते तद्विबुधानामदाक्षिण्यसर्वस्वम्। (९) यदि तावत् सौवर्णानि गृहाणि सौवर्णास्तरवः केनालंक्रियन्ते स्त्रियः। (१०) कोऽत्र विशेषः। (११) कथं भवनविनियोगादुपनीतं कनकं स्त्रीणां शोभामुत्पादयति। (१२) यश्च कामिनीभिः स्वयमेव पुत्रवत्संवर्धितसम्मानितानां युवतिकेशहस्तसंक्रान्त-

---

सच क्या है, वे इस बात की परीक्षा भी नहीं करना चाहते। सुना जाता है कि स्वर्ग में हर एक के लिए नियत स्त्री तैयार मिलती है। ऐसा हो तो मनुष्य के लिये उसे उस अप्सरा के साथ जहाँ एक-दूसरे से विरोध की अनेक बातें हैं क्या मज़ा मिलता होगा? हमेशा पास में सटी रहने से, जिनका वियोग होता ही नहीं, वे कैसे आनन्द दे सकती हैं? एक-दूसरे के साथ परिचय न होने से सुरत के जो प्रकट सुख हैं उनका भी तो मज़ा उन स्त्रियों के साथ नहीं मिलता।

जो वहाँ सोने के घर और सोने के पेड़ सुने जाते हैं, वह देवताओं की पूँजी उनके स्वभाव की कंजूसी से जमा हुई है। यदि स्वर्ग में सोने के घर और सोने के पेड़ हैं तो स्त्रियाँ किससे सजाई जाती हैं? इसमें विशेषता क्या हुई? मकानों में लगे हुए सोने का कुछ भाग तोड़ कर उससे क्या स्त्रियों की शोभा बढ़ाई जायेगी? स्वयं अपने हाथ से पुत्र की तरह संवर्धित और सम्मानित

---

६७ (५) *मनुष्यत्वाच्च*—यह मर्त्यलोक का प्राणी, वह देवलोक की स्त्री, दोनों में क्या जान-पहचान?

६७ (५) *परस्परविरोधित्वात्*—दोनों में गुण और स्वभाव का आकाश-पाताल का अन्तर है, जैसे इसे स्वादिष्ट भोजन चाहिए, उसे देवयोनि होने से भूख ही नहीं लगती, इसे निद्रा का सुख चाहिए, उसकी पलक ही नहीं झपकती, इत्यादि मनुष्यों में और स्वर्ग की अप्सराओं में बड़ा विरोध है।

६७ (८) *अदाक्षिण्यसर्वस्व*—ऐसा मालमता जिसमें दाक्षिण्य या उदारतापूर्वक किसी को कुछ देने की आदत नहीं बरती गई। सोने के घर और सोने के वृक्षों में से एक कण भी तोड़कर उन्होंने कभी किसी को नहीं दिया।

६७ (११) 'कनकं' का पाठ० *कुहकं* भी है। घरों में जो ईंट-पत्थर की तरह सोना लगा है उसी का एक टुकड़ा लेकर स्त्रियों को सजाया जाये तो उनकी क्या सुन्दरता होगी?

कुसुमसमुदायानां गृहोवपनबालवृक्षाणाम् (१३) उपभोगो रम्यो भविष्यति कुतः स जाति-कठिनानां कनकतरूणाम्? (१४) तारुण्यबद्धकामतन्त्रस्य परस्परदर्शनोत्सुकस्य मदनदूतीवचनाभितृर्षितस्यान्योन्यमुपालभ्यमानस्य प्रीतिफलेप्सोः कामिजनस्य (१५) या प्रीतिरुत्पद्यते कुतः सा शापभयोद्विग्निस्त्रीजने स्वर्गे? (१६) ये च प्रणयकुपितासु कामिनीषु तत्कालोत्कण्ठानुरूपान् रम्यान् प्रसादनोपायान् मित्रैः सह चिन्तयतः (१७) सायामा इव दिवसा व्रजन्ति कुतस्त ईर्ष्याविरहिते स्वर्गे?

(१८) यस्य (च्च) भावविनिविष्टांग्यो वक्षःस्थलशायिन्यो वकुलकुसुमनिश्वास-मारुतैर्घ्राणामाघ्राययन्त्यः स्त्रियो निद्रासुखमुत्पादयन्ति कुतस्तन्निद्राविरहिते स्वर्गे? (१९) यानि वारुणीमदविलुलिताक्षराणि किमपि किमपि लज्जावन्ति प्रियाणि प्रियार्थानि वचांसि (२०) स्त्रीणां कुतस्तानि पानविरहिते स्वर्गे? (२१) भोः मा प्रति वरं श्रोत्रियैर्वृद्धैः सहासितुं नाप्सरोभिः। (२२) तास्तु दीर्घायुष्मत्यः संस्कृतभाषिण्यो महाप्रभावाश्च

गृहोपवन के उन बाल वृक्षों के साथ जो युवतियों के जूड़ों में सजाने के लिये फूल प्रदान करते हैं, स्त्रियों को जो रम्य उपभोग मिलता है, वह सुख कठोर भाव रखनेवाले सोने के वृक्षों में कहाँ? जवानी से भरे हुए काम के वशीभूत, एक-दूसरे के दर्शन के लिये उत्कंठित, कोयल की कूक सुनने के लिये प्यासे, परस्पर उपालम्भ देनेवाले और प्रीति का फल पाने के लिये इच्छुक कामिजनों को जो सुख मिलता है, वह उस स्वर्ग में कहाँ जहाँ स्त्रियाँ सदा शाप के भय से डरी हुई रहती हैं? प्रेम में कामिनियों के रूठ जाने पर तत्काल उनकी इच्छा के अनुरूप सुन्दर-सुन्दर प्रियाप्रसादन या मान-मनावन के उपाय मित्रों के साथ सोचते हुए जिसके लम्बे दिन बीतते हैं उसके जैसा सुख ईर्ष्यारहित स्वर्ग में कहाँ?

जिनके अंग भावों से भरे हैं, जो वक्षःस्थल पर लेटकर मौलसिरी के पुष्पों जैसी गंध से सुवासित निश्वास वायु से घ्राणेन्द्रिय को तृप्त करती हैं, वे प्रियाएँ जिस निद्रा सुख में निमग्न कर देती हैं,वह सुख निद्रारहित स्वर्ग में कहाँ? वारुणी के नशे में चूर स्त्रियों के टूटे-फूटे लज्जा भरे जो मीठे वचन प्रियतमों से कहे जाते हैं, वे मदपान से रहित स्वर्ग में कहाँ? मजेदार सिसकारियों से और साँस की तीव्र गति से युक्त नववधू के साथ जो आलिंगन से प्राप्त होने वाले रति सुख हैं, वे स्वर्ग में कहाँ धरे हैं? अरे, मेरे लिये तो बूढ़े श्रोत्रियों के साथ बैठना अच्छा, पर अप्सराओं के

---

६७ (१३) *स्वजातिकठिन*—इस पाठान्तर का भाव है कि सोने के पेड़ दूसरों को अपने पुष्प आदि का उपहार क्या देंगे, अपनी जाति उत्पन्न करने के लिये गुठली भी नहीं दे सकते।
६७ (१८) *भावविनिविष्टांगी*—चक्षु, मुख, अधर, स्तन, आदि जिसके एक-एक अंग में काम के विविध भाव भरे हैं।

श्रूयन्ते। (२३) यासु वसिष्ठागस्त्यप्रभृतयो महर्षयः समुत्पन्नास्तासु को विस्रम्भः। (२४) पश्यतु भवान्—

६८— *(अ) शाठ्यमनृतं मदो*
(आ) मात्सर्यमवमतं तथा प्रणयप्रकोपः।
(इ) मदनस्य योनयः किल
(ई) विद्यन्ते नैव ताः स्वर्गे॥

(१) तस्माद् यद्यस्ति काममव्याहतमनुभवितुं स्पृहा (२) भोस्तेनेहैव रन्तव्यम्। (३) विशेषेण वेशवधूभिः सह। (४) इह हि—

६९— *(अ) आद्वारादनुगम्य साश्रुवदनं यं प्रेक्षते शम्भली*
(आ) वस्त्रान्ते परिलम्बते यमनृतक्रोधप्रयातं प्रियम्।
(इ) क्रुद्धश्चाप्यनुनीयमानकठिनो यः क्रुध्यते कान्तया
(ई) कामस्तेन समुद्धतध्वजरथः सञ्चूर्ण्य संमर्दितः॥

साथ नहीं। सुना है कि वे बुड्ढी ठेरी अप्सराएँ बड़े रोब से संस्कृत बघारती हैं। जिनसे वसिष्ठ, अगस्त्य प्रभृति महर्षि पैदा हुए, उनका क्या भरोसा? तू देख—

६८—शठता, झूठ, मद, मात्सर्य, अपमान, प्रेम में रूठना—ये जिस प्रकार कामभाव उत्पन्न करते हैं, इनमें से एक भी स्वर्ग में नहीं है।

इसलिए यदि किसी को बिना रोक-टोक के काम का अनुभव करने की इच्छा है, तो यहाँ ही मजा लेना चाहिए, विशेषकर वेशवधुओं के साथ।

६९—जिसे मनाने के लिये आँखों में आँसू भरकर कुट्टिनी को दूर तक पीछे-पीछे आना पड़े, अथवा झूठे क्रोध से भागते हुए जिस का पल्ला पकड़ कर प्रिया को खींचना पड़े, अथवा सचमुच क्रोध में भरे हुए जिसे कान्ता मुश्किल से मना पावे, अतएव जो प्रिया से क्रुद्ध ही रहे, ऐसा दुर्भागी व्यक्ति काम का झंडा फहराते हुए अपने रथ को स्वयं अपने हाथों से तोड़-फोड़ कर मसल डालता है।

---

७ (२३) *वसिष्ठागस्त्य*—व्यंजना यह है कि जिन अप्सराओं ने पुंश्चली भाव से इन ऋषियों को जन्म दिया, उनका क्या विश्वास? मित्रावरुण का रेत पहले उर्वशी में और फिर घट में गिरा तो अगस्त्य की उत्पत्ति हुई। उसी का जो भाग घट के बाहर रहा, उससे मैत्रावरुणि वसिष्ठ का जन्म हुआ। मित्रावरुण, उर्वशी, आकाश-मण्डल रूपी द्रोण कलश, ये सब सृष्टि विज्ञान के प्रतीक थे जिन्हें उपाख्यान का रूप दिया गया।

६९ (अ) *शंभली*—कुट्टिनी।

६९ (आ) *वस्त्रान्ते परिलम्बते*—पल्ला पकड़ कर खींचती है। परिलम्बते का कर्ता 'कान्ता' है।

६९ (आ) *अनृतक्रोधप्रयात*—झूठ-मूठ प्रेम में मान करके या रूठ कर जो चल देता है और प्रिया उसका पल्ला पकड़ कर खींचती है।

६९ (ई) *समुद्धतध्वजरथः*—जिस रथ के ऊपर ध्वजा फड़फड़ा रही हो। (काम पक्ष में) ध्वज= कामेन्द्रिय।

(१) अये सुनन्दा। (२) किं ब्रवीषि—"सर्वे मया श्रुतम्" इति। (३) हन्त! विक्रीतपण्याः स्मः। (४) वासु न खलु विप्रलम्भितम्। (५) किं ब्रवीषि—"न खलु चन्द्रादन्धकारो निष्पतति" इति। (६) सुनन्दे, तवैव सदृशमेतद् वाक्यम्। (७) अतएव त्वयैतदुच्यते। (८) एवमभ्यन्तरं प्रविशावः(मः)। (९) (प्रविश्य) (१०) भवति, विसर्जयितुमिच्छामि। (११) सम्प्रति हि—

७०— *(अ) बद्ध्वा मानिनि मेखलां प्रशिथिलां पीत्वा सकृद् वारुणीं*
(आ) कृत्वा कान्तकरग्रहप्रणयिनः पुष्पोत्कटान् मूर्धजान्।
(इ) हस्तालम्बितमेखलाभिरसकृत् स्त्रीभिः कटाक्षाहतो
(ई) हैमः कूर्म इवावसीदति शनैः संक्षिप्तपादो रविः॥

(१) किं ब्रवीषि—"न शक्यमद्य त्वयाऽर्धपादमपीतो गन्तुम्" इति। (२) भोः गन्तव्यमेव। (३) मे भार्या कलेवरमन्यथा ग्रहीष्यति। (४) किमाह भवती—

अरे, सुनन्दा है। क्या कहती है—"मैंने सब सुन लिया।" देख, मैं सौदा बेच चुका हूँ। वासु, तुझे धोखा नहीं देना चाहिए। क्या कहती है—"चाँद से अँधियारा नहीं टपकता।" सुनन्दा, तेरे योग्य यही बात है। इसलिए तूने यह कहा। अब हम भीतर चलें। (प्रवेश करके) अब मैं विदा लेना चाहता हूँ। अभी तो—

७०—हे मानिनि, प्रशिथिल मेखला को बाँध कर, एक बार वारुणी पीकर, कान्त के कर स्पर्श के लिये उत्सुक बालों को फूलों से सजाकर स्त्रियाँ कट्यवलम्बित मुद्रा में मेखला पर हाथ रखकर जिसे अपनी चितवनों से देखती हैं, ऐसा यह सूर्य सुनहले कछुए की तरह धीरे-धीरे अपने पैर सिकोड़ कर अस्तभाव को प्राप्त हो रहा है।

क्या कहती है—"तू यहाँ से आधा कदम भी नहीं जा सकता।" अरे,

---

६९ (ई) *संमर्दितः*—व्यञ्जना यह है कि प्रिया से कलह करनेवाला ध्वज के उच्छ्रित भाव को नष्ट कर लेगा। उसके भाग्य में सर का कूटना ही रहेगा।

७० (इ) *स्त्रीभिः*—यहाँ अभिसारिकाओं से तात्पर्य है जो मेखला बन्धन, वारुणी पान, केशालंकरण से तैयार होकर सायंकालीन सूर्य के सामने खड़ी होकर उसके अस्त होने की प्रतीक्षा करती हैं। वेश की भाषा में 'हैमः कूर्मः' सटीक शब्द था।

७० (ई) *हैमः कूर्मः*—सोने का कछुआ। उस प्रकार के धनी नायक से तात्पर्य है जो मालामाल होते हुए भी काम भाव में रसिक नहीं है,अतएव जिसे छोड़कर उसकी पत्नी अभिसार करती है।

७० (ई) *संक्षिप्तोपादो रविः*—किरणें बटोर कर अस्त होते हुए सूर्य से व्यंजना उस नायक की है जो लेन-देन के मामले में अपना हाथ सिकुड़ा हुआ रखता है, या धन होने पर भी कंजूस है। ऐसे गोलमटोल बने हुए धनी व्यक्ति के लिये 'सोने का कछुआ' यह गुप्तकाल का व्यंग्य था।

"अहं तामनुनेष्यामि" इति। (५) *राजवद्गुह्यादप्रतिगृहीतानुनय इव दुर्जनो न शक्योऽनुनेतुम् इदं गम्यते।* (६) *कथं पादयोर्लग्ना सह विश्वलकेन।* (७) *हन्त! पङ्गूकृताः समः।* (९) *सुनन्दे—*

७१— *(अ) न त्वाहमतिवर्तिष्ये*
(आ) वेलामिव महोदधिः।
(इ) इमामपि महीं पातु
(ई) राजा सागरमेखलाम्॥

(१) (निष्क्रान्तो विटः)

इति श्रीईश्वरदत्तस्य कृतिः धूर्तविटसंवादो नाम भाणः समाप्तः

जाना ही पड़ेगा। नहीं तो मेरी स्त्री इस चोले का कुछ और तरह स्वागत करेगी। तूने क्या कहा—"मैं उसको मना लूँगी।" राजा का गुह्य रखनेवाले अतएव अनुनय को न मानने वाले दुर्जन की तरह उसे मनाना सम्भव नहीं। अरे विश्वलक के साथ तू मेरे पैरों से क्यों लिपट रही है? हाय! मुझे तो इन दोनों ने पंगु कर दिया। सुनन्दा,—

७१—महोदधि जैसे वेला को नहीं छोड़ता ऐसे मैं तुझे छोड़कर नहीं जाऊँगा। सागर की मेखला से अलंकृत इस पृथ्वी की रक्षा राजा करें।

(विट जाता है)

ईश्वरदत्तकृत धूर्तविटसंवाद नामक भाण समाप्त

---

७० (३) *कलेवरमन्यथा ग्रहीष्यति*—मेरे शरीर को दूसरे ढंग से लेगी, अर्थात् कुछ झगड़ा करेगी या शरीर को नोचेगी।

७० (५) *राजवद्गुह्य*—राजा का कोई रहस्य जिसके पास है, उस दुर्जन का मनाना जैसे कठिन है।

श्रीरस्तु।

३. वररुचिकृता
उभयाभिसारिका

[नान्द्यन्ते ततः प्रविशति सूत्रधारः]

सूत्रधारः—

१— *(अ) कोऽसि त्वं मे का वाऽहं ते विसृज शठ मम निवसनं मुखं किमपेक्षसे*
(आ) न व्यग्राऽहं जाने ही ही तव सुभग दशनवसनं प्रियादशनाङ्कितम्।
(इ) या ते रुष्टा सा ते नाऽहं व्रज चपल हृदयनिलयां प्रसादय कामिनी
(ई) मित्येवं वः कन्दर्पार्ताः प्रणयकृतकलहकुपिता वदन्तु वरस्त्रियः॥

(१) एवमार्यमिश्रान् विज्ञापयामि। (२) अये! किं नु खलु मयि विज्ञापनव्यग्रे शब्द इव श्रूयते। (३) अङ्ग पश्यामि। (४) (नेपथ्ये)—

२— *(अ) वसन्तप्रमुखे काले*
(आ) लोध्रवृक्षो गतप्रभः।
(इ) मित्रकार्येण सम्भ्रान्तो
(ई) दीनो विट इव स्थितः॥

(नान्दी के बाद सूत्रधार का प्रवेश)

१—तू मेरा कौन है? मैं तेरी कौन हूँ? अरे शठ, तू मेरा पल्ला छोड़। मेरा मुँह क्या देखता है? हे सुभग! मैं तेरे लिये व्यग्र नहीं हूँ। (ठठाकर) प्रिया के दन्तच्छद से अंकित तेरे ओष्ठ को मैं पहचानती हूँ। अरे चपल, हट। जो रूठने वाली है वही तेरी है, मैं नहीं हूँ। जा अपने मन में बसी कामिनी को मना। कामपीड़ित और प्रणयकलह से कुपित वरस्त्रियाँ आप लोगों से ऐसा कहें।

यह मैं आप महानुभावों से कहता हूँ। अरे कहने के लिये उत्सुक होने पर मुझे क्या शब्द-सा सुन पड़ रहा है? वाह! मैं देखता हूँ। (नेपथ्य में)—

२—वसन्त के आरम्भ में कुम्हलाया हुआ लोध्रवृक्ष मित्र कार्य से घबड़ाए हुए दीन विट की तरह खड़ा है।

(१) (निष्क्रान्तः)

(२) स्थापना

(३) (ततः प्रविशति विटः)

विट :—(४) अहो! वसन्तसमृद्धिः कुतः!

३— *(अ) परभृतचूताशोका*
(आ) डोला वरवारुणी शशाङ्कश्च।
(इ) मधुगुणविगुणितशोभा
(ई) मदनमपि सविभ्रमं कुर्युः॥

(१) अहो! परस्परव्यलीकं सहते कामिजनः। (२) अहो! अप्रतिहतशासनो भ्रमति दूतिजनः। (३) अहो! ऋतुकालप्राधान्यम्। (४) प्रवालमुक्तामणिरशनादुकूलपेलवांशुकहारहरिचन्दनादीनां वर्धते सौभाग्यम्। (५) सर्वजनमदनजनने लोककान्ते वसन्त एवं विजृम्भमाणे (६) सागरदत्तश्रेष्ठिपुत्रस्य कुबेरदत्तस्य नारायणदत्तायाश्च कश्चित् कलहाभिनिवेशः संवृत्तः। (७) एतत्कारणात् कुबेरदत्तेनात्मनः परिचारकः सहकारको नाम मां प्रति प्रेषितः (८) "भगवतो नारायणस्य भवने मदनसेनया

(बाहर जाता है)

स्थापना

(उसके बाद विट का प्रवेश)

विट—अहो, वसन्त का कैसा ठाट है—

३—कोयल, आम्र, अशोक, झूला, बढ़िया शराब, चन्द्रमा, और वसन्त की विशेषताओं से विरचित शोभा, ये काम का मन भी विचलित कर सकती हैं।

अहो! कामीजन एक-दूसरे की त्रुटियों को भी सह रहे हैं। अहो! दूतियाँ इस समय अप्रतिहत शासन होकर आ-जा रही हैं। अहो! यह वसन्त की ऋतु अपने पूरे वैभव पर है। प्रवाल, मुक्ता और मणियों से गूँथी हुई रशना, दुकूल, हलके रेशमी वस्त्र, हार, हरिचन्दन आदि का मजा बढ़ रहा है। सब लोगों में काम पैदा करनेवाले, लोगों को रुचिकर, खिलते हुए वसन्त में सागरदत्त सेठ के पुत्र कुबेरदत्त की नारायणदत्ता से कुछ अनबन हो गई है। इस कारण कुबेरदत्त ने अपना सहकारक नाम का सेवक मेरे पास भेजकर कहलाया है—"भगवान् नारायण विष्णु

---

२ (आ) *वसन्तकाल में गतप्रभ लोध्र वृक्ष*—धूर्त विट संवाद [६५ (७)] में लोध्रवृक्ष को हेमन्त ऋतु में फूलने वाला वृक्ष कहा है।

३ (१) *व्यलीक*—अपराध, दोष, अतिक्रमण।

३ (२) *अप्रतिहतशासनः*—दूतियाँ इस समय प्रेमी-प्रेमिका में से जिसको जो आज्ञा दे रही हैं वही उसे मान ले रहा है।

३ (८) *भगवतो नारायणस्य भवने*—भगवान् विष्णु के मन्दिर में। आरम्भिक

मदनाराधने संगीतके यथारसमभिनीयमाने (९) ततो मामतीत्य सा त्वया प्रशस्तेति तत्संक्रान्तमदनानुरागशङ्कया परिकुपिता (१०) नारायणदत्ता चरणपतनमप्यनवेक्ष्य स्वभवनमेव गता। (११) तद्गतमदनानुरागतप्तहृदयस्य यथा ममेयं रजनी रजनीसहस्रवन्न व्यतिगच्छेत् (१२) तथा चास्य नगरस्य सर्वकालवसन्तभूतेन भाववैशिकाचलेन कृतां सन्धिमिच्छामि'' इति।

(१३) श्रुत्वैव तद्वचनमभिज्ञाततया मदनदुःखस्याप्यसह्यत्वात् प्रदोष एवाभिप्रस्थितः सन्नस्मद्वयःप्रमाणमगणयन्त्याऽऽत्मयौवनावस्थामेव चिन्तयन्त्याऽस्मद्गेहिन्याऽन्यथाशङ्कमानया निवारितोऽस्मि। (१४) तदेष इदानीं तस्याः कोपविनाशने कृतप्रतिज्ञो गमिष्यामि। (१५) अथवा किमत्र मया प्रतिज्ञातव्यम्। (१६) कुतः—

के मन्दिर में मदनसेना द्वारा मदनाराधन नामक संगीतक का रस के अनुसार जब अभिनय हो रहा था, तब मुझे छोड़कर तूने उसकी प्रशंसा की। इससे मदनसेना में प्रेम की आशङ्का से नाराज होकर नारायणदत्ता मेरे द्वारा पैरों पर गिरने की भी परवाह न करके अपने घर चली गई। उसके लिए कामातुर हृदय से मुझे यह रात्रि हजार रातों की तरह न बितानी पड़े, इसलिए चाहता हूँ कि इस नगर के लिये सदा वसन्त की तरह बने हुए वैशिकाचल (पर्वत की तरह वेश में अटल) आप मेरा उससे मेल करा दें।

उसकी बात सुनते ही कुछ जान-पहचान और कुछ मदन दुःख को असह्य मानकर मैं आज शाम को ही निकल पड़ा। किन्तु मेरी ढलती उमर का भरोसा न करती हुई और अपनी जवानी की ही बात सोचती हुई मेरी घरनी ने कुछ दूसरा शक किया और मुझे जाने से रोकना चाहा। पर मैं नारायणदत्ता का क्रोध हटाने की प्रतिज्ञा कर चुका हूँ, इसलिए अवश्य जाऊँगा। अथवा, यहाँ मेरी प्रतिज्ञा की क्या जरूरत है?

गुप्तकाल में भागवतधर्म का अत्यधिक प्रचार था और गुप्त सम्राटों ने परमभागवत विरुद धारण किया था। उस समय विष्णु के अनेक मन्दिरों का निर्माण हुआ था।

३ (८) *मदनाराधन संगीतक*—इस नाम का संगीतक। संगीतक = एक विशेष प्रकार का संगीतप्रधान अभिनय (अं० औपेरा)(श्रश्चद्गह्लड्ढ)। इसी भाण में आगे अप्रतिहतशासन कुसुमपुर पुरन्दर अर्थात् गुप्त महेन्द्रादित्य के भवन में पुरन्दरविजय नामक संगीतक का उल्लेख है (२८/७)। *कादम्बरी* के अनुसार वीणा, वेणु, मृदंग वाद्यों का संगीतक में प्रयोग होता था (*का० अनु० ५०*)। राजभवनों में संगीतकों के लिये संगीतकगृहं नामक अलग स्थान ही होता था (उपरिवत्, २३८) जहाँ मृदुध्वनि से ठनकते हुए मृदंगों का शब्द सुनाई पड़ता था।

३ (१२) *सर्वकालवसन्तभूत*—हर समय या छहों ऋतुओं में एक समान जिसमें वसन्त की मस्ती छाई रहे।

४— *(अ) मधुरैः कोकिलालापै-*
(आ) श्चूताङ्कुरनिबोधितैः।
(इ) वसन्तः कलहावस्थां
(ई) कामिनीमनुनेष्यति॥

(१) अपि च—

५— *(अ) कान्तं रूपं यौवनं चारुलीलं*
(आ) दानं दाक्षिण्यं वाक् च सामोपपन्ना।
(इ) यंप्राप्यैते सद्‌गुणा भान्ति सर्वे
(ई) लोके कामिन्यः केन तस्य प्रसाद्याः॥

(१) (परिक्रम्य) (२) अहो! कुसुमपुरराजमार्गस्य परा श्रीः। (३) इह हि—सुसिक्तसंमृष्टोच्चावचकुसुमोपहारा अन्यगृहाणां वासगृहायन्ते रथ्याः। (४) नानाविधानां पण्यसमुदायानां क्रयविक्रयव्यापृतजनेन शोभन्तेऽन्तरापणमुखानि। (५) बह्योदाहरणासंगीत-धनुर्ज्याघोषैरन्योन्यमभिव्याहरन्तीव दशमुखवदनानीव प्रासादपङ्क्तयः। (६) क्वचिदुद्‌घाटित-गवाक्षेषु प्रासादमेघेषु रथ्यावलोकनकुतूहलाः शोभन्ते प्रमदाविद्युतः

४—आमों के बौरने से बौराई कोयल के मधुर आलापों से वसंत कलहकुपित कामिनी को स्वयं मना लेगा।

और भी—

५—सुन्दर रूप, अठखेलियाँ करता यौवन, दान, अनुकूल स्वभाव, शान्ति और मेल की बातें—ये सब सद्‌गुण जिसमें हों, उसको कामिनियों के प्रसन्न करने के लिये दूसरे की क्या आवश्यकता?

(घूमकर) अहो! कुसुमपुर के राजमार्ग की कैसी अपूर्व शोभा है? यहाँ की गलियाँ सुगन्धित छिड़काव, झाड़-पोंछ और सब ओर फूलों के सजे ढेरों से ऐसी लग रही हैं मानो दूसरे घरों के सामने वासगृह हों। तरह-तरह के सामान की खरीद-फरोख्त करनेवाले ग्राहकों की भीड़ से दुकानों के अगले भाग सुन्दर लग रहे हैं। वेदाध्ययन, संगीत तथा धनुष की टंकारों से भरे हुए महल जैसे आपस में बातचीत कर रहे हैं, मानो रावण के मुख हों। कहीं मेघरूपी प्रासादों की खुली हुई खिड़कियों (गवाक्ष) में

---

३ (१२) *भावैशिकाचल*—भाव = विट की उपाधि। वैशिक = वेश्याओं से सम्बन्धित तन्त्र। उसका अचल या पर्वत के तुल्य दृढ़ आधार, वैशिकतन्त्र को धारण करने वाला जैसे पर्वत पृथिवी को धारण करता है।

५ (आ) *चारुलीलं*—पाठ० चारुशीलं।

५ (१) कुसुमपुरराजमार्ग—पहले पद्मप्राभृतकी भाण और चौथे पादताडितकी का स्थान उज्जयिनी है, दूसरे *धूर्तविटसंवादः* और तीसरे *उभयाभिसारिका* का पाटलिपुत्र है।

५ (६) *प्रमदाविद्युतः*—तु० वेशमेघविद्युल्लता [*पद्मप्राभृतकं*, ३३(३३)]।

कैलासपर्वतान्तर्गता इवाप्सरसः। (७) *अपि च, प्रवरहयगजरथगता इतस्ततः परिचलन्तः शोभन्ते महामात्रमुख्याः।* (८) *तरुणजननयनमनोहरणसमर्थाश्चारुलीलाः स्थानविन्यस्तभूषणाः सुरनगरवरयुवतिश्रियमहसन्त्यः परिचरन्ति प्रेष्ययुवतयः।* (९) *सर्वजननयनभ्रमरैरापीयमानमुखकमलशोभा रथ्यानुग्रहार्थमिव पादप्रचारलीलामनुभवन्ति गणिकादारिकाः।* (१०) *किं बहुना—*

६— (अ) *सर्वैर्वीतभयैः प्रहृष्टवदनैर्नित्योत्सवव्यापृतैः*
(आ) *श्रीमद्रत्नविभूषणाङ्गरचनैः स्रग्गन्धवस्त्रोज्ज्वलैः।*
(इ) *क्रीडासौख्यपरायणैर्विरचितप्रख्यातनानागुणै—*
(ई) *र्भूमिः पाटलिपुत्रचारुतिलका स्वर्गायते साम्प्रतम्॥*

(१) (*परिक्रम्य*) (२) *अये! इयं खलु चरणदास्या दुहिता अनङ्गदत्ता नाम* (३) *सुरतपरिश्रमखेदालसा चतुरपदविन्यासा सर्वजननयनामृतायमानरूपा इत एवाभिवर्तते।* (४) *अवश्यमनया प्रियजननिर्दयोपभुक्तया भवितव्यम्।* (५) *कुतः—*

कैलास पर्वत की अप्सराओं की तरह गली देखने के कुतूहल से बिजली-सी कौंधती हुई नवेली प्रमदाएँ शोभा पा रही हैं। और भी, बड़े हाथी, घोड़ों और रथों पर सवार इधर-उधर जाते हुए महामात्रों के प्रधान कैसे भले लग रहे हैं। युवकों की आँखें चुराने में समर्थ, नखरों से भरी, यथास्थान आभूषण पहने हुई जवान दासियाँ स्वर्ग की युवतियों के सौन्दर्य की हँसी करती हुई आ-जा रही हैं। सब लोगों के नयन-रूपी भौंरे जिनके मुख कमल की शोभा पीने लगते हैं, ऐसी नौचियाँ मानो सड़कों पर दया करके चहलकदमी कर रही हैं।

बहुत क्या—

६—निर्भय होकर खुशी मन से नित्य उत्सव में लगे हुए, कीमती रत्नों और आभूषणों से सजे हुए, मालाओं की गन्ध और वस्त्रों से लकदक, खेलकूद की मौज में मगन, नाना गुणों से प्रख्यात् नागरिकों से पाटलिपुत्र की यह भूमि इस समय स्वर्ग बन रही है।

(घूमकर) अरे, यह चरणदासी की पुत्री अनंगदत्ता सुरत परिश्रम की थकान के आलस्य से नपे-तुले नजाकत भरे पैर रखती हुई मानो सब लोगों की आँखों का अमृत बनी इधर ही आ रही है। अवश्य ही इसके यार ने निर्दयता से इसका आनन्द लूटा है। कैसे—

---

५ (९) *गणिकादारिकाः*—गणिकाओं की पुत्रियाँ जिन्हें पेशा शुरू करने से पहले बनारसी बोली में 'नौची' कहा जाता है।

७— *(अ) दशनपदचिह्नितोष्ठं*
(आ) निद्रालसलोललोचनं वदनम्।
(इ) जघनं च सुरतविभ्रम—
(ई) विलुलितरशनागुणपरीतम्।

(१) भो अस्य दर्शनमेव च नःकार्यसिद्धिनिमित्तम्। (२) अये मामनवेक्ष्यैव गता। (३)अभिभाषिष्ये तावदेनाम्। (४) हन्त! स्वयमेव प्रतिनिवृत्ता। (५) (उपगम्य) (६) वासु किं नाभिवादयसि। (७) किं ब्रवीषि—''चिरेण विज्ञातास्मि भवन्तमभिवादयामि'' इति। (८) श्रूयतामियमाशीः—

८— *(अ) प्रथमवयसं स्वतन्त्रं*
(आ) दातारं चारुरूपमर्थाढ्यम्।
(इ) भद्रे लभस्व भद्रं
(ई) कुशलं कान्तं रतिपरं च॥

(१) वासु, सर्वे तावत् तिष्ठतु।

९— *(अ) विधेयो मन्मथस्तस्य*
(आ) सफलं तस्य जीवितम्।
(इ) वेशलक्ष्म्या त्वया सार्धे
(ई) यस्येयं रजनी गता॥

(१) किं ब्रवीषि—''महामात्रपुत्रस्य नागदत्तस्योदवसितादागच्छामि'' इति। (२) भद्रे, भूतपूर्वविभवः खल्वेषः। (३) व्यक्तं मातुरप्रियमुपपादितम्। (४) कथं

७—इसके मुख में दन्तक्षत चिह्नत ओष्ठ हैं। चंचल आँखें नींद से अलसौहीं हो रही हैं। सुरत के खेल से अलग-बिलग हुई करधनी की लड़ों से इसका जघनस्थल भरा है।

अरे, इसके दर्शन से ही हमारा काम बनने वाला है। ऐं, मेरी ओर देखे बिना ही वह चली गई। तब तो इससे बात करूँगा। अहा, खुद लौट आई। वासु, प्रणाम क्यों नहीं करती ? क्या कहती है—''आपने देर में पहचाना। मैं अभिवादन कर रही हूँ।'' तो सुन मेरा आशीर्वाद—

८—भद्रे, नौजवान, स्वतन्त्र, दानी, सुन्दर, धनी,भद्र, कुशल, रतिपरायण प्रियतम तुझे मिले।

वासु, यह सब रहने दे—

९—कामदेव उसका अनुचर है और उसी का जीवन सफल है, जिसने तुझ वेश-लक्ष्मी के साथ एक रात बिताई हो।

क्या कहती है—''महामात्र-पुत्र नागदत्त के घर से आ रही हूँ।'' भद्रे, उसका वैभव तो पहले की कहानी है। यह साफ है कि तू ने अपनी माँ की मर्जी

व्रीडावनतवदनयाऽनया हसितम्। (५) हन्त! सफलो नः प्रतर्कः। (६) मा मैवम्। (७) कुतः—

१०— *(अ) मातुर्लोभमपास्य यद्रतिसुखेष्वासक्तचित्ता सती*
(आ) त्यक्त्वा वैशिकशासनं बहुफलं वेश्याङ्गनादुस्त्यजम्।
(इ) गत्वा कान्तनिवेशनं बहुरसं प्राप्ताऽसि कामोत्सवं
(ई) तेनायं गणिकाजनस्तव गुणैर्निक्षिप्तपादः कुतः॥

(१) अहो स्थाने खलु ते व्रीडा। (२) किं शपथेन। (३) स्वगृहमागत्यानुनेष्यामि ते मातरम्। (४) त्वया तु वैश्योपचारविरुद्धं कृतम्। (५) गच्छतु भवती। (६) किं ब्रवीषि— ''अभिवादयामि'' इति। (७) सुभगे, श्रूयतामियमाशीः—

११— *(अ) स्वगुणाः सद्गुणाः सर्वे*
(आ) न स्तोतव्याः स्थितास्त्वयि।
(इ) लोकलोचनकान्तं ते
(ई) स्थिरीभवतु यौवनम्॥

(१) गतैषा। (२) वयमपि गच्छामः। (३) (परिक्रम्य) (४) अये एषा खलु विष्णुदत्ताया दुहिता माधवसेना नाम अनपेक्षितपरिजनानुसरणा (५) व्याघ्रानुसारवित्रस्तमृगपोतिकेव त्वरिततरपदविन्यासा इत एवाभिवर्तते। (६) व्यक्तमिदानीं जननीलोभदोषादनिष्टजन-सम्भोगपरिक्लिष्टयाऽनया भवितव्यम्। (७) तथा हि—

के खिलाफ उससे मेल किया है। लज्जा से मुँह नीचा करके यह क्यों हँसी? वाह! हमारा अनुमान ठीक है। सुन्दरी, ऐसा मत कर। कैसे—

१०—माता के लालच को ठुकरा कर तू ने रति सुखों में मन लगाया और बहुत फल देनेवाले वेश के नियमों को जिनका छोड़ना वेश्याओं के लिये कठिन है, त्यागकर तू अपने प्रेमी के घर चली गई और उसके साथ रसीली रंगरेलियाँ करती रही। अपने इन गुणों से तू ने वेश्याओं को अपने पैरों तले कर दिया है।

अरे, तेरी लाज ठीक ही है। कसम खाने से क्या? तेरे घर आकर तेरी माता को मना लूँगा। तू ने वेश्याओं के स्वभाव के विरुद्ध काम किया है। अब तू जा सकती है। क्या कहती है—''अभिवादन करती हूँ।'' सुभगे, यह मेरा आशीर्वाद सुन—

११—तेरे गुन तुझमें रहकर सद्गुन हो गए हैं। उनकी बड़ाई क्या करना? लोगों को लुभानेवाला तेरा यौवन स्थिर रहे।

वह चली गई। मैं भी चलूँ। (घूमकर)—अरे, यह विष्णुदत्ता की पुत्री माधवसेना अपने परिजनों का पीछा करने की परवाह न करके बाघ से पीछा की जाती हुई मृगछौनी की तरह जल्दी-जल्दी पग बढ़ाती इधर ही आ रही है। यह साफ है कि वह जननी के लालच से अनचाहे के साथ मिलने से दुखी है। क्योंकि—

१२— (अ) *न ग्लानं वदनं न केशरचना प्रभ्रष्टपुष्पद्युतिः*
(आ) *दन्ताक्रान्तनिपीतकोमलरुचिर्नैवाधरोष्ठः कृतः।*
(इ) *गाढालिङ्गनवर्जितौ स्तनतटावक्लिष्टचूर्णश्रियौ*
(ई) *श्रोण्यां रागरतिप्रबन्धशिथिला न व्याकुला मेखला॥*

(१) अये अनिष्टजनसम्भोगजनितसन्त्रासा मामनवेक्ष्यैवातिक्रान्ता। (२) भवतु। (३) एनामनुसृत्य निर्वेदकारणं ज्ञास्यामहे। (४) हन्त! स्वयमेव प्रतिनिवृत्ता (५) किं ब्रवीषि—"न मया भावोऽलक्ष्यत" इति। (६) वासु नास्ति दोषः। (७) परिक्लिष्टतया व्याकुलितचित्तानां बुद्धयो हि ससम्प्रभा भवन्ति। (८) किं ब्रवीषि—"अभिवादयामि" इति। (९) प्रतिगृह्यताम-यमाशीर्वादः—

१३— (अ) *आढ्यास्ते दयितास्सन्तु*
(आ) *विप्रियाः सन्तु निर्धनाः।*
(इ) *मातुर्लोभात् कदाचित् स्या-*
(ई) *न्नाप्रियैरपि सङ्गमः॥*

(१) वासु कुत आगम्यते? (२) किं ब्रवीषि—"धनदत्तसार्थवाहपुत्रस्य समुद्र-दत्तस्योदवसितादागच्छामि" इति। (३) अहो प्राप्तं कृतम्। (४) अद्यतनकालवैश्रवणः खल्वेषः। (५) किं दीर्घोष्णश्वसितविकम्पिताधरकिसलयं भ्रुकुटीविजिह्मितनयनं व्यावर्तितमेवानया वदनम्। (६) हन्त! अथावितथप्रतर्काः स्मः। (७) कुतः—

१२—न तो मुँह उतरा हुआ है, और न केशरचना के फूल ही झड़े हैं, और न ओष्ठ की सुकुमार शोभा दन्तक्षत से बिगड़ी है। गाढ़ालिंगन से रहित स्तन तटों पर चन्दन चूर्ण की शोभा ज्यों की ज्यों हैं। श्रोणी पर मेखला रागपूर्वक रति करने से न ढीली पड़ी है, न अस्तव्यस्त हुई है।

अरे, अनचाहे के साथ मिलने के डर से वह मुझे बिना देखे ही चली गई। ठीक, मैं इसके पास जाकर इसके दुःख के कारण का पता लगाऊँगा। वाह, स्वयं ही लौट आई। क्या कहती है—"मैंने आपको नहीं देखा।" वासु, तेरा दोष नहीं है। क्लेश से घबराए लोगों की अक्ल भी घबरा जाती है। क्या कहती है—"मैं अभिवादन करती हूँ।" तो यह मेरा आशीर्वाद ले—

१३—तेरे प्रियजन धनवान हों और अनिष्टजन धनहीन हों। माता के लोभ में पड़कर अनिष्टजन के साथ तेरा समागम न हो।

वासु, कहाँ से आ रही है? क्या कहती है—"धनदत्त सार्थवाह के पुत्र समुद्रदत्त के घर से आ रही हूँ।" अहा! खूब किया। वह तो आजकल का कुबेर है। क्यों लम्बी साँस लेते हुए अधर क़िसलयों को फड़का कर टेढ़ी भौहों वाली आँखों से इसने अपना मुँह घुमा लिया? हाय! मेरा अन्दाजा सही है।

१४— (अ) *कृच्छ्राद्दत्तोष्ठबिम्बं विरलमृदुकथं हासलीलावियुक्तं*
(आ) *जृम्भोष्णश्वासमिश्रं परिशिथिलभुजालिङ्गनं वीतरागम्।*
(इ) *दुःखादाश्रित्य शय्यां कृतकरतिविधौ चेष्टितं भावहीनं*
(ई) *व्यक्तं बालेऽकृथास्त्वं निशि दिवसकरस्योदयं चिन्तयन्ती॥*

(१) वासु अलमलं विषादेन। (२) रूपावरोऽपि धनवान् गम्येष्वभिर्हित एव। (३) श्रूयताम्—

१५— (अ) *सर्वथा रागमुत्पाद्य*
(आ) *विप्रियस्य प्रियस्य वा।*
(इ) *अर्थस्यैवार्जनं कार्य-*
(ई) *मिति शास्त्रविनिश्चयः॥*

(१) किं ब्रवीषि—''भावस्यापि खलु मे जनन्याः समो निश्चयः'' इति। (२) भवति, मा मैवम्। (३) अस्त्येतत् कारणम्। (४) गच्छतु भवती। (५) त्वदगृहमेवागत्य शास्त्रं तत्त्वतस्त्वा ग्राहयिष्यामि। (६) अहो उपदेशदोषादनभिवाद्यैव गता। (७) अहो तपस्विन्या उद्वेगः। (८) वयमपि साधयामस्तावत्।

(९) (परिक्रम्य) (१०) अये एषा खलु विलासकौण्डिनी नाम परिव्राजिका सललितमृदुपदन्यासा नयनामृतायमानरूपा इत एवाभिवर्तते। (११) अस्याः पटवास

१४—हे बाले, यह प्रकट है कि रात में दुःख से शय्या पर जाकर तू ने बनावटी रति की और दिन निकलने की बात सोचती रही। उस समय तेरी सब चेष्टा बेमन की (भावहीन) थी। कठिनाई से तूने चूमने के लिये अधर दिया, मीठी बात भी कुछ न की, हँसी-मजाक भी कुछ न हुआ, जँभाई और गरम साँसें लेती रही, भुजाओं का आलिंगन भी ढीला-ढीला ही रहा और राग का तो नाम ही न था।

वासु, विषाद मत कर। रूप से हीन धनी भी गम्य है, ऐसा कहा गया है। सुन—

१५—अनचाहे या चहेते, दोनों में पूरी तरह प्रेम उत्पन्न करके धन पैदा करना चाहिए, यही शास्त्र का नियम है।

क्या कहती है—''आप भी मेरी माता की तरह ही विचार वाले हैं।'' अरे, यह बात नहीं है। इसमें कुछ कारण हैं। तू अब जा। तेरे घर ठीक-ठीक शास्त्र का मर्म समझाऊँगा। अहो! यह बिना अभिवादन किए ही चल दी। इसकी शिक्षा में त्रुटि है। या इसका कारण बेचारी का उद्वेग है। हम भी अब यहाँ से काम पर चलें।

(घूमकर) अरे, यह विलासकौण्डिनी नाम की परिव्राजिका नखरे से

गन्धोन्मत्ता भ्रमन्तो मधुकरगणाश्चूतशिखराण्यपि त्यक्त्वा परिव्रजन्ति खल्वेनाम्। (१२) *अभिभाषिष्ये तावदैनाम्,* (१३) *यतो नयनश्रवणकुतूहलमपनेष्यामि।* (१४) *भगवति वैशिकाचलोऽहमभिवादये।* (१५) *किं ब्रवीषि—''न वैशिकाचलेन प्रयोजनं भवेद् वैशेषिकाचलेन'' इति।* (१६) *अस्त्येतत् कारणम्।* (१७) *कुतः—*

१६— (अ) *दृष्टिस्तेऽतिविशालचारुरुचिरा नैकत्र सन्तिष्ठते*
(आ) *ग्लान्या कान्ततरं रतिश्रमयुतं शूनाधरोष्ठं मुखम्।*
(इ) *आचष्टे सुरतोत्सवप्रकरणं खेदालसा ते गतिः*
(ई) *व्यक्तं ते कथितं प्रियेण सुभगे रत्यर्थेवैशेषिकम्॥*

धीरे-धीरे पैर रखती हुई इधर आ रही है। इसका रूप आँखों का अमृत है। इसके पटवास की गन्ध से पागल भौंरे आम की चेटियों को छोड़कर इस पर मँडरा रहे हैं। तो इससे बातचीत करूँ और अपनी आँखों और कानों का कुतूहल शान्त करूँ। भगवति, वैशिकाचल में आपका अभिवादन करता हूँ। क्या कहती है—''मुझे वेश में डटनेवाले से प्रयोजन नहीं, मुझे तो वैशेषिक शास्त्र में डटनेवाले में रुचि है।'' इसकी तो वजह है। कैसे—

१६—तेरी विशाल और सुन्दर आँखें एक जगह नहीं ठहरतीं? ग्लानि से अधिक सुन्दर और रतिश्रम से युक्त फूले अधर वाला तेरा मुख एवं श्रम से अलसाई चाल तेरे सुरतोत्सव का संकेत दे रही हैं। हे सुभगे, इससे स्पष्ट है कि तेरे प्यारे ने तुझे 'रति ही नित्य पदार्थ' है, यही शास्त्र पढ़ाया है।

---

१५ (१५) *वैशेषिकाचल*—वैशेषिक दर्शन का महारथी। विट ने परिव्राजिका को प्रणाम करते हुए अपने आपको वैशिकाचल (वेश का धुरन्धर) कहा। वह अपने आपको काणाद दर्शन की अनुगामिनी बताती हुई व्यंग्य करती है कि मेरी रुचि 'वैशिकाचल' में नहीं, 'वैशेषिकाचल' में है।
अचल—नित्य, ध्रुव, अविनाशी। वैशेषिक दर्शन चल विश्व के मूल में अचल तत्त्वों का अन्वेषण करता है। परिवर्तनशील वस्तुओं के पीछे जो नित्य वस्तु है वही द्रव्य है। अचल शब्द की यही व्यंजना है। परमाणुओं का परस्पर भेद नित्य है जिसे विशेष कहते हैं। इसी से यह दर्शन वैशेषिक कहलाया। अचल या नित्य तत्त्व वैशेषिकों के विचार की मूल भित्ति थी। बौद्धों के क्षणिकवाद से इनकी टक्कर थी। यह परिव्राजिका वैशेषिक मत की अनुयायिनी है, बौद्ध भिक्षुणी नहीं।
१६ (ई) *रत्यर्थ वैशेषिक*—अर्थ = पदार्थ (*कणादसूत्र,* १/१/४, *अर्थ इति द्रव्यगुणकर्मसु,* में पदार्थ को 'अर्थ' कहा है)।
वैशेषिक—वह दर्शन जो विशेष नामक नित्य तत्त्व पर आश्रित है। पृथिवी, जल, तेज वायु के नित्य परमाणुओं का पारस्परिक भेद विशेष कहलाता है। विशेष नित्य तत्त्व

(१) किं ब्रवीषि—"अहो दासेनात्मसदृश्मभिहितम्" इति।

१७— *(अ) धन्या भवन्ति सुभगे*
(आ) दासास्ते चरणकमलयुगलस्य।
(इ) अस्मद्विधस्य वरतनु
(ई) कुतोऽस्ति तत् क्षीणपुण्यस्य॥

(१) किं ब्रवीषि—"षट्पदार्थबहिष्कृतैः सह सम्भाषणमस्माकं गुरुभिः प्रतिषिद्धम्" इति। (२) भगवति युक्तमेवैतत्। (२) कुतः—

क्या कहती है—"अरे काम के दास, तू ने अपनी रुचि के अनुसार ही कहा।"

१७—हे सुभगे, तेरे चरण-कमलों का दास्य जिन्हें मिले वे धन्य हैं। हे वरतनु, हमारे जैसे पापियों को यह भी कहाँ सुलभ?

क्या कहती है—"षट्पदार्थों को न जानने वालों के साथ बातचीत करना हमारे गुरुओं ने मना किया है।" भगवति यह तो ठीक ही है। कैसे—

है। रत्यर्थवैशेषिक का परिव्राजिका पक्ष में व्यंग्यार्थ हुआ कि तेरे लिये रति ही एकमात्र ऐसा पदार्थ है जिसे तू नित्य मानती है। कणाद दर्शन के पक्ष में अर्थ हुआ कि द्रव्य, गुण, कर्म, सामान्य, विशेष, समवाय—इन छह नित्य पदार्थों में रति या भक्ति या दृढ़ आस्था, यही तेरा सिद्धान्त है।
१६ (१) *दासेन*—परिव्राजिका ने विट को गाली देते हुए 'दास' (गणिकाओं का गुलाम) कहा।
१७ (१) *षट्पदार्थ*—(१) द्रव्य, (२) गुण, (३) कर्म, (४) सामान्य, (५) विशेष, (६) समवाय—कणाद दर्शन में ये ही छह पदार्थ कहे गए हैं।
षट्पदार्थबहिष्कृत—हमारे आचार्यों ने षट्पदार्थ न माननेवालों के साथ बोलचाल का भी निषेध किया है। इस वाक्य की व्यञ्जना यह है कि षट्पदार्थ मानने वाले प्राचीन काणाद दार्शनिकों का सात पदार्थ मानने वाले अभिनव दार्शनिकों से गहरा मतभेद या शास्त्रार्थ था। प्रशस्तपाद षट्पदार्थवादी आचार्य थे। यहाँ 'हमारे गुरुओं' का संकेत उन्हीं से ज्ञात होता है। 'प्रशस्तपाद' यह आचार्य का आदरार्थक विरुद था, वास्तविक नाम नहीं। वैशेषिक दर्शन नित्य पदार्थवादी है। बौद्धदर्शन क्षणिकवादी है। नये वैशेषिकों ने अभाव को भी सातवाँ पदार्थ मानकर बौद्ध दर्शन को आंशिक रूप से मान लिया। यही नये-पुराने वैशेषिक मतों का द्वन्द्व था जिसकी ओर परिव्राजिका की उक्ति में संकेत है।
१७ (२) *युक्तमेवैतत्*—विट का कूट यह है कि तुम्हारा स्वरूप 'षट्पदार्थों' से बना है (जैसा १८वें श्लोक में बताया है), अतएव जो उन 'षट्पदार्थों' के इच्छुक नहीं हैं, उनसे तुम्हारा मेल कैसा? मनचले युवकों से ही तुम्हारी पटरी बैठती है।

१८— *(अ) द्रव्यं ते तनुरायताक्षि दयिता रूपादयस्ते गुणाः*
(आ) सामान्यं तव यौवनं युवजनः संस्तौति कर्माणि ते।
(इ) त्वय्यार्ये समवायमिच्छति जनो यस्माद् विशेषोऽस्ति ते
(ई) योगस्ते तरुणैर्मनोऽभिलषितैर्मोक्षोऽप्यनिष्टाज्जनात्॥

(१) अये प्रहास एव नः प्रतिवचनम्। (२) हन्त! सफलो नः प्रतर्कः।

१८—हे आयताक्षि, तेरा शरीर द्रव्य (मूल्यवान्) है। तेरे रूपादि प्रिय गुण हैं। तेरा यौवन सामान्य (सबके लिये) है। युवकजन तेरी गतियों (कर्मों) की प्रशंसा करते हैं। हे आर्ये, लोग तेरे साथ नित्य सम्बन्ध (समवाय) चाहते हैं, क्योंकि तेरा और सबसे नित्य भेद (विशेष) है। मनचाहे तरुण जन से तू योग (संबन्ध) कर लेती है और अनचाहे जन से तू अपना मोक्ष (छुटकारा) साध लेती है।

अरे, केवल हँसकर ही इसने मेरी बात का जवाब दिया। मेरा अंदाज

---

१८ (अ) *द्रव्य*—पृथिवी, जल, तेज, वायु, आकाशादि जो नित्य तत्त्व हैं, वे ही तुम्हारा शरीर हैं।
१८ (अ) *रूपादयःगुणाः*—रूप, रस, गन्ध, स्पर्श, आदि ये गुण सदा द्रव्य में रहते हैं। रूप रस आदि गुण ही तुम्हारे गुण हैं।
१८ (आ) *सामान्य*—अनेक द्रव्यों में रहनेवाला नित्य पदार्थ जाति, जैसे गोत्व है। तुम्हारी नयी-नयी लीलाओं में तुम्हारा यौवन ही वह नित्य तत्त्व है जिसका सदा एकसा अनुभव होता है।
१८ (आ) *कर्म*—उत्क्षेपण (ऊपर की ओर गति), अवक्षेपण (नीचे की ओर गति), आकुञ्चन (सिकुड़ना), प्रसारण (फैलाना), गमन (सामान्य गति)। स्त्री पक्ष में विभिन्न प्रकार की सलिल गतियाँ ही कर्म हैं जिनसे युवकों के मन आकृष्ट होते हैं।
१८ (इ) *समवाय*—नित्य सम्बन्ध। द्रव्य और गुण, क्रिया और क्रियावान् अवयव और अवयवी का जो नित्य सम्बन्ध है वह समवाय कहलाता है।
१८ (इ) *विशेष*—द्रव्यों के नित्य अवयव या परमाणुओं में जो एक-दूसरे से नित्यभेद हैं उसे विशेष कहते हैं। विशेष नित्य द्रव्यों में रहता है और स्वयं भी नित्य है।
१८ (इ) *योग*—काणाद दर्शन में योग द्वारा प्राप्त शक्ति विशेष को भी प्रमाण माना जाता है। यहाँ विट का व्यंग्य है कि मन चाहे युवकों से मिलना यहीं तेरे लिये योग है।
१८ (ई) *मोक्ष*—अविद्या से छुटकारा विद्या है जिससे मोक्ष होता है। परिव्राजिका पक्ष में, जिसे तू नहीं चाहती, उससे अलग रहना ही तेरा मोक्ष है।
१८ (२) *सांख्य*—(१) सांख्य शास्त्र, (२) संख्या अर्थात् विचार के साथ।

(३) किं ब्रवीषि—"सांख्यमस्माभिर्ज्ञायतेअलेपको निर्गुणः क्षेत्रज्ञः पुरुषः" इति। (४) हन्त ! निरुत्तराः स्मः। (५) अस्मत्कथाप्रसंगेन सोत्कण्ठा भवती दृश्यते। (६) तरुणजनसुरतविघ्नोऽप्यस्माभिः परिहर्तव्यः। (७) साधयतु भवती। (८) गतैषा। (९) गच्छामस्तावत्। (१०) (परिक्रम्य)

(११) अये किं नु खल्वेषा चारणदास्या माता रामसेना नाम वयःप्रकर्षेऽपि वर्तमाना (१२) विलासविप्रेक्षितगतिहसितैर्युवतिजनलीला विडम्बयन्ती इत एवाभिवर्तते। (१३) अहो! विस्मयनीया खल्वेषा—

१९— *(अ) भुक्त्वा भोगानीप्सितान् कामदत्तान्*
(आ) कृत्वा सक्तान स्वैर्गुणैः पीतसारान्।
(इ) भूत्वा यूनां वैरसंघर्षयोनि-
(ई) नूनं दोग्धुं याति कान्तं सुतायाः॥

(१) हन्त! कामिजनमृत्युभूताया अस्या आदेहपातलीलामनुभवामस्तावत्। (२) नमोऽस्त्वस्यै कामुकजनमहाशनये। (३) बाले रामसेने, दुहितृसंक्रान्तयौवन

ठीक निकला। क्या कहती है—"सांख्य हमें बताता है कि पुरुष अलेप, निर्गुण और क्षेत्रज्ञ है" वाह! तूने तो हमारा मुँह ही बन्द कर दिया। हमारी इस बातचीत से तू उत्कण्ठित हो गई जान पड़ती है। जवानों के साथ सुरति में हमें विघ्न डालना नहीं चाहिए। अब तू अपने काम पर जा। वह चली गई। तो मैं भी चलूँ। (घूमकर)

अरे, कैसे यह चारणदासी की माता रामसेना सिनजदा होने पर भी विलास भरी चितवन, चाल और हँसी से युवतियों की नकल करती हुई मौजूद है। अरे, यह अचरज से भरी है।

१९—प्रेम के दिए हुए मन चाहे भोगों को भोग कर, अपने गुणों से प्रेमियों का सार खींच कर, युवकों की दुश्मनी और संघर्ष का कारण बन कर,अवश्य यह अब अपनी पुत्री के यार को दुहने जा रही है।

हाय! कामीजनों की मौत बुलानेवाली इसके बुड्ढांची उमर के नखरों का मैं मजा लूँ। कामुकजनों के लिये इस महावज्र को नमस्कार करूँ। अरी कमसिन

१८ (३) *अलेपक निर्गुण क्षेत्रज्ञ*—ये तीन विशेषण सांख्य दर्शन में स्वीकृत पुरुष के लिये तो प्रकट रूप में घटित होते ही हैं, पर इनका गहरा व्यंग्य रतिशील पुरुषों पर है। अलेपक = जो वीर्याधान करके अलग हो जाता है, किन्तु उसका लेप स्त्री को उठाना पड़ता है। निर्गुण–रजोगुण एक गुण है, उससे स्त्री रजस्वला होती है, पुरुष निर्गुण रहता है। क्षेत्रज्ञ = क्षेत्र का ज्ञाता। क्षेत्र = स्त्री का शरीर। *क्षेत्रं पक्षी शरीरयोः*, अमर। क्षेत्रज्ञ = स्त्री का रसास्वाद लेनेवाला मामला तड़ूचने वाला (बनारसी बोली)। परिव्राजिका ने ऐसा मज़ाक़ किया कि विट की सिट्टी भूल गई।
१८ (५) *सोत्कण्ठा*—कामोत्कण्ठित।

सौभाग्ये कतरस्य कामिनः कुलोत्सादनार्थमभिप्रस्थिता भवती। (४) *भोः तद्दर्शने शपथ एव नः प्रतिवचनम्।* (५) *किं ब्रवीषि—"त्वच्छीलमेव त्वामाक्रोशयति"* इति। (६) *अलमत्र बहुभाषित्वेन।* (७) *त्वद्गमनमेव तावदुच्यताम्।* (८) *किं ब्रवीषि—"दुहिता मे चारणदासी व्यतीतेऽहनि गता धनिकोदवसितम्* (९) *एनां सङ्गीतकव्यपदेशेनाकर्षितुमभिप्रस्थिताऽस्मि"* इति। (१०) *अहो तु खलु चारणदास्याः प्रमादः।* (११) *कुतः—कामुकजनसर्वस्वहरणकुशलाया निष्पीतसारपरित्यागसामर्थ्ययुक्तायास्तवापि नाम दुहिता भूत्वा शास्त्रोपदेशाग्रहणेन शोच्या खलु सा तपस्विनी* (१२) *कुतः—*

२०— (अ) *लब्ध्वा गम्यं प्राप्य चार्थे यथावत्*
(आ) *ज्ञात्वा सम्यङ्निर्धनत्वं च तस्य।*
(इ) *रागात्सक्तं विप्रमोक्तुं न वेत्ति*
(ई) *मिथ्या तस्याः शास्त्रतत्त्वोपदेशः॥*

(१) *किं ब्रवीषि—"संगीतकव्यपदेशेन तां गृहमानयिष्यामि,* (२) *त्वयाऽपि प्रत्यागतेन तत्रागम्य शास्त्रतत्त्वश्रुतिं ग्राहयितव्या"* इति। (३) *एवमस्तु।* (४) *किन्तु*

रामसेना, अपनी पुत्री को अपनी जवानी और सौभाग्य देकर अब किस कामी का घर उजाड़ने के मतलब से तू चली है? अरे, उसके शास्त्र में तो कसम खाना ही इसका जवाब है। क्या कहती है—"तेरा शील ही तुझे कोस रहा है।" अरे, बहुत बातचीत करने से क्या फायदा? किसलिये जा रही है, वही कह। क्या कहती है—"मेरी पुत्री चारणदासी गए दिन धनिक के घर गई थी। उसे संगीतक (महफिल) के बहाने वहाँ से हटा लाने के लिये मैं जा रही हूँ। अरे, यह तो चारणदासी की गफलत है। कैसे? कामीजनों का सब मालमता हड़पने में कुशल तथा उनका सार पीकर सीठी की तरह फेंक देने में चतुर तेरे जैसी की बेटी होकर भी वह बेचारी शास्त्र के उपदेश के बिना शोचनीय रह गई! कैसे—

२०—एक समय उसे गम्य रूप में पाकर और उससे भरपूर रकम पैदा करके, अब उसकी गरीबी को जानते हुए प्रेम में फँसे उसे वह छोड़ना नहीं चाहती तो ऐसी को शास्त्र के मर्म का उपदेश देना फजूल है।

क्या कहती है—"जलसे के बहाने मैं उसे घर ले आऊँगी। तुम लौटते

---

१९ (५) *त्वच्छीलमेव*—व्यंग्यार्थ यह है कि तुम शील पकड़कर बैठे रह गए, नहीं तो मेरा सुख लूटते।

१९ (११) *शास्त्रोपदेशग्रहणेन*—वैशिक शास्त्र के उपदेश की आवश्यकता तो औरों को होती है। बिना पढ़े ही उसे तो तुझसे सब विद्या सीख लेनी चाहिए। उसने कुछ न सीखा, यह उसी की लापरवाही है।

त्वरानुष्ठेयं मित्रकार्यमस्ति। (५) तत्समानीय भवत्याः कायमपि साधयिष्यामि। (६) गच्छतु भवती। (७) साधयामस्तावत्।

(८) अहो! अविश्वसनीयानि खलु गणिकाजनस्य हृदयानि। (९) कुतः—

२१— *(अ) स्निग्धैः प्रश्लिष्टैः क्रीडनैर्लालयित्वा*
(आ) हृत्वा सर्वस्वं निर्घृणाः कामुकानाम्।
(इ) लुब्धा वेश्यास्तानन्यसंरञ्जनार्थ
(ई) देहान् वैराग्याद् देहिवत्सन्त्यजन्ति॥

(१) अहो! गणकामातरो नाम कामुकजनस्य निष्प्रतीकारा ईतयः। (२) स्वस्त्यस्तु कामुकेभ्यः। (३) विनाशोऽस्तु कामुकजनसर्वस्वहरणकुशलाभ्यो गणिकाजनमातृभ्यो गणिकामोघास्त्रसर्गनिपुणाभ्यः। (४) (परिक्रम्य)

(५) अहो! राजमार्गस्य कलिः सुकुमारिका नाम तृतीयाप्रकृतिरित एवाभिवर्तते।

हुए वहाँ आकर उसे शास्त्र-ज्ञान सिखाना।" ठीक है। लेकिन अपने मित्र का काम मुझे जल्दी करना है। उसे पूरा करके तेरा काम भी करूँगा। अब तू जा। मैं भी अपने काम पर जाता हूँ।

अरे, वेश्याओं का हृदय विश्वास के योग्य नहीं होता। कैसे—

२१—स्निग्ध और चिमटने वाली क्रीड़ाओं से लाड़ करके, कामुकों का सब कुछ सफा करके, निर्दयी और लालची वेश्याएँ दूसरों के साथ मजे के लिये उन पहलों को विरक्त होकर ऐसे छोड़ देती हैं जैसे आत्मा शरीर को।

अहो, खालाएँ कामियों के लिये ऐसी बवाल हैं जिसका इलाज नहीं । उनसे कामियों को भगवान् बचावे। कामुकों का सब कुछ हरण करने में कुशल और गणिकारूपी अमोघ हथियार चलाने में निपुण वेश्याओं की माताओं का सत्यानाश हो। (घूमकर)

अरे, राजमार्ग की कलकान सुकुमारिका नाम की नपुंसका इधर ही आ रही

---

२१ (इ) *विप्रमोक्तुं न वेत्ति*—ध्वनि यह है कि जिसका सब धन निचोड़ लिया है ऐसे कामी को छोड़ देना ही उचित है। यदि गणिका इतना भी नहीं जानती तो वैशिक शास्त्र इससे अधिक उसे क्या सिखाएगा?

२१ (१) *निष्प्रतीकारा ईतयः*—लाइलाज आफत।

२१ (५) *कलि*—टंटा, झगड़ा, कलकान। *राजमार्गस्य कलिः* = खुले आम लड़ाई की जड़।

२१ (५) *तृतीयाप्रकृतिः*—नपुंसक, हिजड़ा, ज़नखा। तृतीयाप्रकृतिः = *षण्ढः क्लीव पण्डो नपुंसके—अमरकोश।*

(६) अहो अमङ्गलदर्शनैषा। (७) भवतु। (८) अनभिभाष्यैनां वस्त्रमन्तरीकृत्यातिकमिष्यामस्तावत्। (९) (तथ कुर्वन्) (१०) अये अनुधावत्येव माम्। (११) केदानीं मे गतिः। (१२) अहो बलवान् कृतान्तः—(१३) यस्मात्प्रियमभिभाष्यैनां व्याघ्रमुखादिवात्मानं मोचयिष्यामि। (१४) किं ब्रवीषि—"अभिवादयामि" इति। (१५) वासु अविधवा बहुपुत्रा भव। (१६) अथ च—

२२— *(अ) भ्रूक्षेपाक्षिविचारणोष्ठचलनैर्बाह्वोश्च विक्षेपणै—*
(आ) र्गत्या चारुकया विलासहसितैः स्त्रीविभ्रमा निर्जिताः।
(इ) विस्पष्टाकुललोललम्बिरशना श्रोणी विशालायता
(ई) कस्यायासि रतैरतृप्तहृदया गेहाद् विशालक्षणे॥

(१) किं ब्रवीषि—"राजस्यालस्य रामसेनस्य गृहादागच्छामि" इति। (२) अहो सफलं जीवितं तस्य। (३) सुभगे किमिदानीं चकवाकमिथुनस्येव वियोगः संवृत्तः। (४) किं ब्रवीषि—"राजोपस्थानं गच्छन्त्या गणिकापरिचारिकया रतिलतिकया (५) चतुरमधुरहसितरतिचेष्टया सस्नेहललितकटाक्षविक्षेपाम्बुभिरभिषिच्यमानहृदयः समुद्गत-रोमाञ्चनिवेद्यमानमदनानुरागः (६) स तस्यास्तं मदनानुरागं शिरःप्रणामेन प्रतिगृहीतवान्। (७) ततस्तत्प्रत्यक्षव्यलीकमसहमानया मया प्रत्यादिष्टः सन् पादयोर्मे पतितः।

है। उसकी मुलाकात से अब खैर नहीं। ठीक, बिना इससे बोले हुए कपड़े की ओट देकर मैं इसे बचाकर निकल जाऊँ। (वैसा करते हुए) अरे, यह तो मेरे पीछे ही दौड़ रही है। अब मेरी क्या हालत होगी? अरे, काल बड़ा बलवान है। इसके साथ मीठी बातें करके बाघ के मुँह में जैसे फँसे हुए अपने आप को छुड़ाऊँ। क्या कहती है—"अभिवादन करती हूँ।" वासु अविधवा और बहुपुत्रा हो। और भी—

२२—भौहें तान कर, आँखें चला कर, ओंठ फड़काकर, बाहुएँ फटकारकर, सुन्दर गतियों से, नखरे की हँसियों से स्त्रियों के नखरों को तूने मात कर दिया है। तेरे लम्बे-चौड़े नितम्बों पर करधनी अस्त-व्यस्त होकर साफ नीचे झूल रही है। बता तू रति से अतृप्त रहकर किसके घर से आ रही है?

क्या कहती है—"राजा के साले रामसेन के घर से आ रही हूँ।" उसका जीवन सफल है। सुभगे, चकवा-चकई के जोड़े की तरह क्या अब उससे वियोग हो गया है? क्या कहती है—"राज दरबार में जाती हुई गणिका-परिचारिका रतिलतिका की चतुर और मधुर हँसी से युक्त काम चेष्टा से तथा स्नेह भरे ललित कटाक्षों के जल से अपना हृदय सींच कर, रोंगटे खड़े होने से काम विकास को प्रकट करते हुए उसने उसके कामानुराग को सिर झुकाकर अंगीकार किया।

---

२२ (४) *राजोपस्थान*—राजसभा, आस्थान, मण्डप, दरबार।

(८) तथापि च मया ईर्ष्याभिभूतहृदयया नैवास्य प्रसादः कृतः। (९) ततो मामसौ बलात्कारेण गृहमानीय पर्यङ्कतलमारोप्य मया सहासि। (१०) स पुनर्मां मदनाक्रान्तो रजन्यां मदनवेगखेदसुप्तां परित्यज्य (११) तस्या एव गृहं गत्वाऽद्य कतिपयान्यहानि नैव गृहभागच्छतीति (१२) पुनः साऽहमनुनयमगृहीत्वा पश्चात्तापेन दह्यमाना भावसमीपमुपगता यदृच्छया भावं समासादिताऽस्मि। (१३) तद् भावः प्राणसमेन मे सन्धानं कर्तुमर्हति"। (१४) वासु, अहो रामसेनस्य प्रमादः। (१५) कुतः—

२३— *(अ) व्याक्षेपं कुरुतस्स्तनौ न सुरते गाढोपगूढस्य ते*
(आ) रागघ्नस्तव मासि मासि सुभगे नैवार्तवस्यागमः।
(इ) रूपश्रीनवयौवनोदयरिपुर्गर्भोऽपि नैवास्ति ते
(ई) ह्येवं त्वां सगुणां विहास्यति स चेद्रत्युत्सवं त्यक्ष्यति॥

(१) भवत्विदानीम्। (२) मानिनि तस्यैव स्वोदविसे मां प्रतिपालय। (३) अस्ति मम मित्रकार्ये किञ्चित्त्वरानुष्ठेयम्। (४) तत्समानीय तं भगिनीसौभाग्यगर्वितं सुकुमारहृदयानां त्वद्विधानां युवतीनां भावबहिष्कृतं गृहमगत्य चरणयोस्ते पातयिष्यामि। (५) गच्छतु भवती। (६) गतैषा। (७) गच्छाम्यहम्। (८) अहो कृच्छ्रेण खल्वस्माभिः प्रकृतिजना-

---

इस को सहन करने में असमर्थ मेरे डाँटने पर वह मेरे पैरों पर गिर पड़ा। फिर भी मैंने ईर्ष्या से अभिभूत होकर उसे माफ नहीं किया। इस पर वह मुझे जबर्दस्ती अपने घर लाकर और पलंग पर बैठाकर मेरे साथ बैठ गया। फिर वह मदमाता मुझको रात में कामवेग के खेद से सोती हुई छोड़कर उसके ही घर जाकर कई दिनों से घर नहीं आया। तब मैं उसकी मानमनौतों को अस्वीकार करके पश्चात्ताप से जलती हुई आपके पास आई हूँ। आपको उस प्राणप्यारे से मेरा मेल करा देना चाहिए।" वासु, यह रामसेना की भूल है। कैसे—

२३—सुरत में जब तू उसका गाढ़ आलिंगन करती है, स्तन बीच में रुकावट नहीं डालते। हे सुभगे, हर महीने रागनाशक ऋतु तुझे नहीं होता। रूप, श्री, और जवानी का दुश्मन गर्भ तुझे नहीं रहता। तुझ जैसी गुणवती को यदि वह छोड़ता है तो उसे रति का उत्सव छोड़ना पड़ेगा।

अभी ठहर। मानिनि, तू उसके घर जाकर मेरी बाट देख। मुझे अपने मित्र का काम करने की जल्दी है। उसे खतम करके अपनी बहन (राजा की पत्नी) के सौभाग्य से फूल कर कुप्पा हुए और तेरे जैसी सुकुमार युवतियों के भाव को समझने के अयोग्य उससे तेरे घर पर ही तेरे पैरों में प्रणाम कराऊँगा। अब तू जा।

---

२३ (८) *प्रकृतिजन*—मनुष्य रचना का असली नमूना। जब स्त्री-पुरुष का भेद नहीं हुआ था, नपुंसक। प्रकृति = आरम्भिक नमूना।

दात्मा मोचितः। (९) अहमप्यस्मत्कार्यमनुष्ठास्यामि। (१०) (परिक्रम्य)

(१०) अये को नु खल्वयममागत्य मामभिवादयति। (११) स्वस्ति भवते। (१२) चिरेणेदानी मया संलक्षितोऽसि। (१३) पार्थकसार्थवाहपुत्रो धनमित्रो ननु भवान्। (१४) अथ भृत्यार्थिसंबन्धिसुहृज्जनदारिद्र्यतमोपहस्य युवतिजनहृदयकुमुदविबोधनकरस्य कुसुमपुरगगनपूर्णचन्द्रस्य कथमयं ते व्यसनोपरागः संवृत्तः? (१५) किमतिलाभकांक्षया कुटुम्बसर्वस्वेन संगृहीतभाण्डो देशान्तरमभिगच्छन्नन्तरा चोरैरप्यासादितो भवान्। (१६) आहोस्वित् राज्ञोऽपथ्यमाचरतस्ते राज्ञाऽपहृतं सर्वस्वम्? (१७) एकाक्षपातमात्रेण धनदस्यापि विभवहरणसमर्थेन द्यूतेन क्षपितो भवान्? (१८) किं बहुना—

२४— *(अ) संरूढदीर्घनखलोम मलाचिताङ्गो*
(आ) ध्यानाभिभूतपरिपाण्डुरशुष्कवक्त्रः।
(इ) अश्लक्ष्णाजीर्णमलकीर्णविशीर्णवस्त्रो
(ई) नाभासि दिव्यमुनिशापहतो यथैव॥

(१) किं ब्रवीषि—''यथा रामसेनाया दुहितरि रतिसेनायां परमो मम मदनानुरागः संवृत्तः, (२) तस्याश्च मयि तथा। (३) सर्वमेतद् विदितं भावस्य। (४) अतो मातुर्लोभविकारं ज्ञात्वाऽपि सा मां न त्यक्ष्यतीति सुहृज्जनेन निवार्यमाणेनापि मया

चली गई। मैं भी जाता हूँ। हा! मुश्किल से मैंने इस असली नमूने की औरत (नपुंसक) से जान छुड़ा पाई है। मैं भी अपना काम करूँ। (घूमकर)

अरे, यह कौन आकर मेरा अभिवादन करता है? तेरा कल्याण हो। बहुत दिनों के बाद दिखलाई दिया। तू पार्थक सार्थवाह का पुत्र धनमित्र है न? कैसे तू भृत्य, याचक जन, सम्बन्धी और मित्रों के दरिद्रता रूपी अंधकार को हटाने वाला, युवतियों के हृदय कमल को खिलाने वाला, कुसुमपुर के आकाश का पूर्ण चन्द्र, इस आफत रूपी ग्रहण में फँस गया? कहीं बहुत मुनाफे की इच्छा से कुटुम्ब भर के धन से माल खरीद कर देसावर जाते हुए तुझे चोरों ने तो नहीं लूट लिया? अथवा राजा की बुराई करने से राजा ने तो तेरा सब कुछ नहीं छीन लिया? या पलक मारने भर में कुबेर का भी सर्वस्व हरण करने में समर्थ जुए ने तो तुझे खतम नहीं कर दिया? बहुत कहने से क्या—

२४—बढ़े हुए नख, केश, तथा मैल से भरे शरीर वाला, चिन्ता से अभिभूत, पीले सूखे मुँह वाला, खुरदरे, पुराने, गन्दे और फटे कपड़े पहने हुए तू दिव्य मुनि के शाप से मारा हुआ जैसा मालूम पड़ रहा है।

क्या कहता है? रामसेना की पुत्री रतिसेना पर मेरा बड़ा प्रेम पैदा हो गया और उसका मुझ पर। यह सब आपको मालूम है। अपनी माँ की लालच जानते हुए भी वह मुझे नहीं छोड़ेगी, इसलिए मित्रों के मना करने पर भी मैं अपना सब

कुटुम्बसर्वस्वं तस्य युगपदेवोपनीतम्। (५) ततस्तद्गृहीत्वा कतिपयेष्वेवाहस्सु गतेषु स्नानव्यपदेशेन स्नानीयशाटिकां परिधाप्य (६) मामशोकवनिकादीर्घिकां प्रवेश्य द्वारे चापिहिते (७) अशोकवनिकारक्षिभिः विदितपरमार्थैः पुरुषैश्छिद्रद्वारेण निष्कामितोऽहम्। (८) ततोऽस्मिन्नेव नगरे ऊर्जितमुषित्वा कथमिदानीं बहून्यहानि दीनवासं पश्यामीति अरण्यमभिप्रस्थितेन मया यदृच्छया भाव एवासादितः। (९) सुगुह्यमप्येतद् भावस्य निवेदितम्। (१०) तदिदानीं भावेनानुज्ञातः स्वात्मनिःश्रेयसं चिन्तयिष्यामि'' इति। (११) अहो! लोभाभिनिवेशो वेशस्य। (१२) अहो! कुटिलस्वभावता च वेश्यांगनानाम्। (१३) एहि भोः परिष्वजामहे तावद् भवन्तम्। (१४) दिष्ट्या जीवन्तं त्वां पश्यामि। (१५) कुतः—

२५— (अ) शान्तिं याति शनैर्महौषधिबलादाशीविषाणां विषं
(आ) शक्यो मोचयितुं मदोत्कटकटादात्मा गजेन्द्राद् वने।
(इ) ग्राहस्यापि मुखान्महार्णवजले मोक्षः कदाचिद् भवेत्
(ई) वेशस्त्रीवडवामुखानलगतो नैवोत्थितो दृश्यते॥

(१) अथ भद्रमुख भवतो निर्वेदस्य कारणं रतिसेना, आहोस्विदस्या जननी? (२) किं ब्रवीषि—''किमित्यनृतमभधास्यामि। (३) रतिसेना मां प्रति सस्नेहैव। (४) मातृदोषेणैवेदं संवृत्तम्। (५) यदि तावद्भावः स्वल्पमपि तस्या मातुरविदितमेव मे समागमं प्रति यत्नं कुर्यात् ततो मे प्राणाः प्रत्यानीता भवेयुः'' इति। (६) जाने

मालमता एक साथ ही उसके यहाँ पहुँचा आया। सब कुछ लेकर कुछ दिन बीतने पर वह स्नान के बहाने से नहाने की साड़ी पहनाकर मुझे अशोक वन की बावड़ी में पहुँचा गई। जब द्वार बन्द हो गया तो अशोक वाटिका के रक्षक पुरुषों ने सच्चा हाल जान कर मुझे चोर दरवाजे से निकाल बाहर किया। इसी नगर में इज्जत से रहकर अब कैसे लम्बी गरीबी झेलूँगा? इस विचार से जंगल की राह लेकर जाते हुए मुझे अचानक आप मिल गए। ये सब गुप्त बातें मैंने आपसे निवेदन कर दीं। अब आपके कहे अनुसार अपनी भलाई सोचूँगा।'' अहो, वेश में लोभ की कितनी पकड़ है? अहो, वेश्याओं के स्वभाव की कैसी कुटिलता है? आ,पहले तुझे छाती से लगा लूँ। बधाई है कि मैं तुझे जिन्दा देख रहा हूँ। कैसे—

२५—महौषधि के बल से सापों का विष भी धीरे-धीरे शान्त हो जाता है। वन में मतवाले हाथी के मस्तक से अपने को छुड़ाना भी सम्भव है। समुद्र में ग्राह के मुख से भी शायद छुटकारा हो सकता है। पर वेश्यारूपी बड़वानल में पड़ा हुआ मनुष्य फिर उठता हुआ नहीं दिखाई पड़ता।

अरे भलेमानस, तेरे दुःख का कारण रतिसेना है या उसकी माँ? क्या कहता है— ''मैं झूठ क्यों बोलूँ? रतिसेना तो मुझे प्यार ही करती है। खाला की बदमाशी से ही ऐसा हुआ। यदि उसकी माता के कुछ जाने बिना ही आप मेरे समागम के लिये प्रयत्न कर दें तो मेरे प्राण लौट आवेंगे। '' उसका तेरे लिये

तस्यास्त्वय्यनुरागमन्यस्मादपि जनान्मया नाम श्रुतम्। (७) हा रोदित्ययम्। (८) अलमलं विषादेन। (९) ममेदानीं किञ्चित्त्वरानुष्ठेयं मित्रकार्यमस्ति। (१०) तत्सम्पाद्य पुनरागम्य तवापि कार्यं साधयामि। (११) गच्छतु भवान्। (१२) अहो निपुणता वेश्याङ्गनानाम्। (१३) कुतः—

२६— *(अ) यथा नरेन्द्राः कुटिलस्वभावाः*
(आ) स्वं दुष्कृतं मन्त्रिषु पातयन्ति।
(इ) तथैव वेश्याः शठधूर्तभावाः
(ई) स्वं दुष्कृतं मातृषु पातयन्ति॥

(१) अहो गत एव तपस्वी खलजनोपाध्ययः। (२) वयमपि साधयामस्तावत्। (३) (परिक्रम्य)

(४) अये वसन्तकोकिलानुकारिणा स्निग्धमधुरेण स्वरेण कया नु खल्वस्मन्नामधेयाभिव्यक्तिः क्रियते। (५) (विलोक्य) (६) अये प्रियङ्गुसेना! (७) अयि प्रियङ्गुसेने अयमहमागच्छामि। (८) किं ब्रवीषि—"अभिवादयामि" इति। (९) वासु प्रतिगृह्यता-मियमाशीः—

२७— *(अ) रमणं निवारयन्ती*
(आ) कोमलकरचरणताडनैः शयने।
(इ) तदतिरतिरभसविमृदित—
(ई) सविपुलजघना सुखमुपैहि॥

प्रेम मैं जानता हूँ। दूसरों से भी मैंने सुना है। हा, यह तो रो रहा है। अरे अपना दुखड़ा खतम कर। मुझे अभी मित्रों का थोड़ा काम जल्दी ही निपटाना है। उसे खतम करके फिर लौट कर तेरा भी काम करूँगा। अब तू जा। अहो वेश्याओं की चतुराई! कैसे—

२६—जैसे कुटिल स्वभाव वाले राजा अपना बुरा काम मन्त्रियों पर डाल देते हैं, उसी तरह शठ और धूर्त वेश्याएँ अपनी बुराई अपनी माताओं पर।

लुच्चों का गुरु यह ढोंगी चला गया। मैं भी अपने काम पर जाता हूँ। (घूमकर)—

अरे वसन्त की वन कोकिल की तरह स्निग्ध मधुर स्वर से कौन मेरा नाम पुकार रहा है? (देखकर) अरे, प्रियंगुसेना है। मैं आ रहा हूँ, क्या कहा—"अभिवादन करती हूँ।" वासु मेरा असीस ले—

२७—शय्या पर लात हाथ की कोमल मार से अपने प्यारे को हटाती हुई और प्रवृद्ध रतिवेग से मींडी गई तू विपुल जघन के साथ सुखी हो।

(१) वासु अति परिश्रान्तजघनाप्यायनकरस्य नानागन्धाधिवासितस्य सुरभिगन्धिनो गन्धतैलस्यात्माङ्गस्पर्शप्रदानेन किमनुग्रहः क्रियते? (२) भद्रमुखि, अवतारितघण्टाग्रैवेयक-कक्षाया राजौपवाह्यकरेणोरिवावमुक्तालङ्काराया निर्व्याजमनोहररूपायाश्चारुशोभं ते वपुर्यो न पश्यति स खलु वञ्चितः स्यात्। (३) कुतः—

२८— *(अ) मुक्तालङ्कारशोभां नखरपदचितां गन्धतैलाङ्गरागा-*
(आ) मीषत्ताम्रान्तनेत्रां प्रहसितवदनां यौवनैनष्ण्यस्तनाढ्याम्।
(इ) सुश्लक्ष्णार्द्धोरुवस्त्रां व्यपगतरशनां व्यायतश्रोणिबिम्बां
(ई) दृष्ट्वा त्वां चारुरूपां प्रविचलितधृतिर्मन्मथोऽप्यातुरः स्यात्॥

(१) किं ब्रवीषि—"प्रियवचनं भावस्य" इति। (२) भोः किमयं सेवावादः। (३) अलं व्रीडामुत्पाद्य। (४) आह्वानप्रयोजनं तावदुच्यताम्। (५) किं ब्रवीषि—श्रयुताम् इति। (६) वासु, अवहितोऽस्मि। (७) किं ब्रवीषि—"भगवतोऽप्रतिहत-शासनस्य कुसुमपुरपुरन्दरस्य भवने पुरन्दरविजयं नाम सङ्गीतकं यथारसाभिनयमभिने-

वासु, अत्यन्त थके जघन को हुलसाने वाले नाना गन्धों से सुवासित तेल को अपने अंगों में किससे मलवाने की तूने कृपा की? हे भद्रमुखी, घंटा, हैंकल, और बद्धी उतारी हुई राजा की खासा हथिनी की तरह अलंकार उतार देने से स्वाभाविक सौन्दर्य युक्त तेरा मनोहर रूप जिसने नहीं देखा, उसे ठगा हुआ समझना चाहिए। कैसे—

२८—मोतियों के गहनों से सजी, नाखूनों की खरोचों से भरी, सुगन्धित तेल और अंगराग लगाए हुए, ललछौंह आँखों वाली, हँसोड़, जवानी की गर्मी से उभरे स्तनों वाली, बारीक जाँघिया पहने, करधनी उतारे, चौड़े नितम्ब वाली, तुझ जैसी सुन्दरी को देखकर कामदेव का मन भी डगमगा जाये।

क्या कही—"आपकी बातें प्यारी हैं।" अरे, क्या यह खुशामद है? लजा मत। मुझे पुकारने का कारण बता। क्या कहती है—"सुनिए।" वासु, मैं सावधान हूँ। क्या कहती है—"भगवान् अप्रतिहतशासन कुसुमपुर-पुरंदर (पाटलिपुत्र के

---

२७ (२) *राजौपवाह्य करेणु*—राजा की सवारी की निजी हथिनी।
२८ (इ) *अर्घोरु*—जाँघिया, घुटने तक का वस्त्र, चनिया। *अर्धोरुकं वरस्त्रीणं स्याश्चण्डातकमस्त्रियाम्, अमरः।*
२८ (७) *भवतोऽप्रतिहतशासनस्य कुसुमपुरपुरन्दरस्य भवने*—यह सम्राट् कुमारगुप्त का स्पष्ट उल्लेख है जो महेन्द्र या महेन्द्रादित्य कहलाते थे। कुसुमपुर पुरन्दर महेन्द्र का पर्याय है।
कुमारगुप्त की सुवर्ण मुद्राओं पर ये विरुद पाए गए हैं—श्री महेन्द्र, अजित, महेन्द्र, श्री महेन्द्रादित्य, सिंहमहेन्द्र, महेन्द्रगज, महेन्द्रखड्ग, अश्वमेधमहेन्द्र।
२८ (७) *पुरन्दरविजय नामक संगीतक*—उस युग में संगीतक नामक संगीत-प्रधान अभिनय का बहुत प्रचार था। 'मदनाराधन' नामक संगीतक का उल्लेख पहले आ चुका है [*उभयाभिसारिका*, ३ (८)]।

तव्यमिति देवदत्तया सह मे पणितः संवृत्तः। (८) अत्र ममाभ्युदयस्य भावः कारणम्" इति। (९) मा मैवम्। (१०) सकलशशाङ्कविमलायां रजन्यां नास्ति दीपप्रयोजनम्। (११) अपि च बलवतो नास्ति सहायसम्पत्प्रयोजनम्। (१२) भवत्येवात्र कारणम्। (१३) अस्मिन्नेवार्थे त्वदर्पित मदनानुरागहृदयेन रामसेनेनाभ्यर्थितोऽस्मि।

(१४) कथं सभ्रूविलासविक्षेपमीषत्कुञ्चितनयनकपोलनिवेद्यमानान्तर्गतप्रहर्षे प्रचलिताधरकिसलयं मुखकमलं (१५) परिवर्त्य परिजनमवलोकयन्त्याऽनया हसितम्। (१६) हन्त प्राप्तं सेवाफलं रामसेनेन। (१७) अहो देवदत्ताया अकुशलता (१८) या त्वया सह संघर्षे कुरुते। (१९) यस्यास्तावत्प्रथमं रूपश्रीनवयौनवनद्युतिकान्त्यादीनां गुणानां सम्पत्, (२०) चतुर्विधाभिनयसिद्धिः, द्वात्रिंशद्विधो हस्तप्रचारः, अष्टादशविधं निरीक्षणं, षट् स्थानानि, गतिद्वयं (त्रयं), अष्टौ रसाः, त्रयो गीतवादित्रादिलया,

---

राजा) के महल में पुरंदरविजय नामक संगीतक को रसाभिनय के अनुसार खेलने के लिये देवदत्ता के साथ मुझे भी बयाना (पणित) मिला है। इस मेरे अभ्युदय का कारण आप हैं।" अरे यह बात नहीं है। पूर्ण चन्द्र से खिलखिलाती चाँदनीवाली रात को दीप की आवश्यकता नहीं। बलवानों को किसी अन्य से सहायता की जरूरत नहीं। तू स्वयं ही इस सम्मान का कारण है। इसीलिए तुझमें अपने हृदय का अनुराग होने से रामसेन मेरी खुशामद करता है।

भौहें चलाकर, आँखें और गाल कुछ सिकोड़ कर भीतरी उल्लास प्रकट करते हुए, फड़कते अधर वाले मुख को घुमाकर, प्रियंगुसेना अपने परिजनों को देखकर हँस पड़ी। बस रामसेन को सेवा का फल मिल गया। वाह रे, देवदत्ता की बेवकूफी, जो वह तेरे साथ रगड़ा करती है। रूप, श्री, नवयौवन, कान्ति आदि गुणों की सम्पत्ति, चार तरह के अभिनयों में सिद्धि, बत्तीस तरह के हस्त प्रचार, अट्ठारह तरह के निरीक्षण, छह स्थान, तीन गतियाँ, आठ रस, तीन गाने और

---

२८ (२०) *चार प्रकार की अभिनय सिद्धि*—आंगिक, वाचिक, आहार्य, और सात्त्विक, ये चार प्रकार के अभिनय पाट्य में होते थे (*नाट्यशास्त्र*, ६/२३, बड़ौदा संस्करण)।

२८ (२०) *बत्तीस प्रकार के हस्तप्रचार*—चतुरस्त्र, उद्वित्त, तलमुख, स्वस्तिक, विप्रकीर्ण, अराल, खटकामुख, आविद्धवक्न, सूच्यास्य, रेचित, अर्धरेचित,उत्तान, वंचित, पल्लव, नितम्ब, केशबन्ध, लताहस्त, परिहस्त, पक्षवंचितक, पक्षप्रद्योतक, गरुड़पक्ष, दंडपक्ष, ऊर्ध्वमंडली, पार्श्वमंडली, उरोमंडली, उरोपार्श्वार्ध मंडल, मुष्टिक, स्वस्तिक, नलिनी, पद्मकोशक, अलपल्लवोप्रण, ललित, और वलित (*नाट्यशास्त्र*, ९/११-६)।

२८ (२०) *अट्ठारह भाँति की दृष्टियाँ*—वस्तुतः *नाट्यशास्त्र* (८/४०-९५) में छत्तीस प्रकार की दृष्टियाँ कही गई हैं।

२८ (२०) छह *स्थान*—वैष्णव, समपाद, वैशाख, मण्डल, प्रत्यालीढ, आलीढ (नाट्य०, १०/५१)

२८ (२०) *तीन गति*—स्थित, मध्य, द्रुत (उपरिवत्, १२/१६)।

(२१) इत्येवमादीनि नृत्तांगानि त्वदाश्रयेणालङ्कृतानि। (२२)अथवा अनेनापि वेषेण देवासुरमहर्षिमनोनयनहरणासमर्थानामप्सरोगणानामपि लङ्घनसमर्थेत त्वां पश्यामि। (२३) अपि च—

२९— *(अ) प्रतिनर्तनयसे नित्यम्*
(आ) जननयनमनांसि चेष्टितैर्ललितैः।
(इ) किं नर्तनेन सुभगे
(ई) पर्याप्ता चारुलीलैव॥

(१) अये व्रीडिता। (२) हन्त अनेनैव व्रीडालङ्कारेण विसर्जिताः स्मः। (३) गच्छामस्तावत्। (४) (परिक्रम्य)

(५) अये किन्नु खल्वेषा नारायणदत्तायाश्चेटिका कनकलता नाम चूर्णामोदित-कर्कशस्तनयुगला विविधकुसुमालङ्कृतकेशहस्ता किमपि खलु प्रहृष्टवदना मदविलासस्खलितपदविन्यासा इत एवाभिवर्तते। (६) अभिभाषिष्ये तावदेनाम्। (७) कथ-मन्तिकमुपेत्य मामभिवादयति? (८) वासु किं ब्रवीषि—''अभिवादयामि'' इति। (९) वासु, प्रियस्य दयिता भव। (१०) भवति, चरणकमलविन्यासेन किमयं मार्गानुग्रहः क्रियते। (११) किं ब्रवीषि—''प्रियवादी खलु भावः'' इति। (१२) भद्रे नैष संस्तवः। (१३) किं ब्रवीषि—''अनुगृहीताऽस्मि'' इति। (१४) सर्वे तावत्तिष्ठतु। (१५) किमिदानीं चकवाकमिथुनस्येव वियोगः संवृत्तः।

बजाने की लय आदि नृत्तांग तेरा आश्रय पाकर स्वयं तुझमें शोभा पाते हैं। अथवा इसी वेश में तुझे मैं देव, असुर, और महर्षियों के मन और आँखें चुराने वाली अप्सराओं को भी पछाड़ने में समर्थ देखता हूँ। और भी—

२९—अपनी ललित चेष्टाओं से तू सदा लोगों के मन और नेत्रों को नचाया करेगी। हे सुभगे, नाचने से क्या, तेरी सुन्दर लीला ही पर्याप्त है।

अरे, लजा गई। वाह, इस लज्जा रूपी अलंकार से मुझे सौगात देकर विदा कर दिया। तो मैं चलूँ। (घूमकर)

अरे, यह जरूर नारायणदत्ता की चेरी कनकलता अपने कठिन स्तनों को चूर्ण से सुगन्धित करके, अपने जूड़े में भाँति-भाँति के फूलों को सजाकर हँसी-खुशी के साथ, मद के विलास से डगमग पैर रखती हुई इधर ही आ रही है। तो इससे बातचीत करूँ। क्यों पास पहुँचकर मेरा अभिवादन करती है? वासु, क्या कहती है—''अभिवादन करती है।'' वासु, प्यारे की प्यारी बन। तू अपने चरण-कमलों के विन्यास से रास्ते पर क्यों कृपा कर रही है? क्या कहती है—''मैं अनुगृहीत हो गई।'' छोड़ इन सब बातों को। कैसे चकवा-चकवी का जोड़ा अलग हो गया?

(१६) किं ब्रवीषि—''ईर्ष्याभिभूतहृदयायां परित्यक्तस्नानशयनभोजनालङ्काराया शोकवनिकायामशोकबालवृक्षसंश्रिते शिलातल उपविष्टायां (१७) ईषत्पर्याप्तचन्द्र-मण्डलदर्शनेनानिभृतमधुकररवेण वसन्तकुसुमगन्धामोदकर्कशेन दक्षिणपवनेन च परिवर्धितसन्तापायां (१८) सखीजनमधुरवचनैराश्वास्यमानायामस्मदज्जुकाया (१९) मशोक वनिकाभ्याशे कोऽपि खलु पुरुषः सन्दिष्ट इव मदनेनाव्यक्तकाकलीं रचनामूर्छनां वीणां कृत्वा इमे वक्त्रापरपक्त्रे गायन्नतिक्रान्तः।

३०— *(अ) निष्फलं यौवनं तस्य*
(आ) रूपं च विभवश्च यः।
(इ) यो जनः प्रियसंसक्तो
(ई) न क्रीडति वसन्तके

(१) अपि च—

३१— *(अ) शशिनमभिसमीक्ष्य निर्मलं*
(आ) परभृतरम्यरवं निशम्य वा।
(इ) अनुनयति न यः प्रियं जनं
(ई) विफलतरं भुवि तस्य जीवितम्॥ इति।

क्या कहती है—''डाह से भर कर, स्नान, शयन, भोजन और अलंकार छोड़े हुए, अशोकवनिका में अशोक के छोटे वृक्ष के नीचे शिलातल पर बैठी हुई, नये चन्द्रमंडल के देखने से, भौंरों की झनकार तथा वसन्त के फूलों के गन्धामोद से कर्कश बनी हुई, दक्खिनी वायु से सन्तापित मेरी मालकिन (अज्जुका) को जब सखियाँ मधुर वचनों से दिलासा दे रही थीं, तब सामने से कोई आदमी अशोकवनिका के पास में काम से डसे हुए की तरह अस्फुट काकली स्वर में एवं वीणा से मूर्छना छेड़ता हुआ इन वक्त्र और अपवक्त्र छन्दों को गाता हुआ निकल गया।

३०—उस आदमी का रूप, यौवन और विभव निष्फल है जो प्रिया के साथ मिलकर वसन्त में क्रीडा नहीं करता।

और भी—

३१—निर्मल चन्द्र को देखकर अथवा कोयल की प्यारी बोली सुनकर जो प्रियजन को नहीं मनाता उसका संसार में जीवन व्यर्थ है।

---

२९ (१९) *अव्यक्तकाकली*—काकली—निषाद स्वर का एक भेद, आधुनिक शुद्ध निषाद।
२९ (१९) *मूर्च्छना*—क्रम से स्वरों का आरोहावरोह। आरोहणावरोहणक्रमेण स्वर सप्तकम्। मूर्च्छनाशब्दवाच्यं हि विज्ञेयं तद्विचक्षणैः॥ मतंग, बृहद्देशी।

(१) ततस्तेन गीतकेन शिथिलीकृतमानपरिग्रहाऽस्मदज्जुका आयुष्मदागमनमध्यप्रतिपालयन्ती मामेवाहूय पादचारेणैवास्मद्भर्तृदारकगृहमभिप्रस्थिता। (२) यथैवास्मद्भर्तृदारकोऽपि वसन्ताक्रान्तशिथिलीकृतधृतिर्भूत्वा सह केनाप्यस्मदज्जुकामनुनेतुमागच्छन वीणाचार्यस्य विश्वावसुदत्तस्योदवसितद्वार्यस्मदज्जुकां समासादितवान्। (३) ततस्तौ किञ्चिद्रतिपद्यमानौ दृष्ट्वा यदृच्छया निर्गतेन विश्वावसुदत्तेनात्मन उदवसितमेव प्रवेशितौ। (४) ततः प्रभातेऽस्मदज्जुकयाऽहमभिहिता 'भाववैशिकाचलं गृहीत्वागच्छ'' इति। (५) तदागम्यताम्'' इति। (६) अहो श्रुतिसुखं निवेदितं भवत्या। (७) किमन्यां ते प्रीतिमुत्पादयिष्यामि। (८) प्रतिगृह्यतामियमाशीः—

३२— *(अ) तव भवतु यौवनश्रीः*
(आ) प्रियस्य सततं भव प्रियतमा त्वम्।
(इ) अनवरतमुचितमभिमत-
(ई) मुपभोगसुखं च ते भवतु॥

(१) गच्छाग्रतः, (२) (परिक्रम्य) (३) किमाह कनकलता ''एतद्गृहान् प्रविशामः'' इति। (४) बाढं प्रविशामस्तावत्। (५) (प्रविश्य) (६) अलमलं संभ्रमेण। (७) आस्तामास्तां कामियुगलम्—

३३— *(अ) आत्मगुणेन वसन्तो*
(आ) यथाऽद्य युवयोः समागममकार्षीत्।

उस गीत से मान शिथिल हो जाने पर हमारी मालकिन आयुष्मान् के आगमन की बाट भी न जोहती हुई मुझे बुलाकर पैदल ही मालिक के घर चली। उसी तरह हमारे मालिक भी वसन्त के आगमन से अधीर होकर किसी तरह मालकिन को मनाने के लिये वीणाचार्य विश्वावसुदत्त के घर के द्वार पर हमारी मालकिन से मिल गए। उन दोनों का दाँव न लगते देखकर अचानक निकले हुए विश्वावसुदत्त ने उन्हें अपने घर में घुसा लिया। सवेरे मालकिन ने मुझसे कहा—''भाव वैशिकाचल को लेकर आ? तो आप चलिए।'' वाह! तूने कानों को सुख देने वाली बात कही। मैं तेरी दूसरी क्या भलाई करूँ? मेरा यह आशीर्वाद ले—

३२—तेरी यौवनश्री नित्य बनी रहे। तू सदा प्यारे की प्यारी बन। तुझे अनवरत उचित और मनचाहे उपभोगों के सुख मिलें।

तू आगे जा (घूमकर) कनकलता ने क्या कहा—''इस घर के अन्दर चलें।'' ठीक, चलता हूँ। (घुसकर) अरे, घबड़ा मत। अरे, जुगलजोड़ी विराजमान रहे।

(इ) ऋतवस्तथैव सर्वे
(ई) कुर्वन्तु समागमं कलहे॥

(१) आत्मगुणगर्वितेन वसन्तेनाहमपि वञ्चितः। (२) यतो युवयोः समागमबहिष्कृतः। (३) किमिदानीमभिधास्यामि। (४) अथवा नास्त्यलापराधो वसन्तस्य। (५) कुतः—

३४— *(अ) उद्यानानि निशाश्च चन्द्रसहिता वीणाश्च रक्तस्वरा*
(आ) गोष्ठी दूतिजनो विचित्रवचनो नानविधाश्चर्तवः।
(इ) नैतत् कामिजनस्य सङ्गमविधौ संजायते कारणं
(ई) ह्यन्योन्यस्य गुणोद्भवैरकृतकै रागोच्छ्रयः कारणम्॥

(१) तस्मादन्यजनदुर्लभेन परस्परगुणातिशयनिचितेनात्मगुणोपनीतेन मदनतन्त्रसारेण कुसुमपुरप्रकाशेन युवयोरेव रागेण वञ्चिताः स्मः। (२) किं ब्रूथ "आवयो रागोऽपि भावस्यैव प्रयत्नजनितः। (३) तेन भाव एव समागमकारणम्। (४) कृत्स्नमिदानीं पाटलिपुत्रं यस्य वचनलीलामनुभवति स कथं कामिजनवचनविशेषैरतिशयितो भवेत्" इति। (५) कथाप्रसंगेन सुरततृषितस्य कामियुगलस्य रतिव्याक्षेपः परिहर्तव्यः। (६) तदनुज्ञातो गन्तुमिच्छामि।

३३—अपने गुण से वसन्त ने जैसे तुम दोनों का समागम करा दिया वैसे ही सब ऋतुएँ कलह में कामिजनों का समागम करावें।

आत्मगुण गर्वित वसन्त ने मुझे भी ठग लिया, क्योंकि तुम दोनों का समागम मेरे बिना ही हो गया। अब मैं क्या करूँ? इसमें वसन्त का भी अपराध नहीं है। कैसे—

३४—सुन्दर उद्यान, चाँदनी भरी रात, सुरीली वीणा, गोष्ठी, दूतियाँ, विचित्र बातें, तरह-तरह की ऋतुएँ—ये सब चीजें कामी जनों को मिलाने का कारण नहीं बनतीं। उसका कारण है एक-दूसरे के अकृत्रिम गुणों को जानने से प्रेम का ऊँचा होना।

इसलिए दूसरों में दुर्लभ, परस्पर के गुणों की अतिशयता से संवर्धित, आत्म-गुण से उत्पन्न, कामशास्त्र के निचोड़, और कुसुमपुर में सुविदित तुम दोनों के प्रेम ने मुझे ठग लिया (अर्थात् तुम्हें एक-दूसरे से मिला दिया, मेरी आवश्यकता न पड़ी)। तुम क्या कहते हो—"हम दोनों का प्रेम भी आपके ही प्रयत्न से पैदा हुआ। इसलिए आप ही हम दोनों के समागम के कारण हैं। इस समय सारा पाटलिपुत्र जिसकी बातों में मजा लेता है, कामिजनों के वचन उसकी महिमा पूरी तरह कैसे कह सकते हैं?" सुरत के प्यासे कामि-युगल की रति में बहुत बातचीत करके विघ्न नहीं डालना चाहिए। आज्ञा दे मैं जाना चाहता हूँ।

(भरतवाक्यम्)

३५— *(अ) व्याकोचाम्भोजकान्तंमदमृदुकथितं चारुविस्तीर्णशोभं*
(आ) जातस्त्वं प्रीतियुक्तः प्रिययुवतिमुखं वीक्षमाणो यथाद्य।
(इ) एवं सस्यर्धियुक्तां जलनिधिरशना मेरुविन्ध्यस्तनाढ्यां
(ई) प्रीति प्राप्नोतु सर्वां क्षितिमधिकगुणां पालयन्नो नरेन्द्रः॥

(१) (इति निष्क्रान्तो विटः)

इति श्रीमद्वररुचिमुनिकृतिरुभयाभिसारिका नाम भाणः समाप्तः।

३५—खिले कमल की तरह कान्त, मद भरी मीठी बातें कहने वाला, और छिटकती शोभा से सुन्दर अपनी युवती प्रिया का मुख देखकर जैसे तुम आज प्रसन्न हुए हो, वैसे ही धान्य से भरी, समुद्र की मेखला वाली, मेरु और विन्ध्य रूपी स्तनों से सुन्दर, अधिक गुणवती सारी पृथ्वी का पालन करते हुए 'नरेन्द्र' भी प्रसन्न हों।

(विट जाता है)

वररुचि मुनि की कृति *उभयाभिसारिका* नाम भाण समाप्त

श्रीरस्तु।

महाकवि श्यामिलकविरचितं

४. पादताडितकम्

[नान्द्यन्ते ततः प्रविशति सूत्रधारः]

सूत्रधार:

१— (अ) *देहत्यागेन शम्भोर्नयनहुतवहे मानितो येन कोपः*
(आ) *सेन्द्रा यस्यानुशिष्टिं स्रजमिव विबुधा धारयन्त्युत्तमाङ्गैः।*
(इ) *पायात्कामः स युष्मान् प्रविततवनितालोचनापाङ्गशाङ्गो*
(ई) *बाणा यस्येन्द्रियार्था मुनिजनमनसां सादका भेदकाश्च॥*

(१) *अपि च—*

२— (अ) *सभ्रूक्षेपं सहासं स्तननिहितकरामीक्षमाणेन देवी*
(आ) *सन्त्रासक्षिप्तवाग्भिः सह गणपतिभिर्नन्दिना वन्दितेन।*
(इ) *पायाद्वः पुष्पकेतुर्वृषपतिककुदापाश्रयन्यस्दोष्णा*
(ई) *यस्य क्रुद्धेन वाह्यं करणमपहृतं शम्भुना न प्रभावः॥*

नान्दी के बाद सूत्रधार का प्रवेश

१—शिव की नेत्राग्नि में अपने शरीर की आहुति देकर जिसने उनके क्रोध का मान रखा, जिसकी आज्ञा माला की तरह इन्द्रसहित देवता अपने शिरों पर चढ़ाते हैं, जो वनिताओं के फैले हुए नेत्रों की टेढ़ी चितवनों से अपना धनुष बनाता है, जिसके विषयरूप बाण मुनियों के मन को भी पीड़ा पहुँचाते और भेद देते हैं, ऐसा कामदेव तुम्हारी रक्षा करे।

और भी,

२—देवी के स्तनों पर हाथ रखकर भौहें नचाते हुए, हँसी के साथ उन्हें देखते हुए, डर से चुप्पी साधे हुए गणनायकों सहित नन्दी द्वारा वन्दित, एवं वृषपति के कंधे पर हाथ रखकर खड़े हुए शिव जिसका प्रभाव नहीं मिटा सके, यद्यपि क्रुद्ध होकर उसका शरीर उन्होंने हर लिया, ऐसा कामदेव आपकी रक्षा करे।

---

१ (ई) *इन्द्रियार्थाः*—इन्द्रियों के विषय।
१ (ई) *सादकाः*—शिथिल या निःशक्त करने वाले।
२ (इ) *अपाश्रय*—आश्रयस्थान, सहारा।

(१) एवमार्यमिश्रान् शिरसा प्रणिपत्य विज्ञापयामि। (२) यद्वमार्यश्यामिलकस्य कृतिः पादताडितकं नाम भाणं प्रयोक्तुं व्यवसिताः। (४) कुतः —

३— *(अ) इदमिह पदं मा भूदेवं भवत्विदमन्यथा*
(आ) कृतमिदमयं ग्रन्थेनार्थो महानुपपादितः।
(इ) इति मनसि यः काव्यारम्भे कवेर्भवति श्रमः
(ई) सनयनजलो रोमोद्भेदः सतां तमपोहति॥

४— *(अ) निर्गम्यतां बकविलालसमप्रचारै—*
(आ) रार्यैश्च राजसचिवैः शमवृत्तिभिश्च।
(इ) तिष्ठन्तु डिण्डिकविनर्मकलाविदग्धा
(ई) निर्मक्षिकं मधु पिपासति धूर्तगोष्ठी॥

आर्यमिश्रों को सिर नवा कर कहता हूँ। हम सब आर्य श्यामिलक की रचना *पादताडितक* नाम भाण के अभिनय का आयोजन कर रहे हैं। हमें उस कवि के परिश्रम को ध्यानपूर्वक सुनना चाहिए। कैसे—

३—यहाँ यह पद नहीं होना चाहिए; यह पद ऐसे होना चाहिए; यह पद ठीक नहीं बन पड़ा; ग्रन्थ में इस अर्थ का बड़ा चमत्कार उत्पन्न हुआ है; इस प्रकार काव्य रचना के पूर्व कवि के मन को जो श्रम होता है उस श्रम को सहृदय रसिकों के नेत्रों में भरे हुए आँसू और पुलकित शरीर दूर करते हैं।

४—बगुले और बिल्ली की तरह चलने वाले राजमंत्री और सन्त रफूचक्कर

---

४ (अ) *विलाल*—बिडाल, बिलार।

४ (आ) *राजसचिवैः शमवृत्तिभिश्च*—राज्याधिकारी और साधु सन्त, ये दोनों ही अपने को आर्य कहकर ढिण्ढिक और विटों की स्वतन्त्रता में बाधा डालते हैं, अतएव ये कहीं दूसरी जगह मुँह काला कर लें तो विटों का व्यापार बेखटके चले।

४ (इ) *डिण्डिक*—गुंडा, 'लुंगाढ़ा'। यह शब्द कोशों में नहीं है, किन्तु गुजराती भाषा में इसी का रूप 'डांड्या' (आवारा, लुच्चा) प्रचलित है। आगे 'लाटडिंडिन्' (३७/१७) शब्द आया है। श्री मैथिलीशरण जी गुप्त ने एक बुन्देलखंडी कहावत बताई है—सौ डंडी न एक बुन्देलखंडी। बुंदेलखंड का एक व्यक्ति इतना चग्घड़ होता है कि सौ डंडियों की हस्ती मिटा दे। इसमें डंडी शब्द प्राचीन डिंडिक-डिंडिन् का ही रूप ज्ञात होता है। मेरे मित्र श्री दलसुखभाई मालवणिया ने सूचित किया है कि धर्मकीर्ति के *प्रमाणवार्त्तिक* की स्वोपज्ञवृत्ति में डिंडिक शब्द का प्रयोग आया है (को विशेषः स्यात् डिंडिक-पुराणेतरयोः, पृ० ८२)। *प्रमाण मीमांसा* की प्रति के एक टिप्पण में *डिंडिका नग्नाटा इत्यर्थः* मिला है।

४ (इ) *विनर्मकला*—मन बहलाव, काम-प्रसंग, हँसी-ठट्ठे से सम्बन्धित कलाएँ, जैसे, नृत्य, गति, गोष्ठी, आदि।

४ (ई) *निर्मक्षिकं*—ऐसी स्थिति जिसमें मक्खी-मच्छर आदि की बाधा न हो,

(१) कुतः—

५— *(अ) न प्राप्नुवन्ति यतयो रुदितेन मोक्षं*
(आ) स्वर्गायति न परिहासकथा रुणद्धि।
(इ) तस्मात् प्रतीतमनसा हसितव्यमेव
(ई) वृत्तिं बुधेन खलु कौरुकुचीं विहाय॥

(१) को न खलु मयि विज्ञापनव्यग्रे शब्द इव श्रूयते। (२) (कर्णं दत्त्वा) (३) हन्त! विज्ञातम्। (४) एष हि स विटमण्डपः। (५) (प्रविश्य) (६) धूर्तचाक्रिकः खलति-श्यामिलको घण्टामाहत्य घोषयति। (७) य एषः—

६— *(अ) व्यतिकरसुखभेदः कामिनीकामुकानां*
(आ) दिवससमयदूतो दुन्दुभीनां पुरोधाः।
(इ) कलमुषसि खरत्वादस्य कंठा (घण्टा) रवाणां
(ई) बलवदभिनदन्तो गर्दभा नानुयान्ति॥

हो जाएँ। डिंडिक, विट और दिल्लगीबाज ठहरे रहें। धूर्तों की गोठें बेखटके शराब की प्यासी बनी रहें।

कैसे—

५—यदि रोने-धोने से मोक्ष नहीं पा जाते। यदि आगे स्वर्ग मिलने वाला होगा, तो हँसी-ठठ्ठे से उसमें बाधा पड़ने वाली नहीं है। इसलिए बुद्धिमान् को मुँह बिगाड़ने की आदत छोड़कर निर्द्वन्द्व मन से हँसना ही चाहिए।

जब मैं इस तरह कह रहा हूँ तो यह दूसरी आवाज कैसी सुनाई पड़ रही है? (कान देकर) आह, पता चला यह विटों की बैठक (मंडप) है। गंजा श्यामिलक घंटा बजाकर मुनादी कर रहा है।

६—कामिनी और कामियों के मिलनसुख को तोड़ने वाला, दिन उगने का सूचक, डुग्गियों का दादा जो इसका घण्टा बजाता है, उसकी बराबरी सवेरे जोर-जोर से रेंकते हुए गधे भी नहीं कर सकते।

एकान्त में विघ्नरहित स्थिति। *कृतं भवतेदानीं निर्मक्षिकम्* (शकुन्तला २/६); *काशिका,* २/१/६, *मक्षिकाणामभावः निर्मक्षिकम्।*

५ (आ) *स्वर्गायति*—भविष्य में स्वर्ग मिलने की सम्भावना।

५ (ई) *कौरकुची वृत्ति*—मुँह टेढ़ा करने या मुँह बिगाड़ने की आदत। कुच् धातु = टेढ़ा करना, सिकोड़ना। कुच् का रूप कुंच् भी है। कूर = भात। कूरकुच = सामने भात देखकर भी मुँह बनाना। *कूरकुचस्य भावः कौरकुचं, तस्येय कौरकुची।*

५ (४) *विटमण्डप*—विटों का गोष्ठी स्थान।

५ (६) *धूर्तचाक्रिक*—घण्टा बजाकर घोषणा करनेवाला धूर्त या कितव। चाक्रिक = घण्टे से मुनादी करने वाला। *चाक्रिका घाण्टिकाऽर्थकाः* (अमरकोश)।

६ (अ) *व्यतिकरसुख*—समागम-सुख।

(१) किं नु तावदनेन घुष्यते? (२) (कर्णं दत्वा) (३) (नेपथ्ये)

७— *(अ) जयति मदनस्य केतुः*
(आ) कान्तं प्रत्युद्यतो विलासिन्याः।
(इ) शिरसा प्रार्थयितव्यः
(ई) सालक्तकनूपुरः पादः॥

(१) (निष्क्रान्तः)
(२) स्थापना।
(३) (ततः प्रविशति विटः)

विटः—*(४) मा तावद् भोः किमत्र घोषयितव्यम्? (५) यदेवं—*

८— *(अ) प्रणयकलहोद्यतेन*
(आ) स्त्रस्तांशुकदर्शितोरुमूलेन।
(इ) जितमेव मदकलाया
(ई) नूपुरमुखरेण पादेन॥

(१) अये केनैतद्धसितम्? (२) (विलोक्य) (३) दद्रुणमाधवोऽप्यत्रैव। (४) अंघो! दद्रुणमाधव किमत्र हास्यस्थानम्? (५) किं ब्रवीषि—"प्रत्यक्षं हि मे तत् यदतीतेऽहनि तत्रभवत्या सुराष्ट्राणां वारमुख्यया समदनया मदनसेनिकया तत्रभवांस्तौण्डिकोकिर्विष्णु-नागश्चरणकमलेन शिरस्यनुगृहीतः" इति।

यह क्या घोषणा कर रहा है? (कान लगाकर) (नेपथ्य में)

७—प्रियतम के ऊपर चलाए हुए विलासिनी के उस चरण की जय हो जो आलते और झंकारते नूपुर से सजा हुआ काम का झंडा है, और जो सिर झुकाकर आवभगत करने योग्य है। (जाता है)

स्थापना

(विट का प्रवेश)

विट—ठहरो, यहाँ घोषणा की क्या आवश्यकता है? यहाँ तो ऐसा है—

८—प्रेम की झड़प में उठा हुआ, नूपुर से झंकृत, खिसके दुकूल से खुली जाँघ वाला, मदविह्वल कामिनी का पैर सदा से ही विजयी है।

अरे यह कौन हँसा? (देखकर) दद्रुण (ददोड़ा) माधव भी यहीं है। अरे दाद भरे माधव, इसमें हँसने की क्या बात है? क्या कहता है—"मुझे तो साक्षात् देखने को मिला कि गए दिन सुराष्ट्र की मुख्य गणिका, श्रीमती मदनसेना ने रागवती होकर श्रीमान् तौण्डिकोकि विष्णुनाग के सिर को चरण कमल से अनुगृहीत किया।"

(६) सृष्ठु खल्विदमुच्यते—"एति जीवन्तमानन्दो नरं वर्षशतैरपि" इति। (७) विष्णुनागोऽपि नामैवं सर्वकामिजनसाधारणं चरणताडनसंज्ञकं शिरस्यभिषेकं प्राप्तवान्। (८) किं ब्रवीषि—"कुतोऽस्य तानि भागधेयानि य ईदृशानां प्रणयकलहोत्सवानां पात्र भविष्यति? (९) स हि तस्या वैशदेवतायास्तं सम्मानविशेषमवमानं मन्यमान: क्रोधपरिव्यक्तनयनराग: (१०) प्रस्फुरितभ्रुकुटीवक्रं ललाटं कृत्वा शिरो विनिर्धूय दशनैरोष्ठमभिदश्य पाणिना पाणिमभिहत्य दीर्घं निश्वस्योक्तवान्। (११) "हा धिक् पुंश्चलि अनात्मज्ञे यया त्वया ममास्मिन्"—

९— *(अ) प्रयतकरया मात्रा यत्नात्प्रबद्धशिखण्डके*
(आ) चरणविनते पित्राघ्राते शिशुर्गुणवानिति।
(इ) सकुसुमलवै: शान्त्यम्भोभिर्द्विजातिभिरुक्षिते
(ई) शिरसि चरणो न्यस्तो गर्वान्न गौरवमीक्षितम्॥

(१) एवञ्चानेनोक्ता विरज्यमानसन्ध्यारागेव रजनी वर्णान्तरमुपगता। (२) अतिप्रभात-चन्द्रनिष्प्रभं वदनमुद्वहन्ती—

१०— *(अ) व्यपगतमदरागा भ्रश्यमानोपचारा*
(आ) किमिदमिति विपादात् स्विन्नसर्वाङ्गयष्टि:।

ठीक ही कहा है—'चाहे सौ बरस भी बीत जाएँ, कभी न कभी तो आदमी को जीने का मजा मिल ही जाता है।' सौ विष्णुनाग ने भी सच्चे कामियों को प्राप्त होने वाला चरणताडन नामक अभिषेक सिर पर पा लिया। क्या कहता है—"अरे, उसके ऐसे भाग्य कहाँ जो इस तरह के प्रेम के रगड़ों का मजा उठा सके?" उसने उस वेश की देवी द्वारा दिए गए इस सम्मान को अपमान मान कर गुस्से से आँखें लाल करके, फड़कती भौहों से ललाट तान कर और सिर हिलाकर, दाँतों से ओंठ काटकर, हाथ पर हाथ पटक कर तथा लम्बी साँस लेकर कहा—'हे अनाड़ी छिनाल, तुझे धिक्कार है। तूने मेरे उस सिर पर—

९—जिस पर माता ने सधे हाथों से यत्न के साथ चोटी गूँथी थी, जिसे पिता ने चरणों में प्रणाम करते हुए देखकर 'क्या भोला लड़का है,' यह कहते हुए सूँघा था, और जिस पर ब्राह्मणों ने फूल चढ़ाकर शान्ति का जल छिड़का था—घमण्ड में भर कर पैर रख दिया और उसके गौरव की तनिक भी परवाह न की!"

ज्यों ही विष्णुनाग ने यों डपटा, त्यों ही साँझ की ललाई फीकी पड़ जाने से उतरी हुई रात की तरह उसका रंग फीका पड़ गया। प्रात:काल के चन्द्रमा की तरह ज्योतिहीन मुख लेकर,—

१०—उसका नशा रफू हो गया और साज-सामान बिखर गया। मुझसे

---

१० (अ) *भ्रश्यमानोपचारा*—भ्रश्यमान = तितर-बितर हो गया। उपचार = साज-सज्जा का सामान। अमरकोश में यह शब्द नहीं है। रघुवंश में उपचार शब्द इस विशेष

(इ) भयविगलितशोभा वान्तपुष्पेण मूर्ध्ना
(ई) न पुनरिति वदन्ती पादयोस्तस्य लग्ना॥

(१) प्रणिपातावनता चानेन निर्धूयोक्ता (२) "चण्डि मा स्प्राक्षीः, कर्दनेन न मा ढौकितुमर्हसि" इति।

(३) कष्टं भोः कोकिला खलु कौशिकमनुवर्तते। (४) मदनसेनिकाऽपि तं पुरुषवेतालं कदर्यमपवीर्यमनुवर्तत इति मे विस्मयः। (५) भवति च पुनर्महामात्रपुत्रो राज्ञः शासनाधिकृत इति न दानकामोपेक्षते। (६) शब्दकामाः खल्वेता भवन्ति। (७) कामे हि प्रयोजनमनेकविधमित्युपदिश्यते। (८) किं बवीषि—"लब्धं खलु शब्दकामया शब्दप्रधानार्जनाच्छन्दस्य व्यसनं" इति। (९) सा हि तपस्विनी—

यह क्या हो गया, इस दुःख से उसका सारा बदन पसीने-पसीने हो पड़ा। भय से उसकी सारी शोभा मारी गई और सिर में गूँथे फूल बिखर गए। 'फिर ऐसा कभी न होगा,' कहती हुई वह उसके पैरों में गिर पड़ी।

दीनता से उसके झुकने पर भी उसने डपट कर कहा—"चण्डी, मुझे मत छू। यों गड़गड़ करते उदर से मेरे पास मत आ।"

बड़े दुःख की बात है कि कोयल उल्लू के पीछे लगी है। मदनसेनिका भी उस कायर और हिजड़े पुरुष वेताल के पीछे जाती है, इसका मुझे आश्चर्य है। इसका कारण शायद यह है कि वह महामात्र का पुत्र और राजा का शासनाधिकृत है। इसलिए रकम वसूलने की इच्छा से वह उसकी उपेक्षा नहीं करती। वेश्याएँ बात की चटोरी होती हैं। कहा जाता है काम की तह में अनेक तरह के प्रयोजन होते हैं। क्या कहता है—"बातों से पहनने-खाने का वसीला जमता है। अतएव बात की चटोरी इसे बातों की चाट पड़ गई है। वह बेचारी—

अर्थ में आया है—तस्योपकार्या रच्तिोपचारा (५/४१, उपचारा शयनादयः); मंचेषु उपचारवस्तु (६/१, राजा के काम की वस्तुएँ जैसे—ताम्बूलकरंक, पादपीठ, भृङ्गार आदि; ६/१५ में हैम पादपीठ का उल्लेख आया है)।

१० (२) *कर्दन*—उदर का शब्द।

१० (२) *ढौकितुम्*—ढौक् = पास आना।

१० (५) *महामात्र*—एक उच्च राज्य अधिकारी।

१० (५) *शासनाधिकृत*—शासन = राज्यशासन, या राजकीय दान के ताम्रपत्र आदि। अधिकृत = अधिकार। अधिकृत > अहिक्कड > हइकढ़ > हैंकढ़।

११— (अ) तिर्यक्त्रपावनतपक्ष्मपुटप्रवान्तै-
(आ) धौंताधरस्तनमुखी नयनाम्बुपातैः।
(इ) स्वांगेष्वलीयत नवैः सहसा स्तनद्भि-
(ई) रुद्वेजिता जलधरैरिव राजहंसी॥ इति।

(१) न च भोश्चित्रमिदं श्रोतव्यं श्रुतम्। (२) न च खल्वस्माभिर्विदितार्थैरप्यतीतं पृष्टम्। (३) ततस्ततः। (४) किं ब्रवीषि—"ततः स मया निर्भर्त्स्योक्तः 'अये वैयाकरण-खसूचिन्,' सुमनसो मुसलेन मा क्षौत्सीः, (५) वल्लकीमुल्मुकेन मा वादीः, वाक्क्षुरेण किसलयक्षीबां मा लौत्सीः मत्तकाशिनीम्" इति। (६) एवमुक्तो मामनादृत्य विटमहत्तरं भट्टिजीमृतगृहं गतः। (७) ततः सा तपस्विनी करकिसलयपर्यस्तकपोलमाननं कृत्वा प्ररुदिता। (८) तत उत्थाप्य मयोक्ता—"सुन्दरि न वानरो वेष्टनमर्हति गर्दभो वा वरप्रवहणं वोढुम्।" (९) अलमलं रुदितेन। (१०)हास्यः खल्वेष तपस्वी। (११) नैवं महान्तं शिरः सत्कारमर्हति।

१२— (अ) किं कामी न कचग्रहैर्यमबलाः क्लिश्यन्ति मत्ता बलाद्
(आ) यं बध्नन्ति न मेखलाभिरथवा न घ्नन्ति कर्णोत्पलैः।

११—लाज से तिरछी झुकी हुई बरौनियों से, बहते हुए आँसुओं से मुख, अधर और स्तन धोकर, सहसा गरजते हुए नए बादलों से राजहंसी की तरह घबरा कर अपने अंगों में ही सिमट गई है।

यह कोई अचरज नहीं जो यह सुनने को मिला। हमारे जैसे पंडितों से भी अब कुछ पूछने को बाकी नहीं बचा। तब फिर? क्या कहता है—उससे मैंने फटकार कर कहा—'अरे टकहिए वैयाकरण, फूलों को मूसल से मत कूट, वीणा को लुआठी से मत बजा, वचन की छुरी से मदभरी गुलाबी वेश्या को मत काट।' मेरे ऐसा कहने पर वह मुझे झिड़क कर विटों के चौधरी भट्टिजीमूत के घर चला गया। वह बेचारी अपने सुकुमार हाथों पर मुँह और गाल रखकर रोने लगी। उसे उठाकर मैंने कहा—'सुन्दरि, बन्दर पगड़ी पहनने के योग्य नहीं होता और न गदहे को अच्छी सवारी में जोता जाता है। रोना बंद कर। यह बेचारा तो हँसी का पात्र है। उसका सिर इतने बड़े सत्कार के योग्य नहीं।'

१२—वह कामी क्या, जिसे बाल पकड़ कर मतवाली अबलाएँ तंग नहीं करती, या मेखलाओं से बाँधती नहीं, या कान के फूलों से मारती नहीं। काम उसी

---

११ (४) *वैयाकरणखसूचिन्*—वह नाम मात्र का वैयाकरण जो कुछ पूछने पर आकाश की ओर देखने लगे या मौसम की बात करने लगे।

११ (६) *विटमहत्तर*—विटों का प्रधान या चौधरी।

११ (८) *वेष्टन*—पगड़ी।

११ (८) *वर प्रवहण*—बढ़िया सवारी, रथ या गोयुग्मशकट।

(इ) पक्षे तस्यतु मन्मथः सुकृतिनस्तस्योत्सवो यौवनं
(ई) दासेनेव रहस्यपेतविनयाः क्रीडन्ति येनाङ्गनाः॥

(१) एवञ्चोक्ता स्मितपुरस्सरमपङ्गेन मे वचः प्रतिगृह्य सशिरःपादमवगुण्ठ्य वाससा शयनमलङ्कृतवती। (२) अहमपि कामिप्रत्यवरस्य दुश्चरितमनुचिन्तयन् प्रभातमिति राज्ञः प्राभातनान्दीस्वनैरुत्थापितः (३) कृतकर्तव्यस्तदेव दुःस्वप्नदर्शनमिवापनेतुं ब्राह्मणपीठिकां गतः। (४) तस्यां ब्राह्मणपीठिकायां पूर्वगतं कीर्णकेशं विष्णुनागमेवारूपमात्मकर्मचिक्षाणं (५) ''असावहं भोः एवंकर्मा, तं मा वृषल्याः पादावधूतशिरस्कं त्रातुमर्हन्ति त्रैविद्यवृद्धाः'' इत्युक्तवन्तमपश्यम्। (६) एवञ्चोक्ता ब्राह्मणश्चलकपोलसूचितहासमन्योन्यमवलोक्य मुहूर्तमिव ध्यात्वलोक्तवन्तः। (७) ''भोः साधो अवलोकितान्यस्माभिर्मनुयमवसिष्ठगौतमभरद्वाज-शंखलिखितापस्तम्बहारीतप्रचेतोदेवलवृद्धगार्ग्यप्रभृतीनां मनीषिणां धर्मशास्त्राणि। (८) नैवंविधस्य महतः पातकस्य प्रायश्चित्तमवगच्छामः'' इति।

(९) एवञ्चोक्तो विषण्णतरवक्त्र उच्छ्रित्य हस्तावुपाक्रोशत्। (१०) ''भोः भोः चतुर्थो वर्ण इति न मामर्हथ भूमिदेवाः परित्यक्तुम्। (११) कुतः—

का साथ देता है और उसी बड़भागी का यौवन भी उत्सवों से भरपूर होता है जिसके साथ छबीली स्त्रियाँ लज्जा छोड़कर चाकरों के समान अकेले में अठखेलियाँ करती हैं।

ऐसा सुनकर उसने मुस्कुराहट के साथ चितवन से मेरी बात मान कर सिर से पैर तक अपने वस्त्र पहन कर शय्या को अलंकृत किया। मैं भी कामिजनों में दुकड़हे उसके दुश्चरित को सोचता हुआ, राजद्वार की प्रभाती से जागकर नित्य नियम से अवकाश पाकर मानो बुरा सपना देखने के फल को हटाने के लिए ब्राह्मणों की बैठक (पीठिका) पर पहुँचा। उस ब्राह्मण पीठिका में मैंने देखा कि पहले से पहुँचा हुआ बिखरे बालों वाला विष्णुनाग गिड़गिड़ा कर कह रहा था—'मैंने ऐसी खोटी करनी की है जो मेरे सिर पर वेश्या की लात लगी। हे त्रैविद्यवृद्ध जनो, मुझे बचाओ।' उसके ऐसा कहने पर गाल पिचका कर हँसी का आभास देते हुए ब्राह्मणों ने एक-दूसरे को देखते हुए क्षण भर सोच कर कहा—''हे साधु, हमने मनु, यम, वसिष्ठ, गौतम, भरद्वाज, शंख, लिखित, आपस्तम्ब, हारीत, प्रचेता, देवल, वृद्धगार्ग्य आदि मनीषियों के धर्मशास्त्र देखे हैं, पर इस तरह के बड़े पाप का प्रायश्चित हम भी नहीं जानते।''

ऐसा कहने पर दुःखी मुख से दोनों हाथ उठाकर वह चिल्ला उठा—''अरे भूलोक के देवगण, मुझे शूद्र समझ कर आप त्यागिए मत। क्योंकि—

---

१२ (अ-आ) स्त्री द्वारा पुरुष का कचग्रह, मेखला बन्धन और कर्णोत्पलताडन—ये तीनों बातें पुरुषायित रति की सूचक हैं। देखिए, *धूर्तविटसंवाद*, श्लोक १२, एवं *कार्क-श्ययोग्यारणिः* की टिप्पणी, पृ० ८०; *कुमारसम्भव*, ४/८।

१३— (अ) *आर्योऽस्मि शुद्धचरितोऽस्मि कुलोद्गतोऽस्मि*
(आ) *शब्दे च हेतुसमये च कृतश्रमोऽस्मि।*
(इ) *राज्ञोऽस्मि शासनकरो न पृथग्जनोऽस्मि*
(ई) *त्रायध्वमार्तमगतिं शरणागतोऽस्मि॥*

(१) *एवञ्चोक्ताया तस्यां परिषदि—*

१४— (अ) *कैश्चिद्गौरयमित्यरत्निचलनैरन्योन्यमाघाटितं*
(आ) *स्यादुन्मत्त इति स्थितं स्मितमुखैः कैश्चिच्चिरं वीक्षितम्।*
(इ) *कैश्चित्कामपिशाच इत्यपि तृणं दत्त्वान्तरै धिक्कृतं*
(ई) *कैश्चिद्दुष्कृतकारिणीति च पुनः सेवाङ्गना शोचिता॥*

(१) एवमवस्थायां च संसदि तस्यां प्रतिपत्तिमूढेषु ब्राह्मणेषु प्रायश्चित्तविप्रलम्भविह्वले क्रोशति विष्णुनाग (२) तेषामेकतम आचार्यपुत्रः स्वयञ्चाचार्यो दण्डनीत्यान्वीक्षिक्योरन्यासु च वद्यास्वभिविनीतः कलास्वपि च सर्वासु परं कौशलमनुप्राप्तो (३) वाग्मी चान्तेवासिगणपरिवृतः परिहासप्रकृतिः शाण्डिल्यो भवस्वामी नाम ब्राह्मणः (४) सव्येतरं हस्तमुद्यम्य स्मितोदग्रया वाचा परिषदमामन्त्र्योक्तवान् (५) ''अये भो विष्णुनाग

१३—मैं आर्य हूँ, शुद्ध चरित हूँ, कुलीन हूँ, मैंने व्याकरण और न्यायशास्त्र पढ़ा है, मैं राजा का शासनाधिकृत हूँ, कुछ अछूत (पृथग्जन) नहीं हूँ। मुझ दुखिया को आप बचाइए, मैं शरणागत हूँ।''

उस सभा में उसके ऐसा कहने पर—

१४—कुछ ने केहुनी चलाकर एक-दूसरे को ठेहुनिया कर कहा—'पूरा बैल है'। कुछ ने हँस कर खड़े होकर देर तक उसकी ओर देखते हुए कहा—'पागल है।' किसी ने बीच में तिनका रखकर 'काम पिशाच है,' कह कर उसे धिक्कारा। कुछ ने उस अंगना को ही अपराधिनी मानकर अफसोस किया।

सभा की ऐसी दशा में ब्राह्मणों के किंकर्तव्यविमूढ़ होने और प्रायश्चित के लिये विष्णुनाग के चिल्लाने पर शाण्डिल्य गोत्र के भवस्वामी नामक ब्राह्मण ने जिसके स्वभाव में हँसोड़पन था, जो आचार्य का पुत्र और स्वयं भी आचार्य था, जो आन्वीक्षिकी दण्डनीति और दूसरी विद्याओं में पारंगत, कलाओं में कुशल और वाग्मी था, अपने शिष्यों की मण्डली के बीच में ही दाहिना हाथ उठाकर हँसी

---

१४ (इ) *कामपिशाच*—घोर कामासक्त।
१४ (ई) *सैवाङ्गना शोचिता*—ऐसे गर्दभ को उसने अपने चरण-सत्कार का पात्र बनाया, यह शोक का कारण है।

न भेतव्यम् अलमलं विषादेन। (६) अस्तीदं धर्मवचनं "यथादेशजातिकुलतीर्थसमय-धर्माश्चाम्नयैरधिरुद्धाः प्रमाणम्" इति। (७) अतो विटजाति सन्निपात्य विटमुख्येभ्यः प्रायश्चितं मृग्यताम्। (८) ते हि त्वामस्मात्किल्विषान्मोचयिष्यन्ति" (९) इत्युक्ते साधुवादानुयात्रमूर्ध्वांगुलिप्रनृत्तमवर्तत तस्यां परिषदि। (१०) तच्छ्रुत्वा विष्णुनागोऽप्यनुगृहीत इति प्रस्थितः। (११) त्वञ्चापि विटसन्निपातकर्मणि नियुक्तः" इति बाढम्।

(१२) किं ब्रवीषि—"के पुनरिह भवतो विट स(म्मि)म्मताः" इति। (१३) ननुभवानेव तावदग्रे विटः। (१४) किं ब्रवीषि—"कथमहमपि नाम विटशब्देनानुगृहीतः" इति। (१५) कः संशयः, श्रूयताम्—

१५— *(अ) दिवसमखिलं कृत्वा वादं सह व्यवहारिभि-*
(आ) र्दिवसविगमे भुक्त्वा भोज्यं सुहृद्‌भवने क्वचित्।
(इ) निशि च रमसे वेशस्त्रीभिः क्षिपस्यपि चायुधं
(ई) जलमपि च ते नास्त्यावासे तथापि च कत्थसे॥

भरे स्वर से परिषद् को संबोधित करते हुए कहा—"अरे विष्णुनाग, तू डर मत। अपना शोक छोड़। धर्मशास्त्र का वचन है कि देश, जाति, कुल, तीर्थ और समय के अनुसार जो धर्म हैं, वे वेद विरोधी न होने पर प्रमाण माने जाते हैं। इसलिए विटों की पंचायत बुलाकर विटों से प्रायश्चित पूछ। वे तुझे इस पाप से छुड़ाएँगे।" उसके ऐसा कहने पर उस सभा में साधुवाद के साथ ऊँची उठी हुई अँगुलियाँ नाचने लगीं। उसे सुनकर विष्णुनाग भी अपने को अनुगृहीत मानकर चला गया। तो तू विटों की सभा बुलाने के लिये नियुक्त किया गया है।

क्या कहता है—'आपकी राय में कौन-कौन से मुख्य विट हैं?' निश्चय ही सबमें अगुवा विट तू ही है। क्या कहता है—'मैं कैसे इस विट शब्द से अनुगृहीत हुआ?' इसमें शक ही क्या? सुन—

१५—महाजनों (व्यवहारियों) के साथ सारा दिन झगड़ कर, दिन बीतने पर किसी मित्र के घर में माल चर कर, जो रात में वेश्याओं के साथ रमण करता है, और पटेबाजी करता है, जिसके अपने घर में पानी तक नहीं है, फिर भी तू शेखी बघारता फिरता है।

---

१४ (६) *यथा देश जाति*—यह वसिष्ठस्मृति का वचन है।
१४ (७) *विटजातिं सन्निपात्य*—विटों की पंचायत इकट्ठी करके।
१५ (अ) *व्यवहारिभिः*—व्यवहारिन् = बोहरे, जो लेन-देन का काम करते हैं।
१५ (इ) *क्षिपस्यपि चायुधम्*—विट रात के समय शस्त्र लेकर गुंडई पर उतर आते और मारामारी तक कर डालते थे।

(१) तत्कथं त्वमविटः ? (२) किं ब्रवीषि—"यद्येवमनुगृहीतः सन्निपातयिष्यसि विटान्। (३) विटलक्षणं तावच्छ्रोतुमिच्छामः" इति। (४) तत्प्रथमः कल्पः। (५) श्रूयताम्—

१६— *(अ) स्वैः प्राणैरपि विद्विषः प्रणयिनामापत्सु यो रक्षिता*
(आ) यस्यार्तौ भवति स्व एव शरणं खड्गद्वितीयो भुजः।
(इ) संघर्षान्मदनातुरो मृगयते यं वारमुख्यो जनः
(ई) स ज्ञेयो विट त्यपवृतधनो यो नित्यमेवार्थिषु॥

(१) अपि च—

१७— *(अ) चरणकमलयुग्मैरचितं सुन्दरीणां*
(आ) समुकुटमिव तुष्ट्या यो बिभर्त्युत्तमाङ्गम्।
(इ) स विट इति विटज्ञैः कीर्त्यते यस्य चार्थान्
(ई) सलिलमिव तृषार्ताः पाणियुग्मैर्हरन्ति॥

(१) किं ब्रवीषि—"उक्तं विटलक्षणं विटानिदानीमुपदेष्टुमर्हसि" इति। (२) श्रूयतां—तत्रभवान् कामचारो भानुः लोमशो गुप्तः अमात्यो विष्णुदासः शैब्य आर्यरक्षितो दाशेरको रुद्रवर्मा आवन्तिकः स्कन्दस्वामी हरिश्चन्द्रो भिषक् आभीरकः

फिर तू कैसे विट नहीं है ? क्या कहा—"यदि मुझे विटों में गिनने की कृपा करते हैं तो आप अवश्य विटों की पंचायत जुटा सकेंगे। इस बीच मैं आपसे विट का लक्षण सुनना चाहता हूँ।" उसका पहला लक्षण सुन—

१६—प्राणों की परवाह न करते हुए जो अपने शत्रु और मित्रों की आपत्ति में रक्षा करता है, आपत्ति के समय जिसका अपना भुजदंड तलवार लेकर स्वयं अपना रक्षक बनता है, रगड़े से मदनातुर वेश्याएँ जिसकी खोज करती हैं, और जो याचकों को खुले हाथ धन देता है, उसे विट समझना चाहिए।

और भी—

१७—सुन्दरियों के दोनों चरणकमलों से अपने सिर को पूजित देखकर जो ऐसे प्रसन्न होता है जैसे उस पर मुकुट रक्खा गया हो, जिसके धन को प्यासे पानी की तरह दोनों हाथों से हरते हैं, उसे ही विटों के गुणज्ञ सच्चा विट मानते हैं।

क्या कहता है—"विट के लक्षण तो आपने कहे, अब उनके नाम भी बताइए।" सुन—श्रीमान् कामचार भानु, लोमश गुप्त, अमात्य विष्णुदास, शैब्य आर्यरक्षित, दाशेरक रुद्रवर्मा, आवन्तिक स्कन्दस्वामी, भिषक् हरिश्चन्द्र,

---

१७ (२) *दाशेरक रुद्रवर्मा*—दाशेर या दशपुर का रुद्रवर्मा।
१७ (२) *आनन्दपुर*—गुजरात का प्रसिद्ध स्थान जो बड़नगर कहलाता है।

कुमारो मयूरदत्तो मार्दंगिकः स्थाणुर्गान्धर्वसेनक उपायनिरिन्तकथः पार्वतीयः प्रथमोऽपरान्ताधिपतिरिन्द्रवर्मा आनन्दपुरतः कुमारो मखवर्मा सौराष्ट्रिको जयनन्दको मौदगल्यो दयितविष्णुरित्येवमादयो यथासम्भवं सन्निपात्याः। (३) किं ब्रवीषि—"सर्वं तावत्तिष्ठतु। (४) दयितविष्णुरपि भवतो विटसम्मतः" इति। (५) कः सन्देहः। (६) किं ब्रवीषि—"एष योऽयं राज्ञो बलेष्वधिकृतःपारशवः कविः" इति। (७) बाढमेवैतत्। (८) किं ब्रवीषि—"मा तावद्भोः—

१८— (अ) *यः सङ्कुचत्युपहितप्रणयोऽपि राज्ञो*
(आ) *यो मङ्गलैः स्वपिति च प्रतिबुद्ध्यते च।*
(इ) *देवार्चनादपि च गुग्गुलुगन्धवासा*
(ई) *योऽसौ किणत्रयकठोरललाटजानुः॥*

(१) *अपि च—*

१९— (अ) *देवकुलाद्राजकुलं*
(आ) *राजकुलाद् याति देवकुलमेव।*
(इ) *इति यस्य यान्ति दिवसाः*
(ई) *कुलद्वय संप्रसक्तस्य॥*

(१) कथमसावपि विटः" इति। (२) आ एवमेतत्। (३) अस्तीदमस्य विटसंवाद-प्रत्यनीकभूतम्। (४) किन्तु—

आभीरक कुमार मयूरदत्त, मार्दगिक स्थाणु, गान्धर्वसेनक उपायनि, इन्तकथ पार्वतीय, प्रथम अपरान्ताधिपति इन्द्रवर्मा, आनन्दपुर का कुमार मखवर्मा, सौराष्ट्रिक जयनन्दक, मौद्गल्य दयितविष्णु इत्यादि को यथासम्भव पञ्चायत में एकत्र करना। क्या कहता है—"सब तो ठीक है पर क्या दयितविष्णु भी आपकी समझ में विट है?" इसमें संदेह क्या? क्या कहता है—"क्या वही जो राजा का बलाधिकृत पारशव कवि है?" बेशक। क्या कहता है—"यह नहीं हो सकता"—

१८—राजा के प्रेम करने पर भी जो संकोच करता है, जो हँसी-खुशी के साथ सोता और जागता है, देवार्चन में जिसके कपड़े गुग्गल की गन्ध से वासित हो गए हैं और जिसके ललाट और दोनों घुटनों पर तीन घट्टे पड़ गए हैं।

और भी—

१९—जो देवकुल से राजकुल और राजकुल से देवकुल का फेरा करता है, और जिसके दिन इन दोनों कुलों की सेवा में चिमटे रहने में ही बीत जाते हैं।

"क्या वह भी विट है?" हाँ, अवश्य है। उसके विट होने में यह विघ्न है। किन्तु—

२०— *(अ) पूर्वावन्तिषु यस्य वेशकलहे हस्ताग्रशाखा हृता*
(आ) सक्थ्नो: संयति यस्य पद्मनगरे द्विड्भिर्निखाताविषू।
(इ) बाहू यस्य विभिद्य भूरधिगता यन्त्रेपुणा वैदिशे
(ई) यो वजीकरणार्थमुज्झति वसून्यद्यापि वैद्यादिषु॥

२१— *(अ) यस्माद् ददाति स वसूनि विलासिनीभ्य:*
(आ) क्षीणोन्द्रियोऽपि रमते रतिसङ्कथाभि:।
(इ) तस्माल्लिखामि धुरि तं विटपुङ्गवानां
(ई) रागो हि रञ्जयति वित्तवतां न शक्ति:॥

(१) कथमसावविट: ? (२) किं ब्रवीषि—"एवञ्चेदग्रणीर्विटानाम्" इति। (३) तस्मादेवायं धुरि लिखित:। (४) गच्छतु भवान्। (५) स्वस्ति भवते। (६) साधयामस्तावत्। (७) (परिक्रम्य)

(८) एपोऽस्मि नगररथ्यामवतीर्ण:। (९) अहो तु खलु जम्बूद्वीपतिलकभूतस्य

२०—पूर्व अवन्ति में वेश के झगड़ों में जिसकी अँगुलियाँ कट गईं, पद्मनगर में जिसके कूल्हों की हड्डियों में दुश्मनों ने दो तीर खोंस दिए, विदिशा में जिसकी बाहुएँ यंत्रसंचालित बाण से कटकर जमीन पर गिरा दी गईं, और जो बाजीकरण के लिए आज दिन भी वैद्य-ओझाओं को रकम पिलाता रहता है।

२१—वह वेश्याओं को रकम चटाता है, शरीर का निजी मसाला कमजोर होने पर भी जो रति की बातों में मज़ा लेता है, मैं इन कारणों से उसे विटपुंगवों की चोटी पर रखता हूँ। रईसों की रंगीली तबियत ही तो रिझाती है, उनके बूते से क्या मतलब ?

वह विट कैसे नहीं ? क्या कहता है—"अगर ऐसा है तो वह अवश्य विटों का अगुआ है।" इसीलिए तो मैंने भी उसे विटों के सिरे पर रखा है। तू जा। तेरा भला हो। मैं भी चलूँ। (घूमकर)

---

२० (अ) *पूर्वावन्ति*—अवन्ति जनपद का पूर्वी भाग जो आकर कहलाता था।
२० (आ) *पद्मनगर*—वर्तमान पौनार।
२० (इ) *यन्त्रेषु*—वह बाण जो नाली में रखकर चलाया गया हो, नावक का तीर। संस्कृत में यही वैतस्तिक भी कहलाता था। समुद्रगुप्त की 'प्रयाग-प्रशस्ति' में इसका उल्लेख है।
२१ (९) *जम्बूद्वीपतिलकभूत*—यह उज्जयिनी की ओर संकेत है। गुप्तयुग में रोम से चीन और सिंहल से मंगोलिया तक फैला हुआ जो विशाल भूखंड था, उज्जयिनी उसमें सर्वत्र विख्यात थी (सकलभुवनख्यातयशसा)। कालिदास ने उसे 'श्रीविशाला' विशालापुरी कहा है। बाण के अनुसार उज्जयिनी के नागरिक कोटिपति, पद्मपति और अनेक देशों की भाषाओं और लिपियों से परिचित थे।

सर्वरणाविष्कृत (रत्नालंकृत) विभूतेः सार्वभौमनरेन्द्राधिष्ठितस्य सार्वभौमनगरस्य परा श्रीः।
(१०) इह हि—

२२— *(अ) संगीतैर्वनिताविभूषणरवैः क्रीडाशकुन्तस्वनैः*
(आ) स्वाध्यायध्वनिभिर्धनुस्स्वनयुतैः सूनासिशब्दैरपि।
(इ) पात्रीणां गृहसारसप्रतिरुतैः कक्ष्यान्तरेषु स्वनैः
(ई) संजल्पानिव कुर्वते व्यतिकरात् प्रासादमालाः सिताः॥

(१) अपि च—

२३— *(अ) गिरिभ्यो द्वीपेभ्यः सलिलनिधिकच्छादपि मरो-*
(आ) नरेन्द्रैरायातैर्दिशि दिशि निविष्टैश्च शतशः।
(इ) विचित्रामेकस्थामनवगतपूर्वामिव कथा-
(ई) मिह स्रष्टुः सृष्टैर्बहुविषयतां पश्यति जनः॥

यह मैं शहर की सड़क पर आ पहुँचा। वाह, जंबूद्वीप के तिलक, अनेक युद्धों में अर्जित विभूतियों से सम्पन्न, 'सार्वभौम' सम्राट् के वासस्थान इस 'सार्वभौम' नगर की अपूर्व शोभा है

२२—संगीत से, स्त्रियों के गहनों की झंकारों से, पालतू पक्षियों की चहचहाहट से, स्वाध्याय की ध्वनि से, धनुष की टंकार से, कसाईखाने में छुरे की खसखसाहट से, महलों के कमरों में पतुरियों (पात्री) के स्वरों से, पालतू सारसों की गूँजती आवाजों से, श्वेत भवनों की पुती हुई पंक्तियाँ माने मिलजुल कर बातचीत कर रही हैं।

और भी—

२३—पहाड़ों से, द्वीपों से, समुद्र के किनारों से, मरुभूमियों से, सैकड़ों राजा यहाँ आकर प्रत्येक दिशा में बस गए हैं। पहले अनसुनी अनोखी कहानी की भाँति विधाता की विविध रचनामयी सृष्टि को यहाँ एक ही स्थान में मनुष्य प्रत्यक्ष देख सकता है।

---

२१ (९) *सार्वभौमनरेन्द्राधिष्ठित*—पादताडितकं भाण गुप्तकालीन था। जैसा भूमिका में उल्लेख है। अवन्ति, सुराष्ट्र और अपरान्त की विजय के बाद चन्द्रगुप्त विक्रमादित्य ने उज्जयिनी में अपनी दूसरी राजधानी स्थापित की। उसी की ओर यह संकेत ज्ञात होता है।
२१ (९) *सार्वभौमनगर*—उज्जयिनी, दे० २६ (८)।

२४— *(अ) शकयवनतुषारपारसीकै-*
(आ) र्मगधकिरातकलिंगवंगकाशैः।
(इ) नगरमतिमुदायुतं समन्ता-
(ई) न्महिषकचोलकपाण्ड्यकेरलैश्च॥

(१) (विलोक्य) (२) अये को नु खल्वेषोऽवमुक्तकञ्चुकतया धवलशिबिकयेभ्यविधवालीलां विडम्बयन्नित एवाभिवर्तते। (३) (विमृश्य) (४) भवतु विज्ञातम्। (५) एष हि वेत्रदण्डकुण्डिकाभाण्डसूचितो वृषलचौक्षामात्यो विष्णुदासः। (६)

२४—शक, यवन, तुषार, पारसीक, मगध, किरात, कलिंग, वंग, महिषक, चोल, पाण्ड्य और केरल इन सब के वासियों से भरापुरा यह नगर सर्वत्र आनन्दमय है।

(देखकर) अरे बिना ओहार (कञ्चुक) की सफेद पालकी पर चढ़ा हुआ यह कौन किसी रईसज़ादी विधवा के ठाठ की नकल करता हुआ इधर ही आ रहा है? (सोचकर) ठीक, पहचान गया। यह बेंत के डण्डे और कूण्डी से

---

२४ (अ) *शक*—क्षत्रप वंशी शकों से अभिप्राय है जिनका राज्य उज्जयिनी में कई शतियों तक रहा। चन्द्रगुप्त विक्रमादित्य ने ३९१ ईस्वी में उनका उन्मूलन करके सुराष्ट्र, अवन्ति और अपरान्त को अपने साम्रज्य में मिला लिया।

२४ (अ) *यवन*—यूनानियों से अभिप्राय है जो सांस्कृतिक और व्यापारिक सम्बन्धों से बराबर इस देश में गुप्तकाल तक आते रहे।

२४ (अ) *तुषार*—शकों की एक शाखा विशेष जिसमें कुषाणवंशी कनिष्कादि सम्राट् हुए।

२४ (अ) *पारसीक*—शासन युग में ईरान की पारसीक संज्ञा प्रसिद्ध थी। कालिदास ने भी वहाँ के निवासियों को पारसीक कहा है (*रघु०*, ४/६०)।

२४ (आ) *मगधकिरातकलिंगवंगकाशैः*—काश = प्रकट होना, दिखाई पड़ना। तात्पर्य यह कि उज्जयिनी के निवासियों में मगध, कलिंग, वंग, किरात आदि देशों के लोग भी मिले-जुले दिखाई पड़ते थे।

२४ (ई) *महिषक*—हैदराबाद प्रदेश का जनपद महिषक कहलाता था।

२४ (२) *अवमुक्तकंचुकतया*—कंचुक या परदा त्यागकर।

२४ (२) *इभ्य विधवा*—रईस घर की विधवा स्त्री। सराफे बाज़ार के महाजन 'इभ्य' (हाथी की सवारी के अधिकारी) कहलाते थे।

२४ (५) *चौक्षामात्य*—चौक्षों का साथी। चौक्ष = बहुत छुआछूत बरतने वाला भागवत। चौक्ष के लिये देखिए, *पद्मप्राभृतक*, १८ (९), टिप्पणी पृ २१ । यहाँ जिसे वृषलचौक्ष (= हरामी चौक्ष) कहकर गाली दी है, उसे ही उपरिवत् में १८ (३०) में चौक्ष पिशाच कहा है।

२४ (५) *वेत्र दण्ड कुंडिका भाण्ड सूचित*—एक हाथ में बेंत का डंडा और दूसरे में कूंडी, यह विष्णुदास की पहचान थी। ज्ञात होता है वह भंग घोटता था।

अनेन ह्येवं महत्यपि प्राड्विवाककर्मणि नियुक्तेन ध्यानाभ्यासपरवत्तयोपेक्षाविहारिणेव भिक्षुणां नात्यर्थं राजकार्याणि क्रियन्ते। (७) तथा हि—

२५— *(अ) करविचलितजानुः कैश्चिदर्धासनस्थैः*
(आ) समवनतशिरोभिःकैश्चिदाकृष्टपादः।
(इ) अधिकरणगतोऽपि क्रोशतां कार्यकाणां
(ई) विपणिवृष इवैषो ध्याति निद्रां च याति॥

(१) तत्कामं विटजनप्रत्यनीकभूतमस्य दर्शनम्। (२) तथापि धर्ममुपदिशन्नभिगम्य एवं। (३) उपसर्पाभ्येनम्। (४) एष खलु दूरादेव माम्वलोक्य शिबिकमवतार्यावतरति। (५) अये भोः मर्षयतु भवान्। (६) नार्हस्यस्मानुपचारयन्त्रणया जनीकर्तुम्। (७) किं ब्रवीषि—"कश्च भवन्तमुपचरति? (८) आचारोऽयमस्माभिरनुवर्त्यते" इति (९) मा तावद् भोः एवमुपचरता युक्तं नाम भवतीमनंगसेनामिह

पहचान में आनेवाला चौक्ष भागवत अमात्य विष्णुदास है। न्यायाधीश के दायित्वपूर्ण काम पर नियुक्त होकर भी ध्यान और अभ्यास के फेर में पड़कर उपेक्षा-विहार करने वाले भिक्षु की तरह यह बेचारा राजकार्य ठीक तरह से नहीं निपटा पाता। और भी—

२५—न्यायालय में इसके साथ अर्धासन पर बैठे हुए साथी हाथ से घुटना हिलाकर इसे जगाते हैं। सामने खड़े हुए अदालती कामकाजी चिल्लाते और सिर झुकाकर इसका पैर खींचकर इशारा देते हैं। पर यह हाट के साँड की तरह ऊँघता और सोता रहता है।

इससे भेंट हो जाना विटों के लिये विघ्न रूप है। फिर भी धर्म का उपदेश करने वाले इसके पास जाना उचित है। तो पास जाऊँ। वह तो दूर से ही मुझे देखकर पालकी रुकवा कर उतर रहा है। अरे, आप रहने दें। मेरी आवभगत का कष्ट करके अपनापा दिखाने की आवश्यकता नहीं। क्या कहता है—"आपकी आवभगत के लिये नहीं, यह तो मैं अपना आचार निभा रहा हूँ।" ठीक जब आप उपचार के इतने कायल हैं तो प्रणयाभिमुखी अनंगसेना को उस प्रकार

---

२४ (६) *उपेक्षाविहारिन्*—मैत्री, करुणा, मुदिता, उपेक्षा, इन चार में से उपेक्षा का पालन करनेवाला, अर्थात् काम-काज में एकदम निकम्मा। दे० टिप्पणी, ६३ (३)।
२५ (अ) *अर्धासनस्थ*—अधिकरण या न्यायालय में बराबर के अधिकारी उसके साथ अर्धासन का उपभोग करते थे।
२५ (इ) *कार्यक*—मुकद्दमे से सम्बन्धित वादी-प्रतिवादी। अदालत में किया हुआ मुकद्दमा 'कार्य' कहलाता था। दे० 'कार्यारम्भ' पर टिप्पणी (*पद्मप्रा०*, १७ (आ), पृ० १८)।
२५ (६) *जनीकर्तुम्*—अपना बनाना, स्वजन बना लेना।

प्रणयाभिमुखीं तथा विमुखयितुम्। (१०) *किं ब्रवीषि—"किं मया न तस्याः प्रणयानुरूपः सम्परिग्रहः कृतः?* (११) *पश्यतु भवान्।* (१२) *सा हि मया—*

२६— (अ) *स्वस्तीत्युक्त्वा वन्दनायां कृतया-*
(आ) *मासीनायां याचितं यागशास्त्रम्।*
(इ) *नेत्रे चास्या वायुनेवेर्यमाणे*
(ई) *सम्प्रेक्ष्योक्ता पुत्रि सर्पिः पिबेति॥*

(१) *तत्कथं न सम्प्रतिगृहीता मया" इति।* (२) *अहो कामिन्याः सललित सम्परिग्रहः कृतः।* (३) *एष मां प्रहस्य चौक्षोपायनेन बीजपूरकेण प्रसादयति।* (४) *अये भो युष्मदन्तेवासिन एव वयमीदृशेषु प्रयोजनेषु नोत्कोट(च) नाभिर्वञ्चयितुं शक्याः।* (५) *सर्वथाऽदृश्य एवास्तु भवान्।* (६) *साधयामस्तावत्।* (७) *(परिक्रम्य)*

विमुख करना क्या ठीक है? क्या कहता है—"क्या मैंने उसके प्रेम के अनुरूप खातिर करने में कसर की? तू देख—

२६—उसके वंदना करने पर मैंने स्वस्ति वचन कहा। जब वह बैठ गई तो योग का अनुशासन माँगा (जुटने को कहा)। उसकी वायु से घूर्णित हुई आँखें देखकर मैंने कहा—'ले बेटी, घी पी'।

तो फिर कैसे मैंने उसका सत्कार नहीं किया?" अहो! तूने उस नाजनीं की अवश्य बढ़िया खातिर की। यह मुस्कराकर भागवतों द्वारा देने योग्य शुद्ध निबुआ दिखलाकर मुझे खुश करना चाहता है। अरे, मैं तो तेरा चेला हूँ। ऐसे भारी काम केवल बिलैया दंडवत से मुझे टरकाना ठीक नहीं। अब जल्दी से तिड़ी हो। मैं भी चला। (घूमकर)

---

२६ (इ) *ईर्यमाणे*—ईर्या = संयत शिष्ट आचार। *ललितविस्तर*, ११५/२, एजर्टन, *बौद्ध सं० कोश*। *वायुना*—(१) प्राण वायु साधने से नेत्र त्राटक करने लगे, (२) वायु विकार से नेत्र उन्मत्त की तरह घूमने लगे।

२६ (ई) *पुत्रि सर्पिः पिब*—ले बेटी घी पी। *सायंप्रातः होमः क्रियते* की भाँति रति के लिये गुंडई की भाषा। योग साधन और वायु रोग में घी उपचार था।

२६ (२) *सललितसम्परिग्रह*—नाज-नखने के साथ खातिर, लाड़चाव।

२६ (३) *चौक्षोपायन बीजपूरक*—चोक्षसंज्ञक भागवतों द्वारा देने योग्य केवल बीजपूरक नींबू की भेंट। ज्ञात होता है कि चौक्ष भागवत देवता या गुरुजनों के पास बीजपूरक की भेंट लेकर उपस्थित होते थे। चौक्ष = भागवंतों का एक सम्प्रदाय विशेष जो बहुत छुआछूत मानता था (दे० *पद्मप्राभृतक*, १ (९), पृ०२१)।

२६ (४) *युष्मदन्तेवासिनः*—विष्णुदास प्राड्विवाक के पद पर नियुक्त था। ज्ञात होता है कि वह उत्कोच लेने का अभ्यस्त था। विट व्यङ्ग्य कर रहा है कि मैं आपका चेला ही हूँ, कोरी आवभगत से मुझे धता करना सम्भव नहीं।

२६ (४) *उत्कोटना*—झुककर डंडौत करना।

(८) एष भोः अनेकदेशस्थलजजलजसारफल्गुपण्यविक्रयोपस्थितस्त्रीपुरुषसंबाधान्तरापणां सार्वभौमस्य विपणिमनुप्राप्तः। (९) अहो! बतास्याः—

२७— (अ) *शकुनीनाभिवावासे*
(आ) *प्रचारेषु गवामिव।*
(इ) *जनानां व्यवहारेषु*
(ई) *सन्निपातो महाध्वनिः॥*

(१) तथाहि—

२८— (अ) *स्वरः सानुस्वारः परिपतति कर्म्मारविपणौ*
(आ) *भ्रमारूढं कास्यं कुररविरुतानीव कुरुते।*
(इ) *धृतं शंखे शस्त्रं रसति तुरगश्वासपिशुनं*
(ई) *समन्ताच्चाप्नोति क्रयमपि जनो विक्रयमपि॥*

यह तो अनेक देशों के स्थल और जल के बढ़िया एवं घटिया माल को खरीदने और बेचने के लिये स्त्री-पुरुषों की भीड़ से भरी दुकानों वाला सार्वभौम नगर का बाजार आ गया। अरे, इसकी क्या बात है?

२७—बसेरा लेने के स्थान में पक्षियों की और चरागाह में गायों के जमावड़े की भाँति यहाँ के लेन-देन के स्थान में मनुष्यों की भीड़ से बड़ा शोर मच रहा है।

जैसे—

२८—लुहारों की दुकानों में टन-टन हो रही है। खराद (भ्रम) पर चढ़ा हुआ काँसा कुरर की बोली की तरह आवाज दे रहा है। चूड़ा काटने के लिए शंख पर रक्खा हुआ लोहे का औजार घोड़े की साँस की तरह साँय-साँय कर रहा है। चारों तरफ से लोग खरीदने, बेचने के लिये आ रहे हैं।

---

२६ (८) *सार्वभौम*—ऊपर (२१ (९), केवल सार्वभौम कहने से उज्जयिनी का बोध होता था। आपण = दुकान, विपणि = बाज़ार।
२७ (ई) *महाध्वनिसन्निपात*—जैसे बसेरा लेते समय पक्षी महा कलरव करते हैं और चरने के लिये चरागाह में आई हुई गौएँ रँभाती हैं, ऐसे ही बाज़ारों में शोर-शराबा के साथ भीड़ लगती है। खगरुत के लिये दे०, पाद०, श्लो० ६८ ।
२८ (आ) *भ्रमारूढ़ कांस्य*—खराद पर चढ़ाया हुआ काँसे या फूल का पात्र। कुरर = क्रौञ्च पक्षी।
२८ (इ) *धृतं शंखे शस्त्रं*—शंख को खराद पर रखकर लोहे की रुखानी से उसमें से चूड़ा काटकर उतारा जाता था। उसी की सरसराहट ध्वनि से तात्पर्य है।

(१) अपि चेदानीं—

२९— *(अ) सुमनस इमा विक्रयीन्ते हसन्त्य इव श्रिया*
(आ) चरति चषकः पान गारेप्वतः परिपीयते।
(इ) करधृततृणैर्मासिक्रायैरपाङ्गनिरीक्षिता
(ई) नगरविहगाः सूनामेते पतन्त्यसिमालिनीम्॥

(१) अपि च—

३०— *(अ) अंसेनांसमभिन्नतां विवदतां तत्तच्च संक्रीणतां*
(आ) सस्यानामिव पंक्तयः प्रचलतां नृणाममी राशयः।
(इ) द्यूतादाहृतमाषकाश्च कितवा वेशाय गच्छन्त्यमी
(ई) सम्प्राप्ताः परिचारकैः सकुसुमैः सापूपमांसासवैः॥

(१) यावदहमपीदानीं महाजनसम्मर्ददुर्गमं विपणिमार्गमुत्सृज्येमां पुष्पवीथिकामन्तरेण पानागाराण्यपसव्यमुपावर्तमानः (२) पूर्णभद्रशृङ्गाटकमवतीर्य मकररथ्यया वेशमार्गमवगाहिष्ये। (३) तत्काममसङ्गृहीतमाषस्य वेशप्रवेशो निरायुधस्य सङ्ग्रामा-

---

और भी इस समय—

२९—दूकानों में शोभा से माने हँसती हुई फूल मालाएँ बिक रही हैं, पानागारों में प्याले चल रहे हैं और पिए जा रहे हैं, हाथ में सरकंडों की मूठी लिए हुए मांस बेचने वाले उन पक्षियों को कनखियों से देख रहे हैं जो उस कसाईखाने पर टूट रहे हैं जिसके भीतर दीवारों पर छुरियाँ सजी हुई हैं।

और भी—

३०—कंधे से कंधा भिड़ाकर आपस में बहस करते और खरीदते हुए आते-जाते आदमियों की यह भीड़ ऐसी लगती है माने खेतों में पौधों की पंक्तियाँ हों। जुआरी जुए में कुछ माषक जीतकर फूल, पूए, मांस और आसव हाथ में लिये परिचारकों के साथ चकले की ओर बढ़ रहे हैं।

तो मैं भी धक्का-मुक्की करने वाली भीड़ के कारण चलने में अटकाव वाले बाजार का रास्ता बचाकर इस फूल गली के बीच से होकर पानागारों को दाहिने छोड़ते हुए पूर्णभद्र शृङ्गाटक पार करके मकररथ्या (गली) से वेशमार्ग में पहुँच जाऊँगा।

---

२९ (इ) *करधृत तृण*—खोमचा लगाने वाले हाथ में सींक आदि की भुट्टी लेकर चिड़ियों से अपने माल की रक्षा करते हैं। यह परिचित दृश्य है।

३० (इ) *माषक*—चाँदी का दो रत्ती तोल का या ताँबे का पाँच रत्ती तोल का छोटा सिक्का।

३० (१) *विपणिमार्ग*—बाजार का चौड़ा रास्ता। इसके अतिरिक्त यहाँ शृंगाटक (चौराहा), वीथिका (गली), रथ्या (कम चौड़ी सड़क) का भी उल्लेख है। इनके यथाविधि नाम रक्खे जाते थे।

वतरणमित्युभयमेपार्थकं केवलमयशसे चानार्थाय च। (४) किन्तु सुहृन्निदेशोऽयमस्माभिरवश्यं निर्वर्तयितव्यः। (५) भूयान् वेशे विसन्निपातः। (६) (परिक्रम्य)

(१) अये नु खलु रोहितकीयैर्मार्दंगिकैः कांस्यपत्रवैणुमिश्रैर्यौधेयकवर्णैरुपगीयमानः एकश्रवणावलम्बितकुरंटकशेखरो (२) विरलमपसव्यमाकुलदशमुत्तरीयमपवर्तिकया संक्षिपन्मुहुर्मुहुः प्रकटैकस्फिक् (३) सव्येन पाणिना मद्यभाजनमुत्क्षिप्य नृत्यन्नापानमण्डपं हासयति। (४) (निर्वण्य) (५) आः ज्ञातम्। (६) एष हि स बाह्लिकपुत्रः सर्वधूर्तपरिहासैकभाजनभूतो वैशकुक्कुटो बाप्यो धान्त्रः। (७) भोः यत्सत्यं न कदाचिदप्येनममत्तमपीतं वा पश्यामि न वायमुञ्छितहस्तो भाषकार्धेनाप। (८) तत्कुतोऽस्यै-

---

माषक इकट्ठा किए बिना वेश में प्रवेश करना बिना हथियार लड़ाई में उतरने की तरह व्यर्थ है और केवल बदनामी और अनर्थ का कारण है। पर मित्र के लिये मैं अवश्य उसकी सैर करूँगा। चकले में विटों का जखीरा जमा होगा। (घूमकर)

अरे, यह कौन है जो रोहतक के मृदंगियों द्वारा झाँझ और बाँसुरी बजाकर यौधेयों के बांगड़ू गीतों के गान के साथ एक गाल पर कुरंटक का शेखर लटकाकर, दाहिने कंधे पर फड़कते किनारे के झीने उत्तरीय को नीचे न सरकने के लिये ऊपर को समेटता हुआ, बार-बार कूल्हे मटका कर, बाएँ हाथ से मद्य-पात्र उठा कर नाचता हुआ अपान-मंडप को हँसा रहा है। (देखकर) हाँ, पता लग गया। यह वही बाप्यनामक बाह्लीक पुत्र है जो बेचारा सबकी हँसी का पात्र बन कर वेश के मुर्गे की तरह हो रहा है। अरे, यह सच है कि मैंने उसे कभी बिना नशे के अथवा बिना पिए हुए नहीं देखा, दूसरी ओर उसके हाथ कभी अधेला भी नहीं लगता,

---

३० (१) *रोहितकीयैः मार्दंगिकैः*—ज्ञात होता है कि उस युग में रोहतक या हरियाणा प्रदेश के मृदंगिये मशहूर थे।

३० (१) *यौधेयकवर्ण*—यौधेय प्रदेश या हरियाणे के गीत। रोहतक के उस वृन्द-वाद्य में कुछ झाँझ कूट रहे थे, कुछ बाँसुरी बजा रहे थे, कुछ मृदंग बजा रहे थे, और कुछ गा रहे थे एवं उनके बीच में एक व्यक्ति फुदक कर नाच रहा था।

३० (२) *अपवर्तिका*—नीचे सरक जाना या खिसक जाना।

३० (६) *वेशकुक्कुट*—वेश में ही चुगकर पेट भर लेने वाला, जिसकी और कोई स्वतन्त्र आजीविका न रह गई हो।

३० (७) *न वायमुंछितहस्तः*—मुद्रित संस्करण में इसका पाठ भ्रष्ट है—*मवाय-मुंक्षितहस्तः*। *न वायम् उंछितहस्तः*, यही संशोधित पाठ होना चाहिए जो अर्थ की दृष्टि से समीचीन बैठता है। विट का अभिप्राय स्पष्ट है—एक ओर तो मैं इसे कभी बिना पिए हुए नहीं देखता, दूसरी ओर एक अधेला भी कहीं से इसके हाथ नहीं पड़ता। तो यह कैसे गुलछर्रे उड़ाता है? *उंछितहस्तः*—यह बढ़िया मुहावरा था। खेत में से अन्न का सिल्ला बीननेवाला तो कुछ दाने पा जाता है, पर इसके हाथ कभी एक अधेला भी नहीं पड़ता, पूरी रकम पाने की तो बात ही क्या? धार्मिक शब्दावली का उञ्छ शब्द (दे० *मनुस्मृति*, ४/५) यहाँ वेश के मुहावरे में प्रयुक्त हुआ है। और भी दे०, *सुरतोञ्छवृत्ति* शब्द *पद्मप्राभृतक*, २१ (२१), पृ० २९।

तदुपपद्यते। (९) (*वितर्क्य*) (१०) *हन्त विज्ञातम्। एष हि पुरोभागी लज्जावियुक्तः सर्वेकषः सार्वजनीनत्वात्—*

३१— (अ) *आबद्धमण्डलानां*
(आ) *पिबतामुपदंशमुष्टिमादाय।*
(इ) *प्रविशति बाप्पो मध्यं*
(ई) *नटनटीचेटाश्वबन्धानाम्॥*

(१) *अहो तु खल्वस्य पानोपार्जने विज्ञानम्।* (२) *तदलमनेनाभिभाषितेन।* (३) *इतो वयम्।* (४) (*परिक्रम्य*) (५) *इदमपरं जङ्गमं जीर्णोद्यानं विटजनस्य।* (६) *एषा हि पुराणपुंश्चली सरणिगुप्ता नाम कामदेवायतनाद् देवताया उपयाचितमभिनिर्वर्त्य* (७) *स्फुटितकाशवल्लरीश्वेतमागलितमंसदेशादुपरि केशहस्तमुपन्यस्यन्ती* (८)

तो उसका काम कैसे चलता है? (सोचकर) हाँ, पता लग गया। यह बदमाश निर्लज्ज सबका भला होने के कारण सबको चूसने वाला हो गया है।

३१—मंडल बांधकर पीने वालों के बीच गजक (उपदंश) की मूठी लेकर यह बाप्प नट-नटी, चेट और साईसों के बीच में घुसता है।

अरे, पीने के लिये इसके पैदा करने का कौशल कैसा है? अब इसके साथ बातचीत करना वृथा है। (घूमकर) विटजनों का यह दूसरा चलता-फिरता पुराना जखीरा आ गया। कामदेव के मन्दिर से देवता की पूजा करके लौटकर फूली कासवल्लरी की तरह सफेद और छिटकी हुई लटों को कंधे पर सँभालती हुई,

---

३० (१०) *सर्वेकष*—सबसे कुछ न कुछ खोंस लेने वाला। यह शब्द मोनियर-विलियम्स के कोश में नहीं आया।

३० (१०) *सार्वजनीनत्वात्*—क्योंकि यह सबकी दृष्टि में भलामानस बना हुआ है। *सर्वजने साधुः सार्वजनीनः* (*प्रतिजनातिभ्यः खञ्*, ४/४/९९)।

३१ (५) *जीर्णोद्यान*—उज्जयिनी में पुष्पकरण्डक नाम का एक जीर्णोद्यान था, पुराना बगीचा था, ऐसा *मृच्छकटिक* में उल्लेख में आया है (अंक ६, पुष्पकरण्डं जिण्णुज्जाणं)। उसी जीर्णोद्यान की ओर संकेत है। जीर्णोद्यान में जैसे मनचले एकत्र होते थे ऐसे ही सरणिगुप्ता के पीछे विट लगे रहते हैं।

३१ (६) *कामदेवतायतन*—उज्जयिनी में कामदेव के प्रसिद्ध मंदिर का उल्लेख *मृच्छकटिक* में भी है (*एषा गर्भदासी कामदेवायतनोद्यानात्प्रभृति तस्य दरिद्रचारुदत्तस्यानुरक्ता न मां कामयते,* अंक १)।

३१ (६) उपयाचित—मनौती।

३१ (७) *केशहस्त*—बालों का जूड़ा

सद्योधौतनिवसना विगलितमुत्तरीयमेकांसे प्रतिसमादधाना (९) बलिविक्षेपोपनिपतितैर्बलिभृतैः परिवृतं मयूरं नृत्यन्तमपाङ्गेनावलोकयन्ती मकरयष्टिं प्रदक्षिणीकरोति (१०) भोः यत्सत्यमद्याप्यस्याश्चिरातिक्रान्तं यौवनविभ्रमं विलासशेषं कथयति। (११) तथाहि—

३२— *(अ) श्वेताभिर्नखराजिभिः परिवृतौ व्यावृत्तमूलौ स्तनौ*
(आ) सृक्किण्योः शिथिलश्च मध्यगडुलो निष्पीतपूर्वोऽधरः।
(इ) सभ्रूक्षेपमुदाहृतः परिचयादद्यापि युक्तोऽन्तरः
(ई) रूपं हि प्रहृतं प्रसह्य जरया नास्या विलासा हृताः॥

(१) तन्न शक्यमेनामनभिभाष्यातिक्रमितुम्। (२) एषा ह्यस्माकं प्रियवयस्यमार्दंगिकं स्थाणुमित्रं मित्रं व्यपदिशन्ती क्रौञ्चरसायनोपयोगमात्मनः प्रकाशयति। (३) तत्कथमेनामुपसर्पामि। (४) (विचिन्त्य) (५) आ ज्ञातम्। (६) अस्या हि इतस्तृतीयेऽहनि तपस्वी स्थाणुमित्रश्चुम्बनातिप्रसङ्गात्तथा बीभत्समनुभूतवान्। (७) अहो धिगकरुणो रागः—

तुरत के धुले कपड़े पहने हुई, एक कंधे पर से हटे उत्तरीय को ठीक करके अपनी जगह पर रखती हुई पुरानी पुंश्चली सरणिगुप्ता कामदेवायतन की मकरयष्टि की परिक्रमा लगा रही है, पर कनखी से बलि पर झपटते हुए कौओं से घिरे हुए नाचते मोर को भी देखती जाती है। अरे, सचमुच इसके शरीर पर विलास के बचे-खुचे चिह्न इसकी जवानी की बीती चुलबुलाहट बता रहे हैं। अब भी—

३२—लटके हुए स्तन नखक्षतों के श्वेत चिह्नों से भरे हैं। पूर्वकाल में चूसा हुआ अधर प्रान्त भाग में लटक कर बीच में गठीला पड़ गया है। आज भी पहले अभ्यास के कारण इसका भौंह मटकाना इसके भीतर की हवस बता रहा है। बुढ़ापे ने जबर्दस्ती इसका रूप तो हर लिया है, पर इसके नखरे नहीं हरे गए।

तो इससे बातचीत किए बिना जाना मुश्किल है। यह मेरे प्रिय मित्र मृदंगिये स्थाणुमित्र को अपना मित्र बताती है। तभी तो यह प्रकट करती है कि इसका क्रौञ्चरसायन खाना सफल है। इससे कैसे बात करूँ? (सोचकर)ठीक, पता लगा। आज से तीन दिन पहले बेचारे स्थाणुमित्र ने इसके साथ गहरी चूमाचाटी के बीच बड़ा वीभत्स अनुभव किया। धिक्कार है ऐसे चिमड़े प्रेम को—

---

३१ (९) *मकरयष्टि*—कादम्बरी में कहा है कि उज्जयिनी में प्रत्येक भवन के ऊपर मकरांकित मदनयष्टि उच्छ्रित की जाती थी जिससे सूचित होता था कि मकरध्वज की पूजा की गई है (अनुच्छेद ४)।

३२ (अ) *व्यावृत्तमूलस्तन*—जिनके मूल भाग या चूचुक वृद्धावस्था के कारण लटक गए हैं।

३३— *(अ) चुम्बनरक्तं सोऽस्या*
(आ) दशनं च्युतमूलमात्मनो वदने।
(इ) जिह्वामूलस्पृष्टं
(ई) खादिति कृत्वा निरष्ठीवत्॥

(१) तत्कामं वेशमवतितीर्षुस्तीर्थमतिक्रामन् वञ्चितः स्याम्। (२) अथवा आविष्कृतं स्यात् स्थाणुमित्रवदने दन्तनिपतनम्। (३) तन्नाभिगमनेन व्रीडां पुनरुक्तीकरोमि। (४) सर्वथा नमोऽस्यै। (५) साधयामस्तावत्। (६) (परिक्रम्य)

(७) एषोऽस्मि वेशमवतीर्णः। (८) अहो तु वैशस्य परा श्रीः। (९) इह हि—एतानि पृथक् पृथङ् निविष्टानि रुचिरवप्रनेमिसालहर्म्यशिखरकपोतपाली-

---

३३—इसका चुंबन में आसक्त दाँत अपनी जड़ से निकल कर उसके मुँह में चला गया, जिसे जीभ में लगते ही उसने खट से थूक दिया।

इसलिए वेश में घुसने का इच्छुक मैं यदि इस घाट को छोड़ कर जाऊँ तो ठगा गया। अथवा स्थाणुमित्र के मुँह में इसके दाँत गिरने की बात फैल चुकी होगी। तो इसके सामने पहुँचकर मेरा इसे फिर लज्जित करना ठीक नहीं। इसे बिल्कुल नमस्कार है। मैं अब चलूँ। (घूमकर)

मैं वेश में पहुँच गया। अहा! वेश की कैसी अपूर्व शोभा है। यहाँ अलग-अलग बने हुए, सुन्दर वप्र (मकान की कुर्सी को रोकने वाले हाथी), नेमि (दीवारों की नींव), साल (परकोटा), हर्म्य (ऊपरी तल के कमरे) शिखर,

---

३३ (८) *वेशस्य पराश्रीः*—उज्जयिनी और पाटलिपुत्र जैसे सार्वभौम नगरों में अनेक शोभायुक्त हाट होते थे। उनमें वेश या शृंगारहाट की शोभा सबसे विलक्षण होती थी।
३३ (९) *पृथक् पृथङ्निविष्टानि*—महाभवनों का विन्यास कोठियों की भाँति एक दूसरे के बीच में कुछ भूमि छोड़कर किया जाता था।
३३ (९) *वप्र*—कुर्सी का ऊँच चेजा। *स्थाश्चयो वप्रमस्त्रियाम्, अमर।*
३३ (९) *नेमि*—नीव
३३ (९) *साल*—परकोटा, चारदीवारी। *प्राकारो वरणः सालः, अमर।*
३३ (९) *हर्म्य*—महल के ऊपरी भाग में कमरा। *काचित् स्थिता तत्र तु हर्म्यपृष्ठे गवाक्षपक्षे प्रणिधाय चक्षुः* (सौन्दरनन्द ४/२८)।
३३ (९) *कपोतपाली*—घर या मन्दिर के शिखर में ऐसा निकलता हुआ छज्जा जिस पर कपोत पंक्ति का अलंकरण उत्कीर्ण रहता था। इसे मध्यकालीन शिल्प ग्रन्थों में कयवाली या केवाल भी कहा गया है।

सिंहकर्णगोपानसीवलभी-पुटाट्टालकावलोकनप्रतोलीविटङ्कप्रासादसंबाधानि (१०) असम्बाध

कपोतपाली (कबूतरों के बैठने के छज्जे), सिंहकर्ण (खिड़की के कोने), गोपानसी (खिड़की की चोटी), वलभीपुट (मंडपिका और उसकी उभरी छत), अट्टालक (अटारी), अवलोकन (गोख), प्रतोली (बहिर्द्वार या पौर) तथा विटंक (पक्षियों के लिए छतरी) और प्रासादों से भरे हुए, चौड़े चौक वाले (कक्ष्या-

---

३३ (९) *सिंहकर्ण और गोपानसी*—घर के मुहार या मुखपट्ट पर चैत्यवातायन का अलंकरण बनाया जाता था जिसे कीर्तिमुख कहते थे। उसकी आकृति गुप्तकाल में जैसी विकसित हुई उसमें बीच में एक जालीदार फुल्ला, दोनों ओर सिंह के कानों की आकृति के दो निकलते हुए कोने और ऊपर गोमुख की लम्बी नासिका जैसी शिखा बनाई जाती थी। इन्हें ही क्रमशः सिंहकर्ण और गोपानसी कहा जाता था।

३३ (९) *वलभी*—महल के ऊपरी भाग में बनी हुई मंडपिका या छोटी तिदरी, बारादरी आदि। *कादम्बरी* में 'निवासजीर्ण वलभी' का उल्लेख है जिसकी व्याख्या में भानुचंद ने 'गृहोपरिभाग' लिखा है। *मेघदूत* में 'भवनवलभौ सुप्तपारावतायाम्' उल्लेख से ज्ञात होता है कि वलभी छत के ऊपर का खुला हुआ मंडप था जिसमें कबूतर स्वच्छन्दता से बसेरा लेते थे। पर यह आवश्यक न था कि वलभी छत पर ही हो या खुली हुई ही हो। *कादम्बरी* में कदलीवन में बनी हुई हाथी दाँत की वलभियों का उल्लेख है *(कदलीवनकलिताभिः दिशि दन्तवलभिकाभिर्धवलीकृता)*। *तिलकमञ्जरी* के अनुसार दन्तवलभी में चित्र भी लिखे जाते थे। कूटागारं तु वलभी, अर्थात् वलभी शिखर युक्त छोटा कमरा होता था। यहाँ वलभीपुट में पुट से तात्पर्य वलभी के कूट या शिखर से ही ज्ञात होता है।

३३ (९) *अट्टालक*—अट्टा या अटारी, छत के ऊपर का कमरा।

३३ (९) *अवलोकन*—प्रासाद के सबसे ऊपरी भाग में एक ऐसा छोटा मंडप या स्थान जहाँ से बाहर की ओर देखा जा सके। *दिव्यावदान* में इसे अवलोकनक (पृ० २२१) कहा है। कन्हेरी गुफाओं में एक अति उच्च गुफा को सागरप्रलोकन गुफा कहा गया है।

३३ (९) *प्रतोली*—बड़ा द्वार, बहिर् द्वारतोरण। प्रतोली > पओली > पोल, पौर।

३३ (९) *विटङ्क*—अमरकोश के अनुसार कबूतर आदि की छतरी को विटङ्क कहते थे *(कपोतपालिकायां तु विटङ्कम्)*। ऊपर जो कपोतपाली शब्द आ चुका है वह तो शिखर का एक अलंकरण बन गया था। जैसा क्षीरस्वामी ने लिखा है, कपोतवाली पर पत्थर में कबूतरों की आकृति उकेरी जाती थी *(पक्षिपंक्तिहिं तत्रोत्कीर्यते)*। किन्तु विटंक उस प्रकार का अटाला होना चाहिए जिस पर कबूतर, मोर आदि पक्षी बैठते थे। उसे गुजरात में परबड़ी कहते हैं। उज्जयिनी के राजकुल में बाण ने विटङ्कवेदिकाओं से युक्त शिखरों का वर्णन किया है *(अनेकसंजवन चन्द्रशालिका विटङ्कवेदिकासंकटशिखरैःमहाप्रासादैः)*।

३३ (९) *प्रासाद*—यहाँ प्रासादों को महाभवनों का एक अंग कहा गया है। अमरकोश के अनुसार देवता और राजा के भवन को प्रासाद कहा जाता था। अतएव यहाँ देव प्रासाद से तात्पर्य होना चाहिए।

कक्ष्याविभागानि भागे निमितानि (११) सुनिर्मितरुचिरखातपूरितसिक्तसुषिर-फूत्कृतोत्कोटितलिप्तलिखितसूक्ष्मस्थूलविविक्तरूपशतनिबद्धानि (१२) बन्धसन्धिद्वारगवाक्षवितर्दिं

विभाग), भागों में बँटे हुए, सुनिर्मित, जलपूर्ण सुन्दर परिखाओं से युक्त, छिड़काव से सुशोभित, नल की फूँक से साफ किए हुए, टपरिया कर पलस्तर किये हुए (उत्कोटित-लिप्त), चित्रकारी किए हुए (लिखित), सूक्ष्म और स्थूल उभरी हुई (विविक्त) भाँति-भाँति की नक्काशियों (रूप) से सजाए हुए, बंध-संधि, द्वार,

---

३३ (१०) *असम्बाधकक्ष्याविभाग*—जिनमें लम्बे-चौड़े चौक (कक्ष्या) एक भाग को दूसरे भाग से अलग करते थे। प्राचीन महलों और बड़े भवनों का वास्तुविन्यास कक्ष्या विभाग पर आश्रित था। तीन, पाँच, सात कक्ष्याओं के महल बनते थे। वसन्तसेना के विशाल भवन में आठ कक्ष्याएँ थीं। नन्द के घर को कक्ष्यामहत् कहा गया है (*सौ०,* ५/८)। कक्ष्या विभाग के लिये दे०, *हर्षचरित : एक सांस्कृतिक अध्ययन,* पृ० २०४।

३३ (११) *सुषिरफूत्कृत*—बाँस की पोली नलकी की फूँक से रजोहीन या स्वच्छ किए हुए। यह सफाई का चरम आदर्श समझा जाता था।

३३ (११) *उत्कोटित*—नोकदार बसूली से ठोककर खुरदरा करना जिसे टपरियाना कहते हैं। पलस्तर करने से पूर्व भींत को टपरियाते हैं।

३३ (११) *लिप्त*—लेप चढ़ाया हुआ।

३३ (११) *लिखित*—चित्रों से अलंकृत, चित्रमण्डित।

३३ (११) *सूक्ष्मस्थूल विविक्तरूप*—बारीक और मोटे काम की उकेरी द्वारा बनाए गए अलंकरण या आकृतियाँ। रूप = आकृति या अलंकरण। विविक्तरूप = काढ़कर बनाई गई (विविक्त) आकृति, जो उकेरी अपनी पृष्ठभूमि से आगे निकली रहे, [relief (उद्भृति)]। सूक्ष्मविविक्त= महीन काम, कम उठी हुई उकेरी, [bas-relief (नक़्क़ाशी का काम)]। स्थूलविविक्त = मोटा काम, अधिक उठी हुई नक्काशी, [high relief (उच्च उद्भृति)]।

३३ (१२) *बन्धसन्धि*—दीवारों की जुड़ाई। *विश्लेषिता इव दिशामन्योन्यबन्ध-सन्धयः, कादम्बरी,* अनुच्छेद ११२।

३३ (१२) *गवाक्ष*—गोख। जाली में गवाक्ष और कुंजराक्ष दो प्रकार के मोटे और महीन कटाव होते थे। गवाक्ष जाल से अलंकृत खिड़की गवाक्ष कही जाने लगी।

३३ (१२) *वितर्दि*—वेदिका, घर के खुले आँगन में बना हुआ चबूतरा। *स्याद्वितर्दि-स्तु वेदिकः (अमर)*।

संजवनवीथीनिर्यूहकानि (१३) एकद्वित्रिपादपालंकृतमाध्यकोद्देशानि (१४) उद्देश्यवृक्षक-

गवाक्ष, वितर्दि (वेदिका या चबूतरा), संजवन (चतुःशाल), वीथी और निर्यूहों (निकली हुई वेदिकाओं वाले छज्जे) से संयुक्त, बीच के चौक में कहीं एक-एक कहीं दो-दो, कहीं तीन-तीन वृक्षों से अलंकृत, गृहोद्यान के योग्य वृक्ष (उद्देशक-

---

३३ (१२) *संजवन*—चतुःशाल, घर के भीतर का बड़ा आँगन जिसके चारों ओर शालाएँ या कमरे बने हों। बनारसी बोली में इसी से निकला हुआ चउसल्ला > चौसल्ला शब्द अभी तक बच गया है। *संजवनं त्विदं चतुःशालम् (अमर)*। राजभवन में धवलगृह के भीतर जो चतुःशाल होता था उसमें चार नहीं, अनेक कमरे बनाए जाते थे। चतुःशाल आँगन के बीच की वेदिका को *हर्षचरित* में *चतुश्शालवितर्दिका* कहा गया है। संजवन या चतुश्शाल और वितर्दि के ठीक अर्थ के निर्णय के लिये दे०, *हर्षचरित : एक सांस्कृतिक अध्ययन,* पृ० ९२, २०७-८ ।

३३ (१२) *वीथी*—यह भी स्थापत्य का पारिभाषिक शब्द था। धवलगृह के आँगन में चतुश्शाल के कमरों के सामने एक खुला मार्ग रहता था जिसे 'पथ' कहते थे और खम्भों पर लम्बे दालान बने रहते थे जिन्हें वीथी कहते थे। *हर्षचरित* में इन्हें सुवीथी कहा गया है। पथ और सुवीथी के बीच में कई कनातें लगी होती थीं (*त्रिगुणतिरस्करिणीतिरोहितसुवीथीपथे, हर्षचरित-एक सांस्कृतिक अध्ययन,* पृ० २०८)।

३३ (१२) *निर्यूहक*—घर के भीतर के बड़े कक्ष्य में दीवारों से निकले हुए छज्जे जिनके सामने छोटी वेदिका हो और पीछे कमरे हों। *महाव्युत्पत्ति* (२२६/३२) और अजन्ता गुहालेख में यह शब्द आया है (*गवाक्ष-निर्यूह-सुवीथि-वेदिका-सुरेन्द्रकन्याप्रतिमाद्यलङ्कृतम्। मनोहरस्तम्भ-विभङ्ग-भूषित-निवेशिताभ्यन्तर चैत्यमन्दिरम्॥* अजन्तागुहा १६ में वाका-टक लेख)। निर्यूहो नागदन्तके, अमर, अर्थात् हाथी के दाँतों की तरह ऊपर उठी हुई घुड़िया पर टिकी हुई वेदिका निर्यूह कहलाती थी।

३४ (१४) *माध्यक उद्देश*—धवलगृह के भीतर का आँगन या खुला स्थान। उद्देश = स्थान (*अहो प्रवातसुभगोऽयमुद्देशः, शकुन्तला,* अंक ३)। प्राचीन भवनों में दो उद्यान होते थे—वाह्योद्यान (*मेघदूत,* १/७) और गृहोद्यान या भवनोद्यान (बाण)। बाहरी परकोटे और मकान के बीच में जो खुला स्थान होता था वहाँ वाह्य उद्यान लगाया जाता था। दूसरा अन्तःपुर उद्यान महल या मकान के भीतर (माध्यम उद्देश में) होता था, उसी से यहाँ तात्पर्य है। वह सुखमन्दिर या रंगमहल के साथ संलगन होता था। वही बाद में नज़रबाग कहलाने लगा।

३३ (१४) *उद्देश्य वृक्षक*—माध्यक उद्देश या भीतरी पालचों में रोपे जाने योग्य भवनपादप या छोटे और सुकुमार वृक्ष, जैसे, अन्तःपुर बालबकुल, रक्ताशोक आदि।

हरितकफलमाल्यषण्डमण्डितानि (१५) पुण्डरीकशबलितविमलवापीतोयानि (१६) तोयान्तरविहितदारुपर्वतकभूमिलतागृहचित्रशालालंकृतानि (१७) पराध्र्यमुक्ताप्रवाल-

वृक्षक), साग-सब्जी, फल और माला के लिये उपयोगी फूलों की अलग-अलग खंडियों या पालचों से मंडित, श्वेत कमलों की शबल वापियों के निर्मल जलों से सुशोभित, जलवापी के समीप बने हुए दारुपर्वतक-भूमिग्रह-लतागृह एवं चित्र-

---

३३ (१४) *हरितकपण्ड*—हरियाली या साग सब्जी के पौधों के पालचे।
फलषण्ड—फलों के वृक्षों के पालचे, जैसे भवनदाड़िम लता, बाल-सहकार या छोटे कद के कलमी आम जैसे फलदार पेड़।
माल्यषण्ड—फूलों के वृक्षों के पालचे, जैसे प्रियंगुलता, जातिगुच्छ (हर्षचरित), बन्छूकवनराजि। षण्ड समास के अन्त में है, वृक्षक, हरितक, फल, माल्य, इन चारों से उसका सम्बन्ध है। *हर्षचरित* में रानी यशोवती के विलाप में इनका स्फुट वर्णन है (पृ० १६४)।
३३ (१५) *पुण्डरीकशबलितवापी*—भवन दीर्घिका के बीच-बीच में गन्धोदक से पूर्ण क्रीडावापियाँ बनाकर उनमें कमल, कुवलय आदि पुष्प लगाए जाते थे। वापीवर्णन (*मेघदूत,* २/१३)। *कादम्बरी* में कांचन कमलिनी का उल्लेख है (पृ० २१६)।
३३ (१६) *तोयान्तर*—जल से भरी हुई पुष्करिणी के निकट। अन्तर शब्द का अर्थ यहाँ 'भीतर' नहीं 'निकट' है।
३३ (१६) *दारुपर्वतक*—भवनोद्यान के एक भाग में जो क्रीडा पर्वत बनाया जाता था वही दारुपर्वतक है। *कादम्बरी* के भवनोद्यान का वर्णन करते हुए बाण ने इसका सविशेष वर्णन किया है। क्रीडा पर्वत की तलहटी में ही भवनदीर्घिका या बड़ी पुष्करिणी बनायी जाती थी। अत: यहाँ भी दारुपर्वतक को तोयान्तर या जल के समीप में निर्मित कहा है।
३३ (१६) *भूमिलतागृह*—भूमिगृह = भुइंहरा जो ग्रीष्मऋतु में विश्राम के काम आता था। लतागृह—*कादम्बरी* में भी क्रीडापर्वत के ऊपर बने हुए लतागृह का उल्लेख आया है।
३३ (१६) *चित्रशाला*—यह चित्रशाला वह स्थान था जो राजप्रासाद से लगी हुई वाटिका में बनाया जाता था। इस 'चित्तरसारी' में विशिष्ट अतिथि ठहराए जाते थे। पद्मावत (*जहँ सोने कै चित्तरसारी। बैठि बरात जानु फुलवारी॥* २८२/२) और *चित्रावली* (*चित्रावलि की है चितसारी। बारी माँहि विचित्र सँवारी॥* ८१/३) में इसी चित्रशाला का उल्लेख है जो वाह्योद्यान वाटिका में बनायी जाती थी। धवलगृह के ऊपरी तल्ले में पति-पत्नी के पास गृह या शयनकक्ष की भित्तियों पर भी चित्र माँड़े जाते थे और सम्भवत: उसकी भी एक संज्ञा चित्रशाला या चित्तरसारी थी।

किङ्किणीजालाविष्कृतपरिपुष्कराणि (१८) उच्छ्रितसौभाग्यवैजयन्तीपताकानि उत्पतन्तीव गगनतलमवनितलाद् भवनवरावतंसकानि वारमुख्यानाम्। (१९) यत्रैते—

३४— *(अ) आसीनैरवलीढचक्रवलयैर्मीलद्भिरावन्तिकै-*
(आ) धार्यारूढकिरातसङ्गतधुरास्तिष्ठन्ति कर्णीरथाः।

शालाओं से अलंकृत, बहुमूल्य माता, प्रवाल और किंकिणी के जालों से घिरे हुए कमल के फूल्लों (परिपुष्करों) से सुन्दर, एवं सौभाग्य की सूचक वैजयन्ती नामक पताकाओं से युक्त, प्रधान वेश्याओं के आलीशान महल पृथिवी से आकाश की ओर उड़ते हुए से जान पड़ते हैं। जहाँ पर—

३४—वेश के बाहर कर्णीरथ खड़े हैं जिनके पहियों को नखों से खरोंचते हुए आवन्तिक पुरुष उनका सहारा लेकर बैठे हुए ऊँघ रहे हैं। और उनके दोनों

---

३३ (१७) *परिपुष्कर*—कमलों की आकृति के फुल्ले जिनसे घर सजाए जाते थे। इन्हें यहाँ मोती, मूँगे और घुँघरुओं के बुने हुए जालों से स्फुट रूप में विरचित कहा गया है। इन बड़े फुल्लों की *हर्षचरित* में 'मंगल कमल' संज्ञा कही गई है—सरस्वती का मुख ऐसा शोभित था मानों त्रिभुवन की सजावट के लिये अद्वितीय मंगल कमल हो। बीच में खिले हुए कमल की आकृति और उसके चारों ओर और भी कई परिमंडल बनाए जाते थे जिनके अलंकरण मानसार में रत्नकल्प, पत्रकल्प, पुष्पकल्प (५०/५-६) आदि कहे गए हैं। इसी से इन्हें परिपुष्कर कहा जाता था। अजन्ता की गुहा १ की छत में परिपुष्कर का आलेखन है (राजा साहब औंध, अजन्ता, फलक ४५)। समासान्त में पठित जालशब्द का प्रत्येक के साथ अन्वय है—मुक्ताजाल, प्रवालजाल, किंकिणीजाल।

३३ (१८) *सौभाग्यवैजयन्तीपताका*—पताका = ध्वजा में लगा हुआ पट जो हवा में फहराता था। वैजयन्ती = ध्वजा। सौभाग्य = स्त्री-पुरुष का साहचर्य (सौभाग्य, *मेघदूत,* १/२९, *स एव सुभगः यमंगनाः कामयन्ते*)।

३३ (१८) *अवतंसक*—मुकुट, चूड़ा।

३४ (अ) *अवलीढ चक्रवलय*—अवलीढ—खरोंचना। खाली बैठे हुए रथबरदार पहियों की पुट्ठियों को उँगलियों से खरोंच रहे हैं।

३४ (अ) *आवन्तिक*—अवन्ति जनपद के गाँवों से आए हुए तगड़े रथ बरदारों की ओर संकेत है।

३४ (आ) *कर्णीरथ*—पर्दे से ढके हुए हाथ से खींचे जानेवाले छोटे रथ जो राजस्थानी महलों में अभी तक काम में आते हैं। श्वश्रूजनानुष्ठितचारुवेषां कर्णीरथस्थां रघुवीरपत्नीम् (*रघुवंश,* १४/१३)। *कर्णीरथः प्रवहणं डयनं रथगर्भके इति यादवः। अमरकोश* में भी यही अर्थ है। चक्रवलय और धुर पदों से सूचित होता है कि कर्णीरथ पालकी न होकर छोटे हथ्थू रथ ही थे। कुछ रईसज़ादे अपने आपको गुप्त रखने के लिये कर्णीरथों में बैठकर आए थे।

३४ (आ) *धार्यारूढ़*—वरदी कसे हुए। धार्य = वस्त्र। आरूढ़ = कसकर पहने हुए।

(इ) *एते च द्विगुणीकृतोत्तरकुथा निद्रालसाधोरणाः*
(ई) *काम्बोजाश्च करेण्वश्च कथयन्त्यन्तर्गतान् स्वामिनः॥*

(१) *अपि चास्मिन्नुद्देशे—*

३५— (अ) *नयनसलिलैर्यैरेवैको व्रजन्नतिवाह्यते*
(आ) *पततवस्तृतैस्तैरेवान्यो गृहानभिनीयते।*
(इ) *अकृशविभवेष्वासामास्था तथापि कृतव्यया:*
(ई) *समनुपतिता निर्भर्त्स्यन्ते बलात् किल मातृभिः॥*

(१) *(परिक्रम्य)*

३६— *इयमनुनयति प्रियं क्रुद्धमेषा प्रियणानुनीता प्रसीदत्यसौ सप्ततन्त्रीर्नखैर्घट्टयन्ती कलं काकलीपञ्चमप्रायमुत्कंठिता वल्गुगीतोपदेशेन विक्रोशति॥*

ओर वरदी कसे हुए किरात धुरों से सटकर पहरा दे रहे हैं। वहीं कम्बोज देश के घोड़े और हथिनियाँ खड़ी हैं जिनके महावत नींद में ऊँघते हुए अलसा रहे हैं और जिनकी पीठों पर पड़ी हुई पलानें और कालीन मोड़कर दोहरे कर दिए गए हैं। ये तीनों सूचित करते हैं कि उनके मालिक रईस और अधिकारी अपने वाहन बाहर छोड़कर वेश में गए हैं।

और इसी जगह में—

३५—एक ओर जिन आँसुओं से जाते हुओं को विदा किया जाता है, दूसरी ओर उन्हीं उमड़ते आँसुओं से आए हुओं को घर वापस भेज दिया जाता है। रईसों की खुशामद की जाती है और लुटे पैसे वाले प्रेमी वापिस आने पर खालाओं से घुड़के जाते हैं।

(घूमकर)

३६—यह अपने क्रोधित प्रेमी को मना रही है। यह प्रिय से अनुनीत होकर प्रसन्न हो रही है। यह सप्ततंत्री वीणा को नखों से झनकारती हुई उत्कंठित होकर सुन्दर काकली के पंचम सुर में प्रिय गीत के बहाने रो रही है।

---

३४ (इ) *द्विगुणीकृतोत्तरकुथ*—अर्थात् मालिकों के सवारी छोड़ देने पर ऊपरी कालीन थोड़ी देर के लिये मोड़कर दोहरे कर दिए जाते थे, यही नियम था। उज्जयिनी के राजकुल का वर्णन करते हुए कहा गया है कि दरबार की समाप्ति पर राजाओं के उठ जाने के बाद उनके कुथ और रत्नासन गोलिया कर आस्थान मंडप में एक ओर ढेर कर दिए गए थे (*कादम्बरी,* अनु० ८५)।
३५ (अ) *अतिवाह्यते*—अतिवाह् = विदा करना, पीछे जाकर छुट्टी देना।
३५ (इ) *अकृशविभवा* = जिनकी टेंट में अभी मालमता है।
३५ (इ) *कृतव्ययाः*—जो अपनी पूँजी वेश में पूज चुके हैं।

३७— *इयमुपहितदर्पणा कामिना मण्ड्यते कामिनी कामिनो मौलिमेषा निबध्नात्यसौ। शारिकां स्पष्टमालापयत्येष मत्तो मयूरोऽनया चूतपुष्पेण सन्तर्जितो नृत्यति॥*

३८— *कथमियमतिकन्दुकक्रीडया मध्यमायासयत्यल्पमेषा प्रियेणोपविष्टा सहाक्षैः। परिक्रीडति प्रौढया चानयैतत् स्वयं लिख्यते चित्रमाख्यायिकाऽसौ पुनर्वाच्यते॥*

३९— *अलमलमतिसम्भ्रमेणास्यतां वासु भद्रे चिराद्दृश्यसे किं ब्रवीष्य ''द्य तं प्रष्टुमर्हस्यहं येन मुग्धा तथा वञ्चिते'' ति प्रसाद्याऽसि नः स्वस्ति ते तत्तथा, साधयामो वयम्॥*

(१) (परिक्रम्य) (२) इदमपरं सुहृत्पत्तनमुपस्थितम्। (३) एष हि बाह्लिकः

३७—पास में दर्पण रखकर यह कामिनी कामी द्वारा सजायी जा रही है। यह कामी की चोटी बाँध रही है। यह मैना को बोली सिखा रही है। यह मत्त मयूर आम की मंजरी से डपटा जाकर नाच रहा है।

३८—यह अधिक गेंद खेलकर अपनी पतली कमर कैसी लचका रही है? यह प्रिय के साथ बैठकर पासा खेल रही है। यह प्रौढ़ा मनोविनोद के लिये स्वयं चित्र लिख रही है और यह कहानी पढ़ रही है।

३९—अरे, आवभगत हो चुकी। भद्रे वासु, तू बैठ। बहुत दिनों के बाद देख पड़ी है। क्या कहती है—''आज तू उससे पूछ लेना जिसने मुझ भोली को इस प्रकार ठग लिया।'' मेरी ओर से तू ही मनाने योग्य है। पर वह जैसा है तेरे लिए भला बना रहे। ले मैं चला।

(घूमकर) यह दूसरा मित्रों का जखीरा ही आ गया। यह बाह्लिक का

---

३६ (३९) ये चारों दण्डक छन्द हैं जिसके प्रत्येक चरण में १५ अक्षर हैं। देखिए *पद्मप्राभृतक*, श्लोक ६। *मत्स्यपुराण*, अ० १५४ में दंडक छन्दों के विशिष्ट उदाहरण हैं। गुप्तयुग में यह ललित छन्द उत्कृष्ट काव्य के लिये प्रयुक्त किया जाता था। इन श्लोकों में वेश जीवन के विविध दृश्यों का तरंगित चित्रण है। इनके पृथक् क्रमांक चाहिए थे। श्रीरामकृष्ण के संस्करण में ऐसा नहीं है, पर यहाँ कर दिया गया है जिससे अगले श्लोकों की क्रम संख्या में चार की वृद्धि हुई है।

३९ (३) *वाह्लिक*—वाह्लीक देश का। अफगानिस्तान के उत्तर-पश्चिम का प्रदेश। मेहरौली स्तम्भ लेख के अनुसार चन्द्र नामक राजा ने वाह्लीक तक अपनी विजय का विस्तार किया था। इस चन्द्र की पहचान चन्द्रगुप्त विक्रमादित्य से प्रायः की जाती है। इससे सूचित होता है कि गुप्त साम्राज्य की सीमा का विस्तार वाह्लीक प्रदेश की वंक्षु नदी तक हो गया था, जिसका संकेत कालिदास के *वंक्षु तीर विचेष्टनैः* उल्लेख में भी है (रघु०, ४/६७)।

कांकायनो भिषगैशानचन्द्रिः हरिश्चन्द्रश्चन्द्र इव कुमुदवापी वेशवाटीमवभासयन्नित एवाभिवर्तते। (४) *तत् किमस्येह प्रयोजनम्।* (५) (*विचिन्त्य*) (६) *आ ज्ञातम्।* (७) *एष हि तस्याः पूर्वप्रणयिन्या यशोमत्या भगिनीं प्रियङ्गुयष्टिकां कामयते।* (८) *अस्मानपि रहस्येनातिसन्धत्ते।* (९) *तन्न शक्यमेनमप्रतिपद्य गन्तुम्।* (१०) *यावदुपसर्पामः।*

(११) (*उपगम्य*) *वेशबिसवनैकचक्रवाक कुतो भवान्?* (१२) *किं ब्रवीषि—"एष हि तस्याः प्रियसख्यास्ते कनीयसीं प्रियंगुयष्टिकामौषधेन सम्भाव्यागच्छामि" इति।* (१३) *न खलु तस्याः सुरतभिक्षाया आमयावसन्नो मदनाग्निस्तस्य दीपनीयकमुपदिष्टवानसि।* (१४) *किं ब्रवीषि—"मुक्तः परिहासः कष्टा खलु तस्याः शिरोवेदना" इति।* (१५) *वयस्य यत्सत्यम्।* (१६) *किं ब्रवीषि—"कः सन्देहः, कृच्छ्रसाध्या" इति।*

रहने वाला कांकायनगोत्री वैद्य ईशानचन्द्र का पुत्र हरिश्चन्द्र चन्द्रमा की तरह कुमुदवापी रूपी वेशवाटी को चमकाता हुआ इधर ही आ रहा है। यहाँ इसका क्या प्रयोजन? (सोचकर) याद आ गया। यह अपनी पुरानी प्रणयिनी यशोमती की बहन प्रियंगुयष्टिका को चाहता है। मुझसे भी वह यह भेद छिपाता है। अब इससे मिले बिना जाना नहीं हो सकता। तो इसके पास जाऊँ।

(पास पहुँच कर) अरे, वेशरूपी कमलवन के अकेले चकवे, कहाँ से आ रहा है? क्या कहा—"उस तेरी प्रिय सखी यशोमती की छोटी बहन प्रियंगुयष्टिका को दवा देकर आ रहा हूँ।" ज्ञात होता है सुरत की भिखमंगी उसकी मदनाग्नि इस बीमारी में भी बुझी नहीं है। तू उसे भड़काने की सीख दे आया है। क्या कहता है—"हँसी की बात परे रख। उसका सिर दर्द बड़ा भयंकर है।" मित्र क्या सचमुच ऐसा है? क्या कहता है—"इसमें क्या शक है? वह मुश्किल से

---

३९ (३) *कांकायन* = कंक जाति का। हूणों के समान कंक एक विदेशी जाति थी जिसका निवास वाह्लीक के उत्तर में स्थिति सुग्ध प्रदेश (सोगडियाना) में था। *भागवत* में भी कंकों का उल्लेख है—*किरातहूणन्ध्रपुलिन्दपुल्कसा आभीरकंका यवनाः खसादयः* (२/४/१८)।

३९ (३) *हरिश्चन्द्र वैद्य*—रामकृष्ण कवि ने 'हरिश्चन्द्र' पाठ दिया है। पर संभवतः यह 'हरिश्चन्द्र' था। बाण ने भट्टार हरिचन्द्र के मनोहर गद्य-ग्रन्थ का उल्लेख किया है। महेश्वर विरचित *विश्वप्रकाश कोश* के अनुसार वे साहसाङ्क नृपति के राजवैद्य थे। राजशेखर ने *काव्यमीमांसा* में हरिचन्द्र और चन्द्रगुप्त का विशाला अर्थात् उज्जयिनी में एक साथ उल्लेख किया है (दे०, *हर्षचरित : एक सांस्कृतिक अध्ययन*, पृ० ६)।

३९ (३) *वेशवाटी*—वाटी = घिरा हुआ स्थान, मुहल्ला।

(१७) एवमेतत्। (१८) शिरोवेदना नाम गणिकाजनस्य लक्षव्याधियौंतकम्। (१९) पश्यतु भवान्—

४०— *(अ) ललाटे विन्यस्य क्षतजसदृशं चन्दनरसं*
(आ) मृणालैः क्रीडन्ती कुवलयपलाशै सकमलैः।
(इ) सलीलं भ्रूक्षेपैरनुगतसुखप्राश्निककथा
(ई) विरक्ता रक्ता वा शिरसि रुजमाख्याति गणिका॥

(१) किं ब्रवीषि—"सदाऽपि नाय त्वं कर्कशपरिहासः। (२) एष खलु तामौषधं प्रपाय्यागच्छामि" इति। (३) युक्तमेतत्। (४)असंशयं हि—

४१— *(अ) धुन्वन्त्याः करपल्लवं वलयिनं घ्नन्त्याः पदा कुट्टिमं*
(आ) बिभ्रन्त्या(त्या)श्च्युमंशुकं सरशनं नाभेरधः पाणिना।
(इ) तस्या दीर्घतरीकृताक्षपिबः केशग्रहैराननं
(ई) बला त्वद्दशनच्छदौषधमलं सा वा त्वया पायिता॥

अच्छी होगी।" ठीक, सिर दर्द वेश्याओं के लिये लाख व्याधियों का दहेज है। तू देख—

४०—ललाट पर लहू की तरह लाल चंदन लगाकर, मृणाल, पद्मपत्र, और कमलों से खेलती हुई,भौंहें नचाकर नखरे से सुख प्रश्न पूछने वाले यारों से बातें करती हुई, विरक्त अथवा रक्त गणिका सिर दर्द ही बताया करती है।

क्या कहता है—"आप हमेशा से ही अपने कठोर परिहास के लिये मशहूर हैं। उसे दवा पिलाकर चला आता हूँ।" ठीक है। बिना सन्देह—

४१—वलय से सुशोभित हाथ धुनती हुई, फर्श पर पैर पटकती हुई, नाभि से नीचे खिसकते हुए रशनायुक्त अंशुक को हाथ से सँभालती हुई, उसके बड़ी-बड़ी आँखों वाले मुख को बाल खींच कर अपनी ओर करते हुए तूने उसका अधर पान किया या अपने अधर की औषधि रूपी तलछट उसे पिलायी।

---

३९ (१८) *लक्षव्याधियौंतकम्*—वे अपनी लाखों व्याधियों में एक सिर दर्द का बहाना ले लेती हैं।
४० (इ) *सुखप्राश्निक*—क्या तुम सुख से सोये इस प्रकार का सुख प्रश्न पूछने वाला हितू व्यक्ति सुखप्राश्निक कहलाता था। इसी प्रकार के अन्य शब्द सौखशायनिक, सौस्नातिक आदि थे।
४१ (अ) *वलयी करपल्लव*—बायें हाथ में पहिने हुए दोलायमान वलय से तात्पर्य है।
४१ (ई) *दशनच्छद*—अधर। औषधमल = दवाई छानने से बची हुई तलछट अथवा, तू नित्य जो बाजीकरण औषधियाँ खाता है उनका मल तेरे अधर में लगा रहता है, उस मल को अपने अधर के साथ तूने उसे चटाया।

(१) किं ब्रवीषि—"वयस्य एव तथा विधास्यति" इति। (२) चोर यदि न पुनरस्मान् रहस्येनावक्षेप्स्यसि...। (३) किन्त्वद्य सर्वविटैः सर्वविटमहत्तरस्य भट्टिजीमूतस्य गृहे केनचित् प्रयोजनेन सन्निपतितव्यम्। (४) तद्वयस्योऽप्यहीनकालमागच्छेत्। (५) किं ब्रवीषि—"विदितमेवैतद् विटजनस्य यथा विष्णुनागप्रायश्चित्तदानायापराह्णे समागंतव्यमिति। (६) तद्गच्छतु भवान्। (७) अहमप्यागच्छामि" इति। (८) तथा नाम। (९) स्वस्ति भवते। (१०) साधयामस्तावत्।

(११) (परिक्रम्य) (१२) कथमिदं सर्वविटैर्विदितम्। (१३) तेन ह्यल्पपरिश्रमोऽस्मि संजातः। (१४) केवलं वेश्यासुहृत्समागमैः कालोऽनुपालयितव्यः। (१५) अये कस्य खल्वयमहूणो हूणमण्डनमण्डितः आर्यघोटकः पाटलिपुत्रकायाः

क्या कहता है—"मित्र, तू ही ऐसा कर सकता है।" रे चोर, अब भी अगर तू मुझे अपना भेद नहीं बताएगा. . .। पर आज सब विटों के चौधरी (महत्तर) भट्ट जीभूत के घर विटों का किसी काम के लिये जमावड़ा होनेवाला है। तो मित्र, तुझे भी ठीक समय पर आना चाहिए। क्या कहता है—"विटों को यह मालूम ही है कि विष्णुनाग को प्रायश्चित बताने के लिये तीसरे पहर पहुँचना है। तो तू जा। मैं भी आता हूँ।" ठीक। तेरा कल्याण हो। मैं चला।

(घूमकर) सब विटों को इसका पता कैसे चल गया? इससे तेरी मेहनत कम हो गई। तो बस वेश्याओं और मित्रों के साथ समागम में समय बिताना चाहिए। अरे, हूण न होते हुए भी हूणों जैसे सिंगार-पटार से सजा किसका यह

---

४१ (२) चोर यदि. . .विट केवल आधा वाक्य कहकर छोड़ देता है, बात पूरी न करके दूसरा प्रसंग छेड़ देता है।

४१ (१५) *अहूण*—जो हूण जाति का नहीं है।

४१ (१५) *हूणमंडनमंडितः*—हूण जाति के योग्य वेष और अलंकार पहने हुए। मंडन शब्द घोड़ों के अलंकार (हयाभरण) के अर्थ में भी प्रसिद्ध था, अतएव दूसरा अर्थ यह हुआ—हूणनस्ल का होने पर भी यह बछेड़ा हूण घोड़ों के साज से सज्जित है।

४१ (१५) *आर्यघोटकः*—यह चुटीला शब्द इस सारे वाक्य की जान है। आर्य घोटक वह सजीला बछेड़ा हुआ जिसे बरात आदि के जुलूस में सोने-चाँदी के आभूषणों से सजा कर ले चलते हैं, उस पर सवारी नहीं करते। वह कोतल घोड़ा केवल पूजा के योग्य समझा जाता है। भट्टिमघवर्मा के पक्ष में व्यंग्य यह है कि वह कोतल घोड़े के समान सजीला जवान बना है, काम-काज कुछ नहीं करता। आर्यघोटक शब्द कोशों में नहीं है। पूजार्थ शिलापट्ट को आर्यक पट्ट और खम्भों को आर्यक खंभ कहते थे, ऐसा पुरातत्त्व गत प्रमाणों से ज्ञात है।

४१ (१५) *पाटलिपुत्रिका*—पाटलिपुत्र की रहनेवाली पुष्पदासी उस समय उज्जयिनी में निवास करती थी जिसके घर का द्वार मघवर्मा खोल रहा था।

पुष्पदास्या भवनद्वारमाविष्करोति। (१६) (निर्वर्ण्य) (१७) आ ज्ञातम् एभिरिहाबद्ध-श्वेतकाष्ठकर्णिकाप्रहसितकपोलदेशैर्बद्धकैरसज्जमप्यसकृत्सज्जमिति प्रतिवादिभिर्लाटडिंडिभिः सूचितः सेनापतेः सेनकस्यापत्यरत्नं भट्टिमघवर्मा भविष्यति। (१८) तन्न शक्यमेनमनभिभाष्याक्रिमितुम्। (१९) अतिक्रमन् हि स्नेहमाध्यस्थ्यं दर्शयेयम्। (२०) यावदेनमुपसर्पामि।

(२१) (उपेत्य) (२२) भोः कः सुहृद्गृहे? (२३) (कर्ण दत्वा) (२४)एष

कोतल बछेड़ा है जो पाटलिपुत्र की पुष्पदासी का दरवाजा खोल रहा है। (पहचान कर) हाँ, समझ गया। यह सेनापति सेनक का छबीला बेटा भट्टिमघवर्मा है, जिसने (सौराष्ट्र विजय के समय) लकड़ी के सफेद कुंडलों से धवलित गाल वाले लाट के डिंडियों (गु० डांड्या) को पकड़ मँगाया है और वे उसके सामने हाथ जोड़ कर कह रहे हैं कि हमारे विषय में यह अभियोग कि हम लोग साक्षात् अपराधी न होने पर भी निशानिए बदमाश हैं, सही नहीं है। तो इससे बिना बात किए जाना सम्भव नहीं। चला जाऊँ तो स्नेह का फीकापन प्रकट होगा। तो उसके पास चलूँ।

(पहुँच कर) अरे मित्र के घर में कोई है? (कान देकर) यह तो स्वयं

---

४१ (१७) *आबद्ध श्वेतकाष्ठकर्णिका*—ज्ञात होता है गुजराती डांड्या या गुंडे कानों में लकड़ी के गोल बाले पहनते थे।

४१ (१७) *बद्धक*—पकड़ कर मँगवाए हुए, गिरफ्तार करके लाए गए। सूचित होता है कि भट्टिमघवर्मा के हुक्म से लाट के गुंडे गिरफ्तार करके उसके सामने पेश किए गए थे।

४१ (१७) *असज्जमप्यसकृत्सज्जम्*—सज्ज = अपराध, सजायाफ्ता। असज्ज = अपराध रहित। असकृत्सज्ज = कितनी ही बार जो सजा काट व भुगत चुके हैं, जिन्हें निशानिए बदमाश कहते हैं। तत्काल उन गुंडों के विरुद्ध कोई अपराध का अभियोग न था, पर वे नम्बरी बदमाश होने के कारण पकड़ मँगाए गए थे। वे हाथ जोड़कर प्रतिवाद कर रहे थे कि हम निशानिया बदमाश नहीं हैं।

४१ (१७) *लाट डिंडिन्*—इसी भाण में इन्हें पहले 'डिण्डिक' कहा गया है (४ इ)। डिंडिक को गुजराती में डांड्या कहते हैं जिसका अर्थ गुंडा है। आगे लाट डिंडियों को पिशाचों की तरह क्रूर कहा गया है। इसीलिए भट्टिमघवर्मा ने उन शातिर बदमाशों को पकड़वा मँगाया था। सेनापति सेनक का पुत्र होने के कारण भट्टिमघवर्मा शासनाधिकृत ज्ञात होता है।

४१ (१९) *स्नेहमाध्यस्थ्य*—प्रेम का फीकापन।

खलु भट्टिमघवर्मा मामाह्वयति। (२५) किं ब्रवीषि—"वयस्य किमद्याप्यपूर्वप्रतीहारोपस्थानेन चिरोत्सन्नो राजभावोऽस्मास्वाधीयते। (२६) स्थीयतां मुहूर्तम् (२७) आगच्छामि" इति। (२८) सखे स्थितोऽस्मि। (२९) (विलोक्य) (३०) इत इते भवान्। (३१) एष खलु पुलिनावतीर्णवृषभपदोद्धरणखेलैश्चरणपदविन्यासैर्भवनकक्ष्यामलङ्कुर्वन्नित एवाभिवर्तते भट्टी। (३२) अहो तु खल्वस्य विलासेष्वभ्यासः। (३३) वेशो विलास इत्युपपन्नमेतत्। (३४) अपि च—

४२— *(अ) विलोलभुजगामिना रुचिरपीवरांसोरसा*
(आ) विलासचतुरभ्रूवा मुहुरपाङ्गविप्रेक्षिणा।
(इ) अनेन हि नरेन्द्रसद्म विशता पदैर्मन्थरै-
(ई) रवीणममृदङ्गमेकनटनाटकं नाट्यते॥

(१) यावदेनमालपामि। (२) भट्टिमघवर्मन्, किमयमतिदिवाविहारेण सुहृज्जन उत्कण्ठ्यते। (३) साधु मुहूर्तमपि तावद्युष्मद्दर्शनेनानुगृह्येत। (४) एष

भट्टिमघवर्मा ही मुझे पुकार रहा है। क्या कहता है—"मित्र, क्या इन नये प्रतीहारों को सेवा में देखकर तू आज भी मुझे राजा समझ रहा है? वह राजभाव मेरे तेरे बीच में बहुत पहले ही बीत चुका है। क्षण भर ठहरिए। मैं आता हूँ।" बालू पर गुरु गम्भीर चाल से साँड़ की तरह नपे-तुले कदम रखता हुआ और कक्ष्या को सुशोभित करता हुआ भट्टी इधर ही आ रहा है। इसे मौज की पुरानी आदत है। वेश मौज की जगह है, इसलिए इसका यह रूप ठीक ही है। और भी—

४२—यह बाहें झुलाता चला आ रहा है, इसकी छाती और कंधे फबीले और उभरे हुए हैं, यह नखरे से भौंहें मटका रहा है और रह-रहकर कनखिया रहा है। ऐसे इसके राजमहल में चहलकदमी से प्रवेश करने पर मालूम पड़ता है कि वीणा और मृदंग के बिना ही एकनट नाटक (भाण) का अभिनय हो रहा है।

तो इससे बात करूँ। भट्टिमघवर्मा, कैसे बहुत दिनों तक यहाँ मौज उड़ाकर (अपने वियोग में) मित्रों को उत्कंठित बना रहे हो? मुहूर्त भर भी तुम्हारा दर्शन

---

४१ (२५) *अपूर्व प्रतीहारोपस्थान*—मघवर्मा के घर में कोई नया प्रतीहार नियुक्त हुआ था। वह कह रहा है कि शायद विट इसी कारण भीतर आने में झिझक रहा है और उसके और अपने बीच के बेतकुल्लफी के व्यवहार को भूलकर फिर उसे राजा समझ रहा है।
४२ (ई) *एकनट नाटक*—भाण ही एकनट नाटक कहलाता है।

खलु विहसन्नाकुलापसव्यपरिधानं श्वासविषमिताक्षरं स्वागतमित्यञ्जलिनाऽभ्युपैति। (५) भो यदैतावदेननाद्यैव पुष्पदासी पुष्पवतीति मह्यमाख्याता, तथापि कथमुपभुक्तैव। (६) (विचिन्त्य) (७) लाटडिंडिनो नामैते नातिभिन्नाः पिशाचेभ्यः। (८) कुतः ? (९) सर्वो हि लाटः—

४३— *(अ) नग्नः स्नाति महाजनेऽम्भसि सदा नेनेक्ति वासः स्वयं*
(आ) केशानाकुलयत्यधौतचरणः शय्यां समाक्रामति।
(इ) तत्तद्भक्षयति व्रजन्नपि पथा धत्ते पटं पाटितं
(ई) छिद्रे चापि सकृत्प्रहृत्य सहसा लाट(लोल)श्चिरं कत्थते॥

(१) सर्वथा कृतमनेन स्वदेशौपयिकम्। (२) मा तावद्भोः—

४४— *(अ) अविचिन्त्य फलं वल्ल्यास्त्वया पुष्पवधः कृतः।*

(१) किं ब्रवीषि—"कथं" इति।

(आ) इदं हि रजसा ध्वस्तमुत्तरीयं विलोक्यताम्॥

(२) किं ब्रवीषि—"शय्यान्तावलम्बितं ताम्बूलावसिक्तमेतदवगच्छामि" इति।

जो जाये तो कल्याण है। यह हँसता हुआ, दाहिने कंधे पर लहराते हुए उत्तरीय से सुशोभित, हाँफते हुए अक्षरों से हाथ जोड़कर मेरा स्वागत कर रहा है। और इसने अभी तो मुझसे कहा था कि आप पुष्पदासी ऋतुमती हुई हैं। फिर भी यह उससे कैसे जुट आया ? (सोचकर) ये लाट देश के डांड्या कुछ पिशाचों से कम थोड़े ही हैं।—कैसे ? लाट का तो हर कोई—

भीड़ के बीच में नंगा होकर जल में नहाता है, स्वयं कपड़े पछारता है, लम्बा झोंटा फटकार कर रखता है, बिना पैर धोए पलंग पर सो जाता है, रास्ता चलते जो चाहे खा लेता है, फटे कपड़े पहनने में संकोच नहीं करता और दूसरे की मुसीबत में उस पर एक चोट करके भी हमेशा अपनी शेखी बधारता रहता है।

अथवा इसने अपने देश के अनुसार ही काम किया।

४४ (अ) तभी तो बैल के फल की परवाह न करके तूने फूल ही नोच डाला।

क्या कहता है—"कैसे।"

४५ (आ) रज से सने अपने इस उत्तरीय को देख।

क्या कहता है—"मेरा विचार है कि खाट से लटकता हुआ यह पान की

---

४२ (७) *लाटडिंडिनो नामैते नातिभिन्नाः पिशाचेभ्यः*—इससे ज्ञात होता है कि उस समय लाट देश के गुण्डे अपने कारनामों के लिये कितने बदनाम थे।

(३) मा तावत्। (४) इदं क्षुद्रमुक्ताफलावकीर्णमिव ललाटं स्वेदबिन्दुभिः किमिति वक्ष्यति। (५) एष पार्श्वमपधायोच्चैः प्रहसितः। (६) हण्डे जघन्यकामुक कथमनयाच्छलितः। (७) किं ब्रवीषि—"कश्छलितो नाम, ननु गृहीतोऽस्मि। (८) श्रूयताम्। (९) सा हि"—

४५— *(अ) विपुलतरललाटा संयताग्रालकत्वात्*
(आ) रुचिरजघनभारा वाससाऽर्धोरुकेण।
(इ) विवृततनुरपोढप्रागलङ्कारभारा
(ई) कथय कथमगम्या पुष्पिता स्त्री लता स्यात्॥

(१) अपि च, श्रोतुमर्हति भवान्—

४६— *(अ) पार्श्वावर्तितलोचना नखपदान्यांलोकयन्ती भया*
(आ) दृष्टा चेषदवाङ्मुखी स्वभवनप्रत्यातपेऽवस्थिता।
(इ) संगृह्याथ करद्वयेन कठिनावुत्कम्पमानौ स्तनौ
(ई) प्राविश्यान्तरगारमर्गलवता द्वारं करेणावृणोत्॥

(१) ततोऽहमनुद्रुतं प्रविश्य—

४७— *(अ) कचनिग्रहदीर्घलोचनां*
(आ) रभसावर्तितवल्गितस्तनीम्।

पीक में सन गया है।" ऐसा मत कह। बिखरे हुए छोटे मोतियों जैसी पसीने की बूँदों से भरा हुआ तेरा यह ललाट क्या बता रहा है? यह एक बगल होकर जोर से हँस रहा है। नीच, जघन्य, कामुक, क्या तू उससे छला गया? क्या कहता है—"छलने की बात कैसी? उसने तो मेरे दिल को ही पकड़ लिया। सुन—

४५—घुँघराले बालों का अगला भाग सँवार कर जमाने के कारण जिसका ललाट चौड़ा दीखता है, अर्धोरुक पहनने के कारण जिसका स्थूल जघन भाग सुन्दर जान पड़ता है, सामने के गहने उतार देने से जिसका शरीर उघड़ा-सा लगता है—ऐसी स्त्री रूपी लता पुष्पवती हो तो भी क्या वह अछूती छोड़ी जा सकती है?

और भी सुनने योग्य है—

४६—पार्श्व की ओर आँखें घुमाकर, नाखूनों की खरोंचे देखती हुई, कुछ नीचे सिर झुकाए हुए अपने घर की छाया में बैठी हुई उसे मैंने जैसे ही देखा, वैसे ही वह दोनों हाथों से अपने थहराते हुए कठिन कुचों को पकड़ कर घर में घुस गई और हाथों से ब्योंड़ा लगा कर उसने द्वार बंद कर लिया।

इस पर मैंने भी जल्दी से घुस कर—

४७—जैसे ही उसके बाल पकड़ कर खींचे, वह बड़री आँखों से मेरी ओर

---

४६ (आ) *प्रत्यातप*—परछाईं।

(इ) *किमसीति नहीति वादिनीं*
(ई) *समचुम्बं सहसा विलासिनीम्॥"* इति।

(२) भोः चित्रः खलु प्रस्तावः। (३) पृच्छामस्तावदेनाम्। *(४) ततस्ततः। (५)* किं ब्रवीषि—*"अथ सखे—*

४८— *(अ) समुपस्थितस्य जघनं*
(आ) रशनात्यागाद्विविक्ततरबिम्बम्।
(इ) पाणिभ्यां व्रीडितया
(ई) निमीलिते मेऽनया नयने" इति॥

(१) ही धिक्त्वामस्तु। *(२)* अविकत्थन उद्वेजनीयो ह्यसि। *(३)* निन्द्यश्चार्यजनस्य संवृत्तः। *(४)* किं ब्रवीषि—"एवमप्यनुगृहीतोऽस्मि। *(५) न त्वया महाभारते* श्रुतपूर्वे—

४९— *(अ) यस्यामित्रा न बहवो*
(आ) यस्मान्नोद्विजते जनः।
(इ) यं समेत्य न निन्दन्ति
(ई) स पार्थ पुरुषाधमः॥ इति।"

(१) भो एतत्खलु डिण्डित्वं नाम। *(२)* सर्वथाऽपि साधु *भोः* प्रीतोऽस्मि भव-

---

देखने लगी। तब जल्दी में थहराते स्तनों वाली 'क्या करता है?' 'नहीं-नहीं,' कहते-कहते उस विलासिनी को मैंने चूम ही तो लिया।"

क्या विलक्षण पहली मुलाकात हुई? मैं उससे पूछूँगा। ठीक, फिर क्या हुआ? क्या कहता है—"सखे—

४८—करधनी के हट जाने से उधरे जघन भाग पर मेरे आ जाने से उसने लजा कर मेरी आँखें बन्द कर दीं।"

धिक्कार है तुझे! तू नीच घृणित और आर्यजनों के लिए निन्द्य है। क्या कहा—"ऐसा कहकर भी आपने मुझे अनुगृहीत किया। क्या आपने *महाभारत* में पहले यह नहीं पढ़ा—

४९—जिसके बहुत से बैरी नहीं, जिससे लोग डरते नहीं, इकट्ठे होकर जिसकी लोग निन्दा न करते हों, हे पार्थ, वह पुरुष नहीं, पुरुषाधम है।"

असल में यही तो डिण्डित्व है। मैं तेरे इसी डिण्डित्व पर सरासर रीझा

---

४७ (२) *प्रस्ताव*—पहली मुलाकात।
४८ (४) *महाभारते श्रुतपूर्वे*—यह श्लोक *महाभारत* में मुझे अभी तक नहीं मिला।...[अनुवादक]
४९ (१) *डिण्डित्व*—डांड्यापन, गुंडापन।

तोऽनेन डिण्डित्वेन। (३) सर्वथा विटेष्वाधिराज्यमर्हसि। (४) अयमिदानीमाशीर्वदः—

(५) किं ब्रवीषि—"अवहितोऽस्मि" इति। (६) श्रूयताम्—

५०— *(अ) प्रभातमवगम्य पृष्ठमुपगृह्य सुप्तस्य ते*
(आ) प्रगल्भमधिरुह्य पार्श्वमपवासैकोरुणा।
(इ) तथैव हि कचग्रहेण परिवृत्य वक्त्राम्बुजं
(ई) पिबत्वथ च पाययत्वधरमात्मनस्त्वां प्रिया॥

(१) एष खल्वनुगृहीतोऽस्मीत्युक्त्वा पलायते। (२) नमोऽस्तु भगवते। (३) साधयामस्तावत्।

(४) (परिक्रम्य) (५) अये का नु खल्वेषा स्वभवनावलोकनमप्सरा विमान-मिवालङ्करोति। (६) एषा हि सा काशीनां वारमुख्या पराक्रमिका नाम सुखमतिपिञ्छोलया क्रीडन्ती रूपलावण्यविभ्रमैलोचनमनुगृह्णाति। (७) आश्चर्यम्।

हूँ। तू विटों का एकछत्र राजा होने योग्य है। यह मेरा आशीर्वाद ले—

क्या कहता है—"मैं सावधान हूँ।" तो सुन—

५०—सवेरा होने पर पास में सोये हुए तेरी पीठ को बाहु में भरकर, प्रगल्भता से तेरे पार्श्व भाग पर अपनी उघरी हुई एक जाँघ रख कर, तथा बाल खींच कर तेरे मुख कमल को अपनी ओर घुमाते हुए प्रिया तेरे अधर का पान करे और अपना अधर तुझे पिलावे।

'मैं अनुगृहीत हो गया', कहकर यह छटकना चाहता है। तो तुझ 'भगवान्' को मेरा नमस्कार है। मैं भी चलूँ।

(घूमकर) अरे, यह कौन अपने घर की खिड़की (अवलोकन) पर विमान में अप्सरा की तरह सज रही है? यह काशी की मुख्य वेश्या पराक्रमिका पिञ्छोले से खेलती हुई रूप लावण्य की अटखेलियों से आँखों को तर कर रही है। आश्चर्य है—

---

५० (२) *नमोऽस्तु भगवते*—विट की भट्टिमघवर्मा के साथ गहरी नोंक-झोंक हुई। उसे विदा देते समय भी वह चुटीला मजाक करता है। भगवते = (१) बुद्ध का सम्मानित आस्पद, (२) जिसका मन स्त्री के गुह्य अंग में रमा है। विट ने व्यंग्य कसा कि तू जो मुझसे पल्ला छुड़ा कर भाग रहा है वह काम की हड़क तुझे उड़ाए लिए जा रही है। वेश की भाषा की यह विशेषता थी कि धर्म और दर्शन के अनेक शब्दों की व्यञ्जना वहाँ फक्कड़ी अर्थ में ली जाती थी। [ऐसे शब्दों की सूची परिशिष्ट में दी गई है।]

५१— *(अ) विरचितकुचभारा हेमवैकक्ष्यकेण*
(आ) स्फुटविवृतनितम्बा वाससाऽर्धोरुकेण।
(इ) विचरति चलयन्ती कामिनां चित्तमेषा
(ई) किसलयमिव लोला चञ्चलं वेशवल्ल्याः॥

(१) अपि च—

५२— *(अ) गन्डान्तागलितैककुण्डलमणिच्छायानुलिप्तानना-*
(आ) मन्वभ्यस्ततया हिकारपिशुनैः श्वासैरवाक्तालुभिः।
(इ) पिञ्छोलामधरे निवेश्य मधुरामावादयन्तीमिमां
(ई) गण्डूकस्वनशङ्कितो गृहशिखी पर्येति वक्राननः॥

५१—सोने के वैकक्ष्यक से कुचों को कसकर, अर्धोरुक पहन कर नितम्बों को साफ उघाड़ती हुई, कामियों के चित्त को मथती हुई वेशवल्ली के चंचल किसलय की तरह वह झूमती हुई चल रही है।

और भी—

५२—एक ओर की कनपटी पर लटकते हुए जड़ाऊ कुण्डल की मणि की आभा से उसका मुँह चिलक रहा है। वह लम्बे अभ्यास के कारण तालु के नीचे से ई-ई फूँक निकाल कर अधर पर रक्खा पिञ्छोला मधुर स्वर में बजा रही है। उस ध्वनि से मेंढक के टर्राने का शक करके घर का मोर अपनी गर्दन घुमाता हुआ चक्कर मार रहा है।

---

५१ (अ) *विरचितकुचभारा*—वैकक्ष्यक एक प्रकार का हार था जो बायें कंधे से सामने छाती पर होता हुआ दाहिनी बगल की ओर से पीठ पर जाता था। दो वैकक्ष्यक भी पहने जाते थे और तब दोनों स्तन उनके पेटे में कस जाते थे। भार = कसाव। *वैकक्ष्यकं तु तत् यत् तिर्यक् क्षिप्तमुरसि, भ्रमर*।

५२ (आ) *अन्वभ्यस्ततया*—बार-बार के अभ्यास से, लम्बे रियाज से।

५२ (आ) *हिकार-पिशुन*—पिञ्छोला बजाती हुई वह ही-ई-ई-ई की अटूट साँस तालु के नीचे से निकालती जान पड़ती है।

५२ (इ) *पिञ्छोला*—एक प्रकार का छोटा पिपिहरी जैसा बाजा जो लड़कियाँ या बच्चे बजाते हैं। इसमें कई स्वरों के लिये अलग-अलग छेद बने रहते हैं। मथुरा की कुषाणकालीन कला में इसका अंकन पाया गया है (दे०, उत्तर प्रदेश इतिहास परिषद् की पत्रिका में मेरा लेख, ए सिरिन्क्स-प्लेअर इन मथुरा आर्ट, भाग १७, वर्ष १९४४, पृ० ७१-७२)। अंगविज्जा नामक नवप्रकाशित ग्रन्थ में भी इसका उल्लेख आया है (पृ० ७२)। रामकृष्ण कवि ने 'पिञ्चोला' रूप दिया है।

(१) किं नु खल्वस्या उदवसितादिन्द्रस्वामिनो रहस्यसचिवो हिरण्यगर्भको निष्पत्य इत एवाभिवर्तते। (२) किमत्राश्चर्यम्। (३) इन्द्रस्वामी हिरण्यगर्भ को वेश इति संहितमिदं तप्तं तप्तनेति। (४) एष मामञ्जिलिनोपसर्पति। (५) हण्डे हिरण्यगर्भक किमिदं वेशदेवायतनमपरान्तपिशाचैर्विध्वंसयितुमिष्यते? (६) किं ब्रवीषि—"एष खलु स्वामिनोऽस्मि विदेशरागेणैवं धुरि नियुक्तः। (७) एषा हि पूर्वे पञ्चसुवर्ण-शतानि गणयति। (८) अधुना सहस्रेणाप्युपनिमन्त्रिताऽपि विनियुज्यमाना नैव शक्यते तीर्थमवतारयितुम्। (९) तदर्हसि त्वमपि तावदेनां गमयितुम्" इति।

इसके घर से इन्द्रस्वामी का रहस्यसचिव हिरण्यगर्भक हड़बड़ा कर निकलता हुआ इधर ही आ रहा है। इसमें आश्चर्य क्या? इन्द्रस्वामी और हिरण्यगर्भक वेश में मिलें, यह तो गरम से गरम का जोड़ है। यह मुझे हाथ जोड़ कर प्रणाम कर रहा है। अरे हिरण्यगर्भक, तू क्यों इस वेश रूपी देवालय को अपरांत के पिशाचों से ध्वंस कराना चाहता है? क्या कहता है—"मेरे स्वामी को परदेसी माल का मजा लेने की चाट है, इसीलिए मुझे यह काम सौंपा है। वह पहले पाँच सौ सुवर्ण मुद्रा गिना लेती थी। अब तो एक हजार पर भी खुशामद से उसे घाट उतरवाना सम्भव नहीं। अब तू उसके तय कराने में मेरी मदद कर।"

---

५२ (१) *रहस्यसचिव*—नर्म सचिव, काम-क्रीड़ाओं के ब्योंत साधने में अन्तरंग सहायक। दे०, *रघुवंश* (८/६७) में *मिथः सखी* पद।

५२ (५) *हण्डे*—नाटकों में प्रयुक्त नर्म सखी के लिए संबोधन। हण्डा = घर-घर फिरनेवाली। हण्ड् धातु = घूमना, हँडना। यह शब्द बोल-चाल में इतना रम गया था कि उसके प्रयोग में स्त्रीलिंग-पुल्लिंग का भेद जाता रहा, तभी तो यहाँ हिरण्यगर्भक को 'हण्डे' कहा गया।

५२ (५) *अपरान्त पिशाच*—अपरान्त के इन्द्रवर्मा से तात्पर्य है जिसका उल्लेख विटों की सूची में पहले आ चुका है।

५२ (६) *विदेश राग*—बनारसी बोली में इसे 'बाहरी मजा' कहते हैं, विदेश से आई हुई वेशस्त्रियों के उपभोग की लपक।

५२ (७) *सुवर्ण*—गुप्तकाल में दो सोने की मुद्राएँ प्रचलित थीं, एक दीनार, दूसरी सुवर्ण। सुवर्ण तोल में कुछ भारी होती थी।

५२ (८) *तीर्थमवतारयितुम्*—तीर्थ = घाट या पार उतारने का स्थान। विटों की भाषा में रति स्थान से तात्पर्य है।

(१०) अत्यार्जवः खल्वसि। (११) न हि शतसहस्रेणापि प्राणा लभ्यन्ते। (१२) किं ब्रवीषि—''किञ्चास्याः प्राणसन्देहे कारणमस्मासु पश्यसि'' इति। (१३) आविष्कृतं हि तत्रभवत्या भर्तृस्वामिनश्चामरग्राहिण्या कुटंगदास्या स्वामिनः संसर्गात्तथाभूतं व्यसनमनुभूतम्। (१४) किं ब्रवीषि—''आलभस्व तावदिदं मे शरीरम्। (१५) सत्यमेवेदम्'' इति। (१६) असत्येन न स्वामिनमेवं ब्रूयात्। (१६) किं ब्रवीषि—''चिराभ्यस्तमेवेदमस्मत्स्वामिपादानाम्'' इति। (१७) अतएव न शक्यमन्यथा कारयितुम्। (१८) न चैतदेवम्। पश्यतु भवान्—

५३— *(अ) काव्ये गान्धर्वे नृत्तशास्त्रे विधिज्ञं*
(आ) दक्षं दातारं दक्षिणं दाक्षिणात्यम्।

तू भोलेपन को भी मात कर गया है। लाख देने पर भी किसी की जान नहीं मिलती। क्या कहता है—''आप हमारे द्वारा उसकी जान जोखिम का कारण क्यों समझते हैं?'' सबको मालूम है कि भर्तृस्वामी की चामरग्राहिणी कुटंगदासी के साथ मालिक के जुट जाने से उसकी जान पर ही जोखिम आ गया था। क्या कहता है—''चाहे मुझे कूट डालिए। सच तो यही है।'' अरे असत्य का भी आश्रय लेना पड़े, पर स्वामी से ऐसा मत कह देना। क्या कहता है—''हमारे स्वामी की पुरानी आदत है।'' उनसे उसे छुड़वाना संभव नहीं। फिर बात ऐसी भी नहीं है। आप देखें—

५३—काव्य, संगीत और नृत्तशास्त्र में प्रवीण, दक्ष, दाता और चतुर,

---

५२ (१०) *अत्यार्जव*—भोलेपन को भी मात कर जाने वाला। *आर्जवमतिक्रान्तः अत्यार्जवः*।

५२ (११) *नहिं. . .लभ्यन्ते*—विट का आशय है कि इन्द्रवर्मा के साथ समागम करनेवाली के प्राणों पर बन आती है। यहाँ विट का संकेत हस्तद्वारा मैथुन क्रीडा से है जिससे स्त्री की जान जोखिम में पड़ जाती थी। इन्द्रवर्मा उसका पुराना पापी था।

५२ (१३) *आविष्कृतं*—सर्वविदित है।

५२ (१३) *भर्तृस्वामिनश्चामरग्राहिणी*—संकेत यह है कि भर्तृस्वामी इन्द्रवर्मा ने अपनी चामरग्राहिणी के साथ ही ऐसी हरकत की जिससे उसके प्राण संकट में पड़ गए।

५२ (१४) *आलभस्व*—आलभन कर डालो। आलभन यज्ञ का शब्द था। यज्ञीय पशु की भाँति मेरे इस शरीर को चाहे मुक्कों से कूट डालो।

५२ (१६) *असत्येन*—असत्य भी बोलना पड़े तो भी।

५२ (१८) *न चैतदेवम्*—इन्द्रवर्मा से स्त्रियाँ घबराती ही हों, ऐसा भी नहीं है।

(इ) *वेश्या कनेच्छेत्स्वामिनं कोङ्कणानां*
(ई) *स्याच्चेदस्य स्त्रीष्वार्जवात्सन्निपात:॥*
(१) *अपि च—*

५४— (अ) *सञ्चारयन् कलभंक गजनर्तकं वा*
(आ) *वेश्याङ्गणेषु भगदत्त इवेन्द्रदत्तम्।*
(इ) *उद्वीक्ष्यते स्तननिविष्टकराम्बुजाभि-*
(ई) *र्व्याघ्रो मृगीभिरिव वारविलासिनीभि:॥*

(१) अपि चैषा भर्तुर्नोऽधिराजस्य स्यालं पारशवं कौशिकं सिंहवर्माणां मित्रमपदिशन्ती सर्वान् कामिन: प्रत्याख्यानेन व्रीडयति। (२) किं ब्रवीषि—"तस्यैषातिकामितयावमन्यते" इति। (३) युष्मद्देशौपयिकमेव किल सततमतिसेवनम्। (४)

कोंकण के स्वामी उस दाक्षिणात्य को कौन-सी वेश्या न चाहेगी, शर्त यह है कि वह भले मानुस की तरह उनके साथ सन्निपात करे?

और भी—

५४—(भारत युद्ध में) मकुने हाथी को घुमाते हुए भगदत्त के समान वेश्याओं के आँगन में हाथी नचाते हुए उस इन्द्रदत्त को जानिए। स्तनों पर अपने हस्त कमल रक्खे हुए वेश्याएँ उसे ऐसे देखती हैं जैसे सभीत हिरनियाँ बाघ को।

और यह हमारे स्वामी अधिराज इन्द्रदत्त के साले पारशव कौशिक सिंहवर्मा को अपना मित्र बताकर पास बुलाती हुई सब कामियों को अँगूठा दिखाकर उन्हें

---

५३ (ई) सन्निपात = (१) सम्मिलन, (२) मैथुन। श्लोक ५३ में इन्द्रस्वामी का सौम्यरूप और ५४ में उसी की विकृत कामुकता का रूप कहा गया है।

५४ (अ) *कलभकं सञ्चारयन् भगदत्त:—महाभारत* के युद्ध में भगदत्त के भयंकर गजयुद्ध की कथा का वर्णन द्रोणपर्व, अ० २५ (पूना संस्करण) में आया है।

गजनर्तक इन्द्रदत्त—यह मुष्टिप्रवेश करने वाले रौद्रकर्मा इन्द्रदत्त की ओर संकेत है।

५४ (१) *अधिराजभर्ता*—कोंकण के अधिपति इन्द्रस्वामी से तात्पर्य है।

५४ (१) *अपदिशन्ती*—उद्घोषित करती हुई, इशारे से अपने पास बुलाती हुई।

५४ (३) *औपयिक*—(१) उपाय, काम करने का ढंग, (२) चिकित्सा, औषध। औपयिक राजशास्त्र का पारिभाषिक शब्द था।

५४ (३) *अतिसेवन*—सेवन = रति, मैथुन। अतिसेवन = (१) अतिशयरति, (२) स्वाभाविक रतिकाल के बीतने पर भी मुष्टि प्रवेश आदि से रति। विट का व्यंग्य है कि अतिसेवन तो कोंकण देश का रिवाज ही है, जैसा इन्द्रवर्मा के विषय में कहा जा चुका है।

किं ब्रवीषि—"देशौपयिकमदेशौपयिकमिति नावगच्छामि। (५) विस्पष्टमभिधीयताम्" इति। (६) एवमनुगृहीतः कथं न कथयिष्यामि। (७) श्रूयताम्—

५५— *(अ) श्रवणनिकटजैर्नखावपातैः*
(आ) वनगजदभ्य इवाङ्कितः प्रतोदैः।
(इ) विवृतजघनभूषणां विवस्त्रां
(ई) वृष इव वत्सतरीमिहोपयाति॥

(१) किं ब्रवीषि—"तेन ह्यनेनैवोपायनेनोपस्थास्यामि" इति। (२) यद्येवमिन्द्रस्वामी विज्ञाप्यः—

५६— *(अ) दशनमण्डलचित्रककुन्दरां*
(आ) दयितमाल्यनिवासित मेखलाम्।
(इ) त्वदपरं प्रति सा जघनस्थलीं
(ई) न विवृणोति वृताऽपि शतं शतैः॥

(१) स्वस्ति भवते। (२) साधयामस्तावत्।

बेपानी कर देती है। क्या कहता है—"उसके अतिकामी होने से वह उससे छटकती है।" अतिसेवन तुम्हारे देश की रीति है। क्या कहता है—"देश का रिवाज या बे-रिवाज मैं नहीं समझा। साफ़-साफ कहिए।" भला तेरे इस शिष्ट बरताव से कैसे मैं नहीं कहूँगा? सुन—

५५—(काकली रति में) वह कानों के पास आए हुए उसके पैरों के नखक्षतों से अंकुश की मार से घायल जंगली हाथी के छौने की तरह उसके विवृत जघनस्थल पर ऐसे टूटता है जैसे साँड़ बछिया पर।

क्या कहता है—"अब मैं यही सौगात देने मालिक के पास जाऊँगा।" अगर ऐसा है तो इन्द्रस्वामी से जाकर कहना—

५६—दन्तक्षतों से चित्रित पुट्ठों वाली, प्यारे के माल्य को ही मेखला की तरह धारण करने वाली वह तेरे सिवाय दूसरों के लिए हजारों गिनवाने पर भी जघन नहीं उघारती।

तेरा कल्याण हो, मैं चला।

---

५५ (अ) *श्रवणनिकटजैर्नखावपातैः*—इस श्लोक में काकली नामक रतबन्ध का संकेत है। इसमें नायक का मस्तक स्त्री के पैरों की ओर होता है। तभी कामिनी के पैरों के नखक्षत उसके कर्ण देश में दिखाई पड़ते हैं।

५५ (१) *अनेनैव उपायनेन*—हिरण्यगर्भक कहता है कि वह काकली रतबन्ध की सौगात को लेकर अपने स्वामी से मिलेगा।

५६ (अ) *दशनमण्डलचित्रककुन्दरा*—इस श्लोक में भी किसी विशेष रतबन्ध का संकेत है।

(३) (परिक्रम्य) (४) अये को नु खल्वेष: शौर्पारिकाया: शमदास्या भवनान्निष्पत्य डिण्डिगणपरिवृतो वेशमाविष्करोति। (५) (विलोक्य) (६) एतज्जङ्गमतीर्थमुदीच्यानां बाह्लीकानां कारूशमलदानां चेश्वरो महाप्रतीहारो भद्रायुध एष:।

५७— *(अ) विरचितकुन्तलमौलि:*
(आ) श्रवणार्पितकाष्ठविपुलसितकलश:।
(इ) जनमालपञ्जकारै-
(ई) रुन्नाटयतीव लाटानाम्॥

(घूमकर) अरे यह कौन शूर्पारक की वेश्या शमदासी के घर से निकाल कर डिण्डिकों से घिरा हुआ वेश को जगमगा रहा है। (देखकर) यह तो उदीच्य, बाह्लीक, कारूश और मलद देशों का स्वामी महाप्रतीहार भद्रायुध है जो विटों का चलता-फिरता तीर्थ है।

५७—बालों का जूट बाँधे और कान में काठ का बना बड़ा श्वेत कलश पहने साथियों में ज-ज-ज करके बात करता हुआ वह गुजरातियों की नकल कर रहा है।

---

५६ (४) *शौर्पारिकाया:*—शूर्पारक या सोपारा की।

५६ (६) *उदीच्यानां*—महाप्रतीहार भद्रायुव उदीच्य-वाह्लीकों के युद्ध तथा शकमालवापरान्त युद्ध के विजेता के रूप में चित्रित किया गया है। वह कोई ऐतिहासिक व्यक्ति ज्ञात होता है। कथासरित्सागर में महेन्द्रादित्य के पुत्र विक्रमादित्य अर्थात् (स्कन्दगुप्त) के मंत्रिपुत्र भद्रायुध का उल्लेख है (१८/१/५३)।

५६ (६) *महाप्रतीहार*—भद्रायुध युद्धों का विजेता है जो कारूश मलद् आदि देशों का शासक भी रहा है। महाप्रतीहार उसकी मगध राजभवन की पदवी (सिविल रैंक) (ष्द्व1द्वद्य ह्लड्डठ्ठद्म) थी जिसे सैनिक और प्रशासनिक पदवियों के अतिरिक्त वह धारण किए हुए था। समुद्रगुप्त की प्रयाग प्रशस्ति में हरिषेण का सैनिक पद महादंडनायक, प्रशासनिक अधिकार सांधि-विग्रहिक और कुमारामात्य व्यक्तिगत सम्मानित पदवी का वाचक था (दे०, हर्षचरित : एक सांस्कृतिक अध्ययन, पृ० ११२)। चन्द्रगुप्त विक्रमादित्य के मंत्री शिखरस्वामी को कर्मदंडा लेख में कुमारामात्य कहा गया है। ऐसे ही भद्रायुध किसी समय मगधराजकुल में महाप्रतीहार के पद पर था जिस विरुद को वैयक्तिक सम्मान के रूप में वह बराबर धारण करता रहा।

५६ (६) *कारूश*—बिहार का शाहाबाद प्रदेश।

५६ (६) *मलद*—बंगाल का मालदा प्रदेश।

५७ (आ) *श्रावणार्पित काष्ठ विपुलसित कलश*—ऊपर कहा गया है कि लाट देश के डांड्या कान में श्वेत रंग की काष्ठकर्णिका पहनते थे। कलशाकृति कर्णलोढक नामक आभूषण मथुरा की शक-कुषाण कालीन कला में अंकित है।

(१) का तावदस्य लाटेषु साधुदृष्टिः एतावत्। (२) सर्वो हि लाटः—

५८— *(अ) संवेष्ट्य द्वावुत्तरीयेण बाहू*
(आ) रज्ज्वा मध्यं वाससा सन्निबध्य।
(इ) प्रत्युद्गच्छन् संमुखीनः शकारैः
(ई) पादापातैरंसकुब्जः प्रयाति॥

(१) अपि च—

५९— *(अ) उरसि कृतकपोतकः कराभ्यां*
(आ) वदति जजेति यकारहीनमुच्चैः।
(इ) समयुगल निबद्धमध्यदेशो
(ई) व्रजति च पङ्कमिव स्पृशन् कराग्रैः॥

(१) सर्वथा नास्त्यपिशाचमैश्वर्यम्। (२) अथवास्यैवैकस्य देशान्तरविहारो युक्तः। (३) कुतः ?

लाटों पर उसकी इतनी मेहरबानी क्यों है?

५८—लाट देश का व्यक्ति दोनों भुजाओं पर उत्तरीय लपेट कर, बटे हुए पटके से कमर बाँधकर, सामना होने पर श-श-श करता हुए टेढ़े कंधे वाले कुबड़े की तरह पैरों पर गिरता हुआ आता है।

और भी—

५९—छाती पर दोनों हाथों से कबुत्तर बना कर, वह 'य' की जगह जोर से ज-ज-ज करता हुआ हकलाता है। दुरंगे बटे पटके (युगल) से बीचोबीच कमर कस कर वह इस तरह बच-बच कर चलता है जैसे उँगलियाँ कीच में सनी जा रही हों।

बिना ऐब का ऐश्वर्य कहाँ? अथवा अकेले इसी को विदेश में आकर मौज-मजा फबता है। कैसे?

---

५८ (आ) *रज्ज्वा वाससा माध्यं सन्निवध्य*—गुप्तकाल के मर्दाने वस्त्र-विन्यास की यह विशेषता थी कि रेशमी वस्त्र को रस्सी की तरह बट कर और उसके कई लपेट करके कमर में पटका बाँधते थे। इसे नीचे के श्लोक में युगल कहा गया है। कुषाण काल में पटका कपड़े की चौड़ी पट्टी की तरह का और गुप्त युग में बटा हुआ होता था।

५९ (अ) *कपोतक*—छाती पर सामने की ओर दोनों जुड़े हुए हाथ, (हिन्दी) कबुत्तर।

५९ (इ) *समयुगल*—बराबर की लम्बाई के दो रँगवाले वस्त्रों को एक साथ लपेट कर बनाया गया पटका या कायबन्धन। इसे *दिव्यावदान* में यमली (पृ० २७६) और *अंगविज्जा* में जामिलिक (पृ० ७१) कहा गया है।

६०— (अ) *येनापरान्तशकमालवभूपतीनां*
(आ) *कृत्वा शिरस्सु चरणौ चरता यथेष्टम्।*
(इ) *कालेऽभ्युपेत्य जननीं जननीं च गङ्गा-*
(ई) *माविष्कृता मगधराजकुलस्य लक्ष्मीः॥*

(१) *अपि च—*

६१— (अ) *वेलानिलैर्मृदुभिराकुलितालकान्ता*
(आ) *गायन्ति यस्य चरितान्यपरान्तकान्ताः।*
(इ) *उत्कण्ठिताः समवलम्ब्य लतास्तरूणां*
(ई) *हिन्तालमालिषु तटेषु महार्णवस्य॥*

(१) *किञ्चद् गीतम्—*

६०—जिसने अपरान्त, शक और मालव के राजाओं के सिरों पर अपने दोनों पैर रखकर उन्हें झुका दिया और यथेष्ट विहार करके कालान्तर में अपनी माता और माँ गंगा के देश में लौटकर मगध राजकुल की लक्ष्मी को लोक में प्रकट बना दिया।

और भी—

६१—वेलानिलों की हल्की थपकियों से बिथुरे केशों वाली अपरांत की उत्कंठित रमणियाँ महार्णव के तटों पर हिन्ताल के कुंजों में वृक्षों की लताएँ झुकाकर उसकी विजय के चरितों का गान करती हैं।

वह गीत क्या है—

---

६० (अ-ई) *येनापरान्त*—इस विलक्षण श्लोक के गूँजते हुए शब्द जैसे गुप्तकालीन शिलालेखों से उठा लिए गए हैं। चन्द्रगुप्त विक्रमादित्य की 'कृत्स्नपृथिवी विजय' का अभिप्राय श्लोक २४ और ६० के शब्दों के पीछे झाँक रहा है। श्राह्लीक-उदीच्य, मालव-सौराष्ट्र-अपरान्त, बंग-कलिंग, चोल-पाण्ड्य-केरल इन चार अभियानों की स्मृति यहाँ है। मिहरौली लेख में सिन्धु-वाह्लीक, बंग और दक्षिणोदधि के अभियानों का उल्लेख है। पादताडितकं में 'कुसुमपुर पुरन्दर' अर्थात् महेन्द्रादित्य कुमारगुप्त का उल्लेख आया है। वही इस भाण का रचनाकाल है जब स्कन्दगुप्त के हूण युद्धों की धूम थी।

६१ (अ) *अपरान्त*—कोंकण प्रदेश, सह्याद्रि और समुद्र के बीच की भूमि। *रघुवंश* में अपरान्तजय का उल्लेख आया है (४/५३, ५८)।

६१ (इ) *उत्कंठिताः*—अपरान्त के सैनिक दूसरे युद्धों में भाग लेने के लिये भद्रायुध की सेना में गए हैं, उनकी स्मृति से स्त्रियाँ उत्कंठित हैं।

६१ (इ) *समवलम्ब्य लतास्तरूणाम्*—समुद्र के तटवर्ती उद्यानों में स्त्रियों की उद्यान क्रीडाओं में परिचित मुद्रा का संकेत है।

६१ (ई) *अर्णव—तु० रामास्त्रोत्सारितोऽप्यासीत्सह्यलग्न इवार्णवः* (रघु०, ४/५३)।

६२— *उहि माणुसोत्ति भट्टाउहेण णवि लिच्चइ आउहे अ।*
सोणणारि तस्स कम्मसिद्धिं विघसु खलु भुंजति सोकरसिद्धिं॥ इति।

(१) (परिक्रम्य)

(२) एष खलु प्रद्युम्नदेवायतनस्य वैजयन्तीमभिलिखति। (३) एतड्डिण्डित्वं नाम भोः। (४) डिण्डिनो हि नामैते नातिविप्रकृष्टा वानरेभ्यः। (५) भोः किञ्च तावदस्य डिण्डिकेषु प्रियत्वम्। (६) डिण्डिनो हि नाम—

६२—मनुष्यत्व और अस्त्रविद्या इन दोनों में भद्रायुध के साथ कोई मुकाबला नहीं कर सकता। उसकी सफलता सुनकर जो उसकी बराबरी करना चाहे वह मानो सुअर का भोजन करता है।

(घूमकर)

यहाँ कोई प्रद्युम्न (कामदेव) के देवायतन की ध्वजा चित्रित कर रहा है। यह किसी डांड्या का काम है। ये डांड्या बंदरों से बहुत कम नहीं होते। भला, इस चित्र की कौन-सी विशेषता डंडियों को प्रिय है? सुन—

६२—(संस्कृत छाया) *उभयत्र मनुष्यत्वे भद्रायुधेन नहि लिप्सति आयुधे च। श्रुत्वा तस्य कर्मसिद्धिं विधसेत् खलु भुंजति शौकरसिद्धिम्।*

६२ उहि—सं० उभ > प्रा० उह, सप्तमी एकवचन।

माणरनोत्ति—मनुष्यते अथवा मनुषः इति।

भट्टाउहेण—भद्रायुधेन।

णवि—नहीं, निषेधार्थक अव्यय (*पाइअसद्दमहण्णवो,* ४७५)।

लिच्चई—सं० लिप्सति = लालसा करता है। सं० लिप्स का प्राकृत धात्वादेश लिच्छ (हेम०, २/११)।

आउहे—सं० आयुधे (*पासद्द०,* १३१)।

अ—च (उपरिवत्, १)।

सोणणारि—सुनकर या सुननेवाला। सं० श्रवणकार।

तस्स कम्म सिद्धिं—तस्य कर्मं सिद्धिं।

विघसु = खानेवाला, या खाना चाहे।

सोकरसिद्धि—शूकर की सिद्धि। सं० शौकर > प्रा० सोकर, सोअर।

सिद्धि—कृतार्थता, तृप्ति। वह शूकर की जैसी तृप्ति चाहता है, इसका जुगुप्सित अर्थ हुआ कि वह विष्ठा खाता है।

६२ (२) *प्रद्युम्नदेवायतन*—कामदेव का मंदिर। प्रद्युम्न = कामदेव। *मदनो मन्मथो मारः प्रद्युम्नोमीनकेतनः—अमर।*

६३— *(अ) आलेख्यमात्मलिखिभिर्गमयन्ति नाशं*
(आ) सौधेषु कूर्चकमषीमलमर्पयन्ति।
(इ) आदाय तीक्ष्णतरधारमयोविकारं
(ई) प्रसादभूमिषु घुणक्रियया चरन्ति।

(१) किञ्च तावदयं लिखति। (२) (विलोक्य) (३) निरपेक्ष इति। (४) स्थाने खल्वस्येदं नाम। (५) सुष्ठु खल्विदमुच्यते अर्थे नाम शीलस्यापहरतीति। (६) तथा ह्येष धान्त्रस्तां नः प्रियसखीमनवेक्षया वेशतापसीव्रतेन कर्शयति। (७) सा हि तपस्विनी—

६४— *(अ) नेत्राम्बु पक्ष्मभिररालघनासिताग्रैः*
(आ) नेत्राम्बुधौतवलयेन करेण वक्त्रम्।
(इ) शोकं गुरुं च हृदयेन समं बिभर्ति
(ई) त्रीणि त्रिधा त्रिवलिजिह्मितरोमराजिः॥

६३—ये डांड्या लोग बने हुए चित्र में अपनी ओर से कुछ लीप-पोत कर उसे नष्ट कर डालते हैं, घर की पुती हुई दीवारों पर कूँची से स्याही पोतकर उन्हें गंदा कर देते हैं, और तेज नुकीली टाँकी लेकर महल के खंडों में कीरी काँटे (घुणक्रिया) खरोंच देते हैं।

यह क्या चित्रित कर रहा है? (देखकर) अरे यह तो 'निरपेक्ष' है। इसका यह नाम ठीक ही है। ठीक कहा गया है कि पैसा शील को हर लेता है। इसी से यह भला आदमी हमारी उस प्रिय सखी के प्रति उदासीन है जिसके कारण वह वेश में तपस्विनी का व्रत साधकर दुबली हुई जा रही है।

६४—वह बेचारी त्रिवली प्रदेश में तिरछी रोमावली प्रकट करती हुई तीन वस्तुओं का बोझ तीन तरह से उठाए हुए है—नेत्रों का जल टेढ़ी सघन काली बरौनियों के अग्र भाग पर, मुँह को हाथ पर जिसका कड़ा आँसुओं के टपकने से भीग रहा है, और भारी शोक को हृदय पर।

---

६३ (अ) *लिखि*—लिखावट, कीरीकाँटा खींचना।
६३ (आ) *कूर्चक*—कूँची।
६३ (इ) *अयोविकार*—लोहे की टाँकी।
६३ (३) *निरपेक्ष*—यह शब्द पारिभाषिक था। स्त्री, धन आदि सांसारिक वस्तुओं में अरति से 'उपेक्षा' वृत्ति धारण करने वाले उदासीन व्यक्ति या भिक्षु की ओर संकेत है। इन्हें ही आगे चलकर 'उपेक्षाविहार' करने वाला कहा गया है। इनकी मान्यता थी कि धन शील (बौद्ध धर्म का आचार) का विघातक है।

(१) तदुपालप्स्ये तावदेनम्। (२) भो भागवत निरपेक्ष करुणात्मकस्य भगवतो मैत्रीमादाय वर्तमानस्य त्वयि मुद्रितायां योषिति युक्तमुपेक्षाविहारित्वम्? (३)

तो इस पर कुछ फबती कसूँ। अरे भागवत निरपेक्ष, (अथवा भागवतों से कतराने वाले), करुणात्मा भगवान् बुद्ध की मैत्री के अनुसार तू आचरण करता है

---

६४ (२) *भागवतनिरपेक्ष*—इन्हें दो शब्द माना जाये तो, भागवत = भगवान् बुद्ध में श्रद्धा रखने वाला, निरपेक्ष = संसार से उपेक्षा या लगाव न रखने वाला। भागवत निरपेक्ष को समस्त पद मान कर अर्थ होगा, वैष्णव भागवतों से बचकर रहने वाला।

६४ (२) *करुणात्मकस्य*— करुणा, मैत्री, उपेक्षा, ये बुद्ध के उपदेश के धर्म थे।

६४ (२) *मुद्रितायां योषिति*—बौद्ध-साधना का पारिभाषिक शब्द। मुद्रितयोषा वह स्त्री थी जिसकी सहायता से ध्यान साधना की जाती थी। वह साधक के लिये 'मुद्रित' या अनुपभोग्य (मुहरबन्द) समझी जाती थी, अतएव उसकी सन्निधि में कामविकारों को जीतने का अभ्यास किया जाता था। पीछे इसे ही अस्पृश्य डोम्बी चांडाली कहा जाने लगा। 'मुद्रितायोपित्' की चंचल काम मुद्राओं को देखकर भी जो उपेक्षा विहार करे, अर्थात् निर्लेप और एकाग्र बना रहे वही पक्का साधक है।

६४ (२) *उपेक्षाविहारित्व*—उपेक्षा भाव से बरतना, उपेक्षा करके विहार में जा रहना। उपेक्षा (बौद्ध धर्म का पारिभाषिक शब्द) = उदासीनता, जो भी घटना घटे उसी से संतुष्ट रहना, संतोषवृत्ति, दुःख सहनशीलता (एजर्टन, *बौद्ध संस्कृत कोश*, पृ० १४७)। यह सातवाँ बोध्यंग माना जाता था। मैत्री, करुणा, मुदिता, उपेक्षा ये चार अप्रमाण बल या विहार माने जाते थे (मैत्री-उपेक्षा-करुणा-मुदिताप्रमाणाः, *ललित विस्तर*, २९/१२)। बुद्ध को चतुरप्रमाण प्रभ तेजधर कहा गया है। विहारित्व—बौद्धधर्म में मैत्री, करुणा आदि चार अप्रमाण या अनन्त धर्म ब्रह्मविहार कहे गए हैं (= ब्राह्मी स्थिति,सर्वोच्च अवस्था, एजर्टन, उपरिवत्, पृ० ४०४—उसी की ओर यहाँ संकेत है।)

युक्तम् उपेक्षाविहारित्वम्—यह प्रश्न भी है और तत्व कथन भी है। हे भागवत (भगवान् बुद्ध के अनुयायी), हे निरपेक्ष (उपेक्षा व्रत लेने वाले), करुणा और मैत्री के साथ आपके लिए उपेक्षा विहार युक्त ही है। मुद्रितायोषित् में उपेक्षा विहार और भी सार्थक है, क्योंकि ऐसी स्त्री के सान्निध्य में असंग बना रहना ही सच्ची साधना थी। विट का प्रश्नात्मक कटाक्ष है—ऐ भागवतों से बचकर रहने वाले, बुद्ध की करुणा और मैत्री का ढोंग करके क्या अपने साथ की विवाहिता स्त्री (मुद्रिता योषित्) की उपेक्षा करके विहार में रमना तेरे लिये ठीक है? भागवतों का दृष्टिकोण गृहस्थ धर्म के कर्तव्यों के प्रति बौद्धों से भिन्न था।

त्वयि मुद्रिता योषित्—जो स्त्री तेरे साथ मुद्रित हुई है, विवाह सम्बन्ध से बँधी है, तेरे घर में मुँदी (मुद्रिता) है। अथवा मुद्रिता का अर्थ मुद्रायुक्त भी है। मुद्रा = कामशास्त्र की रति मुद्रा, रतबन्ध, करण। साधना करते हुए तूने जिसके साथ मुद्राओं का अभ्यास किया है। क्या यह ठीक है कि अब तू उसके प्रति उपेक्षा बरतने का ढोंग करता है?

किं ब्रवीषि—"गृहीतो वञ्चितकस्यार्थः। (४) *स्पृष्टोऽस्म्युपासकत्वेन।* (५) *ईदृशः संसारधर्म इत्युक्तं तथागतेन" इति।* (६) *मा तावद् भोः।* (७) *तस्यामेव भगवतस्तथागतस्य वचनं प्रमाणं नान्यत्र।* (८) *किं ब्रवीषि—"कुत्र वा कदा वा मम तथागतस्य वचनमप्रमाणम्" इति।* (९) *इयं प्रतिज्ञा?* (१०) *किं ब्रवीषि—" कः सन्देहः" इति।* (११) *भद्रमुख श्रूयताम्—*

६५— (अ) *श्रमनिस्सृतजिह्वमुन्मुखं*
(आ) *हृदि निस्सङ्गनिखातसायकम्।*

तो क्या तुझमें मुद्रित (कामशास्त्र की मुद्राओं से युक्त) उस स्त्री के प्रति तेरा यह उपेक्षा-विहार (उदासीन वृत्ति) ठीक है? क्या कहता है—"इस कटाक्ष का मैं मतलब समझ गया। मैं अब उपासक हो गया हूँ। तथागत ने कहा है कि यही संसार धर्म है।" अरे, ऐसा मत कह। क्या उसी के लिये तथागत का वचन लागू होता है, दूसरी जगह नहीं? क्या कहता है—"कहाँ और कब मेरे लिये तथागत का वचन प्रमाण नहीं है?" अरे, तेरी ऐसी प्रतिज्ञा? क्या कहता है—"इसमें क्या सन्देह है?" भलेमानस सुन—

६५—भागने के श्रम से जिसकी जीभ लटक रही है, जो ऊपर मुँह उठाए देख रहा है, जिसके हृदय में निठुराई से बाण बींध दिया गया है, ऐसे हिरन को

---

६४ (४) *स्पृष्टोऽस्मि उपासकत्वेन*—बुद्ध के अनुयायी दो प्रकार के थे—उपासक और भिक्षु। उपासकों के लिये पाँच शिक्षापद थे—*यावज्जीवं प्राणातिपातात्, अदत्तादानात्, कामेहि मिथ्याचारात्, सृपावादात्, सुरमैरेय मद्य प्रमाद स्थानात् प्रतिविरमिष्यामि, महावस्तु,* ३/२६८/१०-१३ । इसके अतिरिक्त श्रामणेरों के पाँच शिक्षापद और थे। उसका तात्पर्य यही है कि मैंने उपासक के पाँच व्रतों का अभ्यास शुरू कर दिया है, इसलिये काम सम्बन्धी मिथ्याचार अब मैंने छोड़ दिया है।

६४ (५) *ईदृशः संसारधर्मः*—संसार में रहनेवाले उपासकों को इन पाँच व्रतों को धारण करना बुद्ध ने धर्म कहा है।

६४ (७) *तस्यामेव*—विट का व्यंग्य है कि तूने अपनी कामुकता की लपक और कहीं तो नहीं छोड़ी, उस बेचारी के लिये ही तू उपासक बना है।

६४ (११) *भद्रमुख*—भलेमानस, (२) मुँह की भद्रा करानेवाला या बाल घुटाने वाला।

६५—विट का व्यंग्य है कि तू शिकार में मृगों का वध करते हुए प्राणातिपात या हिंसा न करने के बुद्ध वचन की परवाह नहीं करता।

६५ (अ) *श्रम निस्सृतजिह्व*—(शिकारवाले हिरनपक्ष में) श्रम से जिसकी जीभ बाहर निकल रही है, (ध्यानी बुद्ध के पक्ष में) कठोर निराहार तप से जिनकी जिह्वा बाहर आ रही है। श्रम का अर्थ कठोर तप भी था जिसके कारण भिक्षु 'श्रमण'

(इ) समवेक्ष्य मृगं तथागतं
(ई) स्मरसि त्वं न मृगं तथागतम्॥

(१) एष प्रहसितः। (२) किं ब्रवीषि—''न खलु तथागतशासनं तव्यम्। (३) अन्यद्धि शास्त्रमन्यथा पुरुषप्रकृतिः न वयं वीतरागाः'' इति। (४) यद्येवमर्हति भवांस्तत्रभवतीं राधिकां तथाभूतां शोकसागरादुद्धर्तुम्। (५) किं ब्रवीषि—

शिकार में सामने आया हुआ देखकर तू उसके दुःख पर ध्यान नहीं देता, पर तथागत बुद्ध का ध्यान करना जानता है।

अरे, यह ठठाकर हँसा। क्या कहता है—''तथागत के शासन में शंका नहीं करनी चाहिए। शास्त्र और है, मनुष्य का स्वभाव कुछ और है, और हम भी वीतराग नहीं हैं।'' अगर यह बात है तो तुझे चाहिए कि उस अवस्था में पड़ी

कहलाते थे। (३) (मृग दाव वाले हिरन के पक्ष में) बुद्ध के श्रम या तप को देख कर क्लेश से जिसकी जिह्वा बाहर आ रही है।

६५ (अ) *उन्मुख*—(मृगपक्ष में) ऊपर मुँह किए हुए, (बुद्ध पक्ष में) ऊर्ध्व दृष्टि मुद्रायुक्त।

६५ (आ) *निस्संगनिखातसायक*—(मृग पक्ष में) निर्ममता से जिसके हृदय में बाण मार दिया गया है; (बुद्ध पक्ष में) जिन्होंने हृदय में निस्संग या असंग व्रत धारण किया है। असंग को *गीता* में शस्त्र कहा गया है—*अश्वत्थमेनं सुविरूढमूलमसंगशस्त्रेण दृढेन छित्वा* (१५/३)।

६५ (इ) *मृगं तथागतं*—इसके तीन अर्थ हैं—(१) एकान्तसेवी बुद्ध, (२) शिकार की उस अवस्था में सामने आया मृग, (३) मृग और तथागत बुद्ध। मृग = मृग की भाँति असंगचारी या एकान्त विहार करने वाले (*मृगका व असंगचारिणो प्रविविक्ता विहरन्ति भिक्षवः, महावस्तु,* ३/२४१/६; और भी देखें, एजर्टन, *कोश*)। तात्पर्य यह कि बुद्ध की तपश्चर्यानिरत मुद्रा का दर्शन करके तुझे बुद्ध का ध्यान नहीं आता, तू शिकारी के हिरन की ही बात सोचता रहता है। अथवा, धर्मचक्रप्रवर्तन मुद्रा में बुद्ध का और चरण चौकी पर उत्कीर्ण मृग का जब तू दर्शन करता है, तो बुद्ध का ध्यान न करके हिरन के मांस की बात ही सोचता है। इस तीसरे अर्थ में श्रमनिस्सृत जिह्व और उन्मुख विशेषण मृग के लिये तथा हृदि निस्संग निखात सायक बुद्ध के लिये लेने चाहिए।

तथागत शासनं—बुद्ध का उपदिष्ट धर्म, या बुद्ध की आज्ञाएँ।

पुरुषप्रकृति—पुरुष का स्वभाव। अथवा पुरुष और प्रकृति या स्त्री के सम्बन्ध का क्षेत्र दूसरा है, शास्त्र के उपदेश का दूसरा।

राधिका—पाँचवीं शती में राधिका नाम का प्रयोग ध्यान देने योग्य है।

"यदाज्ञापयति वयस्योऽयममञ्जलिः साधु मुच्येयम्" इति। (६) सर्वथा दुर्लभस्ते मोक्षः किन्त्वियमाशीः प्रतिगृह्यताम्।

६६— *(अ) विप्रोष्यागत उत्सुकामवनतामुत्सङ्ग मारोपय*
(आ) स्कन्धे वक्त्रमुपोपधाय रुदतीं भूयः समाश्वासय।
(इ) आबद्धां महिषीविषाणविषमामुन्मुच्य वेणीं ततो
(ई) लम्बं लोचनतोयशोण्डमलकं छिन्धि प्रियायाः स्वयम्॥

(१) एष प्रहस्य गतः। (२) इतो वयम्। (३) (परिक्रम्य) (४) अये को नु खल्वेष इत एवाभिवर्तते।

६७— *(अ) दुश्चीवरावयवसंवृतगुह्यदेशो*
(आ) बस्ताननः कपिलरोमशपीवरांसः।
(इ) आयाति मूलकमदन् कपिपिङ्गलाक्षो
(ई) दाशेरको यदि न नूनमयं पिशाचः॥

हुई तत्रभवती राधिका का शोक सागर से उद्धार कर। क्या कहता है—"मित्र जो आज्ञा, प्रणाम। राजी-खुशी विदा मिले (किसी तरह पीछा छूटे)।" मोक्ष तेरे लिये बिल्कुल असम्भव है। फिर भी मेरा आशीर्वाद ले।

६६—बाहर से आकर उत्सुक और अवनत प्यारी को अपनी गोद में बैठा, कन्धे पर सिर रखकर रोती हुई उसे फिर सान्त्वना दे, भैंसे के सींग की तरह बँधी हुई उसकी वेणी को खोल, तथा प्रिया की गरम आँसुओं से भीगी हुई लम्बी अलकों को स्वयं अपने हाथ से सुलझा।

वह खीसें निकालकर चला गया। मैं भी चलूँ। (घूमकर) अरे यह कौन इसी ओर आ रहा है—

६७—गंदे चीवर के चीथड़े से गुप्ताङ्ग को ढके हुए, बकरे के जैसी शक्ल वाला, पीला, लम्बे रोएँ वाला, भरे कंधों वाला, बंदर के जैसी कंजी आँखों वाला, मूली खाता हुआ यह कोई दाशेरक आ रहा है, सचमुच इस रूप में अगर पिशाच ही न हो।

---

६५ (५) *साधु मुच्येयम्*—(१) आपसे राजी-खुशी विदा लूँ, (२) अच्छा हो कि आपसे शीघ्र मेरा पिंड छूट जाये।

६५ (६) *दुर्लभस्ते मोक्षः*—(१) तेरे जैसे कुकर्मी के लिये मोक्ष असम्भव है, (२) तेरे जैसे वेश के गिरद भंभा लोगों का हम विटों से बिल्कुल पल्ला छुड़ा लेना मुश्किल है।

६६ (इ) *महिषीविषाण विषमां वेणीं*—विरह में बहुत दिनों तक केश संस्कार से विरहित एक वेणी का सटीक उपमान है।

६६ (ई) *शौण्ड*—सुरापान में आसक्त, अभ्यस्त। आँसू पीने की अभ्यस्त अलकावली।
लम्ब = उन्मुक्त, विरह में छुटी हुई अलकें।

६७ (ई) *दाशेरक*—दाशेर या दशपुर का निवासी।

(१) भवतु। (२) विज्ञातम्। (३) एष खलु भ्रातुरथवा वयस्यस्य तत्रभवतो दाशेरकाधिपतेरपत्यरत्नस्य गुप्तकुलस्यावासे दृष्टपूर्वः (४) तत् किमस्येह प्रयोजनम्? (५) एष मां कृताञ्जलिरुपसर्पति। (६) किं ब्रवीषि—

(७) "गुप्तकुलेण पेक्खसि ओवारिद पण पञ्च दिच्चु गणिका कावि कि देप्पयतित्ति इतप्पुं आणा दिह्ला। (८) णु पोरवीथीए अषेष आउण्णि काचि गणिका ए दीषइ तहम्मि तष्ष अ दीए। (९) तेणय्यं संमल्लेतो णिय्युदिष्ष ए अम्बाए मे षापितं

अच्छा, पता चल गया। इसे मैंने अपने बन्धु अथवा मित्र दाशेरकाधिपति के पुत्र गुप्तकुल के घर में कभी देखा है। इसका यहाँ क्या काम? यह मुझे हाथ जोड़ता हुआ आ रहा है। क्या कहता है—"गुप्तकुल ने आज्ञा दी है कि तू छिपकर देख। मैं एकमुश्त पाँच पण दूँगा। क्या कोई गणिका इतने बयाने से सन्तुष्ट हो जायेगी? यदिपुर वीथी में सरासर भरी हुई गणिकाओं में कोई गणिका ऐसी दिखाई दे तो मैं ही उसे यह बयाना दे दूँ। तो स्वामी की आज्ञा का स्मरण करते हुए एवं कुछ अपने मतलब से भी

---

६७ (३) *गुप्तकुलस्य*—दाशेर के स्वामी रुद्रवर्मा के पुत्र का नाम गुप्तकुल।
६७ (७) से ६७ (१२) तक प्राकृत भाषा के वाक्य हैं। इनका अर्थ इस प्रकार है—
६७ (७) गुप्तकुलेण. . . आज्ञा दिण्णा, यह प्रधान वाक्य है—गुप्तकुल ने आज्ञा दी है। पेक्खसि ओवारिद—तू छिपकर (अपवारित > ओवारिद) देख, चुपके से ढूँढ़। पण-पंचदिच्चु = मैं पाँच पण तक गणिका की उजरत देना चाहता हूँ। दिच्चु—सं० दित्सु > प्रा० दिच्छु (*पासद्द०*, ५६८)। कावि = सं० कापि, कोई। कि—सं० किं = क्या। देप्पयतित्ति—देप्पयति सं० दापयति > प्रा० देप्पयति = दिलवाती है। त्ति = इति। अथवा देप्पय = तु दिलवा दे। तित्ति = तृप्ति। तित्ति इतप्पुं = उसके तृप्त या संतुष्ट होने तक वह जितनी रकम चाहे। इतप्पु—प्रा० इत्तोप्प = इतः प्रभृति (उपरिवत्, १६७) तात्पर्य यह कि किसी गणिका को प्रसन्न करके तू यह रकम दिलवा दे।
६७ (८) णु-सं० नु—अगर, यदि। पोरवीथीए = पुर की वीथी में। अषेष—सं० अशेष = निःशेष, सब ओर। अउण्णि—सं० आपूर्ण > आउण्ण = पूर्ण, भरपूर (उपरिवत्, पृ० १३९)। काचि—सं० काचित् = कोई। ए = ऐसी। सम्बोधन या वाक्यालंकार या स्मरणार्थ अव्यय। दीषइ—दृश्यते = दिखाई पड़े। तहम्मि—तो मैं ही। अथवा त + हम्मि = तो जाकर। हम्मि = जाकर। हम्म = जाना (*हेम*, ४/१६२)। तष्ष—सं० तस्यै = उसे। अ दीए—सं० च दीये = दे दूँ। तो सब ओर गणिकाओं से भरी हुई नगर की वीथी में कोई ऐसी गणिका दिखाई दे तो उसे जाकर यह बयाना दे आऊँ।
६७ (९) *तेणय्यं*—तेन+अर्थ = तो अपने स्वामी को। संमल्लेन्तो = स्मरण करते हुए। सं० संस्मृ > प्रा० संभर, संभल। णिय्युदिष्प—निजोद्देशेन = अपने स्वार्थ या कार्यपूर्ति के उद्देश्य से। अम्बाए—अम्बा या वेश की माता से। ये षापितं—मया आख्यापितम् = मैंने कह दिया। तुर्यमर्थकेण—स्वीकृत धन का चौगुना तक मैंने कह दिया, अर्थात् बीस पण तक उजरत बढ़ा दी।

तुर्यमर्थकण। (१०) दाणि गणिका कामुप्पूलिद अष्षेण कुलंधित्थेव कामा ण अष्षे। (११) जइ गच्छामि विषक्कहे दण्डितुं होमि। (१२) रिदिवशा विषु एक एवं ति"।

(१३) अहो देशवेषभाषादाक्षिण्यसम्पदुपेतो गुप्तकुलस्य युवराजस्य मदनदूतो वेश एव वर्तमानो वेशमापणाभिधानेन पृच्छति। (१४) तन्न शक्यमीदृशं रत्नमवबोध्य विनाशयितुम्। (१५) ईदृश एवास्तु। (१६) एवं तावदेनं वक्ष्ये।

मैंने खाला से चौगुना दाम तक सुना दिया। पर इस समय तो गणिकाएँ, यद्यपि वे लबालब काम से भरी हैं, कुलदुहिता की तरह काम की बात ही नहीं करतीं। यदि जाकर यह विपरीत बात कह दूँ तो दंडित होऊँगा। सब रईस एक जैसे होते हैं।"

वाह देश, वेष, भाषा और दाक्षिण्य के गुणों से युक्त युवराज गुप्तकुल का मदनदूत वेश में ही मौजूद होते हुए वेश की उस दुकान का पता पूछ रहा है जहाँ यह सौदा बिकता है। तो ऐसे रतन को ठीक बात बता कर यहाँ से जल्दी सटका देना ठीक नहीं। यह ऐसा ही बना रहे। तो इससे यों कहूँ।

---

६७ (१०) *दाणि*—सं० इदानीम् = इस समय। कामप्पूलिद—कामोत्पुल्कित = काम से लबालब भरी हुई। अष्षेण = आँख या इन्द्रिय। जिसकी आँख में काम का वेग छलक रहा है, ऐसी गणिका भी कुलवधू की तरह काम की बात नहीं करती। कुलंधित्थेव—सं० कुलदुहितेव। सं० दुहिता > प्रा० धीआ, धिता, धित्था = कुल कन्या की भाँति। ण अष्षे—आख्या > अक्ख, अक्खा = नहीं बतियाती, काम की बात ही नहीं करती।

६७ (११) *जइ गच्छामि विषक् कहे दंडितुं होमि*—यदि जाकर यह विपरीत सूचना दे दूँ तो दंड का भागी बनूँगा। विषक्—सं० विष्वक् = विपरीत।

६७ (१२) *रिदिवशा*—सं० ऋद्धिवशाः = रईस। सं० ऋद्धि > रिद्धि, रिधि, रिदि। विषु—सं० विश्वे = सब। सब रईसज़ादों का स्वभाव एक जैसा होता है, अतएव वह भी मुझ पर खीझ उठेगा।

६७ (१३) *वेशमापणाभिधानेन पृच्छति*—वेश में आकर भी पूछ रहा है कि भाई यह माल किस दुकान पर बिकता है या मिलेगा। इससे उस मदनदूत का सरासर उल्लूपना ज्ञापित होता है। विट ने चुटीली भाषा में उसे 'रत्न' कहा है।

६७ (१४) *विनाशयितुम्*—भगा देना, सटका देना। णश अदर्शने धातु का एक अर्थ भाग जाना भी था। इससे सच्ची बात कह दूँ तो यह तुरन्त यहाँ से चम्पत होकर स्वामी के पास पहुँच जायेगा।

(१७) भद्र राजवीथ्यां लावणिकापणेषु मृग्यतां गणिका। (१८) एष प्रहर्षात् प्रणिपत्य गतः। (१९) इतो वयम्। (२०) (परिक्रम्य) (२१) क्व न खल्विदानीं दाशेरकदर्शनावधूतं चक्षुः प्रक्षालयेयम्? (२२) (विलोक्य) (२३) भवतु, दृष्टम्। (२४) एतद्धि तदस्माकं पूर्वप्रणयिन्याः शूरसेनसुन्दर्या निवेशनम्। (२५) कथमपावृतपक्षद्वारमेव। (२६) यावदेतत् प्रविशामि। (२७) (प्रविष्टकेन) (२८) क्व नु खल्विमं पादप्रचारश्रममपनयेयम्। (२९) भवतु दृष्टम्। (३०) इयं खलु प्रियङ्गुवीथिका प्रियेवोत्सङ्गेन शिलातलेन मामुपनिमन्त्रयते। (३१) यावदत्रोपविशामि। (३२) (विलोक्य) (३३) किमिहाभिलिखितम्। (३४) (वाचयति)।

६८— *(अ) सखि प्रथमसङ्गमे न कलहास्पदं विद्यते*
(आ) न चास्य विमनस्कतामश‍ृणवं न वाकल्यताम्।
(इ) युवानमभिसृत्य तं चिरमनोरथप्रार्थितं
(ई) किमस्य मृदितांगरागरचना तथैवागता॥ इति।

अरे भाई, राजवीथी में लावणिकापण (नमक की दुकानों) पर जाकर गणिका को खोज। यह तो खुशी से प्रणाम करके चला गया। हम भी चलें। (घूमकर) अब दाशेरक के दर्शन से धूलभरी आँखें कहाँ धोऊँ। (देखकर) ठीक, दिखाई पड़ गया। यह हमारी पुरानी प्रणयिनी शूरसेनसुन्दरी का मकान है। बगल का दरवाजा कैसे खुला है? तो इसमें प्रवेश करूँ। (अन्दर जाकर) कहाँ बैठकर पैदल चलने की थकावट दूर करूँ? ठीक, जान लिया। यह प्रियंगु की वीथी अपने शितातल पर बैठने के लिये प्यारी की गोद की तरह मुझे बुला रही है। तो यहाँ बैठूँ। (देखकर) यहाँ क्या लिखा है? (पढ़ता है)।

६८—हे सखि, प्रथम समागम में कलह का मौका नहीं आता, उस तेरे प्रियतम के रूठने की बात भी नहीं सुनी और न उसकी बीमारी ही सुनी गयी। चिर अभिलाषा के बाद प्राप्त उस युवक के पास से तू क्यों अंगराग रचना मिटाए बिना वापस लौट आयी।

---

६७ (१७) *लावणिकापण*—नमक बेचनेवालों की दुकानें। लवण से नमक और रूप-लावण्य दोनों का संकेत होता है।

६७ (१९) *पक्षद्वार*—प्रासाद के प्राकार में एक प्रधान तोरण या द्वार प्रकोष्ठ होता था और उसके बन्द होने पर आने-जाने के लिये एक पक्षद्वार होता था।

६८ (आ) *अकल्यता*—अस्वास्थ्य।

६८ (ई) *अमृदितांगरागरचना*--विशेषक आदि प्रसाधन चिह्नों के बिगड़े बिना।

(१) (विचिन्त्य) (२) कस्याश्चित् खल्वियं केनापि प्रत्याख्यातप्रणयाया दौर्भाग्यघोषणा घुष्यते। (३) तत् कं नु खलु पृच्छयेम्? (४) (कर्ण दत्त्वा) (५) अये इयं चरणाभरणशब्दसूचिता शूरसेनसुन्दरीत एवाभिवर्तते। (६) यैषा—

६९— *(अ) आलम्ब्यैकेन कान्तं किसलयमृदुना पाणिना छत्रदण्डं*
(आ) संगृह्यैकेन नीवीं चलमणिरशनां भ्रश्यमानांशुकान्ता।
(इ) आयात्यभ्युत्स्मयन्ती ज्वलिततरवपुर्भूषणानां प्रभाभिः
(ई) सज्योतिष्का सचन्द्रा सविहगविरुता शर्वरीदेवतेव॥

(१) भो यत्सत्यमभ्युत्थापयतीव मामप्यस्यास्तेजस्विता। (२) एषा मां कपोतकेनोपसर्पति। (३) अलमस्मानुपचारेण प्रत्यादेष्टुम्। (४) किमाह भवती—"चिरादपि तावत्स्वामिनामुपगतानामुपचारेण तावदयं जन आत्मानमनुगृह्णीयात्" इति। (५) अलमलमत्युपालम्भेन। (६) इदमुचितमुत्सङ्गासनमनुगृह्यताम्। (७) एषा मे शिरसा प्रतिगृहीतम् इत्युक्त्वा शिलातलार्धं श्रोणिबिम्बेनाक्षिपन्तीवोपविशति। (८)

(सोचकर) यह प्रेम में ठुकरा दी जाने वाली किसी स्त्री के दुर्भाग्य की घोषणा है। तो किससे पूछूँ? (कान देकर) अरे, पैर के गहनों की झनकार से यह शूरसेनसुन्दरी इधर ही आती जान पड़ती है।

६९—यह पल्लव जैसे सुकुमार एक हाथ से सुन्दर छाते की डांड़ी पकड़े हुए है। दूसरे से चंचल मणियों से गुँथी रशना वाली सरकती नीवी का छोर पकड़ कर खिसकते रेशमी वस्त्र को सँभाल रही है। भूषणों की चमक-दमक से झलकती हुई अंगयष्टि के साथ मुस्कुराती हुई यह चली आ रही है, मानो चन्द्रमा, नक्षत्र और पक्षियों की चहचहाहट से सुशोभित रात्रि की अधिदेवता हो।

अरे, सचमुच इसकी तेजस्विता मुझे भी उठने के लिए प्रेरित कर रही है। हाथ जोड़े वह मेरी तरफ आ रही है। अरे, इस खातिरदारी से मुझे मत निपटा। तूने क्या कहा—"बहुत दिनों के बाद स्वामी के आने पर उपचार से यह सेविका अपने को अनुगृहीत करना चाहती है।" बस बस, बहुत उलाहना हो चुका। तेरे लिये योग्य मेरी गोद के इस आसन पर कृपा कर। आपकी बात सिर माथे, यह

---

६९ (आ) *चलमणि रशना*—ऐसी रशना जिसके मनके धागे में एक स्थान पर गठियाए न होकर खिसकने वाले हों।
६९ (ई) *सज्योतिष्का*—नक्षत्र सहित। आभूषण नक्षत्रों के समान हैं।
६९ (ई) *सविहगविरुता*—पक्षिविरुत के साथ। यह पक्षिरुत किसी भी समय पक्षियों का बोलना न होकर सन्ध्या के समय बसेरा लेने से पूर्व पक्षियों की सम्मिलित चहचहाहट है जिसका काव्यों में प्रायः उल्लेख आता है। भवन बेद धुनि अति मृदुबानी। जनु खग मुखर समय जनु सानी (*रामचरितमानस,* अयोध्याकांड, १९५/७)। *शकुनीनामि-वावासे* (पाद० २७-अ) में इसी का उल्लेख है। यहाँ नक्षत्र और चन्द्रमा सहित पूर्णिमा की सायंकालीन छवि की कल्पना है।
६९ (१) *कपोतक*—दे०, पाद० ५८ (अ)।

अये न खल्वत्रोपवेष्टव्यम्। (९) किमाह भवती—"किमर्थे" इति। (१०) नन्विदं कस्या अपि चरितं केनापि प्रत्याख्यातप्रणयायाः श्लोकसंज्ञकमयशोऽस्माभिर्दृष्टम्। (११) (कथं हस्ताभ्यां प्रमार्ष्टि) (१२) चोरि, न शक्यमिदानी प्रमार्ष्टुम्। (१३) इदं हि मे हृदि लिखितम्। (१४) एषा किं वारयति?

(१५) किमाह भवती—"जानीत एवास्मत्स्वामी-यथास्मत्सख्या कुसुमावतिकायाः प्रियवयस्यं चित्राचार्ये शिवस्वामिनं प्रति महान् मदनोन्मादः" इति। (१६) सुष्ठु जानीमः, (१७) तत्रभवत्या कुसुमावतिकया तत्रभवानभिगमनेनानुगृहीतः। (१८) किमाह भवती—"मदनविक्लवस्य स्त्रीहृदयस्यायं स्वभावः, (१९) कृतमनया स्त्रीचापल्यं" इति। (२०) चित्रः खलु प्रस्तावः, (२१) पृच्छाभ्येनाम्। (२२) भवति, विस्रम्भः पृच्छति न पररहस्यकुतूहलिता। (२३) तत् कथमनयोश्चिराभिलषितसमागमोत्सवो निर्वृत्तोऽभूत? (२४) किमाह भवती—"श्रूयतां" इति। (२५) अवहितोऽस्मि। (२६) किमाह भवती—"तस्यां किल वारुणीमदलक्षेण तद्भवन्तमनुगृहीतायां तत्रभवतो वयस्यस्य—

७०— *(अ) गतः पूर्वो यामः श्रुतिविरसया मल्लकथया*
(आ) द्वितीयो विक्षिप्तः पललगुडबाह्यव्यतिकरैः।

कहकर वह आधी पटिया को अपने नितम्ब से घेर कर बैठ गई। अरे तुझे यहाँ नहीं बैठना चाहिए। तूने क्या कहा—'क्यों?' यह किसी टुकराई प्रेमिका का चरित किसी ने श्लोक में अपनी बदनामी के रूप में लिखा है, वह मैंने देखा है। (क्यों इसे हाथ से मिटाने लगी?) चोट्टी, इसे मिटाना सम्भव नहीं, यह तो मेरे हृदय में लिख गया है। यह क्यों छिपाती है?

तूने क्या कहा—"आप तो सब जानते हैं कि मेरी सखी कुसुमावतिका का आपके प्रिय मित्र चित्राचार्य शिवस्वामी के प्रति गहरा कामोन्माद हो गया है।" खूब जानता हूँ। और यह भी कि कुसुमावतिका ने उसे अपने आगमन से अनुगृहीत किया। तूने क्या कहा—"काम विकल स्त्री हृदय का यही स्वभाव है, सो उसने स्त्री चपलता दिखलायी।" विचित्र बात है, मैं इससे पूछूँ। अरी, तुम दोनों का जो विश्वास मुझे प्राप्त है उसी से पूछ रहा हूँ, पराया रहस्य जानने के कुतूहल से नहीं। तो कैसे इन दोनों का चिर अभिलषित कामोत्सव सुख से निपटा? तू क्या कहती है—"सुनिए"। मैं सावधान हूँ। तूने क्या कहा—"वारुणी का नशा चढ़ने पर जब वह शिवस्वामी को अनुगृहीत करना चाहती थी तो आपके मित्र का यह हाल हुआ—

७०—सुनने में अरुचिकर अपनी कुश्ती की कहानी कहते-कहते उसने पहला पहर बिता दिया और दूसरा पहर तिलकुट, गुड़ आदि की बातों के बे-मतलब

(इ) तृतीयो गात्राणामुपचयकथाभिविंगलितः
(ई) ततस्तन्निर्वृत्तं कथयितुमलं त्वय्यपि यदि॥" इति।

(१) सुन्दरि कुतस्त्वयैतदुपलब्धम्? (२) किमाह भवती—"तस्यैव सख्युरुदवसितादागतात् प्रतीहारपद्मपालादुपलब्धवृत्तान्तया मयैष श्लोकः सुखप्राश्निकहस्तेना नुप्रेषितः। (३) ततः सा तेनैव परिचारकेण मामुपस्थिता लज्जाविलक्षमुपहसन्तीव मामुक्तवती—(४) न च रहस्यानाख्यानेन भवतीमाक्षेप्तुमर्हामि, (५) श्रूयतामिदमपूर्वमिति। (६) ततोऽनया यथावृत्तं सर्वे मह्यमाख्यातम्। (७) तेन हि त्वमप्यनेन श्रोतामृतेन संविभक्तुमर्हसि" इति। (८) एषा सतलघातं प्रहस्य कथयति। (९) सुन्दरि, किं ब्रवीषि—"श्रूयतामिदमिदानीं यन्मम प्रियसख्या कथितम्। (१०) साहि मामुक्तवती"—प्रियसखि, स हि मया—

७१— *(अ) आलिङ्गितोऽपि स मया परिचुम्बितोऽपि*
(आ) श्रीण्यर्पितोऽपि करजैरुपचोदितोऽपि।
(इ) खिन्नास्मि दार्विव यदा न स मामुपैति
(ई) शय्याङ्गमेकमुपगूह्य ततोऽस्मि सुप्ता॥

(१) ततो मयोक्ता—"कृच्छ्रं बतानुभूतवत्यसि। (२) किमेतन्नावगच्छामि" इति। (३) ततो निश्वस्य मामुक्तवती—

पचड़ों में गुजर गया। तीसरा पहर शरीर को पुष्ट बनाने की बातें बताते हुए गला दिया। उसके बाद जो हुआ वह आपसे भी कहना न पड़े (तो अच्छा)।

सुन्दरी, तुझे इन सब बातों की खबर कहाँ लगी? तूने क्या कहा—"उसी के मित्र के घर से आए हुए प्रतीहार पद्मपाल से खबर पाकर मैंने यह श्लोक खोज-खबर लेने वाले (सुख प्राश्निक) के हाथ भेजा। तब उसने उसी परिचारक के साथ आकर लजाकर हँसते हुए मुझसे कहा—'तुझसे भेद छिपाकर मैं तुझे परेशान करना नहीं चाहती। इसलिए यह नयी बात सुन।' तब उसने मुझसे आपबीती सच्ची बात कही। तो आप भी इस श्रोत्रामृत में हिस्सा बटा लें।" यह ताली पीट कर हँसते हुए कह रही है। सुन्दरि, क्या कहती है—"मेरी सखी ने जो कुछ मुझसे कहा उसे अब सुनिए। उसने मुझसे कहा—हे प्रियसखी!

७१—मैंने उसका आलिंगन किया और चुम्बन लिया, उसके नितम्बों पर मैंने नखक्षत किए और उसे रति के लिए उकसाया। पर जब काठ की तरह जड़ रहकर वह मुझसे न मिला तब मैं उससे खीझ कर खाट की पट्टी से लिपट कर पड़ गई।"

इस पर मैंने कहा—'तूने बड़ी तकलीफ झेली। क्या मैं इतना नहीं समझती?' उसने आह भर कर मुझसे कहा—

---

७० (ई) *ततस्तन्निर्वृत्तं*—ध्वज भंग की ओर संकेत है।

७२— *(अ) यदा सर्वोपायैश्चटुभिरुपयातोऽपि स मया*
(आ) न यत्नं कुर्वाणो मयि मनसिजेच्छामलभत।
(इ) ततस्तस्मिन् सर्वप्रतिहतविधानाऽस्मि सहसा
(ई) स्वदौर्भाग्यं मत्वा स्तनतटविकम्पं प्ररुदिता॥

(१) ततः स मां रुदतीमुत्सङ्गमारोप्य मुहुर्मुहुर्व्यर्थैश्चुम्बनपरिष्वङ्गैराश्वासयन्नाम दृढमात्मानमायासितवान्। (२) उक्तं च मया—"कि ते पाणिभ्यां स्पृष्टया" इति। (३) ततो ब्रीडाञ्चितसाध्वसस्वेदवैपथुः शुष्यता मुखेन नातिप्रगल्भाक्षरमुक्तवान्—

७३— *(अ) न निन्दितुमनिन्दिते सुभगतां निजामर्हसि*
(आ) च्युतं हि मम चक्षुरेतदभितो निधिं पश्यतः।
(इ) वधाय किल मेदसो यदपिबं पुरा गुग्गुलुं
(ई) तदेतदुपहन्ति मे व्यतिकरामृतं त्वद्गतम्॥

(१) ततो मया चिन्तितम्—

७४— *(अ) मेदःक्षयाय पीतो*
(आ) यदि गुग्गुलुरिन्द्रियक्षयं कुरुते।

७२—जब सब उपायों और खुशामदों से उकसाने पर भी उसने अपनी ओर से जतन करके भी मेरे प्रति अपना काम नहीं जगा पाया, तब मैं सहसा उसमें अपनी सब जुगत बेकार हो जाने से और अपना दुर्भाग्य जानकर अपनी छाती कूट कर रो पड़ी।

तब रोती हुई मुझे गोद में लेकर बार-बार के व्यर्थ चुम्बनों और आलिंगनों से ढाढ़स देते हुए उसने अपने को खूब थकाया। मैंने उससे कहा—'हाथों से छूने से क्या होता है?' तब लज्जा और घबराहट से पसीने-पसीने होकर सूखते हुए मुँह से उसने कुछ दबे शब्द कहे—

७३—हे अनिन्दिते, अपने सोहाग की निन्दा मत कर। इतनी बड़ी निधि देखते हुए भी मेरी आँखें फूट गईं। चर्बी घटाने के लिये जो मैंने पहले गुग्गुल का सेवन किया था वही तेरे साथ सम्मिलन के मेरे अमृत सुख को मार रहा है।

तब मैंने सोचा—

७४—चर्बी घटाने के लिये पिया गया गुग्गुल यदि इन्द्रिय शक्ति की रेड़

---

७४ (अ) *मेदः क्षयाय पीतः*—सुश्रुत ने भेद घटाने के लिये गुग्गुल सेवन कहा है—*शिलाजतु गुग्गुल गोमूत्र त्रिफला लोहरजोरसाञ्जन मधुयव मुद्गकोरदूषकश्यामाको द्दालकादीनां विरूक्षण छेदनीयानां च द्रव्याणां विधिवदुपयोगो व्यायामो लेखनबस्त्युपयोगश्चेति चिकित्सास्थान,* (१५/३२)। [मैं इस सूचना के लिये अपने मित्र वैद्य श्री अत्रिदेव जी का अनुगृहीत हूँ। —अनुवादक]

(इ) धूपार्थोऽपि न कार्यो
(ई) गुग्गुलुना कामयमानेन॥ इति।

(१) एवमावयोश्चिरप्रार्थितमपार्थकं समागमनं प्राप्तकालमिच्छतोः—

७५— *(अ) रजनीव्यपयानसूचको*
(आ) नृपतेर्दुन्दुभिपारिपार्श्वकः।
(इ) अपठत् स्तुतिमङ्गलान्यलं
(ई) स हि घण्टामभिहत्य घाण्टिकः॥

(१) ततस्तेनैव दक्षिणेनेव सुहृदा तस्मात् संकटात् परिमोचिता कामिना सव्रीडं मुहूर्तमनुगम्य प्रेषिता। (२) स्वगृहमागता च त्वया च सुखप्राश्निकाभिधानेनोपहसिताऽस्मि। (३) तदेतत्ते सर्वमशेषतः कथितम्। (४) अहमिदानीं मिथ्याप्रजागरं दिवास्वप्नेनापनेष्यामीत्युक्त्वा मयाऽनुज्ञाता। (५) तदनन्तरागतेन समिनाऽप्येतच्छ्रुतम्" इति। (६) तेन ह्यनेनैव परिहासप्लवेन तत्रभवतः शिवदत्तस्य पुत्रं शिवस्वामिनं पुरुषडंभगम्भीरकीर्तिसागरमवगाहिष्ये। (७) पश्यतु भवती—

मारता है, तो कामियों को गुग्गुल के धूप का भी सेवन न करना चाहिए।

इस तरह हम दोनों के चिर अभिलषित सुरत के असफल हो जाने पर हम दोनों सोच रहे थे कि अब क्या करें कि—

७५—रात बीतने की सूचना देने वाले राजा के नगाड़ची (दुन्दुभि पारिपार्श्वक) घड़ियाली ने जोर से घंटा बजा कर स्तुति मंगल पढ़ा।

अनुकूल मित्र के समान उसने उस संकट से मुझे छुड़ा दिया। तब वह कामी लज्जा से मुहूर्त भर साथ आकर मुझे छोड़ गया। जब मैं अपने घर लौट आई उसी समय कुशल-प्रश्न लेने वाला दूत भेजकर तूने मानो मेरी हँसी उड़ायी। तो मैंने तुझसे यह पूरा ब्योरा कह दिया। अब मैं उस व्यर्थ के रतजगे को दिन में सोकर दूर करूँगी। उसके यह कहने पर मैंने उसे विदा दी। इसके बाद आए हुए आपने भी यह सब सुन लिया। तो महाशय शिवदत्त के पुत्र इस शिवस्वामी ने अपने पुरुषत्व का जो झूठा यशरूपी गहरा समुद्र रच रक्खा है, उसकी थाह मजाक के जहाज से लूँगा। तू देख—

---

७५ (आ) *दुन्दुभिपारिपार्श्वक*—दुन्दुभि या नौबत का बड़ा नगाड़ा बजाने पर नियुक्त सेवक। पारिपार्श्वक = सेवक। *परिपार्श्व पार्श्वं व्याप्य वर्तते, पारिपार्श्वकः*। यह अधिकारी घाण्टिक भी कहलाता था और प्रातःकाल राजा के उठने की सूचना देने के लिये घड़ियाल बजाकर स्तुति मंगल का पाठ करता था। *राज्ञः प्रबोधसमये घण्टाशिल्पास्तु घाण्टिकाः* (क्षीरस्वामी)। घाण्टिक को ही पहले चाक्रिक भी कहा है [पा०, ५ (६)]।

७५ (६) *पुरुषडंभ*—रामकृष्ण कवि के संस्करण से यही पाठ यहाँ रक्खा है, पर पुरुषदंभ शुद्ध पाठ होना चाहिए।

७६— *(अ) यो गुग्गुलं पिबति मेदसि सम्प्रवृद्धे*
(आ) तस्य क्षयं व्रजति चण्ड्यचिरेण भेदः।
(इ) स्त्रीणां भवत्यथ स यौवनशालिनीनां
(ई) आलेख्ययक्ष इव दर्शनमात्ररम्यः॥

(१) एषा प्रहस्योत्थिता—यास्यामि—इति। (२) भवतु, अलमञ्जलिना। (३) इतो वयम्। (४) (परिक्रम्य)

(५) किं नु खल्विमान्युद्दण्डपुण्डरीकवनपण्डशोभानुकारीण्युद्ग्रीववदनपुण्-डरीकाणि विस्मयविततक्षमालाशबलानि (६) उरसि निहितकरपल्लवान्यन्योन्य-संज्ञापरिवृत्तकानि (७) निवृत्तकन्दुकपिञ्छोलाकृतकपुत्रक दुहितृकाक्रीडनकानि (८) वेशरथ्यायाः प्रतिभवनच्छायासु वेशकन्याकावृन्दकान्यवलोकयन्ति? (९) अये किं नु खल्विदम्—

७६—हे चंडि, चर्बी बढ़ने पर जो गुग्गुल पीता है उसकी चर्बी जल्दी ही घट जाती है और वह जवान स्त्रियों के लिये चित्रलिखित (आलेख्य) यक्ष की तरह केवल देखने में ही खूबसूरत रह जाता है।

वह हँसकर उठी—'मैं अब जाऊँगी।' अरे, प्रणाम करने की आवश्यकता नहीं। मैं भी चला। (घूमकर)

सनाल कमलों के झुरमुट के समान जिनकी शोभा है, जो मुखकमलयुक्त अपनी ग्रीवा ऊपर उठाये हुई हैं, जिनकी शबलित चितवनें खुली हुई हैं, जो छाती पर हाथ रक्खे हुए एक-दूसरे को लौटने का इशारा कर रही हैं, और जो गेंद, पिञ्छोला बाजा, गुड्डे-गुड़िया और खिलौनों के खेल से छुट्टी पाकर वेश की गली में भवनों की छाया में खड़ी हैं, ऐसी वेशकन्याओं का समूह यह क्या देख रहा है? अरे, यह क्या है?

---

७६ (ई) *आलेख्ययक्ष*—गुप्तकालीन चित्रों में यक्षमूर्तियाँ अंकित की जाती थीं, यह इसका प्रमाण है।

७६ (६) *संज्ञा*—इशारा। परिवृत्तक = लौटाना।

७६ (७) यहाँ कन्याओं के चार खेल दिए हैं। उनमें पिञ्छोला या मुँह से बजाने का बाजा भी है जिसका उल्लेख पहले आ चुका है [*पाद०*, ५० (६), ५२-इ]। रामकृष्ण कवि ने तीन जगह पिञ्छोला, पिञ्वाला, पिञ्जोला तीन रूप दिए हैं, पर शुद्धरूप पिञ्छोला ही था।

७६ (७) *कृतकपुत्रकदुहितृका*—गुड्डे-गुड़िया।

७७— *(अ) अरञ्जरमिदं लुठत्यथ दृतिः समाकृष्यते*
(आ) कबन्धमिदमुत्थितं व्रजति किं कुसूलद्वयम्।
(इ) भवेत् किमिदमद्भुतं भवतु साम्प्रतं लक्षितं
(ई) तदेतदुपगुप्तसंज्ञमुदरं समुत्सर्पति॥

(१) भोः सुष्ठु खल्विदमुच्यते धूर्तपरिषत्सु—

७८— *(अ) करभोगैर्गुप्तगलो*
(आ) हरिकृष्णः कृष्ण एष वनमेषः

७७—यह बड़ा कुंडा लुढ़कता आ रहा है, या कोई मशक घसीटता ला रहा है, या कबन्ध उठ कर खड़ा हो गया है, या दो कुठले चल रहे हैं,—यह कौन-सी अचरज भरी वस्तु है? अच्छा अब समझ में आया—यह तो उपगुप्त का तुंदिल शरीर रेंगता आ रहा है।

(इसकी हुलिया देखकर लगता है कि) धूर्त मण्डली में आवाजकशी ठीक ही होती है—

७८—छिपाकर सरकारी माल गटकने वाला कोतल-गर्दन हरिकृष्ण काला

---

७७ (अ) मोटे उपगुप्त की हुलिया अरञ्जर, दृति, कबन्ध और कुसूल जैसी कही गई है। अरञ्जर = बड़ाकुम्भ, बड़ा घड़ा, गोल। *अमरकोश* के अनुसार इसका शुद्ध रूप अलिंजर था *(अलिञ्जरः स्यान् मणिकम्)*। अलञ्जर, अरञ्जर उसी के रूप भेद हैं। अलि = छोटे शराव। जिस समय बड़े घड़े बनते थे कुम्हार के घर की सब मिट्टी उन्हीं में लग जाती थी, और छोटे शकोरे न बन पाते थे, इसलिए उसे 'अलिञ्जर' कहा गया *(अलीन् जरयति)*। नालन्दा, सारनाथ, काशीपुर आदि की खुदाई में अलिञ्जर जैसे महाकुम्भ प्राप्त हुए हैं (दे०, *हर्षचरित : एक सांस्कृतिक अध्ययन*, पृ० २०४, टिप्पणी)।

७७ (आ) *कुसूलद्वयम्*—दो कुठले। फूली हुई दोनों रानों का उपमान है। अलिञ्जर सिर का, दृति पेट का, कबन्ध छाती का और कुसूलद्वय टाँगों का उपमान है।

७७ (१) *धूर्त परिषत्सु*—उस युग की विट गोष्ठियों में बेईमान सरकारी अफसरों की सटीक हिजो उतारी जाती थी। इन श्लोकों को पढ़कर चित्त प्रसन्न हो जाता है।

७८ (अ) *करभोगैः*—सरकारी लगान के भोग या हजम करने से। भोग उन गुजारे की भूमियों को भी कहते थे जो राज्य की ओर से सेवा पुरस्कार के रूप में दी जाती थीं। दुष्ट अधिकारी उन माफियों में काट-कपट करके माल चाब जाते थे। क्षेमेन्द्र ने भी *देशोपदेश नर्ममाला* में इसकी शिकायत की है।

७८ (अ) *गुप्तगलः*—जिसकी गर्दन नहीं के बराबर है, जिसे आजकल कोतल गर्दन कहते हैं। व्यंग्य यह है कि राज्य का माल छिपाकर खाने के लिये हरिकृष्ण ने अपना गला ही गुप्त कर रखा है कि कोई देख न ले। या सरकारी माल खाते-खाते उसकी गर्दन घिसकर गायब हो गई है। वह जंगली काला मेंढ़ा जैसा लगता है।

(इ) गोमहिषो हरिभूति

(ई) दृतिगुप्तोऽनिलाध्मातः ॥ इति।

(१) कथं नु तावदिमं सा तपस्विनी गङ्गायमुनयोश्चामरग्राहिणी पुस्तकवाचिका मदयन्ती प्रियवयस्यं नस्तत्रभवन्तं त्रैविद्यवृद्धं पुस्तकवाचकमुत्सृज्योपगुप्तमनुरक्ता? (२) तथा चास्य कोमलाभ्यां भुजाभ्यां परिष्वज्यते। (३) अथवा न तस्याः परिष्वङ्गेन प्रयोजनम्। (४) सा हि तपस्विनी निवृत्तकामतन्त्रा रजोपरोधात् केवलं कुटुंबतन्त्रार्थे शब्दकाममनुवर्तते। (५) गम्यश्चायमस्याः। (६) ''अपुमान् शब्दकामः' इति दात्तकीयाः। (७) (विलोक्य) (८) किञ्च तावदयमाविग्न इव। (९) आ ज्ञातम्।

जंगली मेंढ़ा है। हरिभूति पूरा भैंसा है और दृतिगुप्त हवा से फूली मशक है।

यह क्या बात है कि वह बेचारी गंगा-यमुना की चामर-ग्राहिणी पुस्तक-वाचिका मदयन्ती हमारे प्रियमित्र उस त्रैविद्यवृद्ध, पुस्तकवाचक को छोड़कर उपगुप्त में अनुरक्त हो गयी। वह तो अपनी कोमल भुजाओं से उसका वैसा आलिंगन किया करता था। पर उस बेचारी को आलिंगन में कोई मजा नहीं। वह रज-प्रवाह सूख जाने के कारण कामतंत्र से रहित हो चुकी है। अब केवल कुटुम्ब पालने के लिये बातचीत से चुहलबाजी करती है। उसके लिए यह ठीक है। दत्तक के अनुयायी कहते हैं—पुंस्त्व शक्ति से रीता व्यक्ति बातचीत से ही काम निकालना चाहता है। (देखकर) यह क्यों कुछ उद्विग्न-सा मालूम पड़ता है? हाँ, समझ गया।

---

७८ (इ) *गोमहिष*—नरभैंसा।

७८ (ई) *दृतिगुप्त*—यह भी निन्दित नाम है जो मशक की तरह फूल जाने के कारण पड़ गया है।

७८ (१) *गंगायमुनयोश्चामरग्राहिणी*—गंगा-यमुना के मन्दिर में चामरग्राहिणी का कार्य करनेवाली। गुप्तकाल में गंगा-यमुना संज्ञक नदी-देवताओं के मन्दिर बनने लगे थे। एलौरा के कैलास मन्दिर के एक भाग में ऐसा मन्दिर है। चँवर ढालना गंगा यमुना की मूर्तियों की विशेषता थी (*मूर्ते च गंगायमुने तदानीं सचामरे देवमसेविषताम्, कुमारसम्भव,* ७/४२)।

७८ (१) *पुस्तकवाचक*—गुप्तकालीन समाज में इनका विशेष स्थान था। बाण ने अपने मित्रों की सूची में पुस्तक-वाचक सुदृष्टि का उल्लेख किया है जो मधुर कंठ से उसके लिये वायुपुराण बाँचता था (*हर्ष,* पृ० ८५)।

७८ (६) *दात्तकीयाः*—दत्तक आचार्य के शिष्य। इन्होंने वेश पर कोई ग्रन्थ लिखा था, ऐसा वात्स्यायन से ज्ञात होता है।

(१०) तस्या एव मात्रा पणार्थमधिकरणायाकृष्यत इति वेशे मयोपलब्धम्। (११) यतः श्वश्र्वा सह कृतविवादेनानेन भवितव्यम्। (१२) महदिदं परिहासवस्तु। (१३) न शक्यमस्यातिक्रमणादात्मानं वञ्चयितुम्। (१४) यावदेनमुपसर्पामि। (१५) (उपेत्य) (१६) हण्डे वैशवीथीयक्ष कुतो भवान्। (१७) एष पादचार-खेदात् काकोच्छ्वासश्रमविषमिताक्षरं-अयमञ्जलिः—इत्युक्त्वा स्थितः। (१८) स्वस्ति भवते। (१९) किं ब्रवीषि—"एष खलु तया वृद्धपुंश्चल्या सह विवादार्थे गत्वा कुमारामात्याधिकरणादागच्छामि" इति। (२०) कथं भवन्तं जयेन वर्धयामः, (२१) उताहोस्वित् दण्डसाहाय्येन सम्भावयामः? (२२) किमाह भवान्—"कुतो जयदण्डाभ्यां सह संयोगः केवलं क्लेशोऽनुभूयते" इति। (२३) कस्मात्? (२४) किं ब्रवीषि—

उसकी माता ने रकम के लिए उसे अधिकरण में घसीटा है, ऐसा मुझे वेश में पता लगा है। तो सास के साथ इसका विवाद हुआ है। यह बड़े मजे की बात है। मैं उससे बचकर अपने को घाटे में रखना नहीं चाहता। उसके पास चलूँ। (पास पहुँचकर) अरे जनानिए (हंडे), वेशवीथी के यक्ष, तू यहाँ कहाँ? वह पैदल चलने से थोड़े में ही थककर हाँफता हुआ (काकोच्छ्वास) लड़खड़ाते स्वर से प्रणाम करके खड़ा हो गया। तेरा कल्याण हो। क्या कहता है—"उस बुड्ढी हरजाई के साथ विवाद के लिये जाकर कुमारामात्य के अधिकरण से आ रहा हूँ।" तो क्या तुझे जीत की बधाई दूँ, या जुरमाने की रकम अदा करने में सहायता पहुँचाऊँ। तूने क्या कहा—"जय और दंड के साथ कहाँ भेंट? केवल क्लेश हाथ लगा है।" क्यों? क्या कहता है—

---

७८ (१०) *मात्रा*—वेश्या की माता, खाला जिसे प्रेमी की 'श्वश्रू' भी कहा गया है।

७८ (११) *कृतविवाद*—जिसने विवाद या मुकद्दमा कर दिया है। 'विवाद' अदालत का पारिभाषिक शब्द है। ७७ (१९) में भी यही अर्थ है।

७८ (१७) *काकोच्छ्वास*—उथली टूटी साँस।

७८ (१९) *कुमारामात्याधिकरण*—अधिकरण = अदालत, न्यायालय। कुमारामात्य—गुप्त शासन में एक पदवी (ह्डुठ्ठ्य) जो मंत्रिपरिषद् के सदस्य, महादंडनायक, विषयपति आदि सम्मानित व्यक्तियों को दी जाती थी। सान्धिविग्रहिक महादंडनायक हरिषेण को तथा कोटिवर्ष विषय के अधिपति को कुमारामात्य कहा गया है।

७८ (२१) *जय*—मुकद्दमे का अपने पक्ष में निर्णय। दण्ड = यहाँ अर्थदण्ड से तात्पर्य है।

७९— (अ) *''प्रध्याति विष्णुदासो*
(आ) *भ्रात्रा किल तर्जितोऽस्मि कोङ्केन।*
(इ) *द्राक्तेनाभिहतोऽहं*
(ई) *क्रोशति विष्णुः स्वपिति चात्र॥*

(१) *अपि च—*

८०— (अ) *मृगयन्ते तदधिकृता*
(आ) *मृगयन्ते पुस्तपालकायस्थाः।*
(इ) *काष्ठकमहत्तरैरपि*
(ई) *विधृतोऽस्मि चिरं मृगयमाणैः॥*

(१) *अपि च ततो मयावधृतम्—*

७९—अधिकरण का यह हाल है कि वहाँ विष्णुदास जैसे ध्यान लगाता है, उसके भाई कोंक ने (वसूलने के लिये) मुझे डरवाया था और अभी-अभी मुझे पिटवा चुका है। विष्णुदास उल्टे मुझे ही डपटता है और अधिकरण में बैठा हुआ ऊँघता है।

और भी—

८०—वहाँ के अधिकारी (घूस) माँगते हैं। पुस्तपाल और कायस्थ भी माँगते ही माँगते हैं। काष्ठक महत्तरों (कचहरी के प्यादों) ने भी देर तक माँगने के बाद अब मुझे पकड़ ही लिया है।

वहाँ से मुझे यह अनुभव हुआ—

---

७९ (अ) *प्रध्याति*—(१) मामले का विचार करता है, (२) ध्यान लगाता है। व्यंग्य यह है कि मामले पर विचार क्या करता है, ध्यान लगाने लगता है, गुमशुम बैठकर कुछ सुनता समझता नहीं। उस युग की कचहरियों में घोटाले का उल्लेख श्लोक २५ में भी आया है।
८० (अ) *मृगयन्ते*—मृग् धातु का एक अर्थ माँगना भी है।
८० (आ) *पुस्तपाल*—सरकारी कार्यालय में कागज-पत्र रखनेवाले विशेष अधिकारी, मुहाफिजखाने का अमला। कायस्थ = पेशकार या दफ्तर का मुख्य लेखनाधिकारी। काय (= सरकारी दफ्तर में)+स्थ (= रहनेवाला)। दामोदरपुर ताम्रपत्रलेख में पुस्तपाल और गुणैधर लेख में कायस्थ का उल्लेख आता है। एक-एक अधिकरण में कई पुस्तपाल और कायस्थ होते थे।
८० (ई) *काष्ठकमहत्तर*—काष्ठ या लट्ठ लिए हुए महत्तर संज्ञक अधिकारी। ये अदालती प्यादे या चपरासी जान पड़ते हैं। बाण ने हर्षचरित में कटक नामक सिपाहियों का उल्लेख किया है जो डंडा या लट्ठ रखते थे (*हर्षचरित : एक सांस्कृतिक अध्ययन*, पृ० १२९)।

८१— (अ) *गणिकायाः कायस्थान्*
(आ) *कायस्थेभ्यश्च विमृशतो गणिकाः।*
(इ) *गणिकायै दातव्यं*
(ई) *रतिरपि तावद् भवत्यस्याम्॥" इति।*

(१) दिष्ट्या कायस्थवागुरादतीतं भवन्तमक्षतं पश्यामि। (२) सर्वथा प्रतिबुद्धोऽसि। (३) इदानीमियमाशीः—

८२— (अ) *कलमधुररक्तकण्ठी*
(आ) *शयने मदिरालसा सवदना च।*
(इ) *वक्त्रापरवक्त्राभ्या-*
(ई) *मुपतिष्ठतु वारमुख्या त्वाम्॥*

(१) एष सतलघातं प्रहस्य प्रस्थितः। (२) इतो वयम्। (३) (परिक्रम्य) (४) अये अयमपरः—

८३— (अ) *स्रस्तेष्वङ्गेष्वाढकान् लाटभक्त्या*
(आ) *दत्त्वा चित्रान् कोऽयमायाति मत्तः।*
(इ) *विभ्रान्ताक्षो गण्डविच्छिन्नहासो*
(ई) *वेशस्वर्गे किं कृतेऽयं प्रविष्टः॥*

८१—गणिका और कायस्थ, कायस्थ और गणिका, इन दोनों पर विचार कर देखने से जान पड़ता है कि गणिका को ही धन देना अच्छा, क्योंकि उससे मजा तो मिल जाता है।

बधाई जो कायस्थ के जाल में फँसकर भी तुझे सकुशल बाहर आया हुआ देख रहा हूँ। तू पूरा उस्ताद है। मेरा यह आशीर्वाद ले—

८२—शयन पर सुन्दर मधुर स्वर से गुनगुनाती हुई मदिरालसा और सकामा मुख्य वेश्या वक्त्र और अपरवक्त्र मुद्रा में तेरी आवभगत करें।

वह ताली पीट कर हँसता हुआ चला गया। मैं भी चलूँ। (घूमकर) अरे, यह दूसरा कोई है—

८३—यह कौन मतवाला झुर्रियाँ पड़ी देह पर गुजराती भाँत का चित्र विचित्र खौर रचकर आ रहा है? मटकती आँखों वाला, पिचके गालों से दबी हँसी वाला कौन किसलिये इस वेश रूपी स्वर्ग में आया है?

---

८२ (इ) *वक्त्रापरवक्त्राभ्याम्*—(१) वक्त्र और अपरवक्त्र छन्द पढ़कर तेरा स्वागत करे; (२) मुँह सामने करके और मुँह घुमाकर चुम्बन देती हुई तेरी खातिर करे।
८३ (अ) *आढक*—सुगन्धित मिट्टी (आप्टे *संस्कृत कोश*), गोपी चन्दन। लाटभक्त्या = गुजराती ढङ्ग की खौर।

(१) भवतु, विज्ञातम्—

८४— *(अ) शर्करपालस्य गृहे*
(आ) जातः कीरेण चर्मकारेण।
(इ) एष खलु कोङ्कचेट्यां
(ई) पिशाचिकायां तृणपिशाचः॥

(१) अपि च—

८५— *(अ) शर्करपालं पितरं*
(आ) व्यपदिशति भ्रातरं च निरपेक्षम्।
(इ) प्रायेण दौष्कुलेयाः
(ई) सहैव दम्भेन जायन्ते॥

(१) (परिक्रम्य) (२) भोः किं नु खलु पृच्छेयम्?—(३) किमस्य वेश-प्रवेशे प्रयोजनं—इति। (४) अयं अयं जरद्विटो भट्टिरविदत्त इत एवाभिवर्तते। (५) यावदेनं पृच्छामि। (६) अंघो भट्टिरविदत्त कच्चिज्जानीते भवानस्य पुरुषवेतालस्य वेशप्रवेशप्रयोजनम? (७) किं ब्रवीषि—"भवानेव जानीते" इति। (८) तद्गच्छतु भवान्। (९) (परिक्रम्य) (१०) क्व नु खल्विदं पुरुषकान्तारावगाहश्रान्तं मनो विनोदयेयम्। (११) भवतु दृष्टम्।

ठीक पता चल गया—

८४—यह शर्करपाल के घर में तृणपिशाच चर्मकार कीर से डाइन कोंकचेटी में पैदा हुआ पिल्ला है।

और भी—

८५—वह शर्करपाल को पिता और निरपेक्ष को भाई बताता है। प्रायः टुकड़हे कुल के लोग पाखण्ड के साथ ही जनमते हैं।

(घूमकर) अरे, इससे क्या पूछूँ? वेश में इसका क्या प्रयोजन है? अरे, यह बूढ़ा विट भट्टिरविदत्त इधर ही आ रहा है। तो इसी से पूछूँ। अरे, भट्टिरविदत्त, क्या तू इस पुरुष वेताल के चकले में आने का मतलब जानता है? क्या कहता है—"आप ही जानें।" तो फिर तू जा। (घूमकर) आदमियों के इस बीहड़ में फँस जाने से थके हुए मन को कहाँ बहलाऊँ? ठीक समझ गया—

---

८५ (आ) *निरपेक्ष*—उपेक्षाविहारी बौद्ध उपासक जिसका उल्लेख पहले पाद० ६२ (२) में आ चुका है।

८६— *(अ) इदमपरं प्रियसुहृदः*
(आ) सुहृद्भयादर्पितार्गलं भवनम्।
(इ) वेश्यासुरतविमर्दे-
(ई) ष्वकृतविरामस्य रामस्य॥

(१) तत्कथं प्रविशामि। (२) (कर्णे दत्त्वा)।

८७— *(अ) यथा काञ्चीशब्दश्चरति विकलो नूपुररवैः*
(आ) यथा मुष्ट्याघातः पतति चलयोद्घातपिशुनः।
(इ) यथा निश्शूत्कारं श्वसितमपि चान्तर्गृहगतं
(ई) ध्रूवं रामा रामं युवतिविपरीतं रमयति॥

(१) तदलमिह प्रविष्टकेन। (२) कः सुरतरथाक्षभङ्गं करष्यति? (३) इतो वयम्। (४) (परिक्रम्य) (५) अये अपरः—

८८— *(अ) दग्धः शाल्मलिवृक्षः*
(आ) कतिपयविटपाग्रशेषतनुशाखः।
(इ) कृष्णः कृशो विटबको
(ई) वेशनलिन्या मरुपिशाचः॥

८६—यह मेरे प्रिय मित्र राम का घर है जो वेश्यारति से कभी विश्राम नहीं लेता और जो अपने मित्रों के आ जाने के डर से घर में ब्योंड़ा लगाए रहता है।

तो कैसे भीतर जाऊँ? (कान देकर)

८७—नूपुरों की झनकार से मिली हुई मेखला की झनझन आ रही है, कड़ों की खड़खड़ाहट से मुक्के चलने का पता चल रहा है, घर के भीतर से आने वाली सिसकारियाँ और उसासें निश्चयपूर्वक बतलाती हैं कि राम की स्त्री राम के साथ विपरीत रति रम रही है।

तो यहाँ प्रवेश करना ठीक नहीं। कौन सुरत के रथ की चलती धुरी का भंग करे? मैं भी चलूँ। (घूमकर) अरे दूसरा—

८८—यह जला हुआ और फुनगी पर बची कुछ डालों वाला सेमल का पेड़ है, या कलूटा और लकलक विटरूपी बगुला है, या वेशरूपी पुष्करिणी को झुलसाने के लिए रेगिस्तानी भूत है।

---

८७ (१) *प्रविष्टक*—प्रवेश।
८८ (ई) वैशनलिनी:वेश रूपी कमल पुष्करिणी।

(१) भवतु, विज्ञातम्। (२) एष हि सौपरस्तौण्डिकोकिः सूर्यनागः। (३) ततः किमिहास्य प्रयोजनम्? (४) कथमेष मां दृष्ट्वैवोत्तरीयावगुण्ठनेन मुखमपवार्य कामदेवायतनमपसव्यं कृत्वा प्रस्थितः। (५) भो यदा तावदयं तृतीयेऽहनि बहिःशिविके कुटङ्कागारनिकेतनाभिः पताकावेश्याभिः सम्प्रयुक्तो (६) म्लेच्छश्वबन्धकैर्व्यवहारार्थे श्रावणिकैरधिकरणमुपनीयमानः (७) स्कन्धकीर्तिना बलदर्शकेन स्वामिनी मे विष्णोः स्यालीपतिरिति कृत्वा कृच्छ्नात् प्रमोचित इति वयस्यविष्णुनागेन कथितम्। (८) तत्किमयमिदानीमस्माद्वेशसंसर्गात् व्रीडित इवात्मानं परिहरति।

ठीक, पता चला, यह सोपारा का तौंडिकोकि सूर्यनाग है। इसका यहाँ क्या मतलब? क्यों यह मुझे देखकर उत्तरीय से मुँह ढक कर कामदेव के मन्दिर को दाहिने छोड़कर सटक रहा है? आज से तीसरे दिन पहिले बहिःशिविक मुहल्ले में छप्पर पड़े हुए घरों (कुटंकागार) में रहने वाली पताका वेश्याओं (टकहिया) ने जब इस पर मुकदमा चलाया और म्लेच्छ एवं श्वपच श्रावणिक जब इसे मुकदमे के लिये अधिकरण में घसीट कर लाए, तो बलदर्शक स्कन्धकीर्ति ने 'मेरे स्वामीविष्णु का यह साढू है,' यह कह कर मुश्किल से इसे छुड़ाया था—ऐसा मित्र विष्णुनाग ने मुझसे कहा है। फिर किसलिए यह अब वेश में आने से लजा कर अपने को छिपा रहा है?

---

८८ (१) *सौपर*—संभवतः सौरपारक का छोटा रूप था।

८८ (५) *बहिःशिविक या (बहिश्शिवक)*—उज्जयिनी के किसी मुहल्ले का नाम जो संभवतः शहर से बाहर महाकाल शिव के मन्दिर के मार्ग में था। दे०, पाद० ९२ (१)।

८८ (५) *कुटङ्कागार*—छप्पर पड़े हुए सस्ते घर। कुटुंगक = छप्पर, छप्पर का घर (आप्टे)।

८८ (५) *पताकावेश्या*—यह शब्द कोशों में नहीं है। हिन्दी में जिन्हें टकहिया वेश्या कहते हैं, उनके अर्थ में यह शब्द प्रयुक्त हुआ है। पताका वेश्याओं का यथार्थ वर्णन श्लो० ९३ में आया है जहाँ उन्हें 'काकणीमात्रपण्या' कहा गया है।

८८ (५) *संप्रयुक्त*—अभियोग द्वारा विवाद स्थान में लाया गया।

८८ (६) *श्रावणिक*—अधिकरण में वादी प्रतिवादी को पुकारने वाला। यह भी नया शब्द है। श्रावण = घोषणा, पुकार।

८८ (७) *बलदर्शक*—गुप्तकालीन सेना में नियुक्त एक अधिकारी।

(९) (विचिन्त्य) (१०) पार्थिवकुमारसन्निकर्ष एनमनयां प्रवृत्या व्रीलयति। (११) आश्चर्यम्? (१२) गुणवान् खलु गुणवतां सन्निकर्षः (१३) यदयमपि नामैवं गुणाभिमुखः। (१४) तन्न शक्यमेनमप्रत्यभिज्ञानेन सकामं कर्तुम्। (१५) यावदहमप्येनं प्रदक्षिणीकुर्वन्नाम संमुखीनमेनं परिहासावस्कन्देन हन्मि। (१६) (परिक्रम्य) (१७) एष मां प्रतिमुखमेवावलोक्य प्रतिहसितः। (१८) हण्डे सूर्यनाग, किमयं वेशनवावतारोऽन्धकारनृत्तमिव सुहृदवक्षेपेण विफलीक्रियते? (१९) किं ब्रवीषि—"क इव ममेहार्थः? (२०) अहं हि कारायामवरुद्धस्य मातुलस्य मौद्गल्यस्य पारशवस्य हरिदत्तस्य पूर्वप्रणयिनीमकल्यरूपामद्य वार्तो पृच्छंस्तेनैव प्रहितोऽस्मि। (२१) त्वं तु मां कथमप्यवगच्छसि" इति। (२२) आश्चर्यमिदं हि—भवतः सुहृद्व्यापारेषु स्थैर्यं तस्याश्च वारमुख्यायाः पूर्वप्रणयिष्वापद्गतेष्वपि प्रतिपत्तिश्च। (२३) अतश्चैनां—

८९— *(अ) वर्णानुरूपोज्ज्वलचारुवेषां*
(आ) लक्ष्मीमिवालेख्यपटे निविष्टाम्।
(इ) सापह्नवां कामिषु कामवन्तोऽ-
(ई) रूपां विरूपामपि कामयन्ते॥

(सोचकर) राजकुमार के पार्श्ववर्ती होने से इसे अपनी इस हरकत पर लज्जा आ रही है। आश्चर्य! गुणवान का सान्निध्य भी गुणकारी होता है जिससे इस जैसा भी गुण की ओर खिंच गया। तो इससे बिना जान-पहचान निकाले इसकी इच्छा पूरी न हो सकेगी। मैं भी दाहिनी ओर से कावा काटता हुआ अपने सामने पड़े हुए इस पर हँसी की मार से छापा मारूँ। (घूमकर) यह मुझे सामने देखकर हँसा। अरे जनानिए सूर्यनाग, क्यों दोस्त को बुत्ता देकर वेश में अपनी इस नयी आमद को अँधेरे के नाच की तरह विफल कर रहा है? क्या कहता है—"मेरे यहाँ आने का क्या मतलब? मैं कारावास में बंद अपने मामा मौद्गल्य पारशव हरिदत्त की पूर्व प्रणयिनी की बीमारी का हालचाल जानने के लिये यहाँ भेजा गया हूँ। तू कुछ और समझता है?" आश्चर्य है तेरी सुहृद के काम में स्थिरता और इस वारमुख्या के आपत्ति में पड़े पूर्व प्रणयी में आस्था? तभी तो—

८९—जो वर्ण के अनुरूप उज्ज्वल वेष पहनती है, और कामियों से अपना भेद छिपाकर रखती है, ऐसी वेश्या अरूप या विरूप भी हो, उसे चित्रपट में लिखित लक्ष्मी मूर्ति की तरह कामिजन पसन्द करते हैं।

---

८८ (१५) *परिहासावस्कन्देन*—मज़ाक़ के सहसा आक्रमण से। दे०, पद्म०, १६ (२३)।
८८ (२०) *कारा*—कारागृह, बन्दीगृह।
८९ (आ) *लक्ष्मी आलेख्यपट*—पाँचवीं शती में लक्ष्मी जी के चित्रपट का उल्लेख महत्त्वपूर्ण है।

(१) किञ्च अति दुष्करकारिणीञ्चैनामवगच्छामि। (२) कुतः ? (३) असंशयं हि सा—

९०— *(अ) कारांनिरोधादविकारगौरं*
(आ) देवार्चनाजातकिणं ललाटे।
(इ) आस्यं बृहच्छ्मश्रुवितानन्द्धं
(ई) कालास्थिनिर्भुग्नमिवावलेढि॥

(१)किमाह भवान्—''अतएवास्माकमस्यामादरः'' इति। (२) भवत्वैवम्। (३) सुहृदनुरक्तं भवन्तं ख्यापयामो वयम्। (४) एष खलु—प्रसीदतु स्वामी-इति पादमूलयोरुपगृह्णाति। (५) किं ब्रवीषि—''नार्हति स्वामी ममैव वेशप्रवेशं क्वचिदपि प्रकाशीकर्तुं'' इति। (६) भो वयस्य कश्चन्द्रोदयं प्रकाशयति ? (७) ननु यदैव भवांस्तत्रभवत्या रूपदास्याःपरिचारिकां कुब्जां प्रतिबद्धमदनानुरागः (८) तदैवैतस्मिन् प्रदेशे उदकतैलबिन्दुवृत्या विकसितं यशः। (९) मा तावद् भोः—

९१— *(अ) परिष्वक्ता वक्षः क्षिपति गड्डुना याति बृहता*
(आ) त्रिके भुग्ना नेष्टे जघनमुपधातुं समदना।

और भी, मैं उसे कठिन काम साधने वाली समझता हूँ। कैसे ? बेशक वह—

९०—कारा में बन्द होने पर भी जिसका रंग फीका नहीं पड़ा है, देवार्चन से जिसके ललाट पर घट्टा पड़ा हुआ है, लम्बी झालरदार दाढ़ी से जो ढका है, ऐसे उसके मुख को वह पुरानी हड्डी की तरह चचोरती है।

तूने क्या कहा—''इसीलिए मैं उसका आदर करता हूँ।'' तेरा यह आदर ऐसा ही रहे। मैं तुझे अपने मित्र का सच्चा अनुरागी समझता हूँ। अरे, यह 'स्वामी कृपा कीजिए,' कह कर मेरे पैर पकड़ रहा है। क्या कहता है—''मेरे वेश प्रवेश की बात आपको कहीं भी नहीं कहनी चाहिए।'' अरे मित्र, चाँदनी को कौन खिला सकता है ? जब से तूने रूपदासी की परिचारिका उस कुबड़ी से मुहब्बत बाँधी है तभी से इस प्रदेश में पानी में तेल की बूँद की तरह तेरा यश खिल गया है। ऐसा नहीं—

९१—आलिंगन करने पर वह अपने वक्ष को आगे बढ़ाती है तो पीछे कूबड़ बढ़ जाता है। कमर के त्रिक भाग के टेढ़े होने से कामवती होकर भी वह

---

९० (ई) *कालास्थि*—पुरानी सूखी हड्डी।
९० (ई) *निर्भुग्न*—टेढ़ा
९१ (अ) *गड्डु*—कूबड़।
९१ (आ) *त्रिक*—कमर का वह भाग जहाँ दोनों कूल्हों के बीच में रीढ़ की हड्डी मिलती है। हिन्दी में इसे 'तिरक' कहते हैं।

(इ) सरूपा टिट्टिभ्या भवति शयिता या च शयने
(ई) कथं त्वं तां कुब्जामवनतमुखाब्जां रमयसि ?॥

(१) किं ब्रवीषि—"शान्तं पापं, शान्तं पापं, प्रतिहतमनिष्टम्। (२) स्वागतमन्वाख्यानय। (३) पश्यतु भवान्—

९२— *(अ) सविभ्रान्तैर्यातैः करभललितं या प्रकुरुते*
(आ) मुहुर्विक्षिप्ताभ्यां जलमिव भुजाभ्यां तरति या।
(इ) मुखस्योत्तानत्वाद्गगन इव तारा गणयति
(ई) स्पृशेत् कस्तां प्राज्ञः कृमिजनितरोगामिव लताम॥"

(१) अहो धिक् कष्टमेवं धर्मज्ञस्य भवतो न युक्तमुपयुक्तस्त्रीनिन्दां कर्तुम्। (२) अपि च—

९३— *(अ) यद्यपि वयस्य कुब्जा*
(आ) नालीनलिका कृशा च गडुला च।

अपने जघन भाग को आगे नहीं ला सकती। पलंग पर सोई हुई वह टिड्डी-सी जान पड़ती है। कैसे तू नीचे मुख कमल वाली उस कुबड़ी के साथ रमण करता है ?

क्या कहता है—"अरे, पाप शान्त हो, पाप शान्त हो। अनिष्ट दूर हो। आपकी इस सच्ची व्याख्या का स्वागत करता हूँ। कृपया देखें—

९२—जब वह ठमक कर चलती है तो ऊँट की चाल से मिल जाती है। बार-बार झूमते हाथों से वह पानी में तैरती-सी जान पड़ती है। जब मुँह उठाती है तो आकाश के तारे गिनती हुई जान पड़ती है। कीड़ों से रोगी बनी लता की तरह उसे कौन बुद्धिमान छूना चाहेगा ?

अरे दुःख है। तेरे जैसे धर्मज्ञ के लिये यों अच्छी स्त्री की निन्दा करना ठीक नहीं। और भी—

९३—मित्र, यदि कुब्जा सरकंडे (नालीनलिका) की तरह पतली और कुबड़ी है फिर भी झूठे की प्रीति की तरह देखने में वह मुख से तो सुन्दर है।

---

९१ (२) *अन्वाख्यान*—किसी मूल वाक्य का टीका रूप में पुनः कथन। आशय यह कि उसकी जैसी हुलिया है आपने अपने वर्णन में उसका सटीक चित्र उतार दिया है।
९३ (आ) *नालीनलिकाकृशा*—गेहूँ की नाली या कमल की नाली की पोली नलकी की तरह दुबली-पतली (बोलचाल की संस्कृत का सुन्दर मुहावरा)।

(इ) *असतामिव सम्प्रीति-*
(ई) *मुखरमणीया भवति यावत्॥*

(१) न चेयं ताभ्योऽरण्यवासिनीभ्यः पताकावेश्याभ्यः पापीयसी। (२) किं ब्रवीषि—"काम्यः" इति। (३) कथं न जानीषे—

९४— *(अ) यास्त्वं मत्ताः काकिणीमात्रपण्याः*
(आ) नीचैर्गम्याः सोपचारैर्नियम्याः।
(इ) लोकैश्छन्नं काममिच्छन् प्रकामं
(ई) कामोद्रेकात् कामिनीर्यास्यरण्ये॥

और फिर यह सिवानों पर रहने वाली पताका वेश्याओं से तो बुरी नहीं है। क्या कहता है—"किनसे?" क्या नहीं जानता?—

९४—जो मतवाली हैं, जिनका केवल एक काकिणी भाड़ा है, जो नीचों से सेवित हैं, जिन्हें कायदे-कानून से मर्यादा में रखना पड़ता है, लोगों से छिपकर और बलवान् काम की इच्छा से तू उन टकहियों के पास बाहर जाकर मिलता है।

---

९३ (इ) *मुखरमणीया*—(१) नीचे का शरीर चाहे टेढ़ा-मेढ़ा है, मुँह तो सुन्दर है, जैसे असज्जन की प्रीति केवल ऊपर से सुहावनी पर भीतर से कुटिलाई लिए होती है, (२) मुखरति के योग्य।
९३ (१) *अरण्यवासिनी पताकावेश्या*—इस वर्णन में और श्लो० ९३ में पताका वेश्याओं का सच्चा हाल दिया है। अरण्यवासिनी = जंगल में रहने वाली, अर्थात् वेश में न रहकर नगर की सीमा से बाहर सिवानों में रहने वाली। इस स्थान को ८७(५) में बहिश्शिविक कहा गया है। संभतः पताकावेश्याओं की यह बस्ती महाकाल मंदिर के आस-पास कहीं थी।
९४—इस श्लोक में पताका वेश्याओं की दुःख और कष्ट से युक्त असहाय दुरवस्था का करुण चित्र खींचा गया है। शराब पीकर टके-टके पर नीचों के हाथ शरीर बेचना, यह उनके पतन की पराकाष्ठा थी।
९४ (आ) *सोपचारैर्नियम्याः*—सोपचार शब्द के कई अर्थ सम्भव हैं—उपचार = (१) वैद्यों की चिकित्सा। इस प्रकार के किसी नियन्त्रण में पताकावेश्याओं को संभवतः रक्खा जाता था। (२) आचार सम्बन्धी नियम जिनका परिपालन उनके लिये आवश्यक था।
९४ (इ) *लोकैश्छन्नकाम*—ऐसे पापकर्म जिन्हें प्रकट करने में लोक को भी लज्जा लगती हो।

(१) किं ब्रवीषि—"कुतस्त्वयैतदुपलब्धं" इत। (२) सहस्रचक्षुषो वयमीदृशेषु प्रयोजनेषु। (३) अपि च पदात्पदमारोक्ष्यत भवान्—

९५— *(अ) त्यक्त्वा रूपाजीवां*
(आ) यस्त्वं कुब्जां वयस्य कामयसे।
(इ) कुब्जामपि हि त्यक्त्वा
(ई) गन्ताऽसि स्वामिनीमस्याः॥

(१) एष प्रहस्य प्रस्थितः। (२) इतो वयं साधयामः। (३) (परिक्रम्य) (४) अये अयमपरः कः सिंहलिकाया मयूरसेनाया गृहान्निष्पत्य स्कन्धविन्यस्त

क्या कहता है—"यह सब आपको कहाँ पता लगा?" इस तरह की बातों का पता लगाने में मैं हज़ार आँखों वाला हूँ। तू सीढ़ी-दर-सीढ़ी चढ़ता जायेगा?

९५—मित्र, रूपाजीवा को छोड़ कर जो तू कुबड़ी को चाहता है, कुब्जा को भी छोड़कर किसी दिन उसकी स्वामिनी के पास पहुँचेगा।

यह हँसकर चला गया। मैं भी चलूँ। (घूमकर)

अरे, यह दूसरा कौन है जो सिंहल द्वीप की मयूरसेना के घर से निकल

---

९५ (अ) *रूपाजीवा*—एक विशेष प्रकार की पण्यस्त्री जो कुम्भदासी से ऊपर की कोटि की मानी जाती थी। जयमंगला के अनुसार रूपाजीवा में केवल रूप होता था, कलाएँ नहीं। विट का व्यंग्य है कि रूपाजीवा के रूप का मोह छोड़ कर तू कब्जा पर रीझ गया जिसमें रूप भी नहीं। विभिन्न वेश्याओं की व्याख्या भूमिका में मोतीचन्द्र जी ने की है।

९५ (इ) *कुब्जा*—कुबड़ी, (व्यंगयार्थ) अष्टवर्षा कन्या। *रुद्रयामलतन्त्र* तथा अन्य तन्त्रों में एक वर्ष से सोलह वर्ष तक की आयु की कन्याओं की संज्ञाएँ बताते हुए अष्टवर्षा कन्या को कुब्जिका कहा है (*सप्तभिर्मालिनी साक्षादष्टवर्षा च कुब्जिका,* पटल ६, श्लो० ९४)। सोलह वर्ष की आयु होने पर वह अम्बिका कही जाती थी। विट का इशारा इसी तरफ है कि रूपाजीवा वेश्या को छोड़ कर तू जो कुब्जा को चाहने लगा है, तो कुमारी पूजन के इसी मार्ग पर बढ़ते हुए किसी दिन कुब्जा से आगे षोड्शी अम्बिका तक पहुँच जायेगा। कुमारी पूजन के अन्तर्गत कुब्जिका पूजन के लिये दे०, *देवी भागवत* ३/२६/४०-४३, *अग्निपुराण,* अ० १४३-४४ ।

९५ (ई) *स्वामिनी*—(१) मालकिन, कुब्जा दासी का प्रतिपालन करन वाली, (२) पार्वती, दुर्गा। शिव का एक पर्याय ईश्वर या स्वामी है, उसी से पार्वती या अम्बिका 'स्वामिनी' हुई। तात्पर्य यह कि वेश्या को छोड़कर कुबड़ी से प्रेम करने का पुण्य फल तुझे यह मिलेगा कि संयम के मार्ग में पड़कर कुब्जिका आदि के पूजन का व्रत निभाते हुए दुर्गापूजन तक पहुँच जायेगा।

९५ (४) *सिंहलिका*—सिंहल द्वीप वासिनी वेश्या जो उज्जयिनी के वेश में बैठती थी।

वसनो विमलासिपाणिभिर्दाक्षिणात्यैः परिवृतो (५) भद्राङ्कं विरलमुत्तरीयमाकर्षन्नान्ध्रकं कार्ष्णायसं निवसितः कुङ्कमानुरक्तच्छविस्ताम्बूलसमादानव्यग्रपाणिरित एवाभिवर्तते। (६) भवतु, दृष्टम्। (७) एष हि विदर्भवासी तलवरो हरिशूद्रः। (८) भो यदा तावदयं तां कावेरिकामनुरक्त इति ममैव तु समक्षं सपादपरिग्रहमनुनयन्नप्युक्तस्तया—

९६— *(अ) तामेहि किं तव मया*
(आ) ज्योत्स्ना यदि क इव दीपशिखयार्थः।
(इ) विरम सह संग्रहीतुं
(ई) बिल्वद्वयमेकहस्तेन॥

(१) तत्कथमनेनेयमनुनीता भविष्यति? (२) किमयमनुरक्तामपि त्यक्त्वाऽन्यां प्रकाशं कामयते इति वेशप्रत्यक्षमात्मनो दौर्भाग्यमयशस्यमिति स्वयमेव प्रसन्ना। (३) आहोस्वित् काम्यमानं कामयन्ते स्त्रिय इति स्त्रीस्वाभावादस्याः संघर्ष उत्पन्नः। (४) उताहो परिव्ययाकर्शितया मात्रैवानुनियुक्ता भविष्यति। (५) सर्वथा प्रक्ष्यामस्तावदेनम्। (६) उपसृतकेनाञ्जलि कृत्वा।

कर इधर ही आ रहा है। इसके कंधे पर वस्त्र है और यह चमकती तलवारें हाथ में लिए हुए दाक्षिणात्य अंगरक्षकों से घिरा हुआ है। यह अपना सुन्दर छपा हुआ (भद्रांक) पतला मलमली (विरल) उत्तरीय समेटता हुआ आन्ध्र देश का बना लोहे का कवच पहने है। इसके शरीर पर केसर की खौर है और हाथ में पान का बीड़ा सँभाल रहा है। ठीक, पता चल गया। यह विदर्भ देश का वासी तलवर हरिशूद्र है। अरे, इसने कावेरी पर रीझ कर मेरे सामने उसके पैर पकड़े, तो खुशामद करने पर भी उसने इससे यों कहा—

९६—'उसी के पास जा। मुझसे तुझे क्या मतलब? जब चाँदनी खिली है तो दिएबत्ती की क्या जरूरत? एक हाथ में दो बिल्वफल एक साथ पकड़ने से बाज़ आ।'

तो वह इसके मनाने से कब मानेगी? यह उस अनुरक्ता को छोड़ कर दूसरे को खुले आम क्यों चाहता है, इसका चकले भर को पता है। अपने दुर्भाग्य और बदनामी पर यह प्रसन्न है। अथवा स्त्रियाँ चहेतों को चाहती हैं। इस स्त्री स्वभाव से मयूरसेना की टक्कर हुई है, अथवा खरचे की तंगी पड़ने पर खाला स्वयं ही मयूरसेना को इसके वश में कर देगी। इससे मैं यह सब पूछूँगा। (पास पहुँच कर, हाथ जोड़कर)

---

९५ (५) *भद्रांक*—सुन्दर अंक या छापे वाला।
९५ (५) *विरल उत्तरीय*—अतिझीनी मलमल का उत्तरीय।
९५ (५) *आन्ध्रक कार्ष्णायस*—आन्ध्र देश का बना हुआ लोहे का कवच।
९५ (७) *तलवर*—एक महत्त्वपूर्ण शासनाधिकारी जिसका उल्लेख गुप्तयुग से मिलना लगता है। इसे तलार भी कहते थे। इसके पद और कर्तव्यों के विषय में कई प्रकार के प्रमाण मिलते हैं।

९७— *(अ) तां सुन्दरीं दरीमिव*
(आ) सिंहस्य मनुष्यसिंह सिंहलिकाम्।
(इ) युक्तं भवता भोक्तुं
(ई) द्रमिलीसुरताभिलाषेण॥

(१) किं ब्रवीषि—''अनुनीता या मयूरसेना। (२)एष तस्या एव गृहादागच्छामि'' इति। (३) कथय कथमवशीर्णप्रायः सन्धिरनुष्ठितः? (४) किं ब्रवीषि—''अद्य तृतीयेऽहन्यहमपि वेश्याध्यक्षप्रतिहारद्रौणिलकगृहे प्रेक्षायामुपनिमन्त्रित= (५) स्तत्र च मयूरसेनाया लास्यवारो बुद्धिपूर्वक इत्यवगच्छामि। (६) ततःप्रताडितेष्वातोद्येषु देवतामङ्गलं पूर्वमुपोह्य प्रस्तुते गीतके प्रनृत्तायां नर्तक्यां प्रथमवस्तुन्येव मयूरसेनायाः खलु नृत्ते प्रयोगदोषा गृहीताः'' इति। (७) मा तावद् भोः मयूरसेनायाः खलु नृत्ते प्रयोगदोषा गृह्यन्त इति। (८) कस्यायमतटप्रपातः?

९७—हे मनुष्यसिंह, जैसे सिंह अपनी गुफा को छोड़ देता है ऐसे द्रमिल देश की कावेरिका के साथ सुरत की अभिलाषा से उस सुन्दरी सिंहलिका को छोड़कर तूने ठीक ही किया।

क्या कहता है—''मयूरसेना को मैंने मना लिया है। इसलिए उसी के घर से आ रहा हूँ।'' बता, टूटा हुआ मेल फिर कैसे जुड़ा? क्या कहता है—''आज से तीन दिन पहले मैं वेश्याध्यक्ष प्रतिहार द्रौणलिक के घर जलसे (प्रेक्षा) में बुलाया गया था। जान पड़ता है कि वहाँ जान-बूझकर मयूरसेना के नाच की बारी (लास्यवार) लगायी थी। बाजे बजने के बाद पहले देवतामंगल हुआ। फिर गीतक प्रस्तुत होने के साथ नर्तकी नृत्य का आरंभ हुआ। तो पहले ही प्रदर्शन में मयूरसेना के नृत्त में प्रयोग दोष देखे गए। अरे, हो नहीं सकता कि मयूरसेना के नृत्त में प्रयोग दोष पकड़े जायें।'' अरे, ऐसा कहते हुए कौन सिर के बल गिरा है?

---

९७ (३) *वेश्याध्यक्षप्रतीहार*—वेश्याध्यक्ष भी राज्य का एक विशिष्ट अधिकारी था जिसकी पदवी प्रतिहार के समकक्ष थी।
९७ (३) *प्रेक्षा*—नाटक।
९७ (५) *नृत्त*—नाचना।
९७ (७) *अतलप्रपात*—सिर के बल गिरना।
९७ (८) *भगवत्या वारुण्या*—आशय यह है कि लासक उपचन्द्र ने सुरा के नशे में मयूरसेना के नृत्त में दोष बता दिया। यद्यपि लासक होने के कारण वह इस विषय का मार्मिक जानकार भी था, पर प्राश्निक ने मयूरसेना का पक्ष ही ठीक माना।

(९) किं ब्रवीषि—"भगवत्या वारुण्या" इति। (१०) युक्तं नित्यसन्निहिता भगवती सुरादेवी प्रतिहारगृहे। (११) अथ कमन्तरीकृत्यायं सुराविभ्रमः? (१२) किं ब्रवीषि—"वयस्यमेव ते लासकमुपचन्द्रकम्" इति। (१३) किमु(मनु)पपन्नमायतनं हि स ईदृशानाम्। (१४) अपि तु सविषयस्तस्यैषः (१५) ततस्ततः। (१६) किं ब्रवीषि—"स चोपचन्द्रपक्षे ससर्वसामाजिकजनः मयाऽपि मयूरसेनायाः पक्षः परिगृहीतः" इति। (१७) साधु वयस्य देशकालौपयिकमनुष्ठितम्। (१८) ततस्ततः। (१९) किं ब्रवीषि—"ततो न तेषां बुद्धिं परिभवामि। (२०) अपरिभूता एव सदस्या आगम-प्रधानतया मे प्राश्निकानुमते प्रतिष्ठितः पक्षः" इति। (२१) साधु वयस्यानन्यसाधारणेन पण्येन क्रीता तत्रभवती। (२२) ततस्ततः।

(२३) किं ब्रवीषि—"ततः सर्वगणिकाजनप्रत्यक्षं दत्ते पारितोषिके मयूरसेनायाः स्मितपुरस्सरेणापाङ्गपातिना कटाक्षेण प्रसादित इवास्मि। (२४) कावेरिकायास्तु पुनरसूयापिशुनमुत्थाय गच्छन्त्या आकारेण बहूपालब्ध इवास्मि। (२५) तयोश्च कोप-प्रसादयोश्च प्रत्यक्षतयोभयतटभ्रष्ट इव सन्देहस्रोतसा ह्रियमाणस्तस्मात् सङ्कटात् कथ-ञ्चिद्गृहानागतः। (२६) उपविष्टश्च काऽनयोः किं प्रतिपत्स्यत इति वितर्कडोलां

क्या कहता है—"इसे महारानी वारुणी का पतन समझो।" ठीक ही है। प्रतीहार के घर में भगवती सुरादेवी तो सदा रहती ही है। यह नशे का सरूर किसके सिर चढ़ा? क्या कहता है—"तेरे मित्र लासक उपचन्द्रक के।" इसमें अनुचित क्या? वह तो ऐसी बातों का अभ्यस्त ही है। लेकिन वह इस विषय का जानकार भी है। क्या कहता है—"उपचन्द्रक के पक्ष में सब सामाजिक जन थे। मैंने मयूरसेना का पक्ष लिया।" शाबाश मित्र, तूने देशकाल के अनुसार ही काम किया। इसके बाद क्या हुआ? क्या कहता है—"मैं बुद्धि से उन्हें नहीं हरा सका। सदस्यों के मानने पर भी प्राश्निक की सम्मति में शास्त्रीय आधार पर मेरा पक्ष ठीक ठहराया गया।" बधाई मित्र, बड़े असाधारण दाम में उसे खरीदा। तब फिर?

क्या कहता है—"सब गणिकाओं के सामने जब मयूरसेना को पारितोषिक मिला तो उसने मुस्कराहट बिखेर कर टेढ़ी चितवन से मुझे प्रसन्न कर दिया। ईर्ष्या की जलन से उठकर जाती हुई कावेरिका ने मुँह बनाकर मानों मुझे ताना मारा। अब इन दोनों के कोप और प्रसाद के प्रकट हो जाने पर दोनों किनारों से चूके हुए की तरह संदेह की धारा में बहता हुआ उस संकट से पार पाकर किसी तरह घर पहुँचा। इन दोनों में से कौन क्या करेगी, इस संशय के

---

९७ (११) *लासक*—बाण के मित्रों में भी एक लासक युवा था। वह पुरुष होते हुए भी स्त्रियोचित सुकुमार लास्यनृत्त में अभ्यस्त होता था।

वाहयामि। (२७) ततः सहसैव में प्रियया समेत्य नेत्रे निमीलिते। (२८) ततो विहस्य मयोक्ता—

९८— *(अ) नेत्रनिमीलननिपुणे*
(आ) किं ते हसितेन चोरि गूढेन।
(इ) सूचयति त्वां पाण्यो-
(ई) रनन्यसाधारणः स्पर्शः॥

(१) 'एवमुक्तयाऽनया सुरभितनिश्वाससूचितमदस्खलिताक्षरमभिहितोऽहमाचक्ष्व मा काहम्' इति। (२) ततो मयोक्ता—

९९— *(अ) 'रोमाञ्चकर्कशाभ्यां*
(आ) प्रत्युक्ताऽसि ननु मे कपोलाभ्याम्।
(इ) यद्वदसि पुनर्मुग्धे
(ई) स्वयमेवाचक्ष्व काहिमिति'॥

(१) तत उन्मील्य मामुक्तवती (२) 'अनेनैव रोमाञ्चसंज्ञकेन कैतवेन अयं जन आकृप्यत' इत्युक्त्वा मा कपोले चुम्बित्वा प्रस्थिता। (३) ततो मयोक्ता—

१००—*(अ) 'चुम्बितेनेदमादाय*
(आ) हृदयं क्व गमिष्यसि।
(इ) चोरि पादाविमौ मूर्ध्ना
(ई) धृतौ मे स्थीयतां ननु॥'

(१) एवं चोक्ता शयनमुपगम्योपविष्टा। (२) ततो मयाऽस्याः स्वयं पादौ

झूले पर मैं बैठा हुआ झूलने लगा। इसके बाद एकाएक मेरी प्रिया ने आकर मेरी आँखें मूँद लीं। इस पर मैंने हँसकर कहा—

९८—आँखें मूँदने में निपुण हे चोट्टि, छिपकर हँसने से क्या लाभ? तेरे हाथों का अपना अनोखा स्पर्श तो तुझे प्रकट कर ही दे रहा है।

मेरे ऐसा कहने पर महमहाती स्वासा छोड़ते हुए मदस्खलित अक्षरों से उसने कहा—'बता मैं कौन हूँ?' तब मैंने कहा—

९९—रोमाञ्च से कठोर मेरे कपोलों ने तेरी बात का जवाब तो दे दिया। फिर भी मुग्धे यदि तू पूछती है तो तू ही बता 'तू कौन है?'

तब मेरी आँखों पर से हाथ हटाकर उसने कहा—'इसी रोमाञ्च की ठग विद्या से तो मुझे खींच लेता है। यह कह कर उसने चुम्मा भरा और चल दी। इस पर मैंने कहा—

१००—'चुम्बन के साथ हृदय चुराकर तू हाँ चली? चोट्टि, तेरे दोनों पैर मैं अपने मस्तक पर रखता हूँ। किसी तरह ठहर।'

मेरे ऐसा कहने पर वह शय्या पर जाकर बैठ गई। तब मैंने स्वयं उसके

प्रक्षालितौ। (३)अनया चास्म्युक्तः गृहीतं पाद्यम्। (४) एहीदनीं 'कितवः खल्वसी' ति। (५) ततो विकोचमुकुलजालकेनेव मालतीलताविहसितेनैकहस्तावलम्बितसरशननिवसना (६) पर्यङ्कावेष्टनद्विगुणमध्यबाहुमृणालिकात्रिकपरिवर्तनसाचीकृतदर्शनीयतरा (७) तदानीं वेष्टमानवध्यविषमवलिप्रनष्टनाभिमण्डलप्रविषमीकृतरोमराजिः (८) एक-स्तनावगलितहाराऽपाश्रितेतरस्तनकलशपार्श्वा (९) अवगलितकपोलपर्यस्तकुण्डलम-कराधिष्ठितविशेषककान्ततरेणांसपरावृत्तशोभिनाऽवस्थानेन लज्जाद्वितीया रतिरिव रूपिणी (१०) समुत्थितैकभ्रूलतिकेन कुवलयशबलं जलमिवाकिरन्ती दृष्टिविक्षेपेण मामुक्तवती यत्ते रोचत इति।

(११) ततोऽहमासङ्गमालेख्यवर्णकपात्रं गवाक्षादाक्षिप्य चरणनलिनरागायोपस्थितः। (१२) अथ वयस्यालतकविन्यासविन्यस्तचक्षुरुत्क्षिप्तपार्ष्णिगुल्फनूपुराधिष्ठि

दोनों पैर धोए। उसने मुझसे कहा—'चरणामृत ले चुका। अब आ जा। सचमुच तू पूरा धूर्त है?' इसके बाद मालती लता के खिले मुकुल जाल की तरह हँसी बखेर कर उसने सरकती हुई करधनी और साड़ी एक हाथ से थाम ली। पलंग पर शरीर घुमाने से दोहरी कमर और भुजा के साथ त्रिक भाग के मुड़ने से वह और अधिक सुन्दर लगने लगी। तब मध्य भाग के घूमने से उसकी त्रिवली ऊँची-नीची हो गई और नाभि प्रदेश के छिप जाने से रोमावली टेढ़ी हो गई। उसका हार एक स्तन के ऊपर से और दूसरे स्तन कलश के बगल से ढुलकने लगा और कुंडल के गाल पर आ लटकने से मकराकृति विशेषक अधिक खिल उठा। यों तिरछे कंधे की मोड़-मुरक से लजीली वह कामप्रिया रति की तरह रूपवती बनकर एक ओर की भौंह तानकर कटाक्षों से मानो जल पर नीले कमल बिछाती हुई मुझसे बोली—'ले अपनी मनचाही कर।'

इसके बाद गवाक्ष में से चित्र लिखने के लिये रंगभरे पात्र और सुगन्धित मिट्टी लेकर मैं उसके चरण कमल रंगने के लिये तैयार हो गया। मित्र, जब मेरी

---

१०० (६) *साचीकृत*—यहाँ अंगयष्टि का पूरा विवरण देते हुए साचीकृत मुद्रा का वर्णन है।

१०० (६) *मध्य*—मध्य भाग, कटिभाग।

१०० (११) *आसङ्ग*—सुगन्धित मिट्टी, इसका हल्का पोता फेर कर तब पैरों पर आलते की रँगाई की जाती थी।

१०० (११) *आलेख्य वर्णकपात्र*—चित्रकर्म में प्रयुक्त रंगों की प्यालियाँ।

१०० (१२) *अलक्तकविन्यासविन्यस्तचक्ष*—आलता रँगने की क्रिया में नेत्र लगाकर अर्थात् नीची दृष्टि करके।

१०० (१२) *पार्ष्णि* = ऐड़ी। गुल्फ = टखने। *तद्ग्रन्थी घुटिके गुल्फौ पुमान् पार्ष्णिस्तयोरधः—अमर।*

तजङ्घाकाण्डायाः तस्या (१३) असंभुक्तत्वादनूरुग्राहिणो मर्मरस्योपसंहारंभङ्गाभोगानुकारिणः कौशयस्यासंयतत्वात् (१४) गजकलभदन्तदशनच्छदान्तरमिव कदलीगर्भमिव चान्तरूरुमीक्षे। (१५) ईक्षणञ्चापोह्याविनीत चक्षुरसीत्युक्त्वा पादमाक्षिप्योरसि मां

दृष्टि आलता लगाने में लगी थी, तब उसने अपनी एड़ी, गुल्फ और नूपुर उठाते हुए जंघा ऊँची की तो उसकी जो कलफदार रेशमी साड़ी थी और जो कोरी होने से अभी तक टाँग पर चिपकी न थी, अपने तहदार मोड़ के निशान पर मुड़ने के लिये सिमट गई, और जवान हाथी के दाँतों के बीच के अधर की भाँति

---

१०० (१२) *नूपुराधिष्ठित जङ्घा*—पैर के गट्टों से ऊपर का भाग या पिंडली जहाँ नूपुर पहने जाते हैं। जंघा कांड = टखनों से घुटने तक का भाग।

१०० (१३) *असंभुक्तत्वात्*—न पहने जाने के कारण। रेशमी साड़ी अभी कोरी थी, अर्थात् पहली ही बार टटकी पहनी गई थी, अतएव उसके माँड़ की कुरकुराहट जैसी की तैसी बनी थी। कुछ देर तक पहनने के बाद कलफ के मुरझाने से वस्त्र बदन से चिमटने लगता है, वह बात अभी पैदा न हुई थी। इसे ही 'अनूरुग्राहिणः' पद से कहा गया है—उसका कौशेय अभी 'ऊरुग्राही' या जाँघ से सटने वाला नहीं बना था।

१०० (१३) *मर्मरकौशेय*—मर्मर शब्द करने वाली रेशमी साड़ी, जो माँड़ या कलफ लगा कर धोयी गई थी।

१०० (१३) *उपसंहारभंगाभोगनुकारिणः*—इसमें चार शब्द हैं—(१) उपसहांर = वस्त्र की वह अवस्था जिसमें वह तह करके रक्खा जाये। (२)भंग = तह (३) आभोग = शिकन मोड़, तह की जगह पड़ी हुई शिकन या सलवट, ठीक मोड़ने की जगह बना हुआ निशान। (४) अनुकारी = उसी स्थिति को पुनः प्राप्त करने की प्रवृत्तिवाला, पुनः मोड़ की जगह सिमट जाने वाला। बिल्कुल नया वस्त्र जब तक पहनने से खिंचे नहीं उसमें तह के निशान बने रहते हैं और उन्हीं निशानों पर सरलता से फिर उसकी तह की जा सकती है।

१०० (१३) *असंयतत्व*—साड़ी का अपनी जगह से हट जाना। टाँग का घुटने से निचला भाग उठाने से वहाँ की साड़ी तह के मोड़ पर से सिमट कर जाँघ के ऊपर की ओर सरक गई।

१०० (१४) *गजकलभदन्तदशनच्छदान्तरमिव*—दन्त = हाथी के दो बाहरी दाँत जो दोनों जंघाओं के उपमान हैं। दशनछद = अधरोष्ठ। हाथी के लाल अधरोष्ठ को स्त्री के गुह्यांग का उपमान माना गया है। अन्तरूरुम्—दोनों उरुदण्डों के बीच का भीतरी भाग।

१०० (१४) *कदली गर्भमिव*—केले के भीतरी गाभे के समान श्वेत रंग का। गोरी जाँघ के लिये कालिदास ने भी लगभग यही उपमान रक्खा है—यास्यत्यूरुः सरस कदलीस्तम्भगौरश्चलत्वम् (मेघ०, २/३३)।

१०० (१५) *ईक्षण*—दृष्टि या नेत्र। अपोह्य = हटाकर।

ताडितवती। (१६) ततो रोमाञ्चकवचकर्कशत्वचा मयोक्ता 'नार्हसि मामसमाप्तरागमवक्षेप्तु' मिति। (१७) ततस्तयाऽहमुक्तः 'साधु खलु निमीलिताक्षः समापयैन' मिति। (१८) ततस्तस्या लाक्षारसं निमीलिताक्षोऽर्पयामि चरणाभ्यां सकचग्रहमधरोष्ठे गृहीतोऽस्मि। (१९) ततस्तथैव विवृतरोमाञ्चं मां समभिवीक्ष्याशोकसमदोहलोऽसि नमोऽस्तु ते शाठ्यायेति मां परिष्वज्य शयनमुपगता। (२०) ततः परं देवानां प्रिय एव ज्ञास्यति'' इति।

(२१) यद्येवमर्हति भवानपि तौण्डिकोकिविष्णुनागप्रायश्चित्तार्थं सन्निपतितान् विटानुपस्थातुम्। (२२) किं ब्रवीषि—''शान्तमेतत् पुनरपि यदि शिरो मे तस्याश्चरणकमलताडनेनानुगृह्येत तदेव मे प्रायश्चित्तम्'' इति। (२३) यद्येवं यमुनाह्रदनिलयो यदुपतिचरणाङ्कितललाटो नागःकालिय इव वैनतेस्यावध्य इदानीं सर्वविटानामसि।

सुन्दर एवं केले के गाभे की तरह श्वेत उसका भीतरी उरुभाग मुझे दिखाई पड़ गया। मेरी दृष्टि को हटाती हुई वह बोली—'ऐसे समय जो चक्षु का संयम चाहिए वह तूने नहीं सीखा,' और यह कह कर उसने पैर खींच कर मेरी छाती पर मारा। इससे मुझे रोमांच हो आया और कवच की तरह कर्कश त्वचायुक्त होकर मैंने कहा—'राग पूरा किए बिना तो मुझे हटाना तुझे उचित नहीं।' तब उसने कहा—'अच्छा, आँखें मींच कर राग पूरा कर ले।' इसके बाद मैं आँखें मूँद कर उसके पैरों मे आलता लगाने लगा तो उसने मेरे बाल खींच कर मेरा अधर चूम लिया। इस पर मुझे उसी प्रकार रोमांचित देखकर बोली—'तू अशोक के समान पादाघात से फूलता है, तेरी इस शठता से मैं हारी।' और यह कहती हुई मेरा आलिंगन करके सेज पर चली गई। फिर क्या हुआ, यह देवाना प्रिय ही समझ लें।

यदि ऐसा है तो तू भी तौंडिकोकि विष्णुनाग को प्रायश्चित बताने के लिये इकट्ठे हुए विटों की सेवा में उपस्थित हो। क्या कहता है—''हा, ऐसा न कहें! मेरे सिर को भी वह अपने चरणकमल के ताड़न से अनुगृहीत करे, यही मेरा प्रायश्चित है।'' यदि ऐसा है तो जैसे यमुना की दह में रहने वाला, कालिय

१०० (१६) *असमाप्तराग*—(१) जिसका आलता राग लगाने का काम अभी समाप्त नहीं हुआ, (२) जिसका रतिसम्बन्धी राग अभी पूरा नहीं हुआ।
१०० (१७) *निमीलिताक्षः*—व्यञ्जना से यहाँ दिवारति के लिये एक शर्त की ओर भी संकेत है।
१०० (१९) *अशोकसमदोहलः*—स्त्री के चरणताडन से फूलने वाले अशोक की भाँति कामेच्छा प्रकट करने वाला।
१०० (२१) *अर्हति उपस्थातुम्*—व्यंजना है कि उनके पास जाकर इस चरणताडन का प्रायश्चित तू भी पूछ।
१०० (२३) *अवध्य*—अपराजित।

(२४) एष विहस्यायमञ्जलिरिति प्रस्थितः। (२५) यावदहमपि विटसमाजं गच्छामि। (२६) अहो तु खलु सुहृत्कथाव्यग्रैरस्माभिरतीतमप्यहो न विज्ञातम्। (२७) सम्प्रति हि—

१०१— *(अ) सोत्कण्ठैरिव गच्छतीति कमलैर्मीलद्भिरालोकितः*
(आ) प्रच्छायैरधिरुह्य वेश्मशिखराण्युत्सार्यमाणातपः।
(इ) तैः स्पृष्ट्वा चिरमुन्मुखीष् किरणैरुद्यानशाखास्वसौ
(ई) यात्यस्तं वलभीकपोतनयनैराक्षिप्तरागो रविः॥

(१) अपि चेदानीम्—

१०२— *(अ) प्राकाराग्रे गवाक्षैः पतति खगरुतैः सूच्यमानोविलालः*
(आ) प्रासादेभ्यो निवृत्तो व्रजति समुचितां वासयष्टि मयूरः।

नाग कृष्ण के चरणों से मस्तक पर अंकित होकर गरुड़ से अवध्य हो गया था, वैसे ही तुझ पर भी किसी विट का वश नहीं चल सकेगा। यह हाथ जोड़कर हँसता हुआ चला गया। अब मैं भी विट समाज में चलूँ। अरे, मित्रों के साथ बातचीत में बीते समय का भी पता न चला। अभी तो—

१०१—देखो यह सूर्य अस्त हो रहा है। विदा लेते हुए इसको मुँदते हुए कमल उत्कण्ठा से देख रहे हैं। झुटपुटा अँधेरा घरों की चोटियों पर चढ़कर उनकी धूप को हटा रहा है। बगीचों की ऊपर उठी हुई शाखाओं का देर तक अपनी किरणों से स्पर्श करके सूर्य उन्हीं में छिपा जा रहा है। अटारी पर बैठे हुए कबूतर उसकी ओर देखते हुए उसकी लाली अपनी आँखों में भरे ले रहे हैं।

और भी इस समय—

१०२—पक्षियों की तेज चहचहाहट से सूचित विडाल भी खिड़की से महल की चारदीवारी पर टूट रहा है। मोर मकानों से हट कर अपने परिचित अड्डे

---

१०१ (आ) *प्रच्छाय*—अंधकार।

१०१ (आ) *उत्सार्यमाणातपः*—जिसकी धूप को अँधेरा हटा रहा है।

१०१ (इ) *किरणैःस्पृष्ट्वा*—किरणों से देर तक छूकर। किरण को कर भी कहते हैं। उद्यान शाखाओं के साथ देर तक कर स्पर्श से रमकर सूर्य उन्हीं के भीतर विलीन हुआ जा रहा है।

१०१ (ई) *वलभी कपोत*—महल के ऊपर की अटारी (वलभी) में बसेरा लेनेवाले कबूतर। कपोत सूर्य का राग अपने नेत्रों में समेट रहे हैं। राग = प्रेम, लाली। कबूतर की लाल पुतलियों पर उत्प्रेक्षा है।

१०२ (अ) *खगरुतैः विलालः*—श्री राघवन ने मद्रास की प्रति देखकर यह शुद्ध पाठ मुझे सूचित किया है। रामकृष्ण कवि के संस्करण में *खररुतेः सूच्यमानोपि लालः* यह अशुद्ध पाठ छपा है।

(इ) सान्ध्यं पुष्पोहारं परिहरति मृगः स्थण्डिले स्वप्तुकामः
(ई) तोयादुत्तीर्य चासौ भवनकमलिनीदिकां याति हंसः॥

(१) (परिक्रम्य)

१०३— (अ) एते प्रयान्ति घनतां वलभीषु धूपाः
(आ) वैडूर्यरेणव इवोत्पतिता गवाक्षैः।
(इ) रथ्यासु चैतमवगाढमुदग्रमेत्य
(ई) स्नानोदकौघमनुषट्चरणा भ्रमन्ति॥

(१) अहो तु खल्विदानीमस्य संमृष्टसिक्तावकीर्णकुसुमप्रद्वाराजिरस्य (२) प्रादोषिकोपचारव्यग्रपरिचारकजनस्य (३) देशवयोविभवानुरूपालंकारव्यापृतवारमुख्यजनस्य, (४) प्रचरितमदनदूतीसञ्चाररमणीयस्य, (५) प्रवृत्तमत्तविटविदग्धपरिहास-

---

(वासयष्टि) पर बसेरा ले रहा है। शयन के लिये ऊँघता हुआ हिरन चबूतरे पर चढ़ाए हुए संध्या के फूलों को भी छोड़ रहा है। हंस पानी से निकल कर भवन पुष्करिणी के पास के चबूतरे पर आश्रय ले रहा है।

(घूमकर)

१०३—झरोखों से निकल कर ऊपर महल की अटारियों में भरा हुआ घना धुआँ उड़ती हुई बिल्लौरी धूलि-सा जान पड़ता है। गलियों में ऊपर तक भरे हुए सुगन्धित स्नान जलों पर भौंरे मँडरा रहे हैं।

अहो, इस समय वेश के महापथ की कैसी अपूर्व शोभा है? इसके बहिर्द्वार तोरण के बाहर का बड़ा अजिर झाड़ने-बुहारने के बाद छिड़काव से सींच दिया गया है और उसमें फूलों के ढेर सजा दिए गए हैं। परिचारक जन संध्या के उपचारों में लगे हैं। देश, वय और विभव के अनुसार वेश्याएँ सिंगार-पटार करने में लगी हैं। मदनदूतियाँ इधर-उधर ठुमकती हुई वेश को सुहावना बना

---

१०२ (ई) *कमलिनी*—कमलों की पुष्करिणी जिसे नलिनी भी कहते थे।
१०३ (अ) *धूप*—महल के भीतर जलाई हुए धूपों का धुँआ।
१०३ (आ) *वैडूर्यरेणवः*—सान पर काटे जाते हुए बिल्लोरी खड़ पत्थर में से जो भस्सी उड़कर छा जाती है उससे सटीक उपमा ली गई है।
१०३ (इ) *अवगाढ*—भरा हुआ। उदग्म = ऊँचा, ऊपर तक।
१०३ (१) *संमृष्ट*—संमार्जनी या बहारी से स्वच्छ किए हुए।
१०३ (१) *सिक्त*—जल के छिड़काव से सिंचित। अवकीर्ण कुसुम = सांध्य पूजा के उपहार पुष्प द्वार के सामने यों ही न बिखेर कर छोटी-छोटी ढेरियों (पुष्प प्रकर) के रूप में सजाए जाते थे।
१०३ (१) *प्रद्वाराजिर*—प्रहार और अजिर दोनों स्थापत्य के पारिभाषिक शब्द हैं। प्रद्वार = बड़ा द्वार, जिसे बहिर्द्वार कहते थे। अजिर = प्रद्वार या बड़े द्वार के बाहर की

रसान्तरस्य (६) स्नातानुलिप्तपीतप्रतीततरुणजनावकीर्णचतुष्पथशृङ्गाटकस्य वैशमहापथस्य पराश्रीः। (७) इह हि—

१०४— *(अ) एषा रौत्युपवैशिता गजवधूरारुह्यमाणा शनैः*
(आ) एतत् कम्बलवाह्यकं प्रमदया द्वाःस्थं समारुह्यते।
(इ) शिञ्जन्नूपुरमेखलामुपवहन् वेश्यां चलत्कुण्डलां
(ई) श्रोणीभारमपारयन्निव हयो गच्छत्यसा धौरितम्॥

(१) अपि चास्मिन्निमाः—

१०५— *(अ) प्रदीपकरवल्लरीजटिलचारुवातायना*
(आ) मयूरगलमेचकैरनुसृतास्तमोभिः क्वचित्।

रही हैं। मतवाले विट चुटीली दिल्लगी के व्यंग्यों का मजा ले रहे हैं। नहा-धोकर, इत्र फुलेल लगाकर, और पी-पाकर हृष्ट तरुणजन चौराहों (चतुष्पथ) और तिराहों (शृंगाटक) पर बिथुर रहे हैं। यहाँ पर—

१०४—सवारी के लिये बैठाई गई हथिनी अपनी पीठ पर चढ़ाते समय धीरे से चिंघाड़ती है। द्वार पर खड़ी पालकी (कंबलवाह्यक) में कोई स्त्री बैठ रही है। नूपुर, मेखला की झनकार और हिलते हुए कुंडलों वाली वेश्या के नितम्ब भार से दब कर घोड़ा मानो दुलकी ही चल पा रहा है।

और भी यहाँ पर—

१०५—कहीं भवन भित्तियों के गवाक्ष दीपक की किरणों के जाल से भरे हैं। कहीं दीवारों पर मोर के गले की तरह नीला अन्धकार छा गया है। चूने से

ओर चौड़ी खुली जगह अजिर कहलाती थी। *हर्षचरित* में भी राजद्वार के बाहर के खुले मैदान को 'अजिर' कहा गया है (दे० *हर्षचरित : एक सांस्कृतिक अध्ययन,* पृ० २०४, चित्र फलक २५)। इसे ही आगे ११६/१२ में प्रद्वारांगणक कहा है।

१०३ (६) *प्रतीत—हृष्ट। ख्याते हृष्टे प्रतीतः—अमर।*

१०३ (६) *चतुष्पथ*—चौराहा। शृंगाटक = सिंघाड़े की आकृति का तिराहा, तिरमुहानी।

१०४ (आ) *कम्बलवाह्यक*—अमरकोश में इसका रूप कम्बलि-वाह्यक है (गन्त्री *कम्बलिवाह्यकम्, अमर* २/८/५४) वही ठीक जान पड़ता है। *पादताडितकम्* में दोनों बार कम्बलवाह्यक (श्ला० १०३, १०८) छपा है। इसके और साहित्यिक प्रयोग ढूँढ़ने योग्य हैं। *कम्बलिन्* = गलकम्बल युक्त बैल। *अतएव कम्बलि वाह्यक* = गोशकट, या गोरथ या बहली की सवारी हुई, विशेषतः बहली तो स्त्रियों के लिये ही बनाई हुई बढ़िया सवारी मानी जाती थी।

१०४ (ई) *धौरित*—दुलकी चाल।

(इ) *विभान्ति गृहभित्तयो नवसुधावदातान्तरा:*
(ई) *तमालहरितालपङ्ककृतपत्रलेखा इव॥*

(१) (परिक्रम्य)

(१) सर्वथा रमणीयस्तावदयमुद्भिद्यमानचन्द्रसनाथ उत्सव: (२) प्रदोषसंज्ञको जीवलोकस्य। (३) सम्प्रति हि एष भगवांश्चक्षुषां साधारणं रसायनं हसितमिव कुमुदवापीनामुदेति शीतरश्मि:। (४) य एष:—

१०६—(अ) किं नीलोत्पलपत्रचक्रविवरैरभ्येषि मां चुम्बितुं
(आ) न त्वां पश्यति रोहिणी कथयम मे सन्त्यज्यतां वेपथु:।
(इ) मत्तानां माभाजनेष्वतिकथा: श्रोतुं सहासा इव
(ई) स्त्रीणां कुण्डलकोटिभिन्नकिरणश्चन्द्र: समुत्तिष्ठति॥

टटकी छुही गई घर की दीवारें बड़ी सुहावनी लग रही हैं, मानो उन पर तमाल और हरिताल के पंक से पत्रावली की वल्लरियाँ रची गई हों।

(घूमकर)

चन्द्रोदय की शोभा के साथ प्रदोष नामक यह सार्वजनिक उत्सव कैसा सुन्दर है? अभी-अभी भगवान् चन्द्र सबकी आँखों में रसायन डालते हुए और वापियों के कुमुद पुष्पों को हँसाते हुए आ रहे हैं।

१०६—मद्य के चषक में अपना प्रतिबिम्ब डालकर नीलोत्पल के गोलपत्तों के बीच-बीच में से क्या तू मेरा चुम्बन लेना चाहता है? मुझे बता कि क्या तेरी रोहिणी प्रिया तुझे नहीं देखती? सात्त्विक भाव जनित अपने शरीर का यह कम्प दूर कर। मतवाली स्त्रियों के मधुपान के समय की ये परिहास भरी कथाएँ सुनने के लिये मानो उदित हुआ चन्द्रमा उनके कुंडलों की कोटि में अपना प्रतिबिम्ब डाल रहा है।

---

१०५ (ई) *पंककृतपत्रलेखा इव*—पत्रलेखा या पत्रावली रचना गुप्तकालीन कला की मनोहर विशेषता थी। बाण ने लिखा है कि पत्रलता को रक्षा-विधायक माना जाता था। इसीलिये रानी विलासवती के सूतिकागृह की भित्तियों पर पत्रावली की वल्लरियाँ माँड़ी गई थीं (भूतिलिखित पत्रलताकृत रक्षापरिक्षेपम्, *काद०*, अनुच्छेद ६१)।
१०५ (२) *प्रदोष उत्सव*—ज्ञात होता है उज्जयिनी में भगवान् महाकाल से सम्बन्धित प्रदोषव्रत का उत्सव धूमधाम से मनाया जाता था।
१०६ (अ) *नीलोत्पलपत्रकचक्रविवर*—मधु चषक में नीलोत्पत्र कुतर कर डाले जाते थे। उनके बीच-बीच में अपना प्रतिबिम्ब डालकर चन्द्रमा मानो पानासक्त स्त्रियों का चुम्बन करना चाहता है।
१०६ (इ) *अतिकथा*—असम्बद्ध बातें, गप्पाष्टक।
१०६ (ई) *कुण्डलकोटि भिन्नकिरण:*—स्त्रियों के कुण्डलों में प्रतिबिम्बित चन्द्र मानों उनकी बातें सुनने के लिये कान के पास आया है।

(१) (परिक्रम्य)

१०७— *(अ) गायत्येषा वल्गु कान्तद्वितीया*
(आ) सुप्रक्वाणा स्पृश्यतेऽसौ विपञ्ची।
(इ) बद्ध्वा गोष्ठीं पीयते पानमेतद्-
(ई) धर्म्याग्रेषु प्राप्तचन्द्रोदयेषु॥

१०८— *(अ) विरचयति मयूखैर्दीर्घिकाम्भस्सु सेतुं*
(आ) विसृजति कदलीषु स्वाः प्रभादण्डराजीः।
(इ) पुनरपि च सुधाभिर्वर्णयन् सौधमालाः
(ई) क्षरति किसलयेभ्यो मौक्तिकानीव चन्द्रः॥

(१) (परिक्रम्य) (२) अहो तु खलु क्षीरोदेनेवोद्वेलप्रवृत्तविकीर्यभाणवीचिराशिना ज्योत्स्नासंज्ञकेन पयसा प्रसर्पताऽनुगृहीत इव जीवलोकः। (३) सम्प्रति हि—

(घूमकर)

१०७— कहीं कोई अपने कान्त के साथ दुकेली बनी हुई मधुर स्वर में गा रही है। कहीं झनकारती हुई वीणा बज रही है। कहीं महलों के कोठों पर चन्द्रोदय के समय गोठ बाँध कर शराब पी जा रही है।

और इस समय में भगवान् चन्द्रमा—

१०८—कहीं अपनी किरणों से गृह दीर्घिकाओं के जलों में आरपार सेतु बाँध रहे हैं, कहीं कदली वृक्षों के झुरमुट में प्रविष्ट होती रश्मियों से अपनी ज्योत्स्ना के स्तम्भ जैसे रच रहे हैं, कहीं पुती हुई सौध मालाओं को पुनः अपनी रश्मि सुधाओं से रँग रहे हैं, कहीं किसलयों से बूँदों की झरझर वृष्टि करते हुए मानो मोती बरसा रहे हैं।

(घूमकर) अहो, चन्द्रमा की किरणों से झरता हुआ चाँदनी रूपी जल भुवन में ऐसे भर रहा है मानो क्षीर सागर का जल वेला के बाहर उमड़ कर अपनी लहरें दूर तक फैला रहा हो। अभी तो—

---

१०७ (आ) *प्रक्वाण*—वीणा की झनकार। *वीणाया क्वाणिते प्रादेः प्रक्वाण-प्रक्वणादयः—अमर*।
१०८ (अ) *दीर्घिकाम्भस्सु सेतुं*—गृह दीर्घिकाओं के जल में प्रतिबिम्बित चन्द्रमा की किरणें उनके दोनों किनारों को मिलाने वाला रश्मिमय सेतु-सा बनाती हैं।
१०८ (आ) *प्रभादगृडराजीः*—यह कल्पना आतिशबाजी से ली गई है। अँधेरी रात में छूटती हुई आतिशबाजी के फूलों से प्रभादण्डों की रचना की जाती है। कदली वन खण्डों में चन्द्र रश्मियाँ वैसा दृश्य बना रही हैं।
१०८ (इ) *वर्णयन्*—रँगता हुआ, छूहता हुआ।

१०९— *(अ) एते व्रजन्ति तुरगैश्च करेणुभिश्च*
(आ) कर्णीरथैरपि च कम्बलवाह्यकैश्च।
(इ) आलिङ्गिता युवतिभिर्मृदिता युवानो
(ई) गन्धर्वसिद्धमिथुनानि विहायसीव॥

(१) (परिक्रम्य)

११०— *(अ) असावन्वारूढो मदललितचेष्टः प्रमदया*
(आ) परिष्वक्तः पृष्ठे निबिडतरनिक्षिप्तकुचया।
(इ) परावृत्तश्चुम्बन् व्रजति दयितां यस्य तुरगो
(ई) गृहानेषोऽभ्यासदनुपतति नोत्क्रामति पथः॥

(१) कश्च तावदयमस्मिश्चन्द्रातपेऽप्यन्धकार इव वर्तमानो वेशरथ्यायां गर्भगृहभोगेन तिष्ठन् नैर्लज्यमाविष्करोति? (२) आः ज्ञातम्। (३) एष सौराष्ट्रकः शक-कुमारो जयन्तक इमां घटदासीं बर्बरिकामनुरक्तः। (४) किञ्च तावदनेनैतस्मात् सर्ववेश्यापत्तनाद्वेशवद्वेशबर्बर्यो गुणवत्त्वमवलोकितम्। (५) किञ्च तावत्—

१११— *(अ) अधिदेवतेव तमसः*
(आ) कृष्णा शुक्ला द्विजेषु चाक्ष्णोश्च।

१०९—घोड़ों, हथिनियों, कर्णीरथों, और बहलियों (कम्बलबाह्य) पर चढ़े हुए युवकजन युवतियों से आलिंगित और मृदित होते हुए आकाश में गन्धर्वों और सिद्धों के मिथुनों की तरह आ-जा रहे हैं।

(घूमकर)

११०—नशे में ललित चेष्टाएँ करते हुए युवक को उसके पीछे घोड़े की पीठ पर बैठी हुई प्रमदा कुचों से गाढ़ालिंगन देती है, तो वह भी घूमकर प्यारी का चुम्बन करता है। घोड़े को घर के मार्ग का ऐसा अभ्यास है कि वह सीधा चला आता है, बहकता नहीं।

यह कौन है जो चाँदनी में भी अँधेरे की तरह वेश की गली में गर्भगृह के समान भोग करता हुआ निर्लज्जता दिखा रहा है? ठीक, पता चला। यह सौराष्ट्रिक शककुमार जयंतक इस घटदासी बर्बरिका पर अनुरक्त है। उसने सारे वेश्यापत्तन में इसी वेश बर्बरी में कौन-सा वेशोचित गुण देखा? तो कुछ—

१११—अँधेरे की देवी की तरह, दाँतों से धौली, आँखों से काली, वह

---

१०९ (आ) *कर्णीरथ*—दे० टि० पा० श्लो० ३४।
१०९ (आ) *कम्बलवाह्यक*—दे० टि० पाद० श्लोक० १०३।
११० (३) *घटदासी*—कुम्भदासी, निकृष्ट कोटि की वेश्या।

(इ) *असकलशशाङ्कलेखे-*
(ई) *व शर्वरी बर्बरी भाति॥*

(१) अथवा सौराष्ट्रिका वानरा बर्बरा इत्येको राशिः किमत्राश्चर्यम्। (२) तथा हि—

११२— (अ) *धवलप्रतिमायामपि*
(आ) *बर्बर्यां सक्तचक्षुषो ह्यस्य।*
(इ) *अलससकषायदृष्टेः*
(ई) *ज्योत्स्नापीयं तमिस्रेव॥*

(१) तदलमयमस्य पन्थाः। (२) इतो वयम्। (३) (परिक्रम्य) (४) इयमपरा का—

११३— (अ) *कर्णद्वयावनतकाञ्चनतालपत्रा*
(आ) *वैण्यन्तलग्नमणिमौक्तिकहेमगुच्छा।*
(इ) *कूर्पासकोत्कवचितस्तनबाहुमूला*
(ई) *लाटी नितम्बपरिवृत्तदशान्तनीवी॥*

बर्बरी अष्टमी के चन्द्रमा से युक्त रात्रि जैसी लगती है।

अथवा, सौराष्ट्र के लोग, बंदर और बर्बर इन तीनों की रास एक ही है। तो इसमें क्या अचरज?

११२—गोरी बर्बरी पर भी इसकी आँखें लगी हैं तो इसकी अलसाई नशीली आँखों से यह चाँदनी भी अँधेरी की तरह जान पड़ी है।

तो बस, इसका रास्ता यहीं समाप्त होता है। मैं चलूँ। (घूमकर) यह दूसरी कौन है?—

११३—इस लाटी के दोनों कानों में सोने के तालपत्र लटकते हैं, वेणी के अन्त में मणियों और मोतियों का हेमगुच्छ है, इसके कूर्पासक (चोली) से स्तन और बाहुमूल ढके हैं और नीवी के छोर पर पहुँच रहे हैं।

---

११३ (अ) *तालपत्र*—तालपर्ण, तरिवन।

११३ (इ) *कूर्पासक*—स्त्री के शरीर के ऊर्ध्व भाग को कसनेवाली चोली या अँगिया। कूर्पासक तीन प्रकार का होता था, पूरी बाँहों का, आधी बाँह का और बिना बाँह का। यहाँ बिना बाँह के कूर्पासक का उल्लेख है क्योंकि उससे सामने की छाती और केवल बाहुमूल ढके हैं। (कूर्पासक के वर्णन और चित्रों के लिये देखें, *हर्षचरित : एक सांस्कृतिक अध्ययन*, पृ० १५३, चित्रफलक २०, चित्र ७५)।

(१) (विचार्य) (२)भवतु विज्ञातम्। (३) एषा हि सा राका राज्ञः स्यालमाभीलकं मयूरकुमारं मयूरमिवनृत्यन्तमालिङ्गन्ती चन्द्रशालाग्रे वेशवीथ्यमात्मनः सौभाग्यं प्रकाशयति। (४)अयमपि चार्जवेनानया तपस्वी क्रीत इव।

११४— (अ) अपि च मयूरकुमारं
(आ) गौरी कृष्णमतिदुर्बलं स्थूला।
(इ) स्वमिव प्रच्छायाग्रक—
(ई) मुरसि विलग्नं वहत्येषा॥

(१) (परिक्रम्य) (२) इयमपरा का? (३) (विचार्य) (४) इयं हि सा तत्रभवतः सुगृहीतनाम्नः शार्दूलवर्मणः पुत्रस्य नः प्रियवयस्यस्य वराहदासस्य प्रियतमा यवनी कर्पूरतुरिष्ठा नाम (५) प्रतिचन्द्राभिमुखं मधुनः कास्यमङ्गुलित्रयेण धारयन्ती

(सोच कर) पता लग गया। यह राका है जो राजा के साले दुर्दशाग्रस्त मयूरकुमार को, जो नाचते मोर की तरह अपने को प्रकट करके रिझाता है, चन्द्रशाला के सामने आलिंगन करती हुई वेश के बाजार में अपना सौभाग्य दिखा रही है। उसकी सच्चाई से वह बेचारा खरीदा-सा लिया गया।

११४—वह गोरी और मोटी उस दुबले और साँवले मयूरकुमार को मानो सामने आई अपनी परछाईं की तरह छाती से लटका कर ले जा रही है।

(घूमकर) यह दूसरी कौन है? (सोचकर)—

यह यशस्वी शार्दूलवर्मा के पुत्र हमारे प्रिय मित्र वराहदास की प्रियतमा यवनी कर्पूरतुरिष्ठा है। यह तीन अँगुलियों से मधु का प्याला पकड़ कर उसे

---

११३ (३) *आभीलक*—दुर्दशाग्रस्त। *कष्टं कृच्छ्माभीलम्—अमर*।

११४ (इ) *स्वमिव प्रच्छायाग्रकम्*—मानों उसकी अपनी परछाईं सामने आकर छाती से लटक रही है। प्रच्छाय = परछाईं। अग्रक = अगला भाग। विलग्न = लटकन्त।

११४ (४) *यवनीकर्पूरतुरिष्ठा*—यह यवनी स्त्री उज्जयिनी के वेश में रहती थी। इसके नाम का उत्तरपद यूनानी भाषा के किसी शब्द की संस्कृत में अनुकृति है।

११४ (५) *प्रतिचन्द्राभिमुखं*—इससे यवन देश का शिष्टाचार सूचित होता है कि पान पात्र भरकर उसे पहले चन्द्रमा की अधिष्ठात्री देवी को अर्पित करते थे।

११४ (५) *कांस्य*—पानपात्र, चषक।

११४ (५) *अंगुलित्रयेण धारयन्तीं*—यह चषक पकड़ने का यूनानी ढङ्ग था।

(६) कपोलतलस्खलितबिम्बमवलम्ब्य कुण्डलं किरणैः प्रेङ्खोलितमंसदेशे शशिनमिवोद्वहन्ती यैषा—

११५— *(अ) चकोरचिकुरेक्षणा मधुनि वीक्षमाणा मुखं*
(आ) विकीर्य यवनीनखैरलकवल्लरीमायताम्।
(इ) मधूककुसुमावदतसुकुमारयोर्गण्डयोः
(ई) प्रमाष्टि मदरागमुत्थितमलक्तकाशङ्कया॥

(१) अपि च यवनी गणिका, वानरी नर्तकी, मालवः कामुको, गर्दभो गायक इति गुणतः साधारणमवगच्छामि। (२) सर्वथा सदृशयोगेषु निपुणः खलु प्रजापतिः। (३) तथा हि—

११६— *(अ) खदिरतरुमात्मगुप्ता*
(आ) पटोलवल्ली समाश्रिता निम्बम्।

चन्द्रमा की ओर उठाए हुए है। दूसरे हाथ से वह कान का चन्द्राकृति कुण्डल पकड़े है जिसका प्रतिबिम्ब गाल में पड़ रहा है। उस कुण्डल की छिटकती हुई किरणों से उसके कंधे पर भी मानो चन्द्रमा खेलता हुआ जान पड़ता है।

११५—चकोर के जैसे बाल और आँखों वाली यवनी मधुपात्र में अपना अक्स देखती हुई, नखों से लम्बी लटों को बिखेरती हुई, महुए के फूलों की तरह श्वेत और सुकुमार गालों पर उभरी हुई मद की लाली को आलता जानकर पोछती है।

यवनी और गणिका, बंदरिया और नर्तकी, मालव और कामुक, गायक और गधा—इन्हें मैं गुण में एकसा मानता हूँ। सब तरह से जोड़ी मिलाने में ब्रह्मा निश्चय ही निपुण हैं।

११६—जैसे खैर के पेड़ पर आत्मगुप्ता, और नीम पर परवल की लता फैलती

---

११४ (६) *कुण्डलं*—कान में लटकते हुए चन्द्राकृति कुंडल का एक प्रतिबिम्ब तो गाल में पड़ रहा था। उसी की छिटकती किरणें से कंधे पर मानों दूसरी चन्द्राकृति बन रही थी। गंधार कला में कान के अनेक आभूषण चन्द्रमा की नोकदार आकृति के मिले हैं। कानों में स्त्रियाँ वैसे कुंडल पहनती थीं और कन्धे पर साड़ी के पिन की तरह चन्द्राकृति आभूषण खोंस लेती थीं। उसी पर आधारित यह कल्पना है।

११५ (१) *यवनी गणिका*—यह गहरा कटाक्ष है। प्राचीन काल से ही इतनी अधिक संख्या में यवन देश की स्त्रियाँ गणिका वृत्ति और परिचारिका कर्म के लिये भारतवर्ष में आने लगी थीं कि गुप्तकाल में यवनी और गणिका इन दोनों को लगभग पर्याय समझने लगे थे।

११६ (अ) *आत्मगुप्ता* = केंवाच। आत्मगुप्ता—कपिकच्छुश्च, मर्कटी—अमर।

(इ) *श्लिष्टो बत संयोगो*
(ई) *यदि यवनी मालवे सक्ता॥*

(१) तत्काममियमपि मे सखी न त्वेनामभिभाषिष्ये। (२) को हि नाम तानि वानरीनिष्कूजितोपमानि चीत्कारभूयिष्ठानि अप्रत्यभिज्ञेयव्यञ्जनानि कश्चित्करेणान्तराणि-(?)प्रदेशिनीलालनमात्रसूचितानि स्वयं वेशयवनीकथितानि श्रोष्यति। (३) तदलमनया। (४) (परिक्रम्य) (५) अयमपरः कः—

११७— (अ) *प्रतिमुखपवनैर्वेगात्*
(आ) *उत्क्षिप्ताग्रालकोत्तरीयान्ताम्।*
(इ) *काता हरति करेण्वा*
(ई) *वासवदत्तामिवोदयनः॥*

(१) (विचार्य)(२) आ विदितम्। (३) एष स इभ्यपुत्रो विटप्रवाल

है, वैसे ही यदि यवनी मालव पर फिदा हो तो वह बढ़िया जोड़ी है।

यह मेरी परिचित है, पर इससे बातचीत न करूँगा। ऐसा कौन है जो बंदरिया की खाँव-खाँव की तरह, चीत्कारयुक्त अनजान व्यंजनों से भरी, कुछ इशारों के साथ केवल प्रदेशिनी अँगुली हिलाकर अभिप्राय सूचित करनेवाली वेश की यवनी की स्वयं कही हुई बातें सुनेगा? इससे बाज आया। (घूमकर) यह दूसरा कौन है—

११७—जो हवा के विरुद्ध फड़कती हुई अलकावली और दुपट्टे वाली कान्ता को हथिनी पर बैठाए लिए जा रहा है, जैसे उदयन वासवदत्ता को ले गया था?

(सोचकर) पता चल गया। यह इभ्यपुत्र (रईसज़ादा) है जिसका विट

---

११६ (२) *वानरी निष्कूजितोपमानि*—इस वाक्य में यवन देश की स्त्रियों की भाषा और अस्फुट उच्चारण पर बहुत व्यंग्य किया गया है।

११६ (२) *अप्रत्यभिज्ञेयव्यञ्जन*—यूनानी वर्णमाला में कई व्यंजन ऐसे हैं जिनके समकक्ष उच्चारण भारतीय वर्णमाला में नहीं थे, उन्हीं की ओर संकेत है।

११६ (२) *स्वयं*—बिना किसी के पूछे अपने आप जो बोलती रहे।

११७ (३) *इभ्यपुत्र*—रईसज़ादा। इभ्य = हाथी की सवारी के पात्र। हाथी की सवारी पर बैठकर निकलने का अधिकार या तो राजा को था, या विवाह में वर को, या सराफे बाजार के सदस्यों को जिनकी संख्या सीमित होती थी और जो श्रेष्ठी, महाजन कहलाते थे।

११७ (३) *विटप्रवाल*—विटत्व का बढ़ता हुआ अंकुर। यह उसका वास्तविक नाम नहीं था, डिंडियों में प्रसिद्ध नाम था।

इति डिण्डिभिरभ्यस्तनामा सुरतरणपटकट्यम्बराणामधिपतिः (४) तां वेशसुन्दरीमस्मद्बालिकां मदनपरवशः पितृर्मातुश्च शासनमुपेक्ष्यानुरक्त एव। (५) काममतिडिण्डी खल्वयम, (६) श्वसरशब्दावकुण्ठनास्तु वयम्। (७) तदलमनेनाभिभाषितेन। (८) अयमस्याञ्जलिरितस्तावद् वयम्। (९) (परिक्रम्य) (१०) यावदहमपि विटसमाजं गच्छामि। (११) एषोऽस्मि भोः सुवृथातिवाहिते वेशमहापथे विटमहत्तरस्य भट्टिजीमूतस्य (१२) समन्तात्सन्निपातितविटजनवाहनसहस्रसंबाधप्रद्वाराङ्गणमुत्क्षिप्तर जतकलशपाद्यपरिचारकोपस्थिततोरणं भवनमनुप्राप्तः।

(१३) सुष्ठु खल्विदमुच्यते—"महान्तः खलु महतामारम्भाः" इति। (१४)

प्रवाल नाम डंडियों में सुपरिचित है। फेंटा कस कर सुरत रण में चढ़ने वालों का यह गुरु है। यह हमारा बच्चा उस वेशसुन्दरी पर काम के फन्दे में फँसकर माता-पिता के हुक्म की भी परवाह न करते हुए अनुरक्त हो गया। निश्चय ही यह डंडियों का उस्ताद है। ससुर बनने के कारण इसके सामने मेरी भी बोलती बन्द है। तो इससे बातचीत न होगी। इसे हाथ जोड़कर मैं यहाँ से सटक जाऊँ। (घूमकर)—मैं भी अब विट समाज में पहुँचूँ। वेश महापथ में बिल्कुल व्यर्थ का चक्कर काट कर मैं विटों के चौधरी भट्टिजीमूत के घर आ गया। इसके बहिर्द्वार के सामने के खुले मैदान में चारों ओर बुलाए गए विटों के हजारों वाहनों की भीड़ इकट्ठी है। यहीं तोरण के पास ही चाँदी के घड़ों में पैर धोने का जल ऊपर उठाए हुए परिचारक जन उपस्थित हैं।

ठीक ही कहा है 'बड़ो की बातें बड़ी होती हैं।' अभी यहाँ पंचरंगे

---

११७ (३) *सुरतरणपट*—सुरतरण में चढ़ाई करने के लिये पहना हुआ पट या वर्दी। कट्यम्बर = फेंटा, पटका। रणभूमि में युद्ध के लिये भर्ती होने वाले सैनिकों की वर्दी (पट) और पटका (कट्यम्बर) पहनना आवश्यक था और सम्भवतः वह उन्हें शासन की ओर से मिलता था। इभ्यपुत्र विट प्रवाल को ऐसे रणपट और कट्यम्बर सबसे बढ़िया प्राप्त थे, अर्थात् वह मानों सुरतरण का सेनापति था।

११७ (४) *अस्मद्बालिका*—कोई नवगणिका जिसे या तो विट ने अपनी पोष्य-पुत्री मान लिया था जो उससे गणिका में उत्पन्न हुई थी।

११७ (५) *अतिडिण्डी*—सब डिण्डियों को मात करनेवाला।

११७ (६) *श्वसुरशब्दावकुण्ठनाः*—ससुर होने के कारण हमारा शब्द या बोलना अवकुण्ठित या बन्द हो गया है।

११७ (११) *सुवृथातिवाहिते*—सुवृथा = बिलकुल व्यर्थ। अतिवाहित = बहुत देर तक घूमना या चक्कर काटना।

११७ (१२) *प्रद्वाराङ्गण*—प्रद्वार या बहिर्द्वार के सामने का आँगन या मैदान जिसे पहले प्रद्वाराजिर कहा है (*पाद०,* १०२/१)।

साम्प्रतं ह्येतद् दशार्धवर्णे पुष्पमुत्कीर्यते मुक्तम् (१५) आसज्यते ग्रथितम्, (१६) सञ्चार्यन्ते धूपाः, (१७) प्रज्वाल्यन्ते दीपाः (१८) उच्यते स्वागतम्, (१९) मुच्यते यानम्, (२०) दृश्यते विभ्रमः, (२१) उपगीयते गीतम्, (२२) उपवाद्यते वाद्यम्, (२३) दीयते हस्तः, (२४) कथ्यते श्लक्ष्णम्, (२५) आलिङ्ग्यते स्निग्धम्, (२६) अवलम्ब्यते सप्रणयम्, (२७) अवनम्यते सविनयम्, (२८) स्पृश्यते पृष्ठम्, (२९) आहन्यते सभ्रूक्षेपम्, (३०) आघ्रायते शिरः, (३१) स्थीयते सविभ्रमम्, (३२) उपविश्यते सलीलम्, (३३) विश्राण्यते चन्दनम्, (३४) आलिप्यते वर्णकः, (३५) विन्यस्यते विलेपनम्, (३६) उत्कीर्यते चूर्णः, (३७) परिहास्यते विटैः, (३८) प्रतिगृह्यते विलासिनीभिरिति। (३९)किं बहुना—

फूल छुट्टा बिखेरे जा रहे हैं, गुथी हुई मालाएँ लटकाई जा रही हैं, प्रज्वलित धूप घुमाई जा रही है, दीपक जलाए जा रहे हैं, स्वागत शब्द का उच्चारण हो रहा है, सवारियाँ खोलकर छोड़ी जा रही हैं, दौड़-धूप दिखाई दे रही है, गीत गाए जा रहे हैं, बाजे बजाए जा रहे हैं, आने वालों को हाथ का सहारा दिया जा रहा है, मीठी बातें कही जा रही हैं, प्यार भरे आलिंगन दिये जा रहे हैं, प्रेमपूर्ण भाव से एक-दूसरे के शरीर का सहारा ले रहे हैं, अति विनम्र ढंग से परस्पर झुक रहे हैं, पीठें थपथपाई जा रही हैं, कभी भौहें चढ़ाकर चटकारी मार रहे हैं, लोग मिलने पर सिर सूँघ रहे हैं, कुछ नखरे से खड़े हैं, कुछ अदा से बैठ रहे हैं, चंदन बाँटा जा रहा है, खिजाब (वर्णक) पोता जा रहा है, अंगराग (विलेपन) लगाया जा रहा है, सुगन्धित पटवास चूर्ण उड़ाया जा रहा है, विट परिहास कर रहे हैं, और वेश्याएँ उनका जवाब दे रही हैं। बहुत कहने से क्या?

---

११७ (१४) *दशार्धवर्णे पुष्पं* = पँचरंगे फूल। यह उपहार पुष्पों के प्रकर रूप में आँगन या फर्श पर सजाने का उल्लेख है। पाँच रंगों के विषय में नागानन्द नाटक में उल्लेख है— *भो वयस्य त्वयैको वर्णक आज्ञाप्तः, मया पुनरिहैव सुलभपंचरागिणो वर्णा आनीता इति आलिखतु भवान्।* ये मौलिक रंग या शुद्ध वर्ण नील, पीत, लोहित, शुक्ल और कृष्ण थे।

११७ (१५) *आसज्यते ग्रथितम्*—गूँथी हुई मोती और फूलों की मालाओं को छतों या खम्भों से लटकाया जाता था जिन्हें प्रालम्ब कहते थे।

११७ (३४-३५) *वर्णक, विलेपन*—इनका पृथक् अर्थ समझना आवश्यक है। वर्णक और विलेपन को *अमरकोश* में पर्याय माना है, यहाँ दोनों में भेद किया है। दोनों बातें ठीक हैं। वर्णक में रंग अवश्य होना चाहिए। केवल चन्दन अनुलेपन हुआ। स्नातानुलिप्त पद से सूचित होता है कि अनुलेपन स्नान के बाद लगाया जाता था। चन्दन में अगुरु, हरताल, केसर, कस्तूरी, आदि मिलाकर पीसी जायें तो विलेपन बनता था। अकेला चन्दन घिसा जाता है, वही केसर कस्तूरी मिलाकर पीसा जाता है (*पिंषे साधु विलेपनम्,*

११८— (अ) पुष्पेष्वेतेजानुदघ्नेषु लग्नाः
(आ) कृच्छ्रनात्पादा वामनैरुद्ध्रियन्ते।
(इ) विभ्रन्ताक्ष्यः केतकीनां पलाशान्
(ई) सीत्कुर्वाणाः पादलग्नान् हरन्ति॥

(१) अपि चे विटमुख्याः—

११९— (अ) श्रीमन्तः सखिभिरलङ्कृतासनार्द्धाः
(आ) कुर्वन्तश्चतुरमममर्मभेदि नर्म।
(इ) वेश्याभिः समुपगताः समं समन्ता-
(ई) दुक्षाणो व्रज इव भान्ति सोपसर्याः॥

११८—अन्तःपुर में परिचारक का काम करनेवाले बौनों के पैर घुटनों तक फूलों में धँस गए हैं, अतएव वे कठिनाई से चल पा रहे हैं। आँखें मटकाती हुई गणिकादारिकाएँ पैरों में लगी केतकी की पंखुड़ियों को सी-सी करके निकाल रही हैं।

और ये—

११९—रईसज़ादे विटमुख्य आधे आसनों पर बैठी अपनी सहेलियों से चतुराई भरे शब्दों में ऐसी दिल्लगी करते हैं जो मर्म पर चोट न करे। वे वेश में इधर-उधर ऐसे निर्द्वन्द्व घूमते हैं जैसे लगे साँड़ उठान पर आई हुई कलोर गायों के साथ गोचर में घूमते हैं।

विराटपर्व, ८/१६)। चन्दन और विलेपन के इस भेद को दृष्टि में रखते हुए दोनों के लिये अनुलेपिका और विलेपिका नामक दो पृथक् परिचारिकाओं की बात स्पष्ट हो जाती है। इनका पाणिनि ने भी अलग परिगणन किया है (४/४/४८)। विलेपिका का कार्य अधिक सूक्ष्म था और उसको जो नियत द्रव्य दिया जाता था, उसके लिये वैलेपिक यह विशेष शब्द प्राचीन भाषा में प्रयुक्त होता था (*भाष्य*, ६/३/३७)। केसर कस्तूरी आदि के रंगों से युक्त विलेपन द्रव्य को वर्णक भी कहना चरितार्थ हो जाता है, जैसा *अमरकोश* में दिया है। शरीर पर पत्रच्छेद आदि से उसका विन्यास या रचना की जाती थी, जैसा यहाँ कहा है—*विन्यस्यते विलेपनम्*। किन्तु वर्णक का दूसरा विशेष अर्थ भी अवश्य था, जैसा वर्णक और विलेपन के पृथक् उल्लेख से सूचित होता है। बाण ने भी उन्हें अलग लिखा है—*गान्धिक भवनमिव स्नानधूपविलेनवर्णकोज्ज्वलिमिव. . .राजाकुलम्* (*कादम्बरी*, अनुच्छेद ८५)। वर्णक का यहाँ विशेष अर्थ खिजाब ही हो सकता है। मेदिनी कोश में वर्णक के दोनों अर्थ दिए हैं—(१) विलेपन, (२) नीलीकर्म। अतएव इस प्रसंग में वर्णक का खिजाब वाला अर्थ ही संगत है।

११७ (३६) *चूर्ण*—पटवास या वस्त्रों को सुगन्धित बनाने के लिये हवा में धूलि की भाँति उड़ाया जानेवाला चूर्ण।

(१) अपि चैषामेतत् सदः—

१२०— *(अ) नभ इव शतचन्द्रं योषितां वक्त्रचन्द्रैः*
(आ) कृतशबलदिगन्तं सम्पतद्भिः कटाक्षैः।
(इ) सपरिघमिव यूनां बाहुभिः सम्प्रहारैः
(ई) निचितमिव शिलाभिश्चन्दनार्द्रैरुरोभिः॥

(१) अपि चास्मिन्—

१२१— *(अ) एते विभान्ति गणिकाजनकल्पवृक्षाः*
(आ) तादात्विकाश्च खलु मूलहराश्च वीराः।

१२०—उनके इस सभा-भवन के नभोभाग या छत का शतचन्द्र अलंकरण मानो स्त्रियों के सैकड़ों मुखचन्द्रों के रूप में है। उस भवन का दिगन्त भाग (चारों ओर की कनातें या भित्तियाँ) स्त्रियों की चितवनों के रूप में मानो शताक्षि अलंकरण से सुशोभित है। युवकों की एक-दूसरे से रगड़ती भुजाएँ ही उस भवन का चारों ओर घूमा हुआ परिघ या अर्गला है। चन्दन से आर्द्र उरस्थल ही उस सभाभवन में शिलापट्टों से बना हुआ कुट्टिम प्रदेश है।

और भी यहाँ—

१२१—वेश्याओं के लिए कल्पवृक्ष की तरह, काम पर फौरन तैयार, अपनी

---

११९ (ई) *सोपसर्याः*—रामकृष्ण कवि में इसका पाठ *सोपसर्पाः* अशुद्ध छपा है। उपसर्या = बरदाने के लिये उठी हुई, गरमाई हुई गाय (*उपसर्या काल्या प्रजने, सूत्र*, ३/१/१०४)।

१२० (अ) *नभ इव शतचन्द्रं*—सभाभवन की स्थापत्यमयी रचना और उस पर आश्रित उत्प्रेक्षाओं का सम्मिलित रूप में यह वर्णन है। नभ = आकाशस्थानीय छत, चन्द्रोपक या ऊपर का चँदोवा। शतचन्द्र = सैकड़ों चन्द्रमाओं की आकृति से अलंकृत शतचन्द्र नामक अलंकरण। चन्दोवे की छत में यह अलंकरण बनाया जाता था। विराटपर्व, ३०/१२ में इसी के समकक्ष शतसूर्य, शताक्षि, शतावर्त और शतबिन्दु अलंकरणों के नाम आए हैं।

१२० (आ) *कृत शबलदिगन्तं सम्पतद्भिः कटाक्षैः*—स्त्री-पुरुषों की शबलित चितवनों के रूप में ही मानो उस सभा भवन की पटकाण्डमयी भित्तियों पर शताक्षि अलंकरण दृष्टिगोचर हो रहा था। शताक्षि अलंकरण का उल्लेख भी ऊपर विराटपर्व के उद्धरण में है।

१२१ (आ) *तादात्विकाः*—जो तदात्व या वर्तमान काल में ही तुरन्त भोग भोगने में विश्वास करते हैं, आनेवाले भविष्यकाल या आयति में भोग प्राप्त करने के लिये प्रतीक्षा नहीं करते। तदात्व और आयति के दृष्टिकोण का भेद *पद्म०*, श्लो० २२/२५ में स्पष्ट किया है। तादात्विक प्रत्यक्षवादी लोकायतिकों के अनुयायी थे।

(इ) *बाल्येऽपि काष्ठकलहान् कथयन्ति येषां*
(ई) *वृद्धाः सुयोधनवृकोदरयोरिवोच्चैः॥*

(१) तदेतावदहमपि सुहृन्निदेशवेष्टने शिरसि भगवते चितेश्वरायाञ्जलि कृत्वा सुहृन्निदेशादिममधिकारं पुरस्कृत्य (२) प्रात्यश्चित्तार्थं तत्रभवतस्तौण्डिकोकेर्विष्णुनागस्य घोषणापूर्वै विटान् विज्ञापयामि। (३) (परिक्रम्य) (४) भो भोः सकलक्षितितलसमागताः *प्रियकलहः कलहानां च निवेदितारो धूर्तमिश्राः शृण्वन्तु शृण्वन्तु भवन्तः।*

१२२— (अ) *कामस्तपस्विषु जयत्याधिकारकामो*
(आ) *विश्वस्य चित्तविभुरिन्द्रियवाज्यधीशः।*
(इ) *भूतानि बिभ्रति महान्त्यपि यस्य शिष्टि*
(ई) *व्यावृत्तमौलिमणिरश्मिभिरुत्तमाङ्गैः॥*

(१) (परिक्रम्य)

१२३— (अ) *अथ जयति मदो विलासिनीनां*
(आ) *स्फुटहसितप्रविकीर्णकर्णपूरः।*

सब पूँजी छोड़ने पर सन्नद्ध, ये शूरवीर हैं जिनके लड़कपन की नक़ली लड़ाई (काष्ठ कलह) को बुड्ढे लोग सुयोधन ओर वृकोदर की लड़ाई की तरह बखानते हैं।

फिर मित्र की आज्ञा की पगड़ी सिर पर बाँधे हुए मैं भी भगवान् कामदेव को प्रणाम कर उसके आदेश से इस कर्तव्य पालन को आगे करके श्रीमान् तौण्डिकोकि विष्णुनाग के प्रायश्चित के लिये विटों से निवेदन करूँ। (घूमकर) अरे-अरे, सारी पृथिवी से आए हुए, कलह में रुचि लेने वाले, और कलहों का वृत्तान्त कहने वाले, हे धूर्त लोगों, आप सब सुनिए-सुनिए—

१२२—उस भगवान् काम की जय हो जो तपस्वियों पर अधिकार प्राप्त करना चाहता है, जो सबके चित्त का स्वामी, और इन्द्रिय रूपी घोड़ों का शासक है, और जिसकी आज्ञा बड़े-बड़े प्राणी भी चूड़ामणियों के साथ मस्तक झुकाकर मानते हैं।

(घूमकर)

१२३—जिसकी खिलखिलाहट भरी हँसी गाल के समीप के कर्णपूर पर

१२१ (आ) *मूलहराः*—सारी पूँजी झोंक देनेवाले।
१२१ (इ) *काष्ठकलह*—लकड़ी की तलवार या पटाफरी लेकर किए हुए युद्ध।
१२१ (इ) *शिष्टि*—आज्ञा, आदेश, शासन।
१२२ (ई) *व्यावृत्त मौलिमणि*—मौलि में जटित मणि को प्रणाममुद्रा में नीचे झुकाकर।

(इ) स्खलितगतमधीरदृष्टिपात:
(ई) तदनु च यौवनविभ्रमा जयन्ति॥

(१) तदैवं वारमुख्यजनचरणरज: पवित्रीकृतेन शिरसा धूर्तमिश्रान् प्रणिपत्य विज्ञापयामि। (२) किञ्चैतद्विज्ञाप्यमिति ? (३) श्रूयताम्—

१२४— *(अ) नागवद्विष्णुनामाऽसा-*
(आ) वुरसा वेष्टते क्षितौ।
(इ) प्रायश्चित्तार्थमुद्विग्नं
(ई) तमेनं त्रातुमर्हथ॥

(१) कि मां पृछन्ति भवन्त: "कोऽस्यापनय:" इति। (२)श्रूयताम्—

१२५— *(अ) उत्क्षिप्तालकमीक्षणान्तगलितं कोपाञ्चितान्तभ्रुवा*
(आ) दष्टाधोंष्ठमधीरदन्तकिरणं प्रोत्कम्पयन्त्या मुखम्।
(इ) शिञ्जन्नूपुरया विकृष्य विगलद्रक्तांशुकं पाणिना
(ई) मूर्धन्यस्य सनूपुर: समदया पादोऽर्पित: कान्तया॥

(१) किं किं वदन्ति भवन्त: "कस्या: पुनरिदमविज्ञातपुरुषान्तराया: प्रमाद-

---

बिखर रही है, ऐसी विलासिनियों के यौवन मद की जय हो एवं उनकी डगमगाती चाल और चंचल चितवनों की जय हो। और उसके बाद उनकी यौवन की अठखेलियों की जय हो।

प्रधान वेश्या की चरण-रज से अपना मस्तक पवित्र करके उस मस्तक को धूर्तमिश्रों के चरणों में झुकाकर मैं निवेदन करता हूँ। कहने वाली बात क्या है ? सुनिए—

१२४—यह विष्णुनाग प्रायश्चित के लिये सांप की तरह पृथिवी पर छाती के बल छटपटा रहा है। आपको इसकी प्राण-रक्षा करनी योग्य है।

क्या आप सब मुझसे पूछते हैं कि इसकी चूक क्या है ? सुनिए—

१२५—आँखों पर गिरती लट ऊपर फेंककर, क्रोध से भौंहों का कोना खींच कर, अर्धोष्ठ को काट कर, दाँतों की किरणें बिखेर कर, काँपते मुख से, नूपुर झनकारती हुई उस मदभरी कान्ता ने खिसकते रक्तांशुक को हाथ से खींचते हुए अपना नूपुरालंकृत चरण इसके मस्तक पर रख दिया।

क्यों, आप सब क्या कहते हैं—"पुरुष के भेद ज्ञान में अनाड़ी वह कौन

---

१२५ (३) *दिष्ट्या नेह कश्चिन्*—खुशी है कोई बाहर का यहाँ ऐसी टुच्ची बात सुनने के लिये नहीं है।

संज्ञकमयशो विस्तीर्यत'' इति। (२) *ननु तत्रभवत्याः सौराष्ट्रिकाया मदनसेनिकायाः* (३) *एते विटा 'दिष्ट्या नेह कश्चिदित' सम्भ्रान्ता इव।* (४) *य एते—*

१२६— (अ) *निर्धूतहस्ता विनिगूढहासा*
(आ) *धिग्वादिनो धीरमुखानि बद्ध्वा।*
(इ) *ध्यायन्ति सम्प्रेक्ष्य परस्परस्य*
(ई) *जातानुकम्पा इव नाम धूर्ताः॥*

(१) *एतेषां तावदासीनानां नियुक्तो विटमहत्तरो भट्टिजीभूतः कृपया नाम परं वैक्लव्यमुपगतः।* (२) *य एषः—*

१२७— (अ) *कष्टं कष्टमिति श्वासान्*
(आ) *मुञ्चन् क्लान्त इव द्विपः।*
(इ) *जीमूत इव जीमूतो*
(ई) *नेत्राभ्यां वारि वर्षति॥*

(१) *एष मामाह्वयति।* (२) *अयमागतोऽस्मि।* (३)*किमाज्ञापयति भट्टिः? ''श्रुतपूर्वे मया, भूयोऽपि वदसि—एवं प्रायश्चित्तार्थं ब्राह्मणोपगमनम्।* (४) *तस्मादेवाहमुपविष्टस्तत्समयपूर्वमुपगृह्यन्तां तत्रभवन्तो विटाः''* इति। (५) *यदाज्ञापयति भट्टिः।* (६) *भो भोः शृण्वन्तु शृण्वन्तु भवन्तः—*

सी गणिका है जिसकी लापरवाही इस बदनामी के रूप में सामने आ रही है?'' क्यों, वह सौराष्ट्र की श्रीमती मदनसेनिका है। प्रसन्नता की बात है कि कोई दूसरा यहाँ नहीं है—इस प्रकार की मुद्रा में ये विट कुछ घबराए दीख पड़ते हैं।

१२६—हाथ हिलाते हुए, हँसी छिपाकर, धिक्कारते हुए, चेहरों पर गम्भीरता लाकर धूर्त मानो दयालु होकर एक-दूसरे का मुख देखते हुए विचार में डूब गए हैं।

यहाँ बैठे हुए विटों के चौधरी विटमहत्तर भट्टिजीमूत करुणा से बहुत व्याकुल हो उठे हैं।

१२७—'कैसा दुःख है, कैसा दुख है,' कहते हुए वे थके हाथी की तरह उसास छोड़ते हुए बादल की तरह आँखों से पानी बरसा रहे हैं।

वे मुझे पुकार रहे हैं। मैं आ गया। भट्टि की क्या आज्ञा है—''मैंने पहले सुना है, तू भी फिर कहता है कि ऐसे प्रायश्चित के लिये ब्राह्मणों के पास जाना चाहिए। इसीलिए मैं बैठा हूँ। तू तब तक विटों को शपथ दिलाकर तैयार कर ले।'' भट्टि की जो आज्ञा। अरे, आप लोग सुनिए, सुनिए—

---

१२६ (१) *नियुक्त*—प्रधान अधिकारी। कृपया = करुणा से।
१२७ (४) *समयपूर्वकम् उपगृह्यन्ताम्*—शपथ दिलाकर सत्य बात कहने के लिये उन्हें तैयार करो।

१२८— *(अ) द्यूतेषु मा स्म विजयिष्ट पणं कदाचित्*
(आ) मातुः शृणोतु पितरं विनयेन यातु।
(इ) क्षीरं शृतं पिबतु मोदकमत्तु मोहात्
(ई) व्यूढापतिर्भवतु योऽत्रवदेदयुक्तम्॥

(१) अपि च—

१२९— *(अ) परिचरतु गुरूनपैतु गोष्ठ्या*
(आ) भवतु च वृद्धसमो युवा विनीतः।
(इ) पलितमभिसमीक्ष्य यातु शान्तिं
(ई) य इदमयुक्तमुदाहरेन्निषण्णः॥

(१) (विवृत्यावलोक्य) (२) एष धावकिरनन्तकथः सहसोत्थाय मामाह्वयति। (३) किं ब्रवीषि—''तस्या एवेदमविज्ञातप्रणयायाः पातकं नात्रभवतः। (४) श्रोतुमर्हति भवान्—

१२८—आज इस सभा में जो अंड-बंड कहे वह जुए में कभी बाजी न जीते, माता का आज्ञाकारी बने, विनय से पिता के पैर छुए, उबाला हुआ दूध ही पीकर रहे, मोह में पड़कर लड्डू खाकर तृप्त रहे, और ब्याही स्त्री से सन्तुष्ट रहे।

और भी—

१२९—गुरु की परिचर्या करे, विट गोष्ठी से निकल जाये, युवा होते हुए भी वृद्ध की तरह विनीत हो जाय, बुढ़ापा आने पर शान्त हो जाय, जो यहाँ बैठ कर अंड-बंड कहे।

(घूमकर देखकर) धावकि अनन्तकथ (मगजपच्ची करने वाला) सहसा उठकर मुझे बुलाता है। क्या कहता है—''प्रणय न जानने वाली उसका ही दोष है, तौण्डिकोकि का नहीं।'' सुनिए—

---

१२८ (आ) *मातुः शृणोतु*—विटों की प्रवृत्ति के विरुद्ध वह माता-पिता का विनीत पुत्र बनकर रह जाये।

१२८ (इ) *क्षीरं शृतं पिबतु*—वारुणी की जगह उसे केवल अधावट के दूध से मन बहलाना पड़े।

१२८ (इ) *मोदकमत्तु मोहात्*—बुद्धि के व्यामोह से माँस के कबाब छोड़कर उसे कोरे लड्डू खाने को मिलें।

१२८ (ई) *व्यूढापतिः*—उसकी रति ब्याहता तक सीमित हो जाये।

१२९ (इ) *पलितमभिसमीक्ष्य*—वृद्धावस्था में तबियत की रंगीनी के बजाय वह शान्तिवादी बन जाय।

१३०— *(अ) अशोकं स्पर्शेन द्रुममसमये पुष्पयति यः*
(आ) स्वयं यस्मिन् कामो विततशरचापो निवसति।
(इ) स पादो विन्यस्तः पशुशिरसि मोहादिव तया
(ई) ननु प्रायश्चित्तं चरतु सुचिरं सैव चपला॥'' इति।

(१) सम्यग्भवानाह। (२) तथा हि—

१३१— *(अ) उपवीणित एष गर्दभः*
(आ) समुपश्लोकित एष वानरः।
(इ) पयसि शृत एष माहिषे
(ई) सहकारस्य रसो निपातितः॥

(१) अपि त्वार्तानुपातानि प्रायश्चित्तानि। (२) आर्तश्चायमुपागतस्तदनुग्रहीतुमर्हन्ति भवन्तः। (३) तत्क्व नु खल्वेषां गोग्लनप्ता, (४) य एष मदरभसचलितमौलि-

---

१३०—अशोक का पेड़ जिसके स्पर्श से असमय में फूलता है, स्वयं कामदेव तीर चढ़ाकर जिसमें निवास करता है, ऐसे अपने चरण को जिस सुन्दरी ने मानो भूलकर इस जानवर के सिर पर रख दिया, प्रायश्चित तो उस चपला को लम्बे समय तक करना चाहिए।

तूने ठीक कहा। क्योंकि—

१३१—इस गधे के सामने उसने बीन बजायी, इस बंदर के सामने उसने श्लोकमयी प्रशस्ति पढ़ी, तो भैंस के अधावट दूध में उसने सहकार का रस चुआया।

फिर भी दुखियों को ढाढ़स देने के लिये प्रायश्चित होते हैं। आर्त होकर यह आया है। इसलिए आप सबको इस पर कृपा करनी चाहिए। कौन है यह गादर बैल का नाती जो मतवालेपन से हिलते सिर को एक हाथ से रोक कर

१३०— *चपला*—वह चंचल थी जिसने ऐसे अपात्र के प्रति अपनी वह पादाभिघात रूपी काममुद्रा व्यर्थ प्रयुक्त कर दी, योग्य पात्र के मिलने तक न ठहर सकी जो सचमुच उस पादताड़न से खिल उठता।

१३१ (अ) *उपवीणित*—वीणा पर गान सुनाना।

१३१ (आ) *समुपश्लोकित*—श्लोकों द्वारा प्रशंसा गान करना।

१३१ (इ) *पयसि शृत एष माहिषे*—जो सहकार का रस मधुचषक में चुआने योग्य था उसे उसने भैंस के अधावट दूध में मिलाने की विडम्बना की।

१३१ (१) *आर्तानुपातानि*—दुखियों के अनुपात से प्रायश्चित बनाए गए हैं, उन्हीं के समाधान के लिये प्रायश्चित हैं। अतएव जहाँ कोई आर्त है उसे तदनुसार प्रायश्चित मिलना ही चाहिए।

१३१ (३) *गोग्लनप्ता*—गादर गलिया बैल का नाती। गोग्ल = गलिया बैल, थका हारा बैल। ग्लायतीति ग्लः। गौश्चग्लश्च गोग्लः। यह शब्द कोशों में नहीं है। हिन्दी का 'गोग' शब्द इसी से बना है (गोग्ल > गोग्ग > गोग = कायर)।

मेकहस्तेन प्रतिसमाबद्ध्य (५) क्षुद्रमुक्तावकीर्णमिव स्वेदबिन्दुभिर्ललाटदेशं प्रदेशिन्या परामृज्य (६) "श्रूयतामस्य प्रायश्चित" मिति मामह्वयति। (७) यावदुपसर्पामि। (८) एते विटाः कश्च तावदयं विटभावदूषिताकारः प्रथमतरो विटो विटपरिषद्युत्थाय प्रायश्चित्तमुपदिशतीति कुपिताः (९) हण्डे मल्लस्वामिन्, श्रुतम्? (१०) एवमाहुरत्रभवन्तः। (११) किं ब्रवीषि—"मा तावन्नोच्यन्तामत्रभवन्तः।

१३२— *(अ) ताते पञ्चत्वं पञ्चरात्रे प्रयाते*
(आ) मित्रेष्वार्तेषु व्याकुले बन्धुवर्गे।
(इ) एकं क्रोशन्तं बालमाधाय पुत्रं
(ई) दास्या सार्धं पीतवानस्मि मद्यम्॥

(१) कथमहमविटः" इति। (२) एतच्चेत्त्वामनुजानन्ति विटमुख्योऽसीत। (३) आस्यताम्। (४) किं ब्रवीषि—"दीयतामस्यै प्रायश्चितम्" इति। (५) बाढं भूयः श्रावयामि। (६) तत् किं नु खल्वेष मां शैब्यः कविरार्यरक्षितो वायवैषम्यनिपीडिताक्षरो मामाह्वयन् "न खलु न खल्विदं प्रायश्चितम्" इति प्रतिषेधति (७) अतिविटश्चैष धान्त्रः। (८) कुतः—

छोटे मोतियों जैसी ललाट पर फैली पसीने की बूँदों को प्रदेशिनी से पोंछ कर 'इसका प्रायश्चित सुनो,' ऐसा मुझसे पुकार कर कह रहा है? तो उसके पास जाऊँ। ये विट उस पर बिगड़ रहे हैं कि 'यह कौन विटभाव को बिगाड़नेवाली शकल वाला अपने को अगुवा विट मानकर विटपरिषद् में उठकर प्रायश्चित का उपदेश करने चला है।' अरे, जनानिए मल्लस्वामी, तूने सुना ये सब ऐसा कह रहे हैं? क्या कहता है—"क्यों नहीं तू इन सबसे जता देता?"

१३२—पिता के स्वर्ग सिधारने के पाँच रात बाद ही जब मित्र दुखी थे और रिश्ते-नाते के लोग रो-पीट रहे थे, एक ही बिलखते बालक को अलग रखकर दासी के साथ मैंने मधुपान का मजा लिया।

कैसे मैं विट नहीं हूँ? यदि ऐसा है तो सब मानते हैं कि तू विटों का मुखिया है। बैठ जा। क्या कहता है—"उस मदनसेनिका से प्रायश्चित कराना चाहिए।" अच्छा मैं इसकी फिर घोषणा करता हूँ। क्यों, यह शिबिदेश का कवि आर्यरक्षित हाँफती हुई भाषा में मुझे पुकार कर कह रहा है—"निश्चय ही यह प्रायश्चित्त ठीक नहीं।" यह भलामानुस भी बड़ा विट है। क्योंकि—

---

१३१ (११) *मा तावन्नोच्यन्ताम्*—मल्लस्वामी का आशय है कि ये मुझसे परिचित न होने के कारण ऐसा कह रहे हैं, तू मेरा परिचय इन्हें दे दे।

१३२ (अ) *पंचरात्रे*—पाँच रात के भीतर ही। व्यंग्य यह है कि जो मेरे पिता बड़े पंचरात्री भागवत बनते थे, उनका मैं ऐसा सपूत हुआ कि उनके मरते ही मैंने खुल खेलने की ठान ली।

१३३— *(अ) विक्रीणाति हि काव्यं*
(आ) श्रोत्रियभवनेषु मद्यचषकेण।
(इ) यः शिबिकुले प्रसूतो
(ई) भर्तृस्थाने जरां यातः॥

(१) अपि च—

१३४— *(अ) विक्रीणन्ति हि कवयो*
(आ) यद्येवं काव्यं मद्यचषकेण।
(इ) काशिषु च कोसलेषु च
(ई) भर्गेषु च निषादनगरेषु॥

१३३—वह श्रोत्रियों के घर जाकर एक प्याला शराब के लिये अपना काव्य बेच आता है, जो शिबिकुल में पैदा हुआ, और भर्तृ स्थान में बुड्ढा हो गया।

और भी—

१३४—यदि कवि यों काव्य बेच रहे हैं तो वह काव्य भी ऐसा ही है जो मद्य चषक के साथ तैयार होता है। काशि, कोसल, और भर्ग के जनपदों में और निषाद नगरों में यही हाल है।

---

१३३ (आ) *श्रोत्रिय भवनेषु*—यह ऐसा पक्का विट है कि वेदाध्यायी श्रोत्रिय के घर जाकर भी मधुपान की धत पूरी करके कविता सुनाता है।
१३३ (ई) *भर्तृस्थाने*—यह मूलस्थान का पर्याय जान पड़ता है, जहाँ सूर्य का मन्दिर था। भर्तृ = प्रभु, स्वामी। सूर्य का एक पर्याय इन (= प्रभु) भी था (माघ, २/६१, तपत्विनाः; इनकान्त = सूर्यकान्त)। पंजाब के झंग मघियाना इलाके में शिबिपुर या शोरकोट से लगभग पचास मील पर सटा हुआ मुलतान था। व्यंजना यह है कि यह पूरा कूप-मंडूक है जो शिबिकुल में पैदा होकर मुलतान में बुड्ढा हो गया।
१३४—*विक्रीणन्ति हि कवयो यद्येवं*—विट ने यहाँ उस युग के फटीचर कवियों पर गहरा व्यंग्य किया है। यदि यों ही मद्य चषक चढ़ाकर काव्य बन जाता है तो उसका कौड़ी मोल बिकना ही ठीक है। जो कविता मद्य चषक से बनी हो वह पियक्कड़ आर्यरक्षित के काव्य की तरह मद्य चषक के मोल बिकेगी। कूट का यह हुआ कि मद्यगृह में एक प्याला मद्य पिलाकर चाहे जहाँ कविता सुन लीजिए। काशि, कोसल, भर्ग, निषाद नगर आदि में कविता की यही दुर्दशा दिखाई दे रही है।
१३४ (ई) *भर्गेषु*—भर्ग जनपद में। यह बौद्ध साहित्य का भग्ग जनपद है जिसकी राजधानी संसुमारगिरि थी। [कवि संस्करण में गर्गेषु अपपाठ जान कर मैंने सुधार दिया है। —अनुवादक]

(१) यावदेनमुपसर्पामि। (२) सखे अयमस्मि। (३) किं ब्रवीषि—

१३५— *(अ) "धृतो गण्डाभोगे कमल इव बद्धो मधुकरैः*
(आ) विलासिन्या मुक्तो बकुलतरुमापुष्पयति यः।
(इ) विलासो नेत्राणां तरुणसहकारप्रियसखः
(ई) स गण्डूषः शीधुः कथमिह शिरः प्राप्स्यति पशोः॥" इति।

(१) अयमपरो भवकीर्तिर्वद्धकरः प्रायश्चित्तार्थ मामाह्वयति। (२) अतिविटश्चैष माणवकः। (३) कुतः—

१३६— *(अ) मुण्डां वृद्धां जीर्णकाषायवस्त्रां*
(आ) भिक्षाहेतोर्निर्विशङ्कं प्रविष्टाम्।
(इ) भूमावार्तो पातयित्वा स्फुरन्ती
(ई) योऽयं कामी कामकारं करोति॥

(१) यावदेनमुपसर्पामि। (२) किं ब्रवीषि—"इदमस्याः प्रायश्चित्तम्—

तो इसके पास चलूँ। सखे, मैं आ गया। तू क्या कहता है—

१३५—जैसे बन्द कमल में भौंरे भरे रहते हैं ऐसे जो मधु कामिनी के गालों में भरा रहता है, जो उसके मुख से निकल कर बकुल के विटप को खिला देता है, जो नेत्रों में विलास भर देता है, और जिसमें ताजा सहकार रस मिलाया जाता है, ऐसे सीधु गण्डूष से सिञ्चित होने की पात्रता इस नर-पशु तौण्डिकोकि विष्णुनाग के मस्तक में कहाँ?

यह दूसरा भवकीर्ति हाथ जोड़ कर प्रायश्चित बताने के लिये मुझे बुला रहा है। यह ब्राह्मण बालक भी अतिविट है। क्योंकि—

१३६—यह बदमाश उस मुंडित, बूढ़ी, पुराने गेरुए वस्त्र पहनने वाली, भिक्षा के लिये बेखटके घर में आयी हुई, भयभीत और फड़फड़ाती हुई भिक्षुणी को ज़मीन पर पटक कर काम की हरकत कर बैठता है।

तो इसके पास चलूँ। क्या कहता है—"इसका यह प्रायश्चित्त है—

---

१३५ (अ) *कमल इव बद्धो मधुकरैः*—मुँदे कमल में भरे हुए भौंरों से काले शीधु मद्य की उपमा अति उपयुक्त है। पद्मकोश में से जैसे भौंरे छिटकते हैं ऐसे ही मुँह से मधु गण्डूष का फुहारा छूटता है।

१३५ (इ) *तरुण सहकार प्रियसखः*—मधु में सहकार का रस मिलाया जाता था। तरुण सहकार = टटका सहकार रस। अथवा तरुणों का समागम जिसका प्रिय साथी है ऐसा विलासिनी के मुख का मधु गण्डूष युवकों से सार्थक होता है, विष्णुनाग जैसे खूसट अरसिक प्रेमी से नहीं। विलासिनी द्वारा मधुगण्डूष सेक और पादाभिघात दोनों ही कामियों के पुरस्कार हैं। यहाँ पहले के ब्याज से दूसरे के लिये विष्णुनाग की अपात्रता लक्ष्य है।

१३७— *(अ) बध्यतां मेखलादाम्ना*
(आ) समाकृष्य कचग्रहै:।
(इ) अथ तस्या: प्रसुप्ताया:
(ई) पादौ संवाहयत्वयम्॥" इति।

(१) भो एतदपि प्रतिहतम्। (२) एष इभ्यपुत्रश्चेटपुत्रैरभ्यस्तनामा गान्धर्व-सेनको हस्तमुद्यम्य मामाह्वयति। (३) यद्येष हस्त:।

१३८— *(अ) वाद्येषु त्रिविधेष्वनेककरणै: सञ्चारिताग्राङ्गलि:*
(आ) ताम्राम्भोरुहपत्रवृष्टिरिव यस्तन्त्रीषु पर्यस्यते।
(इ) कोलम्बनुगतेन येन दधता श्रोणीतटे वल्लकी-
(ई) मिभ्यान्त:पुरसुन्दरीकररुहक्षेपा: समास्वादिता:॥

(१) यावदेनमुपसर्पामि। (२) (उपेत्य) (३) किं ब्रवीषि—

१३७—उसे चाहिए कि इसके बाल पकड़ कर खींचते हुए इसे अपने मेखला दाम से पहले बाँध दे। फिर जब वह शयन करने लगे तो यह उसके पैर दबावे।

यह भी इसके लिये ठीक नहीं है। वह रईसज़ादा गान्धर्वसेनक जिसका नाम सब चेटों की जबान पर है, हाथ उठाकर मुझे बुला रहा है।

१३८—उसके हाथ की अँगुलियाँ तीन तरह के बाजों पर अनेक हस्त मुद्राओं में दौड़ती रही हैं। जैसे लाल कमल की पंखुड़ियों का मेह बरसता है ऐसे वीणा के तारों पर सर्वत्र उसकी लाल अँगुलियाँ व्याप्त रही हैं। वीणा बजाते हुए इसने रईस घरों की अन्त:पुर सुन्दरियों के पार्श्व में बैठकर उनके श्रोणी तट पर तीणा रख कर उनके नखक्षतों का मजा लिया है।

तो इसके पास चलूँ। क्या कहता है—

---

१३७ (अ) *बध्यतां मेखलादाम्ना*—मदनसेनिका पहले अपनी मेखला इसके कटि प्रदेश में बाँधकर कामतन्त्र में शून्य इस साँड़ के साथ पुरुषायित रति करे और जब वह थककर विश्राम करे तो यह सेवक की भाँति उसका चरण-संवाहन करे। मेखला-बन्धन की व्यंजना के लिये दे०, *धूर्तविटसंवाद*, श्लोक १९, कार्कश्ययोग्यारणि: पर टिप्पणी।

१३८ (इ) *कोलम्बानुगतेन*—कवि के संस्करण में कोलं वानुगतेन पाठ है। डॉ० राघवन ने मुझे सूचित किया है कि मद्रास (अब चेन्नई) की प्रति में कोलम्बानुगतेन पाठ है। कोलम्ब = वीणा का नीचे का तूंबीवाला भाग। अथवा वकार-वकार के अभेद से कोलं वानुगतेन पाठ में, कोलं वानुगतेन = नौका विहार करते हुए (कोल = नौका)। इस अर्थ में क्षेप = अरित्र, डाँड।

१३९— (अ) ''जघनरथनितम्बवैजयन्तो
(आ) सुरतरणव्यतिषङ्गयोगवीणा।
(इ) क्व च मणिरशना वराङ्गनानां
(ई) क्व च चरणावशुभस्य गर्दभस्य॥'' इति।

(१) (परिवर्तकेन) (२) अयमिदानीं दाक्षिणात्यः कविरार्यकः प्रायश्चित्त-मुपदिशति। (३) किं ब्रवीषि—

१४०— (अ) ''विभ्रमचेष्टितेनेव
(आ) दृष्टिक्षेपेण भूयसा।
(इ) शिरः कर्णोत्पलेनास्य
(ई) ताड्यता मत्तया तया॥'' इति।

(१) एतदपि प्रतिहतमनेन गान्धारकेण हस्तिमूर्खेण। (२) किमिदमुच्यते भवता—

१४१— (अ) ''नखविलिखितं कर्णे नार्या निवेशितबन्धनं
(आ) स्वचितशबलं दृष्टिक्षेपैरपाङ्गविलम्बिभिः।

१३९—''जघन रूपी रथ के पार्श्वों में फहरानेवाली पताका के सदृश और सुरतयुद्ध में परस्पर मिलन के लिये बढ़ावा देने वाली, झंकारती वीणा के समान वेश्याओं की मणिरशना कहाँ और कहाँ इस गंधीले गर्दभ के पैर?

(घूमते हुए) अब यह दक्षिण देश से आया हुआ कवि आर्यक प्रायश्चित्त बता रहा है। क्या कहता है—

१४०—''नखरों से भरी चितवनों के साथ वह मतवाली अपने कर्णोत्पल से उसके सिर पर बार-बार प्रहार करे।''

गान्धार देश से आए हुए हस्तिर्मूख ने इसका कथन भी व्यर्थ कर दिया। तू क्या कहता है—

---

१३९ (अ) *नितम्ब*—श्रोणी प्रदेश, पार्श्व भाग।

१३९ (अ) *वैजयन्ती*—(१) पताका, (२) वैजयन्ती माला। जघन रूपी रथ की वैजयन्ती पताका और नितम्बों की वैजयन्ती माला।

१४० (इ) *शिरः कर्णोत्पलेनास्य*—विपरीत रति की ओर संकेत है। कुमारसम्भव, ४/८ *(अवतंसोत्प्लताडनानि वा)*; धूर्तविटसंवाद, श्लोक ५९; और पादताडितकं, श्लोक १२ *(यं बध्नन्ति न मेखलाभिरथवा न घ्नन्ति कर्णोत्पलैः)*।

१४१ (अ) *नखविलिखित*—हाथी के नख को उत्कीर्ण करके बनाया हुआ। *विलिखित* का यहाँ अर्थ 'उत्कीर्ण' करना है। *काशिका* में *दन्तलेखकः नखलेखकः* उदाहरण हैं (२/२/१७, ६/२/७३)। आप्टे और मोनियर विलियम्स के कोशों में 'दांत या नख रँगनेवाला' अर्थ चिन्त्य है। 'नखविलिखित' प्रयोग से निश्चित ज्ञात होता है कि हस्तिदन्त या हस्तिनख को उत्कीर्ण करके कर्णोत्पल आदि आभूषण बनाए जाते थे।

(इ) *यदि नरपशोरस्येदं भोः शिरस्यतिपात्यते*
(ई) *सुरभिजसा प्रायश्चित्तं किमस्य भविष्यति॥" इति।*

(१) बाढमेवमेतदिति प्रतिपन्ना विटमुख्याः। (२) (परिवर्तकेन) इमावपरौ मामाह्वयतः।

१४२— *(अ) गुप्तमहेश्वरदत्तौ*
(आ) सुहृदावेकासनस्थितावेतौ।
(इ) उगतकाव्यप्रतिभौ
(ई) वररुचिकाव्यानुसारेण॥

(१) यावदुपसर्पामि। (२) (उपसृत्य) (३) हण्डे गुप्त रोमश, किमाह भवान्—

१४३— *(अ) पादप्रक्षालनेनास्याः*
(आ) शिरः प्रक्षाल्यतामिति।

१४१—जो उत्पल हस्ति नख को उत्कीर्ण करके बनाया गया है, स्त्री ने जिसे अपने कर्ण में धारण किया है, एवं जो उसकी अपांगव्यापी चितवनों से शबलित हुआ है, उससे यदि इस नर पशु के मस्तक का स्पर्श किया गया तो प्रायश्चित क्या होगा, उलटे उसकी सुगन्धित रज से यह पवित्र होगा।

इसकी राय ठीक है। चघड़ विटमुख्य भी यही कहते हैं। (घूमकर) ये दो मुझे पुकार रहे हैं।

१४२—एक ही आसन पर बैठे हुए गुप्त और महेश्वरदत्त, ये दोनों मित्र महाकवि वररुचि की काव्य-प्रतिभा के अभ्यास से प्रतिभशाली हैं।

तो मैं इनके पास चलूँ। (पास पहुँच कर) अरे जनानिए मकुंदे गुप्त, तूने क्या कहा—

१४३—"उसके पैर के धोवन से इसका सिर धोना चाहिए।" त्रैविद्यवृद्ध

---

१४१ (इ) *अतिपात्यते*—बार-बार गिराया जाये।

१४१ (ई) *सुरभिरजसा*—इससे सूचित होता है कि उत्कीर्ण कर्णोत्पलों की सच्छिद्रकर्णिक में सुगन्धित द्रव्यों की धूलि भरने की कला थी। इसी युक्ति से सुगन्धित बनाए हुए भारत से रोम देश में भेजे जाने वाले गन्धमुकुट महीनों तक सुगन्धित बने रहते थे।

१४२(ई) *वररुचिकाव्यानुसारेण*—वररुचि का यह काव्य कौन था, ज्ञात नहीं। *उभयाभिसारिका* भाण अवश्य वररुचिकृत है। सम्भव है उसी की नक़ल करके ये दोनों अपने को बड़ा कवि मानते हों।

१४२ (ई) *अनुसार काव्य*—उसका अनुसरण या नकल करके बनाया हुआ, या उसके जोड़ का।

(१) कथमेतदपि विप्रतिषिद्धं त्रैविद्यवृद्धैरिति (२) सुहृद्भिरनुगृहीतनाम्ना महेश्वरदत्तेन—

(इ) पादप्रक्षालनं तस्याः
(ई) पातुमप्येष नार्हति॥ इति।

(१) अयमपरोऽस्मत्सुहृत्सौवीरको वृद्धविटः स्वच्छन्दस्मितोदग्रया वाचा मन्त्रयते। (२) किमाह भवान्—

१४४— *(अ) ''निर्भूषणावयवचारुतराङ्गयष्टिं*
(आ) स्नानार्द्रमुक्तजघनस्थितकेशहस्ताम्।
(इ) तामानयाम्यहमयं तु दधातु तस्याः
(ई) नेत्रप्रभाशबलमण्डलमात्मदर्शम्॥'' इति।

इसका प्रतिषेध करते हैं—यह राय देते हुए मित्रों की मण्डली में प्रिय नाम वाले महेश्वरदत्त का कहना है—

उसके पैर का धोवन भी पीने लायक यह नहीं है।

यह दूसरा हमारा मित्र सौवीर देश का बूढ़ा विट स्वाभाविक मुस्कराहट युक्त वाणी से मुझे बुला रहा है। तू ने क्या कहा—

१४४—जब अंगों के आभूषण उतार देने से उसका शरीर स्वाभाविक कान्ति से और सुन्दर लग रहा हो, जब स्नान के अनन्तर उसकी गीली लटें जघन स्थल पर बिथुर रही हों, उस अवस्था में मैं उसे यहाँ ले आता हूँ। तब यह अपना दर्पण उसके सामने लेकर खड़ा हो, जिसके गोल भाग को वह अपने केशों का प्रसाधन करती हुई अपनी नेत्र प्रभा से शबलित करे।

---

१४३ (१) *स्वच्छन्द स्मित*—स्वाभाविक हँसी, वह मुस्कराहट जो अपनी इच्छा के अनुसार हो, दूसरे के कारण नहीं।
१४४ (अ) *निर्भूषणावयव*—स्नान से पूर्व आभूषण उतार कर।
१४४ (अ) *चारुतरांग यष्टि*—जिसकी अंगलेट अपने स्वाभाविक गौर वर्ण से अधिक प्रदीप्त ज्ञात हो।
१४४ (आ) *केशहहस्त*—केशकलाप (माघ ८/२६)। *पाशः पक्षश्च हस्तश्च कलापार्थाः कचात्परे—अमर।*
१४४ (ई) *मण्डल*—दर्पण का ऊपरी गोल भाग। दर्पण के नीचे की डंडी, यह हाथ में पकड़ कर ऊपर के गोल भाग को उसके मुख के सामने किए रहे।
आत्म दर्श—स्वरूप देखने का दर्पण। दर्श = दर्शन, दर्पण। यह शब्द अभी कोशों में नहीं है। आत्म = स्वरूप, आकृति। आत्मदर्श की एक व्यञ्जना यह है कि यह प्रायश्चित के भाव से उसके सामने खड़ा होकर अपना प्रदर्शन करे। यह भी व्यंजना है कि यह उसके सच्चे स्वरूप का दर्शन करने के लिये अपनी नेत्र दृष्टि से उसके चारों ओर शबल मंडल बनाता हुआ खड़ा रहे।

(१) इदमपि प्रतिषिद्धमनेन कविना दाशेरकेण रुद्रवर्मणा। (२) किं ब्रवीषि—

१४५— *(अ) "विद्वानयं महति कोकिकुले प्रसूतो*
(आ) मन्त्राधिकारसचिवो नृपसत्तमस्य
(इ) वेश्याङ्गनाचरणपातरजोऽवधूतान्
(ई) केशान्न धारयितुमर्हतिं मुण्ड्यतां सः"॥ इति।

(१) एष खल्वनुगृहीतोऽस्मीत्युक्त्वा विष्णुनागो विज्ञापयति। (२) "किं किल सदानमितं दासीपदन्यासधर्षितं शिरो विच्छिन्नमिच्छामि प्रागेव तु शिरोरुहाणि" इति। (३) कथमेतदप्स्य प्रतिहतमनेन विटमहत्तरेण भट्टिजीमूतेन। (४) *किमाह भवान्—*

१४६— *(अ) स्खलितवलयशब्दैरञ्चितभ्रूलतानां*
(आ) खचितनखमयूखैरङ्गुलीयप्रभाभिः।
(इ) किसलयसुकुमारैः पाणिभिः सुन्दरीणां
(ई) सुचिरमनभिमृष्टान् धारयत्वेष केशान्॥

दाशेरक कवि रुद्रवर्मा इसका प्रतिषेध करता है। तू क्या कहता है—

१४५—"यह विद्वान् उच्च कोकिकुल में पैदा हुआ है और राजा के मन्त्राधिकार का सचिव है। वेश्या के पैर लगने की धूल से सने हुए बालों को इसे नहीं रखना चाहिए। इसलिए इसका सिर मूँड़ दो।

'मुझ पर आपकी कृपा हुई,' यह कह कर विष्णुनाग विनती करने लगा है—'बाल काटने के पहले मैं अपने इस सदा नमित और दासी की लात से अपमानित सिर को ही काट डालना चाहता हूँ।' इसकी इस बात का भी विटमहत्तर भट्टिजीमूत यह जवाब दे रहे हैं—

१४६—टेढ़ी भौहों वाली सुन्दरियों के सरकते कड़ों की झंकार वाले, नखों की किरणों से खचित, अँगूठी की शोभा से युक्त और किसलय की तरह सुकुमार हाथों से कोई भी सुन्दरी इसके बालों का प्रसाधन न करे, और यह वैसे ही रूखे केशों को धारण किए रहे।

---

१४५ (आ) *मन्त्राधिकार सचिव*—श्लो० १३ में उसे राजा का शासनकर कहा गया है। अतएव ज्ञात होता है कि विष्णुनाग मन्त्रि-मंडल के अधिकरण के अन्तर्गत शासन या दान-पत्र विभाग का सचिव था।

(१) अपि चेदमस्याः प्रायश्चितं श्रूयताम्—

१४७— (अ) तस्या मदालसविघूर्णितलोचनायाः
(आ) श्रोण्यर्पितैककरसंहृतमेखलायाः।
(इ) सालक्तकेन चरणेन सनूपुरेण
(ई) पश्यत्वयं शिरसि मामनुगृह्यमाणम्॥

(१) एते विटाः साधुवादानुयात्रा "एतदैव प्रायश्चितम्" इतिवादिनः सम्भावयन्ति विटमहत्तरं भट्टिजीमूतम्। (२) एष सर्वथाऽनुगृहीतेऽस्मीत्युक्त्वा प्रस्थितस्तौण्डिकोकिर्विष्णुनागः। (३) एष मामाह्वयति विटमहत्तरो भट्टी। (४)अयमस्मि। (५) किमाह भवान्—"अनुष्ठितमिदं किं ते भूयः प्रियमुपहरामि" इति। (६) भोः श्रूयताम्—

१४८— (अ) कट्टिन्यश्चतुरकथा भवन्त्वरोगा
(आ) धूर्तानामधिकशताः पणा भवन्तु।

उस मदनसेनिका के लिये भी प्रायश्चित सुनिए—

१४७—मद से घूमते हुए नेत्रों वाली वह नितम्ब पर एक हाथ रखकर मेखला सँभालती हुई अपने अलक्तकरंजित नूपुरयुक्त चरण को मेरे सिर पर रख कर मुझे अनुगृहीत करे और यह तैण्डिकोकि विष्णुनाग टुकुर टुकर देखता रहे।

'यही ठीक प्रायश्चित है,' यह कह कर सब विट साधुवाद देते हुए भट्टिजीमूत का समर्थन कर रहे हैं। 'अब मैं सब तरह अनुगृहीत हो गया,' कह कर तौडिकोकि विष्णुनाग चला गया। विटमहत्तर भट्टि मुझे बुला रहे हैं। मैं आया। आप क्या कहते हैं—"यह सब तो हो गया। अब आप सबका क्या प्रिय करूँ? वह भी सुन लीजिए—

१४८—नोक-झोंक की बातों में चतुर कुट्टिनियाँ सकुशल रहें, धूर्तों की सैकड़ों की आमदनी सही सलामत बनी रहे (वे निछद्दम माल काटें), इस नगरी में

---

१४६. *अनभिमृष्ट*—अब भविष्य में कुटिल भ्रकुटि वाली कोई सुन्दरी अपने पल्लव सुकुमार हाथों से, जिनमें कंकणों की झनकार उठती हो, जिनके नखों की रश्मियाँ जड़ाऊ अँगूठी की किरणों से मिल कर चमकती हों, इसके केशों का संस्कार न करे और बहुत समय तक इसे उन्हें उसी तरह संस्कारविहीन रखना पड़े।

१४७ (१) *एते विटाः*—ज्ञात होता है कि विट गोष्ठी के निर्णय सर्वसम्मति से किए जाते थे। एक का भी विरोध होने पर दूसरे का सुझाव प्रतिहत या अमान्य समझा जाता था।

(इ) भूयासुः प्रियविटसङ्गमाः पुरेऽस्मिन्
(ई) वारस्त्रीप्रणयमहोत्सवाः प्रदोषाः ॥

(१) (निष्क्रान्तो विटः)

इति कवेरुदीच्यस्य विश्वेश्वरदत्तपुत्रस्यार्यश्यामिलकस्य कृतिः
पादताडितकम् नाम भाणः समाप्तः

विटों की सुखकर गोष्ठियाँ जमती रहें और संध्याओं में वारविलासिनियों के प्रेम भरे जलसे होते रहें।''

(विट जाता है)

उदीच्य कवि विश्वेश्वरदत्त के पुत्र आर्यश्यामिलक की कृत
पादताडितक नामक भाण समाप्त।

श्लोकानुक्रमणिका

परिशिष्ट २ लोकोक्ति-सूची

लोकोक्ति-सूची

अ

अनपहासक्षममेतद् राजयौतकम् प. २९।२
अनागतसुखाशया प्रत्युपस्थितसुखत्यागो न पुरुषार्थः प. २१।२६
अनुवृत्तिर्हि कामे मूलम् धू. ५५।११
अन्यद्धि शास्त्रमन्यथ पुरुष प्रकृतिः पा. ६५/३
अपि त्वार्तानुपातानि प्रायश्चित्तानि हृदयानि पा. १३१।१
अपुमान् शब्दकामः पा. ७८।५
अमृतसंज्ञकं किमपि श्रुयते आयुर्वयोऽवस्थापनं रसायनम् धू. ४८।४
अमृदङ्गो नाटकाङ्कः संवृत्तः पा. २२।२
अयं तु तपस्वी लोकः पिपिलिकाधर्मोऽन्योन्यानुचरितानुगामी धू. ६७।१
अर्थस्य त्रय एव विधयः दानमुपभोगो निधानमिति धू. ५८।४
अविचिन्त्य फलं वल्लयास्तवया पुष्पवधः कृतः पा. ४४।अ
अविश्वसनीयनि खलु गणिकाजनस्य हृदयानि उ. २०।८
असंगृहीतमाषस्य वेशप्रवेशो निरायुधस्य सङ्ग्रामावतरणम् पा. ३०।३

आ

आकारसंवरणमप्याकार एव प. २५।३८
आकारसंवरणं हि महात्मानो न शक्नुवन्ति कर्तुम् धू. ४२।७
आरुह्यते वा सहकारवृक्षः किं नैकमूलेन लताद्वयेन पा. ४२।इ-ई
आलेख्ययक्ष इव दर्शनमात्ररभ्यः पा. ७६।ई३४

इ

इदं खलु भवता समुद्राभ्युक्षणं क्रियते यद् वागीश्वरं वाग्भिरर्चयति प. १०।८
इह कृतघ्नता सर्वपापीयसी धू. ६२।३
इदं खलु वर्षर्तुज्योत्स्नादर्शनम् प. ३३।१०

उ

उदकतैलबिन्दुवृत्त्या विकसितं यशः पा. ९०।८
उपवीणित एष गर्दभः पा. १३१।अ

ए

एकाक्षपातमात्रेण धनदस्यपि विभव-हरणसमर्थो द्यूतः उ. २३।१७
एति जीवन्तमानन्दो नरं वर्षशतैरपि पा. ८।६

परिशिष्ट ३

विट भाषा की विशेष शब्दावली

विटों की भाषा में अनेक धार्मिक शब्दों के विशेष अर्थ व्यंग्य से समझे जाते थे। यह भाषा बहुत अधिक मँज गई थी। इसके चोखों प्रयोगों की व्यंजना जैसी चतुर्भाणी में है संस्कृत साहित्य में अन्यत्र नहीं मिलती। तथागत, तथा, मृग, पुरुष, प्रकृति, क्षेत्रज्ञ, अलेपक, निस्संग आदि शब्दों में भरी हुई अर्थों की नुकीली धार देखने योग्य है।

अकरुण राग—पा. ३२।७ (१) करुणारहित प्रेम, (२) निष्ठुर रति।

अकल्य रूपा—पा. ८८।२० (१) जो शरीर से अस्वस्थ है, (२) वह वेश्या जिसका रूप या सौन्दर्य पुराना पड़ गया है, ढड्ढो, पूर्व प्रणयिनी।

अग्रसस्य—प. १९।ई (१) पहली फसल, (२) सुरत से पूर्व चुम्बनादि।

अग्रहारः—धू. २६।६ (१) माफी की भूमि या जायदाद, (२) कामदेव की माफी (मदनाग्रहारा)

अचौक्षः—प. १८।९ (१) जो चौक्ष या भागवत नहीं है, (२) जो वेश्या रत होने के कारण आचार शुद्ध नहीं है।

अतिदिवाविहार—पा. ४२।२ (१) दिन में मिलने-जुलने के लिये अधिक बाहर रहना, (२) दिन में ही बेश प्रसंग या रति-कर्म में लीन रहना।

अप्रत्यभिज्ञान—पा. ८८।१४ (१) बिना जान-पहचान, (२) वर्तमानकाल में वेश्या का प्रत्यक्ष अनुभव कराए बिना। प्रत्यभिज्ञान दर्शन का परिभाषिक शब्द था। किसी स्थूल माध्यम से तत्त्व का प्रत्यक्ष ज्ञान या अनुभव प्रत्यभिज्ञा कहलाता था।

अतिलंघयते—प. ६।४ (१) व्रत या उपवास की उचित समाप्ति पर पारण के समय भी पारण न करके उपवास करते जाना, (२) कामी का प्रियतमा के साथ समागम का समय समुपस्थित होने पर भी उसका उपयोग न करना।

अतिव्यायाम—प. ८।२ (१) अत्यन्त व्यायाम, (२) अत्यधिक रतिश्रम।

अतिसेवन—पा. ५४।३ (१) अतिशय रति, स्वाभाविक रतिकाल बीत जाने पर भी मुष्टि-प्रवेश रति।

अन्तेवासिनः—पा. २६।४ (१) शिष्य, (२) साथ रहकर काम-लीला में सहायक, नर्म सचिव।

अमृदङ्गः—प. २२।२ (१) बिना मृदंग ध्वनि के, (२) कामोपभोग की सहचारी

चुम्बनादि क्रियाओं के बिना।

अलेपक—उ. १८।३ (१) सांख्य दर्शन में निर्लेप पुरुष, (२) वेश्या का कामुक पति जिसके वीर्याधान का लेप उसे नहीं स्त्री को प्राप्त होता है।

असमाप्तराग—पा. १००।१६ (१) जो अलक्तक लेप पूरा नहीं कर पाया है, (२) जिसका कामराग समाप्त नहीं हुआ।

आर्यघोटक—पा. ४१।१५ (१) वह घोड़ा जो जुलूस में सजा-बजाकर बिना सवारी के ले जाया जाता है, (२) वेश में आनेवाला सजीला छैल रईसज़ादा।

आलभस्व शरीरम्—पा. ५२।१४ (१) आलभन यज्ञ का शब्द था, जहाँ अज का मुँह बाँधकर उसकी बलि दी जाती थी। (२) मेरे शरीर को मुक्के से कूट डालो, मेरी बलि चढ़ा दो।

आलेख्ययक्ष—पा. ७६।ई (१) चित्र लिखित यक्ष मूर्ति, (२) वेश में आनेवाला वह धनी व्यक्ति जिसमें बाहरी तड़क-भड़क और रईसी के गुलछर्रे तो हों पर पुंस्त्व-शक्ति न हो।

ईर्यमाणनेत्र—पा. २६।इ (१) प्राण वायु साधने से त्राटक से स्थिर नेत्र, (२) रति घूर्णित नेत्र।

उञ्छितहस्त—पा. ३०।७ (१) अपने हाथ से अन्न का सिल्ला बीनने वाला, (२) इधर-उधर से रकम खसोटने वाला। मिलाइए सुरतोञ्छवृत्ति—प. २१।२१ ।

उन्मुख—पा. ६५।अ (१) मुँह ऊपर उठाए हुए, (२) वेश की ओर उन्मुख, उसमें फँसा हुआ या वहाँ बैठने वाली स्त्रियों के अट्टों की ओर ताकने वाला।

उपचार—प. १७।१८ (१)शिष्टाचार, (२) छुआछूत, छूँ-छाँ।

उपासकत्व—पा. ६४।४ (१) बुद्ध की भक्ति, (२) वेश्या की उपासना या चाकरी, या स्त्री संग करने की प्रवृत्ति।

उपेक्षाविहारित्व—पा. ६४।२ (१) उपेक्षा नामक शीलधर्म का पालन करने वाले भिक्षु का स्वभाव, (२) प्रेम करने वाली वेश्या के प्रति उदासीनता।

उपेक्षाविहारी—पा. ४६।६ (१) मैत्री, करुणा, मुद्रिता, उपेक्षा इन चार में से उपेक्षा धर्म का पालन करने वाला भिक्षु, (२) उपेक्षा या लापरवाही से रहने वाला, काम-काज में निकम्मा।

उष्णस्थली—प. १८।१६ गर्म रेती या अँगीठी जैसी गरम जगह, (२) रति स्थान।

औपयिक—पा. ५४।३ (१) उपाय, काम करने का ढंग, (२) चिकित्सा, औषध।

करभ—प. १६।१६ (१) ऊँट का पट्ठा, (२) वेश में गँवार पट्ठा।

करुणात्मक—पा. ६४।२ (१) जिसने करुणा नामक पारमिता को चित्त में स्थान दिया हो, अथवा दयार्द्र चित्तवाला, (२) करुण अर्थात् परब्रह्म में चित्त लगाकर वेश प्रसंग से उदासीन हो जानेवाला।

कर्म—उ. १८।आ (१) वैशेषिक दर्शन में कर्म संज्ञक पदार्थ, (२) वेश्या का ललित हाव।

कूर्मलीला—प. १८।१६ (१) कछुए का अपने अंगों को सिकोड़ना-फैलाना, (२) रति या कामसुख के लिए आकुलता।

कल्यरूपा—पा. ८८।२० (१) जो लगभग स्वस्थ है, (२) वह वेश्या जिसका सौन्दर्य प्रात:काल के कलेऊ की तरह

अभी चखने योग्य हुआ है, नौची, टटके सौन्दर्य वाली, तरमाल।

कुब्जा—पा. ९०।७ (१) कुबड़ी स्त्री, (२) स्वल्प आयु की अष्ट वर्षा कन्या, कमसिन वेश्या देखिए ९५/इ की टिप्पणी।

कृतव्यायामा—प. २५।२९ (१) शारीरिक श्रम करनेवाली, (२) सुरतश्रम से थकी।

क्षेत्रज्ञ—उ. १८।३ (१) सांख्य दर्शन में शरीरी पुरुष, (२) कामतंत्र में क्षेत्र अर्थात् स्त्री शरीर का स्वाद लेनेवाला कामी पुरुष।

गुण—उ. १८।अ (१) वैशेषिक दर्शन में गुण नामक पदार्थ, (२) वेश्या के रूपादि गुण।

गुणाभिमुख—पा. ८८।१३ (१) वैशेषिक दर्शन में प्रतिपादित गुण संज्ञक पदार्थ में रुचि लेने वाला, (२) रूप नामक गुण का भोग करने के लिये उत्सुक।

चुम्बित चान्द्रायण—प. ३५।ई (१) चान्द्रायण व्रत में भोजन का नियम, (२) सुरत में चुम्बन को चान्द्रायण व्रत के आहार की भाँति घटाना-बढ़ाना।

जङ्गमतीर्थ—पा. ५६।६ (१) चलता-फिरता तीर्थ, (२) जहाँ देखो वहीं वेश प्रसंग का ब्यौंत लगाने वाला अति कामुक व्यक्ति।

तत्रभवती—पा. ६५।४ (१) देवी या राज्ञी के लिये सम्मानित पदवी, (२) तत्र अर्थात् गुह्य साधना में भवती या अपनी होकर साथ रहनेवाली।

तथा—पा. ६५।२ (१) वैसी दशा, बुद्ध को प्राप्त सत्यात्मक स्थिति, (२) जीवन का सच्चा सार या वेश्या।

तथागत—पा. ६४।५ (१) बुद्ध जो तथता या पूर्ण सिद्धि प्राप्त कर चुके हैं, (२) तथता या वेश्या के साथ तन्मयता की दशा को प्राप्त कामी, (३) वेश के भोग भोगने से निर्वीर्य या छूँछा बना हुआ (तथा-गत) व्यक्ति जो केवल गिरदभंभा बनकर वेश में आता-जाता है। ऐसे व्यक्ति के लिए उपेक्षा-विहार या कामभाव में उदासीनता मजबूरी है।

तथागत—पा. ६५।३ (१) जैसा आया वैसा गया, वह चपल बुद्धि व्यक्ति जो वेश में ठहर कर उसका मजा नहीं लेता, कोरा वापिस जाता है, (२) वेश की कामदशा से संतप्त व्यक्ति, जो कस्तूरिया हिरन की तरह हो जाता है।

तथागत मृग—पा. ६५।ई (१) शिकार में घायल हिरन या पशु, (२) वेश के बाण से छिदा हुआ चपल युवक, (३) कस्तूरिया हिरन की भाँति कोश या नाफे में काम की सुगन्ध भर जाने से जो सदा वेश में चकराता रहता है पर जिसे वेश्या संग प्राप्त नहीं होता (निस्संग निखात सायक)।

तथागतशासन—पा. ६५।२ (१) बुद्ध की आज्ञा या उपदिष्ट धर्म, (२) तथा अर्थात् वेश्या से आगत (मिला हुआ) शासन पत्र या आदेश।

तथाभूता—पा. ६५।४ (१) उस दशा को प्राप्त, विरह में संतप्त, (२) तथा या साधना की परमोच्च दशा या परम प्रज्ञा की प्रतिनिधि (= मुद्रितायोषित्)। तुमने राधिका को अपने लिये 'मुद्रायोषित्' बनाया, पर वह तुमसे प्रेम करने लगी, अतएव शोक-ग्रस्त है।

तपस्विनी—प. २८।३ (१) तप साधनेवाली, (२) नियमस्था विरहिणी।

तपोवृद्धि—प. ३५।२ (१) तपश्चर्या की वृद्धि, (२) रुके हुए चुम्बनादि कर्मों की वृद्धि।

तीर्थ—धू. ४।६ (१) नदी पार करने के स्थल विशेष, घाट, (२) स्त्री को सुरतानुकूल बनाने के उपाय।

तीर्थमवतारयितुम्—पा. ५२। (१) घाट उतारना, नदी पार कराना, (२) रति कराना।

तृतीयाप्रकृति—उ. २१।५ (१) परा और अपरा प्रकृति से भिन्न तीसरी विलक्षण प्रकृति, (२) जो न स्त्री हो न पुरुष, अर्थात् नपुंसक या हिजड़ा।

तृष्णाच्छेद—प. २४।२ (१) तृष्णा या तन्हा का अन्त करना, (२) सुरा एवं सुरत की प्यास बुझाना।

त्रैविद्यवृद्ध—पा. १४२।१ (१) त्रयी विद्या में पारंगत दशावरा धर्मपरिषत् के तीन सदस्य (दे. मनुस्मृति १२।११२), (२) विट परिषत् में वैशिक शास्त्र और कामतंत्र के ज्ञाता।

दिवादीपप्रज्वालनं—पं. ८।११ (१) दिन में दीप जलाना, (२) दिवारति।

देशान्तरविहार—पा. ५९।२ (१) विदेश में परिभ्रमण, (२) विदेश की वेश्याओं के साथ मौज-मजा लेना।

द्रव्य—उ. १८।अ (१) वैशेषिक दर्शन के पृथिवी, जल, तेज, वायु, आकाशादि नित्यपव (१) वेश्या का शरीररूपी पदार्थ।

धर्मज्ञ—पा. ९२।१ (१) धर्मशास्त्र का ज्ञाता, (२) रति धर्म में प्रवीण। एवं धर्मज्ञस्य = इस प्रकार की कुब्जा (कुबड़ी या कमसिन) के साथ भी रति का अनुभव रखनेवाला।

न तथागतशासनं शंकितव्यम्—पा. ६५।२ (१) बुद्ध का धर्म शंका से ऊपर है, (२) वेश प्रवेश के लिये वेश्या (तथा) से शासत पत्र मिल जाय तो फिर क्या डर? (३) मृग स्वभाव के पुरुष को जो वेश से कोरा वापिस कर दिया गया हो पुनः न आने के लिए, यदि वेश्या का हुकुम हुआ हो तो फिर उसकी सच्चाई में शंका न करनी चाहिए।

नाटकाङ्क—प. २२।२ (१) नाटक का अंकावतार, (२) सुरतरूपी नाटक का अभिनय।

नित्यप्रसन्न—प. २४।२ (१) सदा प्रसन्नता या मुदिता का अनुभव करनेवाला, (२) हमेशा प्रसन्ना नामक शराब से छका रहनेवाला।

निरपेक्ष—पा. ६३।३ (१) सांसारिक वस्तुओं में अरति या उपेक्षा वृत्ति धारण करने वाला भिक्षु, उपेक्षाविहारी, (२) बिना सोचे-समझे सर्वत्र रति-प्रसंग खोजनेवाला, या, अनुरक्त वेश्या के प्रति उदासीन रहनेवाला।

निर्गुण—उ. १८।३ (१) सांख्य दर्शन में गुणातीत पुरुष, (२) स्त्री में होने वाले रजोधर्म से मुक्त पुरुष।

निस्संग—पा. ६५।आ (१) असंगवृत्ति, वैराग्य-भावना, (२) वेश्या-प्रसंग की अप्राप्ति।

निस्संगनिखातसायक—पा. ६५आ (१) (मृगपक्ष में) जिसके हृदय में निष्ठुरता से बाण छेद दिया गया है, (२) (बुद्ध पक्ष में) जिन्होंने अपने हृदय की वासनाओं को असंग रूपी बाण से समाप्त

कर दिया है, (३) (वेश पक्ष में) वेश्या का संग न मिलने की कसक से जिसका हृदय कामबाण से छिदा है (४) (मृग पुरुष पक्ष में) जिसने बिना स्त्री-प्रसंग के ही अपना काम बाण या पुरुष शक्ति कुटेव से गँवा दी है।

पञ्चशिक्षापद—प1 २४।१० (१) बौद्ध भिक्षुओं के लिए विहित शील के नियम, (२) सुरत सम्बन्धी सीखने योग्य पाँच कर्म, यथा—आलिंगन, चुम्बन, नखविन्यास, दर्शन-विन्यास, सुरत बन्ध।

पद्म—प. ४३ ।ई (१) कमल का फूल, (२) वह नायक जिसके साथ पद्मिनी नायिका ने सुरत की सब लीलाओं का रस लिया हो।

परभृत—प. ११ ।४ (१) कोयल, परपुष्टा, (२) वेश्या, पण्यस्त्री।

परापरज्ञ—धू. २९ ।२७ (१) परा और अपरा विद्या के जाननेवाले, (२) ऐसे विट जो पहले (बुड्ढों के) और पिछले (युवकों के) सब कामतन्त्रों का भेद जानते थे।

परिनिर्वाण—प. २४ ।२ (१) मोक्ष, (२) रतिजनित परम सुख या अत्यन्तानन्द।

पिण्डपात—प. २३ ।१७ (१) भैक्षाचरण, (२) सुरतकर्म में शरीर का लगाना, या सुरत की भीख माँगना।

पुराणमधु—प. २१ ।१ (१) पुरानी शराब, (२) प्रौढ़ा स्त्री।

पुरुषप्रकृतिः—पा. ६५ ।३ (१) दर्शनशास्त्र में पुरुष के साथ प्रकृति का सम्बन्ध, (२) पुरुष का स्वभाव, (३) पुरुष को स्त्री का चसका या उसकी आवश्यकता का अनुभव होना, (४) पुरुष की रचना में प्रयुक्त काम का उपकरण या सामग्री, अर्थात् पुरुष में मन है और उसमें मनसिज काम है।

पुरुषार्थ—प. २१ ।२६ (१) धर्म अर्थ काम रूप त्रिवर्ग, (२) पुरुष का पुंस्त्व या यौवनोद्रेक।

पुष्पवध—पा. ४४ ।अ (१) लता से असमय में फूल तोड़ लेना, (२) ऋतुमती के साथ ही रतिकर्म।

प्रकृतिजन—उ. २३ ।८ (१) सांख्यशास्त्र का प्रकृति-पुरुष, (२) नपुंसक पुरुष।

प्रत्यभिज्ञान—पा. ८८ ।१४ (१) जान-पहचान, (२) प्रत्यभिज्ञा दर्शन में—वर्तमान काल में किसी चिह्न द्वारा तत्त्व का प्रत्यक्ष अनुभव (न तावदेकस्यातीतवर्तमानकालद्वय सम्बन्धविषयं प्रत्यक्षज्ञानं प्रत्यभिज्ञा, प्रत्यक्षज्ञानस्य वर्तमानमात्राग्रहित्वात् (आप्तेकोश), (३) वेश्या संग का प्रत्यक्ष अनुभव।

प्रस्ताव—पा. ४७ ।२ (१) काम का आरम्भ, (२) वेश्या से पहली मुलाकात।

बिल्वपादप—प. १७ ।८ (१) बेल का पेड़, (२) स्वभाव का कटीला नायक।

भक्तं कल्पयति—प. १८ ।१ (१) भोजन, पानी का सम्बन्ध रखना, (२) रतिसम्बन्ध रखना।

भगवत्—पा. ५० ।२ (१) देवता या बुद्ध का सम्मानसूचक आस्पद, (२) स्त्री के गुह्यांग में रमनेवाला, जिसे सदा काम की तीव्र इच्छा या हुड़क बनी रहे।

भगवतः—पा. ६४ ।२ (१) भगवान् बुद्ध की, (२) भग या स्त्री के गुह्यांग में निरत व्यक्ति की।

भद्रमुख—पा. ६४ ।११ (१) सुन्दर आकृतिवाला, (२) घुटी मुंडी आकृति वाला, घुटमुंडा भिक्षु।

भागवत—पा. ६४।२ (१) भगवान् बुद्ध में श्रद्धालु, (२) भगवती वेश्या में आसक्त या उसे देवता मानने वाला।

भागवत-निरपेक्ष—पा. ६४।२ (१) भागवतों से बचकर रहनेवाला बौद्ध भिक्षु, (२) भगवान बुद्ध के शीलपालन की परवाह न करनेवाला। (३) भगवती (= वेश्या) को देवता मानकर उसमें आसक्त होकर भी उससे उदासीन रहने का ढोंग रचनेवाला।

मण्डल—पा. ३१।अ (१) देवता की आराधना या साधना के लिए बनाया हुआ घेरा, (२) पीनेवालों का जमावड़ा या धूर्तगोष्ठी।

मदनाग्निहोत्रस्य पुनराधानं—प. ३३।८ (१) छूटे हुए अग्नि होत्र का पुनः प्रारम्भ, (२) विरह में छूटे हुए सुरत का फिर से आरम्भ।

मुखरमणीया—पा. ९३।ई (१) सुन्दर मुँह वाली, (२) केवल मुख में रति के योग्य।

मुद्रिता योषित्—पा. ६४।२ (१) बौद्ध साधक के लिए साधना में सहायक पर अनुपभोग्य स्त्री, (२) वह स्त्री जो वयस्क न हुई हो, नौची, (३) विवाह सम्बन्ध में बँधी हुई की भाँति वेश्या, (४) कामशास्त्र की मुद्रा या रतबन्ध जानने वाली।

मृग—पा. ६५।इ (१) हिरन, (२) चंचल स्वभाव का पुरुष, पुरुषों के चार भेदों में से एक (अतिभीरुश्चपलमतिः सुदेहः शीघ्रवेगो मृगोऽयम्, आप्टे कोश)। मृगं तथागतं = मृग या चंचल बुद्धि का व्यक्ति वेश में आकर भी जैसा का तैसा चला जाता है।

मैत्री—पा. ६४।२ (१) शील का एक गुण (करुण, मैत्री, मुदिता, उपेक्षा में से एक), (२) वेश्या के साथ मेल-मुलाकात।

मोक्ष—उ. १८।ई (१) वैशेषिक मत में अविद्या से छुटकारा, (२) अनचाहे प्रेमी से छुटकारा।

यथातथा—प. १६।२७ (१) सच्ची कुशल, (२) ऐसी तैसी।

योग—उ. १८।ई (१) काणाद दर्शन में योग द्वारा अर्जित शक्ति विशेष, (२) वेश्या का मनचाहे युवकों से मिलना।

योगशास्त्रं—पा. २६।आ (१) योग विद्या का उपदेश, (२) सुरत कर्म में संलग्न होना।

रत्यर्थ वैशेषिक—उ. १६।ई (१) विशेष नामक पदार्थ को मानने वाला दर्शन, (२) रति को ही सर्व विशिष्ट नित्य पदार्थ माननेवाला दृष्टिकोण।

रसायनं (आयुर्वयोऽवस्थापनं)—धू. ४८।४ (१) अमृत कल्प रसायन, (२) सुरत सुख।

राजयौतकं—प. २९।२ (१) राजा के योग्य दहेज, (२) वेश में बढ़िया गणिका या चोखा माल।

राधिका—पा. ६५।४ (१) राधिका नाम की प्रणयिनी, (२) वह मुद्रिता योषित् जिसके साथ रतबन्ध लीला की साधना की जाती थी, जैसे कृष्ण की राधिका के साथ विहारलीला होती थी। ज्ञात होता है गुप्तयुग में मुद्रितायोषित् के लिए 'राधिका' शब्द चल गया था।

लावणिकापण—पा. ६७।१७ (१) नमक की दुकान, (२) लावण्य या रूप बिकने की दुकान अर्थात् वेश।

वत्सतरी—पा. ५५।ई (१) कलोर बछेड़ी जो बरधाने पर हो, (२) जवान पट्ठी वेश्या जो मरद के लिए छटपटाती हो।

विदेशराग—पा. ५२।६ (१) विदेश में घूमने का शौक, (२) विदेशों की गणिका से रमण करने का शौक, बाहरी मज़ा।

विशेष—उ. १८।इ (१) वैशेषिक दर्शन में द्रव्यों के नित्य अवयव या परमाणुओं में एक-दूसरे से नित्य भेद, (२) वेश्या के शरीर रूपादि का औरों से वैशिष्ट्य।

विहारशीलता—प. २३।१५ (१) विहार के शीलों की पालनवृत्ति, (२) सुरत की वृत्ति या लपक।

विहारित्व—पा. ६४।२ (१) भिक्षु का विहार में मन लगाना, (२) बौद्ध धर्म के मैत्री, करुणा आदि चार अप्रमाण या अनन्त धर्मों में अनुराग, (३) वेश में विहार या रमण का शौक।

वीतराग—पा. ६५।३ (१) वैराग्य युक्त, (२) जिसका राग या कामेच्छा समाप्त हुई हो। न वयं वीतरागाः = हमारे भीतर काम की लपक बाकी है, तबियत की रंगीनी अभी गई नहीं है।

वृष—पा. ५५।ई (१) छुटा साँड़ जो गायों पर चढ़ता है, (२) वेश का बिगड़ैल छौना जो जहाँ-तहाँ टूटता हो।

वेशवीथीयक्ष—पा. ७८।१६ (१) वेश की वीथी में पूजा के लिए चित्रलिखित यक्ष जो वहाँ आनेवालों को अपनी कृपा बाँटता है, (२) वेश में धरा रहनेवाला पर पुंस्त्व शक्ति से छूंछा रईस, वेशरूपी बाज़ार का मालदार असामी जो अपना धन लुटाता है, पर खुद उस माल का मज़ा नहीं पाता।

शब्दकामः—पा. ७८।६ (१) बातचीत का इच्छुक, (२) कामशक्ति से रिक्त, अतएव तत्सम्बन्धी चर्चा से ही काम चलाने वाला।

शास्त्र—पा. ६५।३ (१) धर्मोपदेश के ग्रन्थ, (२) कामशास्त्र का वैशिक शास्त्र।

अन्यद्धि शास्त्रमन्यथा पुरुषप्रकृतिः—(१) वेश्या का प्रतिषेध मिलने पर वेश में न जाना चाहिए, यह वैशिक शास्त्र की दृष्टि से ठीक हो सकता है, पर पुरुष का स्वभाव नहीं मानता, अर्थात् उसकी लपक उसे चैन नहीं लेने देती। (२) दर्शन तो अद्वय तत्त्व का सिद्धान्त बताता है, पर पुरुष के साथ प्रकृति लगी ही है, अर्थात् पुरुष को स्त्री अवश्य चाहिए, और हम भी वीतराग नहीं हैं, इसलिए वेश में चक्कर लगा आते हैं।

श्रम—पा. ६५।अ (१) परिश्रम, थकान, (२) कठोर तप, (३) रति-व्यायाम।

श्रम निस्सृत जिह्व—पा. ६५।अ (१) भाग-दौड़ की थकान से जिह्वा बाहर होना, (२) श्रम या रति व्यायाम के लिए जिसकी जीभ लपकती या राल टपकती हो, (३) वेश का सुख भोग न पाकर केवल उसकी भाग-दौड़ के श्रम से थका हुआ व्यक्ति।

संसार धर्म—पा. ६४।५ (१) संसार का स्वभाव अनित्यता, जीवन की क्षणिकता, (२) सांसारिक उपासकों के लिए मैत्री, करुणा आदि धर्मों का पालन, (३) वेश में आने-जाने या चक्कर मारने (संसार) की आदत, जब भोगने की सामर्थ्य न रह जाय और केवल गिरदभंभा बनकर वेश का मज़ा लिया जाय।

सन्धिच्छेद—प. २२।३ (१) सेंध लगाना, (२) नथबंद गणिकादारिका या नौची

के साथ प्रथम सुरत।

सन्निपात—पा. ५३ ।ई (१) सम्मिलन, संयोग, (२) मैथुन।

समवाय—उ. १८ ।इ (१) वैशेषिक दर्शन में द्रव्य और गुण, क्रिया और क्रियावान्, एवं अवयव और अवयवीका नित्य सम्बन्ध, (२) वेश्या का सान्निध्य।

सर्पि:पिबेति—उ. २६ ।ई (१) वायुरोग के उपचार में घृतपान, (२) (गुंडई भाषा में) रतिकर्म।

सांख्य—उ. १८ ।३ (१) सांख्य शास्त्र, (२) जान-बूझकर किया हुआ रतिकार्य।

साधु मुच्येयम्—पा. ६५ ।५ (१) अच्छा हो यदि मुक्त हो जाऊँ, (२) तुमसे पिण्ड छूटे तो अच्छा।

सामान्य—उ. १८ ।आ (१) अनेक द्रव्यों में रहनेवाला नित्य जाति नामक पदार्थ (२) वेश्या का सर्व सामान्य यौवन।

सायंप्रातः होम—प. २५ ।३५ (१) दो समय का अग्निहोत्र, (२) दो बार सुरत।

सुभिक्षम्—प. २० ।११ (१) सुकाल भिक्षा, (२) रति भिक्षा की सहज प्राप्ति।

सुरतोञ्छवृत्ति—प. २१ ।२१ (१) उञ्छ या सिल्ला बीनकर सात्त्विक आहार से रहनेवाला, (२) जिस-तिसके क्षेत्र (स्त्री शरीर) से सुरतरूपी सिल्ला भोगनेवाला।

सौकरसिद्धि—पा. ६२ ।ई (१) महावराह रूपधारी भगवान् विष्णु जैसा पराक्रम, (२) वेशरूपी विष्ठा चखने की शूकरी लपक।

स्वामिनी—पा. ९५ ।ई (१) पार्वती, (२) मुख्य वेश्या।

हेमकूर्म—धू. ७० ।ई (१) सोने का कछुआ (२) छोटे हाथ-पैर और मोटे शरीर का कोतल गर्दन रईस।

परिशिष्ट ४ शब्द-सूची

शब्द-सूची

अंशकुब्ज—पा. ५८-ई, टेढ़े कन्धे वाला कूबड़ा।

अंश देश—पा. ११४-६, स्कन्धप्रदेश।

अंशपरावृत्तशोभिन्—पा. १००-९, तिरछे कन्धे से सुशोभित।

अकल्यता—पा. ६८-आ, अस्वास्थ्य।

अकल्यरूपा—पा. ८८-२०, अस्वस्थ।

अकामयमान—धू. ५३-१२, इच्छा न करती हुई।

अकालभोजन—प. २४-८ असमय का भोजन।

अकुशलता—उ. २८-१७ मूर्खता।

अकृतप्रतिकर्मता—धू. ४८-३, शृङ्गार न करना।

अकृतविराम—पा. ८६-ई, कभी विराम या विश्राम न लेने वाला।

अकृशविभव—पा. ३५-इ, जिसका विभव क्षीण न हुआ हो, जिसकी टेंट में अभी मालमता हो।

अक्षतोष्ठरुजक—प. ८-अ, अशरफी झारता हुआ अक्षत अधर।

अक्षरकोष्ठागार—प. १६-२०, शब्दों का कोठार, वैयाकरण के लिए व्यंग्य।

अक्षिविचारणा—उ.२२-अ, आँख चलाना।

अगणयन्ती—उ. ३-१३, कुछ न मानती हुई, कुछ भी भरोसा न करती हुई।

अग्निमार्गण—प. २१-२७, अग्नि की खोज।

अग्रशाखा—पा. २०-अ, आगे की शाखा, अँगुली।

अग्रसस्य—प. १९-ई, पहली फसल, सुरत मिलन से पूर्व चुम्बनादि द्वारा छेड़छाड़।

अग्रहस्त—प. ९-४,१६-१७,२५-ई; धू. गिरना २६-आ, अँगुली।

अग्रहस्ता—धू. ११-१३, अँगुलियों वाली।

अङ्काधिरूढा—प. ३१-१७, गोद में पड़ी।

अंगुलित्रय—पा. ११४-५ तीन अँगुलियाँ।

अङ्गुलिवेष्टन—प. २८-इ, अँगूठी।

अङ्गुलीयप्रभा—पा. १४६-आ, अँगूठी की शोभा।

अंधो—प. १०-७, १८-१६, १८-१८; पा.-८-४, ८५-६, एक संबोधन।

अचक्षुर्ग्राह्य—प. ३७-१८, आँख से न दिखाई देने वाला।

अचिरविरूढबालस्तनी—प. ६-इ, नये उभरे छोटे स्तनों वाली।

अचौक्ष—प. १८-९, (१) अपवित्र, अशुद्ध, (२) भागवतों के चौक्ष नामक सम्प्रदाय। से अलग जो छुआछूत बरतता था।

अच्छल—प. ११-४, सुहावना।

अजङ्गम—धू. २०-५,न चलने-फिरनेवाला।
अज्जुका—प. ८-५, उ. २९-१८, ३१-१, स्वामिनी।
अज्ञातगाध—धू. ४८-१, अनजान गहराई वाली।
अञ्चितभ्रूलता—पा. १४६-अ, टेढ़ी आँखों वाली।
अञ्जलिप्रग्रह—प. २४-३, हाथ जोड़ना, हाथ की अँजलि के रूप में पीने का पात्र।
अटवीचन्द्रोदय—धू. ५५-५, वन में चन्द्रोदय या चाँदनी।
अट्टालक—पा. ३३-९, अटारी, छत के ऊपर का कमरा।
अतटप्रपात-पा. ९७-८, शिर के बल गिरना।
अतिकथा—पा. १०६-इ, असम्बद्ध बातें, गप्पाष्टक।
अतिकामिता—पा. ५४-१, अतिकामुकता।
अतिडिण्डिन्—पा. ११७-५, सब डिण्डियों को मात करने वाला।
अतिथिलोप—प. २४-२५, अतिथि को भुलाना।
अतिथिसन्निवेश—प. २२-७ मेहमानों की बस्ती।
अतिदिवाविहार—पा. ४२-२, बहुत दिनों तक विहार, दिन में ही अधिक विहार।
अतिदुष्करकारिणी—पा. ८९-१, कठिन काम करनेवाली।
अतिनिम्नोदरी—धू. २६-अ, जिसका उदर अतिक्षीण हो।
अतिप्रशान्तजघनाप्यायनकर—उ. २७-१, अत्यन्त थके जघन को हुलसाने वाला।
अतिपाति—धू. ६६-७, अधिक।
अतिपिञ्छोला—पा. ५०-६, पिञ्छोला का लगातार शौक।
अतिप्रभातचन्द्रनिष्प्रभ—पा. ९-२, प्रातःकालीन चन्द्रमा के समान ज्योतिहीन।
अतिमनस्विनी—प. ३३-२, अतिमान करनेवाली।
अतिमुग्धता—धू. ४१-२, अति भोलापन या नासमझी।
अतिमूढ—प. ३३-ई, निरा मूर्ख।
अतिरभस—धू. ४९-इ, अति शीघ्र अतिवेग।
अति रतिरभस विमृदिता—उ. २७-इ, अति रतिवेग से मींड़ी हुई।
अतिलङ्घयते—प. ६-४, अतिलङ्घन कर रहा है, भूखा तड़प रहा है।
अतिलङ्घितम्—धू. ११-२२, भूखा रक्खा हुआ, विषयों का उपवास करने बिताया हुआ।
अतिलाभ कांक्षा—उ. २३-१५, अति लाभ की इच्छा।
अतिवर्तिष्ये—धू. ७१-अ, छोड़कर जाऊँगा।
अतिवाहयति—धू. ६६-५, व्यतीत करता है।
अतिवाह्यते—पा. ३५-अ, विदा किया जाता है।
अतिविट—पा. १३२-७, १३५-२ बड़ाविट।
अतिविटत्व—धू. ६३-४, बड़ी या अधिक अधिक गुंडई।
अतिव्यय—प. १९-४, फिजूलखर्ची।
अविव्यायाम—प. ८-२, अधिक व्यायाम या छटपटाना।
अतिसन्धत्ते—पा. ३९-८, छिपाता है।
अतिसम्भ्रम—पा. ३९, स्वागत, आवभगत।
अतिसेवन—पा. ५४-३, अतिशय रति।
अतुलस्पर्श—धू. ९-आ, गुदगुदा, मुलायम स्पर्शवाला, गद्देदार।
अतुष्टि—धू. ५९-आ, असन्तोष।
अतृप्तहृदया—उ. २२-ई प्यासे हृदय वाली, जिसकी तृप्ति न हुई हो।

अत्याकीर्णजनता—धू. १३-७, अति भीड़ से भरा।

अत्यायत—प. १५-ई, बहुत खींचना।

अत्यायत—धू. ४-आ अधिक समय तक।

अत्यार्जव—पा. ५२-१०, भोलेपन को भी मात कर जाने वाला।

अत्युपचार—प. २५-१८, अतिरिक्ति आवभगत, विशेष सत्कार।

अत्युपालम्भ—पा. ६९-५, अधिक उलाहना।

अदाक्षिण्यसर्वस्व—धू. ७९-८ ऐसा मालमता जिसमें दाक्षिण्य या उदारतापूर्वक किसी को कुछ देने की आदत नहीं बरती गई।

अदारुणोषध—प. ३७-ई, मधुर उपचार।

अदृष्टजघना—धू. १३-इ, संकोच से स्वयं अपनी जाँघ भी न देखने वाली।

अदेशौपथिक—प. ५४-४, देश की अप्रथा।

अद्यतनकालवैश्रवण—उ. १३-४, वर्तमान समय का कुबेर।

अधनुर्धर—प. ४१-ई, धनुष न धारण करने वाला।

अधरोपदंश—धू. १६-१५, अधर रूपी गजक।

अधरोष्ठरक्षणी—धू. ६५-८, अधरोष्ठ की रक्षा करने वाली।

अधिकगुण—उ. ३५-ई, अधिक गुणवती।

अधिकरण—पा. १८-१०, न्यायालय।

अधिकरणगत—पा. २५-इ, न्यायालय में कार्यरत।

अधिकशत—पा. १४८-आ, सैकड़ों।

अधिकारकाम—पा. १२२-अ, अधिकार प्राप्त करने का इच्छुक।

अधिकृत—पा. ८०-अ, सरकारी अधिकारी।

अधिदेवता—पा. १११-अ, देवी।

अधिराज—पा. ५४-१, सम्राट् के अधीन राज पद पर अधिष्ठित।

अधीरदन्तकिरण—पा. १२५-आ, दाँतों की किरणें छिटकाते या बिखेरते हुए।

अधीरदृष्टिपात—पा. १२३-इ, चंचल दृष्टि या चितवन।

अनङ्गदत्ता—उ. ६-२

अनंगसेना—पा. २५-९

अनङ्गावह—धू. ८-ई, काम जगाने वाला।

अननुभूतयौवन—धू. ११-२०, जिसने जवानी का अनुभव नहीं किया या मज़ा नहीं लिया है।

अनपहासक्षम—प. २९-२, हँसी न उड़ाने योग्य।

अनपेक्षितपरिजनानुसरणा—उ. ११-४, परिजनों के अनुसरण पर ध्यान न देती हुई।

अनभिज्ञातेश्वर—धू. ८-६, जो खानदानी रईस नहीं है।

अनभिमृष्ट—पा. १४६-ई, न सँवारा हुआ, रूखा।

अनभिगम्या—धू. २७-८, जिसे कोई न चाहता हो, अनचाही।

अनवगतपूर्वा—पा. २३-इ, जो पहले न जानी गई हो।

अनवरतसुरततृष्णा—धू. ११-५, सदा सुरत की प्यासी।

अनवसितबाष्पा—प. ३३-९, जिसके आँसू नहीं रुके हैं।

अनवसितार्धभाषिणी—धू. १८-११ अवशिष्ट, आधी बात न समाप्त करने वाली।

अनवस्थितलघुप्रावरणा—धू. १६-५, इधर-उधर लहराती हुई छोटी चादर वाली।

अनवस्थितोष्ठ—धू. ६५-१, फड़कते अधर।

अनवेक्षा—पा. ६३-६, उपेक्षा या उदासीनता, देख-भाल न करना।

अनागतसुख—प. २१-२६, भविष्य में प्राप्तव्य सुख।

अनात्मज्ञा—पा. ८-११, अनाड़ी, अपने आप को न जानने वाली।

अनाथ—प. १६-३७, बिना नाथ वाला, (बैल)।

अनिभृत—धू. १६-९, प्रकट, नि:संकोच।

अनिभृतभ्रूलता—धू. १६-५, चंचल भौंह।

अनिभृतमधुकररव—उ. २९-१७, स्पष्ट भौरों का गुञ्जार।

अनिभृतस्वभावमधुर—प. ८-ई, उन्मत्त मधुरस्वभाव।

अनिभृता—प. ४१-१, चपला।

अनियोगस्थान—धू. ३२-४, झिझक से परिपूर्ण।

अनिलप्रतिहत—धू. ११-ई, हवा से डगमगाता हुआ।

अनिलाध्मात—पा. ७८ ई, हवा से फूला हुआ।

अनिष्टजनसम्भोग—उ. १२-१, अनचाहे के साथ मिलन।

अनिष्टजनसम्भोगेपरिक्लिष्टा—उ. ११-६, अनचाहे के साथ मिलने से दु:खी।

अनुगतसुखप्राश्निककथा—पा. ४०-इ, सुख प्रश्न पूछने वाले यारों से बातचीत करती।

अनुनयनिपुण—प. १०-ई, खुशामद में चतुर।

अनुनयविधुर—प. ३२-इ, खुशामद से रहित।

अनुनेतव्या—धू. ६६-३, मनाने योग्य प्रिया।

अनुपातयितव्य—पा. ४१-१४, बिताने योग्य (काल)।

अनुबन्ध—प. ३८-१७, मूल बात का पुछल्ला।

अनुभ्रमति—प. ३०-१५, पीछे-पीछे घूमती है।

अनुयातकिशोरी—धू. २५-१०, वह नयी बछेड़ी जिसे निकालने के लिए व्यायाम कराने के बाद धीरे-धीरे टहलाते हैं।

अनुविद्ध—४३-अ, अंकित।

अनुविधेया—धू. ५३-१२, आज्ञापालन करनेवाली, इच्छानुवर्तिनी।

अनुविषक्त—धू. १२-इ, अनुबद्ध, जुड़ा हुआ।

अनुवृत्ति—धू. ५५-११, इच्छानुकूल प्रवृत्ति।

अनुशिष्टि—पा. १-आ, आज्ञा।

अनुसृता—पा. १०५-आ, अनुसरण की गई।

अनुस्वनति—प. १६-१२, प्रतिध्वनित होता है।

अनूरुग्राहिन्—पा. १००-१३, टाँग पर न चिपकने वाला।

अनृतक्रोधप्रयात—धू. ६९-आ, झूठे क्रोध से भागता हुआ।

अनृतशंस—धू. ५३-११, वह व्यक्ति जो दाँत निपोर कर खुशामद में पड़ा रहे।

अनैकान्तिक—धू. ५७-६, किसी एक सिद्धान्त या उद्देश्य पर मन मिलाव न करने वाला।

अन्तर—धू. १४-आ, रास्ता, जगह।

अन्तर—पा. ३२-इ, भीतरी भाव।

अन्तरगार—पा. ४६-ई, घर के अन्दर।

अन्तरविस्रम्भ—प. ४२-५, हार्दिक विश्वास।

अन्तरा— उ. २३-१५, मध्य में, बीच में।

अन्तरापण—उ. ५-४, दुकानों के अगले भाग।

अन्तरीकृत्य—उ. २१-८, छिपाकर, ओट

देकर।

अन्तरीकृत्य—पा. ९७-११ बीच में करके।

अन्तरूह—पा. १००-१४, उस का भीतरी भाग।

अन्तर्गृह—प. २७-२, भीतरी घर।

अन्तर्मुखाभाषिणी—धू. १३-अ, मुँह के भीतर ही बात रखने वाली।

अन्धकारनृत्त—धू. ५५-४, अँधेरे का नाच।

अन्यसंरञ्जनार्थ—उ. २१-इ, दूसरों के साथ मज़े के लिये।

अन्योन्थानभिज्ञत्व—धू. ६७-७, एक का दूसरे के साथ परिचय न होना।

अन्योन्यानुचरितानुगामी—धू. ६७-१, एक-दूसरे के पीछे चलने वाला।

अन्वभ्यस्तता—पा. ५२-आ, बार-बार का अभ्यास।

अन्वाख्यान—पा. ९१-२, सच्ची व्याख्या।

अन्वारूढ—पा. ११०-अ, पीछे बैठाये हुए।

अपचितोत्तरोष्ठपलित—प. २१-आ, मूँछ के पके बालों का कुपटा जाना।

अपचिनोषि—प. १८-३२, कुतरते या कुपटते हो।

अपण्डिता—प. ३१-३३, नादान।

अपथ्य—उ. २३-१६, बुराई।

अपदेश—पा. ३६, बहाना।

अपनय—पा. १२४-१, बुरी नीति, भूल-चूक।

अपयान—धू. ६-५, इतस्ततः परिभ्रमण।

अपराधसम्मर्द—धू. २३-५, अपराधों का रगड़ा।

अपरान्त—पा. ६०-अ, कोंकण प्रदेश।

अपरान्तकान्ता—पा. ६१-आ, कोंकण प्रदेश की रमणी।

अपरान्ताधिपतिरिन्द्रवर्मा—पा. १७-२

अपरान्तपिशाच—पा. ५२-५, अपरान्त का गुण्डा।

अपरिभूत—पा. ९७-२०, न जीता गया, अविजित।

अपवर्त्तिका—पा. ३०-२, नीचे सरक जाना।

अपवासस्—पा. ५०-आ, उघरी हुई।

अपविद्धकर्णोत्पल—प २६-आ, परित्यक्त या गिरा हुआ कर्णोत्पल।

अपवीर्य—पा. १०-४, हिजड़ा, नपुंसक।

अपसर्पण—प. ३०-११, पीछे हटना।

अपसव्यमुपावर्तमान—पा. ३०-१, दाहिने छोड़ते हुए।

अपाङ्गनिरीक्षित—पा. २९-इ, तिरछे देखा जाता हुआ।

अपाङ्गपातिन—पा. ९७-२३, तिरछा चलाया हुआ।

अपाङ्गविप्रेक्षिन्—पा. ४२-आ, कनखी से या तिरछे देखने वाला।

अपाङ्गविलम्बिन्—पा. १४१-आ, तिरछी चितवन।

अपारयन्—पा. १०४-ई, न सँभाल पाता हुआ।

अपार्थक—पा. ३०-३, व्यर्थ, असफल।

अपावृतद्वार—धू. २८-१, खुला द्वार।

अपावृतद्वारा—प. २९-९, खुले द्वार वाली।

अपावृतधन—पा. १६-ई, धन लुटानेवाला।

अपावृतपक्षद्वार—पा. ६७-२५, खुला हुआ बगल का दरवाजा।

अपाश्रयन्यस्तदोषन्—पा. २-इ, सहारे से बाहु रखने वाला।

अपिशाचऐश्वर्य—पा. ५९-१, बिना ऐब का ऐश्वर्य।

अपुंस्—वा ७८-६, पुंस्त्व शक्ति से हीन।

अपूर्वप्रतीहारोपस्थान—पा. ४१-२५, नए प्रतिहार की उपस्थिति।

अपैतृक(लोक)—धू. ११-२१, पितृविहीन

संसार।

अपोढप्रागलङ्कारभारा—पा. ४५-इ, सामने के गहने उतार देने वाली।

अपोह्य—पा. १००-१५, हटाकर।

अप्रतिगृहीतानुनय—धू. ७०-५, अनुनय को न मानने वाला।

अप्रतिपालयन्ती—उ. ३१-१, प्रतीक्षा न करती हुई।

अप्रतिपद्य—पा. ३९-९, बिना मिले।

अप्रतिपद्यमान—उ. ३१-३, न देते हुए, व्याख्या न करते हुए, काम न बनाते हुए।

अप्रतिहतशासन—उ. ३-२, २८-७, जिसकी आशा का कोई विरोध न करे।

अप्रतीकार—धू. ४३-१, उपाय का न होना।

अप्रत्यभिज्ञान—पा. ८८-१४, बिना जान पहचान।

अप्रत्याभिज्ञेया—प. २८-३, कठिनाई से पहचानी जाने वाली।

अप्रत्यभिज्ञेयव्यञ्जन—पा. ११६-२, वह भाषा जिसमें अनजाने या अजनबी व्यंजन वर्ण हों (यूनानी भाषा)।

अप्रावरणा—धू. १६-५, बिना चादर वाली, उघड़ी हुई।

अभागिन्—प. १०-३, भागी न बनने वाला, शिकार न बनने वाला।

अभिकाम—प. ३०-१५, कामुकता पूर्ण।

अभिगम्य—पा. २५-२, समीप आने योग्य।

अभिज्ञ— प. ८-१४, जाननेवाला।

अभिज्ञातगाधा—धू. ३८-२, जानी हुई गहराई।

अभिज्ञातता—उ. ३-१३, जान-पहचान, जानकारी।

अभिनन्दयितव्य—धू. १०-५, अभिनन्दन करने योग्य।

अभिनयसिद्धि—उ. २८-२०, अभिनय में सफलता।

अभिनीयते—पा. ३५-आ, इशारे से कह दिया जाता है।

अभिभाषित—पा. ३१-२, बातचीत करना।

अभिलिखति—पा. ६२-२, चित्रित करता है।

अभिवाहयतः—धू. ६०-१, निकट होकर स्पर्श के लिए झुका हुआ।

अभिव्याहरन्ति—उ. ५-५, बातचीत कर रहे हैं।

अभिसारयितव्य—धू. २३-१०, अभिसार करना चाहिए।

अभिसारित—धू. ६४-१३, अभिसार किया हुआ।

अभुग्न—धू. ५२-१ सीधा।

अभ्यसूयन्ते—प. ९-६, खीझना या बिगड़ पड़ना।

अभ्यस्तनामन्—पा. ११७-३, जिसका नाम पहले लिया जाता हो, प्रसिद्ध सुपरिचित।

अभ्युत्थापयति—पा. ६९-१, उठाती है।

अभ्युत्स्मयन्ती—पा. ६९-इ, मुस्कराती हुई।

अमर्मभेदि—पा. ११९-आ, मर्म पर चोट न करनेवाला।

अमात्य विष्णुदास—पा. १७-२।

अमीमांसित पण—धू. ११-१२, बिना बिचारे खुलकर लगाया हुआ दाँव।

अमृतायमानरूपा—उ. ६-३, अमृत के समान मधुर रूप वाली।

अमृदङ्गम्—प. २२-२, पा ४२ ई, बिना मृदङ्ग के, बिना सूचना के, असमय में।

अमृदितांगराग रचना—पा. ६८-ई, अंगराग रचना मिटाए बिना।

अम्बाए (प्रा.)—पा. ६७-९, अम्बा या वेश की माता से।

अम्भःस्त्रुति—धू. १९-अ, पानी की धारा।

अयन्त्रित—प. १८-४०, बन्धनहीन, खुलकर।

अयशस्—पा. ६९-१०, बदनामी।

अयोविकार—पा. ६२-इ, लोहे की टाँकी।

अरञ्जर-पा. ७७-अ, बड़ा घड़ा।

अरणि—धू. १९-आ, माता, जननी, पैदा करनेवाली, गुहारणि = गुह की माता पार्वती (मत्स्य पु. १५३/९६), विश्वारणि = विश्व की जननी (मत्स्य १५३/४८५), वातारणि = वायु की माता (यायु पु. २/४), स्वाहा सुरारणि = देवों को जन्म देने वाली स्वाहा (लिंग पुराण ५/२२), ख्यातिं तां भार्गवा-रणिम = भार्गव की माता ख्याति (लिंग पु. ५/२४), अमृतस्यारणि = अमृत की माता (ब्रह्म पु. ६०/४५)।

अरण्यवासिनी—पा. ९३-१, जंगल में रहनेवाली।

अरालघनासिताग्र—पा. ६४-अ, टेढ़ी सघन काली (बरौनी का) अग्रभाग।

अरूपा—पा. ८९-ई, बदसूरत।

अर्गलवता—पा. ४६-ई, ब्योंड़ा लगाया हुआ।

अर्थकेण—पा. ६७-९, धन से।

अर्थनिर्वतक—धू. ५६-९, कार्य साधक, काम बनाने वाला।

अर्थाढय—उ. ८-आ, धनी।

अर्धनिमीलिताक्षि—धू. १७-अ, ६१-१, अधमुंदे नेत्र।

अर्धनिरीक्षित—धू. ९-अ, १६-आ, अधमुँदी आँख, अधमुँदी आँखों का देखना।

अर्धासन—धू. ९-आ, १०-११, आसन का आधा भाग।

अर्द्धोरु—उ. २८-इ, जाँधिया, घुटने तक का वस्त्र।

अर्धोरुक—पा. ४५-आ, स्त्री का घुटने तक वस्त्र जिसे लोक में चनिया कहते हैं, आधा लहँगा।

अर्धोरुकपरिहित—धू. ११-१५, जाँघिया पहने हुए।

अर्पितार्गल—पा. ८६-आ, ब्योंड़ा लगाया हुआ।

अलक्तकविन्यासविन्यस्तचक्षुष—पा. १००-१२, आलता रँगने की क्रिया में नेत्र लगाकर अर्थात् नीची दृष्टि करके।

अलकवहारी—पा. ११५-आ, लम्बे बाल।

अलक्तकाशंका—पा. ११५-ई, आलता की आशंका।

अलङ्काराख्या—प. २०-इ, आभूषणों से सुशोभित।

अलङ्कृतासनार्द्ध-पा. ११९-अ, आधे आसन पर सुशोभित।

अलब्धगाम्भीर्य—प. ४१-९, गहराई या थाह लिए बिना।

अलब्धविस्रम्भा—धू. ४८-१ विश्वास प्राप्त न की हुई।

अलब्धास्पद—धू. २३-आ, आश्रय न पाए हुए।

अलससकषायदृष्टि—पा. ११२-इ, अलसाई नशीली चितवन।

अलसायमानेक्षणा—प. २६-इ, अलसौंही आँखें।

अलिन्दतः—प. २१-६, द्वारकोष्ठ से।

अलूनपक्ष—प. १६-२५, बिना पर नुचे।

अलेपक—उ. १८-३, लेपहीन, निर्लेप।

अलोकज्ञ—प. १०-९, १७-१९, नादान, लोकव्यवहार से अनभिज्ञ।

अलोलुपा—धू. ५६-इ, लालच रहित।

अवकुंठन—धू. ६५-४, घूँघट।

अवाक्छिरा—धू. ६५-२, उलटे सिर टँगा

हुआ।

अवक्षेप्तुम्—पा. १००-१६, हटाने के लिये।

अवक्षेप्स्यसि—पा. ४१-२, विश्वास की बात सौंपेगा।

अवगाढ—धू. ६५-६, पा १०३-इ, डूबा हुआ, भरा हुआ।

अवगाह्य—प. ८-१०, थाह लेकर।

अवगुण्ठनभागिनी—प. २९-३, वधू भाव में अवगुण्ठन प्राप्त करने वाली।

अवगुण्ठितशरीर—प. २३-२ ढका बदन।

अवघट्टयन्तो—प. ३१-१७, झनकारती हुई।

अवघाटित—धू. २५-३, बन्द करना।

अवघुष्टालङ्कारलंकृता—प. २३-२६, बजते अलंकारों से युक्त।

अवतारितघण्टाप्रैवेयककक्षा—उ. २७-२, घंटा, तौक और करधनी उतारे हुई।

अवतितीर्षु—पा. ३३-१, उतरने या घुसपैठ का इच्छुक।

अवधीरित—प. ११-११, अपमानित।

अवधूय—प. १५-२, सटक कर।

अवधृत—पा. ८०-१, विचार किया गया या सोचा गया।

अवनतमुखाब्जा—पा. ९१-ई, नीचे किए हुए मुखकमल वाली।

अवन्तिसुन्दरी—प. ८-२१,

अवपीडयमानवक्षाः—धू. ६५-११, वक्षस्थल को पीड़ित करता हुआ।

अवभुग्नोदरी—धू. ५४-अ, पतली कमरवाली।

अवमुक्तकंचुकता—पा. २४-२, परदा गिराना।

अवमुक्तनीवीपथ—प. ४४-आ, (अभिसार के मार्ग में ही नायिका का) नीवीबंध छूट जाना।

अवमुक्तालङ्कारा—उ. २७-२, अलङ्कारों को उतारे हुए स्त्री।

अवमृद्यचुम्बन—धू. ३९-३, गाढ़ा चुम्बन।

अवरुद्ध—पा. ८८-२०, रोका हुआ, बन्द।

अवलीढ़चक्रवलय—पा. ३४-अ, पहियों के पुट्ठे खरोंचते हुए।

अवलोकन—पा. ३३-९, गोख, प्रासाद के सबसे ऊपरी भाग में ऐसा छोटा मंडप या स्थान जहाँ से बाहर की ओर देखा जा सके।

अवशा—प. १०-इ, बेबस।

अवशीर्णप्राय—पा. ९७-३, प्रायः टूटा हुआ, समाप्तप्राय।

अवस्कन्द—धू. ११-३, नोचना, टूट पड़ना।

अवस्कन्दित—प. १६-२३, अवरुद्ध, सहसा आक्रान्त किया गया।

अवाश्यानमूल—धू. ५२-२, सिकड़ा हुआ है मूलभाग जिसका।

अविकत्थन—पा. ४८-२, निरभिमानी, नीच।

अविकारगौर—पा. ९०-अ, जिसके गौरवर्ण में कोई विकार न आया हो।

अविज्ञातपुरुषान्तरा—पा. १२५-१, पुरुष के भेद ज्ञान से अपरिचित।

अविज्ञातप्रणया—प. १२९-३, प्रणय न जानने वाली।

अविट—पा. २१-१ जो विट न हो।

अवितथप्रतर्क—उ. १३-६ सही अन्दाजा।

अविनयग्रन्थ—प. ३९-इ, अविनय का पोथा।

अविनयप्रचारपुस्त—प. १८-१५ आवारागर्दी (आचार हीनता) का पोथा।

अविनयप्रपञ्च—प. २१-३१, बेहूदगी का पचड़ा, दुष्कार्यों का विवरण।

अविनीतचक्षुष—पा. १००-१५, उद्दण्ड दृष्टिवाला, असंयमित नेत्र वाला।

अविभावनीयतीर्था—धू. ४-६, दिखाई न देने वाली सीढ़ी, जिसके घाट दिखाई न पड़े।

अविरक्तिका—प. २५-२८, कभी विरक्त न होने वाली, सदा विषय रस में पगी रहनेवाली।

अविशेषग्राहिणी—धू. ९-८, समान्यतया परिचायिका।

अविस्मयविस्मिताक्षी—धू. १६-७, बिना विस्मय के विस्मित आँखों वाली।

अवीणम्—पा. ४२-ई बिना वीणा के।

अवेक्षितव्य—धू. ४२-१०, देखना चाहिए।

अव्यक्तकाकली—उ. २९-१९, अस्फुट काकली स्वर।

अव्यक्तशोभितपदावाक्—धू. ५८-इ, सुन्दर शब्दों से भरी गुपचुप बात।

अव्यक्तोत्थितरोमरेखा—प. ८-इ, कुछ-कुछ भीनती हुई रेखा वाली।

अव्याधिग्लान—प. ३८-अ, बिना रोग के रोगी।

अव्याहत—धू. ६८-१, बिना रोक-टोक।

अव्रतघ्न—प. ३५-इ, व्रत के अनुकूल आचरण।

अशोकवनिका—उ. २९-१६, अशोक वाटिका।

अशोकवनिकादीर्घिका—उ. २४-६, अशोक वन की बावड़ी।

अशोकवनिकाभ्याश—उ. २९-१९, अशोक वनिका के समीप।

अशोकवनिकारक्षी—उ. २४-७, अशोक वाटिका का रक्षक पुरुष।

अशोकबालवृक्ष—उ. २९-१६, अशोक का छोटा पौधा।

अशोकसमदोहल—पा १००-१९, स्त्री के चरण ताड़न से फूलने वाले अशोक की तरह कामेच्छा प्रकट करने वाला।

अश्लचण—उ. २४-इ, खुरदरा।

अश्लिष्ट—धू. ३७-२, मेल न खाना, संबंधित न होना।

अश्वबन्ध—पा ३१-ई, साईस।

अषेष—पा ६७-८, (प्रा) निःशेष, सब ओर।

अष्षे—पा ६७-१०, बात करती है।

अष्षेण—(प्रा) पा ६७-१०, आँख या इन्द्रिय से।

असकलशशाङ्करेखा—पा १११-इ अष्टमी के चन्द्रमा की रेखा या किरण।

असकृत्सज्ज—पा ४१-१७, कितनी ही बार जो सज्जित हो चुके हैं।

असक्तपीनजंघ—खुली हुई भरी जंघा।

असङ्कीर्णवर्ण—प. ३३-२६, अपने स्वरूप में शुद्ध जिसमें किसी दूसरी गान विधि का समिश्रण न हुआ हो।

असज्ज—पा ४१-१७, अपराध रहित।

असद्वाद—धू. ६७-१, झूठा शब्द या झूठा कथन।

असनकुसुम—धू. ६५-४, असनवृक्ष का फूल।

असमस्तविहसित—धू. १७-आ, विस्तृत हँसी, खुलकर हँसना।

असम्बाधकक्ष्याविभाग—पा. ३३-१०, ऐसे भवन जिनमें लम्बे-चौड़े चौक एक भाग को दूसरे भाग से अलग करते हों।

असमाप्तराग—पा. १००-१६, आलता या प्रेम बिना समाप्त किए।

असंयुक्तत्व—पा. १००-१३, न पहचाना जाना।

असिमालिनी—पा. २९-ई, छुरियों की पंक्ति वाली।

असूयापिशुन—पा. ९७-२४, ईर्ष्या की जलन का सूचक।

अस्वस्थरूपा—पा. ८-६, कुछ बीमार।

अहल्या—धू. ६४-५।

अहीनकाल—पा. ४१-४, ठीक समय।

अहूण—पा. ४१-१५, जो हूण जाति का नहीं है।

आउण्णि—(प्रा) पा. ६७-८, पूर्ण, भरपूर।

आउहे—(प्रा) पा. ६२, अस्त्र-शस्त्र में।

आकर्णपूर्ण—धू. ३-ई, कान तक खींचना, कान तक तानना।

आकारसंवरण—प. २५-३८, धू ४२-७, आकार का छिपाना।

आकाशरोमन्थन—प. ९-११, बिना चारे के जुगाली करना।

आकुलदश—पा. ३०-२, फड़कता हुआ (वस्त्र)।

आकुलयति—पा. ४२-आ, फटकारता है।

आकुलापसव्यपरिधान—पा ४२-४, दाहिने कन्धे पर लहराता हुआ उत्तरीय।

आकुलितालकान्ता—पा. ६१-अ, बिथुरे केशों वाली।

आकूजमाना—प. ३३-२७, गुनगुनाती हुई।

आकृतिमात्रभद्रक—प. १८-२९ देखने भर का भला मानस।

आकृष्टखड्ग—धू. ११-१५, खिंची हुई तलवार।

आकृष्टखड्गमात्रसहाय—धू. ११-१५, बाहर खींची गई नंगी तलवार के साथ।

आकृष्टपाद—पा. २५-आ, सिकोड़ा हुआ पैर।

आक्रन्द—धू. २७-१०, शोर, जोर की आवाज।

आक्रोशयति—उ. १९-५, कोसता है।

आक्षिप्तराग—पा. १०१-ई जिसका राग या लाली छिप गई हो।

आक्षिप्य—पा. १००-१५, खींचकर, फेंककर।

आगन्तुमनः—धू. २९-११, आने की इच्छावाला।

आगमप्रधानता—पा. ९७-२०, शास्त्र को मुख्य मानना।

आगलित—पा. ३१-७, छिटका हुआ।

आघाटित—पा. १४-अ, धक्का दिया गया।

आघ्राययन्ती—धू. ६७-१८, गन्ध देती हुई तृप्त करती हुई।

आचार्यगौरव—प. ३५-२०, आचार्य का रोग, प्रभाव।

आचार्यदक्षिणा—प. १९-२, उस्ताद की भेंट।

आज्ञारत—धू. ११-ई, मनचाही रति।

आटोप—प. २४-२०, भव्य स्वरूप।

आढक—पा. ८३-अ, सुगन्धित मिट्टी, गोपी चन्दन।

आणा (प्रा)—पा. ६७-७, आज्ञा।

आतुरीभवति—धू. ३४-आ, अस्थिरता का होना, गड़बड़ा जाना।

आतोघ—प. ३-अ, पा २-६, एक प्रकार का बाजा।

आत्मगुप्ता—पा. नन६-अ, केंवाच।

आत्मदर्श—प. ई, दर्पण।

आत्मदर्शन—धू. २९-७, अपना मत, अपना सिद्धान्त।

आत्मप्रच्छादन—प. २नन-६, अपने को छिपाना।

आत्मलिखि—पा. ६३-अ, अपनी लिखावट।

आत्मशंका—प. २१-१२, अपने बारे में संदेह।

आत्माङ्गस्पर्शप्रदान—उ. २७-१, अपने शरीर में मलवाना।

आत्मार्थप्रधाना—धू. ५६-१०, अपना काम

बनाने या साधने वाली।

आदष्टस्फुरिताघर—धू. ६७-अ, दन्तक्षत द्वारा फड़कते अधर।

आदेहपातलीला—उ. १९-१, गिरी अवस्था या ढलती उमर का नखरा।

आधिराज्य—पा. ४९-३, सर्वश्रेष्ठ स्वामित्व।

अधूत धृ—२६-आ, चञ्चल।

आधोरण—पा. ३४-इ, महावत।

आनन्दपुर—बड़नगर, गुजरात का एक नगर।

आपणाभिधान—पा. ६७-१३, दुकान का नाम पता।

आपस्तम्ब—पा. १२-७, एक स्मृतिकार।

आपानमण्डप—पा. ३०-३, वह स्थान जहाँ सुरापात्र (चषक) का दौर रहता है।

आपुंखनिखात—पुंखपर्यन्त घुसा हुआ, अन्त तक प्रविष्ट।

आपुष्पयति—पा. १३५-आ, खिलाता है।

आप्तयश—धू. १४-ई, पीढ़ी दर पीढ़ी से प्राप्त प्रसिद्धि।

आप्यायन—उ. २७-१, हुलसाने वाला।

आप्यायितमनम्—धू. ६-५, परिपूर्ण मनवाला, रसाप्लावित मनवाला।

आप्यायितमन्मथ—धू. ४०-ई, काम से तृप्त।

आबद्धमण्डल—पा. ३१-अ, मण्डल बाँधे हुए।

आबद्धश्वेतकाष्ठकर्णिकाप्रहसितकपोलदेश—पा. ४१-१७, सफेद लकड़ी के कुंडलों से धवलित कपोलवाला।

आभीरक—पा. १७-२, आभीर जाति का।

आभीलक—पा. ११३-३, दुर्दशाग्रस्त।

आमयावसन्न—पा. ३९-१३, रोग से पछाड़ा हुआ।

आमिषभूत—प. २१-२४, मांस की तरह।

आमृजागुण—प. २१-इ, लिपाई-पुताई का गुण।

आयतभ्रूलतं—धू. ६१-१, विस्तृत या लम्बी भौंह।

आयति—धू. ३५-४, सम्मान, प्रेम।

आयतिक—प. ३१-२५, पा १२०-आ, भविष्य में आनेवाला (तदात्व का उलटा)।

आयत्त—धू. ६२-१६, मग्न।

आयासकर्ता—प. ३८-ई, कठिनाई पैदा करने वाला।

आयासयति—पा. ३८, कष्ट दे रही है।

आयसितवान्—पा. ७२-१, थकाया।

आरम्भ—प. ३०-२०, व्यायाम, श्रम।

आरम्भ—पा. ११७-१३, ठाट बाट, शान-शौकत।

आर्जव—पा. ५३-ई, भलमनसाहत, सिधाई।

आर्जवयुता—धू. ३८-इ, भोली-भाली।

आर्तव—उ. २३-आ ऋतु में होनेवाला मासिक धर्म।

आर्तानुपात—पा. १३१-१, आर्त के अनुसार।

आर्यक—पा १३९-२, दक्षिण के एक कवि का नाम।

आर्यघोटक—पा ४१-१५, सजीला बछेड़ा, कोतल घोड़ा जो सजाकर जुलूस में ले जाया जाता है।

आर्यनागदत्त—प. २०-५,

आर्यमूलदेव—प. ३५-१५,

आर्यश्यामिलक—पा २-३,

आलभस्व—सा ५२-१४, आलंभन कर डालो, कूट डालो।

आलापयति—पा ३७, बोली सिखा रही है।

आलुप्ताञ्जनाक्ष—धू. ६५-१, जिसकी आँखों का अंजन फैल गया हो।

आलेख्यपट—पा ८९-आ, चित्रपट।
आलेख्ययक्ष—पा ७६-ई, चित्रलिखित यक्ष।
आलेख्यवर्णकपात्र—पा १००-११, चित्र कर्म में प्रयुक्त रंगों की प्यालियाँ।
आवन्तिक—पा ३४-अ, अवन्ति जनपद पुरुष।
आवन्तिक स्कन्दस्वामिन्—पा १७-२,
आवर्त—प. ३१-इ, चक्कर।
आवर्तन—प. ३०-११, घूमना।
आवल्गत्—धू. २०-इ, उछलता हुआ, धक्के मारता हुआ।
आवल्गमान—प. ३१-ई, थलथलाता हुआ।
आवल्गितस्तनतट—धू. ५८-अ, थलकता हुआ स्तन।
आवादयन्ती—पा ५२-इ, बजाती हुई।
आवाग्नि—पा ७८-८, घबड़ाया हुआ।
आविद्ध—धू. ४८-४, घुमाया हुआ।
आविद्धमेखलाकलाप—धू. ६०-१, बँधी हुई मेखला से युक्त।
आविष्करोति—पा ४१-१५, खोल रही हैं।
आविष्कृत—पा ५२-१३, सर्वविदित।
आविष्कृता—पा ६०-ई, प्रकट कर दी गई।
आसक्तमण्डल—धू. ११-१२, अनुरक्त समूह।
आसङ्ग—पा १००-११, सुगन्धित मिट्टी।
आसज्यते—पा ११७-१५, लटकाई जाती है।
आसितः—उ. २२-९, बैठ गया।
आस्वादथिष्यामः—प. १७-९, मज़ा लूँगा।
आस्वाद्यतर—प. ६-६, विशेष स्वादिष्ट।
आहृतमाषक—पा ३०-इ, माषक (एक छोटा सिक्का) हरण करने या जीतनेवाला।
आह्वानप्रयोजन—उ. २८-४, पुकारने का कारण।
इतप्पुं (प्रा.)—पा ६७-७, इतः प्रभृति।
इन्तकथ पार्वतीय—पा ७-२, इन्तकथनाम का पर्वतनिवासी।
इन्द्रदत्त—पा ५४-आ,
इन्द्रस्वामिन्—पा ५२-१, ३,
इन्द्रियक्षय—पा ७४-आ, इन्द्रिय शक्ति का नाश।
इन्द्रियवाज्यधीश—पा १२२-आ, इन्द्रिय रूपी घोड़ों का शासक।
इन्द्रियार्थ—पा १-ई, इन्द्रिय का विषय।
इभ्यपुत्र—पा १३७-२, रईसजादा।
इभ्यविधवालीला—पा २४-२१, रईस घर की विधवा स्त्री के समान हाव-भाव या ठाठ-बाट।
इभ्यान्तःपुरसुन्दरीकररुहक्षेप—पाठ १३८-ई, रईस घर की अन्तःपुर सुन्दरी का नखक्षत।
इरिम—प. २७-४, एक पुरुष।
इरिमकालिनी—२५-८, इरिम की रखेली।
इष्टविषयप्रादुर्भाव—धू. ६४-७, इच्छित विषय की प्राप्ति, मन की इच्छा का पूरा होना।
ईक्षणान्तगलित—पा २२५-अ, आँखों पर गिरा हुआ।
ईति—उ. २१-१, दैवी आपत्ति।
ईर्ष्याभिभूतहृदया—उ. २२-८, २९-१६, ईर्ष्या से अभिभूत हृदय वाली।
ईषत्कुञ्चितनयनकपोल—उ. २८-१४, आँखें और कपोल कुछ सिकोड़े हुए।
ईषत्ताम्रान्तनेत्रा—उ. २८ आ, ललछौंह आँखों वाली।
ईषत्पर्याप्तचन्द्रमण्डल—उ. २९-१७, पूर्ण चन्द्रमा से कुछ ही कम।
उक्षित—पा. ९-इ, सिंचित।
उच्चावचकुसुमोपहार—उ. ५-३, नीचे ऊपर फूलों के सजे ढेर।
उच्छ्रायवत्—धू. ९-९, बहुत ऊँचे।

उच्छ्रितसौभाग्यवैजयन्तीपताक—पा. ३३-१८ सौभाग्य की सूचक वैजयन्ती नामक पताकायुक्त।

उञ्छवृत्ति—प. २१-२१ दाने बीनकर जीवन-यापन करना।

उञ्छितहस्त—पा. ३०-७, अन्न के सिल्ले से भरा हुआ हाथ।

उत्कवचित—पा. ११३-इ, ढका हुआ।

उत्कोट (च) ना—पा. २६-४, झुककर दंडवत् करना।

उत्कोटित—पा. ३३-११, नोकदार वसूली से ठोककर खुरदरा किया हुआ।

उत्क्षिप्तरजतकलशपाद्य—पा. ११७-१२, चाँदी के घड़ों में पैर धोने का जल ऊपर उठाए।

उत्क्षिप्तग्रालकोत्तरीयान्ता—पा. ११७-आ, उड़ते हुए बाल और उत्तरीय वाली।

उत्क्षिप्तालक—पा. १२५-अ, ऊपर फेंके हुए बाल।

उत्तमाङ्ग—पा. १-आ, १७-आ, १२२-ई, मस्तक।

उत्तरकुथ—पा. ३४-इ, ऊपरी कालीन या पलान।

उत्तरीयावगुण्ठन—पा. ८८-३, उत्तरीय से ढँकना या वेष्टित करना।

उत्तानत्व—पा. ९२-इ, ऊपर उठाना।

उत्त्रासयितव्य—प. १७-२०, डराने योग्य।

उत्पतन—प. ३०-११, उछलना।

उत्पलखण्डक—धू. ११-१९, कमल की पंखुड़ी से युक्त।

उत्पललोचना—प. २०-अ, नीलकमल रूपी आँखों वाली।

उत्सङ्गासन—पा. ६९-६, गोद का आसन।

उत्सार्यमाणातप—पा. १०१-आ, धूप को हटाते हुए।

उदकतैलबिन्दुवृत्ति—पा. ९०-८, पानी में तेल की बूँद की तरह।

उदग्र—पा. १०३-इ, ऊँचा, ऊपर तक।

उदयन—पा. ११७-ई, वत्स देश का राजा।

उद्वसित—प. २०-५, धू. २६-४, उ. ३१-२, ५२-१, पा. ५२-१, ७०-२, घर।

उदात्तराग—प. ४४-इ, अत्यन्त विषयाभिलाष।

उदात्तरागायुध—प. ४४-इ, प्रवृद्ध विषयाभिलाष का हथियार।

उदाहरेत्—पा. १२९-ई, बोले, कहे।

उदितमद—धू. ६२-इ, मादकता का प्रकट होना।

उद्गीर्ण—प. ३१-आ, गिरा हुआ, टपका हुआ, ३९-२, प्रकट हुआ (स्वभाव)।

उद्ग्रीववदनपुण्डरीक—पा ७६-५, मुखकमल युक्त ग्रीवा ऊपर उठाए।

उद्घाटितगवाक्ष—उ. ५-६, खुली हुई खिड़की।

उद्दण्डपुण्डरीकवनषण्डशोभानुकारिन्—पा. ७६-५ संनाल कमलों के झुरमुट के समान शोभा वाली।

उद्दीपयन्ति—धू. ४४-इ, उभाड़ते हैं।

उद्देश्यवृक्षकहरितफलमालाषण्डमण्डित—पा. ३३-१४, गृहोद्यान के योग्य वृक्ष, साग-सब्जी, फूल और माला के लिए उपयोगी फूलों की अलग-अलग खंडियों या पालचों से मण्डित।

उद्घृतांशुक—धू. ६०-१, उघड़ा हुआ अंशुक।

उद्भिद्यमानचन्द्र—पा. १०५-१, उदित होता हुआ चन्द्रमा।

उद्धूतकोपा—धू. ५१-इ, कुपित होकर।

उद्यतैकभ्रूलता—धू. १७-४, एक भौंह ताने हुए।

उद्वर्तन—प. ३०-१४, ऊपर कूदना।

उद्वेलवृत्तविकीर्यमाणवीचिराशि—पा १०८-२ कुल के बाहर उमड़कर फैलती हुई लहरें।

उद्वेष्टन—प. ४१-१, गूँथना।

उन्नाटयति—पा. ५७-ई, नकल करता है।

उन्मुच्य—पा. ६६-इ, खोलकर।

उन्मुच्यमान बालभाव—प. ६-३, बालभाव छोड़ती हुई।

उपगुप्तसंज्ञ—पा. ७०-ई, उपगुप्त नाम वाला।

उपगूह्य—पा. ७१-ई, लिपट कर।

उपगृह्यन्ताम्—पा. १०७-४, प्रसन्न करो।

उपचयकथा—पा. ७०-इ, पुष्ट बनाने की बात।

उपचरण—धू. ५६-३, विशेष आवभगत करना।

उपचरति—पा. २५-७, सत्कार करता है।

उपचार—प. ६-८, पा ६९, आवभगत।

उपचार—धू. ५६-३, शिष्टाचार।

उपचार—प. १७-१८, धार्मिक छूत-छात।

उपचारयन्त्रणा—पा. २५-६, आवभगत या स्वागत सम्मान का कष्ट।

उपचोदित—पा. ७१-आ, उकसाया गाया।

उपदंशमुष्टि—पा. ३१-आ, गजक की मूठी।

उपदेशदोष—उ. १५-६, उपदेश की त्रुटि, सिखाने की कमी।

उपद्वार—धू. १६-२, पार्श्वद्वार, सदर दरवाजे से सटा छोटा द्वार।

उपाधि—धू. ४७-इ, छल, ब्याज।

उपनिमन्त्रिता—पा. ५२-८, प्रार्थित, खुशामद की हुई।

उपन्यस्यन्ती—पा. ३१-७, सम्भालती हुई।

उपप्लव—धू. ४०-१, उत्पात, दंगा-फसाद।

उपभोगरमणीय—धू. ६६-४, (वह काल) जब उपभोग सुहावना लगे।

उपयाचित—पा. ३१-६, मनौती।

उपवीणा—धू. ७-१, वीणा का निचला भाग।

उपवीणित—पा. १३१-अ, वीणापर गाना सुनाना।

उपसंहार—पा. १००-१३, वस्त्र की अवस्था जिसमें वह तह करके रखा जाय।

उपसर्पामि—पा. २५-३, समीप चलें, चलता हूँ।

उपस्कारित—प. १९-१, ढेर लगा दिया, बढ़ा दिया।

उपस्पर्श—प. २३-२०, आचमन।

उपहतचिरा—धू. ११-१७, विवेक शून्य, पागल।

उपहितदर्पणा—पा. ३७, पास में दर्पण रक्खे।

उपहितप्रणय—पा १८-अ, प्रेम किया हुआ।

उपेक्षाविहारित्व—पा ६४-२, कामी का वेश्या में उपेक्षा भाव से बरतना, उपेक्षा नामक अप्रमाण बल प्राप्त भिक्षु की ब्राह्मी स्थिति या सर्वोच्च अवस्था।

उपाक्रोशत्—पा. १२-९, चिल्लाया।

उपासकत्व—पा. ६४-४, उपासकधर्म।

उपेक्षाविहारिन्—पा. २४-६, उपेक्षा विहार करने वाला भिक्षु, काम-काज में एकदम निकम्मा व्यक्ति।

उपोह्य—पा. ९७-६, मंच पर (देवता मंगल) प्रस्तुत करके।

उपोह्यते—प. ५-६, निकट लाई जा रही है।

उपोह्यमानहृदयोद्वेग—धू. ४८-२, मन की व्याकुलता प्रकट करना।

उभयतटभ्रष्ट—पा. ९७-२५, दोनों किनारों से टूटा या चूका हुआ।

उल्मुक—प. १८-ई, जलती लकड़ी या लुआठी।

उशनस्—धू. ६४-२, शुक्राचार्य।

उशीरव्यञ्जन—धू. ६६-४, खस का पंखा।

उष्णस्थलीकूर्मलीला—प. १८-१६, धूप सेंकते हुए कछुए की तरह गर्दन बाहर-भीतर निकालना।

उहि—(प्रा) प. ६२, दोनों।

ऊर्जितम्—उ. २४-८, ठाठबाट या, शान-शौकत से।

ऊर्ध्वहस्तेन—धू. १२-७, हाथ उठाकर प्रकट रूप में।

ऊर्ध्वाङ्गुलिप्रवृत्ति—पा. १४-९, उठी अँगुलियों को नचा कर।

ऋतुकालप्राधान्य—उ. ३-३, ऋतु का अपने पूरे वैभव पर होना।

ऋतुपरिणाम—प. ३८-१८, ऋतुपरिवर्तन।

एकजाता—प. ४२ आ, एक होकर, एक साथ मिलकर।

एकतानता—प. ३५-२०, पूर्णरूप से लीन हो जाना, ३७-४, एक में आसक्ति, कामुक का एक से साथ फँसाव।

एकनटनाटक—पा. ४२-ई, भाण नामक रूपक जिसमें केवल एक ही पात्र अभिनय करता है।

एकमूल—प. ४२-ई, जिसका मूल एक हो, एक जड़ से निकलने वाला।

एकस्तनावगलित—पा. १००-८, एक स्तन पर ढुलकता हुआ (हार)।

एकाक्षपातमात्र—उ. २३-१७, पलक भर में।

ऐशानचन्द्रि—पा. ३९-३, ईशान चन्द्र का पुत्र हरिश्चन्द्र नामक वैद्य।

ओवारिद—(प्रा.) पा. ६७-७, छिपकर।

ओषधिप्रक्षेपाप्यायितवीर्य—धू. ४८-४, औषधि का रस मिल जाने से बढ़ी शक्ति वाला।

ओष्ठरुचक—प. ८-अ, अशरफी झारता हुआ अधर, निष्क या गोल पदक की भाँति नीचे झूलता हुआ ओष्ठ।

ओष्ठोपदंशा—धू. ६१-इ, अधर रूपी गजक वाली।

ककुभकन्दलीषण्ड—धू. १-३, कुटज और कदली की वनखण्डी।

कक्षा—उ. २७-२, हथिनी की दोनों बगलों में बाँधी जाने वाली बद्धी या आभूषित रस्सी।

कचयाविभाग—पा. ३-१०, महलों में कई चौकों का बटवारा।

कचग्रह—पा. १२-अ, बालों का पकड़ना।

कटाक्षप्रहरण—धू. १६-४, तिरछी चितवनरूपी शस्त्र।

कटाक्षाहत—धू. ७०-ई, चितवनों से घायल।

कटिप्रदेशविन्यस्तवामहस्ता—धू. ५२-३, कमर पर वाम हाथ रक्खे हुई।

कठिनकूणितवृद्धकर्कटाकृति—धू. ३६-८, कठोर सिकुड़े हुए पुराने केंकड़े की आकृति वाला।

कण्ठा (घण्टा) रव—पा. ६-इ, कण्ठ या घण्टे का शब्द।

कतिपयविटपाप्रशेषतनुशाख—पा. ८८-आ, फुनगी पर बची हुई कुछ डालों वाला।

कथाव्यतिकर—धू. ३३-आ, बातचीत का सम्बन्ध, बातचीत का सिलसिला।

कदर्थयित्वा—प. १३-इ, तिरस्कार करके।

कदलीगर्भ—पा. १००-१४, केले का भीतरी गाभा।

कनकतरु—धू. ६७-१३, स्वर्ण वृक्ष, स्वर्ग में तथाकथित वृक्ष जिनके सब अवयव सोने के हों।

कनकलता—उ. २९-५, ३२-३

व्यक्तिनाम।

कन्दर्पपुष्प—प. ३६-अ, कामदेव का फूल, ऐसा पुष्प जिसमें कामरति रूपी फल देने की क्षमता हो।

कन्दर्पार्ता—उ. १-ई, कामपीड़ित।

कन्दुकक्रीड़ा—प. २९-१५, ३०-६, पा ३-८, गेंद का खेल।

कन्दुकोत्पात—प. ३०-८, गेंद का उछलना।

कन्दुकोन्मादिता—प. ३१-अ, गेंद के खेल में नितान्त तल्लीनता।

कपिपिङ्गलाक्ष—पा. ६७-इ, बन्दर की तरह कंजी आँखों वाला।

कपोतक—पा. २९-अ, ६९-२, छाती पर सामने की ओर दोनों जुड़े हुए हाथ, कबूतर।

कपोतपाली—पा. ३३-९, कयवाली या केवाल नामक अलंकरण।

कपोलतलस्खलितबिम्ब—पा. ११४-६, गाल पर पड़ा प्रतिबिम्ब।

कपोलपत्रलेखा—प. ८-२०, कपोल पर बनी पत्रलेखा।

कम्बलबाह्यक—पा. १०४-आ, १०९-आ, गोशकट, बैलगाड़ी, (मूलशब्दरूप कम्बलिवाह्यक)।

कम्मसिद्धि—(प्रा.) पा. ६२, कार्य की सफलता।

करकिसलयपर्यस्तकपोला—पा. ११-७, कोमल हाथ पर कपोल रक्खे हुई।

करज—पा. ७१-आ, नख।

करजपद—प. ३६-इ, नखक्षत।

करभकण्ठावसक्ता—प. १६-१६, ऊँट के गले पड़ी।

करभललित—पा. ८२-अ, ऊँट की चाल।

करभोग—पा. ७८-अ, सरकारी लगान का भोग या हजम करना।

करभोद्गारदुर्भँगा—प. १६-३४, ऊँट की बलबलाहट जैसी अशोभन।

करवलयरशनास्वन—प. ९-अ, हाथ के कड़े और करधनी की झनझनाहट।

कररुहदशनपदजर्जर—धू. ४९-इ ई, नख-क्षत और दन्तक्षत से जर्जर।

करव्यतिकर—धू. ९-इ, हाथों की मटकभरी मुद्राएँ।

कराग्र—पा. ५९-ई, उँगली।

कर्कटाकृति—धू. ३६-८, केंकड़े जैसी आकृतिवाला।

कर्णीपुत्र—प. ६-३, ६-५, ७-४, ८-४, ८-८, १२-८, १३-३, १५-१, ४०-५, ४१-८, ४१-१३, ४१-२५, ४२-२०, ४३-३,

कर्णीरथ—पा. ३४-आ, १०९-आ, पर्दे से ढका हुआ हाथ से खींचा जानेवाला छोठा रथ।

कर्णोत्पल—पा. १२-आ, कान का फूल।

कर्दन—पा १०-२, उदर का शब्द।

कर्पूरतुरिष्ठा—पा. ११४-४, एक यवनी वेश्या का नाम।

कर्मसिद्धि—धू. ८-२४, काम का पूरा होना।

कर्मान्तभूमि—त. ३६-५, कार्यालय या कारखाना।

कर्मारविपणि—पा. २८-अ, लुहारों का बाजार।

कलभक—पा. ५४-अ, हाथी का बच्चा।

कलयन्ती—धू. १७-४, बनाती हुई।

कलहकण्डूबन्धुरा—प. १६-१२, कलहकी खुजलाहट से भरी।

कलहाभिनिवेश—उ. ३-६, टण्टे कलह या अनबन का डौल।

कलहास्पद—पा. ६८-अ, कलह का स्थान या अवसर।

कलि—उ. २१-५, झगड़ा।

कलिंग—पा. २४-आ।

कलुषसलिलवाहिनी—धू. ४-६, मटमैला बरसाती पानी बहाने वाली नदी।

कल्पयति—प. १८-१, करती है।

कवाटगोस्तनकतट—धू. ५२-७, किवाड़ की ऊपरी बिलैया का किनारा।

कष्टशब्दनिष्ठुरा—प. १७-२०, कठिन शब्दों से निष्ठुर बनी।

कष्टशब्दाक्षर—प. १७-इ, कठिन शब्द और अक्षर।

कांकायन—पा. ३९-३, कंक जाति सम्बन्धित, कांकायन गोत्र का।

कांस्य—पा. ११४-५, पानपात्र, चषक, प्याला।

कांस्यपत्रवेणुमिश्र—पा. ३०-१, झाँझ और बाँसुरी के साथ।

काकलीमन्दमधुर—प. ३१-१८, मन्द मधुर काकली स्वर।

काकिणीमात्रपण्या—पा. ९४-अ, केवल एक काकिणी मूल्य वाली।

काकोच्छ्वास—पा. ७८-१७, उथली टूटी साँस या हाँफना।

कोकोच्छ्वासश्रमविषमिताक्षर—पा. ७८-१७, हाँफने के कारण लड़खड़ाते शब्द।

काकोलूकम्—प. १६-२४, कौवों और उल्लुओं की लड़ाई या नोचानोच।

काञ्चनतालपत्र—पा. ११३-अ, सोने का ताल-पत्र नामक कान का आभूषण।

काञ्चीतूर्य—धू. १२-अ, करधनी की झंकार।

काञ्चीपथ—धू. २०-ई, सम्भवतः मूल पाठ काञ्चीश्लथ था, करधनी का शिथिल हो जाना।

काञ्चीप्रभोद्योतित—धू. ६७-आ, काञ्ची की आभा से प्रकाशित।

काञ्चीशब्द—पा. ८७-अ, मेखला की आवाज, झनझनाहट।

कातन्त्रिक—प. १६-२३, १६-२६, कातन्त्र व्याकरण का विद्वान्।

कातरोष्ठो—धू. ६५-८, जिसके होंठ तड़के हों।

कात्यायनगोत्र—प. ९-४

काननान्तःपुरस्त्री—प. ३-आ, वन के अन्तःपुर की स्त्री।

कान्ततरवपुष्—प. १-ई, अधिक सुन्दर शरीर वाला।

कान्तद्वितीया—पा. १०-अ, कान्त के साथ दुकेली।

कान्तनिवेशन—उ. १०-इ, प्रेमी का घर।

कान्तारशुष्कनदी—धू. २७-८, वन की सूखी नदी।

कान्तालापविनोदन—प. १६-आ, चुहलभरी बातचीत से मन बहलाना।

कामकर्मान्त—धू. १६-३, कामदेव का कार्यालय।

कामकार—पा. १३६-ई, काम की हरकत या क्रिया।

कामतन्त्र—धू. २९-६, कामशास्त्र।

कामतन्त्रप्रकरण—प. ४०-१, कामशास्त्र का एक अध्याय, कामलीला का प्रसंग।

कामतन्त्र सूत्रधार—प. ६-१०, कामरूपी ताना बुननेवाला।

कामदत्ता—प. ११-८

कामदेवायतन—प. २४-२०, पा. ३१-६, ६८-३, कामदेव का मंदिर।

कामपिशाच—पा. १४-इ, घोर कामासक्त।

कामलिङ्ग—धू. ३१-१, ४६-अ, कामचिह्न, वे चिह्न जिनसे कामातुर व्यक्ति पहचाना जाय।

कामविजयपताका—धू. १६-६, काम की

विजय पताका।

कामशरासन—धू. १९-इ, कामदेव का धनुष।

कामावेश—प. २३-अ, काम का आवेश।

कामिकराङ्गुलिप्रियसखी—धू. १९-अ, कामीजनों की उँगलियों की प्यारी सखी।

कामित—धू. ५३-२, कामभाव।

कामिनीकामुक—पा. ६-अ, कामिनी और कामुक।

कामिनीसंपरिग्रहः—प. १७-१७, स्त्री का अपनाना या स्वीकार करना।

कामिनीसान्निध्य—धू. ११-१२, स्त्रियों का साथ या सामीप्य।

कामिप्रत्यवर—पा. १२-२, कामियों में नीच।

कामिजनमृत्युभूता—उ. १९-१, कामीजनों के लिये मृत्यु स्वरूप।

कामियुगल—उ. ३२-७, ३४-५, कामियों की जोड़ी।

कामुकजनमहाशनि—उ. १९-२, कामीजनों के लिए महावज्र।

कामुप्पूलिद—(प्रा.) पा. ६७-१०, काम से लबालब भरी हुई।

कामैकतानता—प. ३५-२४, काम में पूरी तरह लीन होना।

कामोद्रेक—पा. ९४-ई, काम का प्राबल्य।

काम्बोज—पा. ३४-ई, कम्बोज में उत्पन्न अश्व।

कायस्थ—पा. ८०-आ, ८१-अ, पेशकार या दफ्तर का मुख्य लेखनाधिकारी।

कायस्थवागुर—पा. ८१-१, कायस्थ का जाल।

कारा—धू. १३-ई, सेवा, पूजा।

कारा—पा. ८८-२०, कारागृह, बन्दीगृह।

कारानिरोध—पा. ९०-अ, कारागार में बन्द करना।

कारुण्यमिश्रा—धू. ५३-२१, करुणा से भरी हुई।

कारूश—पा. ५६-६, एक देश का नाम।

कार्कश्य—धू. १८-१९, १९-अ, शरीर का कसाव।

कार्कश्ययोग्यारणि—धू. १९-आ, (मेखला) उस व्यायाम की जननी जिससे शरीर में कसाव या कार्कश्य उत्पन्न हो।

कार्यक—पा. २५-इ, मुकदमा लड़नेवाले वादी प्रतिवादी।

कार्यनिष्पत्तिसूचक—प. ९-२, काम पूरा होने की सूचना देनेवाला।

कार्यसिद्धिनिमित्त—उ. ७-१, कार्यसिद्धि का कारण।

कार्यात्ययाशंका—धू. १४-इ, काम में विघ्न होने की आशंका।

कार्यारम्भ—प. १७-आ, मुकदमे का अर्जीदावा।

कालभोजन—प. २४-१०, विहित समय का भोजन।

कालवर्धितप्रणयिनी—धू. ५०-२, पुरानी प्रेमिका।

कालागुरुधूपदुर्दिन—धू. ६५-१०, काले अगुरु के जलने से धुएँ का बादल छा जाना।

कालास्थिनिर्भुग्न—पा. ९०-ई, टेढ़ी पुरानी हड्डी की तरह का।

कालेयक—प. २५-३२, एक प्रकार का सुगन्धित काष्ठ या काला चन्दन।

कावेरिका—पा. ९७-२४,

काव्यपिशाच—प. ९-१२, काव्य में पिशाच की भाँति चिमड़ा हुआ।

काव्यव्यसनिन्—प. ९-४, काव्य में अनुरक्त रहने वाला।

काशि—पा. ५०-६, १३४-इ, एक प्रसिद्ध जनपद।

काषायान्त—प. २३-३, भिक्षु के गेरुए वेश या चीवर का पल्ला।

काष्ठकमहत्तर—पा. ८०-इ, कचहरी का लठैत प्यादा।

काष्ठकलह—पा. १२१-इ, नकली लड़ाई, जिसमें लकड़ी की तलवार या पटा-फरी लेकर युद्ध किया जाता है।

काष्ठपादुकाशब्द—धू. २७-१३, खड़ाऊँ का शब्द।

काष्ठप्रहार—प. १६-३२, डण्डे की मार।

काष्ठविपुलसितकलश—पा. ५७-आ, काष्ठ-निर्मित बड़ा सफेद कलशाकृति कान का आभूषण।

किञ्जल्क—प. ४३-आ, केसर।

किणत्रयकठोरललाटजानु—पा. १८-ई, तीन घट्टों से कठोर हुए ललाट और घुटने।

कितव—प. १८-२२, पा. ३०-३, धूर्त, बदमाश, जुआरी।

किमनुग्रह—उ. २७-१, कौन कृपापात्र।

किशोरी—धू. २५-१०, नई बछेड़ी, किशोरावस्थापन्न बालिका।

किसलयक्षीवा—पा. ११-५, थोड़ी शराब के पीने से किसलय की लालिमा को प्राप्त हुई।

किसलयसुकुमार—पा. १४६-इ, पल्लव के समान कोमल।

कीर—पा. ८४-आ, व्यक्ति का नाम।

कीर्णकेश—पा. १२-४, बिखरे बाल वाला।

कुञ्जरक—धू. २३-१, एक व्यक्ति का नाम।

कुटङ्कागारनिकेतना—पा. ८८-५, छप्पर के घर में रहने वाली।

कुटङ्गदासी—पा. ५२-१३, इन्द्रस्वामी की चामरग्राहिणी, सम्भवतः निम्न कोटि की वेश्या।

कुटजनिवसन—धू. २-इ, कुटज के फूल जैसी बूटी से सुशोभित जामदानी मलमल का वस्त्र पहनने वाला।

कुटुम्बतन्त्रार्थ—पा. ७८-४, कुटुम्ब पालन के लिये।

कुटुम्बसर्वस्व—उ. २३-१५, २४-४, कुटुम्ब का सारा धन।

कुटुम्बात्ययभीरु—धू. १०-३, कुटुम्ब के नाश से डरने वाला।

कुण्डलकोटिभिन्नकिरणचन्द्र—पा. १०६-इ, कुण्डलों की कोटि में प्रतिबिम्ब डालने वाला चन्द्रमा।

कुन्तलमौलि—पा. ५७-अ, बालों का जूड़ा।

कुबेरदत्त—उ. ३-६,

कुमारमयूरदत्त—पा. १७-२,

कुमारामात्थधिकरण—पा. ७८-१९, कुमारामात्य का न्यायालय।

कुमुदवापी—पा. १०५-३, कुमुदों की बावड़ी।

कुमुद्वती—प. २८-१, २८-८, ३५-१८

कुमुद्वतीप्रकरण—प. ३८-३४, कुमुद्वती नामक प्रकरण या नाटक।

कुमुद्वतीप्रबोध—प. ३९-६, कुमुदिनी का खिलना।

कुमुद्वतीभूमिकाप्रकरण—प. ३५-१८, कुमुद्वती नामक नाटक में अभिनय योग्य भूमिका का विषय।

कुम्भदासीकृतकरुदित—धू. ६-३ खवासिन का बनावटी रोना।

कुररविरुत—पा. २८-आ, कुररपक्षी की बोली।

कुरवक—प. २-अ, २५-अ, एक पुष्पविशेष।

कुलनारी—धू. ६३-आ।

कुलंधित्थेव (प्रा.)—पा. ६७-१०, कुल-कन्या की भाँति।

कुलवधू—प. २८-९,

कुलवधूकुमार्ग—धू. १२-७, कुलवधू के जीवन का संकरा रास्ता।

कुलवधूकारा—धू. १३-ई, कुलवधू की पूजा।

कुलोत्सादन—उ. १९-३, घर का उजाड़ना।

कुलोत्सादनकर—धू. २३-६, गृह निष्कासन करने वाला।

कुलोद्गत—पा. १३-अ, कुलीन।

कुवलयपलाश—पा. ४०-आ, उत्पलपत्र।

कुवृद्ध—धू. ११-२२, व्यर्थ ही जो बूढ़े हुए।

कुसुमपुर—धू. ९-८, पाटलिपुत्र।

कुसुमपुरगगनपूर्णचन्द्र—उ. २३-१४, कुसुमपुर के आकाश का पूर्ण चन्द्रमा।

कुसुमपुरपुरन्दर—उ. २८-७, यह नाम कुमारगुप्त को दिया गया था जिसे महेन्द्र या महेन्द्रादित्य भी कहते हैं।

कुसुमपुरप्रकाश—उ. ३४-१, कुसुमपुर का प्रकाश, कुसुमपुर में सुविदित।

कुसुमपुरराजमार्ग—धू. १३-७, २९-४, उ ५-२, पाटलिपुत्र का राजपथ।

कुसुममुकुल—प. २०-अ, फूल की कली।

कुसुमवसना—प. २०-इ, फूलों के कपड़े पहनने वाली (फूलगली या वसन्त की स्त्री)।

कुसुमविपणि—प. २०-ई, फूलों का बाज़ार, फूलगली।

कुसुमशयनशायिनी—धू. ६६-५, फूलों के सेज पर लेटने वाली।

कुसुमसमवाय—प. २०-१, पुष्पसमूह।

कुसुमसमाजसंपिण्डित—प. १९-११, फूलों के ढेरों से ढके हुए।

कुसुमसमाज—प. २४-१९, भाँति-भाँति के पुष्पों की गोष्ठी या एकत्र सम्मिलन।

कुसुमाग्रयण—प. २४-२५, पुष्पों का पहला उपहार।

कुसुमावतिका—पा. ६९-१५, ६९-१७,

कुसूलद्वय—पा. ७७-आ, कुठले का जोड़ा।

कूणित—धू. ३६-८, टेढ़े-मेढ़े हाथ वाला।

कूर्चकमवीमल—पा. ६३-आ, कूँची से स्याही लगाना।

कूर्पासक—पा. ११३-३, चोली।

कूर्पासकोत्कवचितस्तनबाहुमूला—पा ११३-इ, चोली से ढके स्तन और बाहुमूल वाली।

कूलस्थवाक्य—प. ३३-इ, तटस्थ व्यक्ति की बात।

कृच्छ्रसाध्या—पा. ३९-१६, मुश्किल से वश में होने वाली।

कृतकपुत्र—पा. ७६-७, गुड्डा।

कृतकपोतक—पा. ५९-अ, हाथ जोड़े हुए।

कृतकरति—उ. १४-इ, बनावटी रति।

कृतकर्तव्य—पा. १२-३

कृतकोपचारित्व—धू. ५६-१, बनवाटी शिष्टाचार।

कृतविवाद—पा. ७८-११, जिसने विवाद या मुकदमा कर दिया है।

कृतव्यय—पा. ३५-इ, जो अपनी पूँजी वेश में पूज चुका है।

कृतव्यायामा—प. २५-२९, जिसने व्यायाम (सुरतश्रम) कर लिया है।

कृषीवलवचः—धू. ३६-इ, हलवाहे की लट्ठमार बात या गाली।

कृष्णिलक—धू. १०-२, १०-८,

केकरा—धू. ५२-अ, ऐंची हुई (दृष्टि)।

केरल—पा. २४-ई, देशविशेष।

केशग्रह—पा. ४१-इ, बालों का पकड़ना।

केशपाशायते—प. ६-आ, केशविन्यास-सी

लगती है।

केशहस्त—प. २५-अ, धू ६२-अ, पा-३१-७, केशपाश, जूड़ा।

केशहस्ता—उ. २९-५, पा १४४-आ, जूड़े वाली।

केशान्त—धू. ११-आ, केशों का अन्त भाग।

कैतव—प. १८-२२, २३-अ, धूर्तता, बदमाशी।

कैशिकाश्रय—प. ३१-१८, ३१-२०, काम-राग से भरा हुआ, मनोभव का आश्रय।

कैशोरक—प. ५-६, नवयौवन।

कोकिकुल—पा. १४५-अ, कोकि नामक कुल।

कोकिलावावदूक—प. १०-अ, कूकती कोयल।

कोङ्क—पा. ७९-आ,

कोङ्कचेटी—पा. ८४-इ,

कोङ्कण—पा. ५३-इ,

कोपना—धू. ४५-आ, कोप करनेवाली।

कोपप्रत्यावर्तक—धू. ३६-५, कोप को दूर हटाना।

कोपप्रसादनोपाय—धू. ३९-३, क्रोध को हटाने या शान्त करने का उपाय।

कोपफल—धू. ३८-४, रूठने का मजा।

कोपसर्वस्वसम्भृत—धू. २२-आ, क्रोध की राशि से संचित (आँसू)।

कोपाञ्चित—धू. १२-इ, क्रोध से युक्त।

कोपाञ्चितान्तभ्रू—पा. १२५-अ, क्रोध से भौंहों का कोना खींचने वाली।

कोलम्ब—पा. १३८-इ, वीणा के नीचे का तूँबी वाला भाग।

कोशोपद्रवा—२७-७, कोशविहीन, जिसका मालमता घट गया।

कोसल—पा. १३४-इ, एक जनपद का नाम।

कौपीनप्रच्छादन—प. २०-६, लँगोट से छिपाना।

कौमारकाः—धू. ३६-६, छोकरे, लौंडे।

कौरुकुची—पा. ५-ई, मुँह टेढ़ा करने या मुँह बनाने की आदत।

कौशिक—पा १०-३, उल्लू।

कौशिक—पा. ५४-१, गोत्रनाम।

क्षणिक—धू. २९-१३, सावकाश।

क्षतजसदृश—पा. ४०-अ, लहू के सदृश।

क्षतरुजा—धू. २६-आ, दन्तक्षत से पीड़ित।

क्षपित—उ. २३-१७, बरबाद किया गया, फेंका गया।

क्षान्तिः—धू. ४४-आ, सहनशीलता, तटस्थता।

क्षीणेन्द्रिय—पा. २१-आ, जिसने अपनी वीर्यशक्ति गवाँ दी हो।

क्षुद्रमुक्ताफलावकीर्णमिव—पा. ४४-४, बिखरे हुए छोटे मोतियों के समान।

क्षुद्रमुक्तावकीर्ण—पा. १३१-५, फैले हुए छोटे मोती।

क्षेत्रज्ञ—उ. १८-३, पत्नी के शरीर को जानने वाला, स्त्री का रसास्वादन करने वाला, क्षेत्र या शरीर में चेतनात्मा।

क्षौमबलाहक—धू. १९-आ, नील रेशमी वस्त्ररूपी बादल।

क्रयविक्रयव्यापृतजन—उ. ५-४, खरीद-बिक्री करने वाले ग्राहक।

क्रियानिष्पत्ति—धू. ५६-५, काम का बनाना या साधना।

क्रीडाशकुन्तस्वन—पा. २२-अ, पालतू पक्षियों की चहचहाट।

क्रीडासौख्यपरायण—उ. ६-इ, खेलकूद की मौज में मग्न।

क्रोधपरिव्यक्तनयनराग—पा. ८-९, क्रोध से लाल नेत्र वाला।

क्रोधवंशगत—धू. २१-इ, क्रोध के वशीभूत।

क्रोधागाधपरीक्षार्थ—प. १३-४, क्रोध की गहराई जानने के लिए।

क्रौञ्चरसायनोपयोग—पा. ३२-२, क्रौञ्च रसायन नामक वाजीकरण का सेवन।

क्लिष्टनाल—प. ४३-ई, मसली हुई नाल।

खगरुत—पा. १०२-अ, चिड़ियों का शब्द जो वे प्रात: उठने के बाद और सायंकाल बसेरा लेने से पूर्व करती हैं।

खचितशबल—पा. १४१-आ शबलित, चित्र विचित्र बना हुआ।

खड्गद्वितीय—पा. १६-आ, तलवार के साथ।

खलजनोपाध्याय—उ. २६-१ दुष्टजनों का गुरु।

खलतिश्यामिलक—५-६, खल्वाट या गंजा श्यामतिलक।

खाट्—पा. ३३-ई, खट—इस प्रकार का शब्द।

खुरपुटनिपात—धू. २७-१३, खुर का रखना।

खेदालसा—उ. १६-इ, रति खेद से अलसाई।

गजनर्तक—पा. ५४-अ, नाचता हुआ हाथी।

गजवधू—पा. १०४-अ, हथिनी।

गङ्गायमुना—पा. ७८-१, इस नाम की नदी देवता।

गजकलभदन्तदशनच्छदान्तर—पा. १००-१४, जवान हाथी के दाँतों और ओष्ठ के बीच का भाग।

गडु—पा. ९१-अ, कूबड़।

गडुला—पा. ९३-आ, कूबड़ी।

गणिकाजनकल्पवृक्ष—पा. १२१-अ, गणिकाओं के लिये कल्पवृक्ष के समान।

गणिकाजनमाता—उ. २१-३ खालाएँ।

गणिकादारिका—प. १६-९, उ ५-९ गणिकाओं की पुत्रियाँ जिन्हें पेशा शुरू करने से पहले बनारसी बोली में नौची कहा जाता है।

गणिकापरिचारिका—धू. १६-६, उ २२-४, वेश्या की सेवा करने वाली दासी।

गणिकामाता—उ. २१-१, खाला, वेश्या की माँ।

गण्डपार्श्व—प. ३८-अ, कनपटी।

गण्डविच्छिग्रहास्य—पा. ८३-इ, पिचके गालों से दबी हँसी वाला।

गण्डान्तसेवी—धू. ५३-अ, कपोल पर रक्खा हुआ।

गण्डाभोगे—पा. १३५-अ, भरे हुए गाल में।

गण्डूकस्वनशङ्कित—पा. ५२-ई, मेढक के शब्द की शंका करते हुए।

गण्डूष—पा. १३५-ई, कुल्ला।

गतप्रभ—उ. २-आ, कुम्हलाया हुआ, कान्तिहीन।

गतयौवना—धू. ५०-अ, यौवन ढली हुई स्त्री।

गतिद्वय—उ. २८-२०, नृत्य में दो प्रकार की चल।

गतिसललिता—धू. ५३-आ, सुन्दर चाल।

गद्गदभाषिन्—धू. १६-३ गद्गद स्वर में बोलनेवाला।

गन्धतैल—धू. १६-११, उ २७-१, सुगन्धित तैल।

गन्धसलिलावासिक्तभूमिभाग—धू. ६६-६, सुगन्धित जल से सींचा हुआ भूमि भाग।

गन्धाधिवासित—उ. २७-१, गन्ध से सुवासित।

गन्धाविद्धमारुत—धू. ६५-७, गन्ध से भरी हवा।

गर्दभवत—धू. २७-१६, गदहे की तरह

रेंकना।

गर्भगृह—धू. २४-४, ६५-१०, सहन या आवास का वह भाग जहाँ स्त्रियाँ रहती हैं।

गर्भगृहभोग—पा. ११०-१, गर्भगृह के समान भोग या सम्मिलन।

गवाक्ष—प. २९-अ, धू १६-१, २५-३, पा ३३-१२, १००-११, १०२-अ, झरोखा, खिड़की।

गवाक्षमारुत—धू. २४-६, खिड़की की हवा।

गाढार्पणा—धू. ८-आ, कड़ी गाँठ वाली।

गाढोपगूढ—उ. २३-अ, गाढालिङ्गन।

गाढोपगूहन—धू. ६५-११, गाढा आलिंगन।

गान्धर्व-प ७-इ, संगीत।

गान्धर्वसेवक—पा. १३७-२

गान्धारक—पा. १४०-१, गान्धार देश से आया हुआ, गान्धार देश का।

गार्गीपुत्र—प. २७-७

गीतक—उ. ३१-१, पा. ९७-६ गीत।

गीतवादित्रादिलय—उ. २८-२०, गाने और बजाने की लय।

गुग्गुलुगधवासस्—पा. १८-इ, गुग्गुल के गन्ध से वासित वस्त्र।

गुणवती—प. १५-१, मेल जोल के गुणवाली।

गुणाभिमुख—पा. ८८-१३, गुण की ओर आना या उन्मुख होना।

गुणोद्भवैरकृतकैः—उ. ३४-ई, स्वाभाविक गुणों के जन्म से।

गुप्तकुल—पा. ६७-३, ६७-१३।

गुप्तकुलेण—(प्रा.) पा. ६७-७

गुप्तगल—पा. ७८-अ, कोतल गर्दन, जिसका गला छिपा हुआ है अर्थात् जो खा जाता है पर प्रकट नहीं होता।

गुप्तरोमश—पा. १४२-३, मुकुन्दा, जिस पुरुष के मूछ आदि के बाल नहीं होते।

गुरुजनयन्त्रणा—प. ३८-१४, बड़ों की कड़ी शिक्षा।

गूढ़भावा—प. ४०-अ, मन के भाव को छिपा रखने वाली।

गूढ़वेदन—प. ३७-१८, छिपी कसक (कष्ट) वाला।

गृहदेहली विलग्न—धू. ५२-५, घर की देहली पर रक्खा हुआ।

गृहद्वारकोष्ठ—प. ९-४, धू १८-१४, बरौठा, अलिन्द, घर के बाहरी द्वार पर बना हुआ कमरा।

गृहप्रणालिसलिलोद्‌गार—धू. २४-आ, महल की पनाली से पानी का निकलना।

गृहभित्ति—पा. १०५-इ, घर की दीवार।

गृहमध्य—धू. ६६-६, घर का मझला भाग।

गृहशिखिन्—पा. ५२-ई, घर का मोर।

गृहसारसप्रतिरुत—पा. २२-इ, पालतू सारस की गूँजती आवाज।

गृहीतपरशुजामदग्न्य राम—धू. ११-२१, परशु धारण करने वाले परशुराम।

गृहतीतवाक्य—प. १६-३, बातचीत में लगना।

गृहीपद्वार—धू. १६-२, घर का छोटा द्वार, सदर दरवाजे से सटा हुआ द्वार।

गृहोपवन—धू. ६७-१२, गृहोद्यान।

गेहशिखिन्—धू. ७-ई, घर का मोर।

गोक्षुर—प. २१-३, गोखरू।

गोत्रग्रहण- धू. ४०-१, नाम लेना।

गोत्रवाक्यक्षत—धू. ४१-ई, नाम ले लेने का घाव।

गोपानसी—पा. ३३-९, खिड़की की चोटी।

गोपालक—प. ९-१४, ग्वाला, अहीर।

गोपालकुल—१८-२१, ग्वालों के घर।

गोमहिष—पा. ७८-इ, नरभैंसा।
गोग्लनप्तृ—पा. १३१-३, गादर या कायर बैल का नाती।
गोयान—धू. ६३-ई, बैलगाड़ी।
गोष्ठक—भू. २९-६, गोष्ठी स्थान।
गोष्ठीक—धू. २९-६, गोष्ठी के सदस्य।
गोष्ठीशाला—धू. २९-२०, गोष्ठी सभा।
गोस्तन—धू. ५२-७, द्वार की ऊपरी बिलैया।
ग्रहपति—धू. ६५-४, चन्द्रमा।
ग्रहोपसृष्ट चन्द्रमण्डल—धू. ४८-२, ग्रह से ग्रसित चन्द्रमा।
ग्रामोपान्त—धू. २७-७, गाँव का सिवान।
ग्रैवेयक—उ. २७-२, गले की हँसली।
घटदासी—पा. ११०-३, कुम्भदासी।
घट्टयन्ती-पा. ३६, झनकारती हुई।
घनसमय—धू. २-ई, वर्षाकाल।
घनालका—प. २८-आ, घने बालों वाली।
घाण्टिक—पा. ७५-ई, घड़ियाली।
घुणक्रिया—पा. ६३-ई, कीरी काँटा।
चकोरचिकुरेक्षणा—पा. ११५-अ, चकोर के जैसे बाल और आँखों वाली (यवनी)।
चक्रपीड़कक्रीड़ा—प. ९-५, चकडोरी या चकभौंरी का खेल।
चक्रवलय—पा. ३४-अ, पहिये का पुट्ठा।
चक्रवाकोषदिष्टानुरागा—धू. ६५-५, चक्रवाक से प्रेम का रहस्य सीखी हुई।
चञ्चद्वाहुद्वया—प. ३१-आ जिसकी दोनों भुजाएँ चमचमा रही हैं।
चञ्चलतरङ्गा—धू. २९-आ, चञ्चल गतिवाली।
चञ्चलाक्ष—धू. १७-३, चञ्चलनेत्र।
चटु—पा. ७२-अ, खुशामद, चाटुकारिता।
चण्डालिका—प. ६-७, ८-६, सोलह वर्ष की आयु की कुमारी, षोड्शी बाला।
चतुरकथाः-पा. १५८-अ, बात करने में चतुर।
चतुरपदविन्यासा—उ. ६-३, नपे-तुले नजाकत भरे पैर रखनेवाली।
चतुरमधुरहसितरति—उ. २२-५, चतुर और मधुर हँसी से युक्त काम।
चतुरिका—धू. १८-१४
चतुरुदधिसमुदयफल—प. ९-आ चारों समुद्रों से प्राप्त माल (रत्नादि)।
चतुर्थवर्ण—पा. १२-१० शूद्र।
चतुष्पथशृङ्गाटक—पा. १०३-६, चौराहा और तिमुहानी।
चतुष्पदा—प. ३३-२७, लास्य के साथ गाई जानेवाली गीति-विशेष।
चत्वरशिवपीठिका—प. १८-११, चौराहे पर की शिव-पिण्डी।
चन्द्रक—धू. ११-९, मोर पंख में बने चन्दक, उनके जैसी चित्तियाँ या तिलमिले।
चन्द्रधर—प. ३१-१६, ३३-६, व्यक्ति-विशेष।
चन्द्रवरकामिनी—प. ३१-९, चन्द्रधर की रखेली।
चन्द्रशालाग्र—पा. ११३-३, चन्द्रशाला के समक्ष।
चन्द्रातप—प. २१-१६, पा. ११०-१, चाँदनी।
चरणताडनसंज्ञक—पा. ८-७, चरणताडन नामका।
चरणदासी—उ. ६-२, १९-८
चरणनलिनराग—पा. १००-११, चरणकमल का रँगना।
चरणपतन—उ. ३-१०, पैरों में पड़ना।
चरणपदविन्यास—पा. ४१-३१, कदमों का रखना।
चरणाभरणशब्दसूचिता—पा. ६८-५, पैर

के गहनों की झनकार से जानी गई।

चरितचषक—पा. २९-आ, शराब का प्याला चलता है।

चरितानुगामी—धू. ४९-७, चरित्र का अनुगमन करने वाला।

चलकपोतसूचितहास—पा. १२-६, गाल पिचकाकर हँसी की सूचना देना।

चलतारका—धू. ५२-इ, चञ्चल पुतली।

चलत्कुण्डला—पा. १०४-इ, चञ्चल या हिलते हुए कुण्डलों वाली।

चलमणिरशना—पा. ६९-आ, ऐसी रशना जिसके मन के धागे में एक स्थान पर गठियाए न होकर खिसकने वाले हों।

चलाक्षी—धू. ५४-इ, चञ्चल नेत्रवाली।

चषक—धू. २७-ई, सुरापान का पात्र।

चामरग्राहिणी—पा. ५२-१३, ७८-१, चँवर डुलाने वाली।

चार—पा. १८-२४, जासूसी।

चारकृत्य—प. १८-२६, जासूसी की करतूत।

चारणदासी—उ. १८-११

चारुका—उ. २२-आ, सुन्दर।

चारुलील यौवन—उ. ५-आ, अठखेलियाँ करता यौवन।

चारुलीला—धू. ५२-६, उ० ५-८, २९-ई, सुन्दर हाव भाव या नखरे।

चारुविस्तीर्णशोभा—उ. ३५-अ, छिटकती शोभा से सुन्दर।

चारुशोभ—उ. २७-२, सुन्दर शोभा युक्त।

चिकित्सितुं—धू. ४३-१, इलाज करने के लिए, उपाय करने के लिये।

चित्तज्ञान—धू. ६४-आ, मन की बात भाँप लेना।

चित्तविभु—पा. १२२-आ, चित्त का स्वामी।

चित्तेश्वर—पा. १२१-१, कामदेव।

चित्रनारी—धू. ५५-१३, चित्रलिखित नारी।

चित्रप्रचार—प. ३०-११, विचित्र ढंग से अङ्ग संचालन।

चित्रशाल—पा. ३३-१६

चित्राचार्य—पा. ६९-१५

चित्रिदद्रु—प. २४-१२, सिर पर पड़ी हुई दाद की चित्ती।

चित्रितोपस्थित—प. ९-६, सोची हुई बात का याद आना।

चिरप्रार्थित—पा. ४७-१, चिर अभिलषित।

चिरमनोरथप्रार्थित—पा. ६८-इ, चिर अभिलाषा से प्रार्थित।

चिरातिक्रान्त—पा. ३१-१०, बहुत समय के बीते।

चिराध्यास—धू. २९-१८, अधिक देर तक बैठना।

चिरोत्सन्न—पा. ४१-२५, बहुत पहले व्यतीत हुआ।

चीत्कारभूयिष्ठ—पा. ११६-२, चीत्कार से भरा हुआ।

चुम्बनपरिष्वङ्ग—पा. ७२-१, चुम्बन और आलिंगन।

चुम्बरक्त—पा. ३३-अ, चुम्बन में आसक्त।

चुम्बनविवादिनी—धू. ६५-८, चुम्बन के लिये ललकारने वाली।

चुम्बनोद्घात—धू. १८-ई, चुम्बन की चोट।

चुम्बनातिप्रसङ्ग—पा. ३२-६, अधिक चुम्बन लेना।

चुम्बितचान्द्रायण—प. ३५-ई, चुम्बन में चान्द्रायणव्रत की तरह ह्रास और वृद्धि।

चूताङ्कुरनिबोधित—उ. ४-आ, आम के बौरों से जागी हुई, बौराई हुई।

चूर्णामोदितकर्कशस्तनयुगला—उ. २९-५, कठिन स्तन को चूर्ण से सुगन्धित किए हुई।

चेटपुत्र—पा. १३७-२, दास की संतान।

चेटिका—उ. २९-५, चेरी, नौकरानी।

चोदितसंप्रयोगा—धू. ५५-आ, सम्मिलन के लिये प्रेरित करनेवाली।

चोरिकासुरत—प. ४४-ई, रात्रि अभिसार द्वारा गुप्त सुरत।

चोलक—पा. २४-ई, चोल देश का निवासी।

चौक्षपिशाच—प. १८-३०, चौक्षपन या छूआछूत का भूत।

चौक्षवादितः—प. १८-९, पवित्रात्मा वैष्णव कहलाने वाला।

चौक्षामात्य—पा. २४-५, चौक्षों का साथी।

चौक्षोपचार—प. १८-३२, छूआछूत का ढोंग।

चौक्षोपायन—पा. २६-३, चौक्षों द्वारा देने योग्य उपहार।

च्युतमूल—पा. ३३-आ, जड़ छोड़कर।

छन्दकरी—धू. ५६-इ, आज्ञाकारिणी।

छन्दतः—प. १६-२, स्वतन्त्रतापूर्वक।

छन्न—प. २१-अ, छान, छप्पर।

छलग्राही—प. ३९-४, छल छद्म को जानने वाला।

छलित—पा. ४४-६, ४४-७, छला गया।

छिद्र—पा. ४३-ई, मुसीबत, कष्ट।

छिद्रद्वार—उ. २४-७, चोर दरवाजा।

छिद्रप्रहारित्व—धू. ४९-४, छिद्र देखकर प्रहार करना। छिद्र = (लिपिक पक्ष में) मामले की कमजोरी, (वेश्या पक्ष में) आचार दोष।

जगद्घोषणा—धू. ४-ई, संसार भर में मुनादी।

जघनपात्र—प. १८-१९, जघनस्थल रूपी पात्र।

जघननिपतित—प. ३६-ई, जघन प्रदेश पर लगे हुए (चिह्न)।

जघनबिम्बांशुकान्तर—धू. २५-८, झीने अंशुक के भीतर का जघन।

जघनोत्सेक—प. २९-१४, यौवनोद्गम से जघन भाग का भर जाना।

जघनरथनितम्बवैजयन्ती—पा. १३९-अ, जघनरूपी रथ के पार्श्वभाग में फहराने वाली पताका।

जघन्यकामुक—पा. ४४-६, जघन भाग का कामी।

जङ्गम उद्यान—पा. ३१-५, चलता-फिरता बगीचा।

जङ्गमतीर्थ—प. ५६-६, चलता-फिरता तीर्थ।

जननी—उ. २५-१, वेश्यामाता।

जनबाहुल्य—धू. ९-१०, लोगों की भीड़-भाड़।

जनीकर्तुम्—पा. २५-६, अपना बनाना, स्वजन बना लेना।

जन्मजीवित—धू. ५३-१४, ६४-१२, जन्म और जीवन।

जम्बूद्वीपतिलकभूत—पा. २१-९, जम्बूद्वीप में तिलक स्वरूप, जम्बूद्वीप में सर्वश्रेष्ठ।

जम्बूद्वीपवदनकपोलपत्रलेखा—प. ८-२०, जम्बूद्वीप रूपी मुख के कपोल की पत्रावली रचना के समान सुशोभित (उज्जयिनी)।

जय—पा. ७८-२२, मुकदमे का अपने पक्ष में निर्णय।

जयन्तक—पा. ११०-३

जरद्भुजङ्ग—प. २०-१२, पुराना साँप या बुड्ढा विट।

जरद्विट—पा. ८५-४, बूढ़ा विट।

जराकौपीनप्रच्छादन—प. २०-६, बुढ़ापे को (खिजाबरूपी) लँगोटे से छिपाना।

जरात्वच—प. २०-१२, पुरानी खाल, केंचुल।

जलदसमयदोषगाढार्पणा—धू. ८-आ, बरसात के कारण कड़ी गाँठ वाली।

जलदावकुण्ठन—धू. ६५-४, बादलों का घूँघट।

जलधरधारा—धू. ६५-१, मेघ की जलधारा।

जलधरनिर्वापितचन्द्रदीपा—धू. ६४-१२, बादलों के कारण चन्द्रमारूपी दीपक का मन्द होना।

जलधरमलिन—धू. ६-ई, मेघ से आच्छादित होने के कारण अँधियारा।

जलनिधिरशना—उ. ३५-इ, समुद्र की मेखला वाली।

जातिकठिन—धू. ६७-१३, जन्म से कठोर भाव रखनेवाला।

जात्यन्धा—धू. १३-अ, जन्म से ही अन्धी (अति लज्जा के कारण सुरत में आँख बन्द रखनेवाली)।

जानुदघ्न—पा. ११८-अ, घुटने तक आया हुआ।

जाह्नवीतीर्थ—प. १८-१९, गङ्गा का घाट।

जिघृक्षती—प. १७-१३, अँकवारती हुई।

जिह्वामूलस्पष्ट—पा. ३३-इ, जिह्वा के अग्रभाग से छू जाने पर।

जीर्णकाषायवस्त्रा—पा. १३६-अ, पुराने गेरुए वस्त्र पहनने वाली।

जीर्णोद्यान—पा. ३१-५, पुराना बगीचा, उज्जयिनी में इस नाम का एक उद्यान।

जृम्भण—प. ३८-आ, जंभाई।

ज्ञातोपचार—धू. ९-ई, शिष्टाचार जाननेवाला।

ज्योत्स्नादर्शन—प. ३३-१०, चाँदनी का दिखाई पड़ना।

ज्वलिततरवपुप्—पा. ६९-इ, दमकती हुई शरीर वाली।

डंभ—पा. ७५-६, दंभ, अभिमान।

डिण्डिक—पा. ४-इ, गुंडा, डांड्या।

डिण्डिगण—पा. ५६-४, गुण्डे।

डिण्डित्व—पा. ४९-१, ४९-२, ६२-३, डांड्यापन, गुण्डापन।

डिण्डिन्—पा. ६२-४, ६२-६, ११७-३, गुण्डा।

डोला—उ. ३-आ, झूला।

ढौकितुम्—पा. १०-२, पास आने के लिये।

णवि—(प्रा.) पा. ६२, नहीं।

णिय्युदिष्णु—(प्रा.) ६७-९, अपने स्वार्थ या कार्यपूर्ति के उद्देश्य से।

तक्रविक्रय—प. १८-२१, मट्ठा बेचना।

तडित्समालभनविह्वलद्गात्र—धू. २-आ, बिजली के आलिंगन से काँपते शरीर वाला।

तथागत—पा. ६४-५, ६४-७, ६५-इ, ६५-ई, (१) बुद्ध भगवान्, (२) उस दशा को प्राप्त, विपन्न।

तथागतशासन—पा. ६५-२, बुद्ध का उपदिष्ट धर्म।

तदात्व—प. २१-२५, उसी समय का, नगद, प्रत्यक्ष।

तदात्वायति—धू. ६४-१०, यह जन्म और आनेवाला जन्म।

तदुक्तदत्तप्रतिवचन—प. ८-८, उसके कहे हुए का उत्तर देकर।

तन्त्रीछेद—धू. २०-ई, वीणा के तारों का टूट जाना।

तनुतरा—प. ४०-आ, दुबली।

तपश्चरणदुरवाप—धू. ६४-११, तपस्या करने के बाद कठिनाई से प्राप्त होने वाला।

तपस्विन्—धू. ११-२३, प. १८-१२, तापस, दुखियारा, पा. ३२-६ (व्यंग्यार्थ) सुखादि को अप्राप्त होने वाला।

तपस्विनी—उ. १५-७, प. २८-३, प्रिय

वियोग में कष्ट झेलने वाली।

तपस्वीलोक—धू. ६७-१, भोला भाला, बेचारा लोक जो सुख भोग के अनुभव से कोरा रहने से 'तपस्वी' बना हुआ है।

तमालहरितालपङ्ककृतपत्रलेखा—पा. १०५-ई, तमाल और हरिताल के पंक से बनायी गयी पत्रावली।

तरुणजनसुरतविघ्न—उ. १८-६, जवानों के मौज-मजे का विघ्न।

तरुणतृण—धू. ८-ई, कोमल नई घास।

तरुणसहकार—पा. १३५-इ, नवीन रुहकार वृक्ष, तरुणों का समागम।

तरुरसमुदिता—प. ३-अ, वृक्षों के रस से मतवाली।

तष्ष (प्रा.)—पा. ६७-८; उसे।

तहम्मि (प्रा.)—पा. ६७-८, तो मैं ही।

तादात्विक—पा. १२१-आ, जो वर्तमान जीवन में ही भोग भोगने में विश्वास करता है।

तान्त—प. ७-अ, शिथिल अलसायी हुई।

ताम्बूलसेना—प. २५-८, २५-१६, २५-२६, २५-२९

ताम्रतलाङ्गलि—धू. ५३-अ, लाल हथेली और अँगुली।

ताम्रनयन—प. ७-अ, लाल आँखें।

ताम्राम्भोरुहपत्र—पा. १३८-आ, लाल कमल की पंखुड़ियाँ।

ताम्बूलावसिक्त—पा. ४४-२, पान की पीक में सना हुआ।

तारुण्यबद्धकामतन्त्र—धू. ६७-१४, जवानी से भरे हुए काम के वशीभूत।

तालान्वित—धू. १७-इ, ताल युक्त।

तालवृन्त—प. ८-३, १३-ई, २५-२८, ताड़ का पंखा।

तालवृन्तमा रुत—धू. ६६-५, ताड़ के पंखे की हवा।

तिरस्करिणी—प. ३३-२४, पर्दा।

तिर्यक्कटाक्ष—धू. ५२-१, तिरछी चितवन।

तिलकमार्ग—धू. ६६-८, तिलक का स्थान, तिलक का चिह्न।

तिलकशिरस्—प. ६-आ, तिलक वृक्ष का अग्रभाग।

तिलकावभेद—धू. २५-७, तिलक का बिगड़ या फैल जाना।

तुरगश्वासपिशुन—पा. २८-इ, घोड़े के श्वास की तरह।

तुर्यम्—पा. ६७-९, चौगुना।

तुषारपरुष—प. ३४-७, बर्फ के कारण भेदने वाला।

तुषारमुक्तावर्षिणी—धू. ६५-१०, पाले की बूँदें बरसाने वाली।

तृणपिशाच—पा. ८४-ई, तिनकों से बना पिशाच जैसा।

तृतीयाप्रकृति—उ. २१-५, नपुंसक, हिजड़ा।

तेजस्विपुरुषनिकषोपल—धू. ११-८, तेजसी पुरुषों को परखने वाला निकष प्रस्तर।

तोयान्तर—पा. ३३-१६, जलवापी के समीप।

तौण्डिकोकि—पा. ८८-२, १२१-२, १४७-२

तौण्डिकोकिविष्णुनाग—पा. १००-२१

त्रिक—पा. ९१-आ, कमर का वह भाग जहाँ दोनों कूल्हों के बीच में रीढ़ की हड्डी मिलती है।

त्रिकपरिवर्तनसाचीकृतदर्शनीयतरा—पा. १००-६, त्रिक भाग के घुमाने से साची-कृत मुद्रा से अधिक सुन्दर लगनेवाली।

त्रिफल—प. २१-३, त्रिफला (हर्रा, बहेड़ा,

आँवला)।

त्रैविद्यवृद्ध—पा. १२-५, ७८-१, १४३-१, तीन विद्याओं के जाननेवालों की भाँति सम्मानित, एक व्यंग्य उपाधि।

त्वरानुष्ठेय—उ. २०-४, २३-३, २५-९, शीघ्र करने योग्य।

त्वरिततरपदविन्यासा—प. २५-१६, उ ११-५, जल्दी-जल्दी पैर बढ़ाने वाली।

दक्षिणत्व—धू. ४५-इ, अनुकूलता।

दक्षिणा—धू. ४५-इ, ५५-२, अनुकूल रहने वाली।

दण्डनीत्यान्वीक्षिकी—पा. १४-२, दण्डनीति और तर्क शास्त्र।

दण्डसाहाय्य—पा. ७८-२१, आर्थिक दण्ड के अदा करने में सहायता।

दत्तकलशि—प. १६-७, १६-२१, १८-३, एक पात्र।

दत्तकसूत्र—प. २४-ई

दत्तप्रतिवचन—प. ३०-७, उत्तर देना।

दद्रुणमाधव—पा. ८-३, ८-४, ददोड़ा माधव।

दन्तनिपतन—पा. ३३-२, दाँत का गिरना।

दन्तनिपतन—पा. ३३-२, दाँत का गिरना।

दन्तपदजर्जरोष्ठी—प. ३५-अ, दन्तक्षत से जर्जर होंठ वाली।

दन्ताक्रान्त—उ. १२-आ, दन्तक्षत।

दन्दशूकपुत्र—प. १६-७

दयितमाल्य—पा. ५६-आ, प्रेमी की माला।

दयितविष्णु—पा. १७-४

दर्दरक—प. १०-६, १०-७, ३५-१०

दर्शनपरिहार—प. २१-११, दर्शन से बचना, छिपना।

दर्शनमात्ररम्य—पा. ७६-ई, देखने भर के लिये सुन्दर।

दर्शनोपहत—प. २४-१५, देखने से मैला हुआ (नेत्र)।

दशनच्छद—पा. ४१-ई, १००-१५, अधर।

दशनपद—धू. २५-१४, दन्त से किया हुआ चिह्न।

दशनमण्डलचित्रककुन्दरा—पा. ५६-अ, दन्तक्षतों से चित्रित पुट्ठों वाली।

दशनवसन—धू. २५-१४, उ० १-आ, ओष्ठ।

दशार्धवर्ण—पा. ११७-१४, पाँच रंग।

दष्ठार्धोष्ठ—पा. १२५-आ, अर्धोष्ठ काटे हुए।

दाक्षिणात्य—पा. ५३-आ, १३९-२, दक्षिणी या दक्षिण देश से आया हुआ।

दाक्षिण्य—प. २९-१५, धू. ३५-४, अनुकूलता।

दाक्षिण्यधना—धू. ६०-इ, दाक्षिण्य से परिपूर्ण।

दाक्षिण्यपल्लव—प. ७४-२७, शिष्टाचार का एक सुकुमार कर्म या हल्का नमूना।

दाक्षिण्यभोग्या—धू. १०-अ, अनुकूल भाव से मिलने योग्य, अनुकूल भाव से उपभोग करने योग्य।

दाक्षिण्ययुक्ता—धू. ६५-ई, अनुकूल रहने वाली।

दाक्षिण्यविषय—धू. ६२-८, अनुकूल।

दाक्षिण्यातिव्यय—प. २५-२६, आवभगत की फिजूलखर्ची।

दाणि—(प्रा.) पा. ६७-१० इस समय।

दात्तकीयाः—पा. ७८-६, दत्तक विरचित कामतन्त्र के विद्वान्।

दानकामा—पा. १०-५, रकम प्राप्त करने वाली।

दारकर्म—धू. १२-३, विवाहकर्म।

दारिका—प. ७-३, यौवनप्राप्त कुमारी।

दारिकासुन्दरी—प. ६-८, वेश में वह कुमारी

जो अभी नथबन्द हो।

दारिद्रयतमोपह—उ. २३-१४, दरिद्रतारूपी अन्धकार को हटानेवाला।

दारुपर्वतक—पा. ३३-१६, भवनोद्यान के एक भाग में क्रीड़ा पर्वत।

दाशेरक रुद्रवर्मन्—पा. १७-२, ६७-ई, ६७-३, दासेर या दशपुर का रुद्रवर्मा।

दाहप्रतीकार—प. ८-३, ज्वलन का निवारण।

दिच्चु (प्रा.)—पा. ६७-७, देने की इच्छा वाला।

दिवसविगम—पा. १५-आ, दिन का समाप्त होना या बीतना।

दिवससमयदूत—पा. ६-आ, दिन उगने का सूचक।

दिवाचन्द्रलीला—प. ११-१४, दिन के चन्द्रमा की तरह।

दिवासुरत—प. २५-२२, २६-ई, दिवारति।

दीनवास—उ. २४-८, गरीबी पूर्वक रहना।

दीपनीयक—पा. ३९-१३, अग्नि भड़काने वाली दवाई।

दीपप्रयोजन—उ. २८-१०, दीपक की आवश्यकता।

दीर्घकोपा—धू. ५६-इ, देर तक कोप करने वाली।

दीर्घतरीकृताक्ष—पा. ४१-इ, बड़ी-बड़ी आँखों वाला (मुख)।

दीर्घायुष्मती—धू. ६७-२२, लम्बी आयुवाली, बुड्ढी।

दीर्धिका—प. २३-१६, पा. १०७-अ, पुष्करिणी, बावड़ी।

दीषइ (प्रा.)—पा. ६७-८, दिखाई पड़े।

दुःखशील—प. ४१-२७, पर दुःख से द्रवीभूत होने वाला।

दुःशिल्पिन्—प. २७-इ, बुरा शिल्पी या कारीगर।

दुःसञ्चरा—धू. ६४-१२, जिसमें कठिनाई से चलना या निकास हो।

दुकूलदशान्तोद्वेष्टन—प. ४१-१, चादर के किनारे को गूँथना।

दुकूलपट्टिकावेष्टितशीर्पा—प. ३१-१६, दुकूल पट्टी सिर में लपेटे हुई।

दुरवगाहा—धू. ४-७, कठिनाई से पार करने योग्य।

दुद्रूषुः—प. १६-३०, दौड़-धूप का इच्छुक।

दुन्दुभीनां पुरोधाः—पा. ६ आ, डुग्गियों का दादा।

दुन्दुभिपारिपार्श्वक—पा. ७५-आ, नगाड़ची।

दुर्दिनगान्धर्व—धू. ४८-३, वृष्टि वाले दिन किया हुआ संगीत का उत्सव।

दुर्दिनदोष—धू. ७-३, मेहबूँदी का खराब मौसम।

दुर्दिनपातक—धू. २६-२, दुर्दिन (बरसात) का दोष।

दुर्मन्त्रित—प. ३१-३२, बुरी सलाह, अनुचित परामर्श।

दुर्ललित—धू. २९-५, २९-१७, दुलार से बिगड़ा हुआ।

दुर्वच—धू. ५०-५, कहने में क्लिष्ट, उत्तर के लिये कड़ा।

दुर्विहग—धू. २७-१, दुष्ट पक्षी।

दुश्चिकित्स—धू. ६-३, ३६-४, जिसकी चिकित्सा कठिन हो।

दुश्चीवरावयव—पा. ६७-अ, गन्दे चीवर का चिथड़ा।

दुष्करकारिणी—प. १८-१, टेढ़ा काम साधने वाली।

दुष्कृतकारिणी—पा. १४-ई, अपराधिनी।

दुष्टगान्धर्व—प. १७-१६, बिगड़ी कामभेंट।

दुहितृसंक्रान्तयौवनसौभाग्य—उ. १९-३, जवानी और सुन्दरता अपनी लड़की को दे देना।

दुहितृका—पा. ७६-७, गुड़िया।

दृति—पा. ७७-अ, ७८-ई, मशक।

दृश्य—प. ९-आ, नाटक।

दृष्टनष्ट—धू. ३१-आ, प्रकट होने के साथ ही लुप्त।

दृष्टिक्षेप—पा. १४१-आ, दृष्टि पात, चितवन।

दृष्टिविक्षेप—पा. १००-१०, देखना।

देप्पयत्ति (प्रा)—पा. ६७-७, दिलवाती है।

देवकुल—पा. १९-अ, मन्दिर।

देवकुलघण्टा—प. १६-१२, मन्दिर का झूलता हुआ घण्टा जो तनिक हिलने से बहुत देर तक बजता रहता है।

देवतामङ्गल—पा.—९७-६ (मंच पर नर्तकी द्वारा किया हुआ) देवता के लिए मङ्गलात्मक नृत्य।

देवदत्ता—प. ६-२, ६-७, ८-४, ८-५, ८-१८, ११-१०, १२-४, उ० २८-७

देवल—पा. १२-७, एक स्मृतिकार।

देवसेना—प. ६-४, ७-१, ८-१०, ८-१२, ३५-१६, ३७-९, ४१-२९

देवार्चनाजातकिण—पा. ९०-आ, देवार्चन से पड़ा हुआ घट्टा।

देवानांप्रिय—प. ८-१२, पा. १००-२०, आदरसूचक शब्द, भाग्यशाली।

देविलकभाव—धू. २९-९, धूर्तविटसंवाद में विट का नाम।

देशकालौपयिक—पा. ९७-१७, देशकाल के अनुसार।

देशान्तरविहार—पा. ५९-२, विदेश का आनन्द।

देशौपयिक—पा. ५४-३, ५४-४, प्रथा या देश का रिवाज।

दौष्कुलेय—पा. ८५-इ, बुरे कुल में पैदा हुआ व्यक्ति।

द्युतिहर—धू. २३-अ, शोभा को हराने वाला।

द्यूतसभा—प. २१-२६, धू ८-२, जुआखाना।

द्रमिलीसुरताभिलाष—पा. ९७-ई, द्रमिल देश की नायिका के साथ सुरत की अभिलाषा।

द्रव्य—उ. १८-अ, वैशेषिक के अनुसार, पृथिवी, जल, तेज, वायु, आकाशादि नित्य पदार्थ।

द्रव्यलुब्धा—धू. ४५-अ, धन की लोभी।

द्वन्द्वरतिप्रणय—प. २१-१९, दोहरा रति प्रेम।

द्वाःस्थ—पा. १०४-आ, द्वार पर स्थित।

द्वारकोष्ठकस्थ—प. १३-४, ड्योढ़ी में स्थित।

द्वारपार्श्वारुद्धशरीरा—धू. ५२-५, द्वार के पार्श्व भाग में शरीर को छिपाए हुई।

द्वारकोष्ठक—प. ३१-१३, बहिर्द्वार की देहली।

द्विगुणीकृतोत्तरकुथा—पा. ३४-इ, ऊपरी कालीन मोड़ कर दोहरे कर दिए गए हैं।

द्विज—पा. १११-आ, दाँत।

द्विजकुमारक—प. २१-१६, ब्राह्मण का बेटा।

द्वितीयनामधेय—प. २०-५, दूसरा नाम।

द्विरदेन्द्रमस्तक—धू. २०-आ, हाथी का मस्तक।

धनकुप्यार्थ—धू. ११-२०, धन के बचाने के लिये।

धनदत्तसार्थवाहपुत्र समुद्रदत्त—उ.भ. १३-२, धनदत्त सार्थवाह का पुत्र समुद्रदत्त।

धनमित्र—उ. २३-१३

धनुर्गुणनिःस्वन—प. ९-अ, धनुःप्रत्यञ्चा की टङ्कार।

धनुस्तवन—पा. २२-अ, धनुष की टंकार।

धरते—धू. २७-११, जमकर रहता है।

धर्मवचन—पा. १४-६, धर्मशास्त्र का वचन।

धर्मारण्य निवासी—प. २३-४, धर्माराम में रहनेवाला, विहार में रहनेवाला।

धर्मासनिक—प. १८-८, धर्मासन का अध्यक्ष, न्यायाध्यक्ष।

धवलप्रतिमा—पा. ११२-अ, गोरा स्वरूप।

धवलशिबिका—पा. २४-२, सफेद पालकी।

धातुशतघ्नी—प. १६-३६, धातुओं की गड़-गड़ाहट से भरी हुई वाक्यशैली।

धान्त्र—प. ११-११, १६-१३, २०-७, २३-१६, २५-९, २५-२३, पा. ३०-६, ६२-६, १३२-७ भलामानस।

धारा—धू. ३-अ, शब्द या नाद की झड़ी जो बाजा बजाते हुए उत्पन्न की जाती है।

धाराशिशिर—धू. ५-इ, मेघ की जलधारा से शीतल।

धार्या—पा. ३४-आ, वरदी।

धार्यारूढ़ (किरात)—पा. ३४-आ, बरदी कसे हुए (किरात)।

धिग्वादिन्—पा. १२६-आ, धिक्कारने वाला।

धीरमुखं बद्ध्वा—पा. १२६-आ, गम्भीर मुद्रा बनाकर।

धीरहस्त—प. ३३-इ, ४०-ई, अकड़ा हुआ, वह भाव जिसमें हाथ चञ्चल न होकर कड़े कर लिए जायँ।

धुन्वन्ती—पा. ४१-अ, धुनती हुई।

धुर्यप्रतोद—प. ३६-आ, बैलों को हाँकने का अंकुश।

धूर्तगोष्ठी—पा. ४-ई, धूर्तों की गोष्ठी।

धूर्तचाक्रिक—पा. ५-६ घण्टा बजाकर घोषणा करनेवाला धूर्त।

धूर्तपरिषत्—पा. ७७-१, धूर्त मण्डली।

धूर्ताचार्य—प. ८-१३, २७-४

धूर्तायित—प. ६-ई, धूर्तता करता हुआ, छेड़खानी करता हुआ, धूर्त की तरह आचरण करता हुआ।

धौरित—पा. १०४-ई, दुलकी चाल।

ध्यानग्लानतनु—प. ७-आ, चिन्ता से क्षीणकाय।

ध्यानाभिभूत—उ. २४-आ, चिन्ताग्रस्त।

ध्यानाभ्यासपरवत्ता—पा. २४-६, ध्यान और अभ्यास के वशीभूत होना।

ध्यानैकताना—प. ३८-आ, ध्यान लगने से एकटक।

ध्वस्त—प. २४-१४, धू. २०-७ नष्ट, चला गया।

नखदशननिपात—धू. ४१-१, नखक्षत और दन्तक्षत।

नखपद—पा. ४६-अ, नाखूनों के चिह्न या खरोंच।

नखरपदचिता—उ. २८-अ, नखों की खरोचों से भरी।

नखराजि—पा. ३२-अ, नखों की पंक्ति, नखक्षत की पंक्ति।

नखविलिखित—पा. १४१-अ, हाथी के नख को उत्कीर्ण करके बनाया हुआ।

नखावपात—पा. ५५-अ, नखक्षत।

नगरघट्टक—धू. ९-३, नगर के अधिकारी विशेष, सम्भवतः शुल्कशाला के निरीक्षक।

नगररथ्या—पा. २१-८, शहर की सड़क।

नगरविहग—पा. २९-ई, शहर के पक्षी।

नतोन्नता—प. ३०-ई, नीचे-ऊपर होती हुई।

नयनपावन—प. २४-१७, आँखों को पवित्र

करनेवाला।

नयनविप्रेक्षित—धू. २४-४, आँखों का घुमाना या चलाना।

नयनसङ्गतक—प. ८-१४, आँख लड़ाना।

नयनसञ्चार—धू. २५-७, दृष्टि विक्षेप।

नयनहुतवह—पा. १-अ, नेत्राग्नि।

नयनामृतायमानरूपा—उ. १५-१०, नेत्रों के लिये अमृत के सदृश रूपवाली।

नयनाम्बुपात—पा. ११-आ, अश्रुपात, आँसू का बहना।

नयनोत्सव—प. २९-१२, आँखों का उत्सव, जलूसा।

नरपतिमार्ग—धू. ११-१६, राजमार्ग।

नरवागुरा—धू. ५३-ई, आदमी फँसाने का जाल।

नरेन्द्रसद्म—पा. ४२-इ, राजमहल।

नर्म—पा. ११९-आ, प्रेमालाप, हँसी-मज़ाक।

नवमालिकोन्मीलितकेशहस्त—धू. ६६-५, नवमालिका से सजा जूड़ा।

नवसुधावदातान्तरा—पा. १०५-इ, टटकी सफेदी से धवरित।

नवप्रणयिनी—धू. ५०-२, नवीन प्रेमिका।

नागदत्त—उ. ९-१

नागरिका—प. ३१-९, ३३-१९

नागवत्‌विष्णुनामन्—पा. १२४-अ, नागविष्णु।

नागवधू—धू. २५-९, हथिनी।

नाटकभूमिका—प. ३८-२१

नाटरेक—प. ३५-१०, नटी का पुत्र।

नातिप्रगरुभाक्षर—पा. ७२-३, दबे शब्द।

नातिबहुमान्था—धू. ३५-१ अधिक सम्मान प्राप्त न करनेवाली, जिसकी परवाह न की जाय, उपेक्षिता।

नातिविप्रकृष्ट—पा. ६२-४, बहुत दूर नहीं अविदूर, निकट।

नातिसूक्ष्म—धू. १०-१६, बहुत बारीक नहीं।

नानागोत्रग्रह—धू. ४१-ई, अनेक नामों का लेना।

नाभिह्रदाम्भःस्रुति—धू. १९-अ, नाभिरूपी सरोवर से बहनेवाली धारा।

नामधेयाभिव्यक्ति—उ. २६-४, नाम का लेना, नाम लेकर पुकारना।

नारायणदत्ता—उ. ३-६, ३-१०, २९-५

नारायण भवन—उ. ३-८, विष्णु का मन्दिर।

नालीनलिका—पा. ९३-आ, गेहूँ की बाली की तरह पोली नलकी।

निःशोका—प. २९-ई, शोक रहित।

निःश्रीका—प. २८-८, श्रीहीन हुई।

निःश्वासज्वरिताधर—प. १५-आ, गरम साँस से झुलसा अधर।

निःसाधारण—धू. ९-१२, असाधारण, विशेष।

निकषोपल—धू. ११-८, स्वर्णादि परखने वाला पत्थर, कसौटी।

निचित—पा. १२०-ई, भरा हुआ।

नित्यप्रवासी—प. २९-आ, सदा प्रवास में रहनेवाला।

नित्यप्रसन्न—प. २४-२, नित्य प्रसन्न रहने वाला, सदा चित्त के प्रसाद गुण से युक्त, सदा प्रसन्ना नामक शराब पीकर धुत, बना हुआ।

नित्यस्मित—धू. १६-७, सर्वदा मुस्कराहट युक्त।

नित्योत्सवव्यापृत—उ. ६-अ, नित्य उत्सव में लगे हुए।

निद्रालसलोललोचन—उ. ७-आ, निद्रा से अलसाया चंचल नेत्र।

निद्रालसाधोरण—पा. ३४-अ, निद्रा में

ऊँघता हुआ महावत।

निधान—धू. ५८-४, कोश, गाड़कर रखना, दफीना।

निधि—धू. ५९-अ, गाड़कर रक्खा हुआ धन।

निनद—प. ९-अ, निनाद = शब्द।

निनदमुखर—धू. २८-आ, झंकार से मुखरित।

निबद्धमध्यदेहा—पा. ५९-इ, कसी या बँधी हुई कमर।

निभुक्तपिण्डितोष्ठ—धू. १७-३, खूब भोगे हुए फूले ओष्ठ।

निभृत—प. ३८-१४, एकान्त, स्थिर।

निभृतवदना—प. २८-अ, निश्चल मुँहवाली, म्लानमुखी।

निभृता—धू. ५६-अ, संयत रहने वाली।

निमित—पा. ३३-१०, नाप-जोख के अनुसार बने हुए।

नियम्या—पा. ९४-आ, नियमन करने योग्य।

नियुक्त—पा. ११६-१, प्रधान अधिकारी।

निरक्षरं—धू. १८-ई, चुपचाप।

निरञ्जनलोचना—प. २८-अ, बिना आँखें आँजे हुए।

निरपेक्ष—पा. ६३-३, ६४-२, सांसारिक वस्तुओं से उपेक्षावृत्ति धारण करनेवाला, पा. ८५-आ, उपेक्षाविहारी बौद्ध उपासक।

निरुपस्कृत—प. ६-८, सीधा-सादा, बिना बनावट का।

निरपस्कृतभद्रक—प. २१-२४, शृंगार-विहीन सूरत।

निर्गुण—उ. १८-३१, गुणातीत २ गुणरहित।

निर्दयोपभुक्ता—उ. ६-४, निर्दयता पूर्वक भोग की गई।

निर्दोषमदनत्व—धू. ५३-१०, काम भाव का निर्दोष होना।

निर्द्रव्य—प. २३-इ, निर्धन, गरीब।

निर्धूतहस्त—पा. १२६-अ, हाथ झटकते हुए।

निर्भत्स्यन्ते—पा. ३५-ई, घुड़के जाते हैं।

निर्भूषणावयवचारुतराङ्गयष्टि—पा. १४४-अ, आभूषण हटा देने से अधिक सुन्दर।

निर्मक्षिकं—पा. ४-ई, बे रोक-टोक, बेखटके, निर्विघ्न।

निर्माल्यभूत—प. ४३-ई, शरीर का मैल।

निर्मुण्डगण्ड—प. २१-आ, दाढ़ी के बालों का सफाचट होना।

निर्मुक्तभूषण—प. ३१-१४, आभूषण विहीन।

निर्यूहक—पा. ३३-१२, निकलती हुई वेदिका वाले छज्जे।

निर्व्याजमनोहररूपा—उ. २७-२, स्वाभाविक सुन्दर स्वरूपवाली।

निवर्तन—प. ३०-१४, पीछे हटना।

निवृत्तकामतन्त्रा—पा. ७८-४, कामतन्त्र से रहित।

निवेशन—पा. ६७-२४, घर।

निवेद्यमानान्तर्गतप्रहर्ष—उ. २८-१४, भीतरी उल्लास प्रकट करता हुआ।

निशाविहार—प. २५-३२, रात में विहार करना, रमण करना।

निश्शूत्कार—पा. ८७-इ, सिसकारी, सीत्कार।

निषादनगर—पा. १३४-ई।

निष्कैतव—प. २९-१, निश्लछ।

निष्ठीवन्ती—धू. ७-२, उगलती हुई।

निष्टोचितत्व—३१-२, श्रद्धाभक्ति, शुद्ध प्रेम।

निष्पङ्क्ता—धू. २९-४, सफाई।

निष्पन्नशिष्य—प. १९-६, सच्चा चेला मूँढ़ने वाला।

निष्पीतसारपरित्यागसामर्थ्ययुक्ता—उ.

१९-११, सार पीकर सीठी की तरह फेंकने में समर्थ।
निस्सङ्गनिखातसायक—पा. ६५-आ, निर्ममता से मारा गया बाण।
नीचैर्भाव—धू. ५७-अ, नम्रता।
नीपलता—प. ३०-ई, कदम्ब लता।
नीलालेप—धू. २-अ, बालों का खिजाब।
नीलीकर्म—प. २०-६, खिजाब।
नीलोत्पलपत्रचक्रविवर—पा. १०६-अ, नीलोत्पल के गोल पत्तों के बीच का छिद्र।
नीवीक्रिया—धू. ५३-इ, नीवीबन्धन।
नूपुरनिनाद—धू. ६५-ई, नूपुर की झंकार।
नूपुरमुखर—पा. ८-ई, नूपुर से झंकृत।
नूपुररव—पा. ८७-आ, नूपुरों की झनकार।
नूपुरसंक्षोभ—धू. २८-आ, नूपुरों का टकराना।
नूपुरसेना—प. १६-१४
नूपुरस्वन—धू. १६-३, नूपुर की झंकार।
नृत्तवार—प. ४२-४, ४०-१२, नृत्य की बारी।
नृत्तांग—उ. २८-२१, नृत्य के अङ्ग।
नेत्रार्धपाता—धू. ३१-अ, अधखुली आँखें।
नेनेक्ति—पा. ४३-अ, पछारता है, धोता है।
नेमि—पा. ३३-९, नींव।
नैराश्यनिरुत्सुक—प. १६-इ, बुझे अरमानों वाला।
नैर्लज्ज्य—पा. ११०-१, निर्लज्जता।
न्यास—प. २५-३, धरोहर।
पक्षद्वार—प. ३५-९, पा ६७-२५, बगल का दरवाजा।
पक्षिक्षुब्ध—प. ९-ई, पक्षियों के कलरव से क्षुब्ध।
पक्षियुद्ध—धू. प. ११-१२
पक्षिसंघ—प. ३-अ, पक्षियों का समूह।
पक्ष्मपुट—पा. ११-अ, बरौनी।
पङ्गूकृत—धू. ७०-७, पंगु कर दिया गया।
पञ्चरात्र —पा. १३२-अ, पाँच रात, पंचरात्र भागवत।
पक्षशिक्षापद—प. २४-१०, पञ्चशील, पाँच नियम।
पटवासगन्धोन्मत्ता—उ. १५-११ पटवास की गन्ध से पागल।
पटोलवल्ली—पा. ११६-आ, परवल की लता।
पणपराग—धू. ११-७, जुए का प्रेम या मजा।
पणार्थ-पा. ७८-१०, पण के लिये, धन के लिए।
पणित—उ. २८-७, बयाना।
पणितप्रीति—प. ३०-१०, बाजी लगाने से उत्साह में वृद्धि।
पणितम्—प. ३०-९, बाजी लगना।
पणितविजय—प. ३१-२, बाजी जीतना।
पण्यसमुदाय—धू. ९-१०, उ० ५-४, बिक्री के समान।
पताकावेश्या—पा. ८८-५, ९३-१, टकहिया वेश्या।
पत्रक—प. ३५-१९ पत्र।
पत्रलेखा—प. ८-२०, चित्र में शोभा के लिए फूल-पत्तियों का अंकन।
पत्रलेखानुविद्ध—प. ४३-अ, पत्रलेखा की छाप से अंकित।
पद—प. ३४-७, चिह्न।
पदप्रचारत्व—धू. ६-४, चलना-फिरना।
पद्मनगर—पा. २०-आ, पौनार।
पद्मावदात—प. ४३-ई, कमल के समान शुभ्र।
पद्मिनी—प. इ, कमलिनी।
पद्मौत्फुल्लश्रीमद्वक्त्रा—प. २०-अ, फूले

कमल रूपी सुन्दर मुखवाली।

पयोदपवन—धू. २४-इ, बरसाती वायु।

पयोदानिल—धू. ३-इ, बरसाती हवा।

परभृतरम्यरव—उ. ३१-आ, कोयल की प्यारी बोली।

परभृतप्रलाप—प. ११-४, कोयल की कूक।

परभृतरुत—प. ५-अ, कोयल की कूक।

परमन्न—प. ६-६, तरमाल।

पररहस्यकुतूहलिता—पा. ६९-२२, दूसरे के रहस्य जानने का कुतूहल।

परस्परगुणआहिन्—धू. १०-इ, परस्पर गुण ग्रहण करने वाला।

परस्परदर्शनोत्सुक—धू. ६७-१४, एक-दूसरे के दर्शन के लिये उत्कण्ठित।

परस्परविवादरम्य—धू. २९-६, आपस की मजेदार बहस।

परस्परव्यलीक—उ. ३-१, एक-दूसरे का अपराध, त्रुटि।

परस्परामर्षविवर्धित पणराग—धू. ११-७, परस्पर क्रोध या लाग-डाँट से बढ़ा हुआ जुए का रंग।

पराक्रमिका—पा. ५०-६

परापरज्ञ—धू. २९-२७, ऊँच-नीच जानने वाला।

परार्ध्य—पा. ३३-१७, बहुमूल्य।

परार्ध्यमुक्ताप्रवालकिङ्किणीजालाविष्कृतपरिपुष्कर—पा. ३३-१७, बहुमूल्य मोती, प्रवाल और किङ्किणी के जालों से घिरा हुआ कमल का फुल्ला।

परिक्लिष्टता—उ. १२-७, दुःख, क्लेश।

परिक्षतहृदय—धू. ३५-ई, क्लिष्ट हृदय, दुखी हृदय, टूटा हुआ हृदय।

परिघभूत—प. १८-३७, कीलदार डण्डे के समान।

परिचारक—पा. ३०-ई, सेवा करने वाला।

परिचारिका—पा. ९०-७, सेविका।

परिपाटल—प. ३३-२१, लाल रंग का।

परिपाण्डुनिष्प्रभा—प. ३७-अ, पीली एवं कान्तिहीन।

परिपाण्डुर—उ. २४-आ, पीला।

परिपुष्कर—पा. ३३-१७, कमल की आकृति का फुल्ला।

परिभाव—धू. १६-८, हरा देना, मात देना।

परिलम्बते—धू. ६९-आ, खींचती है।

परिवर्तक—पा. १३९-१, घूमना।

परिवर्तन—प. ३०-१४, लौट पड़ना, घूमना।

परिवर्धितसन्तापा—उ. २९-१७, बढ़े सन्ताप वाली।

परिशठं—धू. ४१-अ, सफेद झूठ या बेईमानी के साथ।

परिस्पन्द—प. २०-६, तड़क-भड़क।

परिहासकथा—पा. ५-आ, हँसी-मजाक।

परिहासपत्तन—प. २०-३, हँसी की मण्डी या बाजार।

परिहासप्रकृति—पा. १४-३, हँसोड़, स्वभावतः हँसने वाला।

परिहासप्लव—प. २१-१४, ७५-६, हँसी का गोता।

परिहासवस्तु—प. १७-९, पा. ७८-११, हँसी की बात।

परिहासावस्कन्द—पा. ८८-१५, हँसी का आक्रमण, मजाक का झपट्टा।

परुषपवन—धू. ६५-१०, तीखी वायु।

पर्यङ्कतल—उ. २२-९, पलंग या चारपाई का ऊपरी भाग।

पर्यवस्थापयितुम्—प. २३-१९, सान्त्वना देने के लिये।

पर्याध्मातवसनान्तर—प. ३०-१४, फूले हुए वस्त्रों के भीतर।

पर्याप्ति—प. ३०-३, सन्तुष्टि।

पर्यायशब्द—प. ३१-२०, एक ही वस्तु के लिये दूसरा नाम।

पल्लवाग्र—प. ३०-इ, पल्लव की टोंक।

पल्लवाग्रांगुली—प. ३-इ, पल्लवरूपी अँगुली का अग्रभाग या पोरवा।

पवित्रक—प. १८-८, १८-१६

पाञ्चालदासी—प. २९-१३

पाटलिपुत्र-प. ४१-१३, उ० ६-ई, ३४-४

पाटलिपुत्रका—पा. ४१-१५, पाटलिपुत्र की रहने वाली।

पाटित—पा. ४३-ई, फटा हुआ।

पाणिग्राह्य—प. ३०-१६, मुट्ठी में आ जाने योग्य।

पाण्ड्य—पा. २४-ई

पात्री—पा. २२-इ, पतुरी।

पादचार—उ. ३१-१, पैदल चलना।

पादताडितक—पा. २-२

पादपान्तरचारिणी—प. १७-७, अमराई में विचरने वाली।

पादप्रक्षालन—पा. १४३-अ, १४३-इ पैर का धोवन।

पादप्रचारलीला—उ. ५-९, चहलकदमी।

पादप्रचारश्रम—पा. ६७-२८, पैदल चलने की थकावट।

पादचारखेद—पा. ७८-१७, पैदल चलने की थकान।

पादस्पन्दनरभस्—धू. ६५-इ, पैरों के उठाने का वेग।

पादावधूतशिरस्क—पा. १२-५, पैरों से सिर पर ठुकराया गया।

पादुकाकिण—धू. ३६-८, खड़ाऊँ का घट्टा।

पानागार—पा. २९ आ, ३०-१, शराब की दुकान।

पानोपार्जन—पा. ३१-१, पीने के लिये पैदा करना।

पायसोपवास—प. १८-३४, खीर भोजन करते जाना और उपवास का ढोंग करना।

पारशव—पा. ५४-१, ८८-२०, कुजात, हरामी, शूद्रा में उत्पन्न ब्राह्मण-पुत्र।

पारसीक —पा. २४-अ, पारस देश का निवासी।

पार्थिवकुमारसन्निकर्ष—पा. ८८-१०, राजकुमार का सान्निध्य।

पिञ्छोला—पा. ५२-इ, ७६-७, मुँह से बजाने का एक बाजा, पिपिहरी।

पिञ्जरीकृत—धू. २५-७, पीला किया गया।

पिण्डपात—प. २३-१७, भिक्षाचरण।

पिपीलिकाधर्म—धू. ६७-१, चींटियों की भाँति एक-दूसरे के पीछे चलते जाना।

पिशाचिका—पा. ८४-ई, डाइन।

पीठमर्द—प. १०-६, नायक-नायिका के बीच प्रेम-साधन में सहायक।

पुण्डरीकवनपण्ड—पा. ७६-५, कमलों का झुरमुट।

पुरन्दरविजय—उ. २८-७, इस नाम का एक संगीतक।

पुराणधृताभ्यङ्ग—धू. ३६-८, पुराने धृत की मालिश।

पुराणजर्जरगृह—प. २१-ई, पुराना जर्जर घर।

पुराणनाटक—प. २०-४, पुराना नाटक।

पुराणपुंश्चली—प. ३१-६, पुरानी छिनाल।

पुराणमधु—प. २१-१, पुरानी शराब।

पुरुषकान्तार—पा. ८५-१०, आदमियों का जमावड़ा।

पुरुषडंभ—पा. ७५-६, पुरुषत्व।

पुरुषद्वेषिणी—प. ३९-७, पुरुष से भड़कने वाली।

पुरुषप्रकृति—पा. ६५-३, पुरुष का स्वभाव।

पुरुषविशेषज्ञा—धू. ५६-११, पुरुषविशेष

को पहचाननेवाली।

पुरोभागिन्—पा. ३०-१०, बदमाश।

पुष्पदासी—पा. ४१-१५, ४२-५

पुष्पमण्डनाटोपा—प. २४-२१, पुरुषों के आभूषणों से सुशोभित भव्य स्वरूपवाली।

पुष्पवती—पा. ४२-५, ऋतुमती।

पुष्पवध—पा. ४४-अ, फूल को नष्ट करना, स्त्री के आर्तव को व्यर्थ कर देना।

पुष्पवीथिका—पा. ३०-१, फूल गली।

पुष्पवीथी—प. १९-१४, फूल बाजार।

पुष्पव्यग्र—प. २५-ई, फूलों से परिपूरित।

पुष्पस्पष्टाट्टहास—प. १०-अ, पुष्पों का खिलखिलाकर हँसना।

पुष्पाञ्जलिक—प. ८-४, ८-८, देवदत्ता का सेवक।

पुष्पापीड—प. १७-ई, २०-इ, फूलों का सेहरा या मुकुट।

पुष्पिता—४५-ई, रजस्वला।

पुष्पोत्कट—धू. ७०-आ, फूलों से सजा हुआ।

पुष्पोत्क्षेप—प. २८-इ, फूल का फेंकना।

पुस्तकवाचक—पा. ७८-१

पुस्तकवाचिका-पा. ७८-१

पुस्तपाल—पा. ८०-आ, सरकारी कार्यालय में कागज-पत्र रखनेवाला विशेष अधिकारी।

पूर्णभद्रशृङ्गाटक-पा. ३०-२, उज्जयिनी में इस नाम की एक तिमुहानी।

पूर्वप्रणयिनी—प. ३९-७, ६७-२४, ८८-२०, पुरानी प्रेमिका।

पूर्वसंस्तुत—धू. ५३-११, पहले जिसके साथ अच्छा सम्बन्ध रहा हो।

पूर्वावन्ति—पा. २०-अ, अवन्ति जनपद का पूर्वी भाग।

पृथग्जन—प. ४०-२, पा. १३-इ, सामान्य व्यक्ति, साधारण मनुष्य।

पृथुमुखहल—धू. ३६-ई, फालवाला हल।

पेलवांशुक—उ. ३-४, हलका रेशमी वस्त्र।

पैशुन्यप्राभृत—प. ४२-१०, चुगुलखोरी का उपहार।

पौरोभाग्य—धू. २५-१६, दोषदर्शन।

प्रकृतिजन—२३-८, नपुंसक।

प्रचार—पा. २७-आ, गोचरभूमि, चरागाह।

प्रचेतस्—पा. १२-७, एक स्मृतिकार।

प्रच्छदपट—धू. ८-५, शरीर ढँकनेवाला वस्त्र।

प्रच्छन्नकामित—धू. ५३-१०, छिपा हुआ कामभाव।

प्रच्छन्नपुंश्चलीक—प. १८-८, छिपकर पुंश्चली रखनेवाला।

प्रच्छन्नमदनार्थिनी—धू. ५३-१४, प्रच्छन्न कामवाली।

प्रच्छाय—पा. १०१-आ, अन्धकार।

प्रच्छायाग्रक—पा. ११४-इ, परछाईं का अगला भाग।

प्रजागर—धू. ५३-१६, रात्रि जागरण।

प्रज्वलितोल्का—धू. ११-१६, जलती मसाल।

प्रणयकलहकुपिता—उ. १-ई, पा. ८८-अ ८-९, प्रेम में कलह या झड़प हो जाना।

प्रणयप्रकोप—धू. ६८-आ, प. १२-८, प्रेम में रूठना।

प्रणयक्रुद्ध—प. ११-११, मान से फूला हुआ।

प्रणयबल—धू. ६५-९, स्नेह का आग्रह।

प्रणयभाजनीभूत—धू. १०-२, प्रियपात्र बना हुआ।

प्रणयसमुदय—प. ३३-ई, प्रेम का ज्वार या उभार।

प्रणयाभिमुखी—पा. २५-९, प्रेम से सामने आयी हुई।
प्रणयोपगता—प. १७-१९, प्यार करती हुई।
प्रणादिकाञ्चीतूर्य—धू. १६-३, झंकारती हुई मेखलारूपी बाजा।
प्रणालीमुख—धू. ७-२, पनालियों का मुँह।
प्रतनुनिवसन—धू. ३९-अ, महीन वस्त्र।
प्रतरसि—प. २२-अ, ठगते हो।
प्रतर्क—उ. १८-२, अनुमान, अन्दाजा।
प्रतिकण्ठ अभिहित—धू. ६२-१३, हर एक व्यक्ति का कहना, जन-जन की बात।
प्रतिकर्मता—धू. ४८-३, शृंगार रचना।
प्रतिग्रह—धू. २४-१, स्वीकृति।
प्रतिचन्द्राभिमुख—पा. ११४-५, चन्द्रमा के सामने।
प्रतिपत्तव्यम्—धू. ३४-२, व्यवहार करना चाहिए, काम में लाना चाहिए।
प्रतिपत्तिमूढ—पा. १४-१, किंकर्तव्यविमूढ़।
प्रतिपस्थाप्य—प. ८-८, वापस भेज कर।
प्रतिबुद्ध—पा. ८१-२, चतुर, उस्ताद।
प्रतिबुद्धपङ्कज—धू. ६५-६, खिला कमल।
प्रतिभवनच्छाया—पा. ७६-८, मकानों की परछाईं।
प्रतिभास्त्रोतोविधातिन्—प. ९-६, काव्य-प्रतिभा के स्रोत को तोड़ने वाला।
प्रतिमुखपवन—पा. ११७-अ, वायु के विरुद्ध।
प्रतिवचस्—प. १४-अ, उत्तर।
प्रतिष्ठानभूत—प. ११-८, आधार या नींव बना हुआ।
प्रतिसमादधाना—पा. ३१-८, ठीक जगह रखती हुई।
प्रतिसमाबध्य—पा. १३१-४, रोककर।
प्रतिहारद्रौणिलक—पा. ९७-४
प्रतिहारित—प. १९-१२, स्वागत किया गया।
प्रतीत—पा. १०३-६, हृष्ट।
प्रतीतमनस्—पा. ५-इ, निर्द्वन्द प्रसन्न मन।
प्रतीहारपद्मपाल—पा. ७०-२
प्रतोली—पा. ३३-९, बहिर्द्वार या पौर।
प्रत्यक्षफलत्व—धू. ६४-१०, परिणाम का सामने होना।
प्रत्यक्षव्यलीक—उ. २२-७, सरासर झूठ।
प्रत्यग्रसुरत चिह्न—प. २५-२१, ताजा सुरत चिह्न।
प्रत्यनीकभूत—पा. २५-१, विघ्नरूप।
प्रत्याख्यातप्रणया—पा. ६८-२, ६९-१०, प्रेम में ठुकरायी हुई।
प्रत्यागतचित्ता—प. ३४-२, जिसके मन में फिर उत्साह भर गया हो।
प्रत्यातप—पा. ४६-आ, परछाईं।
प्रत्यादिश्यते—प. ३०-६, पराजित किया जाता है।
प्रत्यादेश—प. २८-९, मात करना, हराना।
प्रत्युत्थानयन्त्रण—प. ३७-१४, उठने में होने वाला कष्ट।
प्रत्यूषचन्द्रानन—प. ७-अ, प्रात:कालीन चन्द्रमा के समान मुख।
प्रथमतरविट—पा. १३१-८, परले दर्जे का या विटों में अग्रणी।
प्रथमवस्तु—पा. ९७-६ (नृत्यका) पहला प्रदर्शन।
प्रथमसमागमनिभृत—धू. ६५-अ, प्रथम समागम में सकपकाया हुआ।
प्रदीपकरवल्लरीजटिलचारुवातायना—पा. १०५-अ, दीपक को किरणों के जाल से भरे सुन्दर गवाक्ष।
प्रदीयमानप्रतिवचना—धू. १८-१४, बात-चीत करती हुई।
प्रदेयक—प. १८-४०, २५-१, इनाम,

पुरस्कार।

प्रर्दशिनीलालनमात्रसूचित—पा. ११६-२, प्रर्दशिनी अँगुली के हिलाने मात्र से सूचित।

प्रद्युम्नदासी—धू. २५-७

प्रद्युम्नदेवायतन—पा. ६२-२, कामदेव का मन्दिर।

प्रद्वार—प. २५-१७, बाह्यद्वार।

प्रद्वाराजिर—पा. १०३-१, बहिर्द्वार के बाहर खुला मैदान।

प्रध्याति—पा. ७९-अ, ध्यान लगाता है।

प्रनृत्तबर्हिणाकार—धू. ११-१०, नाचते हुए मोरों की आकृति वाले।

प्रबद्धशिखण्डक—पा. १-अ, गूँधी या बँधी चोटी।

प्रभादण्डराजि—पा. १०८-आ, ज्योत्स्ना की स्तम्भपंक्ति।

प्रमदाविद्युतः—उ. ५-६, प्रमदारूपी बिजली।

प्रयतकरा—पा. ९-अ, सधे हाथवाली।

प्रयोगदोष—पा. ९७-६, अभिनय में त्रुटि या स्खलन।

प्रतापशृङ्खला—प. ३५-५, बातचीत की कड़ी।

प्रवरगृह—धू. ८-अ, बड़ा घर।

प्रवातदीप—धू. २५-१०, आँधी का दीपक।

प्रवाललोलांगुलि—प. ३०-अ, मूँगे की तरह लाल चंचल अँगुली।

प्रविकच—प. ३०-आ, खिले हुए।

प्रविचलितधृति—उ. २८-ई, धैर्य का छूट जाना।

प्रविततवनितालोचनापाङ्गशार्ङ्ग—पा. १-इ, फैले हुए स्त्रियों के नेत्रभ्रूभंग (चितवन) रूपी धनुष।

प्रविरलहसित—धू. ५२-२, थोड़ा-थोड़ा हँसता हुआ।

प्रविषमीकृतरोमराजि—पा. १००-७, टेढ़ी-मेढ़ी रोमावली।

प्रविष्टकेन—प. ३१-१२, धू. २१-३, ८७-१, प्रवेश करके।

प्रवृत्तमदनदूतीसम्पात—धू. ६६-१, कोयलों के आगमन का प्रारम्भ होना।

प्रशिथिलवलय—प. ४०-इ, हाथ के कंगन का ढीला पड़ना।

प्रश्लिष्ट—उ. २०-अ, चिमटनेवाला।

प्रसादनोपाय—धू. ६७-१६, मान-मनावन का उपाय।

प्राकृतकाव्य—प. ११-८, प्राकृत भाषा का काव्य, या साधारण काव्य।

प्रसाद्या—उ. ५-ई, प्रसन्न करने के उपयुक्त।

प्रसिद्धतर्काः—प. ३५-२३, तर्क के लिये प्रसिद्ध।

प्रसुभगपवन—प. १०-आ, मीठी हवा।

प्रस्ताव—पा. ४७-२, पहली मुलाकात।

प्रस्पन्दिताधर—धू. ६१-१, फड़कता हुआ अधर।

प्रस्पन्दितोष्ठिस्मित—धू. ५३-आ, फड़कते ओठोंवाली मुस्कान।

प्रस्फुरितभ्रुकुटीवक्र—पा. ८-१०, फड़कती भौंहों से टेढ़ी।

प्रस्मयते—धू. ४३-अ, खुलकर हँसती है ठठाकर हँसती है।

प्रस्त्रस्तशरासन—धू. २४-१२, धनुष को उतारना।

प्रहसितवदना—उ. २८-आ, हँसनेवाली, हँसोड़।

प्राकाराग्र—पा. १०२-अ, चारदीवारी की चोटी।

प्रागह्नः—प. ८-४, दिन का पूर्व भाग।

प्राचीनगण्ड—प. ८-अ, गाल सामने किए

हुए।

प्राज्ञा—धू. ४५-आ, चतुर, बुद्धिमती।

प्राञ्जलिपुरस्सर—धू. ५३-१५, अंजलि आगे किए हुए, हाथ जोड़े हुए।

प्राड्विवाककर्म—पा. २४-६, न्यायाधीश का काम।

प्राणापायहेतु—धू. ६७-१, प्राण के नाश का कारण।

प्रादोषिकोपचार—पा. १०३-२, सायं-कालीन सेवा के कृत्य।

प्राप्ताग्र्यशौर्य—धू. ५३-ई, प्रथमकोटि की वीरता प्राप्त करने वाला, प्रथम कोटि का शूर।

प्राभातनान्दीस्वन—पा. १२-२, प्रातःकालीन नान्दी के शब्द, प्रभाती।

प्रायश्चितविप्रलम्भविह्वल—पा. १४-१, प्रायश्चित के परिहार के लिए व्याकुल।

प्रावार—प. ३१-१५, चादर।

प्रावृट्कलुषा—प. १३-आ, वर्षाकाल से गंदली।

प्राश्निक—धू. ११-१२, खेलों में हार-जीत का निर्णायक मध्यस्थ।

प्राश्निकानुमत—पा. ९७-२०, प्राश्निक की सम्मति।

प्रासादपङ्क्ति—उ. ५-५, महलों की श्रेणी।

प्रासादभूमि—पा. ६३-ई, महल का खण्ड।

प्रासादमाला—धू. १६-१०, पा. २२-ई, प्रासादों की पंक्ति।

प्रासादमेघ—उ. ५-६, मेघरूपी प्रासाद।

प्रासादसंबाध—प. १९-१३, मकानों की भीड़-भाड़ या जमघट।

प्रियकलह—पा. १२१-४, कलह में रुचि लेने वाला।

प्रियगणिक—प. १६-१३, गणिका को चाहने वाला।

प्रियगणिकत्व—धू. २७-७, गणिकाप्रिय होना।

प्रियङ्गुमञ्जरीक्लृप्तकेशहस्त—धू. ६५-७, प्रियंगु की मञ्जरी जूड़े में लगाए हुई।

प्रियंगुयष्टिका—प. २८-१३, ३०-६, ३१-२, पा. ३९-७, ३९-१२

प्रियंगुसेना—उ. २६-६

प्रियजनपरिष्वङ्ग—प. २५-३२, प्रियजन का आलिङ्गन।

प्रियजनविमानित—धू. ३५-इ, प्रियजन से अपमानित।

प्रियजनाधरोपदंशप्रणयी—धू. १६-१५, प्रियजन के अधर-पान की गजक चखने का अभिलाषी।

प्रियवादिनिका—प. ३७-२, ३८-२०, ४०-१, ४२-८, ४२-१४

प्रियविटसङ्गम—पा. १४८-इ, विटों की सुखकर गोष्ठी।

प्रियवीथिका—पा. ६७-३०

प्रियादशनाङ्कित—उ. १-आ, प्रिया के दाँत से अंकित।

प्रियोपयुक्तशोभिन्—धू. १०-४, प्रिया के उपभोग से शोभित।

प्रीतिफलेप्सु—धू. ६७-१४, प्रीति का फल पाने के लिये उत्सुक।

प्रेक्षा—पा. ९७-४, नाटक।

प्रेङ्खोलत्कुण्डल—प. ३१-अ, कुण्डलों का हिलना।

प्रेङ्खोलित—पा. ११४-६, छिटकती हुई, हिलती हुई।

प्रोषितयौवना—धू. २७-८, जिसकी जवानी समाप्त हो गई है।

फुल्लवल्लीपिनद्ध—प. ६-अ, फूली लताओं से लिपटा हुआ।

बकविलालसमप्रचार—पा. ४-अ, बगुले

और बिलार के समान चलना।

बद्धक—पा. ४१-१७, पकड़कर मँगवाए हुए।

बद्धमदनानुराग—पा. ९१-७, काम के अनुराग में फँसा हुआ।

बद्धमेघयूथ—धू. २३-७, घिरा हुआ बादल समूह।

बन्धकी—प. १८-१३, नीची श्रेणी की वेश्या जिसे बनारसी बोली में टकहिया कहते हैं।

बन्धसन्धि—पा. ३३-१२, दीवारों की जुड़ाई।

बन्धुमतिका—धू. १८-१४

बन्धूककुसुमोज्ज्वलविशेषका—धू. ६५-५, बन्धूक के फूल की तरह दमकते विशेषकों वाली।

बर्बरिका—पा. ११०-३

बलदर्शक—पा. ८८-७, सेना का विशेष अधिकारी।

बलिभुक्—प. १६-२३, बलि खाने वाला कौवा।

बलिभृत्—पा. ३१-९, बलि खाकर पेट पालने वाला कौवा।

बलिविक्षेपोपनिपतित—पा. ३१-९, दी हुई बलि पर झपटना या टूटना।

बस्तानन—पा. ६७-आ, बकरे के समान मुख वाला।

बहि:शिबिक—पा. ८८-५, उज्जयिनी का एक मोहल्ला।

बहुभाषित्व—उ. १९-६, अधिक बातचीत।

बहुवृत्तान्तता—धू. ४-१, बहुत भाँति की विशेषताएँ।

बालक्रीड़नक—प. ३७-२१, छोटे बच्चों के खिलौने।

बालपक्व—प. ३९-ई, बाल्यावस्था में ही परिपक्व।

बाष्प—पा. ३०-६

बाहुविक्षेपण—उ. २२-अ, बाहुओं का फटकारना।

बाह्यकरण—पा. २-ई, शरीर।

बाह्यद्वारकवाट—प. ३३-२३, बाहरी दरवाजे की किवाड़।

बाह्यद्वारकोष्ठक—प. २७-९, बाहरी दरवाजे की देहली।

बाह्यव्यतिकर—पा. ७०-आ, सम्बन्धित विषय से बाहर की व्यर्थ बात।

बाह्लिक—पा. ३९-३, बह्लिक देश का।

बाह्लिकपुत्र—पा. ३०-६

बिडम्बयत्—पा. २४-२, नकल करता हुआ।

बीजपूरक—पा. २६-३, बिजौरा नींबू।

बृहच्छ्मश्रुवितानवद्ध—पा. ९०-इ, लम्बी झालरदार दाढ़ी से ढका हुआ।

बृहस्पति—धू. ६४-२, एक स्मृतिकार।

ब्रह्मोदाहरण—उ. ५-५, वेदाध्ययन।

ब्राह्मणपीठिका—पा. १२-३, १२-४, ब्राह्मणों की बैठक।

ब्राह्मणोपगमन—पा. १२७-३, ब्राह्मण के समीप कुछ पूछने जाना।

ब्रीडाञ्चितसाध्वसस्वेदवेपथु—पा. ७२-३, लज्जा और घबराहट के कारण पसीने से भीगे एवं काँपते हुए।

भक्तिमान्—धू. ५३-११, भक्ति रखने वाला, यहाँ तात्पर्य उस व्यक्ति से है जो बार-बार भगाने पर भी वेश्या के घर का चक्कर लगाया करता है।

भगदत्त—पा. ५४-आ।

भगवते—पा. ५०-२ (१) बुद्ध के लिये (२) भग में आसक्त कामुक के लिये।

भगिनिका—प. ८-६, छोटी बहन।

भट्टाउहेण (प्रा.)—पा. ६२, भद्रायुधेन।

भट्टिजीमूत—पा. ११-६, ४१-३, ११७-

११, १२६-१, पा. १४७-१, विटों का चौधरी व्यक्ति विशेष।

भट्टिमघवर्मा—४१-१७, ३१-२४, पा. ४२-२

भट्टिरविदित—पा. ८५-४, ८५-६

भट्टी—पा. १४७-३

भदन्त—प. २३-१५

भद्रमुख—पा. ६४-११, भलेमानस।

भद्रमुखी—उ. २७-२

भद्रायुध—पा. ५६-६

भयद्रुत—प. ४४-अ, भय के कारण शीघ्र चाल।

भरद्वाज—पा. १२-७

भर्ग—पा. १३४-ई, एक जनपद।

भर्तृदारक—उ. ३१-१, ३१-२, मालिक।

भर्तृस्थान—पा. १३३-ई, स्वामी सूर्य का मूलस्थान, मुलतान।

भवकीर्ति—पा. १३५-१

भवनकचया—पा. ४१-३१, महल का चौक।

भवनकमलिनीवेदिका—पा. १०२-ई, भवन पुष्करिणी के पास का चबूतरा।

भवनद्वार—धू. २७-५, पा. ४१-१५, घर का मुख्य द्वार।

भवनवरावतंसक—पा. ३३-१८, आलीशान महल।

भवनवलभीपुट—प. २८-१०, घर की ऊपरी अटारी का पुट या गवाक्ष।

भवस्वामिन्—पा. १४-३

भागवत—पा. ६४-२, भगवान बुद्ध में श्रद्धा रखने वाला, पंचरात्र।

भागवतनिरपेक्ष—पा. ६४-२, वैष्णव भागवतों से बचकर रहनेवाला, या भगवान् बुद्ध का अनुयायी निरपेक्ष (उपेक्षा विहारी) भिक्षु।

भाजनीभविष्याम:—प. ४१-४, विश्वास-पात्र होऊँ।

भाण—पा. २-२, एकनट नाटक।

भाण्डसमृद्धा—प. ८-२०, व्यापारी माल अथवा सजावट के आभूषण अलंकारों से परिपूर्ण।

भाण्डीरसेना—प. २८-१

भावजरद्गव—प. २०-४, २०-११, बुड्ढा विट।

भावबहिष्कृत—उ. २३-४, भाव समझने में अयोग्य।

भावविनिविष्टांगी—धू. ६७-१८, भाव से भरे अङ्गों वाली।

भाववैशिकाचल—उ. ३-१२, पर्वत की तरह वेश में रहने वाला विट।

भावसंगूहन—धू. ४७-इ, मन की बातों का छिपाना।

भावाभिधानपटु—धू. ५८-आ, मन का भेद बताने में निपुण।

भित्तिगत—प. ९-१८, भित्ति पर लिखा हुआ।

भिन्ननि:श्वासवक्त्र—प. ४०-इ, टूटी साँस से मुख के रंग में परिवर्तन।

भीमदर्शना—धू. ६४-१२, देखने में भयानक।

भुक्तमुक्त—धू. ६२-आ, पहन का छोड़ा हुआ।

भुग्ना—पा. ९१-आ, टेढ़ी।

भूतपूर्वविभव—उ. ९-२, पूर्वकालीन वैभव।

भूमिकाप्रकरण—प. ३५-१८, पात्र के अभिनय (भूमिका) का विषय।

भूमिदेव—पा. १२-१०, ब्राह्मण।

भूषणप्रणाद—प. २९-६, आभूषणों की झंकार।

भ्रमारूढ कांस्य—पा. २८-आ, खराद पर

चढ़ा हुआ कांसा।

भ्रश्यमानोपचारा—पा. १०-अ, ऐसी नायिका जिसकी साज-सज्जा का सामान तितर-बितर हो गया हो।

भ्रान्तपवन—धू. ६-अ, चौबाई हवा।

मकरयष्टि—पा. ३१-९, कामदेव की मकरांकित ध्वजा।

मकररथ्या—पा. ३०-२, एक गली।

मगध—पा. २४-आ।

मगधराजकुल—पा. ६०-ई, मगधेश्वर का राजकुल।

मगधसुन्दरी—प. ३३-१९

मणिरशना—पा. १३९-इ, मणियों की करधनी।

मण्डयते—पा. ३७, सजाई जाती है।

मत्तकाशिनी—प. १८-१३, पा. ११-५, अति रूपवती स्त्री।

मदनकर्म—प. ४२-१९, कामदेव का कार्य।

मदनकर्मान्तभूमि—प. ३६-५, कामदेव का कारखाना या कार्यालय (वृक्षवाटिका, भवनोद्यान आदि)।

मदकला—पा. ८-इ, मदविह्वल कामिनी।

मदनतन्त्रसार—उ. ३४-१, कामशास्त्र का तत्त्व या निचोड़।

मदनतुला—प. ३२-आ, काम की तराजू।

मदनदूत—पा. ६७-१३

मदनदूती—धू. ६६-२, कोयल।

मदनभ्रमर—प. ६-४, कामरूपी भौंरा।

मदनमञ्जरिका—प. ६-४, काम की मंजरी।

मदनविक्लव—पा. ६९-१८, काम से विकल।

मदनव्याधि—प. ६-९, काम की बीमारी।

मदनशरशल्य—प. ८-१२, कामबाण रूपी काँटा।

मदनसेना—धू. १७-४, उ० ३-८

मदनसेनिका—पा. ८-५, १०-४, १२५-२

मदनाक्रान्त—उ. २२-१०, कामाभिभूत।

मदनाग्निहोत्र—प. ३३-८, कामाग्नि का हवन।

मदनाग्रहार—धू. २६-६, मदन की माफी या पुरस्कार।

मदनानुरागशङ्का—उ. ३-९, प्रेम की आशंका, प्रेम में सन्देह।

मदनान्तकारी—धू. ३८-ई, काम का अन्त करने वाला।

मदनामय—प. ८-२, काम व्याधि।

मदनाराधन—उ. ३-८, कामदेव की पूजा।

मदनीय—प. २१-१, नशा करने वाली।

मदभ्रम—प. २३-२०, शराब का धोखा।

मदमृदुकथित—उ. ३५-अ, मद भरी मीठी बातें।

मदयन्ती—पा. ७८-१

मदरभस—धू. ११-१४, मद बहने के वेग से भरा हुआ (हाथी)।

मदराग—पा. ११५-ई, मद की लाली।

मदललितचेष्ट—पा. ११०-अ, नशे में ललित चेष्टाएँ करने वाला।

मदविलासस्खलितपदविन्यासा—उ. २९-५, मद के विलास से डग या पैर रखती हुई।

मदस्खलिताक्षर—पा ९८-१, नशे में टूटे हुए शब्द।

मदालसविघूर्णितलोचना—पा. १४७-अ, मद से घूमते हुए नेत्रों वाली।

मदिरालसा—पा. ८२-आ, मदिरा से अलसाई हुई।

मद्यचषक—पा. १३४-आ, १३३-आ, शराब का प्याला।

मद्यभाजन—पा. ३०-३, शराब का पात्र।

मधु—पा. ४-ई, शराब।

मधुगुण—उ. ३-ई, वसन्त की विशेषताएँ।
मधुभाजन—पा. १०६-इ, मद्य का चषक, प्याला।
मधुरचेष्टिता—धू. १६-९, मधुर हाव-भाव दिखानेवाली, नखरे दिखाने वाली।
मधूककुसुमावदात सुकुमारगण्ड—पा. ११५-इ, महुए के फूल की तरह सफेद और कोमल गाल।
मध्य—प. ३१-ई, पा. ५८-आ, मध्यभाग, कटि।
मध्यगडुल—पा. ३२-आ, बीच में गठीला।
मध्यदेश—पा. ५९-इ, कमर।
मध्यविसंवादन—प. ३०-१७, बीच से उतर जाना, कटि भाग का बल खा जाना।
मनसिजकदन—प. ३९-ई, काम-संग्राम, रति युद्ध।
मनसिजेच्छा—पा. ७२-आ, कामेच्छा।
मनु—पा. १२-७, प्रसिद्ध धर्मशास्त्रकार।
मनुष्यकान्तार—प. १८-७, मनुष्यों का जंगल, लोगों का जमावड़ा।
मनोरथक्षेत्र—प. ७-३, इच्छा का विषय।
मनोरथमूकदूतक—प. ८-१४, परस्पर इच्छाओं के करने का मूक साधन (इंगित भाव)।
मन्त्राधिकारसचिव—पा. १४५-आ, मन्त्रिमण्डल के अधिकरण या कार्यालय में सचिव पद पर नियुक्त।
मन्दनिमेष—धू. ५२-अ, पलकें टिमटिमाना।
मन्दरागा—धू. ४८-२, जिसका प्रेम फीका पड़ा हो ऐसी स्त्री।
मयूरकुमार—पा. ११३-इ, ११४-आ।
मयूरगलमेचक—पा. १०५-आ, मयूर के गले के समान साँवला।
मयूरसेना—पा. ९७-१, ९७-५, ९७-२३
मरुत्प्रपाताग्निप्रवेशन—धू. ६७-२, हवा पीना, पहाड़ से गिरना और अग्नि में प्रवेश करना।
मरुपिशाच—पा. ८८-ई, रेगिस्तानी भूत।
मर्मर—पा. १००-१३, मर्मर शब्द करने वाला कलफदार वस्त्र।
मलकीर्ण—उ. २४-इ, गन्दा, मलयुक्त।
मलद—पा. ५६-६, एक जनपद।
मलाचिताङ्ग—उ. २४-अ, मल से भरे शरीर वाला।
मलिनप्रावार—प. २३-२, गन्दी चादर।
मल्लकथा—पा. ७०-अ, पहलवानों की कुश्ती के बारे में बातचीत।
मल्लस्वामिन्—पा. १३१-९
महाजन—पा. ४३-अ, बहुत से लोगों का समूह, भीड़।
महाजनसम्मर्ददुर्गम—पा. ३०-१, जन समूह की भीड़ से जाने में कठिन।
महाध्वनि—पा. २७-ई, बहुत अधिक शोरगुल।
महाप्रतीहार—पा. ५६-६
महाप्रभावा—धू. ६७-२२, बड़ा रोब गाँठनेवाली।
महाभारत—पा. ४८-५
महामात्रपुत्र—उ. ९-१, पा. १०-५, महामात्र का पुत्र।
महामात्रमुख्य—उ. ५-७, महामात्रों का प्रधान।
महिषक—पा. २४-ई, महिष जनपद का निवासी।
महिषीविषाणविषमा—पा. ६६-इ, भैंस के सींग की तरह विषम (वेणी)।
महेन्द्र—प. ३३-३०, इन्द्र।
महेश्वरदत्त—पा. १४२-अ, एक कवि का नाम।
मांसक्राय—पा. २९इ, मांस बेचने वाला।

माणुसोत्ति (प्रा.)—पा. ६२, मनुष्यत्व में।
मातृ—पा. ३५-ई, खाला।
मातृदोष—उ. २५-४, खाला की भूल।
मातृध्यापत्ति—प. २३-१८, वृद्धा गणिका की मृत्यु।
माधवसेना—धू. १०-९, उ० ११-४
माध्यकोद्देश—पा. ३३-१३, धवलगृह के भीतर का आँगन या खुला स्थान।
मान:शिल—प. ३०-आ, मैनसिल से रंगा हुआ (कन्दुक)।
मानक्षमा—प. ३२-अ, मान करने में समर्थ।
मानपरिग्रहा—उ. ३१-१, मान की हुई।
मानमध्यस्थता—प. ८-५, सम्मान में शिथिलता या उपेक्षा।
मानयितव्य—धू. ३९-१, मनाने योग्य।
मानैकग्राहवाक्य—व. ३२-इ, केवल मान धारण करने के लिए उकसाने वाली बात।
मायाकोश—प. २३-आ, धन का खजाना।
मारुतग्राही उद्‌वसित—धू. ६६-५, हवा-महल, झँझरी-झरोखों से युक्त घर का विशेष भाग।
मार्गानुग्रह—उ. २९-१०, मार्ग के ऊपर चहलकदमी की कृपा।
मार्दंगिक स्थाणु—पा. १७-२
मार्दङ्गिक—पा. ३०-१, ३२-२, मृदङ्ग बजाने वाला, मृदङ्गिया।
मालतिका—प. २१-१२, २१-२३
मालतीलताविहसित—पा. १००-५, मालती लता का हँसना या खिलना।
मालव—पा. ६०-अ, ११५-१, ११६-ई, एक जनपद।
मालाकारदारिका—प. २१-२३, माली की छोकरी।
माल्यषण्ड—पा. ३३-१४, फूलों के वृक्षों के पालचे।
माल्यापण—प. १९-१३, मालाओं की दुकान।
माल्याभियोग—धू. १६-१३, फूल-मालाओं का उपयोग।
मापकार्ध—पा. ३०-७, एक मापक का आधा, अधेला।
मिथ्याचारकञ्चुक—प. १८-३७, झूठे आचार का चोगा या लिबास।
मिथ्याचारविनीत—प. १८-२९, ढोंगीपने से नम्र।
मिथ्याप्रजागर—पा. ७५-४, व्यर्थ का जागरण।
मिथ्याव्यय—धू. ५०-ई, व्यर्थ का खर्च, फिजूल खर्ची।
मुक्तमाना—धू. ६६-३, मान को छोड़नेवाली।
मुक्तादाम—धू. ७-२, मोतियों की माला।
मुक्तालङ्कारशोभा—उ. २८-अ, मोती के गहनों से सजी।
मुक्ताहार—धू. ६६-४, मोतियों का हार।
मुखरमणीया—पा. ९३-ई, मुख से सुन्दर नायिका, मुख में रति के योग्य।
मुखविच्युता—धू. ६१-आ, मुँह से फेंकी हुई, कुल्ला करके फेंकी हुई।
मुद्रितायोषित्—पा. ६४-२, (१) विवाह सम्बन्ध से बँधी हुई, (२) मुहरबन्द होने के कारण काम भाग में अस्पृश्य, (३) काम या रति मुद्रा से युक्त।
मुष्टयाघात—पा. ८७-आ, मुष्टिका प्रहार।
मूलदेव—प. १२-२, ३७-२२, ४२-१३
मूलदेवसख—प. ८-१५, मूलदेव का मित्र शश।
मूलदेवीय—प. १२-५, मूलदेव को।
मूलहर—पा. १२१-आ, सारी पूँजी छोड़ने या झोंक देनेवाला।

मृगपोतिका—प. ३४-१, मृगशाविका, मृगछौनी।

मृगयते—पा. १६-इ, खोजती हैं।

मृगयन्ते—पा. ८०-अ, माँगते हैं।

मृगयमाण—पा. ८०-ई, माँगते हुए।

मृदङ्गनिस्वन—धू. १६-१०, मृदङ्ग की ध्वनि।

मृदङ्गवासुलक—प. २०-४, एक विट का नाम।

मृदितमण्डना—धू. २५-८, जिसके शृङ्गार मिट गए हों।

मेघपटह—धू. ४-ई, मेघरूपी नगाड़ा।

मेघावगूढ—प. ३९-६, मेघाच्छन्न।

मेदःक्षय—पा. ७४-अ, चर्बी का घटना।

मेरुविन्ध्यस्तनाढ्या—उ. ३५-इ, मेरु और विन्ध्यरूपी स्तनों से सुन्दर पृथिवी।

मौद्गल्य—पा. ८८-२०, एक गोत्र।

मौद्गल्य दयितविष्णु—पा. १७-२

मौर्यकुमार—प. २८-६

यथातथा—प. १६-२७, ऐसी-तैसी (व्यंग्य गाली) जैसा हो तैसा।

यथारसाभिनीत—उ. २८-७, रस के अनुसार अभिनय।

यथार्थनामता—प. ४२-१४, नाम की सार्थकता।

यदुपतिचरणाङ्कितललाट—पा. १००-२३, कृष्ण के चरणों से अंकित मस्तक वाला।

यन्त्रेषु—पा. २०-इ, यन्त्र संचलित बाण, नावक का तीर।

यमुनाह्रदनिलय—पा. १००-२३, यमुना की देह में रहने वाला।

यवनी—पा. ११४-४, ११५-आ, ११५-१, ११६-ई।

यशोमती—पा. ३९-७

यवन—पा. २४-अ

युगपदागम—धू. ५०-२, एक साथ आना।

युगल—पा. ५९-इ, पटका या कायबन्धन।

युवतिकेशहस्तसंक्रान्तकुसुमसमुदाय—धू. ६७-१२, युवतियों के जूड़े में सजाने के लिये फूल प्रदान।

युवतिजनप्रणयप्रतिग्राही—धू. ६५-३, युवती के साथ मन मिलाने वाला।

युवतीजनलीला—उ. १८-१२, युवतियों के हाव-भाव, नाज-नखरे।

युवतिविपरीत—पा. ८७-ई, विपरीत रति।

युवतीदोहल—प. ३९-आ, युवती स्त्रियों के समान पति से मिलने की कामना।

योक्तृच्छेद—प. २७-५, जोत का काटना।

योगतारा—प. ४२-अ, तारक समूह की मुख्य तारिका।

योग्या—धू. १९-आ, व्यायाम।

योगशास्त्र—पा. २६-आ।

यौतक—३९-१८, दहेज।

यौधेयकवर्ण—पा. ३०-१, यौधेय प्रदेश या हरियाने के गीत।

यौवनकर्म—प. २०-१५, बनाव-चुनाव से जवान बनना।

यौवननवराज्यक—प. २९-१४, यौवन का नया राज्य।

यौवनपीठ—प. ३०-१६, यौवन का भार वहन करने के लिए पीठ या आसन।

यौवनविभ्रम—पा. ३१-१०, १२३-ई, जवानी का हाव-भाव या चुलबुलाहट।

यौवनस्थायते—प. ६-अ, यौवन पर आ रहा है।

यौवनार्घ्य—धू. ३९-ई, जवानी का अर्घ्य।

यौवनावतारकोमल—प. ६-३, यौवन के आगमन से कोमल।

यौवनोत्सव—प. ६-२, जवानी का जलूसा।

यौवनौष्णय—उ. २८-आ, जवानी की गर्मी।

रक्ता—प. १८-ई, स्त्री पक्ष में अनुरक्त, वल्लकी पक्ष में रागवती।

रक्ताशोकप्रस्पन्दोष्ठी—प. २०-आ, रक्ताशोक के झुग्गे जैसी फड़कते ओंठवाली।

रक्षी—उ. २४-७, रक्षक।

रचनामूर्च्छना—उ. २९-१९, रचना या गीत के अनुसार स्वरों का आरोहारो।

रजतकलश—पा. ११७-१२, चाँदी का घड़ा।

रजनीव्यपयानसूचक—पा. ३५-अ, रात बीतने की सूचना देनेवाला।

रजनीसहस्त्र—उ. ३-११, हजार रातें।

रजसा ध्वस्त—प. ४४-आ, रज से सना हुआ।

रजोपरोध—पा. ७८-४, रजस्राव का बन्द हो जाना।

रज्यमान—धू. ५५-८, रम जानेवाला, अनुरक्त हो जाने वाला।

रञ्झयति—पा. २१-ई, रिझाती है, प्रसन्न करती है।

रतिकलहफल—धू. ३९-ई, रति में होनेवाले कलह का फल।

रतिकार्कश्य—धू. ५१-१, रति की कठिनता।

रतिपर—उ. ८-ई, रतिपरायण।

रतिपूर्वरङ्ग—धू. ५२-८, रति के पूर्व रंग वाली या चिह्न वाली।

रतिरण—धू. ५३-ई, रतियुद्ध।

रतिरसान्तर—प. ६-८, रत्यन्तर का रस, रत्यन्तर का मजा।

रतिलतिका—उ. २२-४, एक गणिका परिचारिका।

रतिविकृति—धू. ४४-अ, रति का बिगड़ जाना, किसी कारणवश सम्भव न हो सकना।

रविव्याक्षेप—उ. ३४-५, रति में विघ्न।

रतिशौण्डीर्य—धू. ५२-२, रति का प्राबल्य।

रतिसंकथा—पा. २१-आ, रति की बात।

रतिसुखाभ्यासाक्षमाला—धू. १९-ई, बार-बार प्राप्त रतिसुख के परिणाम की अक्षमाला।

रतिसेना—धू. २४-४, २५-१, उ.- २४-१, २५-१

रत्यन्तरे—धू. २४-ई, रति के बीच में।

रत्यर्थवैशेषिक—उ. १६-ई, रतिकर्म को नित्य पदार्थ मानने का सिद्धान्त।

रत्यर्थिनी—प. १८-अ, काम से भरी हुई।

रत्युत्सव—उ. २३-ई, रति का उत्सव।

रथ्यावलोकनकुतूहल—उ. ५-६, गली देखने का कुतूहल।

रदमाना—धू. २० स्वयं धक्का मारकर दाँत और नखों से खरौंचती हुई।

रभसवर्तितवल्गितस्तनी—पा. ४७-आ, जल्दी में थहराते स्तनोंवाली।

रशनावतिका—प. १६-१४, १६-१६, १७-६, १८-१

रसायनप्रयोगातिवर्तक—धू. ५३-२०, रसायन के प्रयोग को भी तिरस्कृत करने वाला या मात करने वाला।

रहस्यसचिव—पा. ५२-१, नर्म सचिव।

रहस्यानाख्यान—पा. ७०-४, रहस्य का छिपाना।

रहोनैपुण—धू. ५१-२, ५२-ई, काम-भाव में निपुणता।

रागघ्न—उ. २३-आ, रागनाशक।

रागरतिप्रबन्धशिथिला—उ. १२-ई, राग-पूर्वक रति करने से शिथिल हुई।

रागवृक्षप्रवाल—प. ३६-अ, प्रेमरूपी वृक्ष का नवीन पत्र।

लुठित—पा. ७७-अ, लुढ़कता आता है।

लुलित—धू. १६-११, हिलाया हुआ, फेंका हुआ।

लेप—प. २१-ई, खिजाब आदि का लगाना, पलस्तर।

लोकश—धू. १४-ई, सांसारिक व्यवहारों में चतुर।

लोकलोचनकान्त—उ. ११-इ, लोगों की आँखों को लुभानेवाला।

लोकवाद—प. १७-आ, कहावत।

लोचनतोयशौण्ड—पा. ६६-ई, आँसू पीने की अभ्यस्त।

लोचनापाङ्गशार्ङ्ग—पा. १-इ, भ्रूभङ्ग रूपी धनुष।

लोहचूर्णसमृद्धि—प. २१-३, लोह के चूर्ण से बढ़ती।

वंग—पा. २४-आ, एक जनपद।

वक्त्रापरपक्त्र—उ. २९-१९, वक्त्र और अपरवक्त्र नाम छन्द, गाल को सामने और पीछे की ओर करना।

वचनलीला—उ. ३४-४, बातचीत का मजा।

वचनविन्यास—धू. १६-५, बातों की सजावट।

वचनोपन्यास—प. १३-५, २४-२३, बातचीत करना।

वञ्चनासन्निवेश—प. २३-आ, ठगों का अड्डा।

वञ्चितक—प. १२-१, पा. ६४-३, व्यंग्य।

वदनरुचिकर—धू. ३१-अ, मुख की शोभा बढ़ाने वाला।

वनगजदम्य—पा. ५५-आ, जंगली हाथी का छौना।

वनमेष—पा. ७८-आ, बनैला मेंढ़ा।

वनराजिका—प. २४-१८, २४-२५

वन्ध्यकुसुमा—धू. ४३-ई, जिसमें फूल मात्र ही आते हैं, फल नहीं।

वप्र—पा. ३३-९, कुर्सी का ऊँचा चेजा (मकान की कुर्सी को रोकने वाला) हाथी।

वयोऽवस्थापन—धू. ४८-४, बल को स्थिर रखनेवाला।

वरतनु—प. १०-इ, उ० १७-इ, छरहरी, लकलका।

वरप्रवहण—पा. ११-८, बढ़िया सवारी, रथ या गोयुग्मशकट।

वररुचिकाव्यानुसार—पा. १४२-ई, वररुचि के काव्य के अनुसार।

वरवारुणी—उ. ३-आ, बढ़िया शराब।

वराहदास—पा. ११४-४

वर्णक—धू. १६-१२ उबटन, पा. ११७-३४, खिजाब।

वर्णयत्—पा. १०८-इ, रँगता हुआ।

वर्णान्तर—पा. ९-१, दूसरा रङ्ग।

वलभी—प. २९-अ, पा. ३३-९, १०३-अ, भवन के ऊपरी भाग में बनी हुई मंडपिका।

वलभीगवाक्षतिलक—प. २९-अ।

वलभीपुट—प. २८-१०, वलभी का पुट या गवाक्ष।

वलयिन्—पा. ४१-अ, वलय से सुशोभित।

वलयोद्घात—पा. ८७-आ, कड़ों की खड़खड़ाहट।

वल्गु—पा. १०७-अ, मधुर।

वल्गुगीतापदेश—पा. ३६, प्रिय गीत के बहाने।

वल्लकि—प. १८-ई, वीणा।

वल्लकी—पा. १६-१६, ३१-१७, पा. ११-५, १३८-३, वीणा।

वल्लकीवाद्य—धू. १६-१४, वीणावाद्य।

वल्लभा—प. ३३-२७, वल्लभा नाम का पद

विशेष।

वशिष्ठ—पा. १२-७

वसन्तक—उ. इ.-ई, वसन्तोत्सव।

वसन्तकुटुम्बिनी—प. २०-ई, वसन्त की गृहिणी।

वसन्तकुसुमगन्धामोदक—उ. २९-१७, वसन्त के फूलों की गन्ध की महमहाहट।

वसन्तकैशोरक—प. ५-६, वसन्ती जवानी।

वसन्तभूत—उ. ३-१२, वसन्त ऋतु का होना।

वसन्तवती—प. २४-१८

वसन्तवधू—प. १९-१५

वसन्तवायु—प. ३४-७, फाल्गुन महीने में बहने वाली हवा, फगुनहटा।

वसन्तसमृद्धि—उ. २-४, वसन्त का विकास या शोभा।

वसन्ताक्रान्तशिथिलीकृतघृति—उ. ३१-२, वसन्त के आगमन से अधीरता।

वसु—पा. २१-अ, धन।

वाक्क्षुर—पा. ११-५, वचन की छुरी।

वाक्पुरोभाग—प. १०-३, वाणी या वाक्य में दोष निकालना।

वाक्पुष्पक—प. ९-७, वचनरूपी फूल।

वाक्यलेश—धू. ३१-आ, ४७-आ, संक्षिप्त वार्ता।

वाक्शरगोचर—प. २३-१०, वाग्बाणों से छू जाना।

वागर्चिष्—प. १८-इ, वाणीरूपी लपट।

वागशनि—प. १६-३२, वाग्वज्र।

वागीश्वर—प. १०-८, बृहस्पति।

बागीश्वर—प. ११-ई, बड़े कवि।

वाग्वागुरा—प. १६-८, वचनरूपी फन्दा।

वाताचार्योपदेश—प. ३-आ, वायुरूपी आचार्य का उपदेश।

वातायनाभोग—धू. ११-१३, खिड़की के बीच का भाग।

वाद्विधट्टित—प. १६-१०, वाद में पिटा हुआ या हारा हुआ।

वानरीनिष्कूजित—पा. ११६-२, वानरी की खाँव-खाँव आवाज।

वामशीला—धू. ४७-ई, प्रतिकूल रहने वाली।

वायसोच्छिष्ठ—प. २३-७, कौवे का जूठा।

वायुवैषम्यनिपीडिताक्षर—पा. १३२-६, हाँफने से टूटे हुए शब्द।

वारमुख्यजन—धू. ८-इ, पा. १२३-१, वेश्याएँ।

वारविलासिनी—पा. ५४-ई, वेश्या।

वारस्त्रीप्रणयमहोत्सव—पा. १४८-ई, वेश्याओं का प्रेम भरा उत्सव या जलसा।

वारुणिका—प. १८-१३, धू. १७-४, १८-३

वारुणीचषक—धू. ११-१०, शराब का प्याला।

वारुणीमदलक्ष—पा. ६९-२६, मदिरा का नशा चढ़ना।

वारुणीमदविलुलिताक्षर—धू. ६७-१९, मदिरा के नशे से टूटे-फूटे शब्द।

वावदूकजादिवृषभविघट्टन—प. १६-३५, बड़बड़िये तार्किकों की बैलभिड़न्त।

वासन्तिक—प. ६-ई, वसन्त कालीन।

वासन्ती—प. २५-अ, वसन्त की एक लता या उसके पुष्प।

वासवदत्ता—पा. ११७-ई।

विकचनवोत्पलतिलका—धू. २९-अ, खिले हुए कमल की आकृति के तिलक वाली।

विकसित—पा. ९०-८, प्रकट।

विकृति—धू. ६४-५, कामविकार।

विकच्मुकुलजाल—पा. १००-५, खिली

कलियों का समूह।

विक्रोशति—पा. ३६, रोती है।

विखण्डितविशेषक—प. २६-अ, मिटा हुआ विशेषक।

विगतमारुता—धु. ६५-४, आँधियों का समाप्त होना।

विघसु—(प्रा.) पा. ६२, खाने वाला, खाना चाहे।

विचोद्य—धू. ५३-२०, उभार कर।

विजयार्ध—प. ३१-३, विजय का अर्घ।

विजृम्भमाण—उ. ३-५, जँभाई लेते हुए, विकसित होते हुए, खिलते हुए।

विज्ञापनव्यग्र—उ. १-२, कहने के लिये उत्सुक।

विटङ्क—पा. ३३-९, पक्षियों के लिये छतरी।

विटजनकथा—प. ९-इ, विटों की गप्पें।

विटजनप्रत्यनीकभूत—पा. २५-१, विटों के लिये विघ्न रूप।

विटज्ञ—पा. १७-इ, विटों को जानने वाला।

विटपारशव—प. १८-३०, एक गाली, विट का हरामी पिल्ला।

विटपुङ्गव—पा. २१-इ, विटों में श्रेष्ठ।

विटप्रवाल—पा. ११७-३, विटत्व का बढ़ता हुआ अंकुर, किशोर विट।

विटबक—पा. ८८-इ, विट रूपी बगुला।

विटमण्डप—पा. ५-४, विटों का गोष्ठी स्थान।

विटमति—धू. १४-२, विट की बुद्धि।

विटमहत्तर—प. ११-६, पा. ११७-११, १२६-१, १४३-३, विटों का प्रधान या चौधरी।

विटमुख्य—पा. १४-७, विटों में मुख्य।

विटलक्षण—पा. १५-३, १७-१, विटों के लक्षण।

विटसन्निपात—पा. ३०-५, विटों का जमावड़ा।

विटसन्निपातकर्म—पा. १४-११, विटों की सभा बुलाना।

विटसमाज—पा. १००-२५, ११७-१०

विटसम्मत—पा. १४-१२, १७-४, विटों में सम्मानित।

विडम्बयन्ती—उ. १८-१२, नकल करती हुई।

वितर्कडोला—पा. ९७-२६, संशय का भूला।

वितर्दि—पा. ३३-१२, वेदिका।

वित्तवत्—पा. २१-ई, धनवान।

वित्रस्तमृगपोतिका—उ. ११-५, डरी हुई मृगछौनी।

विदितपरमार्थ—उ. २४-७, सच्चा हाल जान कर।

विदितार्थ —पा. ११-२, पण्डित, अर्थवेत्ता।

विदेशराग—पा. ५२-६, बाहरी मजा, विदेश से आई हुई वेशस्त्रियों के उपभोग की चसक।

विद्वद्वाद —प. ९-आ, विद्वानों का शास्त्रार्थ।

विधेय—उ. ९-अ, अनुचर, सेवक।

विधृतः—पा. ८०-ई, पकड़ा गया।

विनम्रकलाविदग्ध—पा. ४-इ, दिल्लगी-बाज, हँसी-ठट्ठा करने वाला।

विनिगूढ़हास—पा. १२६-आ, हँसी छिपाए हुए या हँसी छिपाकर।

विनोदनायतन—प. ३१-८, मनबहलाव का स्थान।

विपञ्ची—पा. १०७-आ, वीणा।

विपणि—पा. २६-८, बाजार।

विपणिक्रिया—प. ९-आ, क्रय-विक्रय का व्यवहार।

विपणिमार्ग—पा. ३०-१, बाजार का चौड़ा

रास्ता।

विपणिवायु—प. १९-१३, बाजार की हवा।

विपणिवृष—पा. २५-ई, हाट का साँड़।

विपुलतरललाटा—पा. ४५-अ, चौड़े ललाट वाली।

विपुला—पा. ११-१०, १३-३

विपुलामात्य—प. ११-८, विपुला का अमात्य, विपुला की प्रेम-साधना में परामर्श देनेवाला।

विफलीकृत—धू. ५९-आ, असफल किया हुआ।

विबोधनकर—उ. २३-१४, खिलाने वाला।

विभ्रम—प. १८-३३, लिप्सा, लपकपना।

विभ्रमचेष्टित—पा. १४०-आ, विलास या नखने की चेष्टा।

विभ्रान्ताक्ष—पा. ८३-इ, चञ्चल आँखों वाला।

निभ्रान्तेक्षण—प. ८-अ, चंचल कटाक्ष।

विमर्शदोला—प. ४२-७, सोच-विचार का झूला।

विमानयन्ति—धू. ३६-आ, तिरस्कृत करते हैं।

विमुखयितुम्—पा. २५-९, विमुख या परोक्ष करने के लिये।

विरचितकुचभारा—पा. ५१-अ, कुचों को कसकर।

विरचितकुन्तलमौलि—पा. ५७-अ, बालों का जूट बाँधे।

विरचितकुसुम—धू. ६२-अ, पुष्पों से सजकर।

विरज्यमानसन्ध्यारागा—पा. ९-१, सन्ध्याकालीन फीकी लालिमा जैसी होती हुई।

विरलतन्त्री—धू. ७-१, जिसके तार विलग हो गए हैं।

विरलमृदुकथं—उ. १४-अ, मधुर आलाप का कम हो जाना।

विरागयितुम्—प. १७-१९, दुत्कारना, हटाना।

विरामबहुल—धू. २१-ई, बार-बार की रुकावट।

विलाल—पा. १०२-अ, बिडाल।

विलासकौण्डिनी—उ. १५-९

विलासचतुरभ्रू—पा. ४२-आ, नखरे से भौहें मटकाने वाला।

विलासनिधि—धू. १६-९, आनन्द सुखभोग की निधि।

विलासमूर्ति—प. १-इ, विलास की मूर्ति।

विलासयौतक—प. ४१-६, विलास का दहेज।

विलासविप्रेक्षितगतिहसित—उ. १८-१२, विलास भरी चितवन, चाल और हँसी।

विलासशेष—पा. ३१-१०, बचा-खुचा विलास।

विलासहसित—उ. २२-आ, नखरे की हँसी।

विलुलितालक—धू. २५-७, बिथुरी हुई अलक (लट)।

विलेपन —पा. ११७-३५, अंगराग।

विलोलभुजगामिन्—पा. ४२-अ, बाहें झुला कर चलने वाला।

विवरण—धू. ३१-इ, आवरण हटाना, उघाड़ना।

विविक्तकाम—प. ३७-५, एकान्त पसन्द करने वाला।

विविक्ततरबिम्ब—पा. ४८-आ, अधिक स्पष्ट हुआ गोल भाग।

विविक्तविस्रम्भा—प. ८-१०, शुद्ध विश्वास वाली, सब प्रकार से निश्छल विश्वासवाली।

विविक्तशरीरलावण्या—प. ३१-१४,

जिसका शरीर सौन्दर्य अनलंकृत रूप में भी भला लग रहा है।

विशोलेक्षणा—उ. २२-ई, बड़ी आँखों वाली।

विशीर्णवस्त्र—उ. २४-इ, फटा वस्त्र।

विशेष—उ. १८-इ, द्रव्यों के नित्य अवयव या परमाणुओं को एक-दूसरे से पृथक् करने वाला गुण।

विशेषक—प. २६-अ, चन्दन कस्तूरी अगुरु आदि से ललाट कपोल आदि पर शोभा के लिये बनाई हुई विशेष अलंकरणयुक्त रचना।

विश्रम—प. २५-३४, विश्राम।

विश्राण्यते—पा. ११७-३३, बाँटा जाता है।

विश्रामभूमि—पा. १६-आ, आरामगाह।

विश्वलक—धू. २७-५, २७-८, २७-१४, ७०-६

विश्वावसुदत्त—उ. ३१-२

विषकहे (प्रा.)—पा. ६७-११, विपरीत कहूँ।

विषयप्रधाना—धू. ६४-८, विषय को ही प्रधान मानने वाली।

विषु (प्रा.)—पा. ६७-१२ सब।

विष्णुदत्ता—उ. ११-४

विष्णुदास—धू. २९-६, पा. २४-५

विष्णुनाग—पा. ८-५, ८-७, १२-४, १४-५, ४१-५, १२१-२, १४७-२

विसंवादित--धू. ५७-१, एक-दूसरे की मर्जी के खिलाफ होना, या करना।

विसर्जयितुम्—धू. ६९-१०, विदा देने के लिये।

विसर्जित—उ. २९-२, विदा किया हुआ।

विसृत—प. ३१-आ, बिथुरे हुए।

विस्रम्भण—धू. ३३-आ, विश्वास प्राप्त करना।

विहस्ता—प. १९-अ, घबरायी हुई।

विहारक्षम—धू. ४-४, विहार करने लायक, घूमने लायक।

विहारवेताल—प. २३-१३, विहार का भूत।

विहारशीलता—प. २३-१५, विहार के शीलों का पालन करने का नियम।

विह्वलद्गात्र—धू. २-आ, काँपते हुए शरीर वाला।

वीणाचार्य—उ. ३१-२

वीतराग—उ. १४-आ, राग या प्रेम का अभाव।

वीथी—पा. ३३-१२, खम्भों पर बने लम्बे दालान।

वीररात्रि—धू. ११-१६, वह रात्रि जिसमें गुंडे अपनी जान पर खेलकर कुछ कर गुजरते हैं।

वृत्तान्तता—धू. ४-३, बात या घटनाएँ।

वृथामुण्ड—प. २३-६, व्यर्थ का सिर मुँड़ाना।

वृथामुण्डन—प. २४-१२, व्यर्थ का मुण्डन।

वृद्धगार्ग्य—पा. १२-७, एक स्मृतिकार।

वृद्धपुंश्चली—पा. ७८-१९, बुड्ढी छिनाल।

वृद्धविट—पा. १४३-१, बूढ़ा विट।

वृद्धश्रोत्रिय—धू. ३६-८, बूढ़ा वेदपाठी।

वृषपतिककुद्—पा. २-इ, साँड का कन्धा।

वृषलचौक्षामात्य—पा. २४-५, हरामी चौक्ष भागवतों का साथी।

वृषली—पा. १२-५, शूद्र जाति की स्त्री, वेश्या।

वेत्रदण्डकुण्डिकाभाण्डसूचित—पा. २४-५, बेंत के डंडे और कूण्डी से ज्ञात।

वेलानिल—पा. ६१-अ, समुद्र की वायु।

वेशकन्यकावृन्दक—पा. ७६-८, वेश-कन्याओं का समूह।

वेशकलह—पा. २०-अ, वेश का झगड़ा।

वेशकुकुट—पा. ३०-६, वेश में ही चुगकर पेट भरने वाला।

वेशकोष्ठक—प. १७-१३, वेश का बाहरी अलिन्द या बरौठा।

वेशगामिनी—धू. १४-२, वेश को जानेवाली।

वेशतापसीव्रत—पा. ६३-६, वेश में तपस्विनी का व्रत।

वेशदेवता—पा. ८-९, वेश की देवी।

वेशदेवायतन—पा. ५२-५, वेशरूपी देवालय।

वेशनलिनी—पा. ८८-ई, वेशरूपी कमल पुष्करिणी।

वेशनवावतार—पा. ८८-१८, वेश में नया आगमन।

वेशप्रवेश—पा. ३०-३, ८५-३, ९०-५, वेश में जाना।

वेशप्रसङ्ग—धू. १०-२, वेश का संसर्ग।

वेशबर्बरी—पा. ११०-४

वेशविसवनैकचक्रवाक—पा. ३९-११, वेशरूपी कमलवन का अकेला चकवा।

वेशमहापथ—पा. १०३-६, ११७-११, वेश का बड़ा मार्ग।

वेशमेघविद्युल्लता—प. ३३-३३, वेश के बादल की बिजली, अति सुन्दरी नवल गणिका।

वेशयवनी—पा. ११६-२, वेश की यवनी।

वेशयुवति—प. १८-३७, युवति वेशया।

वेशरथ्या—पा. ७६-८, ११०-१, वेश की गली।

वेशलक्ष्मी—उ. ९-इ

वेशवल्ली—पा. ५१-ई

वेशवाट—धू. ८-२, वेश्यालाय।

वेशवाटी—पा. ३९-३

वेशवास—प. २८-४, वेश का रिवाज।

वेशवीथी—पा. ११३-३, वेश की गली।

वेशवीथीदीर्घिका—प. २३-१६, वेशवीथी की बावड़ी।

वेशवीथीयक्ष—पा. ७८-१६, वेशवीथी का यक्ष, वेश की गली में सदा जमने वाला खूसट।

वेशसंसर्ग—पा. ८८-८, वेश में आना।

वेशसुन्दरी—पा. ११७-४

वेशस्त्रीवडवामुखानल—उ. २५-ई, वेश्यारूपी बड़वानल।

वेशस्वर्ग—पा. ८३-ई, वेशरूपी स्वर्ग।

वेश्याङ्गण—प. २३-२, २४-अ, पा. ५४-आ, वेश्या के भवनों के सामने का अजिर या खुला स्थान।

वेश्याजघनरथस्य—धू. ६३-अ, वेश्या के जघनरूपी रथ पर चढ़ा हुआ।

वेश्याजननीसेवक—धू. ५३-११, वृद्धवेश्या की सेवा करने वाला, खालाओं का खुशामदी।

वेश्याध्यक्ष—पा. ९७-४

वेश्यापत्तन—पा. ११०-४, वेश्याओं का बाजार।

वेश्याप्रसङ्ग—प. १८-३०

वेश्यामहापथ-धू. १२-६, वेश्यारूपी चौड़ा रास्ता।

वेश्यामुखरस—धू. ११-२४, वेश्या का मुख-रस।

वेश्यावञ्चित—धू. ४९-२, वेश्या से ठगा हुआ।

वेश्याव्याजप्रवास—धू. ४४-ई, वेश्या के बहाने से प्रवास।

वेश्यासुरतविमर्द—पा. ८६-इ, वेश्यारति।

वेश्योपचारविरुद्ध—उ. १०-४, वेश्याओं के स्वभाव के विरुद्ध।

वैजयन्ती—पा. ६२-२, ध्वजा।

वैदिश—पा. २०-इ, विदिशा में होने वाला।
वैदूर्यरेणु—पा. १०३-आ, बिल्लौरी धूलि।
वैयाकरणखसूचिन्—पा. ११-४, आकाश में देखने वाला वैयाकरण, मूर्ख वैयाकरण जिसे व्याकरण का ज्ञान न हो।
वैयाकरणपारशव—प. १६-२६, दोगले वैयाकरण।
वैयाकरणवाग्व्यसन—प. १६-३४, वैयाकरणों की बकबक या किटकिटाहट।
वैरसंघर्षयोनि-उ. १९-इ, दुश्मनी और संघर्ष का कारण।
वैशिकवृत्ति—प. ११-९, वेश के मामले।
वैशिकशासन—उ. १०-आ, वेश का नियम।
वैशिकाचल—उ. ३-१२, १५-१४, १५-१५, ३१-४, वेश में पर्वत के समान अटल, वेश का धुरन्धर।
वैशेषिकावल—उ. १५-१५, वैशेषिक दर्शन का महारथी।
व्यक्तगुणोपभोग—धू. ६७-७, प्रकट सुख का आनन्द।
व्यक्ति—धू. २५-अ, होश, चेतना।
व्यक्तिकरसुखभेद—पा. ६-अ, मिलन सुख को तोड़ने वाला।
व्यतिकरामृत—पा. ७३-ई, सम्मिलन रूपी अमृत।
व्यपगतमदरागा—पा. १०-अ, वह स्त्री जिसके प्रेम का नशा समाप्त हो गया हो।
व्यपदिशति—पा. ३२-२, ८५-आ, बतलाता है, कहता है।
व्यलीक—प. २१-अ, ओलती या ओरी, छप्पर का सिरा।
व्यलीक—धू. ३४-२, ३४-५, झगड़ा, झंझट।
व्यवहार—पा. २७-इ, लेन-देन।
व्यवहार—पा. ८८-६, मुकदमा।
व्यवहारिन्—पा. १५-अ, बोहरा, जो लेन-देन का काम करता है।
व्यसनोपराग—उ. २३-१४, संकटापन्न, दुःख से अभिभूत।
व्याकरणविष्फुलिङ्ग—प. १७-२०, व्याकरण की चिनगारी।
व्याकोचाम्भोज—उ. ३५-अ, खिला हुआ कमल।
व्याक्षेप—उ. २३-अ, व्यवधान, रुकावट।
व्याघ्रानुसार विघ्रस्तमृगपोतिका—उ. ११-५, बाघ के पीछा करने से डरी हुई मृगछौनी।
व्याधिव्यपदेश—प. ३८-१५, रोगों से इन्कार।
व्यापत्ति—प. २३-१८, मृत्यु।
व्यावर्तित—उ. १३-५, घुमा लिया।
व्यावहारिका-प. १६-३३, बोलचाल की सीधी-सादी (भाषा)।
व्यावृत्तमूल—पा. ३२-अ, जिसका मूल लटक गया हो (स्तन)।
व्यावृत्तमौलिमणिरश्मि—पा. १२२-ई, मणिजटित मौलि को झुका कर।
व्याहरण—प. ३१-२१, कथन, किस्सा।
व्याहार—प. ४२-५, पूछना, बूझना।
व्युत्पन्नयुवति-प. ६-१०, वयः प्राप्त युवती।
व्यूढापति—पा. १२८-ई, ब्याही स्त्री की रति से सन्तुष्ट रहने वाला।
शिवस्वामिन्—पा. ६९-१५, ७५-६
व्रणितपाटलोष्ठ—प. २६-इ, विक्षत लाल ओंठ।
व्रतशालिनी—प. १२-आ, व्रत धारण करने वाली।
शक—पा. २४-अ, ६०-अ, एक विदेशी

जाति।

शककुमार—पा. ११०-३

शकयवनतुषारपारसीक-पा. २४-अ।

शकार—पा. ५८-३, श-श करने वाला।

शङ्कावगाह—धू. ४८-१, सन्देहपूर्वक थाह लगाना।

शठधूर्तभावा—उ. २६-इ, शठ और धूर्त स्वभाव वाली।

शठचारकञ्चुक—प. १८-२८, बदमाशी का जामा।

शतचन्द्र—पा. १२०-अ, सैकड़ों चन्द्रमाओं की आकृति से युक्त शतचन्द्र नामक अलंकार।

शब्द—पा. १३-आ, व्याकरण।

शब्दकाम—पा. ७८-४, बातचीत से चुहलबाजी।

शब्दकामा—पा. १०-६, बात की चटोरी।

शब्दप्रधानार्जन—पा. १०-८, बातों से ही रोजी कमाना।

शब्दशीफर—प. १७-१, सुन्दर सुकुमार वचन।

शमदासी—पा. ५६-४

शम्भली—धू. ६९-अ, कुट्टिनी।

शय्यायुद्धाभिघात—प. ३६-आ, शय्या पर रति युद्ध में लगा हुआ घाव।

शरीरोदन्त—प. ३८-१०, शरीर की हालत।

शर्करपाल—पा. ८४-अ, ८५-अ

शर्वरीदेवता—पा. ६९-ई, रात्रि की अधिदेवता।

शश—प. ८-९, ८-१५, २५-१५, ३७-२२, मूलदेव का मित्र।

शाण्डिल्य—पा. १४-३, गोत्रनाम।

शान्त्यम्भस्—पा. ९-इ, शान्ति का जल।

शापहत—उ. २४-ई, शाप का मारा हुआ।

शापाग्नि—धू. २७-२१, शापरूपी अग्नि।

शापोत्सर्ग—धू. २८-४ शाप का परिहार।

शारद्वतीपुत्र—पा. ९-४

शार्दूलवर्मन्—पा. ११४-४

शासनकर—पा. १३-इ, शासन या राजा का आदेश लिखने वाला राज्याधिकारी।

शासनाधिकृत—पा. १०-५, शासन या राजा देश का अधिकारी।

शास्त्रतत्त्वोपदेश—उ. २०-ई, शास्त्र के मर्म का उपदेश।

शास्त्रप्रयोक्ता—धू. ६४-२, स्मृतिकार।

शास्त्रविनिश्चय—उ. १५-ई, शास्त्र का निचोड़।

शास्त्रोपदेशाग्रहण—उ. १९-११, शास्त्रोपदेश का ग्रहण न करना।

शिक्षापद—प. २४-१०, उपदिष्ट पंचशील के नियम।

शिखरदती—प. ३३-२२, नुकीले दाँत वाली।

शिअन्नूपुरा—पा. १२५-इ, नूपुर झनकारती हुई।

शिथिलिाकल्प-धू. २५-९, शृङ्गार का अस्त-व्यस्त होना।

शिथिलकृतभूषण—धू. ५३-१७, जिसके आभूषण उतार दिए गए हैं।

शिथिलीकृतमानपरिग्रहा—उ. ३१-१, ऐसी नायिका जिसका मान शिथिल कर दिया गया हो।

शिथिलोपगूह—प. ४४-आ, आलिंगन का शिथिल होना।

शिबिकुल—पा. १३३-इ।

शिरःसत्कार—पा. ११-११, सिर का सत्कार।

शिरसिरुह—प. ३३-२०, बाल।

शिलातलार्ध—पा. ६९-७, आधी पटिया।

शिलास्तम्भ—प. २-६, पत्थर का खम्भा।

शिल्पिजन—धू. १६-११, कारीगर।

शिवपीठिका—प. १८-११, शिव पिण्डी की मढ़िया या चौतरा।

शिष्टकथ—धू. १०-इ, बातचीत में शिष्ट।

शिष्टि—पा. १२२-इ, आज्ञा, आदेश, शासन।

शीतापराद्धा—प.३२-अ, शीत व्यवहार या उपेक्षावृत्ति धारण करने वाली।

शीधु—धू. १६-१५, १३५-ई, शराब।

शीफर—धू. २१-अ, सुन्दर।

शुचिनख—धू. ५३-अ, साफ चमकीले नाखून।

शुष्कवक्त्र—उ. २४-आ, सूखे मुँह वाला।

शूनाधरोष्ठ—उ. १६-आ, फूला हुआ अधर।

शूरसेनसुन्दरी—पा. ६७-२४

शूर्पकसक्ता—प. ३८-२४, शूर्पक नामक मछुए पर आसक्त (कुमुद्वती)।

शृङ्गारप्रकरण—प. ३३-१८, शृङ्गार का विषय।

शैन्य आर्यरक्षित—प. १७-२

शैषिलक—प. २१-१२, २१-२२

शोणदासी—प. ३१-९, ३१-१३, ३१-२५

शौण्डीर्य—प. ३३-१, वीरता, बहादुरी।

शौर्पारिका—पा. ५६-४, शूर्पारक या सोपारा की।

श्रमनिसृतजिह्व—पा. ६५-अ, थकावट से जिसकी जीभ बाहर निकल रही है।

श्राद्धोपहारातिथि—प. २९-अ, श्राद्ध में दी हुई बलि को खाने वाला अतिथि (कौआ)।

श्रावणिक—पा. ८८-६, न्यायालय में वादी-प्रतिवादी को पुकारने वाला।

श्राव्य—प. ९-आ, काव्य।

श्रीमद्रत्नविभूषण—उ. ६-आ, क़ीमती रत्न और आभूषण।

श्रीमद्वेष्ममृदङ्ग—धू. ३-अ, रईसों के महल में बजने वाला मृदंग।

श्रुतिविरसा—पा. ७०-अ, सुनने में अरुचिकर।

श्रोणीचक्र—धू. १६-८, श्रोणिबिम्ब।

श्रोत्ररसायन—प. १८-३, कान में चुआया अमृत।

श्रोत्रविषनिषेकभूता—प. १६-३४, कान में विष के समान चू पड़ने वाला।

श्रोत्रामृत—पा. ७०-७, कान का अमृत।

श्रोत्रावधान—धू. १-१४, कानों को आकर्षित करना।

श्रोत्रियकथन—धू. ३८-अ-आ, श्रोत्रिय का उपदेश।

श्रोत्रियभवन—पा. १३३-आ, वेदाध्यायी श्रोत्रिय का घर।

श्लाघादोष—धू. ११-१७, आत्म-प्रशंसा रूपी दोष।

श्लोकसंज्ञक—पा. ६९-१०, श्लोकबद्ध, श्लोकों में संज्ञा या सूचना है जिसकी।

श्वबन्धक—पा. ८८-६, श्वपच, चाण्डाल।

श्वासविषमिताक्षर—पा. ४२-४, हाँफते हुए अक्षर।

श्वासायास—धू. ३१-ई, कठिनता से श्वास लेना।

श्वेतवर्ण—प. ९-४, खड़िया या श्वेत रंग।

षट्पदार्थबहिष्कृत—उ. १७-१, प्राचीन काणाद दर्शन के षट्पदार्थों को न मानने वाला।

षड्जग्रामाश्रया—प. ३३-२७, षड्ज ग्राम पर आधारित।

षण्डमण्डिता—धू. १-३, वनखंडी से सुशोभित।

षापितम् (प्रा.)—पा. ६७-९, कहा गया।

संज्ञापरिवृत्तक—पा. ७६-६, इशारे से लौटाना।

संयताग्रालकत्व—पा. ४५-अ, घुँघराले बालों के अग्रभाग का संयत् होना।

संयत्—पा. २०-आ, युद्ध।

संयोजयति—धू. १८-१५, पिरोती है।

संरब्ध—प. १६-९, व्याकुल, घबराया हुआ।

संलोलितमूर्धज—धू. १६-अ, जिसने सजे हुए बालों को बिखेर दिया है।

संव्रियताम्—धू. ९-१, बन्द कर लो।

संसारधर्म—पा. ६४-५, संसार में रहने वाले उपासकों का धर्म।

संस्कृतभाषिणी—६७-२२, संस्कृत बोलने वाली।

संस्तव—उ. २९-१२, प्रशंसा, स्तुति।

सकचग्रह—पा. १००-१८, बाल पकड़े हुए।

सकेकरा—धू. ५२-अ, वह दृष्टि जिसमें आँख का कोया एक ओर को खींच लिया जाय, ऐंची हुई आँख।

संकुचितसर्वाङ्ग—प. १८-१०, सब अंगों को सिकोड़ता हुआ, प. २३-२, पूरे शरीर को सिकोड़े हुए।

संक्षिप्तवाद-धू. ७०-ई, किरणों को समेटे हुए (सूर्य), पैरों को सिकोड़े हुए कछुवा।

संगीतक—उ. ३-८, १९-९, २०-१, २८-७, संगीत के साथ नृत्य का एक प्रकार का आयोजन।

संघदासिका—प. २३-१८

संघातबलि—प. १६-२३, मरा हुआ मांस खाने वाला डोम कौवा।

संघिलक—प. २३-४

सज्जनसब्रह्मचारिन्—प. १८-३०, सज्जन का सहपाठी, अतएव स्वयं भी सज्जन।

सज्जनाराधन—धू. १-आ, सज्जनों को अनुकूल करना।

सज्येतिष्का—पा. ६९-ई, नक्षत्र सहित।

सञ्चार्यते—धू. ८-इ, पा. ११७-१६, घुमाई जाती है।

सञ्चिचीर्षु—प. १६-२९, जाने की इच्छा वाला।

संजल्प—पा. २२-ई, मिलजुल कर बातचीत।

संजवन—पा. ३३-१२, चतुःशाल।

सतलघात—पा. ७०-८, ताली पीटती हुई।

सत्त्वदीप्ति—धू. ६४-अ, स्वभाव की तेजस्विता।

सत्त्वयुक्त—धू. ३५-आ, सात्त्विक।

सत्यार्जव—प. १२-७, सच्चा-सीधा।

सदन्तनखपद—धू. ५२-२, दंत और नखक्षत से चिहिन्त।

सदानमित—पा. १४५-२, सदा झुका हुआ।

सदृशसंयोगिन्—धू. १०-१२, एक जैसे दो व्यक्तियों को एक समान मिलाने वाला।

सदृशयोग—पा. ११५-२, समान जोड़।

सद्योधौतनिवसना—पा. ३१-८-आ, तुरत के धुले हुए कपड़े पहने हुई।

सन्तर्जित—पा. ३७, डपटा हुआ।

सन्तापकर्कश—प. ६-१, सन्ताप देने में कठोर।

सन्दष्ट—धू. ७-१, तूँबी की घुड़च में तारों के लिये बनाये हुए खाँचे।

सन्देहस्त्रोतस्—पा. ९७-२५, सन्देह की धारा।

सन्धिच्छेद—प. २२-३, सेंध लगाना।

सन्धुक्षित—प. ३८-२, धधक उठना।

सन्निपतित—पा. १००-२१, इकट्ठा हुए।

सन्निपतितव्यम्—पा. ४१-३, जमावड़ा होने वाला है।

सन्निपात—धू. २३-६, पा २७-ई, ५३-ई, जमघट, जमावड़ा, सम्मिलन।

सन्निपात्य—पा. १४-७, १७-२, पञ्चायत

इकट्ठी करके।

सपरिघ—पा. १२०-इ, अर्गला के साथ।

सप्ततन्त्री—पा. ३६, सप्ततन्त्री वीणा।

सप्रणय—पा. ११७-२६, प्यारपूर्वक।

सप्राभृत—धू. ५-ई, उपहार सहित।

सफलीकृतयौवन—धू. १०-२, १०-८, जवानी का मजा लिया।

सभाजयिष्यामि—प. १६-१९, सत्कार करूँगा।

समदना—पा. ८-५, कामातुर।

समधुसर्पिष्क—प. ६-६, घी और शक्कर से युक्त।

समयपूर्वक—पा. १२७-४, समझौते के अनुसार, शपथपूर्वक।

समयुगल-पा. ५९-इ, बराबर की लम्बाई के दो रंगवाले वस्त्रों को एक साथ लपेट कर बनाया हुआ पटका या कायबन्धन।

समवनतशिरस्—पा. २५-आ, सिर झुकाए हुए।

समवाय—उ. १८-इ, नित्य सम्बन्ध।

समातृका—धू. ५०-आ, खालाओं के साथ रहनेवाली।

समालभन—धू. २-आ, आलिङ्गन।

समुत्सर्पति—पा. ७७-ई, रेंगता आ रहा है।

समुदाचार—प. ३७-१३, शिष्टाचार।

समुद्धतध्वजरथ—धू. ६९-ई, जिस रथ के ऊपर ध्वजा फड़फड़ा रही हो।

समुद्राभ्युक्षण—प. १०-८, समुद्र पर जल छिड़कना।

समुपश्लोकित—पा. १३१-आ, श्लोकों द्वारा प्रशंसित करना।

सम्परिग्रह—पा. २५-१०, अच्छी तरह स्वागत-सत्कार।

सम्प्रधार्यताम्—प. ४२-१, युक्ति सोचिए, योजना बनाइए।

सम्प्रसाद्या—धू. ५१-ई, प्रसन्न करने योग्य, प्रसादन के योग्य।

सम्प्रहार—पा. १२०-इ, संघर्षण या रगड़।

सम्मुखीन—पा. ८८-१५, सामने आया हुआ।

संभृष्ट—उ. ५-३, झाड़ा-पोंछा हुआ।

सम्मृष्टसिक्तावकीर्णकुसुमप्रद्वाराजिर—पा. १०३-१, झाड़ा-बुहारा, जल से सिंचित और फूलों से सजाया हुआ बहिर्द्वार।

सरणिगुप्ता—पा. ३१-६

सर्वकालवसन्तभूत—उ. ३-१२, हर समय या छहों ऋतुओं में एक समान जिसमें मस्ती छायी रहे।

सर्वगुह्यधारिणी-प. ३७-१, सब गुप्त रहस्य जानने वाली।

सर्वपापीयसी—धू. ६२-३, सभी पापों वाला।

सर्वप्रतहतविधाना—पा. ७२-इ, जिसकी सब युक्ति व्यर्थ हो गई।

सर्वंकष—पा. ३०-१०, सबसे कुछ न कुछ खोंस लेने वाला।

सर्वसख—प. २०-७, सबका मित्र।

सर्वसामान्य वशीकरण-धू. २९-२५, सभी को वश में करने वाला।

सर्वापहार—धू. ४१-अ, एकदम सारी बात से इनकार कर जाना।

सललितमृदुपदन्यासा—उ. १५-१०, नखरे से धीरे-धीरे पैर रखने वाली।

सललितसम्परिग्रह—पा. २६-२, नाज-नखरे के साथ खातिर।

सलिलमणि—धू. ६६-४, जलपात्र।

सविभ्रम—पा. ११७-३१, लीला या नखरे के साथ।

सविभ्रान्तयात—पा. ९२-अ, ठमक कर

चलना।

ससम्भ्रमोद्धूतविघूर्णिता—धू. ६१-अ, जल्दी में ढालने के कारण उफनती हुई।

सशिर:पाद—पा. १२-१, सिर से पैर तक।

सस्यर्धियुक्ता—उ. ३५-इ, धान्य से भरी।

सहकारतैलोद्गतचन्द्रका—धू. ११-९, आम के तेल से उठी हुई चन्द्राकार चित्तियों वाली।

सहकारवृक्ष—प. ४२-इ, आमवृक्ष।

सहतलनिनद—धू. ३१-आ, ताली बजाकर बोलना।

सहस्त्रचक्षुष्—प. १८-२७ हजार आँखोंवाला।

सहाक्ष—पा. ३८, पासे या जुए के साथ।

सहास्या—धू. ४४-आ, साथ बैठक।

सहोढ—प. २७-१, वह चोर जो चोरी के माल के साथ पकड़ा जाय।

सागरदत्त—उ. ३-६

सादक—पा. १-ई, शिथिल या नि:शक्त करने वाला।

साधयन्ति—प. ३-इ, फुसलाते हैं।

साधयाम:—पा. २१-६, जाते हैं।

साधुदृष्टि —पा. ५७-१, कृपादृष्टि, मिहरबानी।

साधुवादानुयात्र—पा. १४-९, १४७-१, साधुवाद का समर्थन करते हुए।

सापह्नवा—पा. ८९-इ, छिपाने वाली।

सामन्तप्रशमन—प. २८-७, सामन्तों को दबाना, अधिकार में लाना।

सामान्य—उ. १८-आ, अनेक द्रव्यों में रहने वाला नित्य पदार्थ जाति।

सामोपपन्ना वाक्—उ. ५-आ, शान्तियुक्त वाणी।

साम्प्रतकालिक—धू. ३६-६, आधुनिक।

सायंप्रातर्होम—प. २५-३५, सायं एवं प्रात:कालीन हवन (दोनों समय की रति क्रीड़ा)।

सायाम—धू. ६७-१७, लम्बा।

सारफल्गुपण्य—पा. २६-८, बढ़िया घटिया माल।

सारस्वतभद्र—प. ९-४

सारिष्टता—प. २३-५, स्वास्थ्य, वृद्धि।

सार्धशशाङ्कच्छाय—धू. २७-इ, अर्धचन्द्र की आकृति वाले (दन्तक्षत)।

सार्वजनीनत्वात्—पा. ३०-१० सबकी दृष्टि में सीधा होने से।

सार्वभौम—पा. २६-८, एक बिरुद जो गुप्तयुग में बड़े सम्राटों के लिये प्रयुक्त होता था। मगधेश्वर सम्राट् सार्वभौम कहे जाते थे, जिसके कारण उज्जयिनी सार्वभौम नगर कहलाता था।

सार्वभौमनगर—पा. २१-९, सार्वभौम नरेश का प्रधान नगर उज्जयिनी।

सार्वभौमनरेद्राधिष्ठित—पा. २१-९, सार्वभौम सम्राट् का वास स्थान।

साल—पा. ३३-९, परकोटा, चार दीवारी।

सालक्तक—पा. १४७-इ, अलक्तक युक्त, अलक्तक रंजित।

सावशेषसन्ध्याराग—धू. २४-११, सन्ध्या कालन किंचित् लालिमा।

सास्त्राविलाक्ष—धू. ४८-२, अश्रुपूरित नेत्र।

साहसोपक्रम—धू. ४४-इ, साहस का काम।

सिंहकर्ण—पा. ३३-९, गवाक्ष या खिड़की का कोना।

सिंहलिका—पा. ९७-आ, सिंहलदेश की।

सिंहवर्मन्—पा. ५४-१

सिन्दुवारोपहार—प. २५-आ, सिन्दुवार या निर्गुंडी के पुष्पों का उपहार।

सीत्कारसहित—धू. ६६-ई, सिसकारी से भरा।

सुकुमारगायक-प. २०-५, सुरीला गायक।
सुकुमारिका—उ. २१-५
सुखप्रश्न—प. ८-९, ३५-१५, ४२-५, कुशलप्रश्न।
सुखप्रश्नाभिगमन-प. ४२-१३, कुशलक्षेम जानने के लिये आना।
सुखप्राश्निक—पा. ४०-इ, कुशलक्षेम पूछने वाला हित् व्यक्ति।
सुनन्दा—धू. २७-५, २७-७
सुप्रक्वाणा—पा. १०७-आ, अच्छी तरह झनकारती हुई।
सुप्रतिविहित—प. ६-२, अच्छी प्रकार किया हुआ।
सुप्रवेश—प. २३-ई, सुलभ प्रवेश।
सुभीमदर्शन—धू. १३-७, देखने में अत्यन्त डरावना।
सुरततृषित—उ. ३४-५, सुरत का प्यासा।
सुरतपिण्डपात—प. २३-१७, सुरत की भूख मिटाने के लिये भिक्षा वृत्ति।
सुरतप्रपा—धू. १६-९, सुरत रूपी जल से प्यास बुझाने की प्याऊ।
सुरतभुक्तमुक्ता—प. २५-२१, सुरत से छुटकारा पायी हुई।
सुरतमधुपानोपदंशभूत—प. ६-७, सुरत रूपी मधुपान में गज़क के समान।
सुरतरथधुर्य—प. २७-५, सुरतरथ में जुड़े हुए बैल।
सुरतरथाक्षभङ्ग—पा. ८७-२, सुरत के रथ की धुरी का टूट जाना।
सुरतलोलुप—प. २५-२३, सुरत का लालची।
सुरतसत्यङ्कार—प. ४३-२, सुरत का बयाना।
सुरतसन्धिच्छेद—प. २२-३, सुरत के नियम को तोड़ना, सुरत के लिए सेन्ध फोड़ना।
सुरतसमुदय—प. १९-ई, सुरत सम्मिलन।
सुरतोञ्छवृत्ति—प. २१-२१, सुरत का सिल्ला बीनकर काम चलाने वाला, सुरत का टुकड़खोर।
सुराविभ्रम—पा. ९७-११, मदिरा के नशे का सरूर।
सुराष्ट्र—पा. ८-५
सुलभहसित—धू. १७-४, स्वभाविक हँसी हँसने वाली।
सुवर्ण—पा. ५२-७, सुवर्ण मुद्रा।
सुवृथातिवाहित—पा. ११७-११, बिलकुल व्यर्थ का चक्कर काटना।
सुश्लक्ष्णार्द्धोरुवस्त्रा—उ. २८-इ, बारीक जाँघिया पहने हुई।
सुषिरफूत्कृत—पा. ३३-११, नलकी की फूँक से साफ किए हुए।
सुसिक्त—उ. ५-३, अच्छी तरह सिंचित।
सुहृत्कथाव्यग्र—पा. १००-२६, मित्र के संलाप में लीन।
सुहृत्कर्णधार—प. २१-१८, मित्रों की नाव पार लगाने वाला, मित्रों का टेढ़ा काम साधने वाला।
सुहृत्कर्णधारता—प. २१-१९, मित्र के कठिन कार्य के साधने का गुण।
सुहृत्पत्तन—पा. ३९-२, मित्रों का जखीरा, जमावड़ा।
सुहृत्प्रश्नसङ्कथा—प. ८-१७, मित्रों के साथ बातचीत।
सुहृदवक्षेप—पा. ८८-१८, मित्र को बुत्ता देना।
सुहृद्व्यापार—पा. ८८-२२, मित्र का काम।
सुहृन्निदेशवेष्टन—प. १२१-१, मित्र की आज्ञा रूपी पगड़ी।
सूक्ष्मस्थूलविविक्तरूपशतनिबद्ध—पा. ३३-११, सूक्ष्म और स्थूल उभरी हुई भाँति-भाँति की नकाशियों से सजाए हुए।

सूनासिशब्द—पा. २२-आ, कसाई खाने में छुरे की आवाज (खसखसाहट)।

सूरसेनसुन्दरी—पा. ६८-५

सूर्यनाग—पा. ८८-२, ८८-१८

सृक्किणी—पा. ३२-आ, होंठों के दोनों ओर के कोने।

सेनक—पा. ४१-१७

सेवावाद—उ. २८-२, चाकरी की जैसी बातें, खुशामद।

सोकरसिद्धि (प्रा.)—पा. ६२ शूकर की सिद्धि, महावराह का समुद्र तल से पृथिवी का उद्धार करना।

सोण्णारि (प्रा.)—पा. ६२, सुन कर, सुनने वाला।

सोपग्रह—प. ८-८, १३-४, प्रीतिपूर्वक।

सोपचार—पा. ९४-आ, तकल्लुफ के साथ।

सोपदंश—प. ६-६, अचार चटनी के साथ।

सोपसर्या—पा. ११९-ई, उठान पर आई हुई, गर्मायी हुई।

सोपस्नेहा—धू. ४-२, आर्द्रतायुक्त।

सौपर—पा. ८८-२, सोपारा का रहने वाला।

सौराष्ट्रिक—पा. ११०-३, सुराष्ट्र देश का।

सौराष्ट्रिक जयनन्दक—पा. १७-२

सौराष्ट्रिका—पा. १२५-२, सौराष्ट्र की स्त्री, सोरठी नारी।

सौवर्णगृह—धू. ६७-८, सोने (स्वर्ण) का घर।

सौवर्णतरु—धू. ६७-८, स्वर्ण के वृक्ष।

सौवीरक—पा. १४३-१, सौवीर देश का।

स्कन्धकीर्ति—पा. ८८-७

स्खलितगत—पा. १२३-इ, डगमगाती चाल।

स्खलितवलयशब्द—पा. १४६-अ, सरकते कड़ों की झंकार।

स्खलीकरण—धू. १८-५, लापरवाही।

स्खलीकृत—धू. ५६-८, भ्रष्ट हुआ, कूका हुआ।

स्खलीकृत्य—धू. १८-४, व्यर्थ करके, बेपरवाही से उपेक्षा करके।

स्तनतटविसर्पिन्—धू. १६-१२, स्तनतट पर लगाया जाने वाला।

स्तनप्रावरण—धू. १७-२, स्तनपट्ट, स्तन ढकने का वस्त्र।

स्तनांकुर—प. ८-आ, स्तन का अग्रभाग।

स्तब्धता—धू. ५५-१०, अक्खड़पन मान।

स्तब्धा—धू. ४५-इ, अभिमानिनी, अकड़ से भरी हुई।

स्तुतिमङ्गल—पा. ७५-इ

स्त्रीकटाक्षयते—प. ६-आ, स्त्री के कटाक्ष की तरह काम करना।

स्त्रीप्ररुदित—धू. २०-९, स्त्री का रोना।

स्त्रीमयपाश—धू. ५२-५, स्त्रीरूपी फन्दा।

स्त्रीलता—पा. ४५-ई, स्त्रीरूपी लता।

स्थण्डिल—पा. १०२-इ, चबूतरा।

स्थाणुमित्र—पा. ३२-२, ३२-६

स्थानशौर्य—धू. ६४-अ, वेश में ही सूरमा कहलाने का गौरव।

स्नातानुलिप्त—पा. १०३-६, स्नान के बाद अङ्गराग लगाये हुए।

स्नानरूक्ष—धू. ६२-अ, स्नान के बाद रूखा।

स्नानव्यपदेश—उ. २४-५, स्नान का बहाना।

स्नाननुलेपनपरिस्पन्द—प. २०-६, स्नान और अनुलेपन की तड़क-भड़क।

स्नानीयशाटिका—उ. २४-५, नहाने की साड़ी।

स्नानोदकौघ—पा. १०३-ई, नहाने के बाद जल की बहिया।

स्नेहमाध्यस्थ—पा. ४१-१९, स्नेह की

शिथिलता।

स्नेहव्यक्तिकर—धू. ९-इ, स्नेह व्यक्त करने वाला।

स्नेहातिसृष्टसखीभावा—प. ३७-१, स्नेह से सखी रूप में स्वीकृत।

स्पर्शैकतान—धू. ४२-ई, स्पर्श से एकरस।

स्फुटितकाशवल्लरीश्वेत—पा. ३१-७, फूली कासवल्लरी की तरह सफेद।

स्फुरत्तुरङ्ग—धू. ५९-ई, फड़कता हुआ घोड़ा।

स्मिताभिभाषी—प. ४१-आ, हँसकर बोलने वाला।

स्मितोदग्रा—पा. १४-४, हँसीभरी।

स्थालीपति—पा. ८८-७, साढू।

स्रगुज्ज्वलमेखला—प. २०-इ, सफेद माला रूपी मेखला धारण करने वाली।

स्रस्त अङ्ग—पा. ८३-अ, शिथिल शरीर, झुर्रियाँ पड़ी देह।

स्वच्छन्दस्मितोदग्रा वाक्—पा. १४३-१, स्वाभाविक मुस्कराहट युक्त वाणी।

स्वदेशौपयिक—पा. ४३-१, अपने देश का रिवाज।

स्वप्तुकाम—पा. १०२-३, सोने की इच्छा करने वाला, ऊँघता हुआ।

स्वभवनावलोकन—पा. ५०-५, अपने घर की खिड़की।

स्वभावखर—प. १७-८, स्वभाव से कँटीला।

स्वभावदक्षिण—प. १७-१०, स्वभाव से मिठबोला।

स्वयंग्रह—प. २१-१२, जबरदस्ती पकड़ लेना।

स्वयंदूती—धू. ५३-१५, स्वयं दूती का कर्म करने वाली।

स्वयमभिपतिता—धू. ५१-आ, स्वयं आयी हुई।

स्वर्गायति—पा. ५-आ, भविष्य में स्वर्ग मिलने की सम्भावना।

स्वर्गायते—उ. ६-ई, स्वर्ग के समान हो रही है।

स्वल्पावगता—धू. ४२-८, नासमझ, थोड़ी समझ पाली।

स्वागतव्याहार—प. २८-११, स्वागत वचन।

स्वाधीनप्राप्ता—धू. ६२-१४, अपने आप वश में आ जाने वाली।

स्विन्नकपोल—धू. ६१-१, पसीने से भीगा हुआ कपोल।

स्विन्नसर्वाङ्गयष्टि—पा. १०-आ, जिसका सारा शरीर पसीने से तर-बतर हो गया है।

स्वेदावतार—प. १०-आ, पसीने का आना।

स्वैरालाप—प. १७-अ, मौज-मजे की बातचीत, गपशप।

हण्डे—पा. ४४-६, ५२-५, ७८-१६, ८८-१८, १३१-९, १४२-३, जनानिए, नर्म सखी का सम्बोधन।

हरिकृष्ण—पा. ७८-आ

हरितक—पा. ३३-१४, साग सब्जी।

हरिदत्त—पा. ८८-२०

हरिभूति—पा. ७८-इ

हरिश्चन्द्र भिषक्—पा. १७-२, वैद्य हरिश्चन्द्र।

हर्म्यतल—धू. २९-४, महल की छत।

हर्म्यशिखर—धू. २४-अ, महल का ऊपरी भाग।

हर्म्यस्थल—धू. ७-२, महल की छत।

हर्म्याग्र—पा. १०७-ई, महल का कोठा।

हस्तगतकल्प—धू. ४९-५, हाथ में प्राप्त माल या नगदी।

हस्तप्रचार—उ. २८-२०, अभिनय या नृत्य में हस्त-मुद्राएँ।

हस्तप्रत्यस्तगण्ड—प. ४०-इ, हाथों पर

स्थित कपोल।

हस्तव्यत्यास—प. १९-आ, हाथ पर हाथ चढ़ाना।

हस्ताग्रशाखा—पा. २०-अ, हाथ की अँगुली।

हस्ताङ्गुलिसंदंश—धू. १७-४, हाथ की अँगुलियों की कैंची।

हस्तालम्बितमेखला—धू. ५४-अ, हाथ में मेखला पकड़े हुई।

हस्तिमूर्ख—पा. १४०-१

हारगौर—प. ३-ई, हार जैसा सफेद, वीर्यक्षय (हाय = वीर्यक्षय) से पीला पड़ा हुआ।

हारीत—पा. १२-७, एक स्मृतिकार।

हासलीला—उ. १४-अ, हँसी-मजाक।

हासान्तरितधैर्य—धू. ३८-२, हास से छिपा हुआ धैर्य।

हासोपदंश—धू. ९-अ, चलती हुई बातचीत के बीच-बीच में हँसीरूपी चाट।

हास्यपक्षक्रिया—धू. ४१-आ, हँसी की ओर प्रवृत्त कराना।

हास्यप्रयोग—धू. ३९-१, हँसी-मजाक करना।

हिमरसायनोपयोग—प. ५-६, हिमरूपी रसायन औषध का सेवन।

हिमापराध—धू. ६५-८, पाले की ठंड।

हिरण्यगर्भक—पा. ५२-१, ५२-३, ५२-५

हूणमण्डनमण्डित—पा. ४१-१५, हूण जाति के योग्य वेश और अलंकार पहने हुए।

हृदयनिलया—उ. १-इ, हृदय ही जिसका घर हो (यह कामिनी का विशेषण है)।

हृदयप्रीतिजनन—धू. १-४, हृदय में प्रीति उपजाने वाला, हृदय को प्रसन्न करने वाला।

हेतुवचन—धू. ३४-३, कारण पर बहस या विवाद।

हेतुसमय—पा. १३-आ, न्याय-शास्त्र का नियम।

हेमवैकक्ष्यक—पा. ५१-अ, सोने का वैकक्ष्यक।

हैम कूर्म—धू. ७०-ई, सुनहला कछुआ, रईस (व्यंग्यार्थ)।

होड—प. २७-१, चोरी का माल।

चतुर्भाणी की हस्तलिखित प्रतियाँ

[इस सूची के लिये हम अपने मित्र श्री वी० राघवन् के कृतज्ञ हैं।]

१. शूद्रककृत पद्मप्राभृतक

गवर्नमेण्ट ओरियन्टल मैनुस्क्रिप्ट्स लाइब्रेरी, मद्रास, आर. २७२५ (सी)

(देवनागरी, कागज, पूर्ण)

'' '' आर. २७२६ (सी) (देवनागरी, कागज, पूर्ण पैलेस लाइब्रेरी, त्रिवेन्द्रम, १४९१–बी (मलयालम, ताड़पत्र, पूर्ण)

२. ईश्वरदत्त कृत धूर्तविटसंवाद

त्रिवेन्द्रम यूनिवर्सिटी मैनुस्क्रिप्ट्स लाइब्रेरी, ५९६८–बी. (मलयालम, ताड़पत्र, पूर्ण)

वही, क्यूरेटर आफिस कलेक्शन, सं. १२८५–ए (मलयालम, ताड़पत्र, पूर्ण)

पैलेस लाइब्रेरी, त्रिवेन्द्रम, १४९१–सी (मलयालम, ताड़पत्र, अपूर्ण, सूचीपत्र में 'भाणविशेष' शीर्षक के अन्तर्गत)

३. वररुचिकृत उभयाभिसारिका

गवर्नमेण्ट ओरियन्टल मैनुस्क्रिप्ट्स लाइब्रेरी, मद्रास, सं. आर. २७२५ (डी)

(देवनागरी, कागज, पूर्ण)

'' '' आर. २७२६ (ए) (देवनागरी, कागज, पूर्ण) त्रावणकोर यूनिवर्सिटी मैनुस्क्रिप्टस लाइब्रेरी, त्रिवेन्द्रम, सं. ५९६८–ए (मलयालम, ताड़पत्र, पूर्ण)

श्रीमन्त महाराज पैलेस लाइब्रेरी, त्रिवेन्द्रम, सं. १४९१–ए (मलयालम, ताड़पत्र, पूर्ण, प्रारम्भ का अंश छोड़कर)

४. श्यामिलक कृत पादताडितक

गवर्नमेण्ट ओरियन्टल मैनुस्क्रिप्ट्स लाइब्रेरी, मद्रास, आर. २७२५ (बी)

(देवनागरी, कागज, पूर्ण)

" " " आर. २७२६ (बी) (देवनागरी, कागज, पूर्ण) त्रावणकोर यूनिवर्सिटी मैनुस्क्रिप्ट्स लाइब्रेरी, त्रिवेन्द्रम, सं. ५९६८–सी, (मलयालम, ताड़पत्र, पूर्ण)

सहायक ग्रन्थ और लेख–सूची

कीथ, ए. बी., दि संस्कृत ड्रामा, ऑक्सफोर्ड १९२४), पृ. २६३–६४

टामस, एफ. डब्ल्यू., फोर संस्कृत प्लेज, जर्नल ऑफ दि रायल एशियाटिक सोसाइटी, सेंटीनरी सप्लीमेंट, अक्टूबर १९२४, पृ. १२३–३६

टामस, एफ. डब्ल्यू., दि पादताडितकम् ऑफ श्यामिलक, जे. आर. ए. एस., १९२४, पृ. २६४ आदि

डे, एस. के., ए नोट ऑन दि संस्कृत मोनोलॉग प्ले (भाण), विद स्पेशल रेफ्रेंस टु दि चतुर्भाणी, जे. आर. ए. एस., १९२६, पृ. ६३९०; हिस्ट्री ऑफ : संस्कृत लिटरेचर, पृ. १४१ आदि।

दशरथ शर्मा, दि डेट ऑफ श्यामिलक्स पादताडितक : अबाउट ५०० ए. डी. (श्यामिलक कृत पादताडितक का समय—लगभग ५०० ई.), जर्नल ऑफ दि गंगानाथ झा रिसर्च इंस्टीट्यूट, भाग १४, अंक १–४, नवम्बर १९५६–अगस्त १९८७, पृ. १७–२२ धनंजय कृत दशरूपक, भाण ३। ४९–५१

बरो, टी. (T. Burrow), दि डेट ऑफ श्यामिलक्स पादताडितक (श्यामिलक

कृत पादताडितक का समय), जे. आर. ए. एस., १९४६, भाग १–२, पृ. ४६–५३

भरतमुनिकृत नाट्य–शास्त्र, भाण २०। १०७–११

मांकड़, डोलरराय, टाइम्स ऑफ संस्कृत ड्रामा, भाण, पृ. ७०–७२

रामकृष्ण कवि एवं एस. के० रामनाथ शास्त्री द्वारा सम्पादित, चतुर्भाणी; प्रकाशक डी. जी० शर्मा ऐंड कृष्ण, बाकरगंज, पटना; ११२२। इस संस्करण में चारों भाणों के पृष्ठांक अलग–अलग हैं—(१) शूद्रक विरचितं पद्मप्राभृतकम्, पृ. १–२८, (२) ईश्वरदत्त प्रणीतः धूर्तविटसंवादः पृ. १–३१, (३) वररुचिकृता उभयाभिसारिका पृ. १–१५, (४) श्यामिलकविरचितम् पादताडितम्, पृ. १–४८

लोमान, जे. आर. ए. (Jonannes Reinoud Abraham Loman), दी पद्मप्राभृतकम्, शूद्रककृत प्राचीन भाण, संशोधित मूलपाठ, अंग्रेजी अनुवाद, टिप्पणी, भूमिका सहित, अम्सर्डम, १९५६

सेन, सुकुमार, दि उभयाभिसारिका ऑफ वररुचि, कलकत्ता रिव्यू, १९२६, पृ. १२७